U0934557

珍藏本
纪念版

汉译世界学术名著丛书

欧洲科学的危机
与超越论的现象学

〔德〕胡塞尔 著

王炳文 译

2017年·北京

Edmund Husserl

DIE KRISIS DER EUROPÄISCHEN WISSENSCHAFTEN UND DIE TRANSZENDENTALE PHÄNOMENOLOGIE

Herausgegeben

Von

Walter Biemer

2. *Auflage*

汉译世界学术名著丛书
（120年纪念版·珍藏本）
出 版 说 明

2017年2月11日，商务印书馆迎来120岁的生日。120年前，商务印书馆前贤怀揣文化救国的理想，抱持“昌明教育，开启民智”的使命，立足本土，放眼寰宇，以出版为津梁，沟通中西，为中国、为世界提供最富智慧的思想文化成果。无论世事白云苍狗，潮流左右激荡，甚至战火硝烟弥漫，始终践行学术报国之志，无改初心。

迻译世界各国学术名著，即其一端。早在20世纪初年便出版《原富》《天演论》等影响至今的代表性著作，1950年代后更致力于外国哲学和社会科学经典的译介，及至1980年代，辑为“汉译世界学术名著丛书”，汇涓为流，蔚为大观。丛书自1981年开始出版，历时三十余年，迄今已推出七百种，是我国现代出版史上规模最大、最为重要的学术翻译工程。

丛书所选之书，立场观点不囿于一派，学科领域不限于一门，皆为文明开启以来，各时代、各国家、各民族的思想与文化精粹，代表着人类已经到达过的精神境界。丛书系统译介世界学术经典，引领时代思想，为本土原创学术的发展提供丰富的文化滋养，为推动中国现代学术和现代化进程做出了突出的贡献。

为纪念商务印书馆成立120周年，我们整体推出“汉译世界学术名著丛书”120年纪念版的珍藏本，寄望既利于文化积累，又便于研读查考，同时向长期支持丛书出版的译者、编者和读者致以敬意。

两甲子后的今天，商务印书馆又站在了一个新的历史时间节点上。我们不仅要铭记先辈的身影和足迹，更须让我们的步伐充满新的时代精神。这是商务人代代相传的事业，更是与国家和民族的命运始终紧密相连的事业。我们责无旁贷，必须做好我们这代人的传承与创造，让我们的努力和成果不仅凝聚成民族文化的记忆，还能成为后来人可以接续的事业。唯此，才能不负前贤，无愧来者。

商务印书馆编辑部

2017年10月

目　　录

增　补

编者导言 XIII

《欧洲科学的危机与超越论的现象学》是胡塞尔最后一部重要著作。基本的手稿写于 1935 - 1936 年[①]。胡塞尔从 1934 年到 1937 年在《危机》一书的范围内进行写作。产生这部著作的外部原因，是维也纳文化协会邀请胡塞尔演讲。胡塞尔应邀于 1935 年 5 月 7 日在维也纳作了一次演讲，应普遍的要求，5 月 10 日又重作了一次。维也纳演讲的题目是：《欧洲人危机中的哲学》。演讲的本文在这里是第一次发表(参看“增补”第 314 页* 以下)。胡塞尔在 1935 年 7 月 10 日写给茵加登的信中谈到了他的维也纳演讲：“在维也纳真令人惊奇。因为应该来这里演讲的决定作得太晚了，而且是在布拉格的演讲拖延以后决定的，另外还由于其他的干扰，我来到这里其实并没有带着现成的稿子。我克服了过度的疲劳，于 5 月 7 日作了演讲，并取得了出乎意料的成功。我根据最主要的东西自由发挥。题目是《哲学与欧洲人的危机》。前半部分是从目的论的-历史的角度(从哲学上)阐明欧洲人的(或‘欧洲文化

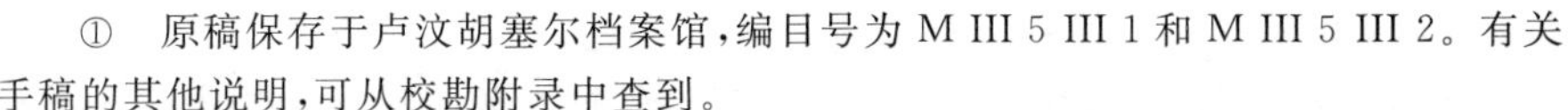

① 原稿保存于卢汶胡塞尔档案馆，编目号为 M III 5 III 1 和 M III 5 III 2。有关手稿的其他说明，可从校勘附录中查到。

* 正文中提到的页码是德文版的页码，在本书中文版中用边码标出，下同。——译者注

的’)哲学理念。

第二部分:阐明从19世纪末开始的危机的原因,哲学或者它的分支,近代的专门科学失败的原因,它的使命(它的目的论的功能)——即给作为理念应在欧洲历史地生成的更高的人的类型以
XIV 规范指导——失败的原因。第一部分本身是一个完整的演讲,它用了整整一个课时。因此我想就此结束,并为主题压缩得过紧而表示歉意。但是听众一定要我讲下去,因此在休息之后我继续讲,我发现听众对于第二部分也有非常强烈的兴趣。两天以后[①],我不得不再一次重复这个演讲(而且又是座无虚席)——虽然是再一次重复,却用了两个半小时”。

当年11月,胡塞尔应“布拉格人类知性研究哲学小组”的邀请,在布拉格的德语大学和捷克语大学分别举行了两次演讲[②],后来他将这些演讲扩展为原来的《危机》这一著作。

胡塞尔在由A.利贝尔特于贝尔格莱德出版的《哲学》(*philosophia*)杂志第一卷(1936)上发表了《危机》这部著作的开始的部分(即第一、第二两部分)[③]。1937年1月7日,胡塞尔收到校完

---

① 事实上胡塞尔重作这次演讲是在5月10日。

② 第一次演讲是11月14日举行的。

③ 胡塞尔在《哲学》杂志上发表的《危机》的本文,加了下面的序言:

“以眼前的这篇文章开始,并将以在《哲学》杂志上发表的一系列其他文章完成的这部著作,是要进行一种尝试,即通过对我们的科学的与哲学的危机状况的根源进行目的论的-历史的思考,论证哲学进行超越论的-现象学的转向的不可避免的必然性。因此这部著作就成了超越论现象学的一个独立的导论。

我应‘布拉格人类知性研究哲学小组’的友好邀请,于1935年11月中旬,在布拉格的德语大学和捷克语大学的会客室举行了系列演讲,构成这个系列演讲的基本内容的思想,经过加工修改,形成了这部著作。”

最后一校的清样。第三部分，而且实际上是这部书的中心部分(即III A和B)，本来也应发表，然而由于胡塞尔打算重新修改，将稿子压下了。直到疾病发作(1937年8月)——这场病夺去了他的生命——他一直不倦地从事《危机》的写作。按照保留下来的手稿，这项工作可以逐月地追寻。正文仍然是未完成的。在这几年里，胡塞尔与他当时的助手E.芬克有着密切的关系，他与芬克详细讨论过这部著作，芬克还将正文的速记手稿誊清。本书继续写 XV
作的提纲是由芬克写成的，这个提纲作为附录XXIX载于本卷中。正文的速记手稿未能保存下来，也许是在芬克誊清以后，胡塞尔将它销毁了。甚至正文第一、二部分的打字稿也是残缺不全的，因为这两部分在《哲学》杂志上发表以后，胡塞尔就将打字稿当草稿纸用了。

这些写于晚年的，全都这样那样地与《危机》的问题联系着的手稿，在胡塞尔逝世后，由H.L.万·布雷达归入到K III类中。这种编排并没有思想上的连贯性，而只是为了在档案中清楚标明所发现的从1934年到1937年的速记手稿，这些手稿在芬克与兰德格雷贝1935年进行整理时并没有包括进来。

在这里首先涉及到所谓的研究手稿。在以前的版本中[①]已经指出，胡塞尔的手稿可以分成三组：胡塞尔本人已经指明要发表的手稿；胡塞尔当时并没有想直接发表，而归入第三类的手稿，如演讲手稿；最后是工作手稿和研究手稿，那是胡塞尔为了澄清某个问

《危机》的第一、第二部分，由热勒尔(Edmond Gerrer)译成法文发表于《哲学研究》(*Les Etudes Philosophiques*)(新刊)IV，(1949)。

① 参看第1卷，H.L.万·布雷达的序言。

题为自己而写的，因为我们知道，胡塞尔经常总是将自己的思考用文字记载下来。

出于一些很容易想到的理由，卢汶胡塞尔档案馆的领导人决定着手发表第一组手稿。原来曾计划，接下来发表演讲的手稿，最后发表研究手稿。发表研究手稿面临着一些特别的任务。胡塞尔的思想进程有时是跳跃式的。胡塞尔提出一个问题，然而在准备阐述这个问题时，他却被一个潜在的，而现在成了注意中心的问题
XVI 吸引住了；以后他又给出一个很长的概述，其目的只是要在现在将以前思考过的东西保留下来。如果他在一个问题上停留下来，那么经常的情况就是，他总是对这个问题一再地重新思考，重复，对写好的东西修改，批判，或干脆将它搁置起来。

没有人会否认这种手稿对胡塞尔的研究者有用，然而问题是，它们是否直接就适用于提供一种对现象学的了解；常常是极其错综复杂的道路，各种各样问题的相互交错，离开预告过的主要道路，在常常是荆棘丛生的歧路上反反复复地思考，这一切是否会使人眼花缭乱，以致使胡塞尔的研究者失去了本来的方向呢？现在当然有一种可能，即通过编排和选择从研究手稿形成一种新的手稿。但是这种解决办法被胡塞尔档案馆的领导人拒绝了。经常与胡塞尔接触的胡塞尔生前的合作者能允许自己做的事情，甚至是应胡塞尔的要求而能做的事情，我们今天却是不可以做的。如果研究手稿被发表，就只能按照它们原来的形式发表。不过有一种可能性，即从研究手稿中进行选择，围绕确定的主题对它们分组。在当前情况下，就是这么做的。研究手稿是联系胡塞尔确定发表的正文一起发表的。正文勾画出在相应时期胡塞尔的问题得以保

持的那些方面，而研究手稿则补充和丰富了这种论述，另一方面，也使他必须克服的那些困难清楚地显露出来。不过在这里应该明确地说，研究手稿的编排是由编辑者进行的，胡塞尔本人并不曾想直接发表这些研究手稿。

因为当前题目中涉及的研究手稿总数非常可观，这里所发表
的必须限于一组确定的手稿，即K III组手稿。即使是这一组手 XVII
稿，也必须进行选择(这一组包括 32 份手稿，其中一些篇幅超过 200 多页)。但愿在以后的版本中这一组手稿的其余部分有可能发表。

毋庸讳言，这种选择仍然是一种冒险的事情，绝不是不容批判的。为了避免在这种选择中过多地表现出编辑者的兴趣，明确规定必须根据正文本身加以选择的原则，并且对于以附录形式发表的研究手稿的每一本文，都指出可参照与之有关的正文的某个或某些章节。但是不能将这种参照仅仅理解为，仿佛这个附录只能说明这一确定的章节，而应该说这种参照只起一种提示作用。越深入研究胡塞尔的问题，就越能清楚看出问题的繁杂，对于有关章节的这种参照也就越失去效用。还应该提到，这里选出的手稿中，有一些不仅与《危机》一书的本文有联系，而且还一般地与胡塞尔哲学研究的发展有联系。

这一卷分成两个部分：正文和增补。在增补部分又将独立的文章和附录分开。文章应对危机问题的形成提供说明，不过在这里发表这些文章时也必须有所节制，以免打乱正文与增补之间的平衡。第一篇文章产生于 1926 - 1928 年这段时间。它所探讨的是在《危机》中甚至被赋予了特殊重要性的理念化问题。第二篇文

章大约产生于1930年，也许写于1928年至1930年之间，是用来区分自然科学的态度和精神科学的态度的，而精神科学的态度恰好是《危机》第二部分的重点。第三篇文章是维也纳演讲(1935年)。

XVIII 一些补充说明应该允许纳入到本书的内容中。这是首次发表的胡塞尔借以明确表明对历史的态度的，特别是将哲学的历史性当作主题来讨论的著作。即使是维也纳演讲就已经以对历史的某种见解为基础了。在这里，历史被理解为超越于自然的态度(作为自然的-实践的态度)，自然的态度是借助直接给予的东西进行的说明，哲学的理论(θεωρια)——按照胡塞尔的看法，哲学理论是一种对于原初感兴趣的生活的悬搁——的发展，实际上变成了对于存在者整体的把握。另外，与这种整体性要求一起，还首次产生了无限东西的理念，这种理念对于西方人是十分重要的。这种转变——在胡塞尔看来，它同时又是对于神话东西的克服——首先使欧洲科学的形成成为可能，这种科学后来越来越受到重视，并对它与哲学的关系产生了错误认识。

在这里不应企图去批判胡塞尔有关历史或希腊文化的本质的观点，也许更重要的是理解，为什么胡塞尔必须以这种明确的方式去看待希腊文化，为什么历史的本质会对他如同在《危机》一书中或者在当时的研究手稿中明确表达出来的东西那样显露出来。对于胡塞尔来说，处于问题中心的是：为什么在近代科学取得辉煌进步的同时却产生了科学的危机，而这种危机同时又是欧洲人的危机呢？因此他特地深入探究了近代科学在伽利略那里的形成。在本书第二部分的初稿中，论述伽利略只用了一节篇幅，而在对原稿进行修改时，论述伽利略的部分扩充了，占了第二部分的一半(参

看§9)。在伽利略之后,胡塞尔详细讨论了笛卡儿,因为他发现在
笛卡儿那里有两种方向——即物理学主义的客观主义和超越论的
主观主义——结合在一起,这两种方向在它们后来的争论中对哲
学造成了严重后果。这一著作的第二部分甚至加了这样一个标
题,即:“澄清近代物理学主义的客观主义和超越论的主观主义之 XIX
间对立的起源。”(在附录中胡塞尔的重复阐明,对于解释笛卡儿也
是重要的)。在这里不想详细研究胡塞尔关于欧洲近代哲学的全
部叙述(胡塞尔特别注意英国哲学)——我们始终考虑到胡塞尔关
于近代科学受挫折的原因的提示——,因为这里所要做的,只是概
述胡塞尔的问题范围。在这种考察中,经常指导着胡塞尔的隐蔽
的先见的就是,随同希腊哲学一起向欧洲人显现的目标,即“想要
成为由哲学理性造就的人,并且只能成为这样的人”的目标,丧失
了,因此哲学作为“人类本身生而固有的普遍理性显露的历史运
动”的意义也丧失了。通过他指出要取代哲学的科学,如何因为看
不到并且肯定看不到哲学的真正的意义的基础,因为哲学关于说
明存在者的整体要求失效了,而必然会失败,通过指出这些,而使
上述的目标再度成为可以看见的,这就是胡塞尔真正根本关心的
事情。

在胡塞尔思想的这个时期,一再使他思考的,是生活世界的存在论问题,所谓生活世界,即在一切科学之前总是已经能够达到的世界,以至科学本身只有从生活世界的变化(在理念化的意义上)才能理解。在“生活世界”与“自在的真的世界”(科学的世界)之间的对立中,重心必然会从对作为所谓真的世界的诸存在者的科学把握向生活世界转移。但这并不是为了简单地停留在指出“生活

世界”的结构上，而是因为只有在生活世界的实现中，超越论的自我的发挥功能的成就才能被认识。这种成就本来应该由心理学揭示出来，并变成可以理解的。但是心理学没有能力做到这一点，因为它过于被按照自然科学模式理解了，因此它完全不能真正领悟主观的本质。

XX 胡塞尔确信，这种正是在客观主义和主观主义的分裂中才获得其表现的本质上的缺点，只有借助超越论的现象学揭示出原初的目标才能克服，而这个目标则是通过揭示出超越论的自我而变成可以看得见的。根据他的看法，近代形而上学的发展，只有作为向现象学的发展才是可以理解的。因此《危机》这部著作——它因此应指出欧洲的真正生活危机的原因——同时应被认为是超越论现象学的导论。从对这整个问题的讨论中，现象学应该真正证明是基础的哲学，即是实现普遍认识的要求的学问——是普遍的科学。

这部著作的导引的功能在第三部分A和B的标题中明确地表达出来了：“从生活世界出发通向超越论现象学的道路”和“从心理学出发通向超越论现象学的道路”。这并不意味着，这条道路能直截了当地从生活世界或心理学出发描述出来，而是说，现象学首先使生活世界所表明的东西，心理学本来应该是的东西，成为可以理解的。然后才有一条从这样理解的生活世界和心理学出发通向现象学的自然的道路。因此，为了按原来的样子把握生活世界和心理学，然后由它们出发能看到这个基础（即现象学）本身，我们必须站在现象学的基础上。随着对生活世界的真正理解，同时也就揭示出科学始终已经站立于其上却没有看到的基础。因此，现象

学使科学对自身理解成为可能;随着对于心理学的真正理解——这种理解就在于揭示出超越论的主观性——,现象学提供了重新理解主观与存在者的关系,和消除带来严重后果的客观主义与主观主义之间的断裂的可能性。按照胡塞尔的意图,所有这些最后一定会导致对人的理性的信仰——这种信仰在希腊人那里第一次显示出来,在文艺复兴时期支配了人类——重新确立起来,由此, XXI
对作为理性自身实现场所的哲学的信仰,也会重新确立起来。因为按照这种看法,哲学在历史上就是人的理性向自身的复归,在哲学中,人类实现了对自身的辨明。由此也产生出一种哲学的伦理学功能:指导人类成为它必须成为的东西。

《危机》这部著作并没有完成。在芬克的提纲中提到的第四部分,即"将全部科学都收回到超越论哲学的统一之中的思想"并没有论述过。但是找到了一些笔记,在其中胡塞尔正是与历史相关联概述了哲学的本质。这些笔记之一——它同时提供一种全面的概观——被置于本书的结尾(§73),另外一些稿件则作为附录提供出来。即使《危机》一书是以一些使胡塞尔作为伟大的理性主义者的继承人出现的论述结束的,这也不应诱使人们以一种片面的观点去理解他。这里需要做的,宁可说正是领会和理解他的思想的潜藏的多样性——他的思想常常甚至与他自己的表达相反——,以使他所关心的事情能取得成果。或许正是发表他的研究手稿——如在这里首次尝试的——能对此有所帮助。

由于北莱茵-威斯特法伦州文化部和科隆大学的慷慨支持,科隆大学胡塞尔档案馆于1951年秋得以建立。这个档案馆是在与卢汶胡塞尔档案馆达成协议的基础上建立的。这样,德国的研究者就可以使用胡塞尔的遗著了。在科隆胡塞尔档案馆,存有迄今全部胡塞尔速记手稿改写本的副本,未改写的速记稿目录,以及研究胡塞尔所必需的卡片索引资料。正在与卢汶胡塞尔档案馆合作
XXII 出版胡塞尔著作全集。此外,在胡塞尔档案馆的范围内,定期举行演讲,以及与德国和外国哲学家的讨论。胡塞尔档案馆的馆长是K. H. 福尔克曼-施鲁克教授。

在这里应该向所有为科隆胡塞尔档案馆的建立和维持而尽过力并仍在尽力的人士表达衷心的感谢。特别应该感谢文化部长托伊奇夫人,以及当时的科隆大学校长J. 克罗尔教授,当时哲学系主任J. 科赫教授,以及行政主管P. 施奈德。

正如在第四卷导言中已经提到的,联合国教科文组织于巴黎召开的第四次会议(1949年)的全体大会决定,授权总干事促进哲学和精神科学领域的国际合作。在1951年11月的会议上,联合国教科文组织执行委员会应国际哲学-人文科学联合会的请求,批准再一次给予胡塞尔档案馆(卢汶)财政资助,供准备出版胡塞尔手稿之用。

感谢欧根·芬克教授惠允在《危机》一书中发表他的两个附录。对于玛利·毕麦尔-魏策尔和鲁道夫·鲍姆在出版工作中的有力帮助在此表示最诚挚的感谢。

瓦尔特·毕迈尔

1953年12月于科隆

第二版附言

没有过多少年就需要出版艾德蒙德·胡塞尔的这部最后著作的新版,这是令人高兴的。这一版是未经改动地出版的,只是消除了一些印刷错误,对人名索引进行了一些补充。请允许我借此机会对马提奴斯·尼基霍夫出版社的良好协作表示感谢。

欧洲科学的危机
与超越论的现象学

第一部分　作为欧洲人根本生活危机表现的科学危机 1

§1　鉴于科学的不断成功，真的存在着科学危机吗？

我必须估计到，在这个致力于科学的场所，“欧洲科学的危机与心理学”这个演讲题目①就已经会引起反对意见了。我们真的能够谈论我们的科学的危机吗？现在经常听到的这种说法是不是一种夸张之辞呢？然而科学危机所指的无非是，科学的真正科学性，即它为自己提出任务以及为实现这些任务而制定方法论的整个方式，成为不可能的了。这种情况也适合于哲学。哲学在我们今天正面临被怀疑论、非理性主义和神秘主义压倒的危险。只要心理学还提出哲学的要求，而不只是想成为一门实证科学，它也会处于同样的情况。但是我们如何能够明确地，十分严肃地谈论一般科学的危机，因此也谈论实证科学，其中包括纯数学和精密自然科学的危机呢？对于数学和精密自然科学，我们一直称赞它们是严格的最富有成果的科学学科的典范。确实，它们在系统理论构

① 这是布拉格系列演讲的原题目。

造的以及方法论的总的风格方面表明是可以改变的。只是在最
近，它们才打破这个方面在经典物理学名义下出现的构成威胁的
僵化状态。说它们构成威胁，是因为它们被认为是在几个世纪里
2 经受住考验的风格的尽善尽美的完成。但是反对经典物理学理想
的胜利斗争，同样还有围绕数学的真正适当结构形式而仍在继续
进行的争论，难道就意味着此前的物理学和数学尚不是科学的吗？
或者意味着，它们既然带有某些不明确和暧昧之处，在它们的研究
领域中就确实没有取得自明的洞察吗？这些洞察，即使对于我们
这些消除了这种障眼物的人，难道不也是令人信服的洞察吗？当
我们使自己置身于古典主义者的立场上时，对于由这种态度如何
取得全部永远有效的伟大发现，以及有充分理由令前代人惊叹的
大量技术发明，我们不是由此洞察而完全了解了吗？物理学不论
是由牛顿，或普朗克，或爱因斯坦，或未来的任何其他人代表，它过
去始终是而且将来仍然是精密的科学。尽管那些认为总体理论结
构的绝对最终形态是永远期待不到，永远不应去追求的人是有道
理的，它仍然是精密的科学。

但是很显然，我们习惯上归入实证科学的另外一大批科学，即具体的精神科学，情况也相似，——不管它们怎样援引自然科学精密性的典范(它们对这种援引是说法不一的)。这种援引是可疑的，顺便说说，这种可疑性甚至已经涉及到生物物理学的("具体的"自然科学的)学科与具有数学精密性的自然科学诸学科的关系。所有这些学科科学上的严格性，它们的理论成就以及它们的持久的令人信服的成功的自明性，都是不成问题的。只是对于心理学我们也许会感到不那么有把握，不论它怎样要求成为有关具

体精神科学的抽象的，起最终解释作用的基础科学。但是如果我们将这种在方法和成就中的明显差距，看作按事物本性较缓慢发展造成的差距，我们一般差不多也可以承认心理学也是精密科学。无论如何，这一类科学的“科学性”与哲学的“非科学性”的鲜明对 3
比是显而易见的。因此我们预先承认，那些确信他们的方法的科学家对这个演讲的题目发出最初的内心的抗议是有正当理由的。

§2　实证主义将科学的理念还原为纯粹事实的科学。科学的“危机”表现为科学丧失其对生活的意义。

但是，也许我们从另外一种研究方向出发，即从人们对我们的文化危机的普遍悲叹出发，从在这个方面归咎于科学的作用出发，产生出一些动机，这就是对一些科学的科学性进行**严肃的非常必要的批判**，而为此并不需要放弃它们最初的在方法成就的正当性方面无可指摘的科学性的意义。

事实上，我们正是要着手进行上面提到的这种对整个考察方向的改变。在这样做时我们很快就会觉察到，那种不只在今天，而且好几个世纪以来就困扰着心理学的疑问——一种它所特有的“危机”——，对于现代科学中，甚至数学科学中，令人困惑的无法解决的不清晰性的出现，以及与此相关联，对于以前时代所不知道的那种世界之谜的出现，具有重要意义。所有这些谜恰恰都归结为**主观性之谜**，因此与**心理学的论题和方法之谜**有不可分割的联系。这只是对这个演讲的计划的更深刻的意义预先作的初步说明。

我们从上个世纪末出现的对科学的总评价的转变开始。这种评价的转变所涉及的不是科学的科学性。而是科学，科学一般对于人的生存过去意味着以及现在可能意味着的东西。在19世纪后半叶，现代人的整个世界观唯一受实证科学的支配，并且唯一被科学所造成的“繁荣”所迷惑，这种唯一性意味着人们以冷漠的态
4 度避开了对真正的人性具有决定意义的问题。单纯注重事实的科学，造就单纯注重事实的人。公众评价态度的改变在战后曾是不可避免的，而且正如我们知道的，这种转变在年轻一代中间终于发展成一种敌对情绪。我们听到人们说，在我们生存的危急时刻，这种科学什么也没有告诉我们。它从原则上排除的正是对于在我们这个不幸时代听由命运攸关的根本变革所支配的人们来说十分紧迫的问题：即关于这整个的人的生存有意义与无意义的问题。这些对所有的人都具有普遍性和必然性的问题难道不也要求进行总体上的思考并以理性的洞察给予回答吗？这些问题终究是关系到人，而人是自由决定其对人的环境和非人的环境的行为的，是自由决定其理智地塑造自己和它的环境的诸可能性的。这种科学关于理性与非理性，关于我们作为这种自由主体的人，应该说些什么呢？单纯关于物体的科学显然什么也不能说，它甚至不考虑一切主观的东西。另一方面，就精神科学来说（精神科学确实在所有特殊的和一般的科学中，在人的精神的存在中，因此在人的历史性的地平线中考察人），人们说，它严格的科学性要求研究者要小心地将一切评价的态度，一切有关作为主题的人性的，以及人的文化构成物的理性与非理性的问题全都排除掉。科学的客观的真理仅在于确定，世界，不论是物质的世界还是精神的世界，实际上是什么。

但是如果科学只允许以这种方式将客观上可确定的东西看作是真的，如果历史所能教导我们的无非是，精神世界的一切形成物，人们所依赖的一切生活条件，理想，规范，就如同流逝的波浪一样形成又消失，理性总是变成胡闹，善行总是变成灾祸，过去如此，将来也如此，如果是这样，这个世界以及在其中的人的生存真的能有意义吗？我们能够对此平心静气吗？我们能够生活于那样一个世界
中吗，在那里，历史的事件只不过是由虚幻的繁荣和痛苦的失望构 5
成的无穷尽的链条？

§3　借助文艺复兴时期哲学理念的新构想，欧洲人的自律性得以奠立。

科学并不总是在上述那种客观性的意义上理解它对严格论证的真理的要求，那种客观性在方法上支配我们的实证科学，其影响远远超出实证科学，为哲学的和世界观的实证主义提供支持，并得到广泛传播。特殊的人性问题在过去并不总是被排除于科学领域之外，并不总是不考虑人性问题对所有科学，甚至那些不以人为研究对象的科学（如自然科学）的内在联系。只要情况还不是那样，科学就能要求对于从文艺复兴以来完全是新形成的欧洲人有一种意义，而且如我们所知道的，对这种新的形成具有主导的意义。为什么科学会失去这种主导的作用？为什么会发生本质上的变化，使科学的理念受到实证主义的限制？从其**更深层动机**上理解它，对于这个系列演讲的目的来说，是非常重要的。

众所周知，在文艺复兴时期，欧洲的人性在自身中完成了一种革命性的转变。它反对它的迄今为止的存在方式，即中世纪的存

在方式，否定其价值，它要自由地重新塑造自己。它将古希腊罗马人当成最值得羡慕的典范。它要在自己身上模仿这种存在方式。

它把什么东西当成是古代人的本质的东西呢？在经过一段犹豫之后，它认为这不外就是“依据于哲学的”存在方式：自由地赋予自己本身，自己的全部生活以它的来自纯粹理性，来自哲学的准则。理论哲学是首位的东西。应该开始进行一种冷静的，摆脱神话和一般传统束缚的对世界的考察，这是一种绝对没有先入之见的有关世界和人的普遍的认识，——它最终从世界本身中认识它
6 所固有的理性与目的论，和它的最高原则：上帝。哲学作为理论不仅解放研究者，而且解放任何受过哲学教育的人。实践上的自律性遵循着理论上的自律性。在指导文艺复兴的理想中，古代人是按照自由理性理智地形成的人。对于复活了的“柏拉图主义”来说，这就意味着，不仅需要从伦理方面重新塑造自己，而且还需要从自由的理性，从普遍哲学的洞察出发，重新塑造人的整个环境，人的政治的和社会的存在。

按照这种最初只是被个别人和一些小圈子所承认的古代典范，又应该发展一种理论哲学，这种哲学不应该盲目地接受传统，而应该从自己的独立研究和批判中重新产生出来。

在这里应该强调这样一点，即从古代流传下来的哲学理念，并不是我们现今所熟悉的那些教科书上的概念，这样的概念只涉及一部分学科；从古代流传下来的哲学理念虽然从接受以后立即就发生了一些并非不重要的变化，但是在近代的最初几个世纪里仍在形式上保留了**包罗万象**的学问，关于存在者全体的学问这样一种意义。复数意义上的学问，每一种能够建立和已经建立的学问，

都只是唯一哲学的非独立分支。通过从笛卡儿已开始的对普遍性意义的大胆地甚至是过度地提高，这种新的哲学所追求的，正是要将一切一般有意义的问题，以严格科学的方式包含到**理论体系的统一**之中，包含到必然明白的方法论中，和无穷的但是合理安排的研究进程之中。因此，世世代代无限增长的、由理论联结着的、唯一的终极真理体系，应该回答一切可能想到的问题——事实问题和理性问题，暂时问题和永恒问题。

因此，历史地来看，当代的实证主义科学概念是一种**残留的概念**。它将所有那些人们归之于或严或宽的形而上学概念的问题，其中包括所有那些被含糊地称作是“最高的和终极的问题”统统丢弃了。严格说来，这些问题以及所有那些完全被排除的问题，在下面这一点上有其不可分割的统一性，即它们或是明确地或是在它 7
们的意义中暗含地包含着**理性**——处于其全部特殊形态中的理性——**的问题**。显然，理性是有关认识（真实的、真正的认识，理智的认识）的诸学科的主题，是有关真实的和真正的价值（作为理性的价值的真正价值）评价的诸学科的主题，是有关伦理行为（真正善的行为，即从实践理性出发的行为）的诸学科的主题；在这里，理性是“绝对地”、“永恒地”、“超时间地”、“无条件地”有效的理念和理想的名称。如果人成了“形而上学的”问题，特别是成了哲学的问题，那么它就是作为理性的存在被考察的；如果考察人的历史，那么所涉及的就是历史中的“意义”，历史中的理性。上帝的问题显然包含“绝对的”理性的问题，它是世间一切理性的，即世界的“意义”的目的论源泉。当然，不朽的问题如同自由的问题一样，也是理性的问题。所有这些“形而上学的”问题，广义地理解，通常称

作特殊的哲学问题，都超出了作为由纯粹事实构成的大全的世界。它们正是作为含有理性这种理念的意图的问题而超出事实的世界的。所有这些问题都占有比事实问题更高的地位，后者即使在问题的次序上也处于它们之下。实证主义可以说是将哲学的头颅砍去了。早在古代的哲学理念——这种理念在一切存在的不可分割的统一中有其统一性——中，就同时包含一种存在的有意义的层次，因此包含存在问题的有意义的层次。因此，形而上学，有关最高和终极问题的学问，就获得了诸种学问的王后的尊严。只有形而上学的精神才赋予一切认识，一切其他学问提供的认识以终极的意义。文艺复兴时期重新复活了的哲学也接受了这一点，它甚至相信，它发现了真正普遍的方法，运用这种方法，一定能够建立起这样一种系统的、在形而上学中达到鼎盛的哲学，而这种哲学是一种**永恒的哲学**(philosophia perennis)。

据此我们就理解了那种赋予一切科学研究，甚至赋予低层次
8 上的纯粹事实的科学研究以生命的转向，这种转向在 18 世纪(这个世纪自称是哲学的世纪)使越来越广泛的人们的心里充满了对哲学的热忱，以及对作为它的分支的部门科学的热忱。因此，那种对学识的热烈渴望，那种对教育事业以及人的整个社会的和政治的存在方式进行哲学改造的奋发精神，使这个屡遭诽谤的启蒙时代变得十分令人们敬慕。我们在席勒作诗和贝多芬作曲的宏伟赞歌“欢乐颂”中可以找到这种精神的不朽证据。今天我们只能以一种痛苦的感情来回味这支赞歌。18 世纪的状况与我们今天的状况形成强烈的对比，再也没有比这种对比更强烈的了。

§4　新的科学在起初成功之后的失败以及这种失败的未被阐明的原因。

如果说受这种崇高精神鼓舞并受惠于这种精神的新的人性未能坚持下去，这只能是由于以下原因，即它失去了对它的普遍哲学的理想和新方法的有效性的热情信赖。实际上也确实如此。原来这些方法只能在实证科学中产生肯定的效果。而在形而上学中，即在那种特殊意义上的哲学问题中，则不同，虽然在这里也并不是没有那种充满希望的，看上去很可能成功的开端。这种普遍的哲学——在其中这些问题很不明显地与事实的科学有联系——采取系统哲学的形式。这些系统哲学给人以很深刻的印象，但可惜并不是统一的，而是彼此分离的。如果说在18世纪人们还相信能够达到一种统一，相信能够达到一种任何批判都不能动摇的一代接一代在理论上扩展的知识大厦，如同在实证科学中那种公认的得到普遍称赞的情况那样，那么这种信念并没有能长久保持下去。对于从近代一开始就指导着科学运动的哲学的理想和方法的理想的信念动摇了；这绝不仅是由于表面上的原因，即形而上学不断失
败与实证科学的理论和实践的成就锐势不减地越来越巨大的增长 9
之间荒谬得令人惊恐的鲜明对比。这种情况既影响局外人，也影响在实证科学专门领域中越来越变成非哲学的专家的科学家。即使在充满哲学精神因此主要对最高的形而上学问题感兴趣的研究者那里，也出现一种越来越紧迫的失败感，而且在他们那里是出于一些最深刻然而却完全**没有阐明的原因**，即对于一直被视为理所当然的、起支配作用的哲学理想提出越来越强烈的抗议。为了清

楚理解这数世纪之久的失败的真正原因，从休谟和康德开始直到我们今天，人们进行了长期的热情的奋斗。当然只有少数有才能的出类拔萃的人物为此而奋斗，而其余大多数人很快就找到了他们的套语公式，并以此安慰自己和他们的读者。

§5 普遍的哲学之理想及其内在解体的过程。

整个思想的一种非同寻常的转变乃是必然的结果。哲学本身成了问题，首先当然是以形而上学的可能性的形式成了问题，按照以前所述，这里所涉及的是全部理性问题的潜在的意义与可能性。至于实证科学，它们暂时还是无懈可击的。不过关于一种可能的形而上学的问题，当然也包括事实科学的可能性的问题，因为这些事实科学正是在哲学的不可分割的统一中有其相关的意义，即它的作为关于纯粹存在者领域真理的意义。在**认识的理性规定什么是存在者的场合，理性与存在者能够分开**吗？这个问题足以事先清楚表明，整个历史过程具有一种非常值得注意的、只有通过对隐
10 蔽的最内在的促动因素的解释才能被看见的形态：就是说，历史过程不是平稳发展的形态，不是永久的精神上的获得物持续发展的形态，或是要由偶然历史情况来说明的精神上的诸形态——概念、理论、体系——的变化的形态。**一种有关普遍哲学及其方法的确定的理想**造成一种开端，这种开端可以说是**哲学新时代**以及整个它的一系列发展的**最初的确立**。但是这种理想实际上并没有能够产生效果，它经受了一种内在的解体。它不是试图继续发展和重新加强，而是引起一种革命的重新塑造，而且或多或少是彻底的重新塑造。这样一来，关于普遍哲学和它的真正方法的**真正理想**的

问题，现在实际上就变成一切历史的和哲学的运动的最内在的推动力。但是这就意味着，一切近代科学，在那种它作为哲学的分支被奠立的意义上，并从那以后在自身中继续保持着的意义上，最终陷入一种特殊的越来越令人困惑不解的危机。这种危机并没有损害专门科学的理论成果和实践成果，然而却彻底动摇了它们的整个真理的意义。这里所涉及的并不是作为欧洲文明中的其他诸种文化形式当中的一种文化形式的特殊的文化形式——“科学”或“哲学”——的事情，因为按照以上所述，新哲学的最初的奠立就是近代欧洲人性的奠立，而且是作为这样的人性，它与此前中世纪的和古代的人性相反，希望通过它的新哲学，并且只通过这种新哲学，得到彻底更新。因此，哲学的危机就意味着作为哲学的多方面性的诸环节的一切近代科学的危机，这是一种最初是潜伏的，但后来就越来越显露出来的欧洲人性本身在其文化生活的整个意义方面，在其整个“实存”方面的危机。

对形而上学可能性的怀疑，关于作为新人指导者的普遍哲学的信仰的崩溃，恰好表明对“理性”的信仰的崩溃。这种理性是在古代人与意见（Doxa）对立的知识（Episteme）的意义上理解的。
理性是最终赋予一切被认为的存在物，一切事物，价值，目的以意 11
义的东西，即赋予一切事物，价值，目的与从有哲学以来真理——真理本身——这个词，以及相关联地，存在者——真正的存在者（ὄντως ὄν）——这个词所标志的东西以规范性关联的东西。与此同时，对于世界由以获得其意义的“绝对的”理性的信念，对于历史的意义的信念，对于人性的意义的信念，即对于人为他个人的生存和一般的人的生存获得合理意义的能力的信念，都崩溃了。

如果人失去了这些信念，那不外就是说，他失去了“对于自己本身”的信念，对于他所固有的真正存在的信念。这种真正的存在并不总是他已经具有的，并不是已经以“我在”这种自明性所具有的，只有通过为自己的真理而斗争的形式，为使自己成为真实的而斗争的形式，他才能具有真正的存在。真正的存在**到处**都是一种理想的目标，一种认识的任务，与在意见中那种纯粹是被信以为真的，被认为无疑地“不言而喻的”存在是相对立的。从根本上说，每一个人都知道这种与他真实的真正的人性有关的区别，正如每一个人即使在日常生活中也对作为目标，作为任务的真理并不陌生一样，尽管在这里只是处于个别化和相对性之中的真理。但是哲学超出了这种前形态，古代的哲学在它最初奠立的时候，就通过理解关于涉及存在者全体的普遍的认识的充满热情的理念，并将它确立为自己的任务，而超出了这种前形态。但是正是在尝试实行这项任务的时候，这项任务的朴素的自明性却变得越来越不可理解了，而这一点早在古代诸体系的相互对立中就已经可以感觉到了。从内部来看，哲学的历史越来越呈现出为生存而斗争的性格，这是直接在实现自己的任务中得到充分发展的哲学——朴素地相信理性的哲学——对否定它或以经验主义方式贬低它的怀疑论的斗争。怀疑论一再坚持事实上经历的世界、实际经验的世界的权利，似乎在这个世界中找不到任何理性及其理念的东西。理性本身及其要把握的“存在者”越来越变得令人难以理解，或者换句话说，理性——作为由本身赋予存在着的世界以意义的理性，以及从
12 另一方面来看，世界——作为通过理性而存在着的世界，越来越变得令人难以理解；到最后，这个**在意识中**显露出来的有关理性与一

般存在者之间最深刻的本质联系的世界问题，这个一切谜中之谜，一定会变成真正的主题。

在这里我们的兴趣只涉及近代哲学。但是这个哲学上的近代并不只是刚刚描述的伟大历史现象的一个片断；即为理解自己而斗争的人类（因为在这种表达中就包含了全部的现象）的一个片断。宁可说，它作为具有新的普遍任务，同时还具有复兴古代哲学的意义的哲学的新奠立，同时既是一种重复，又是一种普遍的意义的改变。在这点上它自认为有能力开创一个新的时代，认为它的哲学理念和真正方法是完全可信的；而且确信，由于新的开端的彻底精神，就克服了迄今为止的一切朴素性，因此也克服了一切怀疑论。但是由于受到未曾注意到的自身朴素性的牵累，哲学的命运就是，必须在由新的斗争所推动的缓慢的自身显露的过程中，首先探求哲学的最终的理念，哲学的真正的主题，哲学的真正的方法，首先揭示出真正的世界之谜，并将它们引到解决的轨道上。

在这种发展中成长起来的我们现代人，正处于在怀疑论的洪流中沉没因而放弃我们自己的真理的巨大危险之中。当我们在这种困境中进行思考时，我们的目光就转回到形成我们现代人性的历史之中。我们只有通过阐明从它起源时就内在地具有的统一的意义（而这种统一的意义同时具有重新确定的作为原动力推动诸种哲学尝试的任务），才能获得对自身的了解，并借此获得内在的支持。

§6　为了人的意义而斗争的近代哲学史。

如果我们考虑到哲学理念的发展对全人类（本身不从事哲学

研究的人类)的影响,我们就不能不说以下的话。

对从笛卡儿起直到今天的近代哲学统一发展(尽管其中有种种矛盾)的内在的理解,首先使我们有可能理解这个现代本身。我
13 们时代的真正的唯一有意义的斗争,是在已经崩溃的人性和尚有根基并为保持这种根基,或为寻求新的根基而奋斗的人性之间的斗争。欧洲人性的真正的思想斗争是作为诸哲学的斗争而进行的,即在怀疑论的哲学——或宁肯说是非哲学,它只保持了哲学的词句,但并不实行哲学的任务——和尚有生命力的,名副其实的哲学之间的斗争。但是后一种哲学的生命力在于,它们为自己的真实的意义而奋斗,并以此为真正的人性的意义而奋斗。使潜在的理性达到对它自己的可能性的自身理解,由此使形而上学的可能性作为真正的可能性成为可以理解的,这是将形而上学或普遍哲学引向实现的勤奋的道路的唯一方法,只有通过实行以上任务才能决定,这个自希腊哲学诞生起欧洲人就固有的目标,即想成为由哲学理性而造就的人,而且只能作为这样的人而存在——从潜在理性向明显理性的无穷运动,并且通过以它的这种人类的真理和纯真性而自我规范的无穷努力而造就成这样的人——的这种目标,是否只不过是一种纯粹的历史上-事实上的妄想,是否只不过是在许多其他文明和历史性中的一种偶然文明的偶然获得物;或者相反,是否人类本身本质上包含着的**隐得来希**(Entelechie)最初没有在希腊人那里显露出来。人性一般本质上就是在生殖方面和社会方面联系着的文明中的人的存在。人是**理性的动物**(animal rationale),只当它的整个人性是理性的人性时它才是这样的东西,——就是说,只当它是潜在地指向理性,或明显地指向那种达

到自己本身的，对自己本身成为明显的，并且现在以本质的必然性**有意识地**指导人的生成的隐得来希时，它才是这样的东西。因此哲学和科学应该是揭示**人类本身**“**与生俱来的**”**普遍理性的历史** 14
运动。

只要迄今尚未完结的这场运动**表明**是以真正的正确的方式发挥纯粹作用的隐得来希，或者，只要理性本身事实上按它本身固有的形式对自己充满自觉地清楚地显示出来，也就是说，以一种普遍哲学的形式显示出来（这种哲学在前后一贯的必真的洞察中发展，以一种必真的方式自己规范自己），只要情况是这样，哲学和科学就真的是揭示人类本身“与生俱来的”普遍理性的历史运动。只有这样才能确定，是否欧洲人自身中有一种绝对的理念，而不是像“中国”或“印度”那样是一种纯粹经验的人类学上的类型；另外，只有这样才能确定，是否将所有其他的文明欧洲化的壮举本身表明一种绝对的意义的统治，这种绝对的意义属于世界的意义，而不属于历史上无意义的胡闹。

现在我们可以肯定，18 世纪的理性主义，以及它想要获得欧洲人所要求的根基的方式，是一种**朴素性**。但是由于这种朴素的，如果前后一贯地仔细思考，甚至是荒谬的理性主义，就应该抛弃理性主义的**真正**意义吗？对那种朴素性，那种荒谬性进行严肃阐明的情况又如何呢？受到称赞的对我们提出不合理要求的非理性主义的合理性又如何呢？如果我们被要求倾听它，难道它不是肯定要我们相信它是在进行理性的思考和理性的论证吗？难道它的非合理性最终不又是一种心胸狭窄的坏的合理性，比旧的理性主义的合理性更糟糕的合理性吗？难道它不是一种“懒惰的理性”的合

理性吗？——这种懒惰的理性**逃避**为澄清最终的材料，澄清由这些东西最后真正合理地预先规定的目标和道路而进行的斗争。

关于这个问题我们就说这么多。为了使人们感到阐明这种危机的最深刻原因所具有的无比重要性，我们前进得太快了。近代哲学和科学很早就已陷入这种危机了，这种危机的强大气势一直延续到我们今天。

15 **§ 7　本书的研究计划。**

但是我们刚刚进行的这些思考，对我们当代的哲学家，**对我们自己**，意味着什么，一定意味着什么呢？难道我们在这里只是想听学院式的演讲吗？我们只能简单地再回到我们的“哲学问题”上被打断了的职业工作上，因此继续去重新构筑我们自己的哲学吗？当我们确实看到，我们自己的哲学如同所有过去的和现在的哲学家同行的哲学一样，在总是有兴有衰的诸哲学的系谱中只有短暂的生存时，我们还能认真从事这项工作吗？

我们自己的困境正在这里。所有我们这些人，并非哲学的写作匠，而是由伟大过去时代的哲学家培养起来的人，我们为真理而生存，而且只是以这种方式存在于我们自己的真理之中，并且只愿意以这种方式存在。但是作为现代的哲学家，我们陷入痛苦的**实存的矛盾**之中。我们**不能**放弃对作为任务的哲学的可能性所抱的信念，即对于普遍认识的可能性的信念。我们**知道**，我们作为严肃的哲学家**承担着**这项任务。然而我们如何才能坚持这种信念呢？这种信念只有在与一个我们大家共有的唯一目的，即与哲学**本身**的关联中才有意义。

我们已经从最一般的方面意识到这一点了，即人所进行的哲
学研究和它在人的整个生存中的结果，绝不是只有单纯私人的或
以任何其他方式限定的文化目的的意义。因此，在我们的哲学研
究中，我们是人类的公仆——我们如何能无视这一点呢？在我们
个人的内在使命中，对于我们自己作为哲学家的真正的存在来说
完全是个人的责任，同时本身就包含有对于人类的真正存在的责
任。而人类的真正存在只是作为指向终极目的的存在而存在，而
且如果它确实能实现，也只有通过哲学——通过我们，如果我们真
正是哲学家——才能实现。在这里，在这种实存的“如果”中有逃
遁的余地吗？如果没有，我们为了能够相信（我们相信）应该怎么 16
办呢？我们再也不能真正地继续进行迄今一直进行着的那种哲学
研究了，那种哲学研究让我们指望的是诸种哲学而不是哲学本身。

我们最初的历史反思不仅使我们明白了作为严峻的事实的当前情势及其困境，它还使我们想起，我们作为哲学家，按照“哲学”这个词所标明的目标，按照概念、问题和方法，是过去的继承人。显然，为了在作出任何决定之前达到一种彻底的自身理解，必须进行深入的历史的和批判的反思（在这里舍此没有有效的方法）；而这只有通过返回过去追问那种最初并且总是作为哲学被寻求的东西，被历史上所有彼此相互交流的哲学家和哲学继续寻求的东西，才能做到；但这必须通过对在目标的设定和方法中表明的那种最终的根源的真实性的东西进行批判考察才能做到，那种最终的根源的真实性一旦被发现出来就一定会必真地征服意志。

应该如何实际地实行这种批判考察，决定我们作为哲学家的实存的存在的必真性最终真正应该是什么，暂时还不清楚。以下

我想设法走我自己已经走过的道路，这条道路的可能性和可靠性，我在数十年间已经检验过了。因此从现在起，我们将用高度怀疑的但又绝不是事先否定一切的精神态度武装起来，共同前进。我们将尝试通过询问、揭示、检验它们的内在意义和隐蔽的目的论，冲破在哲学史上变得肤浅的“历史事实”的外壳。在这条道路上，一些完全重新转变目光的指向新的方向的可能性，开始很少被注意到，但逐渐地越来越明显地显露出来。在这里会产生出一些从未被询问过的问题，出现一些从未涉足过的研究领域，从未被彻底理解和把握的相互关系。最后它们迫使人们根本改变哲学过去在一切历史形态中都“不言而喻地”有效的全部意义。一种具有新的
17 任务及其普遍必真基础的新哲学的实践上的可能性也将通过行动得到证实。但是事实也将表明，所有过去的哲学，都是内在地指向这种新的哲学意义的，尽管它们本身没有意识到。在这方面，特别是近代心理学的悲惨的失败将变成可以理解的，并将被阐明；它的处于矛盾之中的历史存在也变得可以理解了：就是说，它（在它的历史上积累起来的意义上）必然会提出成为哲学的基础学科的要求，然而由此产生一些显然背理的结果，即所谓“心理学主义”（Psychologismus）的结果。

我并不想教授，而只是想引导，只是想指出和描述我所看到的东西。我并不要求别的，只是要求允许我能像每一个以其全部的真诚经历了哲学式生存的命运的人一样，首先对我自己，因此也对别人诚实地讲述。

第二部分　澄清近代物理学主义的客观主义和超越论的主观主义之间对立的起源 18

§8　科学的普遍性的新理念在数学的改造中有其起源。

现在首要的问题是了解，在近代之初接受古代人的理念时，普遍哲学的理念和任务所发生的根本变化。从**笛卡儿**开始，新的理念就支配着诸哲学运动的整个发展，并且成了所有这些运动相互间对立的内在动因。

这种改造首先是从古代遗产的这样一些重要专门科学的改造开始的：欧几里得几何学，以及通常的希腊数学，然后是希腊的自然科学。在我们看来，这些都是现代发展了的科学的诸片断，诸开端。但是在这里我们不可忽视在意义方面的巨大改变。首先是提供给数学（作为几何学和作为数和量的形式的-抽象的理论）的**普遍的**任务，这种任务具有一种**全新的**，古代人不知道的样式。古代人就已经在柏拉图理念学说的指导下将经验的数、量，经验的空间图形，即点、线、面、体，都理念化了；并借此将几何学的命题和证明改造为理念的-几何学的命题和证明。此外，与欧几里得几何学

一起，产生一种给人以非常深刻印象的理念，这就是一种具有广大的雄心勃勃的理想目标的、系统统一的演绎理论。这种理论以“公
19 理的”基本概念和基本定理为基础，按照必真的推论而展开，——这是一个由纯粹合理性构成的整体，是一个可以洞察其无条件真理的整体，而这个整体是由全然无条件的可直接和间接洞察的诸真理构成的。但是欧几里得几何学以及一般古代数学只知道有限的任务，只知道一种有限的封闭的先验性。亚里士多德三段论的先验性虽然高于其他一切先验性，但也是一种有限的封闭的先验性。古代人就只达到这种高度；他们从来也没有把握住无限任务的可能性，这种无限任务的可能性在我们看来当然是与几何空间的概念联系着的，并且是与作为归属于它的科学的几何学概念联系着的。在我们看来，归属于理念空间的有一种普遍的系统地统一的先验性，一种无限的，尽管自身包含有无限性却仍是统一的，系统的理论，这种理论由公理的概念和命题出发，可以以演绎的一义性构成任何可以想象到的能在空间画出的图形。凡是在几何空间中理念地“存在”的东西，预先就在它们的全部规定中一义地决定了。我们的逻辑上必真的思想，按照概念、命题、推论、证明逐步前进到无限，它只是“发现”预先已存在的东西，本身已经真正存在的东西。

关于一种合理的无限的存在整体以及一种系统地把握这种整体的合理的科学的这种理念的构想，是一种前所未闻的新事物。无限的**世界**，在这里是**由理念的东西构成的世界**，被构想为这样一种世界，它的对象不能够单个地、不完整地，好像是偶然地被我们所认识，而是要通过一种合理的、系统的、统一的方法才能达到。

这种方法在其无穷的进展中，最终能够完全把握每一个对象的全部自在存在。

但是不仅理念的空间方面是如此。关于一种类似的，但是更为一般的（作为由形式化的抽象而产生的）理念，即形式的数学的理念的构想，古代人也远未达到。只是在近代的初期，才开始真正去发现和征服数学的无限的地平线。于是形成了代数的、连续统数学的、解析几何学的早期阶段。由于这一代新的人类所特有的 20
勇敢和创新精神，由此出发立即就预先推定一种有关在这种新的意义上合理的无所不包的科学的伟大理想，或更确切地说，这样一种理念，即由一般存在者构成的无限的全体本身就是一个合理的无所不包的统一体，它可以相应地由一种普遍的科学完整无遗地把握。在这种理念完全成熟以前很久，它就已经作为一种不明确的或半明确的预感支配着以后的发展了。不管怎么说，它并没有停留在这种新的数学上。它的理性主义随即延伸到自然科学上，并为它创造了一种数学自然科学的全新理念，在很长一个时期这种自然科学被正当地称作伽利略式的自然科学。当这种数学的自然科学走上顺利实现的轨道时，一般哲学（作为有关宇宙，有关存在者全体的学问）的理念就改变了。

§9　伽利略将自然数学化[①]。

对于柏拉图主义来说，实在的东西或多或少充分地分享有理念的东西。这就为古代的几何学提供了初步应用于现实的可能

① 参看附录Ⅰ。

性。但是由于伽利略将**自然数学化**，**自然本身**就在这种新的数学的指导下理念化了；用现代的说法，自然本身变成了一种数学的流形。

这种将自然数学化的意义是什么呢？我们如何追述引起这种数学化的思路呢？

在进行科学研究以前，这个世界就在日常的感性经验中主观地-相对地被给予了。我们每一个人都有自己的显现，对每一个人来说，这种显现都被看作现实存在的东西。我们的存在有效性之间的这种差异，在交往中我们早就彼此觉察到了。但是我们并不
21 因此认为存在有许多个世界。我们必然相信**这个**世界，它的诸事物是同一的，只是以不同的方式呈现给我们。那么我们除去关于自身客观地存在着的事物的空洞的必然的理念之外就再也没有其他什么东西了吗？在显现本身中没有我们必须归之于真正自然的内容吗？属于这种真正自然的就有纯粹几何学，以及一般而言有关纯粹时空形式的数学，就在其中可理念地构成的纯粹形态，以绝对普遍有效的自明性所教导我们的一切东西，——在这里我只是描述引起伽利略思想的那种“不言而喻的东西”，并未对它采取某种立场。

在**伽利略**的这种“不言而喻的东西”中包含什么内容，为了引起他新的意义上的数学的自然认识的理念，另外还需要什么其他的他认为不言而喻的东西，这是需要仔细说明的。我们要注意，他这位自然哲学家和物理学的“开拓者”，还不是今天完全意义上的物理学家；他的思想还不是像我们现代的数学家和数学物理学家的思想那样在远离直观的符号领域中活动；我们不可将通过他以

及他以后的历史发展而变成对我们今天“不言而喻的东西”加到他身上。

a）“纯几何学”[1]

首先让我们考察“纯几何学”，即关于空间时间的一般形态的纯数学；它作为古老的传统呈现于伽利略面前，处于生动地向前发展的过程中，因此一般说来，就如同它对于我们自己也在那里存在着一样，一方面作为关于“纯粹理念东西”的科学，另一方面被经常实际应用于感性经验的世界。在日常生活中，我们对于先验理论与经验之间的转变都很熟悉，以致我们通常都倾向于不区分几何学所谈论的空间和空间形态与经验现实中的空间和空间形态，仿佛它们是同一个东西。但是如果几何学应被理解为精密物理学的意义的基础，在这方面和其他任何地方我们就必须十分精确。因此为了说明伽利略思想的形成，我们不仅必须重新构成能清楚说明伽利略动机的东西，而且弄清楚在他的数学理想中潜在地包含 22
的东西也是很有教益的；尽管由于他的兴趣方向，这些东西是他难以看到的。这些东西作为隐蔽的意义前提当然一定会一起进入他的物理学之中。

在直观的周围世界中，我们通过将视线抽象地指向纯粹时间空间形态，就体验到“物体”，——这不是几何学上的理念的物体，而正是我们实际体验到的**这个**物体，它具有实际体验到的内容。不论我们在想象中怎样随意地改变这些物体，我们如此得到的自

[1] 参看附录 II 和 III。

由的，在某种意义上是“理念的”可能性，绝不是几何学上的理念的可能性，绝不是能在理念空间中画出的“纯粹的”几何学图形——“纯粹的”立体，“纯粹的”线，“纯粹的”面，“纯粹的”图形，以及在“纯粹的”图形中发生的运动和变形。因此几何学的空间绝不表示想象的空间，或一般来说，不管怎样可能想象的（能够想象到的）世界一般的空间。想象只能将一些感性的形态再改造为另一些感性的形态。这样的形态不论是在现实中的还是在想象中的，只能按照不同的等级程度去想象：或是较直的，或是不太直的；或是较平的，或是不太平的；或是较圆的，或是不太圆的，等等。

确实，直观的周围世界，一般而言，并且就其全部特性而言，都处在单纯类型东西的变动中。它们与自身的同一性，它们的自身等同，它们在时间延续中的同一性，都只不过是大致如此，正如它们与其他东西相似的情形一样。这也涉及到一切变化，以及**它们的**可能的同一性和可能的变化。因此相应的东西对于有关经验直观的物体以及它们的关系的抽象把握的诸形态也是适合的。这种等级程度可以说成是完美性的或大或小的等级程度。实际上在这里也如同在别处一样，存在有特殊的实际的兴趣在这里恰好完全被满足这种意义上的绝对的完美性。但是，当兴趣发生变化时，对于一种兴趣是完全地准确地满足的东西，对于另一种兴趣就不再是完全地准确地满足了，当然在这里对使事物完美的通常的技术能力，例如使直线更直，使平面更平的能力，假定了一种能力上的
23 界限。但是技术是随着人类的进步而进步的，改进技术的兴趣也在增长，完美性的理想总是不断向前推进。由此我们总是已经有一个由总能不断向前推进的**可以想象的**改善构成的开放的地

平线。

不必由此出发更深入地研究本质关联(从来也没有系统地进行过这样的研究,而且这也绝不是件容易的事),我们就已经能够理解,从这种使事物完善化的实践中,在向可以想象得到的完善化的地平线"不断地"自由推进中,到处都预先确定出一种极限形态,一系列个别的完善化都将它作为一个不变的永远也达不到的极向它逼近。如果我们的兴趣就在于这些理念的形态,一贯地致力于对它作规定,并由已规定形态构成新形态,我们就是"几何学家"。对于包括时间维度的其他领域,情形也是一样:我们是研究这些"纯粹"形态的数学家,这些形态的普遍形式是一起被理念化了的空间时间形式。我们现在所有的不是实际的实践——不论是实际行动的实践,还是对与现实的和实际可能的经验物体有关的经验可能性进行思考的实践——,而是"纯粹思想"的理念实践,这种纯粹思想只能保持在纯粹极限形态的领域中。通过历史上早已形成的,并且能在主观间的共同体中实际运用的理念化的和构成的方法,这些极限的形态就变成习惯地运用的获得物,借助这些获得物人们可以不断地获得新东西,即作为研究领域的一个无限的然而却自身封闭的理念对象的世界。如同一切由人的劳动成就产生的文化成果一样,这种纯粹极限形态仍然是客观上可认识的和可支配的,尽管并不一定要总是明确地重新提到它们的意义构成。它们是根据感性上的具体表现,例如通过语言和文字,而被直接地从统觉上把握,并被操作处理的。感性的"模型"也以同样方式起作用,在这些模型中特别包括在工作中经常被使用的画在纸上的图形,为帮助阅读学习印在课本中的图形,以及诸如此类的东西。与

24 其他文化对象(如钳子、钻头等)直接就在它们特殊的文化特性中被理解被“看出”,而不必每次都对赋予这种特性以它们固有意义的那种东西重复进行直观相似,对于这种极限形态的理解也是如此。这种可以说是在具体表现中沉积的意义,以这种久已理解了的获得物的形态,在数学家按一定方法进行的实践中起作用。而这样一来,这些意义就使理念对象构成的几何学世界中的精神操作成为可能了(对于我们来说,在这里几何学代表整个空间-时间的数学)。

但是在这种数学的实践中,我们达到了在经验的实践中达不到的东西,即“**精确性**”;因为对于理念形态来说,产生这样一种可能性,即**以绝对的同一性规定它**,将它当作绝对同一的、可以在方法上一义规定的诸性质的基体来认识。但是这不仅是个别地按照一种普遍相似的方法进行的(那种方法在任意选定的感性直观的形态上操作,可以到处实行理念化,并且可以按照客观的一义的规定性原初地创造与它们对应的纯粹理念的东西)。在这方面**某些图形是很优越的**,如直线、三角形、圆。但情况很可能是这样——而这正是**曾经创造了几何学的那种发现**——,即借助于那些预先被看作可普遍运用的基本形态,以及按照一般能借助这些基本形态进行的操作,并不仅仅是一再地**构成**另外一些形态,即由产生这些形态的方法主观间一义地规定的形态。因为终于呈现出这样一种可能性,即以先验的无所不包的系统的方法,以构造的形式一义地产生**一切一般可能的**理念形态。

以一些基本形态作为基本规定手段,由此出发对一些理念形态,最后是对全部理念形态进行操作规定的几何学方法,可以**追溯**

到在**前科学的直观的周围世界中**已经使用的**测定的和一般测量的
规定的方法**，这种方法起初是很粗糙地使用的，然后是作为一种技
术使用的。这种测量活动的目的在这个周围世界的本质形式中有 25
其明显的来源。在周围世界中的可感性地体检的和可感性直观地想象的形态，与在普遍性的任何水平上可想象的类型连续地相互转换。在这种连续性中，这些感性形态与普遍类型充实作为它们的形式的（感性直观的）空间时间性。在这种开放的无限性中的每一种形态，即使它们在现实中是作为**事实**被直观地给予的，也仍然**没有“客观性”**；因此它不是对于每一个人——对于每一个事实上没有同时看到它的其他人——都能主观间共同地规定并按照它的规定在主观间传达的。而**测量技术**却显然可以提供客观性，并为客观性在主观间传达的目的服务。这种技术涉及许多方面，实际测量只是其中最后的部分。即一方面，必须为河流，山川，建筑物等等的通常肯定没有明确规定的概念和名称的立体形态创造出概念；首先要为它们的“形状”（借助于图形的相似）创造出概念，然后为它们的量和量的关系创造出概念；另外还要为它们的位置规定创造出概念。其方法是通过测量相对于已知的、被设定为固定不变的位置和方向的距离和角度。测量技术在**实用中**揭示出一种可能性，即将某些经验上的基本形态（它们具体地固定在实际上一般可供使用的，在经验的意义上固定不变的物体上）选作**测量单位**，并且借助存在于它们和另外一些物体形态之间的（或更确切地说，能被揭示的）关系，诸主观间共同地并且在实用上一义地规定这另外一些形态，——首先是在较狭隘的范围内（譬如在**土地测量技术中**）实行，然后推广到新的形态的领域。因此就可以理解，

作为自觉地追求“哲学的”认识，即规定世界之“真正的”客观的存在的认识之努力的结果，这种**经验的测量技术**以及它的经验的-实践的客观化功能，通过将实践的兴趣转变为纯理论的兴趣，**就被理念化了，并且转变成纯粹几何学的思维方法**。因此测量技术就成了最终是普遍的几何学和它的纯粹极限形态的“世界”的开路先锋。

26 ### b）伽利略物理学的基本思想：作为数学上的全域的自然

因此**伽利略**当时所知道的、不仅广泛应用于地球而且也广泛应用于天文学的、比较发达的几何学，对于他来说已经是传统上给予了的，并成为他将经验的东西与数学上的极限理念联系起来的思想的指南。当然，对于他来说，在这期间，本身已经由几何学一起规定了的、抱有不断提高测量精确性并借此客观地规定形态本身的意图的测量技术，也已经作为传统存在了。如果说，技术实践方面非常狭隘的经验上的任务设定，原来曾推动了纯粹几何学的任务设定，那么从那以后很长时间，几何学已经反过来作为“应用的”几何学变成了**技术手段**，变成了构想和实行以下任务的指导：即通过向几何学的理想，即极限形态不断地提高与“接近”，系统地构造用于客观规定诸形态的测量方法学。

因此这就是伽利略所面临的情况。当然，他没有感到需要深入研究理念化的成就最初是以什么方式发生的（即它是如何在前几何学的感性世界的基础上和它的实用技术的基础上发生的），没有感到需要专心致志地研究数学的必真的自明性的起源问题，这也是完全可以理解的。在这位几何学家的态度中没有这样一种需要。因为人们毕竟已经研究了几何学，人们“理解了”几何学的概念和命题，熟悉了那些作为处理被确切规定的结构的，恰当运用纸上图形（“模型”）的方式的操作方法。至于几何学的自明性——这种自明性是“如何”起源的——会成为问题，这件事情有一天对于作为关于存在者的普遍认识（哲学）的分支的几何学可能变得非常重要，甚至具有根本的重要性，则是伽利略完全不曾想到的。观察方向的转变如何必然成为紧迫的，认识的“起源”如何必然成为首要的问题，这在我们从伽利略出发的历史考察进程中立即就会成 27
为对我们非常重要的问题。

现在我们来考察一下几何学——它是以能使每一种通常的几何学研究得以进行的那种先验自明的朴素性被接受下来的——是如何决定伽利略的思想，并将他的思想引导到物理学的理念的，这种物理学的理念通过他的毕生工作现在第一次产生出来。因此从这样一种实践上可以理解的方式出发，即几何学从一开始就在感性周围世界这种古老的传统领域有助于达到一种一义的规定，伽利略认为：不论在哪里构造成这样一种方法学，我们在那里就因此也克服了主观把握上的相对性，而这种相对性对于经验直观的世界毕竟是本质的。因为依据这种方法我们获得了一种同一的非相对的真理，凡是能够理解和运用这种方法的人都能相信这个真理。**就是说，在这里我们认出了真正存在者本身**，——尽管只是按以下方式认出的，即从经验上给予的东西出发不断地上升，越来越接近于几何学的理想形态，而几何学的理想形态起着进行引导的极标的作用。

然而这整个的纯数学只能与在纯粹抽象之中的物体或形体世界发生关系，即它只能与空间时间中的抽象形态发生关系，而且是将它们作为纯粹“理想的”极限形态与之发生关系的。但是现实的与可能的经验形态只是作为“质料”的“形式”，作为感性充实的“形式”具体地给予我们，首先是在经验的感性的直观中给予我们；因此是与那种在所谓“特殊的”感性性质[①]，如颜色，声音，气味，等等中，按照固有的等级程度呈现的东西一起被给予的。

28 属于被感性地直观的物体的具体性的，属于它们在现实的和可能的经验中的存在的具体性的，还有它们受它们本身固有的变化的限制。物体的空间时间位置上的变化，在形式特征和内容充实特征上的变化，并不是偶然的和任意的，而是以感性类型的方式在经验上相互依赖的。物体事件的这种彼此关联本身是日常进行体验的直观中的要素。这些要素被体验为是赋予同时地和相继地

① 从洛克时代以来，心理学传统中流传下来一种坏的遗产，这就是人们经常用“感性材料”、“感觉材料”来偷换在日常直观世界中实际体验到的物体的感性性质——颜色、触觉性质、气味、温度、重量等等，这些东西正是作为物体的属性在物体本身上感觉到的。对于感性材料和感觉材料也同样不加区分地称作感性性质，至少一般来说完全不与感性性质相区分。凡是人们感觉到差别的地方(人们不是去仔细描述这种差别的特点，而这是非常必要的)，这种完全错误的观点就起作用，即认为“感觉材料”就是直接的给予性。关于这一点我们以后还要谈到。在这种情况下，与物体本身上的感性性质相对应的东西经常就立即被数学-物理学的东西所取代，而我们所要研究的正是数学物理学东西的意义的来源。当我们忠实地表达实际经验时，不论在哪里，我们所谈论的始终是通过这些属性实际感觉到的物体的性质、属性。当我们称它们为形态的充实时，我们也将这些形态当作物体本身的“性质”，甚至是感性的性质。只不过这些形态作为被多个感觉器官共同感觉到的性质(αἰσθητά κοινά)与仅被特定感觉器官感觉到的性质（αἰσθητὰ ἴδια）不同，它们与仅仅感觉它们的感觉器官没有关系。

一起存在着的物体以紧密联系的东西，或被体验为是将自己的存在与存在方式相互联结的东西。我们在经验中确实经常(但并不总是)遇到这种由其诸联系环节构成的实在的-因果的联结。然而只要情况不是这样，只要有某种引人注目的新事物出现，我们立即就会问为什么，并且到空间时间的状况中去寻找原因。直观的周围世界中的事物(在这样说的时候总被认为是像它们在日常生活中在那里直观地向我们呈现的那样，并且被我们看成是现实的)，可以说有它们自己的“习惯”，即在类型上相似的状况下有相似的表现。如果我们来看看作为整体的每时每刻都在流变之中的直观世界(它正是以这种方式直接存在于我们眼前)，它作为整体也具有自己的习惯，即按照习惯像以前一样继续下去。因此我们经验上直观到的周围世界具有一种经验上的整体样式。不论我们怎样认为这个世界在想象中被改变了，或想象这个世界在我们所不知道的未来中的过程(就如同按照其可能性“它恰好可能是的那样”)，我们必然是按照我们现在已经拥有这个世界的样式，迄今为止拥有这个世界的样式想象它。我们在反思中和在对这些可能性 29
的自由改变中，可以清楚地意识到这些样式。因此我们可以将这个直观世界在整个经验的流中保持的那种普遍的不变的样式变成研究课题。正是以这种方式我们看到，一般而言事物和它们的事件并不是任意出现和消失的，而是“先验地”被这些样式，即被直观世界的不变形式制约的；换句话说，我们看到，通过一种普遍的因果规则，这个世界中所有一起存在的东西都具有一种普遍的直接或间接的紧密联系，由于这种紧密联系，世界不仅是一个全体，而且是一个包罗万象的统一体，是一个整体(尽管是无限的整体)。

不论关于特殊因果联系性现实体验到的有多么少，不论从以前的经验中关于特殊的因果联系知道得多么少，以及对未来的经验预示得多么少，上述情况都是先验地自明的。

直观周围世界的这种普遍因果性的样式，使在这个周围世界中作出关于现在、过去和将来的未知事件的假设、归纳和预见成为可能。尽管如此，在前科学的认识生活中，我们仍停留在一种大概的东西和**类型的东西**之中。如果我们在这种模糊的总体意识的情况下，只有关于世界的这样一种意识，在其中世界是作为地平线伴随暂时的兴趣和认识主题的各种变化一起被意识到的，那么“**哲学**”，即**关于世界的科学认识**，如何可能呢？诚然正如刚刚指出的，我们也可以将这个世界整体当作主题来反思，并把握它的因果关系的样式。但是我们在这种情况下所得到的只不过是这样一种关于空洞的一般性的自明性：即在任何地点任何时间的任何可能体验到的事件都是被因果地决定了的。然而关于那种当时**被规定了的**世界的因果性，作为当时被规定了的因果联系性之网（它使在一切时间中的一切实际发生的事件变成具体的）的情况又如何呢？“从哲学上”严格科学地认识这个世界，这只有在以下情况下
30 才有意义和可能性，即只当能发明出一种方法，这种方法能从当时在直接经验中只是相对查明的东西的贫乏的储备出发，系统地，在某种程度上是预先地**构造**这个世界和它的因果性的无限系列，并能令人信服地**证明**这种构造，尽管它具有无限性。这怎么可以想象呢？

但是在这里**数学**为我们提供了借鉴。在时空形态方面它已经以两种方式开辟了道路。**首先**，通过将物体世界在其时空形态方

面理念化，它创造出理念的客观性。它由生活世界的未被规定的一般形式，即空间和时间，以及可以想象为在其中的经验直观的多种多样形态，首先造成真正意义上的**客观的世界**，即由**理念对象**构成的无限总体，这种理念对象对于每一个人都是可以从方法上非常一般地一义规定的。因此它第一次表明，由与主观相关联的，只有在一般的模糊的表象中才能被想象的对象构成的无限性，可以由一种先验的包罗万象的方法**客观地规定，并且实际上可以认为是本身已经规定了的**；更确切地说，可以认为是本身按照其全部对象，按照其全部性质和关系被规定，被预先**决定了的**。我说它是可以被想象的，正是因为它**根据材料**，通过它的不仅是假设的，而且是真正被建立起来的，具有必真的生产性的方法，可以按照它的客观的真正的自在存在构造。

其次，数学由于与测量技术相关联，并且现在指导着测量技术——因此就从理念对象的世界重又下降到经验直观的世界——，就表明，人们可以普遍地就**直观现实世界的物体**，并且是在唯有作为形态数学的数学才感兴趣的方面（一切事物都必然地分享这个方面），获得一种**全新的客观的实在的认识**，即一种以**不断接近的方式**与它自己的理念对象相关联的认识，经验直观世界的一切事物都按照世界的样式而具有立体性，都是“**有广延的东西**”（res extensae），都是在种种变化的配置中被体验到的。这种配置总被认为是一个整体，具有它们的总体配置，在其中个别的物 31
体有它相对的位置，等等。由于有了纯粹数学和实用测量技术，人们就可能为物体世界的所有这一类有广延的东西创造出一种**全新的归纳预见**，就是说，人们能够从当下被给予的被测量的有形体的

事件出发，以无可辩驳的必然性“**计算**”未知的永远也不能直接测量的有形体的事件。这样一来，**与世界疏远了的理念的几何学就变成了“应用的”几何学**，并且从某个方面来看，就变成了认识实在的一般的方法。

但是，这种应在世界的抽象地被限定的方面应用的客观化方式，不是已经引起了以下这样一些想法和可设想的问题吗：

类似的东西对于具体的世界肯定不可能吗？如果由于文艺复兴时代返回到古代哲学，人们甚至已经——像**伽利略**那样——确信一种哲学的可能性，即一种提供有关世界的客观科学的认识的可能性，并且如果已经表明，被应用于自然的纯粹数学，在形态领域里完满地实现了这种认识的要求，在这种情况下，对于伽利略来说，不是肯定也能预先确定有关可由同样的方法**在所有其他方面以构造的方式规定的自然**的理念吗？

但是以上情况不是只当测量的方法通过不断逼近的方式和对结构进行规定的方式延伸到直观世界**所有**实在的属性和实在的因果联系上，延伸到所有能在特殊经验中体验到的东西上，才有可能吗？但是如何能使这种一般的预想得到满足呢？它如何才能变成认识具体自然的可行的方法呢？

这里的**困难**就在于，正是这些具体填充物体世界的空间时间形态要素的质料充实——“特殊的”感性性质——在它所特有的等级程度方面是**不能**像形态本身那样**直接**探讨的。尽管如此，这些性质，以及所有构成感性直观世界具体性的东西，也必须被认为是
32 “客观的”世界的表现。或更确切地说，它们必须被认为是有效的。因为（这也就是引起新物理学理念的那种思想方式）在主观理解的

各种变化之中，始终贯穿着一种将我们大家都连结起来的关于这同一个世界的，即关于自在存在着的实在性的确信；经验直观中的一切要素都表达有关这个世界的某种东西。只要那些要素——这些要素如同在关于时空形式及其可能特殊形态的纯粹数学中的感性性质一样被抽去而本身不能直接数学化——仍可以间接地数学化，这个世界就是我们的客观认识可以达到的。

c）关于“充实”的数学化可能性问题

现在的问题是，间接的数学化是什么意思？

首先我们来考察一下原则上不可能在物体的特殊感性性质方面进行直接的数学化（或实行一种与不断逼近的构造相类似的做法）的深刻原因。

这些性质也是按等级程度呈现的，并且对于这些性质，对于所有的等级程度也可以某种方式测量——如对于冷与热，粗糙与光滑，明亮与黑暗等的“量”的“估量”。但是在这里没有精密的测量，没有精密度和计量方法的提高。今天，当我们谈到测量，谈到计量单位，计量方法，或仅仅谈到量值时，我们意指的通常总是已经与理念东西有关联的“精确的东西”；不管对于我们来说这种在这里非常重要的将内容充实抽象地孤立起来有多么困难，也就是说，不管通过一种普遍的抽象（这种抽象是与那种产生一般形态世界的抽象相反的），仅只从被称作“特殊感性性质”的那些属性“方面”，在某种程度上可以说是尝试性地考察这个物体的世界有多么困难。

是什么东西构成“精确性”呢？显然正是我们上边揭示的东

33 西，即能不断提高准确性的经验测量。但这是在预先已经通过理念化和构造而客观化了的理念东西之世界的指导下的，或更确切地说，是在某些与各自的计量标度相对应的特殊理想构成物之世界的指导下的经验测量。现在我们可以用一句话说明这种对照。我们没有两种而只有一种关于世界的普遍形式；没有两种几何学，只有一种几何学，就是说，只有一种关于形态的几何学，而没有第二种几何学，即关于内容充实的几何学。经验直观世界的物体，按照一种先验地属于这个世界的世界结构，是这样的，即每一个物体——抽象地说——都具有它们各自的广延，但是所有这些广延都是世界的这唯一的整体的无限的广延之诸形态。因此它作为世界，作为一切物体的普遍组合，具有包罗一切形式的总体形式，而这种总体形式可以按照已经分析过的方式理念化，并可以通过构成加以把握。

当然，每个物体都有它们特殊的感性性质，这也是世界结构的组成部分。但是纯粹以这种感性性质为基础的性质组合并不是空间时间形态的类似物，不能归类为空间时间形态所固有的世界形式。这些性质的极限形态不可能在与空间时间形态场合相似的意义上理念化，对它们的测量（“估量”）不可能与已经客观化为理念东西的可构成的世界的相应的理念东西有关联。因此在这里“不断逼近”这一概念也没有与在可数学化的形态领域中的“不断逼近”概念相类似的意义，即客观化成就的意义。

至于对本身没有可数学化的世界形式的那些世界方面的“间接的”数学化，只有在下面这种意义上才是可能的，即可在直观物体上体验到的特殊感性性质（“内容充实”）和本质上属于它的形态，以一种完全特殊的方式按一定规则紧密联系着。如果我们问，什么东西是被具有其普遍因果性的普遍的世界形式先验地预先规定的，也就是说，如果我们询问直观世界在其不断变化中所遵循的一般的不变的存在样式，那么，一方面被预先规定的是作为包含着 34
所有物体的形态的空间时间形式，以及先验地（在理念化之前）属于空间时间形式的东西；其次被预先规定的是，在实在的物体中，总是事实的形态要求事实的内容充实，事实的内容充实要求事实的形态；因此被预先规定的还有，存在着这样一种普遍的因果性，它只能将具体东西的抽象地可分的而不是具体地可分的要素结合起来。此外，从整体上来看，存在着一种普遍的具体的因果性，通过它必然地预先推出，直观世界只有作为在无限开放的地平线中的世界才能是直观的，因此，特殊因果性的无穷的多样性本身不能被给予，而只能像地平线那样被预先推定。因此我们至少是先验地确信，物体世界的整个形态方面不仅一般地要求一个贯穿到一切形态的内容充实方面，而且要求，每一种变化，不管它涉及的是形态要素还是内容充实的要素，都是按照某种因果性——不论是直接的因果性还是间接的因果性，但正是引起这种变化的因果性——发生的。正如我们所说，这就是不确定的一般的先验的预先推定所能达到的范围。

但这并不意味着，内容充实的诸性质在其变与不变的总体推移方面是这样地遵循因果规则发生的，以致这世界的整个抽象方面都一律依赖于在世界的形态方面因果性地发生的东西。换句话说，不可能先验地洞察到，直观物体之特殊性质的每一种可能体验到的变化，每一种在现实的和可能的体验中可能想象到的变化，都

因果性地依赖于在形态这种抽象世界层次中的事件，不可能先验地洞察到，每一种这样的变化可以说**在形态领域都有其对应物**，以致**在总体内容充实中的任何总体变化**，**都在形态领域有其因果性的对应物**。

如果像上面这样描述，这种想法很可能显得十分荒唐。然而我们现在来看看早已熟悉的几千年以来就（在广泛的范围内，虽然并不是充分地）进行的空时间形式的理念化，以及它的全部形态和
35 与这些形态有关的变化和变化形态的理念化。正如我们所知道的，在这里包含着测量技术的理念化，这种测量技术不仅仅是作为测量的技术，而且是作为进行经验上因果性构成的技术（在这里也如同在任何技术中一样，显然也有演绎推论的帮助）。在纯粹理念东西和构成方面的这种理论态度和主题化，导致纯粹几何学（在这里包含一般纯粹形态数学）；后来——在一种我们清楚理解了的倒转中——产生了（如我们记得的）应用几何学；它是由理念东西和借助理念东西在理念上实行的构成指导的实用测量技术，因此是在有关的被限定的领域内将具体因果的物体世界客观化。只要我们再记起所有这一切，刚刚提到的初看起来简直使人感到古怪的想法就不再令人感到惊异了，而直接对我们呈现出——由于我们以前在学校所受的科学教育——一种**不言而喻**的性质。在前科学生活中，我们在事物本身上作为颜色，声音，热，和重量而体验到的东西，因果性地体验为使周围物体变热的物体的热辐射，等等，它们在“物理学上”当然显示为：声波的振动，热波的振动，因此是纯粹形态世界的事件。因此这种普遍的标志今天被认为是毫无疑问的当然的事情。但是如果我们回顾一下**伽利略**，回顾一下这位归

根到底首次使物理学成为可能的那种构想的创造者，那么由于他的业绩而首次变得不言而喻的东西，对于他可能也许不是不言而喻的。对于他来说，只有纯粹数学，以及早已通用的运用数学的方法才是不言而喻的。

如果我们仅仅专注于伽利略的思想动机，考察它是如何事实上奠定物理学新理念的，我们就必须弄清楚在当时情况下在他的根本思想中存在的**令人感到惊异之点**，并且我们必须寻问，他是如何能够达到下面这种思想的：即每一种通过特殊感性性质表明自己为实在的东西，在形态领域——当然总是被认为已经理念化了——的事件中肯定有其**数学的指数**，由此**间接地**数学化的可能 36
性也必然在充分的意义上产生出来，也就是说，必须能够借此（虽然是间接地，并且是以特殊的归纳方法）由所与构成，并且因此客观地规定内容充实方面的**全部**事件。整个无限的自然，作为**受因果性支配的具体的宇宙**——这是这个令人惊异的构想所固有的——变成了一种**特殊的应用数学**。

但是首先让我们回答这样一个问题，在预先给定的并且已经以古老的有限的方法数学化了的世界中，是什么东西曾能够引起伽利略的基本思想的。

d）伽利略有关自然的构想之动机

在这里在前科学的总体经验中呈现出一些（当然是非常罕见的）形式多样而互不关联的经验的场合，它们似乎导致可以将某些感性性质间接地量化的可能性，因此导致某种通过量值和计量单位来标记它们的可能性。对于音高与振动着的弦的长度的函数依赖关系的观察，就已经使古代毕达哥拉斯学派激动不已了。当然还有许多其他类似的因果联系也是当时众所周知的。其实，在我们所熟悉的周围世界的一切具体的直观的过程中，都有能够很容易辨认出的内容充实方面发生的过程对于形态领域中发生的过程的依赖关系。但是一般都想不到要对这种因果依赖性的紧密联系采取分析态度。由于它们模糊的无规定性，它们不可能引起人们的任何兴趣。但是在它们具有规定性性格的地方，情况就不同了，这种性格使它们适合于进行规定的归纳法；并且这种情况又将我们带回到对内容充实进行测量。并不是所有在形态方面相伴随的明显变化都是可由古代已经形成的测量方法测量的。而且，从这种经验到达下面这种普遍的理念和假说还要走很长一段路，即一切特殊性质方面的事件作为指标，都指示确切相关的形态组合和
37 形态过程。对于文艺复兴时代的人来说，这段路并不远，他们到处都喜欢大胆地引出一些一般性的结论，并且相应地在他们中间这些言过其实的假说立刻就找到了易受影响的公众。数学（以及在它指导下的技术）作为真正客观认识领域，对于伽利略甚至在他以前，就是促使“近代的”人关心对世界进行哲学认识和合理实践的中心问题。关于几何学、形态数学，在其理念性和先验性中包含的所有东西，一定有一些测量方法。如果我们探究这些个别经验，并且实际地测量所有在它们当中根据假设是属于应用几何学的东西，因此如果我们形成相应的测量方法，那么整个具体的世界肯定会表明是可数学化的客观的世界。如果我们这样做了，特殊质的事件的方面，就肯定也可以**间接地同时数学化**。

伽利略认为对纯粹数学加以普遍应用是当然的事情，在解释

伽利略的这个思想时应该注意以下一点。在每次应用于直观上给予的自然时，纯数学必须放弃其将直观的内容充实抽去的做法，而将诸形态（空间形态、持续、运动、变形）的被理念化了的东西原封不动地保留下来。但是这样一来，在某个方面就同时完成了对从属的感性的内容充实的理念化。由感性现象的理念化而奠定基础的，超出一切现实直观能力的外延和内涵的无限性——无限地可分割和可划分，因此还有一切属于数学连续统的东西——对于被当然地共同奠定的内容充实的诸性质来说也意味着无限性的基础。因此整个具体物体的世界就不仅具有形态的无限性，而且还具有内容充实的无限性。但是应该再次注意以下一点，即由此并未提供出对伽利略的物理学构想具有重要意义的那种“间接数学化的可能性”。

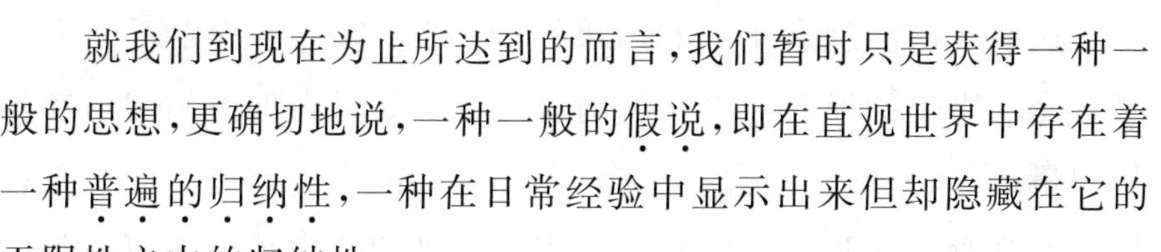

就我们到现在为止所达到的而言，我们暂时只是获得一种一般的思想，更确切地说，一种一般的假说，即在直观世界中存在着一种普遍的归纳性，一种在日常经验中显示出来但却隐藏在它的 38
无限性之中的归纳性。

当然，伽利略并没有将这种归纳性理解为假说。对于他来说，物理学几乎当下就如同迄今为止的纯数学和应用数学一样确实可靠。物理学也立即为他预先规定出实现的方法上的程序（这是这样一种实现，它的成功在我们看来必然具有证明假说的意义——而这假说绝不是关于具体世界中难以达到的事实结构的不言而喻的假说）。因此对于他来说，重要的首先是获得一些能够进一步发展的，能够不断完善的方法，以便超出迄今实际发展了的方法，实际发展在纯数学的理念东西中作为理念的可能性而预示出来的一切测量方法，例如能够测量速度、加速度的方法。但是，形态的纯数学本身需要在构成性的量化方面有更丰富的发展——这在后来导致解析几何学。现在的任务是，借助这种辅助工具，系统地把握这个假说所假定的经验世界的普遍因果性，或者我们也可以说，经验世界所特有的普遍的可归纳性。应该注意的是，与这种包含在伽利略假说之中的新式的、具体的，因此是两个方面的**世界理念化**一起，也提供了**普遍的精密的因果性**的不言而喻性，这种普遍的因果性当然不能首先从对个别因果性的证明出发用归纳法得来，而是发生在对特殊因果性进行任何归纳之前，并指导这些归纳——这同样也适用于具体-一般的直观因果性，这种因果性构成与周围的生活世界中可经验的特殊的个别的因果性对立的具体直观的世界形式。

这些普遍的**理念化了**的因果性，在其理念化了的无限性中包摄着全部事实的形态与事实的内容充实。如果在形态领域内实行的测量能导致真正客观的规定，很显然，在内容充实方面的事件也
39 可以有步骤地达到真正客观化的规定。必须按这种方法研究每一种充分具体的事物和事件，或更确切地说，研究事实的内容充实和形态发生因果关系的方式。这种将数学应用于被现实地给予的形态的内容充实，由于这种具体化，就已经造成因果性前提，而只有这种前提才能导致确定性。这里实际上应该如何进行，如何能够有步骤地处理这种完全应该在直观世界内完成的工作；在这个由假说的理念化将一些尚不知道的无限性带入进来的世界中，实际上能够把握的物体的所与如何从在形态与内容充实**两个**方面在因果性关系问题上受到应有的重视，如何能够从这些所与中按照测

量方法逐渐地揭示出隐藏的无限性；在这里有关被理念化的物体的质的内容充实的越来越完善的指标，在形态领域里如何以越来越接近的方式产生出来；这些理念化了的物体的质的充实本身，作为具体的东西，如何能成为可以按照所有它们理念上可能的事件用不断接近的方式规定；所有这些就是**进行发现的物理学**的问题。换句话说，这是与热情的**研究实践**有关的问题，绝不是在它之前对原则上可能的东西进行系统思考的问题，对进行数学上客观化的本质前提进行系统思考的问题，这种客观化实际上应该能够在普遍的具体的因果关系之网中规定具体的实在的东西。

发现，这是**直觉**与**方法**的结合。当然人们一定会思考，这种结合是不是严格意义上的哲学、科学，它能否是有助于我们对世界和我们自身的理解这种最后意义上的，唯一意义上的有关世界的认识，作为发现者，**伽利略**的目的直接地就是实现他的理念，构造对一般经验中最切近的所与进行测量的方法；现实经验已经表明（当然是借未彻底阐明的方法论），他的假说性预想在每种情况下所要求的是什么。他实际上发现了可以在数学上用"公式"表达出来的因果联系。

在对直观经验材料进行实际测量的活动中，所获得的当然只是经验的不精确的量和表达它的数值。但是测量技术本身同时也 40
是不断提高测量的"精确度"的技术。测量技术并不仅是作为用于完成某件事情的完成了的方法的技术，而**同时**是一种通过创造越来越新的技术手段（如仪器）而**不断地改善其方法的方法**。但是由于使纯粹数学与世界（作为其应用领域）相关联，这个"不断地"就获得了"**无穷地**"这种数学上的意义，这样一来，每一个测量就获得

一种向一个虽然不能达到但却是理念上同一的极，即向一个确定的数学上的理念东西，或更确切地说，向属于数学上理念东西的一个确定的数的构成物，不断接近的意义。

这整个方法从一开始就具有一种普遍的意义，虽然人们不得不与个别的事实的东西打交道。例如，从一开始人们心目中想到的并不是这个物体的自由下落，宁肯说，这种个别的事实的东西是预先就包含于直观自然的具体的总体类型中的事例，即直观自然的经验上所熟悉的不变项之中的事例；这一点当然也在伽利略的理念化的-数学化的态度中得到反映。对世界的间接的数学化（它现在是作为对直观世界有步骤地客观化而进行的）产生了一般的数字公式。这些数字公式一旦被发现，就可根据其应用的方式用来对归属于它的个别事例实行事实上的客观化。显然，这些公式以数的“函数的”依赖关系的形式表达一般的因果关系，“自然法则”，实在的依赖关系的法则。因此，这些公式的真正意义并不在于纯粹的数与数的关联（就好像它们是纯粹算术意义上的公式那样）；而是在于伽利略的（如已经指出的）具有其高度复杂意义内容的普遍物理学的理念，作为一种提供给科学人类的任务，所预先规定的东西，以及实现这种任务的过程——这个过程就是使特殊的方法以及通过这些方法创造的数学公式和“理论”臻于完善的过程——在成功的物理学中所产生的东西。

41 e）自然科学基本假说证明的特点

按照我们以上的评述——这种评述当然超出了阐明伽利略的动机以及由此动机所产生的物理学的理念和任务这个单纯的问

题——，伽利略的理念是一种假说，而且具有一种非常值得注意的性质；现实的自然科学在数百年中其证明是一种具有同样值得注意的性质的证明。说它值得注意，是因为尽管有证明，这假说依然是而且永远是假说；这种证明（这种证明对于这个假设来说是唯一可能的）是一个无穷的证明过程。处于无穷的假说之中，处于无穷的证明之中，这就是自然科学特有的本质，这就是自然科学的先验的存在方式。在这里，证明并不仅是像在所有实际生活中那样证明可能犯错误，偶尔需要修正错误。在这里，在自然科学发展的每个阶段上，都存在着被认为已经排除了其中“错误”的完全正确的方法论和理论。可以称作精确自然科学家的典范的牛顿曾说过：“我不杜撰假说”（hypotheses non fingo），这里也包含这样一种意思，即他没有犯计算上的错误，没有在方法上犯错误。正如在所有个别东西中，在所有表达“精确性”、理念性的概念、命题、方法中一样，在精密科学的总的理念中——而且正如在纯粹数学的理念中一样，在物理学的总的理念中也——存在着作为特有的归纳性的恒常形式的“无穷地”（in infinitum），这种归纳性的恒常形式首先是由几何学带入历史世界之中的。在正确的理论和被概括为“一个时代当时的自然科学”名下的各种理论的无限进步中，我们看到一种假说的进步，这些假说在一切方面都是假说和证明。在这种进步当中有一种不断的完善；整个自然科学从总体上看，是在越来越接近它自身，接近它的“究极的”真正存在，提供出关于什么是
“真正的自然”的越来越正确的“表象”。但是真正的自然之处于无 42
限中绝不像一条纯粹的直线那样，它即使作为无限远的“极”也是诸种理论的无限性，而且只是作为证明才是可以想象的；因此与一

种不断接近的无限历史进步有关。这很可能是哲学思想所研究的问题；但是它揭示一些在这里还不能表达出来，还不属于我们现在首先必须研究的东西之范围的问题。我们所关切的是充分阐明以其伽利略物理学的形式最初规定了近代哲学的物理学的理念和任务，如同它在伽利略的动机中呈现的那样充分阐明它，充分阐明那种由传统上认为不言而喻的东西而注入到伽利略的动机之中，因此仍是未被阐明的意义前提的东西，或者后来误以为不言而喻的却改变了本来意义而增补上去的东西。

在这方面没有必要更具体地研究伽利略物理学出现的及其方法形成的早期阶段。

f）自然科学“公式”的意义问题

但是这里还有一点对于我们的阐明来说具有重要意义。借以使某些超出前科学生活世界中直接经验直观的和可能经验知识的范围的有系统有条理的确定的预见，按照自然科学方法的总体意义直接成为可能的那种决定性成就，就是建立数学理念东西之间的实际的相互联系，这些数学理念的东西预先按假说的方式以不确定的一般性被建立为前提，但是只有按其确定性才能指明出来。如果人们仍然能按其原初意义生动地意识到这种关联，那么只要将视线的主题方向转向这种原初的意义，就足以把握由函数坐标的量（或简单说，由公式）所标明的直观的上升序列（现在被认为是不断接近），或更确切地说，能够按照这种标记，生动地想起这种直观的上升序列。关于在这种函数式中所表达的相互关系本身也是
43 一样，因此人们可以据此制定一种能进行预料的实践生活世界的

经验规则。换句话说，人们一旦有了这些公式，就借此预先已经具有了一种关于在具体现实生活的直观世界中——在其中数学的东西只是一种特殊的实践——能以经验的确实性预料的东西的实践上符合期望的预见。因此，数学化以及它所获得的公式是对于生活有决定意义的成就。

从这种思考出发我们就了解到，随着这种方法最初的构想和制定，自然科学家的强烈的兴趣立即就集中到上面提到的总的成就的这种决定性的基础方面，也就是集中到公式上，并且在"自然科学方法"、"真正的认识自然的方法"的名称下，集中到获取这些公式的，并以对任何人都是逻辑上无可置疑的方式论证这些公式的那些技术方法上。我们还理解到，人们被引诱，以为通过这些公式以及它们的公式的意义就能把握自然本身的真正存在。

鉴于随着方法在技术方面的完善与熟练运用必不可免地出现的意义的肤浅化，这种"公式的意义"现在需要更详细阐明。测量得到有测定值的数，并且在有关量值函数依赖关系的一般命题中，得到的不是特定的数，而是一般的数，而且这些数是以表达函数依赖关系法则的一般命题表达出来的。在这里应该考虑到在近代从韦塔（Vieta）起（因此早在伽利略以前）就广为流传的代数的符号标记和思想方法的巨大影响，这些影响在某些方面是有益的，在另外一些方面是有害的。首先这意味着以古老的原始的形式流传下来的算术思维的可能性大大扩展了。算术思维现在变成了一种有关一般数，数的关系，数的法则的开放的、系统的，完全脱离开一切直观实在的先验的思想。这种思想立即得到全面的扩展，被应用于几何学，应用于空间时间形态的整个纯数学，而这后者为了方法 44

的目的被完全按代数的方式形式化了。因此产生了“几何学的算术化”，整个纯形态领域（理想的直线、圆、三角形、运动、位置关系等）的算术化。这些形态被认为可以以理想的精确性来测量；只不过这理想的测量单位本身具有空间时间的量值的意义。

这种几何学的算术化好像是自然而然地以某种方式导致将几何学的意义抽空。像在几何学思想中在通常称谓的“纯粹直观”下原来的实际的空间时间的理念东西所实际显示的那样，可以说变成了纯粹数的形态，变成了代数构成物。在代数演算中，人们使几何学的意义自然而然地向后退去，甚至将它完全取消。人们在进行演算，只是在最后才想起来，数字是表示量值的。当然，人们并不是如同在通常的数字计算中那样“机械地”计算，人们进行思考，进行虚构，人们也许会作出重要发现，——不过这些发现具有一种未经注意地改变了的“符号的”意义。后来，由此而发展成一种充分意识到的方法上的改变，——一种方法上的转变，譬如，从几何学转变成被看作是独立科学的纯粹的解析学，并且将在这里得到的结果应用于几何学上。对此我们还必须马上作更进一步的探讨。

这种在理论实践中直觉地，非反思地完成的方法的转变过程，在伽利略时代已经开始了，并且在一种不停的前进运动中导致“算术化”的最高阶段，同时也提高了“算术化”：导致一种完全普遍的“形式化”。这正是通过将代数的数和量的理论改进和扩展为一种普遍的因此是纯粹形式的“解析学”、“流形论”、“数理逻辑”而进行的，——这些用语，有时应在狭义上理解，有时应在广义上理解，因为很可惜，关于统一的数学领域实际上是什么，以及按照在数学研究中实际上可以理解的是什么，至今还没有一种一义的特征说明。莱布尼茨当然是远远走在他那个时代的前头，首先洞察到最高的代数思想的普遍的自身完整的理念，即如他所称的 45
“普遍数学”(“mathesis universalis”)的理念，并且认识到它是未来的任务。然而只是在现代这种理念才刚刚接近于一种系统的发展。按照它的充分的完全的意义来说，它只不过是一种全面展开的(或更确切地说，在其固有本质的整体性中无限地展开的)形式逻辑，是关于某种一般东西的可在纯粹思想中，而且可在空的形式的一般性中构成的意义形态的科学。据此它是一种有关能够按照这种构成的无矛盾性之形式的基本法则，系统地，自身无矛盾地建立起来的“流形”的科学，最终，它是有关可以如此想象的一般“流形”的宇宙的科学。因此“流形”是本身可共存的一般对象的全体，这些全体只有在空洞的形式的一般性中才能被认为“确定的”，并且被认为是由“某物一般”的确定样式限定的。在这些全体之中，那些所谓“被限定的”流形被标记出来，它们的定义通过一种“完全的公理系统”，借助完全演绎的规定，为包含于它们当中的形式的基础对象提供一种特殊的整体性。人们可以说，关于“世界一般”的形式逻辑理念就是借助于这种特殊的整体性构成的。这种“流形理论”在被标记出来的意义上就是有关被限定的流形的普遍科学[①]。

① 关于被限定的流形这一概念的更详细的论述，请参阅《纯粹现象学和现象学哲学的理念》，1913年，第135页以下。关于普遍数学(mathesis universalis)这一概念，请参阅《逻辑研究》第Ⅰ卷，1900年；增订2版，1913年。特别请参阅《形式逻辑与超越论逻辑》，哈勒，尼迈耶出版社，1930年。

g）数学的自然科学由于技术化而被抽空意义

本身已经是形式的，但又是受限制的代数算术的这种极度扩展，以其先验性，立即就在一切“具体事象的”纯粹数学中，即在关
46 于“纯粹直观”的数学中，有其应用，并借此被应用于数学化了的自然；但是它也被应用于自己本身，应用于以前的代数算术，并且通过扩展再应用于它自己的形式的流形；因此，它被以这种方式返回来与自身关联。如同算术一样，代数算术在技术上发展它的方法论的过程中，自然而然地被卷入到一种变化中，通过这种变化它完全变成了技术，就是说，变成了一种按照技术的规则通过计算技术获取结果的纯粹技巧；这种结果的真正真理意义，只有在实际运用于这些主题本身的、达到对事情本身的洞察的思想中才能获得。现在只有那些对于技术本身是不可缺少的思想方式和自明性在起作用。人们运用字母、连接符号和关系符号（＋，×，＝等等），按照它们进行组合的游戏规则进行运算，其实，从本质上说，这与纸牌游戏没有什么不同。在这里，真正赋予这个技术操作程序以意义，赋予这种合乎规则的结果以真理性（甚至是形式的普遍数学所特有的“形式的真理性”）的原初思维被排除了；因此，以这种方式，原初的思维也在形式的流形理论本身中被排除了，正如在以前的代数的数和量的理论中，后来在技术上获得的东西的不诉诸真正科学意义的所有其他应用中，其中也包括在对几何学的应用中，对空间时间形态的纯数学的应用中，被排除了一样。

从有关事象的数学到它的形式的逻辑化的进展，以及扩展了的形式逻辑作为纯粹的解析学和流形理论而独立，这本身是一种

完全**合理的**过程，甚至是必然的过程；那种有时完全沉醉于纯粹技术思想之中的技术化过程也是必然的。但是所有这一切能够成为而且必然成为被**充分自觉地**理解和运用的方法。而这只有在以下情况下才是可能的，即注意避免在这里产生危险的**意义改变**。而这是通过经常能现实地把握住**这种方法的原初的意义赋予**，由于这种原初的意义赋予，这种方法才具有了提供有关**世界**的认识的意义。不仅如此，这种方法还必须摆脱一切**未经考察的传统**，这些 47
传统还是在最初构想这种新理念和方法的时候，就将一些不明确的成分注入到它们的意义之中了。

当然，正如我们所阐明的，从事发现的自然科学家的主要兴趣在**公式上**，在已经获得的和能够获得的公式上。物理学在对周围世界预先给定的直观的自然的实际数学化中走得越远，它已拥有的数学-自然科学命题越多，同时，适合于它的工具，“**普遍数学**”，越是发展，它**向**量化了的自然的**新的事实进行**可能的**演绎推论**的范围，因此需要相应地验证的范围就越广。这种验证工作本身是**实验物理学家**的责任，正如从直观的周围世界和在其中实行的实验和测量提高到理念的极的全部工作是实验物理学家的责任一样。与此相反，**数学物理学家**置身于算术化了的空间-时间领域，或同时置身于形式化了的普遍数学之中，将提供给他的数学-物理学公式，像特殊的纯粹的形式数学的构成物一样来处理。当然，如同在**事实**自然的函数法则中出现的常项一样，在其中出现的常项保持不变。数学的物理学家们考虑到所有“已经证明的或作为假设起作用的自然法则”，根据他们能支配的这种普遍数学的整个形式法则系统，引出一些实验者必须接受其结果的逻辑结论。但

是他们也为新的假说形成一些当时可供利用的逻辑可能性，当然，这些新假说必须是与当时认为有效的假说的总体协调一致的。因此，他们关心提供唯有在现在才允许的假说形式，作为对今后通过观察和实验能在经验上发现的因果性规则，借助属于它们的理念
48 极，即借助精确性法则，进行解释的假说的可能性。但是，实验物理学家在他们的研究中总是想到理念极，想到数值，想到一般的公式。因此这些东西在一切自然科学的研究中都处于兴趣的中心。旧的和新的物理学的一切发现，都是在可以说是与自然对应的公式世界中的发现。

这个公式世界的公式意义存在于理念东西之中，而通过极其艰苦的劳动在这些理念东西方面所达到的全部成就，则只具有单纯是为达到目的之途径的性质。这里应该考虑到以上说明过的对于形式的数学的思维劳动技术化所产生的影响：它的进行经验的，进行发现的思维，也许是以最高的创造性形成构成性理论的思维，转变成以改变了的概念，以符号的概念进行的思维。与此同时，纯粹几何学的思维也被抽空了，在它运用于实在的自然时，同样还有自然科学的思维，也被挖空了。此外技术化采用自然科学通常所特有的一切方法。不仅是这些方法后来被“变成机械的”了。一切方法本质上还有一种倾向，即随着技术化而变得肤浅化。因此，自然科学经受一种多方面的意义改变和意义被掩盖的过程。在实验物理学与数学物理学之间这整个的协调配合，以及在这里实际上不断被完成的大量的思维活动，都是在改变了的意义地平线中发生的。虽然人们还可以意识到在技术(τέχνη)与科学之间的差别，但是人们早就不再对应通过技术方法为自然获得的真正意义进行

反思了。这种反思再也不能哪怕是追溯到伽利略的创造性沉思预先规定的对自然数学化的理念的立场，追溯到伽利略及其后继者借这种对自然数学化的理念所想要达到的东西，以及赋予他们所进行的工作以意义的东西。

h）作为自然科学之被忘却的意义基础的生活世界

但是现在我们必须指出早在**伽利略**那里就已发生的一种最重
要的事情，即以用数学方式奠定的理念东西的世界暗中代替唯一 49
现实的世界，现实地由感性给予的世界，总是被体验到的和可以体验到的世界——我们的日常生活世界。这种暗中替代随即传给了后继者，以后各个世纪的物理学家。

在纯粹几何学方面**伽利略**本人也是继承者。**所继承的几何学**，所继承的进行“直观”设想、证明、直观构造的方式，**已不再是原初的几何学**，甚至就是在这种“直观性”中，它已**被抽空了意义**。就其性质而言，即使是古代几何学也已经是技术了，已经远离真正直接的直观的源泉和原初直观思想的源泉了，而所谓几何学的直观，即对理念东西进行操作的直观，首先是从那些源泉中汲取它们的意义的。实用的土地测量技术发生在理念性几何学之前，它关于理念的东西毫无所知。但是这种**前几何学的成就**是几何学的意义的基础，是理念化这一伟大创造的基础；这种创造同时也包含对几何学这一理念世界的创造，或更确切地说，包含对通过那些能形成“数学存在”的构成而对理念东西进行客观化规定的方法论的创造。**伽利略**的一个产生严重后果的疏忽就是，他没有追溯原初的意义赋予的成就，这种成就，作为在全部理论和实践生活——直接

直观的世界，在这里特别是在经验上直观的物体世界中——的真
正基础上的理念化而起作用，产生几何学的理念构成物。他没有
仔细思考这种情况：关于这个世界及其诸形态的自由想象变换为
何只产生可能的经验直观形态，而不产生精确的形态；最初真正的
几何学的理念化需要的是什么动机和什么新成就。对于**所继承的**
几何学方法来说，这些成就**不再是生动地实现的**成就了，更不用说
将它们作为内在地完成精确性的意义的方法通过反思提高到理论
意识中了。这样看起来，就很可能像是几何学以它固有的直接自
50 明的先验的“直观”以及借助于这种直观而进行的思维，创造出一
种独立的绝对的真理，它作为这样的东西理所当然就是立即可用
的。正如前边我们在解释伽利略的思想的同时进行思考时大体上
指出的，这种理所当然是一种假象，并且即使几何学的应用的意
义，也有其复杂的意义来源。关于这种情况**伽利略**以及随后的一
段时间是不知道的。因此，从**伽利略**起，立即就用理念化了的自然
暗中代替前科学的直观的自然。

因此所有那些从技术的工作回溯到它的真正意义的偶然的（或者甚至是“哲学的”）思考，总是停留在被理念化了的自然上，并没有将这种思考彻底进行下去，追溯到最后目的，从前科学的生活及其周围世界中产生出来的新的自然科学和与它不可分割的几何学，从一开始就应该是为这个最后目的服务的，这个目的必然存在于**这种前科学的生活**之中，并且必然与它的生活世界相关联。生活于这个世界中的人，其中包括自然科学家，只能向**这个世界**提出他们的一切实践的和理论的问题，在理论上只能在它的开放的无限的未知事物的地平线中与**它**相关联。一切有关法则的认识，只

能是有关对现实的和可能的经验现象的过程之可合法则地把握的预见的认识，这些预见是通过系统地深入到未知的地平线中的观察和实验使经验得到扩展而预示给研究者的，并且是用归纳的方法证明的。按照科学方法的归纳当然是从日常的归纳中发展出来的，但是这种情况并未改变作为一切有意义归纳的地平线的预先给定的世界之任何本质的意义。我们把这个世界看作是一切已知的和未知的实在东西的世界。空间和时间形式以及能归入它的全部物体形态，都属于它这个现实体验到的直观的世界；我们自己按照我们的有身体的个人的存在方式，生存于这个世界之中。但是我们在这里并没有发现任何几何学的理念的东西，没有发现几何学的空间、数学的时间以及它们的任何形态。

这是一个尽管平常却很重要的评论意见。但是这种平常的东西正是被精密科学抛弃了，而且是从古代几何学开始就被抛弃了。51
而这正是由于那种按照一定方法进行理念化的成就，替代了作为在所有理念化中被当作前提的现实而直接给予——在一种按其性质是不可超越的证明中被给予——的东西。不管我们不用技术还是用技术做什么，这个真正直观的，真正体验到的和可能体验到的世界——我们的整个生活实际上就在其中进行——，仍然保持原样，它的固有的本质结构，它固有的具体因果样式，都不改变。因此它也不因我们发明出一种特别的技术，几何学的技术，和我们现在称作物理学的伽利略式的技术而改变。那么我们通过这种技术实际上完成了什么呢？这正是一种扩展到无限东西的**预见**。全部的生活都是依据于预见的，我们可以说，全部生活都是依据于归纳的。对每一个朴素经验的存在的确信，就已经以最原始的方式进

行归纳了。“被看的”东西总是比我们关于那个东西“实际上真正”看到的要多。看，知觉，就本质而言，具有某物本身，同时又先有某物本身，先意指某物本身。一切实践及其计划都包含有归纳，只不过日常的归纳认识（预见），即使是明确地表达出来并且“被证明”，与后一种归纳比起来也是“不够技术的”，这后一种归纳是高度技术化的、“按一定方法进行的”归纳，它在伽利略式物理学方法中可以无限地提高其工作效力。

在几何学和自然科学的数学化当中，我们测量这个处于可能经验之开放的无限性中的生活世界（在我们具体的世界生活中，总是作为现实的东西给予我们的世界），以便为它制作一件非常合适的理念外衣，即所谓客观科学真理的外衣。也就是说，我们以一种（如我们所希望的）在每一细节上都实际可行的，并且永远被证明可靠的方法，首先为生活世界的具体直观形态之现实的和可能的感性的内容充实构造某种数量归纳，而正是借此我们获得了对具体的，尚未现实地给予的或不再现实地给予的，而且是生活世界中直观的世界事件之预见的可能性；这种预见无限地超出了日常预见的成就。

52 “数学和数学的自然科学”这种理念的外衣，或不这样说，而说成符号的外衣，符号-数学理论的外衣，包含所有那些在科学家和受过教育的人看来是作为“客观的现实的和真正的”自然而代表生活世界，装饰生活世界的东西。理念的外衣使我们将只不过是方法的东西认作是真正的存在，——而这方法在这里是为了通过处于无限前进过程中的“科学上的”预见，修正在生活世界中现实体验到的东西和可能体验到的东西内部原初唯一可能的粗糙的预

见的。也就是说，这种理念的装饰使**方法、公式、理论的真正意义**成为无法理解的，而且在方法是朴素地形成的情况下**从未**被理解过。

因此从来也没有人意识到这样一个**根本的问题**，即这样一种朴素性是如何实际上作为生动的历史事实成为可能，并且现在继续成为可能的；一种实际上以系统解决无穷的科学任务为目标并在这方面不断地导致肯定结果的方法总是能够产生出来，而且在数个世纪之久总是能够起有益的作用，然而并没有任何一个人真正理解这种成就的本来的意义和内在的必然性，这种情况是怎么发生的？因此，过去缺少现在仍然缺少一种真正的自明性，借助于它，认识者和实行者不仅能够向自己说明他所做成的新东西是什么，以及他使用什么做成，而且也能够说明一切由沉积，或更确切地说，由变成传统而被掩盖了的意义-内涵，因此也说明他的构成物、概念、命题、理论的恒久的前提。科学和它的方法不是恰像一种完成显然非常有用的事情的，并且在这方面非常可靠的机器吗？每一个人都能学会正确操作它，而丝毫也不必了解如此完成的成就的内在可能性和必然性。但是几何学和科学能够像机器一样根据一种相似意义上的透彻的——科学的——理解被预先设计出来吗？这岂不是就导致一种“无穷回溯”吗？

最后，这不是一个与在通常意义上的直觉问题处于同一序列 53
的问题吗？这不是那种有关只当它显示出来才能将自己作为理性
来认识的**被隐蔽的理性的问题**吗？

伽利略这位物理学的发现者，或者说得更确切些，物理学的自然的发现者——或者为了公正对待他的先驱者，我们称他为集大成的发现者——同时既是发现的天才又是掩盖的天才。他发现了数学的自然,方法的理念,他为无数物理学上的发现者和发现开辟了道路。与直观世界的普遍的因果性(作为直观世界的不变的形式)相对比,他发现了从那时起不加考虑地称作因果性法则的东西,"真正的"(理念化了的和数学化了的)世界之"先验的形式","精确的法则性的法则"——按照这种法则,"自然"(被理念化了的自然)的每一件事情都必然服从于精密的法则。所有这一切都既是发现也是掩盖,我们直到今天还把它们当作朴素的真理来接受。新的原子物理学对于"古典的因果法则"进行的所谓哲学上毁灭性的批评,从原则上说并未改变任何东西。因为在我看来,尽管有所有这些新的东西,从原则上说本质的东西依然如故:就其本身而言是数学的自然,在公式中给出的自然,只有通过公式才能解释的自然。

我当然是十分真诚地将伽利略的名字列在近代最伟大的发现者之首,而且以后也将是这样。同样,我当然也是十分真诚地赞叹古典物理学和古典物理学以后的伟大的发现者,以及他们的绝不仅是纯粹机械的,实际上是非常令人惊异的思想成就。这种思想成就绝不因前边将它们说明成技术,或者由于以下这样一种原则性批评,而被贬低,这种批评指出,这种理论所具有的本来的、原始的真正的意义,是物理学家们,即使是伟大的和最伟大的物理学家们,也仍然看不见的,而且是一定看不见的。这里所涉及的不是形而上学地穿凿附会地加到它上面的,或冥思苦想出来的那种意义,而是具有最令人信服的自明性的,它的本来的,它的唯一真实的意义。那种意义与方法的意义是相反的,后者在用公式进行操作时,

或在公式的实际**应用**中，即在**技术**中，有其特有的可理解性。 54

我们迄今所说的在多么大程度上仍然是片面的，哪些导致新维度的问题地平线还未适当处理——这些问题地平线只有通过对这个生活世界和作为它的主体的人的思考才能揭示出来——，这只有当我们在按其最内在的动力对历史发展所进行的阐明中前进得非常之远时，才能被指明。

i）由于数学化的意义不明确所引起的后果严重的误解

与**伽利略**对自然进行数学化的重新解释一起，也牢固建立起一些甚至是超出了自然的、错误的结论。这些结论从这种新的解释来看很容易理解，以致能够支配后来的、直至今日的世界研究的整个发展。我所指的是伽利略关于**特殊感性性质是纯粹主观性的**这种著名学说，这个学说以后不久就被**霍布斯**前后一贯地理解为关于感性直观的自然与世界一般这全部具体现象都是主观性的这样一种学说。这些现象只存在于主观之中；它们只是作为在真正自然中发生的过程之因果性结果而存在于主观之中；而这些过程只是依据数学的性质而存在。如果我们生活的直观世界仅仅是主观的，那么有关前科学的和科学以外的生活的全部真理（这真理与事实存在有关）就失去了价值。仅当这些真理（即使是错误地）模糊地表明存在于这个可能经验的世界背后的，对这个世界而言是超越的自在时，它们才不是没有意义的。

与此相关联我们还要了解有关新意义形成的另外一个后果，即由这种新的意义形成中作为“不言而喻的东西”产生的物理学家

自己的解释，这种解释直到不久前还是居于支配地位。以下就是这种解释。

自然在其“真正的自在存在”中是数学的。空间时间的纯数学以必真的自明性使人们从这种“自在”中认出法则层次，将它们当
55 作绝对普遍有效的法则。即直接地认识有关先验构成的公理式的基本法则，通过无限的中介认识其余的法则。关于自然的空间时间形式，我们具有自己的（如后来所称的）“与生俱来的”能力：把真正的自在存在确切地作为具有数学理念性格的存在（在一切实际经验之前）来认识的能力。因此，空间时间形式本身无疑是我们内在地与生俱来的。

更具体的普遍自然法则性则是另一种情况，虽然它也是彻头彻尾数学的。这种自然法则可以“后验地”从事实的经验材料中用归纳方法得到。关于空间时间形态的先验的数学与归纳的——尽管也使用数学——自然科学严格区别开来，对立起来，被认为是完全可以理解的。或者也可以说，纯数学的原因和结果的关系与实在的原因与结果的关系是明显不同的，因此与自然的原因和结果的关系是明显不同的。

但是，关于自然的数学与归根到底是属于它的空间时间形式的数学之间的关系，在后一种“与生俱来的”数学与前一种非与生俱来的数学之间的关系的暧昧性，逐渐产生一种令人不快的感觉。人们说，与我们归之于造物主上帝的绝对知识相比，纯粹数学的认识只有一个缺点，即虽然它始终是绝对自明的认识，但是为了使在时空形式中“存在着的”形态实现为认识，就是说为了使它们实现为明晰的数学，需要一种系统的过程。与此相反，关于在自然中具

体地存在着的东西，我们没有任何先验的自明性；整个超出空间时间形式之外的自然数学，我们必须从经验事实中归纳出来。但自然本身不是完全是数学的吗？它不是也必须被认为是统一的数学的系统，因此必须实际上可用统一的自然数学描述的吗？正是那种自然数学是自然科学始终寻求的东西，被作为按形式而言是"公理的"法则系统所包含的东西而寻求的东西，它的公理系统始终只是假说，实际上永远也达不到。为什么实际上不能达到呢？ 56
为什么我们没有指望将自然所固有的公理系统作为真正必真自明的公理系统发现出来呢？是因为我事实上缺少这种天赋的能力吗？

在物理学及其方法的肤浅化了的，或多或少已经技术化了的意义形态之中，"十分清楚地"存在着上面提到的差别：即"纯粹的"（先验的）数学与"应用的"数学之间的差别，"数学的存在"（在纯粹数学意义上）和以数学方式上形态化了的实在东西的存在（因此在那里数学上的形态是一种具有现实性格的成分）之间的差别。然而即使像莱布尼茨那样卓越的天才，也长期地为这样一个问题绞尽脑汁：在其真正意义上把握这两种存在——即一般而言的作为纯粹几何学形式的空间时间形式的存在，以及具有其事实的实在的形式的普遍数学自然的存在——并且理解这二者彼此间的真正关系。

关于这些不明确之处对于**康德的**先验综合判断问题，以及对于他在纯粹数学的综合判断与自然科学的综合判断之间的划分起什么作用，我们必须在以后详细研究。

后来随着纯粹形式数学的产生和在方法上的不断应用，这种不明确性就更为严重了，并且发生了变化。“空间”被与纯粹**形式地**规定的“欧几里得流形”混淆在一起了；**真正的公理**（按照这个词的自古流行的意义理解），作为以纯粹几何学思想的或算术的纯粹逻辑的思想的自明性所把握的绝对有效性的理念的规范，被与**非本真的公理**——这个词在一般流形理论中并不表示判断（“命题”），而是表示作为有关能形式地无内在矛盾地构成的“流形”之定义的组成部分——混淆在一起了。

k）数学自然科学的起源问题的基本意义

57 如同所有以前指出的不明确之处一样，这些不明确之处也是**原初的生动的意义形成作用改变**的结果，或者更确切地说，是从中以各自特有的意义而生成方法的那种原初的生动的对任务的意识改变的结果。这样，在完成任务中产生出来的方法，作为方法，是被流传下来的技术，但是它的真正意义并不会毫无困难地与它一起流传下来。正是因此，理论的任务和成就，以及像自然科学（和关于世界一般的科学）的任务和成就——它们只有借助方法的无限性才能掌握其题材的无限性，而方法的无限性也只能借助于一种抽空了意义的技术的思想和活动才能把握——，只有在以下情况下才能是真正的在原初意义上有意义的，或更确切地说，是继续有意义的，即**只当**科学家在自身中发展了一种能力，能**追溯**他的全部意义构成物的和方法的**原初意义**，即**追溯历史上原初创立的意义**，特别是追溯所有在原初创立时未经细察而接受的**意义遗产的**，以及所有后来接受的**意义遗产的意义**时。

但是，数学家，自然科学家，充其量是一位在方法方面最有创造性的技术家——他将他所专心寻求的发现归功于这方法——，他通常绝不进行上面提到的那种思考。在他实际研究和发现的领域内，他完全不知道，所有这些思考所要弄清的东西，毕竟是**需要弄清**的，而这是为了哲学和科学的最高的决定性的关心，即对于真正认识**世界本身**，认识**自然本身**的关心。这种关心在科学最初创立时曾起过决定性作用。这种关心被传统地给予的，并且变成了技术的科学丧失了。任何一种引导他们进行这种思考的尝试，只要是来自数学家、自然科学家圈子以外的，都被当作“形而上学”加以拒斥。那种将其一生奉献给这些科学的专门家想必会清楚地知道，他在其工作中企图做的是什么，正在做的是什么。这在他看来是显而易见的。由于某些历史动机——这些动机尚需阐明——在这些研究者那里引起的哲学上的需要（“哲学-数学”的、“哲学-自 58
然科学”的需要），以一种符合于他们的方式由他们自己满足，不过是以这样的方式满足的，即需要探究的整个维度完全没有看到，因此也完全没有加以考察。

l）我们的解释在方法上的特征

最后我们还要就我们在这一节的错综复杂的考察中所遵循的服务于我们总目的的方法说几句话。为了达到一种在我们的哲学状况下非常必需的自身理解，我们所从事的历史思考需要弄清**近代精神的起源**，与此同时——由于对数学和数学的自然科学的意义没有足够高的评价——需要弄清这些科学的起源。这就是说，弄清导致其自然理念的构想的，以及由此导致在自然科学本身的现实发展中实现这种构想的运动的原初动机和思想运动。所谈到的这种理念，可以说在**伽利略**那里就首次作为完善的理念出现了；因此我就将所有这些考察与他的名字联系起来（因此在某些方面将问题理想化和简单化了），虽然更详尽的历史分析本来应该考虑到那些他在自己思想中归功于“先驱者们”的东西（顺便说说，我以后也将以与此相似的方式进行考察，这是有正当理由的）。关于他所遇到的状况，以及这种状况如何必然会推动他，而且是按照他的著名格言推动他，我们立即就可以确定一些东西，因此可以了解对自然科学的整个意义赋予的开端。但就是在这里，我们已经遇到意义的改变和以后时代和最近时代对意义的掩盖了。因为我们这些从事这种思考的人本身被这种意义改变和掩盖所吸引（而且可以假定，我的读者也是如此），由于我们受它们的束缚，在开始时对于这种意义的改变一无所知：我们大家都以为，我们清楚地知道数
59 学和自然科学“是”什么，它们在做什么。今天究竟还有谁没有从学校学到这些知识呢？但是对于新的自然科学和它的新的方法的样式的原初意义的初步阐明，就已经使人们感觉到有关后来意义改变的某些东西了。很显然，这种意义改变也已经影响到对动机的分析了，至少是使得这种分析变得困难了。

因此我们就处于一种**循环**之中，对开端的了解只有从以现今的形态给定的科学出发，从对它的发展的回溯中，才能获得。但是如果不了解**开端**，这种发展作为**意义的发展**就无从了解。因此我们别无选择，只能沿“**之**”字形道路前进和回溯。在这种交替变化中，对开端的理解与对发展的理解相互促进。对于一个方面的相对阐明，也就对另一个方面有所澄清，而这后者反过来又对前者有所阐明。因此在这种历史的考察和历史的批判中——它们必须从

伽利略开始(并且紧接下来就是从**笛卡儿**开始),按照时间顺序进行——我们必须经常作一些**历史的跳跃**,这样做并不离题,而是出于必需;如我们已经说过的,如果我们承担起自身反思的任务——这个任务是从伴有其"科学的崩溃"的我们时代的"崩溃"的状况本身中产生出来的——,那么这些历史的跳跃就是必需的。但是,这种任务首先涉及的是对新科学,特别是精密自然科学原初意义的反思,因为如我们以后还要考察的,精密自然科学由于其全部意义改变和错误的自身解释,从一开始并且以后继续对于近代实证科学,同样也对于近代哲学——甚至对于近代欧洲人一般精神——的生成与存在曾具有而且现在仍然具有决定性的意义。

以下所说的也与方法有关:完全没有使用自然科学说话方式的这种情况,很容易使一些读者,特别是自然科学的读者感到恼怒,在他们看来,这几乎就像一个浅薄的涉猎者所为。我是有意识地避免这种说话方式的。在一种到处都试图使"原初的直觉"起作用的思想方式中,也就是在使前学科的和科学以外的生活世 60
界——它本身包括一切实际生活,也包括科学的思想生活,并且作为技术性的意义构成的源泉滋养着它——到处起作用的思想方式中,最大的困难之一,我认为就是必须选择生活的朴素的说话方式,并如同证明的自明性所要求的那样适当地使用它。

但是,通过一种摆脱生活朴素性的反思正确地返回到生活的朴素性,这是克服存在于传统的客观主义哲学之"科学性"中的哲学的朴素性之唯一可能的道路。这一点将会逐渐清楚起来,并最终变得完全清楚。这也将为通向前面反复提到的新的维度打开大门。

这里必须附带说一点。真正说来，我们所有的说明只有在与场合的相对关系中才能有助于理解。在附加的批判中表达我们态度的怀疑（我们作为现代人，现在进行反思的人，是不能不提出这些怀疑的），在以下方面有其方法上的功能，即它准备思想和方法，这些思想和方法将在我们心中作为反思的结果逐渐形成起来，并应服务于我们的解放。一切从“实存的”根据出发的反思当然是批判的。但是我们将不会忽视在以后对我们反思过程的和我们特殊形式的批判的根本意义进行反思的认识。

§ 10　二元论在自然科学之占支配地位的典范作用中的起源。“几何学式的”(more geometrico)世界的合理性。

还必须强调这种对自然的新思考的一个基本成分。伽利略在其从几何学出发，从感性上呈现的并且可以数学化的东西出发，对世界的考察中，**抽去了**在人格的生活中作为人格的主体；**抽去了**一切在任何意义上都是精神的东西，**抽去了**一切在人的实践中附到事物上的文化特性。通过这种抽象产生出纯粹物体的东西；但是
61 这种纯粹物体的东西被当作具体的现实性来接受。它们的总体作为一个世界成为研究的主题。我们也许可以说，只是由于伽利略，作为**实际上自身封闭的物体世界**的自然的理念才得以出现。这种情况与数学化——它很快就被认为是理所当然的——一起，作为结果产生了自身封闭的自然的因果性的理念，每一个事件都是按照这种因果性被预先一义地决定的。显然，由此也为不久就在笛卡儿那里出现的二元论作了准备。

总而言之，我们现在必须了解，对作为一个被隔绝的、实际上和理论上都是自身封闭的物体世界的“自然”的这种新理念的理解，很快就引起了关于世界一般的理念的完全改变。世界可以说是分裂成为两个世界：自然和心灵的世界。但是其中的心灵的世界，由于它与自然关联的方式，当然并没有达到独立世界的地位。古代人也有关于物体的个别研究与理论，但是没有一种作为普遍自然科学的主题的封闭的物体世界。他们也有关于人的和动物的心灵的研究，但是他们不可能有近代意义上的心理学，——这是这样一种心理学，它只是由于它面对着一种普遍的自然和自然科学，才能够努力追求一种相应的普遍性，即在一种属于它的、同样是自身封闭的领域中的普遍性。

世界的分裂和世界的意义变化是**自然科学方法的**，或者换一种说法，自然科学合理性的**典范作用**之可以理解的结果，这种典范作用在近代的开端上实际上完全是不可避免的。关于自然的物体之无限整体在空间时间中的共存，被假定为一种就其本身来看是数学上合理的共存，这样一种假定，就包含在被理解为一种理念和任务的对自然的数学化中。只不过自然科学作为归纳的科学，只能以归纳方式把握本身是数学的关系。无论如何，自然科学作为由归纳方法得出数学的东西的、由纯粹数学指导的科学，本身已经具有最高度的合理性了。难道它不应该成为一切真正认识的典范
吗？如果对于这些真正的认识来说，在超出自然之外的场合也能 62
够实现真正的科学，难道这种科学不应该遵循自然科学的典范吗？或者更确切地说，如果在另外一些知识领域，我们或许还“天生地具有”在公理和演绎中的必真的自明性的能力，我们就不应该遵循

纯粹数学的典范吗？毫不奇怪，我们在笛卡儿那里就已经发现了普遍数学的理念。当然，直接从伽利略开始所取得的理论的和实践的重大成果也在这方面有其影响。因此，世界与哲学就相互关联地获得一种全新的面貌。世界本身必须是一种合理的——在从数学或数学化了的自然中接受来的新的合理性的意义上的合理的——世界，与此相对应，哲学，有关世界的普遍科学，必须作为“具有几何学样式的”统一的合理理论被建立起来。

§11 二元论是理性问题不可理解的原因，是科学专门化的前提，是自然主义心理学的基础。

当然，如果自然科学上合理的自然是自在地存在着的物体的世界这一点——在给定的历史条件下——被认为是当然的，自在的世界就一定是一种在以前不知道的意义上的奇特的被分裂的世界，即被分裂为自在的自然和与它不同的存在种类：以心理的方式存在的东西。首先这必然会引起令人忧虑的困难，而且这种困难即使在考虑到由宗教而来的，而且绝对没有被放弃的上帝的理念时就已经产生了。上帝作为合理性的原则不是必不可少的吗？合理的存在，即使最初是作为自然，为了一般能够想象，不是就已经要预先假定合理的理论和提供这种理论的主观性吗？因此，自然以及一般自在世界，不是以作为绝对存在着的理性的上帝为前提吗？在这种情况下，作为纯粹自为地存在着的主观性的心理的存在，不就在自在的存在中具有优先地位了吗？不论是神性的还是人的，心理的存在毕竟是主观性。

一般来说，在理性问题变得明显的地方，分离出心理的东西，引起了越来越大的困难。当然，只是在后来，这种困难才变成迫切 63
需要解决的，以致在有关人类知性的重要研究中，在“理性的批判”中，成了哲学的中心论题。但是理性主义动机的力量仍未削弱，人们到处都满怀信心地全面实行一种理性主义的哲学。在获取确实有价值的认识方面，并不是完全没有成果，这些认识即使“尚不”符合理想，仍可以被解释成初级阶段。现在每一种特殊科学的建立，当然都要受与它相对应的合理理论之理念的，或更确切地说，本身是**合理的领域**之理念的指导。因此哲学专门化为专门科学，就具有一种更为深刻的、仅仅与近代态度有关的意义。古代研究者进行的专门化不可能产生我们这种意义上的专门科学。**伽利略**的自然科学并不是通过专门化产生的。另一方面，只是后来的新的科学，才将由这种新的自然科学引起的合理哲学的理念专门化，并由这种理念而获得了前进和征服新领域的动力，这新领域是在宇宙的合理的整体性内部的合理地一致的特殊领域。

当然，起初当**笛卡儿**宣布了合理的哲学之理念并宣布自然与精神的分离之时，作为迫切需要东西的一种新的心理学就立即出现了，它在笛卡儿的同时代人**霍布斯**那里就已经出现了。正如我们已经指出的，这种新的心理学是一种具有以前时代完全不知道的样式的心理学，它被具体构想为一种符合理性主义精神的心理-物理的人类学。

我们不可被通常的经验主义与理性主义的对立引入歧途。霍布斯的自然主义想成为物理学主义，并且像所有的物理学主义一样，正是以物理学的合理性为典范的。[①]

64 这对于近代其余的科学，如生物学的科学等，也是适合的。二元论的分裂，物理学主义的自然概念的结果，在这些学科之中引起的发展采取了被分裂的诸学科的形式。那些起初片面地纯粹集中于物体东西的科学，即生物物理的科学，虽然不得不首先以描述的方式把握具体存在，直观地对它们分析和分类，但是对自然的物理学主义观点使以下情况成了当然的，即进一步发展了的物理学，最终将使所有这些具体的存在得到物理学上合理的“说明”。因此，生物物理学的-描述的诸科学的繁荣，特别是由于它们偶尔使用了物理学的知识，就被认为是经常按物理学加以解释的自然科学方法的成功。

另一方面，至于心灵的东西，即在排除掉属于封闭的自然领域的动物的身体，首先是人的身体之后所余留下来的东西，在这里，物理学的自然观和自然科学方法的典范作用，从霍布斯开始就已经以一种可以理解的方式产生了影响，即心灵被赋予一种原则上与自然相似的存在方式，赋予心理学与生理物理学相似的理论上的进步：即从描述上升到最终的理论上的“说明”。尽管有笛卡儿关于由根本不同的属性所划分的身体的“实体”和心灵的“实体”的学说，仍然是如此。这种将心理东西自然化的做法，经由洛克被传给整个近代，一直到今天。洛克关于白纸（white paper），白板

① 当我在这里偶尔使用“物理学主义（Physikalismus）”这个词时，仅仅是在我的研究过程本身中可以理解的一般意义上使用的，也就是说，用来指由于对近代物理学真正意义的误解而产生的哲学上的错误。因此这个词在这里并不是专门指“物理学主义”运动（“维也纳学派”、“逻辑经验主义”）。

(tabula rasa)的比喻说法是很典型的。在白纸上,心灵的材料按某种规则出现和消失,就如同在自然界中的物的过程一样。这种按物理学主义定向的新式的自然主义,在洛克那里还没有得到前后一贯的发展,或更确切地说,还没最终被认为是实证主义的感觉论。但是它很快就产生了影响,并且其影响的方式对整个哲学的历史发展是命运攸关的。但是,无论如何,这种新的自然主义的心理学从一开始就不是一种空洞的许诺;相反,它是在一些重要著作 65
中以给人深刻印象的方式出现的,并且要求为一种普遍科学提出持久的根据。

由同样的精神所产生的一切新的科学,看起来都取得了成功,即使是最高层的形而上学看上去也是如此。凡是不能真正贯彻物理学主义的理性主义的地方,恰如在形而上学中那样,人们就用改变经院哲学的概念的办法,借助一些含糊的减弱了的论点来应付。即使是新的理性主义的主导意义,多半也没有被精确地构想出来,虽然它确实是这一运动的动力。对于这种主导意义的精确的说明,直到**莱布尼茨**和**克里斯蒂安·沃尔夫**,仍然是哲学思想劳动的一个部分。这种新自然主义的理性主义是如何相信能"**按照几何学的条理**"创立一种系统的哲学——一种形而上学,一种关于最高的和最后的问题的科学,关于理性的问题的,同时还有关于事实的问题的科学——,我们在**斯宾诺莎的《伦理学》**中能找到非常典型的例子。

不过我们必须按照其历史意义正确理解斯宾诺莎。如果我们按照斯宾诺莎的"几何学式的"证明方法的表面上显而易见的东西去解释斯宾诺莎,那将是十足的误解。开始时他从作为一个笛卡儿主义者出发，当然首先是完全充满了这样一种信念的，即不仅自然，而且整个一般存在，都肯定是一个统一的合理的系统。这在事先就是不言而喻的。在这个总系统中必然包含自然的数学系统，但是后者作为系统的一部分不可能是独立的。因此，人们不能将物理学委诸物理学家，仿佛它真的是一个完整的系统那样；另一方面，也不能将为二元论的心理学部分发展一种它所特有的合理的系统的任务交托给心理学方面的专家们。上帝，绝对实体，也必然作为理论主题属于这个合理的整体系统的统一体。斯宾诺莎面临这样一种任务，即发现这个有关存在者的被假定的合理的完整的系统——首先是发现它的可统一地想象的诸条件——，然后通过实际的构成，系统地实现这种系统。因此只有通过这种行动，一种
66 合理的存在总体之实际可想象性才能得到证明。在这之前，尽管有按照这种态度存在于自然科学典范中的自明性，它只是一种假设，对这种假设进行思考的可能性，甚至对于主张根本不同的两个“实体”以及在它们之上的一个绝对的最本然的实体的二元论来说，也是完全不清楚的。当然，对于斯宾诺莎来说，这里所涉及的只是有系统的一般的东西，——他的《伦理学》是**最早的普遍的存在论**。他认为通过这种存在论，现实的自然科学，以及作为其类似物的，以相似的方式建立起来的心理学，就能获得它们真正的作为系统的意义，没有这种作为系统的意义，这二者就仍然是不可理解的。

§ 12　近代物理学主义的理性主义之总体特征[①]。

哲学在其古代起源时就想成为“科学”，成为有关存在者的宇
宙的普遍认识，不是模糊的相对的日常认识——δόξα——，而是合
理的认识：ἐπιστήμη。但是古代哲学尚没有达到合理性的真正理
念，以及与此相关联的普遍科学的真正理念，——近代奠基者们就
是这样确信的。这种新的理想只有按照新形成的数学和自然科学
的典范才是可能的。这种新理想的令人鼓舞的实现速度证明了它
的可能性。作为这种新理念的普遍科学如果不是——被认为是理
想地完成了的——**全知**，还能是什么呢？这对于哲学家来说实际
上也是一个虽然无限遥远但的确是可以实现的目标，——不是就
个别人和特定的研究者团体而言可以实现的目标，而是在世世代
代的人们以及他们的系统研究的无穷进步中可以实现的目标。世
界本身是一个合理的系统的统一体——人们认为这是无可置疑地
认识到了的——，在其中每一个别细节都必然是被合理地规定的。
它的系统的形式（它的普遍的本质结构）是可以获得的，对于我们
来说，甚至是预先准备好了的，已知的，只要它至少是一种纯粹数
学的形式。现在需要的只是从其细节方面规定它，可惜的是这只
有用归纳的方法才有可能。这就是达到全知的——当然是无限漫 67
长的——道路。因此，人们是生活在一种幸运的确信之中，即确信
一条由近及远、由或多或少已知的东西到未知的东西的循序渐进
的道路作为扩展认识的可靠方法，通过这种方法，存在者的宇宙实

① 参看附录 IV。

际上一定会按照其整体的“自在”在无限前进的过程中全部地被认识。但是在这里总是包含另一个前进过程，即在生活的周围世界中感性直观地给予的东西向数学的理想接近的过程，而这是通过完善那种始终只是近似地将经验材料“包摄到”归属于它的理想概念之中的程序进行的。这包括为此必须发展的方法论，使测量精确化，提高测量工具的效能等等。

随着对于宇宙的认识能力的向前发展和越来越完善，人也获得了对于他的实践的周围世界的越来越完善的支配，这个周围世界能在无限的进步中扩展。在这里也包括对属于真实的周围世界的人类的支配，因此也包括对自己本身和别人的支配。这是支配他的命运的越来越强大的力量，因此也就是一种越来越完满的——一般人可以合理想象的——“幸福”。因为关于价值与财富人也能认识到本身为真的东西。所有这些都存在于这种理性主义的地平线之中，作为它的对于它来说是理所当然的结果。因此人实际上是与上帝酷似的。正如数学谈论无限远的点、直线等等一样，在一种类似的意义上人们在这里可以用比喻的说法说：上帝是“**无限遥远的人**”。正是与世界和哲学数学化相关联，哲学家将自己本身并同时将上帝以某种方式按照数学理念化了。

毫无疑问，这种关于认识的普遍性和合理性的新的理想，意味着在它的出生地，数学和物理学中，有巨大的进步。当然，按照我们以前的分析，前提是它被导致一种正确的自身理解，并且避免一
58 切意义的改变。在世界历史上还有比发现无限的真理总体更值得在哲学上惊叹的事情吗？这个真理总体能在无限的过程中或是纯粹地（作为纯粹数学）或是近似地（作为归纳的自然科学）实现。在

世界历史上作为工作成就实际上生成并且继续发展的东西，不是近乎一种奇迹吗？纯粹理论-技术的成就，即使它由于意义的改变而被看作是科学本身，也是一种奇迹。至于要问，这些科学的典范作用能影响多么远，在那种情况下哲学的沉思——新的世界概念和新的世界科学的概念被归功于它——一般说来是否够用，那就是另一回事了。

即使在自然方面，情况也很少是这样。这表现在（虽然只是在最近才表现出来）以下的事实上，即关于一切自然科学归根到底都是物理学——生物学的以及一切具体的自然科学，随着研究的进步，必然越来越融化为物理学——这样一种不言而喻性，被动摇了，而且动摇得很厉害，以至于这些科学感到必须进行有计划的改革。当然，上述情况并不是在对那些最初引起近代自然科学、又由于变成方法而被抽空了的思想进行原则修正的基础上发生的。

§13　心理学中物理学主义的自然主义之一些最初的困难：有所成就的主观性之不可理解。

然而在很早以前，对于将世界数学化，或更确切地说，对于不明确地模仿数学化而进行的合理化的做法——对按几何学条理建立哲学——的怀疑，就在新的自然主义心理学中起作用了。甚至哲学家、数学家、自然科学家等等的合理认识活动和认识也属于自然主义心理学的领域。在这些认识活动和认识中，这些新的理论成了它们的精神产物，并且作为这样的东西，它们在自身中包孕着世界终极真理的意义。这就造成了这样一些困难，即在贝克莱和休谟那里已经产生一种似非而是的怀疑，它虽然被认为荒谬，但却

不能正确理解；它首先正是指向合理性的典范，指向数学和物理学
69 的，并且试图贬低它们的基本概念，甚至贬低它们的领域（数学的空间，物质的自然）的意义，称它们为心理学上的虚构。这种怀疑在**休谟**那里是很彻底的，直至根除了哲学的整个理想，以及这些新科学的所有的科学性。极其重要的是，这不仅涉及到**近代**哲学的理想，而且涉及到过去的**全部哲学**，涉及到关于一种作为**普遍的客观的科学的哲学**这整个任务的提出。这是一种自相矛盾的境况！至少有一大批新科学取得了卓越成就，而且这种成就每天都在增加着。从事这些科学研究的人，或细心理解这些科学的人，都体验到一种自明性，这种自明性是这些人以及其他任何人都不会看不到的。然而这整个的成就，甚至这种自明性本身，**按照某种新的观察角度并从心理学观点来看**——这些有成就的活动正是在心理学领域中发生的——变得完全不能理解了。而且还不只如此。所涉及的不仅是这些新的科学和它们的被合理理解的世界，而且还有日常的世界意识和世界生活，前科学的日常意义上的世界，即这样一个世界，未受科学影响的人的行为和活动，最终还有科学家的行为与活动（而且不仅是当他返回到日常实践时），就是在其不言而喻的存在的有效性中完成的。

从前的最彻底的怀疑，为了否定知识（ἐπιστήμη）以及借助它在哲学上建立的自在的世界，并没有将攻击的矛头指向这个世界，而只是提出世界的相对性作为理由。它的不可知论就在于此。

于是现在一些具有以前从未预料到的样式的世界之谜出现了，它们并且引起了一种全新的哲学思考，“认识论的”哲学思考，“理性论的”哲学思考，不久它们又引起了具有全新的目标设定和

方法的诸种体系的哲学。这种一切变革当中的最伟大的变革，被称作**从科学的客观主义**——不仅是近代的客观主义，而且还有**以前数千年所有哲学中的客观主义**——**向超越论的主观主义的转变**。

§14　对客观主义和超越论的特征之预先说明，作为近代思想史意义的这两种理念的斗争。 70

客观主义的特征就是，它在由经验不言而喻地预先给定的世界基础上活动，并且追问这个世界的“客观真理”，追问对这个世界，对每一个有理性的存在者，都无条件地有效的东西，追问这个世界本身是什么。普遍地进行这项工作是认识，理性，或更确切地说，哲学的任务。由此人们就达到了最终的存在者，追问在它后边的东西就不再有任何合理的意义了。

与此相反，超越论说：预先给定的生活世界的存在意义是**主观的构成物**，是正在经历着的生活的，前科学的生活的成就。世界的意义和世界的存在的有效性，就是在这种生活中建立起来的，而且总是那个**特定的世界**对于当时的经历者现实有效。至于“客观上真的”世界，科学的世界，它是**更高层次上的构成物**，是建立在前科学的经验和思想活动之上的，更确切地说，是建立在经验与思想活动的有效性的成就之上的。只有彻底追溯这种主观性，而且是追溯以一切前科学的和科学的方式最终实现一切世界的有效性及其内容的主观性，并且追溯理性成就是什么，是怎样的，只有这样，才能使客观真理成为可以理解的，才能达到世界的**最终的存在意义**。因此自在的第一性的东西并不是处于其毫无疑问的不言而喻性之

中的世界的存在，而且不应仅仅问什么东西客观地属于世界；相反，自在的第一性的东西是主观性；而且是作为朴素地预先给定这个世界存在，然后将它合理化，或者也可以说，将它客观化的主观性。

然而在这里预示着一种背理的情况，因为首先显而易见的就是，这种主观性是人，因此是心理学上的主观性。发育成熟的超越论抗议这种心理学的观念论，并且在它否定作为哲学的客观科学的同时，要求引进一种完全新式的科学性，即超越论的科学性。关
71 于这种超越论样式的主观主义，过去的哲学甚至毫无所知。在过去的哲学中缺少相应地改变态度的有效动机，虽然这样的改变从古代的怀疑论看来，而且恰恰是从它的人类学的相对主义出发，已经可以想象到了。

自从“认识论”和超越论哲学的认真尝试出现以来，整个的哲学史是客观主义哲学和超越论哲学之间的严重对立的历史。即是一方面坚定不移地试图维持客观主义，并以新的形式发展客观主义，和另一方面超越论试图克服超越论的主观性理念和它要求的方法本身所带有的困难的历史。阐明哲学发展的这种内在分裂的根源，分析哲学理念的这种最根本转变的最终动机，是十分重要的。只有通过这种阐明与分析，我们才能认识将整个近代哲学史的发展统一起来的那种最深刻的含义：即认识使几代哲学家联结起来的他们的意志的统一，并在这种意志的统一中认识一切个别主体的和学派的努力方向。正如我们试图在这里指出的，这种方向是指向超越论哲学的最后形式——即现象学——的，在其中作为被扬弃了的环节，包含着心理学的最后形式，这种形式将彻底根

除近代心理学的自然主义意义。

§15 对我们历史考察方法的反思。

我们所必须实行的，并且已经规定了我们的预备性提示之风格的这种考察方式，不是通常意义上的那种历史考察。我们所需要的是理解哲学的，特别是近代哲学的历史发展中的目的论，同时使我们明确意识到，我们自己是这种目的论的承担者，我们通过我们个人的意图参与实现这种目的论。我们试图认出并理解支配着一切历史上的目标设定，和这些目标设定的相互对立而又彼此配 72
合的种种变化的统一性。并且在持续的批判当中——这种批判将总体的历史联系始终只看作是个人的联系——我们试图最终辨认出我们可以承认是唯一的我们个人所有的历史任务。这种辨认并不是从外部，从事实方面进行的，仿佛是我们自己在其中发展的那种时间的流变是一种纯粹外在的因果性前后相继。宁肯说，这种辨认是从内部进行的。我们——这个我们不仅拥有精神遗产，而且完全是并且仅仅是历史精神的形成物——只是以这种方式具有真正是我们所独有的任务。我们不是通过批判任何一个现代的或古代流传下来的体系，科学的或前科学的“世界观”(最后甚至是中国的“世界观”)获得这种任务的，而只是从批判地理解历史——我们的历史——的整体统一中获得这种任务的。因为我们的历史具有精神的统一性乃是由于任务的统一性和任务的推动力。这种任务要在历史事件中——在彼此间相互进行探讨的以及跨时间地共同协作的哲学家的思想中——通过从不明确到令人满意地明确的诸阶段，艰难前进，直到最后达到完全的洞察。在这种情况下，任

务就不仅仅是作为事实上必然的东西存在于那里，而是作为**被指派**给我们这些当今哲学家们的任务存在于那里。我们像我们现在这样存在，正是作为近代哲学人性的执行者，是作为**贯穿于**这种人性中的意志方向的继承人和共同承担者。我们是由于一种原初的创建而成为这样的，这种原初的创建，既是对于古希腊的原初创建的仿造，同时又是对它的修改。一般欧洲精神的**目的论的开端**，它的真正诞生，就发生在古希腊的这种原初创建中。

这种通过回溯这些目标的原初创立（这些目标只要是以沉积的形式在以后的世代链条中继续存留下来，又总是能被唤醒，并能以新的活力受到批判，就将后来的世代联结起来），澄清历史的方式；这种对继续存留下来的目标如何又总是带有通过新尝试而取得的成果，并且总是由于不满足而不得不阐明它们，改善它们，或
73 多或少地彻底改进它们的进行回溯的方式，——我们说这不是别的，而正是哲学家对于他**真正要争取达到的**东西，对于**来自**他精神上前辈的意图，并且**作为**他精神上前辈的意图的他心中的意图的真正反思。这意味着这种沉积的概念系统——它作为不言而喻的东西是他个人的和非历史的工作的基础——应该再一次按照其被隐蔽的历史意义成为有生命的。这意味着，在他的自我反思中，同时应该继续进行前人的自我反思，这样一来，不仅应该再一次唤醒将世世代代的思想家连接起来的链条，他们的思想的社会联系，他们的思想的共同性，将它们生动地展现在我们面前，并且根据这种被回忆起来的**整体统一**实行一种**负责的批评**。这是一种独特的批评，它的基础存在于这些历史上的个人目标设定，相对实现，和交互的批评中，而不是在当代哲学家个人的不言而喻的东西中。如

果哲学家想成为一个独立的思想家，一个想要摆脱一切先入之见的自主的哲学家，他就必须认识到，所有他认为不言而喻的东西都是**先入之见**，所有的先入之见都是由传统的沉积物中产生的暧昧不明的东西，而绝不仅是在其真理方面尚待决定的判断，——这种情况甚至对于被称作“哲学”的伟大任务和理念，也是适合的。所有被认为是哲学上的判断，都被回溯到这种任务，这种理念。

因此以正在谈论的方式所进行的回溯历史的思考，实际上是对于作为人，作为历史的存在而存在着的我们真正追求的东西所进行的自身理解，所进行的最深刻的反思。反思是有助于作判定的，在这里它当然同时意味着继续实行我们最切身的任务，这是由那种历史的自身反思而现在被理解，被阐明的任务，是在当代被共同赋予我们的任务。

但是从本质上说，每一个原初的创立都包含有被指定给历史过程的最终的创立。当这种任务达到完全的明晰，并由此而获得一种必真的方法——这种方法在达到目标的每一步骤上，都是通向具有绝对成功性质，即具有必真性质的新的步骤的永久性的道路——时，这种最终的创立就完成了。由此哲学作为无限的任务就达到了它的必真的开端，达到了它的必真地继续延伸的地平线。 74
（当然，如果将在这里所指出的这种必真东西的最重要的意义与从传统数学得来的通常的意义混淆起来，将是根本错误的。）

但是我们必须提防一种误解，即历史上的每一个哲学家都实行他的自身反思，都与他那个时代的和过去的哲学家进行讨论，他就所有这些问题表达自己的看法，在这种探讨中确定自己的立场，这样就产生了对于他自己的研究的自身理解，好像甚至他已发表的理论也是由于意识到那是他所追求的东西而在他心中生成的。

但是，不管我们通过历史的研究多么详尽地了解到这种“自身解释”（即使是关于哲学家的整个链条的“自身解释”），我们由此关于在唯一构成历史统一性的所有这些哲学家意向深处的隐蔽的统一性中最终所要“追求”的是什么，仍然一无所知。只有在最终的建成中，才显示出这个东西，只有从最终的建成中才能展现出一切哲学和所有哲学家统一的方向。从这种最终的建成中可以获得一种我们借以理解过去思想家的照明的光，而他们自己从来没有能这样理解过自己。

这就使我们明白了，这种“目的论的历史考察”的特殊真理，决不能用引证从前哲学家的有文献资料根据的“本人证词”决定性地驳倒；因为这种历史考察的真理性只有从批判的总体审视的自明性中才能被证明，这种批判的总体的审视使我们可以在由有文献资料为根据的哲学论断和它们表面上的对立与并存这些“历史事实”背后，揭示出一种有意义的最终的和谐。

§16　笛卡儿既是客观主义的理性主义之近代理念的创立者，又是冲破这种理念的超越论动机的创立者[1]。

我们现在就来切实阐明近代哲学运动的统一意义。在这种阐
75 明当中，被指派给近代心理学发展上的特殊作用很快就会显示出来。为此目的，我们必须回溯到**最早创立**整个近代哲学的**天才**，**笛**

① 参看附录 V 和 VI。

卡儿。在此前**伽利略**最早创立了新的自然科学之后不久，正是笛卡儿构想出了普遍哲学的新理念，并且立即着手系统地运用它。这种普遍哲学的新理念具有数学的理性主义的，或更确切地说，物理学主义的理性主义的意义——即一种作为“普遍数学”的哲学。它立即就引起巨大的效果。

但是(按照我们刚才的说明)这并不意味着，笛卡儿预先就已系统地完整地构想出了这个理念，更不意味着他的同时代人和后继者在科学上经常受这种理念指导，以明确的形式将这种理念记在心中。要达到那种程度，就必须已经有纯粹数学在新的普遍理念指导下的较高的系统发展，而这种较高的系统发展最初是在莱布尼茨那里(作为“普遍数学”)以比较成熟的形式出现的，而且现在，也仍然在更为成熟的形式上，作为确定的流形的数学，被活跃地研究着。正如引起重大发展的种种一般历史理念一样，新数学、新自然科学、新哲学的理念，也以极其多种多样的意向活动的样态存在于那些承担它们发展的个人意识之中：有时它们像本能那样努力前冲，而无需这些个人有能力说明它们走向哪里；有时它们作为或多或少清楚说明的结果，作为好歹把握住的目标，在这种情况下也许通过再度的考察形成越来越精确的目标。另一方面，当我们采用在其他领域已经是精确的理念时，我们也就会有一些将这些理念变得肤浅，变得模糊的样态。这些理念现在呈现出另外一些形式的模糊性——我们已经学会理解这一类的东西了——：这是一些被抽空了意义的理念，它们变得晦涩了，变成了一些纯粹的语词概念；也许由于试图对它们进行说明，又被赘上了一些错误的解释等等。尽管如此，它们仍然是这种发展中的推动力。因此我 76

们在这里感兴趣的这些理念，也对所有那些未受过数学思维训练的人产生影响。当我们谈论这种哲学的新理念——这种新理念首先是由笛卡儿采用和比较牢固地把握的——对于整个近代，对于一切科学与文化的影响力时，要特别注意这一点。

但是笛卡儿不仅仅是由于创立了这种理念而成了近代的开创者。同样非常值得注意的是以下这一点。即笛卡儿在他的《沉思录》中——而且正是为了要给新的理性主义，此外当然还要给二元论提供一种根本的基础——创立了一些思想，这些思想由于它们自身的历史上的影响(好像是遵循一种隐蔽的历史的目的论)，注定要通过揭示其隐蔽的背理之处而摧毁这种理性主义。这些思想本来应该将这种理性主义作为永恒真理(aeterna veritas)建立起来，然而正是这些思想本身具有一种深藏的意义，这种意义一旦显露出来，就会将这种理性主义彻底根除。

§17 笛卡儿的回归到“我思”(ego cogito)，对于笛卡儿的悬搁之意义的说明。

现在让我们从一种能使其总的结构呈现出来的观点来考察笛卡儿前两个沉思的进程，即达到我思，达到对每个被思之物(cogitata)进行思想(cogitationes)的自我(ego)的过程。因此我们这里的题目好像是经常向初学哲学的人提出的考题。然而事实上，在这两个最初的沉思中有一种深奥的东西，它是很难穷尽的，甚至笛卡儿也没有能穷尽它，以至于他一度已经到手的那种伟大发现重又滑脱了。在我看来，即使在今天，每一个独立思考的人也仍然必须，也许在今天越发必须，更加深入地研究这些最初的沉思，而不因其过于粗浅的外观，不因其预先宣布的将这种新思想应用于似是而非的，根本错误的对神的证明，或因其有其他许多晦涩暧昧之处而退缩，也不应因自己对它所进行的驳斥而轻易满足。我现在花很大篇幅来尝试进行细心的解释是有正当理由的。这种解释不 77
是重复笛卡儿所说过的东西，而是将真正包含在他思想中的东西揭示出来；然后区分出哪些是他自己意识到了的东西，哪些（由于是某种不言而喻的东西，当然是十分自然的不言而喻的东西）是他没有意识到的，或者强加到他思想上的东西。那些不仅仅是经院哲学传统的残余，也不仅仅是他那个时代的偶然的先入之见，而是**几千年来被认为不言而喻的东西**，只有通过弄明白笛卡儿思想中的独创的东西，并进行彻底思考，才能克服。

按照笛卡儿的说法，哲学认识是**绝对有根据的**认识；它必须建立在直接的必真的认识的基础上，后一种认识以其自明性排除一切可能的怀疑。间接认识的每一步都必须能够达到正是这样的自明性。对于他自己迄今为止的信念（不论是他自己获得的还是采纳别人的）的概观使他看到，到处都呈现出怀疑和怀疑的可能性。在这种情况下，对于他和每一个真正想成为哲学家的人来说，必不可免地应从一种**彻底的怀疑的悬搁**开始，即对自己迄今所有的一切信念的整体加以怀疑，预先禁止对它们使用任何判断，禁止对于它们的有效或无效采取任何立场。每一个哲学家在他的生涯中必须这样做一次，如果他没有这样做，尽管他现在已经有了“他自己的哲学”，他也还必须这样做一次。就是说，在悬搁面前，“他自己的哲学”应该像其他的先入之见一样对待。这种“笛卡儿式的悬搁”，实际上是来自一种迄今闻所未闻的彻底主义。因为这种悬搁

不仅明确地涉及所有以前的“科学”的有效性——即使要求必真的自明性的数学也不例外——，而且甚至涉及科学以前的和科学以外的**生活世界**的有效性，也就是说涉及那个总是以无可置疑的不言而喻性预先给定的感觉经验的世界，以及所有由它提供营养的思想生活的世界，——非科学的最终也有科学的思想生活的世界。
78 我们可以说，一切客观认识的最底层次，迄今为止一切科学的认识基础，一切有关“这个”世界的科学的认识基础，现在第一次以“认识批判”的方式受到了怀疑。就是说，通常意义上的经验，“感性的”经验，以及相关地世界本身，受到了怀疑。这个世界是作为在这种经验中，并且由于这种经验，而对我们具有意义和为我们而存在的世界；就如同它经常以一种毫无疑问的确实性直接存在于眼前而对我们有效一样。它有这样那样的个别实在东西的内容，只有在细节上才偶尔被贬低为可疑东西，或被贬低为无意义的假象。但是由这点出发，一切建立在经验之上的意义的和有效性的成就也一起变成可疑的了。事实上如我们已经说过的，就是在这里包含着“认识批判”的历史开端，而且是作为对于客观认识的彻底批判的历史开端。

我们必须再回忆一下。从普罗泰戈拉和高尔吉亚开始的古代怀疑论，对认识，也即关于自在存在者的科学认识产生怀疑，并且否认有这种认识。但是它并没有超出这种不可知论，并没有超出否定“哲学”的诸合理基础，这种“哲学”在假定它所认为的真理本身的同时，也假定一个合理的自在，并且相信能达到这种合理的自在。按照怀疑论的观点，“这个”世界是不可能合理地认识的，人的认识不可能超出主观-相对的显现。从这里出发（例如从高尔吉亚的歧义命题“无存在”出发），虽然有可能将这种彻底主义继续向前推进，但实际上从来也没有达到这一点。在实践–伦理（政治）方面采取否定态度的怀疑论，即使在所有以后时代，都缺少笛卡儿那种独创的动机：走过不能再提高的近乎怀疑的悬搁的地狱向前推进，达到绝对合理的哲学的天堂之门，并且系统地建立起这样的哲学。

但是这种悬搁应该如何做到这一点呢？如果它确实一下子使一切有关世界的认识及其全部形态，包括有关世界的直接经验形态，都不起作用，因此也就不能把握世界的存在，那么，直接的必然的自明性的原始基础，如何能够正是通过这种悬搁显示出来呢？
回答是：如果我对世界的存在或不存在停止采取任何立场，如果我 79
摒弃任何与这个世界相关的存在的有效性，那么在这种悬搁中并没有禁止我承认**一切**存在的有效性。我，这个实行悬搁的我，并不包括在悬搁对象的范围内，相反——如果我真正彻底地普遍地实行悬搁——原则上是被排除在这个范围之外的。我作为悬搁的实行者是必不可少的。正是在这里我找到了我要寻找的必真的基础，它绝对地排除了任何可能的怀疑。不管我将这种怀疑推进到多么远，甚至我试图设想所有的东西都是可疑的，或者甚至事实上是不存在的，但有一点是绝对自明的，即我作为怀疑者，作为否定一切者，毕竟是存在的。普遍的怀疑不怀疑自身。因此，在进行普遍的悬搁时，我还支配有“我存在”这样一种绝对必真的自明性。但是在这种自明性中，也包含有极其多种多样的东西。**我在进行思维**（sum cogitans）这个自明的陈述，更具体地说就是：**我将被思维的东西作为被思维的东西来思维**（ego cogito-cogitata qua

cogitata)。这包括一切思维活动(cogitationes),诸个别的思维活动,以及它们向一个思维活动之普遍统一的流动的综合,在它们当中,世界以及每一次由我在思想中所赋予它的东西,作为被思维的东西(cogitatum),对于我过去和现在都具有存在的有效性。只不过我现在**作为**进行哲学思考的人,不再能按自然的方式直接地实行,并当作知识利用这种有效性了。在我对它们全体进行悬搁的情况下,我再也不能经受到它们了。因此,我的经验的、思想的、评价的等等全部活动的生活,仍然保留给我,并且继续进行,只不过在这活动-生活中,作为"这个"世界,作为对于我存在着和有效的世界呈现在我脑海中的东西,却变成了单纯的"**现象**",并且就所有属于这个世界的规定而言也是如此。在这种悬搁中,所有这些规定以及**世界本身**,都变成了我的**观念**(ideae),它们正是作为我的思维的思维对象而是我的**思维活动**之不可分割的组成部分。因此在这里我具有在"自我"(ego)这个名称下**同时包含的绝对必真的存在领域**,绝不仅仅只有一个公理式的命题:"**我思**"(ego cogito)或"**我在思维**"(sum cogitans)。

但是还应该补充一点,而且是特别值得注意的一点。通过悬搁我就推进到了那样一个存在领域,这个领域**原则上先于一切我**
80 **可以想象的存在者以及它们的存在范围,是它们的绝对必真的前提**。或者用一种在笛卡儿看来具有同样含义的说法:我,这个实行悬搁的我,是唯一绝对无疑的,它原则上排除了任何怀疑的可能性。除此以外作为必真东西而出现的,例如数学公理,的确是有怀疑的可能性的,因此也可以设想它们是虚假的;只当达到一种间接的绝对必真的论证(这种论证将这些东西还原为唯一的绝对的原初的自明性，如果哲学是可能的，一切科学认识都必须还原为这种自明性），这些虚假的可能性才能被排除，而对必真性的要求才表明是合理的。

§18 笛卡儿对自己的误解：对由悬搁所获得的纯粹自我之心理学主义的歪曲[①]。

在这里我们必须谈谈在我们迄今的解释中有意不谈的一些方面。由此笛卡儿思想中的**隐蔽的两义性**也就揭示出来了。事实证明有两种可能的方式来理解这种思想，发展这种思想，提出科学上的任务，而**笛卡儿**则认为，只有其中的**一种**方式是预先就不言而喻的。因此他的阐述的意义事实上（作为他自己的意义）是一义性的；但是可惜这种一义性是产生自以下这种情况，即他实际上并未将他的思想的独创的彻底主义贯彻到底；他实际上并没有将他的全部先入之见，没有全面地将这个世界，加以悬搁（“放到括号里”）；他被他的目标所吸引，而恰恰没有抽取出他在实行悬搁的自我中所获得的最重要的东西，以便纯粹在这个自我上展开哲学的惊异（θαυμάζειν）。与这种哲学的惊异展开不久就曾能产生的东西相比，笛卡儿在新思想中实际上所揭示的每一种东西——尽管它非常具有独创性和深远影响——在某种意义上都是肤浅的，另外还由于他自己的解释而失去了价值。就是说，在对这个在悬搁中才揭示出来的自我感到惊奇时，虽然他问自己，这是一种**什么样的自我**，这自我是不是人，即日常生活中可以感性直观的人，但是他 81

① 参看附录 VII 和 VIII。

却排除掉身体——身体也如同一般感性世界一样受到悬搁——，这样一来，对于笛卡儿来说，自我就被规定为心灵，或是精神，或是理智(mens sive animus sive intellectus)。

但是在这里我们会有几个问题。难道悬搁不是与预先给予我(这个进行哲学思考的人)的全部东西有关，因此不是与整个世界包括所有的人有关(而与人有关并不仅仅是与人的单纯身体有关)吗？因此不是与作为整体的人(我在以自然方式对世界的把握中总是把我自己看成整体的人)的我有关吗？在这里，笛卡儿不是预先已经被伽利略对于普遍的和绝对纯粹的物体世界的确信，以及关于纯粹感性上可体验的东西，和作为数学东西的纯粹思想事物之间的划分所支配了吗？笛卡儿不是已经把以下一点认为是不言而喻的吗，即感性是指向自在存在着的东西的，只不过它可能欺骗我们，但肯定有一条用来确定这种欺骗，并以数学的合理性认出自在存在着的东西的合理的途径？但是所有这些不是通过悬搁一下子都放到括号里了吗，而且甚至连作为可能性的东西也都放到括号里了吗？很显然，笛卡儿尽管有他所要求的无前提这样的彻底主义，但预先就有了一个目标，为了达到这个目标，向这个“自我”突破就应该成为达到目标的手段。他没有看到由于他确信这种目标与手段的可能性，他就已经抛弃了这种彻底主义。仅仅是决心要悬搁，决心要彻底放弃对世界上一切预先给定的东西，预先的有效性下判断，还是不够的；悬搁必须认真实行，并一直坚持下去。自我并不是世界的残留物，而是绝对必真的规定，这种规定只有通过悬搁，只有通过将全部的世界有效性放到括号里，才成为可能的；并且是作为唯一的规定而成为可能的。但是心灵是事先抽去

纯粹物体后的**剩余物**，根据这种抽象，至少从表面上看，它是这种物体的补充物。但是(我们不可忽视)，这种抽象并不是在悬搁中发生的，而是在自然科学家或心理学家在预先给定的，不言而喻地存在着的世界的自然基础上进行观察的方式中发生的。我们以后还要谈到这种抽象以及它们的不言而喻性外观。在这里只要说明 82
这样一点就足够了，即在《沉思录》的这些奠基性考察中——即在那些引入悬搁和它的自我的考察中——由于将这个自我与纯粹心灵看作是同一的，而使首尾一贯性遭到破坏。沉思的完整的获得物，即对于这个自我的伟大发现，由于一种荒谬的偷换而失去了价值：因为纯粹心灵在悬搁中完全没有意义，除非它作为被放到"括号"里的"心灵"，也就是说作为纯粹的"现象"，在这点上同身体是一样的。我们不能忽视关于"现象"的这一**新**概念，它是首先随同笛卡儿的悬搁一起产生出来的。

我们看到，遵从和运用像彻底的和普遍的悬搁这样一种空前的态度转变是多么困难。"朴素的见识"，来自朴素的世界的有效性的某些东西，很快就会在什么地方突然冒出来，从而歪曲了在悬搁中才可能和必需的新型思想。几乎所有我同时代的哲学家对于我的"笛卡儿主义"，更确切地说，对于"现象学的还原"——对此我已经用这种对于笛卡儿的悬搁的论述作了准备——的朴素的反对意见，也是由此而来的。这样一种几乎是无法根除的朴素性，还造成了以下情况，即在数百年之间，几乎没有一个人，对从自我和它的思想生活出发推论到"外界"的可能性之"不言而喻性"提出异议，而且实际上没有向自己提出这样的问题：对于这样一种自我学的存在领域来说，"外界"究竟是否有意义。——这种情况当然就

使这个**自我变成背理的东西，变成一切谜之中最大的谜**。但是也许有许多东西，而对于哲学来说也许甚至是全部东西，都取决于这个谜。也许正是**笛卡儿**本人在发现这个自我时所感受到的那种震惊，对我们这些平凡的人具有重要意义，它表明，这里预示着某种真正重要的东西，最重要的东西，它通过种种错误和迷失，总有一天会作为一切真哲学的“阿基米德点”而显露出来。

这种回归到自我的新动机，一旦在历史上出现，就立即在下面
83 这样一件事情上显示出它的内在力量，即尽管有种种对于它的歪曲和掩盖，但它开创了哲学的一个新时代，并在这一新时代中树立了一种新的目标。

§ 19 笛卡儿对客观主义的急迫关注是他误解自己的原因。

在笛卡儿那里，这些“沉思”是在用自己的心灵的“我”（Ich）代替自我（ego），以心理学的内在性代替自我学的内在性，以心理上的“内在的知觉”或“自身知觉”的自明性代替自我学的自身知觉这样一种引起严重后果的形式中，产生效果的，并且在历史上，直到今天还有影响。笛卡儿本人实际上相信，通过推论到超越自己心灵东西的途径，就可以证明最终实体（以第一步推论到上帝的超越性为中介）的二元论。同样他还认为，他是在解决对于他的背理的态度具有重要意义的问题——这个问题后来又以改变了的形式在**康德**那里再现——，这就是：我的理性中产生的理性构成物（我自己的**清晰而明确的知觉**[clarae et distinctae perceptiones]）——数学的和数学自然科学的构成物——如何能够要求具有客观上

"真的"有效性，形而上学的超越的有效性。近代称作知性或理性的理论——在更确切的意义上称作理性批判，超越论的问题——在笛卡儿的沉思中有其意义的根源。在古代，人们不知道这一类的东西，因为那时还不知道笛卡儿的悬搁和他的自我。因此，实际上从笛卡儿开始了一种全新的哲学研究，这种哲学研究在主观的东西中寻找其最后根据。但是笛卡儿坚持纯粹的客观主义——尽管这种客观主义有其主观的根据——，只有按照以下方式才有可能，即最初是在悬搁中自为存在的，并且作为奠定客观科学的（或一般地说，奠定哲学的）绝对的认识基础而起作用的心灵（mens），同时似乎又被与其他东西一起奠定为客观科学的，即心理学的正当的研究题目。笛卡儿没有弄清楚，自我——他的由于悬搁而丧 84
失了世间性的我，在这个我的功能性思想中，世界具有其对于思维所能具有的全部存在意义——不可能在世界中作为研究主题而出现，因为一切世间性的东西，因此也包括我们自己的心灵存在，即通常意义上的我，正是从这种功能中吸取它们的意义的。至于以下这种考虑，他当然就更达不到了，即自我，像它在悬搁中作为自为存在而被揭示出来的那样，还完全不是能在自身之外有另一个或者许多个同伴我的"一个"我。笛卡儿也没有看到，像我与你，内在与外在等所有这样的区分，只有在绝对的自我中才能"构成"。因此就可以理解，为什么笛卡儿在其匆匆忙忙地将客观主义和精密科学作为满足形而上学的绝对的认识的学问来论证时，没有为自己提出系统地研究纯粹的自我——始终一贯地停留在悬搁之中的纯粹的自我——的任务，即询问在活动方面，在能力方面它所固有的东西，以及在这些方面作为意向成就而完成的东西。因为他

没有在这里停下来进行研究，所以他就没有能看到这样一个重大的难题：从作为在自我中的“现象”的世界出发系统地回溯世界是在自我的哪些能够实际指明的内在成就中获得其存在的意义的。很显然，在笛卡儿看来，关于作为**心灵**（mens）的自我的分析论，是未来客观心理学的任务。

§20　笛卡儿那里的“意向性”[①]。

因此，笛卡儿的最初几个奠定基础的“沉思”实际上是心理学的一部分，但是其中仍然有一个因素被作为最重要的（虽然是仍然完全没有展开的）因素明确地强调出来，即意向性，它构成自我学的生命之本质。意向性，换一种说法，就是“思维活动”，例如在进行体验，思想，感觉等等时，**意识到某物**等等；因为每一个**思维活动**都有它的**所思对象**。每一种思维活动，从最广义上说，都是一种以

85 为，因此对于每一个思维活动，都有某种确信的样式属于它——绝对的确信，猜测，认为可能，怀疑等等。与此相关联，存在有证明与否证，或更确切地说，真与假之间的区分。我们已经看到，以“意向性”为标题的这个问题本身，不可分割地包含着知性或理性的问题。当然笛卡儿实际上根本没有提出和讨论意向性这个题目。另一方面，笛卡儿所谓的从自我出发完满地奠定的新的普遍哲学，也应该说成是一种“认识论”，即一种关于自我如何在它的理性的意向性中（通过理性活动）完成**客观的**认识的理论。当然，在笛卡儿那里这就意味着：**以形而上学的方式超越自我的认识**。

---

① 参看附录 IX。

§21　笛卡儿是理性主义和经验主义两条发展路线的起点[①]。

如果我们现在追寻从笛卡儿开始的发展路线，那么其中的一条路线，即“理性主义的路线”，是经过马勒伯朗士、斯宾诺莎、莱布尼茨和沃尔夫学派，直到康德这个转折点。在这条路线中，新的理性主义精神（笛卡儿在理性主义中培养起来的那种精神）继续生气勃勃地发挥着作用，并且发展成为一些宏大的思想体系。因此，在这里是这样一种信念占支配地位，即按照“具有几何学样式”（mos geometricus）的方法，就能够实现有关世界（它被看作是超越的“自在”）的绝对奠立的普遍的认识。英国经验主义正是反对这种信念，反对新科学的这样一种能够延伸到“超越的东西”的效力，最后甚至反对这种超越的东西本身，虽然它同样也受到笛卡儿的强大影响。但这是与古代怀疑论反对当时诸合理的哲学体系性质相似的反应。这种新的怀疑论的经验主义从霍布斯就已经开始了。但是最使我们感兴趣的，是由于经验主义在心理学和认识论中的 86
巨大影响而产生的洛克对于知性的批判，以及它随后在贝克莱和休谟那里的继续发展。这一条发展路线是特别重要的，因为它是以下这个历史进程中的重要部分，在这个历史进程中，笛卡儿的被从心理学上歪曲了的超越论（如果我们现在可以这样称呼他的转向自我的独创性思想的话）力图通过展示它的结论，最终意识到它的根据不足，并且由此出发，达到一种更能意识到自己真正意义的

① 参看附录X。

更纯真的超越论。在这里首要的，并且从历史上说最重要的事情，就是使(具有感觉论的-自然主义的特征的)经验主义的心理学作为一种令人难以忍受的背理的东西自我暴露出来。

§22　洛克的自然主义的-认识论的心理学。

正如我们所知道的，由于分离出纯粹自然科学而作为相关的东西所要求的新的心理学，正是在经验主义的发展中，得到最初的具体实现。因此这种新心理学是对现在已与身体分离的心灵领域的内在的心理学研究和生理学的以及心理物理学的说明。另一方面，这种心理学服务于与笛卡儿的认识论比起来是全新的，并且是非常精致地形成的认识论。在**洛克**的巨著中，这从一开始就是真正的目的。这个目的表现为一种新的尝试，即完成那正是笛卡儿的《沉思录》所想要完成的事情：从认识论上论证客观科学的客观性。这种目的的怀疑论态度，从一开始就在对下面这样一些问题的询问中表现出来了，如人的认识的范围，有效距离，和可靠性程度。洛克对于笛卡儿的悬搁以及向自我还原的深刻意义毫无察觉。他简单地将自我当作心灵接受过来，这个心灵正是以自身体验的自明性认识自己内在的状态、活动和能力。只有内在的自身体验所表明的东西，只有我们自己的“观念”，是直接地自明地呈现的。所有外部世界的东西都是推论出来的。

87 因此，首要的事情是纯粹基于内在体验的内在的心理学分析，——但是在这里完全是朴素地使用了其他人的经验，以及关于自身体验是属于**我**的体验，属于众人中的**一个人**的体验的理解，因此是运用了向他人推论的客观有效性。不管这整个研究总的来说

是怎样作为客观的心理学研究进行的，甚至还求助于生理学的东西，然而整个这种客观性却是靠不住的。

笛卡儿的本来的问题，即自我学上的（被当作内在心理学解释的）有效性的超越的问题，在这里包括一切有关外部世界的推论方式，即关于那些本身是在被包封着的心灵中的“思维活动”如何能够为心灵之外的存在提供根据的问题，——在**洛克**那里消除了，或者变成了实在的有效性的体验以及有关属于这些体验的能力如何在心理学上发生的问题。感觉材料当排除其产生过程的任意性时，就是由外界而来的影响，就表达外部世界的物体，这对于洛克是不成问题的，而且是不言而喻的事情。

以下这种情况对于后来的心理学和认识论产生了极其严重的后果，即洛克没有采用笛卡儿最早引入的将**思维**当作对于**所思对象**的**思维**的解说，也就是说，没有采用意向性，他没有认识到意向性是研究的主题（甚至是基础研究的最本真的主题）。他没有看到这整个的区别。心灵本身如同物体一样是一种自身封闭的实在；心灵被以朴素的自然主义的方式理解为好像是一个孤立的空间，按照他著名的比喻，就如同一块书写板，在那上面心灵的材料出现又消失。这种材料感觉论和有关外感觉和内感觉的学说，支配心理学和认识论达数世纪之久，甚至一直到今天；尽管有通常的反对“心理原子论”的斗争，它的根本意义并没有改变。当然，即使在洛克那里，也有“关于”事物的知觉，感觉，表象，或相信“某事”，意愿“某事”，等等说法，而且完全不可避免这种说法。但是他对于下面这个事实却置之不顾，即在知觉中，**在意识体验本身中**，就存在有在其中被意识到的东西**本身**，知觉就本身而言，就是对某物的知 88

觉，例如对“这棵树”的知觉。

在这种情况下，心灵生活（它彻头彻尾是意识生活），我的意向生活（它具有被它所意识的对象），应该如何通过对这些对象的认识，评价等等，与这些对象打交道呢？如果不考虑意向性，怎样才能对心灵生活进行认真研究呢？在这种情况下，如何才能研究一般理性问题呢？这些问题一般来说能作为心理学的问题研究吗？最后，在这些心理学-认识论的问题背后，难道没有笛卡儿触及到但却没有把握住的那个笛卡儿式的悬搁的“自我”问题吗？也许这并非是一些不重要的问题，它们为独立思考的读者预先指出了方向。无论如何，它们预示了在本书以后的诸部分中将成为严肃问题的那些东西，或者说，预示了能作为通向一种真正“无先入之见地”进行研究的哲学之途径的东西，这种哲学在问题的提出上，在方法上，在系统完成的研究工作上，都是从最根本的根据出发的。

下面这种情况也是很有兴味的，即洛克在合理的科学理想方面的怀疑论，和他对这些新科学（它们应该保有它们的权利）的效力所及范围的限制，导致一种新型的不可知论。这种不可知论，尽管又一次假定了物自体，并没有像在古代怀疑论那里那样，根本否定科学的可能性。在洛克看来，我们人所具有的科学唯一依靠的是我们的表象和概念构成物，借助于这些东西，我们虽然可以推论到超越的东西，但从原则上说，我们却不可能获得有关自在之物本身的真正的表象，即充分表达自在之物固有本质的表象。我们只能有关于我们自己心灵东西的充分的表象和认识。

§23　贝克莱。——大卫·休谟的作为虚构主义认识论的心理学:哲学与科学的“破产”[①]。

洛克的朴素性和前后矛盾,导致对他的经验论的迅速改进,将 89
它向一种背理的观念论推进,最后以彻底的荒谬而告终。基础仍然是感觉论和一种表面上的不言而喻性,即一切认识的唯一的无可怀疑的基础,是自身体验和它的内在材料的领域。由此出发,**贝克莱**将在自然的体验中显现出来的物体的事物,还原为它们借以显现出来的感觉材料本身的复合。不可能有那样一种推论,通过它从这样一些感觉材料不再是推论出相同的材料,而是推论出另外一些东西。它只能是一种归纳的推论,即从观念的联结产生的推论。自在存在的材料,即**洛克**所说的“我不知道是什么的东西”(je ne sais quoi),乃是哲学上的虚构。另外一点也是重要的,即贝克莱在这里将合理的自然科学的这种构成概念的方式,消解为感觉论的认识批判。

休谟在这个方向上一直走到终点。一切有关客观性的范畴——在科学生活中借以思考心灵之外的客观世界的科学的客观性范畴,在日常生活中借以思考心灵之外的客观的世界的前科学的客观性范畴,——都是虚构。首先,数学概念:数,量,闭联集,几何图形等等是虚构的。**我们**会说,它们是对于直观上给予的东西的方法上必然的理念化。而按照休谟的看法,它们都是虚构。并且更进一步,整个被认为具有必然真理的数学也同样是虚构。这

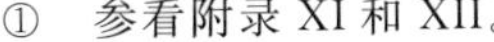

① 参看附录 XI 和 XII。

些虚构的根源，能够从心理学上（即根据内在感觉论），即根据观念之间联结和关系的内在法则性，十分清楚地说明。而且即使是有关前科学世界的范畴，朴素地直观的世界的范畴，有关物体的范畴（即被认为存在于进行直接体验的直观中的持存物体的同一性），同样还有被认为体验到的人格的同一性，也无非都是虚构。比方我们说，“那棵”树在那儿，并且将它与它的变动着的显现方式区分开来。但是从内在的和心灵的方面说，在那里除去这些“显现的方式”就没有任何东西。存在着的是材料的复合，而且始终是不同的材料复合，当然都通过联结彼此有规则地“结合起来”，有关体验到的同一东西的错觉也由此得到了说明。对于人格来说也是
90 一样：同一的“我”并不是一个材料，而是不停地变动着的一束材料。这种同一性是心理学上的虚构。属于这一类虚构的还有因果性，即必然的继起。内在的体验只是表明 post hoc（一事随另一事而发生）。propter hoc（一事由另一事而引起），即继起的必然性，则是一种虚构和偷换。这样在休谟的《人性论》中，世界一般，自然，由自身同一的物体构成的宇宙，由自身同一的人格构成的世界，因此还有按照其客观真理认识以上这些东西的客观科学，都变成了虚构。我们必须前后一致地说，理性，认识，还有对真价值的认识，对包括伦理理想在内的各种纯粹理想的认识，所有这些都是虚构。

因此这实际上是**客观认识的破产**。归根到底，休谟以**唯我论**告终。因为从一些材料到另一些材料的推论，如何能够超出内在领域呢？当然，休谟没有提出这个问题，至少是没有谈到，在这种情况下这个理性——休谟的理性——怎么样了，这个理性曾经将

这种理论当作真理确立起来，它进行了这种心灵的分析，证明了这种联结的法则。这些以联结的方式规整的规则，究竟是怎样“结合”的呢？即使我们知道了这些规则，这种知识本身不又是书写板上的材料吗？

正如所有的怀疑论，所有的非理性主义一样，休谟式的怀疑论也自己否定自己。休谟的天才越是令人惊异，没有相应的伟大的哲学气质与它相结合这一点就越加令人感到遗憾。这表现在，尽管休谟（在《人性论》第一卷最后一章）对于他这位前后一贯的理论哲学家所陷入的极大困境毕竟还是进行了生动的描述，但是在他的整个论述中有意悄悄地掩盖他的背理的结论，并且将它们解释成无害的。休谟不是与这种背理之处进行斗争，不是揭穿这种感觉论和一般心理学主义据以建立的所谓的不言而喻的东西，以便达到一种前后一致的自身理解和一种真正的认识论；而是仍然停留在给人以非常深刻印象的慵懒的学院式的怀疑论角色中。由于这种态度，休谟成了现在仍然有影响的贫乏的实证主义之父。这
种实证主义躲避哲学上的深渊，将它们草率地掩盖起来，以实证科 91
学的成功及其心理学主义的解释自慰。

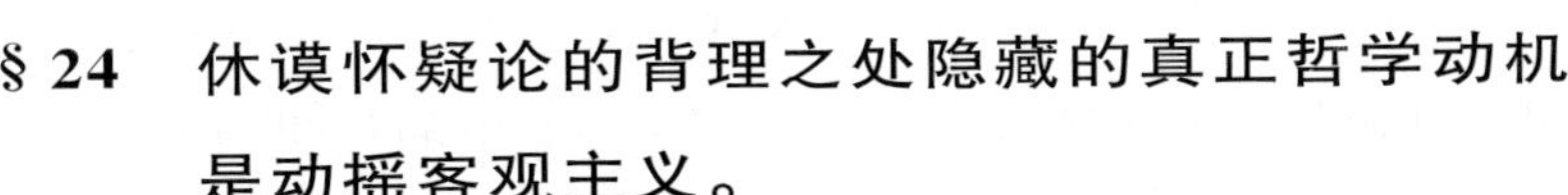

§24　休谟怀疑论的背理之处隐藏的真正哲学动机是动摇客观主义。

让我们停留片刻来考察一下下面这个问题。为什么休谟的《人性论》（与它相比《人类理解研究》却大为逊色）是一件非常重要的历史事件？在这里发生了什么事情呢？笛卡儿的无前提的彻底主义，为了将真正的科学认识回溯到有效性的最后源泉，并由这

些最后源泉出发将它们绝对地建立起来，要求将考察指向主观，要求回归到处于其内在性之中的进行认识的“我”。不管人们怎样不愿承认笛卡儿认识论的思想进程，却再也不能避开这种要求的必然性了。但是笛卡儿的这种步骤能够改善吗？在受到怀疑论进攻之后，他要绝对地奠立新哲学的理性主义目标还能达到吗？数学和自然科学接连不断的大量发现预先就有利于对此作肯定回答。因此那些通过研究或学习而参与到这些科学之中的人，预先就已经确信，它们的真理，它们的方法，本身就具有最终效力和典范的特征。现在经验主义的怀疑论揭露出，在笛卡儿的基本研究中已经以未展开的形式存在的那些东西，即**有关世界的全部认识**，前科学的认识和科学的认识，是一个**巨大的谜**。当人们通过将必真的自我解释为心灵，将原初的自明性理解为“内知觉”的自明性而回溯到必真的自我时，是很容易照笛卡儿的方法行事的。在这种情况下，还有什么比**洛克**借助于“white paper”（白纸）示例说明被分离出来的心灵的，以及在其中内在地发生的事件的，即心灵之内生成的实在性，并因此将这实在性自然化的方式，更明白易懂
92 呢？但是在这种情况下，能够避免**贝克莱**和**休谟**的“观念论”并且最终避免具有其全部背理之处的怀疑论吗？这是一种多么自相矛盾的情况呀！没有任何东西能够削弱迅速发展的、其本身成就不容否定的、精密科学的固有的力量，和对于精密科学真理的信念。然而只要人们考虑到它们是进行认识的主观所产生的意识成就，它们的自明性和明晰性就变成不可理解的背理的东西了。在**笛卡儿**那里，内在的感受性产生世界的图像，这并不引起反感；但是在**贝克莱**那里，这种感受性产生物体世界本身；在**休谟**那里，这整个

心灵及其“印象”与“观念”，以及属于它的力量（被认为与物理力类似）和它的联想定律（作为引力定律的类似物！），产生出整个世界，**世界本身**，而绝不只是图像，——当然，这种产物仅仅是一种虚构，一种内在的规整的，并且实际上非常模糊的表象。这对于合理科学的世界以及模糊的经验（experientia vaga）的世界同样都是适用的。

尽管有这种由于这些前提的特点而产生的背理之处，但是在这里就不可能感觉到一种隐藏的必然的真理吗？在这里不是显示出一种判断世界的客观性及其整个的存在意义，以及相关联地判断客观科学的存在意义的**全新方式**吗？这种全新的方式并不反对客观科学本身的正当性，而是反对它们的哲学的和形而上学的要求：即要成为绝对真理的要求。现在人们终于有可能并且一定会认识到这样一个事实——这个事实在这些科学中是一直被完全置之不理的——，即意识生活是**具有成就的**生活，是成就着存在意义（正确地或错误地）的生活；意识生活固然是作为感性直观的生活，但更是作为科学的生活。笛卡儿并没有深入思考这样一个事实，即正如感性的世界，日常生活的世界，是感性的**思维活动的思维对象**一样，**科学的思维活动的思维对象**。而且他也没有注意到他所陷入的循环论证：当他证明上帝的存在时，就已经预先假定了进行超越自我的推论之**可能性**，然而这种可能性本来只有通过这种证明才能建立起来。下面这种想法他是绝不会有的， 93
即整个世界本身可能是从以多种多样方式流动着的思维活动的普遍综合中产生出来的思维对象；在更高的层次上，以此为基础建立起来的科学的**思维活动**之理性的成就，对于科学世界可能是决定

性的。但是这样一种思想现在不是由贝克莱和休谟提出来了吗？——在这样一种前提下，即这种经验主义的背理之处仅仅在于某种被信以为真的不言而喻性，由于这种被信以为真的不言而喻性，内在的理性预先就被排除了。从我们的批判描述的观点来看，由于贝克莱和休谟将笛卡儿的根本问题复活，并加以彻底化，就使“独断的”客观主义极大地动摇了：不仅动摇了激励着当代人的数学化的客观主义（这种客观主义实际上将一种数学的-合理的自在归之于世界本身，我们在我们的或多或少完善的理论中对这个自在加以摹写，并且在某种程度上可以说是越来越完善地摹写），而且动摇了在数千年间一直起支配作用的一般客观主义。

§25　理性主义中的“超越论的”动机：康德的超越论哲学构想。

众所周知，休谟由于他在康德思想发展中引起的转变，也在历史中占有一种特殊的地位。康德本人在一句经常被人引用的话中曾说过，是休谟将他从他的独断论沉睡中唤醒，并给他在思辨哲学的领域的研究指出一种不同的方向。那么因此康德的使命就是感受我上面说过的那种客观主义的动摇，并且在他的超越论哲学中去解决休谟曾加以回避的那种任务吗？回答必然是否定的。这是一种新式的超越论的主观主义，它由康德开始，并且在德国观念论诸体系中变成一些新的形态。康德不属于从笛卡儿开始经过洛克
94 持续地产生影响的那条发展路线，他不是休谟的后继者。他对于休谟的怀疑论的解释，以及他对这种怀疑论的反应方式，都是由他本人的沃尔夫学派的出身决定的。由休谟的推动而引起的“思想

方式革命"并不是针对经验主义的，而是针对笛卡儿以后的理性主义思想方式的，这种思想方式的伟大的完成者是莱布尼茨，而由沃尔夫赋予它以系统的教科书式的表达，并赋予它最有效的最有说服力的形式。

最一般地理解，康德所要根除的"独断论"首先指的是什么呢？尽管笛卡儿的《沉思录》对于笛卡儿以后的哲学仍然继续产生巨大影响，但是推动这些沉思的充满激情的彻底主义，却没有传给笛卡儿的后继者。人们毫不踌躇地轻易就承认笛卡儿在追溯一切认识的最后来源时才想要建立的，然而却发现是很难建立的东西——即客观科学的，或者总的来说，作为一种客观的普遍科学的哲学的，绝对的形而上学——的正当性。或者这样说也是一样，即轻易承认进行认识的自我由于在它的"心灵"(mens)中发生的自明性，可以将它的理性的构成物看作是具有超越自我的意义的自然的正

当性。关于作为自然的封闭的物体世界的新概念，与这个新概念 119
相关联的自然科学；与此相对应的，有关封闭的心灵的概念，以及与它相关联的新的心理学的任务(这种任务是以数学为典范，按照理性的方法完成的)，所有这些都获得了承认。理性的哲学在每一个方向都在制定之中，人们所关注的是各种发现，各种理论，理论推理的严密性，与此相应，方法中的一般问题，以及对方法的改善。因此在这里，经常谈到认识，而且是从科学的普遍性的观点谈论的。但是对认识的这种反思并不是超越论的反思，而是一种对认识实践的反思，因此它与那种在任何其他实践兴趣领域中工作的人所进行的反思相似，这种反思是以技术论的普遍命题表现的。因此这里涉及的是我们习惯上称作逻辑学的东西，虽然是在传统

的非常狭隘的界限内的逻辑学。因此，我们可以完全正确地（在一种扩展了的意义上）说，这里所涉及的，是以获得一种理性哲学为目的的，作为最普遍的规范学和技术论的逻辑学。

因此主题有两个方向。一方面是指向"逻辑法则"的系统总体，指向诸真理的理论整体，这些真理能够作为一切应当能够成为客观上真的判断的规范起作用；属于这个方向上的，除去旧的形式逻辑以外还有算术，整个纯粹分析的数学，即莱布尼茨的"普遍数学"，以及一般来说，一切纯粹先验的东西。

另一方面，主题的方向是指向对于努力追求客观真理的判断者的一般考察：考察判断者应该如何规范地运用那些规则，以使判断借以证明为客观上真的判断的那种自明性能够显示出来；同样也考察在这个方面失败的方式和失败的诱因，等等。

因此很显然，在从矛盾律开始的一切广义的"逻辑的"法则中，当然都包含有形而上学的真理。系统制定的有关法则的理论，本身就具有一般存在论的意义。这里，在科学上所发生的事情是，仅仅运用进行认识的心灵生来固有的概念的纯粹理性的活动。这些概念，这些逻辑法则，这些纯粹理性的一般合法则性，都具有形而上学的-客观的真理。这一点是"不言而喻的"。人们在想起笛卡儿时，偶尔也提出上帝为保证，却很少操心这样的事情，即只有理性的形而上学，才能证明上帝的存在。

与纯粹先验思维能力，纯粹理性的能力相对的是感性的能力，是内在和外在经验的能力。由于来自"外界"的外部经验而受到刺激的主观，虽然通过这种经验而确信起刺激作用的客观，但是为了能认识这些客观的真理，它需要纯粹的理性，即理性在其中显示出来的规范系统,作为有关客观世界一切真正认识的"逻辑学"。这就是理性主义的观点。

至于谈到已经感受到来自经验主义心理学影响的康德,休谟 96
已经使他清楚看到这样一个事实,即在纯粹的理性真理和形而上学的客观性之间仍然存在着一个不可理解的鸿沟,这就是,怎么会正是这些理性的真理实际上承担关于事物的认识。即使是可作为典范的数学自然科学的合理性就已经变成一个谜了,数学自然科学将它的事实上完全毋庸置疑的合理性,因此还有它的方法,归功于纯粹逻辑-数学理性的起规范作用的先验性,这种理性的起规范作用的先验性在数学自然科学的诸学科中,表明一种毋庸置疑的纯粹的合理性——所有这些都是肯定的。只要自然科学需要外部经验,需要感性,它当然就不是纯粹合理的;但是所有在其中是合理的东西,它都归功于纯粹理性及其规范作用;只有通过纯粹理性及其规范作用才能有合理化了的经验。另一方面,至于感性,人们一般认为,它们产生纯粹感性的感觉材料,正是作为由外界刺激产生的结果。然而人们却这样行事,好像前科学的人的经验世界——尚未被数学逻辑化的世界——是由纯粹感性预先给定的世界。

休谟曾经指出,我们朴素地将因果性加给这个世界,以为我们能在直观中把握必然的结果。休谟指出的这种情况,对于所有那些使日常周围世界中的物体成为具有自身同一的性质、关系等等的自身同一的事物的东西,也是适合的(休谟在康德尚不知道的《人性论》中,事实上已经详细地说明这一点了)。材料和材料复合出现又消失,被认为是纯粹感性地体验到的事物,并不是通过这些

变化仍然持存的感性的东西。因此感觉论者宣布它是虚构的东西。

我们还要说，感觉论者用纯粹感觉材料取代将**事物**（日常的事物）呈现给我们的知觉。换句话说，他没有看到，与纯粹感觉材料有关的纯粹感性并不能说明经验对象。就是说，感觉论者没有看到，这种经验对象依存于一种隐蔽的精神成就，他也没有提出这可
97 能是一种什么样的精神成就的问题。这种精神成就肯定预先就是这样一种东西，它能够借助逻辑，数学，数学的自然科学，使前科学的经验对象以客观的有效性，也就是以每一个人都能承认的，并对每一个人都有约束力的必然性，成为可以认识的。

但是康德对自己说，事物无疑是显现出来的，但这只是由于以下这种情况，即这些感觉材料已经暗中以某种方式由先验的形式概括在一起了，通过改变被逻辑化了，——这并不求助于作为逻辑和数学而显示出来的理性，也没有这种理性起规范功能。如果这种准逻辑的东西是一种心理学上偶然的东西，那么当我们认为它不存在时，数学，一般的自然的逻辑，有可能凭借纯粹感觉材料认识客观吗？

如果我们理解得正确，这就是康德内在的主导思想，事实上现在康德是着手以一种回溯的方法指明：如果通常的经验真的是有关**自然对象**的经验，对这些对象的存在与不存在，以这种或那种方式存在方面的认识是具有客观真理的，就是说，它们是可以科学地认识的，那么直观显现的世界就肯定已经是“纯粹直观”和“纯粹理性”的能力的构成物，而这种能力就是在数学和逻辑学中以一种被阐明的思想表现出来的同一种能力。

换句话说，理性有**两种**方式发挥功能和表现自己。**一种**方式是它在自由的和纯粹的数学化中，在纯粹数学科学的操作中，系统地自身展示，自身表露。在这里这种方式是以仍属于感性的“纯粹直观”的形式为前提的。这两种能力的客观结果就是作为理论的纯粹数学。**另一种**方式是隐蔽地持续地发挥功能的理性的方式，不断地将感性材料合理化，并且总是已经将感性材料合理化了的理性的方式。它的客观结果是感性直观的对象世界——这个对象世界是一切自然科学思想的经验前提，即借助显在的数学理性有意识地规范周围世界经验的思想的经验前提。正如直观的物体世
界一样，自然科学的（与此同时科学上可以认识的二元论的）一般 98
世界，也是我们的知性的主观构成物，只不过这些感性材料的质料是来自由“自在之物”产生的超越的刺激。自在之物原则上是（客观的-科学的）认识所不能达到的。因为按照这种理论，人的科学，作为由“感性”和“理性”（或如康德在这里说的，“知性”）这两种主观能力的相互配合而制约的成就，不能说明感性材料事实上的多样性的起源，“原因”。客观认识的可能性和现实性的终极前提是不能客观地认识的。

如果说，自然科学曾经冒充是哲学的，即有关存在者的终极科学的分支，并且凭借它的合理性，相信能够超越认识能力的主观性而认识自在的存在者，那么现在对于康德来说，**客观科学**作为存留于主观性之内的成就，**从他的哲学理论**分离出去了。这种哲学理论作为关于必然在主观性之内完成的成就的理论，因此作为有关客观认识的可能性与有效范围的理论，揭露出**所谓有关自在自然的合理哲学**的朴素性。

这种批判如何对于康德来说仍然是一种旧的意义上的有关存在者总体的，因此也能达到不可能合理认识的自在存在的哲学的开端，——他是如何在“实践理性批判”和“判断力批判”这些标题下面不仅限制哲学的要求，而且还相信能够开辟通向“科学上”不可能认识的自在存在的道路，这乃是众所周知的。我们在这里不必探讨这些问题。我们现在感兴趣的——用形式的一般性的说法——是，康德在反对休谟的材料实证主义——他对休谟就是这样理解的——时，制定了一种系统地建立起来的，在一种新的形式上仍然是科学的博大的哲学。在这种哲学中，笛卡儿的向意识主观性的转向，以超越论的主观主义的形式起作用。

99 不管康德哲学的真理性怎样（对此我们这里不予评价），我们不可忽略的是，康德所理解的休谟并不是真正的休谟。

康德谈到“休谟的问题”。那么引起休谟本人关心的真正问题是什么呢？只要我们将休谟的怀疑论理论，将他的整个主张，还原为他的问题，将这个问题扩展到在这个理论中并未得到充分表达的那些结论，——尽管很难相信，像休谟那样精神气质的天才，会看不到这些未明确引出的，未从理论上进行探讨的结论——，我们就会发现休谟真正关心的问题。只要我们这样做了，我们就会发现它不外就是这样一个普遍的问题：

如何能够使我们生活于其中的这种对世界的确信——不仅是对日常世界的确信，而且还有建立在这种日常世界之上的对科学的理论构造的确信——的朴素的不言而喻性成为可以理解的呢？

如果我们一旦从休谟的观点（在自然方面已经是从贝克莱的观点）出发普遍地认为，“世界”是一种在主观性中，并且——从我们这个此时正在进行哲学思考的人的观点说——是一种在我的主观性中产生的有效性，并且这个世界具有其总是以之对我们有效的全部内容，那么“客观世界”，客观上真的存在，还有科学的客观真理，就意义和有效性来说，究竟是什么呢？

有关“客观性”谈论的朴素性——这种朴素性完全不考虑经验这种客观性，认识这种客观性，实际具体成就这种客观性的主观性——以及研究自然的，研究一般世界的科学家的朴素性，这种科学家看不到他作为客观真理而获得的一切真理，以及作为他的公式的基础的客观世界本身（不论是日常经验的世界，还是更高层次上的概念认识的世界），都是他在自身中生成的他自己的活动的构成物，——所有这些朴素性，只要生活变成注意中心，当然就再也不可能存在了。那些严肃地深入探讨《人性论》，并在揭露了休谟的自然主义前提后意识到他的动机之力量的人，不是肯定会得到这样一种从朴素性中的解放吗？

但是如何能够理解这种将世界本身主观化的最彻底的主观主 100
义呢？这是最深刻的并且是最终意义上的世界之谜。这是有关其存在是由主观成就产生的存在的世界之谜，它是具有这样一种自明性的世界之谜，即另外一种世界是完全不可想象的。休谟的问题正是这个谜，而不是什么别的东西。

但是我们很容易看到，有许多按照休谟的看法包含在这个世界之谜中的前提在康德那里是“不言而喻地”有效的，而康德从来没有进入到这个世界之谜中。因为他的问题恰好是完全建立在从笛卡儿经由莱布尼茨延伸到沃尔夫的理性主义基础之上的。

我们试图以这种方式通过最初指导并决定康德思想的合理自

然科学的问题，使康德对于他的历史环境的立场这个很难解释的问题成为可以理解的。我们现在特别感兴趣的——暂时按照形式的普遍性来说——就是，在反对休谟的材料实证主义(它在其虚构主义中将作为科学的哲学抛弃了)中，现在**从笛卡儿以来第一次**出现了一种宏大的系统地建立起来的科学哲学，这种哲学必须被称作**超越论的主观主义**。

§26 对于指导我们的“超越论的东西”这一概念的预备性讨论。

在这里我想立即说明以下一点，即“超越论的哲学”一词从康德以来经常使用，而且甚至作为其概念是遵循康德哲学类型的普遍哲学的通用名称。我本人是在**最宽泛意义上**使用“超越论的”这个词的，用它来指我前面详细讨论过的一种原初的动机。这是通过**笛卡儿**赋予一切近代哲学以意义的动机，并且可以说，是试图在所有近代哲学中复苏的，试图获得一种真正的纯粹的任务形式并得到系统发展的动机。这是追溯到一切认识形成的最后源泉的动机，是认识者反思自身及其认识生活的动机，在认识生活中，一切
101 对认识者有效的科学上的构成都是合目的地发生的，被作为已获得的东西保存下来，并且现在和将来都可以自由使用。这种动机如果彻底发挥作用，就是一种纯粹由这种源泉提供根据的，因此是被最终奠立的普遍哲学的动机。这种源泉的名称就是**我自己**。这个“我自己”具有我的全部现实的和可能的认识生活，最终还有我的一般具体的生活，整个超越论的问题都是围绕着**这个**我的**我**——“**自我**”——对那个起初不言而喻地为它设定的东西——我

的心灵——的关系；此外又是围绕这个我和我的意识生活对世界——我所意识到的，我在我自己的认识构成物中认识到它的真正存在的世界——的关系。

当然，“超越论的东西”这个最一般的概念并不是能用文献资料证明的概念；它不能由对个别体系的内在解释和对它们加以比较而获得。宁肯说，它是一个通过深入探讨整个近代哲学的统一的历史性而得到的概念：即关于近代哲学的任务的概念，这种任务只能这样证明，它作为发展的动力存在于近代哲学中，并且奋力从模糊的潜力变成推动近代哲学的现实的力量。

以上只是一种初步的说明，在我们迄今的历史分析中已经为它做了一些准备；只是在以下的论述中我们才来证明，我们这种目的论的考察以及它的方法论功能，在最终建立一种符合其最本来意义的超越论哲学方面的正当性。对于彻底超越论的主观主义的这种初步的说明，自然会引起惊异和怀疑。如果这种怀疑不意味着预先决心拒绝每一种判断，而是意味着不受约束地克制做出每一种判断，我将会非常欢迎这种怀疑。

§27　从我们关于“超越论的东西”的指导概念之观点来看的康德及其后继者的哲学。采取批判立场的任务。

如果我们再返回到康德，那么他的体系确实也可以在以上定义的一般意义上称作是“超越论哲学的”体系，尽管它还远没有完成为哲学，为一切科学的总体真正彻底地奠定基础的工作。康德 102
从来也没有深入到笛卡儿基本研究的精奥之处，他也从没有被他自己的问题所推动，到笛卡儿基本研究的精奥之处寻求最后的根据与判定。如果在以下的论述中，我如我所希望的，能成功地使人们认识到，超越论哲学越彻底，它就越纯正，就越能更好地完成它作为哲学的使命，最后使人们认识到，只当哲学家终于清楚地**理解他自己是作为最初源泉而起作用的主观性**，一般来说，超越论的哲学才能达到它的真正的实在的存在，达到它的真正的实在的开端，那么另一方面，我们就必须承认，**康德的**哲学正是走在通向那里的**道路上**；它是符合于我们所定义的超越论哲学的形式的一般的意义的。它是这样一种哲学，这种哲学与前科学的以及科学的客观主义相反，回溯到**作为一切客观的意义构成和存在有效性的原初所在地的进行认识的主观性**，并试图将存在着的世界理解为意义的和有效性的构成物，并试图以这种方式将**一种全新的科学态度和一种全新的哲学**引上轨道。事实上，如果我们不考虑像休谟的否定主义的-怀疑论的哲学，那么康德的体系就是以崇高的科学严肃态度进行的真正普遍的超越论哲学的第一个尝试。这种哲学想要成为一种具有**只是现在才发现的**、唯一真正意义上的严格科学态度的**严格科学**。

我们可以预先说，与此类似的话也适用于康德的超越论在德国观念论的一些伟大体系中的重要发展和改造。这些体系共同具有这样一些基本信念，即客观的科学，特别是精密的科学，不管它们怎样由于它们理论上和实践上的明显成就，而认为自己是拥有
103 唯一真正科学方法的场所，和将自己看成终极真理的宝库，严格说来毕竟还不是科学，还不是由最终的论证而来的认识，也就是说，不是来自最终的理论上自我辩明的认识——因此，也不是关于作

为终极真理而存在的东西的认识。这只有超越论的主观的方法和作为体系而被实行的超越论的哲学才能做到。与已经在康德那里的情形一样，这种见解并不是说，实证-科学方法的自明性是错觉，它们的成就只不过是虚假的成就，而是说，这种自明性本身是一个问题；这种见解是说，客观的-科学的方法是建立在一种从未被询问过的，深深地隐蔽着的主观根据之上的，对于这种主观根据的哲学阐明将第一次揭示出实证科学成就的真正意义，与此相关联，也揭示出客观世界的真正的存在意义，而且正是作为超越论的-主观的存在意义揭示出来的。

现在，为了能够理解康德以及由他开始的超越论的观念论的诸体系在近代哲学的目的论的意义统一中所占的地位，并借此在我们自己对自己的理解方面继续前进，我们必须批判地阐明康德风格的科学态度，并借此澄清康德的哲学研究中缺乏彻底精神的缺点，——这个缺点已被我们克服。我们有充分理由对康德进行详细研讨，因为他是近代历史中重要的转折点。针对康德所进行的批评，将能反照过去，澄清全部以前的哲学史。也就是从全部以前的哲学要努力实现的科学性的一般意义方面——作为曾一般存在于和可能存在于它们的精神地平线之中的唯一的意义——澄清全部以前的哲学史。正是通过这种方式，一种更深刻的而且是最重要的(比我们以前能够定义的更重要的)有关"客观主义"的概念将显露出来，因此，客观主义与超越论对立的真正根本意义也将显露出来。

然而此外，对于康德的转折的思想形成之更具体的批判分析，以及将康德的转折与笛卡儿的转折加以对比，以某种方式将我们

104 自己的与之相通的思考发动起来了。这种方式逐渐地并且是自动地将我们置于**最终的转折**和最终的决定面前。我们自己将被带入到一种内在的转变之中，在这种转变中，我们将会真正发现，并**直接体验到**早就被感觉到但却总是被隐蔽了的“超越论的东西”的维度。按其无限性展现的经验基础，很快就变成**按一定方法进行研究的哲学**沃土；而且是以这样一种自明性变成的，即从这个基础出发，过去一切可以想象到的哲学的问题和科学的问题，都能提出来并加以判定。

第三部分　对于超越论问题的澄清以及与此相关联的心理学的功能 105

A. 通过从预先给定的生活世界出发进行回溯而达到现象学的超越论哲学之道路[①]

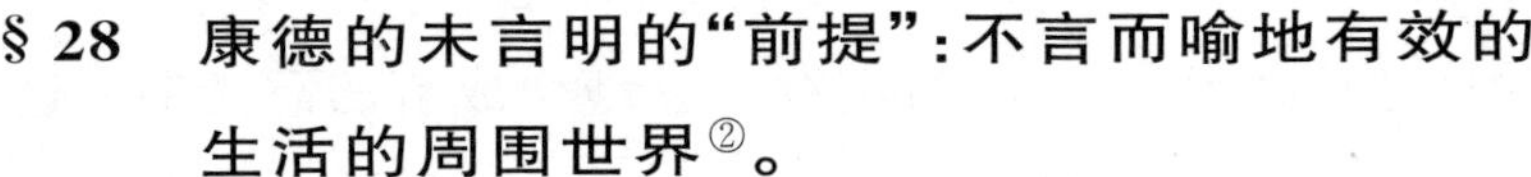

§28　康德的未言明的“前提”：不言而喻地有效的生活的周围世界[②]。

康德确信，他的哲学由于证明了占统治地位的理性主义的根据不足，而推翻了这种理性主义。康德有理由指责理性主义抛弃了那些本来应该是它的基本问题的问题，也就是说，康德有理由指责理性主义从来也没有在科学认识之前和科学认识之中深入地研究过我们的世界意识的主观结构，因此从来也没有问过，这个直接地向我们人，向我们这些科学家呈现的世界，如何成为可先验地认识的；因此，精密的自然科学如何成为可能的——对于精密的自然

① 请参看附录 XIII。

② 请参看附录 XIV 和 XV。

科学来说，纯粹的数学，以及其他的纯粹的先验性，是一切客观的对每一个有理性的人（每一个按照逻辑思考的人）都绝对有效的认识手段。

但是就他这方面来说，康德并没有认识到，他在他的哲学研究中是立足于一些未经考察的前提之上的，而且他理论中的一些确定无疑的重要发现，只是处于隐蔽的形态中，也就是说，它们并不
106 是作为完成了的成果存在于他的理论中。同样，他的理论本身也不是完成了的成果，不具有最终科学性的形态。他所提供的东西要求一种新的研究，首先是一种批判的分析。一种重要发现——一种纯粹是预备性的发现——的一个例子，就是按其本性来说具有双重功能的知性，一方面是在明确的自身反思中将自己展开为规范的法则的知性，另一方面，是潜在地起作用的知性，也就是作为对总是已经形成的，并且继续生动地生成着的意义形态这个"直观的周围世界"进行构成的知性而起作用的知性。这种发现，以康德理论的方式，即作为他的纯粹回溯方法的结果，是绝不能真正得到论证的，哪怕只是充分地理解也不可能。在《纯粹理性批判》第一版的"超越论的演绎"中，康德开始进行一种追溯最初来源的直接的论证，只不过立即又中断了，没有达到应从这种所谓心理学的方面展开的那些奠定基础的真正的问题。

在我们开始考察时首先要指出，康德对理性批判的问题提法有一个由共同决定着他的问题之意义的诸前提构成的未经考察的基础。康德赋予其真理和方法以现实的有效性的诸科学成了问题，因此，科学与之相关联的存在领域本身也成了问题。它们成了问题是由于同时考虑对进行认识的主观性的某些提问，这些提问

只有借助有关能以超越论的方式形成的主观性的理论，有关感性与知性等等的超越论的成就的理论，在最高层次上是有关“超越论的统觉”之自我的功能的理论，才能获得其答案。数学自然科学的以及作为它们的逻辑方法的纯粹数学（在我们的扩展了的意义上）的变成难解之谜的成就，借助这些理论应当成为可以理解的，但是这些理论也导致对于作为可能经验的和可能认识的世界的自然之真正的存在意义的革命性重新解释，与此相关联，也导致对有关的诸科学之本来的真理意义的重新解释。

当然，由于康德的问题提法，我们大家（包括我这个现在进行哲学思考的人）有意识地生活于其中的这个日常生活的周围世 107 界，预先就被假定为存在着的；同样，作为这个世界中的文化事态的诸科学，以及它们的科学家和理论，也预先被假定为存在着的。从生活世界的意义上说，我们是这个世界诸对象中间的对象。也就是说，在一切科学上的确认之前，不论是生理学上的，心理学上的，社会学上的等等的确认之前，我们就是直接的经验上的确实性，在这里那里存在着的对象。另一方面，对于这个世界来说，我们又是主观。即作为经验它、思考它、评价它、有目的地与它发生关系的自我-主观。对于自我-主观来说，这个周围世界只具有我们的经验、我们的思考、我们的评价等等各自赋予它的存在意义，而且是以我们这些有效性的主观在这里实际完成的有效性的形式（存在的确实性的，可能性的，或者假象的形式）具有存在意义的。或者更确切地说，是以作为习惯的获得物从很早以来我们就具有的，并且作为我们可以随意再次实现的如此这般内容的有效性，在我们内心中所包含的那种有效性的形式而具有存在意义的。

当然，所有这些都经历了多种多样的变化，而“这个”世界作为统一地存在着的、只不过在内容方面进行了修改的世界，仍保持着自身。

显然，被知觉对象的内容变化，作为在它身上被知觉到的变化或运动，以一种自明性与显现方式的变化（例如，远近配置的变化，近的和远的显现的变化）区分开，在显现方式的变化中，这样的对象呈现为自身现前的。我们是在我们的观点的改变中看出这一点的。如果我们的目光直接地指向对象以及它所特有的东西，我们的目光就通过这些显现而达到在其连续的统一中连续显现的东西——即处于具有“自身现前”样式的存在的有效性之中的对象。如果从反思的观点来看，我们所有的就不是一，而是多；现在，显现的过程本身而不是在其中所显现的东西成了主题。知觉是直观的原初样式；它以最原初的状态呈现出来，也就是说，以自身现前的样式呈现出来。此外我们还有其他的直观样式，它们本身在意识上具有这种“本身在这里”自身现前的诸种变形的特性。它们是再现，是现前化的变形；它们使我们意识到时间的样式，例如，不是现
108 在本身在这里的东西，而是过去本身在这里的东西，或将来的东西，即将来本身在这里的东西。进行再现的直观“重现”——以某种它固有的变形——对象借以在知觉上呈现的一切显现的多样性。例如进行重新回忆的直观，当它以在回忆中改变了的形式，重复按远近法所进行的规整和其他显现方式时，就将对象显示为曾经本身在这里的东西。现在它被意识到是过去进行的远近法规整，是在我的以前的存在有效性中进行的过去的某物在主观上“呈现”的过程。

我们现在可以在这里来阐明感性世界，感性直观的世界，感性上显现的世界这些说法的非常有限的正当性。在具有自然兴趣的生活(纯粹保持在生活世界中的生活)之一切证明中，向“感性地”经验着的直观回归起着突出的作用。因为在生活世界中，作为具体事物而呈现的一切东西，显然都具有物体性，即使它并不是一种单纯的物体，例如一个动物或一种文化客体，因此，即使它具有心理的或其他任何精神的特征。如果我们现在仅仅注意事物的物体的方面，那么它显然就只是在看、触、听等等活动中在知觉上的呈现。因此就是在视觉、触觉、听觉等等方面的呈现。在这里当然地而且是不可避免地会有我们的在知觉领域中绝不会不在的身体参与进来，而且是借助它的相应的“感觉器官”(眼、手、耳等等)参与进来的。它们在这里是持续地有意识地起作用的，而且它们在视、听等活动中与属于它们的自我的运动性，即所谓运动感觉，一起发挥功能。一切运动感觉，每一个“我活动”、“我做”，都相互结合成一个普遍的统一，在这里，运动感觉上保持静止乃是这种“我做”的一种样式。很显然，总是在知觉中显现的物体之诸方面的呈现与运动感觉并不是彼此并列的过程，宁可说二者是按下边的方式共同起作用，即诸方面作为物体的诸方面具有存在的意义和有效性，只是由于这样一个事实，即这些诸方面作为运动感觉的诸方面，即运动感觉的总体状况的诸方面，在每一次通过发动这个或那个特殊运动感觉而引起的总体运动感觉的活跃的变化中，被连续地要求，并且相应地满足这些要求。 109

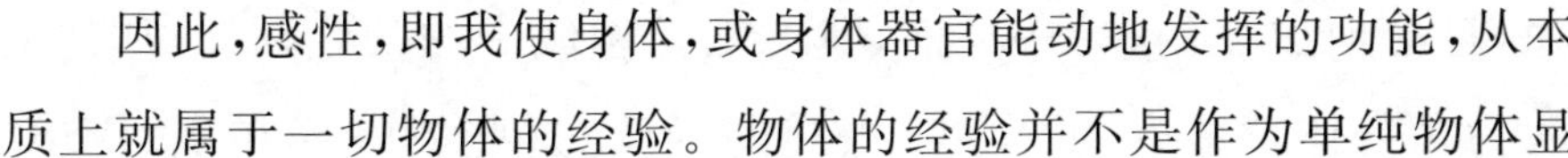

因此，感性，即我使身体，或身体器官能动地发挥的功能，从本质上就属于一切物体的经验。物体的经验并不是作为单纯物体显

现的过程在意识中进行的，就仿佛物体的显现本身仅通过自身以及它们的融合，就是物体的显现那样。相反，它在意识中成为物体的显现，只是由于与作为运动感觉而起作用的身体性相结合，或者说，与在这里以一种固有的活动性和习惯性起作用的自我相结合。身体永远以完全是唯一的方式，完全是直接地处于知觉领域之中，处于一种完全是唯一的存在意义中，即正是处于用“器官”(在这里是在它的原初的意义上使用的)这个词表示的存在意义之中的，因为在这里我作为有感受和有行动的我，以一种独一无二的方式完全直接地存在着，在其中我完全直接地通过运动感觉进行支配——我被分解为一些特殊的器官，在其中我以与它们相对应的运动感觉进行支配，或可能支配。这种运动感觉的支配(它在这里显示为在对于物体的一切知觉中发挥功能的活动，即可以有意识地自由处理的人们熟悉的整个运动感觉的系统)在当时的运动感觉状态中实现，总是与物体的显现状态，即知觉领域的状态结合在一起的。属于物体的诸运动感觉以一种特有的方式与该物体在其中能作为这同一个物体而被知觉的显现的多样性相对应，为使这些显现能最终成为这个物体的显现，将这个物体在自身中作为这个在其诸性质中呈现出来物体，在将这些运动感觉发动起来时，必然有相应地被同时要求的显现发生。

这样，纯粹根据知觉，就将物体与身体从本质上区别开；因为身体作为唯一现实地在知觉上给予的身体，是我的身体。在其中我的身体仍然获得其他物体中的一个物体的有效性存在的那种意识，是如何成立的，另一方面，我的知觉领域中的某些物体，如何被认为是身体，“他人的”自我-主观的身体，这些就是现在不可避免

的问题。

在这种反思中，我们将自己限于对事物的知觉意识，限于自己对于它们的知觉，限于我们的知觉领域。但是在这里唯有我的身 110
体，而绝不是他人的身体——在其身体性中——能被知觉，他人的身体只是作为物体被知觉。在我的知觉领域中，我发现我作为自我，借助我的器官，并且一般而言，借助在我的自我活动和能力中属于作为自我的我的一切东西进行支配。虽然当生活世界中的对象显示它们自己固有的存在时，必然是作为物体性显示出来的，但这并不意味着，它们仅仅是将自己显示为物体的；同样，我们虽然总是通过身体与一切为我们而存在的对象发生关联，但我们并不仅仅是通过身体与它们发生关联。因此，如果是知觉领域中的对象，我们就也同时以知觉的方式存在于这个领域中，通过改变，同样也存在于每一个直观的领域，此外甚至存在于每一个非直观的领域，因为我们当然有能力为我们自己"表象"每一种非直观地浮现在我们眼前的东西（只不过有时我们在这里暂时地受到妨碍）。显然，"通过身体"发生关联并不意味着仅仅"作为物体"发生关联；相反这种说法所指的是上述那些运动感觉的东西，是指以这种特有的方式作为自我发挥的功能，首先是通过看、听等等发挥的功能，当然，属于它的还有自我的其他样式（例如，举、提、推等等）。

但是，身体的自我性当然并不是唯一的自我性，而且它的每一种方式都不能与每一种其他方式分开；它们通过全部的变化构成一种统一体。因此我们是通过身体，但并不仅仅是通过身体，具体地作为完满的自我-主观，就是说，任何时候都是作为完满的"我这个人"存在于知觉领域中等等，而且不管我们多么宽泛地理解，也

是存在于意识领域中。因此不管怎样，我们将世界意识为存在着的对象的普遍的地平线，意识为统一的宇宙，我们，每一个“我这个人”以及我们大家，作为共同生活于这个世界上的人，正是属于这个世界；这个世界正是由于这种“共同生活”而是我们的世界，是在意识上为我们存在的有效的世界。我们作为生活于对世界的清醒意识之中的人，在被动地具有的世界之上，经常是能动的，我们从那里，即从在意识中预先给定的对象，受到刺激；根据我们的兴趣，我们转向这个或那个对象；我们以各种不同的方式能动地与它们打交道；它们在我们的活动中成了“主题的”对象。例如我们可以举出通过观察来说明知觉上显现的东西的性质；或者是我们的概
111 括的、关联的、能动地辨认和区分的活动；或者还有我们的能动的评价，我们对计划的拟定，我们采取行动实现所计划的途径与目标。

我们作为活动的主观（自我-主观）被指向处于原初被指的东西的；二次被指的东西的，此外或许还有附带被指的东西的样式中的主题对象。在这种与对象打交道当中，活动本身并不是主题。但是我们能够在事后对我们自己和我们当时的活动进行反思，它们现在在一种新的生动的功能活动（这种新的功能活动现在并不是主题）中成了主题和对象。

因此，这种对于世界的意识是处于经常的运动中；世界总是通过某种对象的内容在各种不同方式的变动中（直观地、非直观地、确定地、不确定地）被意识到的，但是也是在刺激与活动的变动之中被意识到的，即以这样的方式，即总是存在着刺激作用的总体领域，在其中产生刺激的对象有时是主题的，有时不是主题的；但是

在这当中我们自己(我们总是不可避免地属于刺激的领域)总是作为活动-主观发挥功能,只是偶尔作为对我们自己进行研究时的对象,而成为主题的、对象的。

显然,上述情况不仅适合于我,这个总是个别的我,而且处于共同生活中的我们具有以这种共同的方式预先给定的世界,作为对我们有效存在的世界,我们还共同地属于这个世界,属于这个我们大家的世界,作为在这种存在意义上预先给定的世界。当在清醒的生活中不断地发挥功能时,我们也是共同地发挥功能,以多种多样的方式共同地观察预先一起给定的对象,共同地思考,共同地评价、计划和行动。因此在这里也有这样一种主题的变换,总是以某种方式发挥功能的我们-主观性成了主题和对象,在这里,我们-主观性借以发挥功能的活动也成了主题,虽然总是有一种未成为主题的残余,它可以说是处于匿名之中,即作为对这个主题范围起作用的反思[1]。

如果我们特别观察作为科学家的我们自己——我们在这里实 112
际上就是作为科学家出现的——,那么与我们作为科学家的特殊存在方式相对应的,就是我们以科学的思想方式,即就有关自然或

[1] 当然,所有的活动,因此还有这种反思的活动,都产生出它们的通常的获得物。在观察中我们获得了通常的认识,熟悉了具有其我们以前不知道的性质的、对于我们存在着的对象——同样通过对自我的观察也获得对自我的认识。在对我们自己的评价中,以及针对我们自己和别人的计划和行为中,我们同样也获得了对自己的评价,以及针对我们自己的目的作为我们习惯地保持的有效性。但是所有一般的知识,所有一般的价值的有效性和目的,作为通过我们的活动被获得的,同时被保持的、作为自我-主观的、作为人格的我们自己的特性,是可以在反思的态度中作为形成我们固有存在的东西而被发现的。

精神世界提出问题并从理论上回答问题的方式，现实地发挥的功能。而这种自然和精神世界，首先不外就是生活世界的这个或那个方面，即预先经验到的，或是以其他任何方式前科学地或科学地意识到的，并且是已经有效的生活世界的这个或那个方面。在这里共同发挥功能的还有其他科学家，他们和我们通过理论联结起来，获得并具有一些相同的真理，或者通过将所实行的活动联合起来，与我们共同进行批判的讨论，以达到一种批判的一致。另一方面，我们对于别人和别人对于我们可能是单纯的对象，我们不是共同地处于现实发生的共同理论关心的统一之中，而是能够通过观察而彼此了解。我们注意到作为客观事实的他人的思想活动，经验活动，也许还有其他的活动，但是对这些活动并“不感兴趣”，并没有参与实行这些活动，没有批判地赞成它们或反对它们。

当然，所有这些都是最明显不过的事情。我们必须谈论诸如此类的东西，而且是如此烦冗地谈论吗？在生活中当然不必。但是作为哲学家也不需要吗？这里没有呈现出某种**存在的有效性**的领域吗？而且是一种始终准备好的、可应用的，但却从未被询问过的存在有效性的无限领域吗？而这种存在的有效性不就是科学思想以及最高层次上的哲学思想的**持久**前提吗？然而这里似乎不会涉及也不可能涉及能将这些存在的有效性应用到它们的客观真理之中的问题。

世界存在着，总是预先就存在着，一种观点（不论是经验的观
113 点还是其他的观点）的任何修正，是以已经存在着的世界为前提的，也就是说，是以在当时毋庸置疑地存在着的有效东西的地平线——在其中有某种熟悉的东西和无疑是确定的东西；那种可能

被贬低为无意义的东西是与此相矛盾的——为前提的，这个事实的不言而喻性先于一切科学思想和一切哲学的提问。客观的科学也只有在这种由前科学的生活而来的永远是预先存在的世界的基础上才能提出问题。如同一切实践一样，客观的科学以这个世界的存在为前提，但是客观的科学向自己提出这样一个目标，即将存在范围和确实性方面都不完善的前科学的知识转变为完善的知识。这种转变是按照一种当然是处于无限之中的相关东西的理念，即关于本身是牢固而确定地存在着的世界的理念，和关于述谓式地解释这个世界的，诸理想的科学的真理（“真理自身”）的理念。以系统的程序，用一种能持续不断前进的方法，达到这个目标，这就是任务所在。

对于生活于其周围世界中的人来说，存在有多种多样的实践方式，在其中有一种特殊的历史上较晚的实践，即理论实践。理论实践有其固有的专业的方法。它是一种理论的技巧，是发现和获得具有某种前科学的生活所不熟悉的新的理念的意义的真理的技巧，而这种理念的意义就是某种“最终的有效性”、普遍的有效性。

这样，我们又一次对“不言而喻的东西”作了一些附带说明，但是这一次是为了阐明，在所有这些多种多样的预先有效性方面，也即哲学家的“前提条件”方面，出现了在一种新的、很快就成为最令人迷惑不解的维度上的存在问题。这同样也是关于存在着的，经常是直观上预先给定的世界的问题；但不是那种被称作客观科学的专业实践和技术的问题，不是论证和扩展有关这个周围世界的客观科学真理领域的技术问题，而是这样的问题，即那种对象，前科学上真的对象，然后是科学上真的对象，对一切主观东西——这种主观东西到处都在预先存在的不言而喻性中起作用——处于什么关系中。

114 § 29 生活世界可以被阐明为仍然是“匿名的”主观现象之领域[①]。

只要我们在随同康德一起进行哲学思考时，不是从他开始的地方并沿着他的道路前进，而是回过头来追问这些不言而喻的东西（康德的思想与任何人的思想一样，都是将这种不言而喻的东西当作毫无疑问地准备好了的不言而喻的东西来运用的），只要我们意识到这些不言而喻的东西是“前提条件”，并认为它们是值得给以特殊的普遍的和理论的关心的，一个新的维度的无限多越来越新的现象，就会向我们展示出来，不断地使我们感到惊异。只不过这些现象是通过对那些不言而喻的东西之意义的内涵和有效性的内涵进行坚持不懈的探究才显露出来的；说无限多的现象，是因为在连续不断的探究中显示出，每一个在这种意义上的阐明中所达到的现象本身，首先是在生活世界中作为不言而喻的东西的存在而给定的现象本身，已经包含有意义的内涵和有效性的内涵，对它们的解释重又导致新的现象等等。这些现象完全是纯粹主观的现象，但绝不是感觉材料的心理物理过程这种意义上的单纯事实，相反它们是精神过程，作为这样一种过程，它们以本质的必然性行使构造意义的形态的功能。但它们总是用精神的“材料”构造意义形态的，而这些精神材料本身又总是一再地以本质必然性表明是精

① 参看附录 XVI。

神形态，是被构造的；正如一切新形成的形态都能变成材料，即能为形态的形成而起作用一样。

没有一种客观的科学，没有一种的确想成为有关主观东西的心理学，没有一种哲学，曾经将这种主观东西的领域当成主题，并因而真正发现这个主观领域。即使康德哲学也没有做到这一点，尽管它确实想追溯客观上可经验的和可认识的世界可能性的主观条件。这是一个完全自身封闭的主观东西之领域，以它自己的方式存在，在一切经验中、一切思想中、一切生活中发挥功能，因此到处都是不可代替地存在着，然而却从来没有被考虑，从来没有被把握和理解。

如果哲学让这个领域保持它的“匿名状态”，它能够实现它作为普遍的，进行最终奠立的科学之原初建立的意义吗？哲学能做 115
到这一点吗？任何一种想成为哲学一个分支的科学，因此也就是那种不能容许在自身中有没有任何人知道、没有任何人从科学上考察过、没有任何人通过认识把握住的前提，即存在者的根本领域的科学，能做到这点吗？我曾称这种一般科学为哲学的分支，然而在那里有一种非常流行的确信，即认为客观的科学，实证的科学，是独立的，由于它们的被认为是得到充分论证的，因此可作为典范的方法，而是自满自足的。但是贯穿于整个哲学史的一切体系的尝试之中的目的论的统一意义，最终不是能够显露出这样一种洞察吗，即一般科学只有作为普遍的哲学才有可能，而且这种普遍的哲学在一切科学之中确实是一种独特的科学，它只有作为一切知识的整体才有可能。而这不就意味着，它们全部是建立于一种唯一的基础之上吗？建立于一种首先应从科学上加以考察的基础之

上吗？——而且，我们补充一句，这种基础除非正是那个匿名的主观性还能是别的东西吗？但是只有在以下情况下，人们才曾有可能并且现在才能够洞察到这一点，即只当人们最终地并且十分严肃地询问被一切思想，及其贯穿于一切目的和成就之中的一切生活活动，当作前提的那种**不言而喻的东西**，只当人们坚持不懈地询问它们的存在的意义和有效性的意义，领会到这种贯穿于一切精神成就之中的意义关联和有效性的关联之牢不可破的统一时。这首先涉及到我们人在这个世界上从个别人格的立场上作为文化成就所实现的一切精神成就。在所有这些成就之前总是已经有一种普遍的成就先行发生，一切人类的实践、一切前科学的和科学的生活都已经将它作为前提，它们将这种普遍成就的精神获得物当作永久的基础，而所有它们自己的获得物都能够汇入到这个基础之中。我们将学会了解，这个在给予方式的不断变化中永远为我们存在着的世界，是一种普遍的精神获得物，它在作为这样的东西生成的同时，作为精神形态的统一，作为义意构成物——作为普遍的
116 最终发挥功能的主观性的构成物——继续发展。这里本质上属于这种构成世界的成就的，就有主观性将自己本身客观化为人的主观性，客观化为世界中的组成部分。对于世界的一切客观的考察都是在“外部”进行的考察，而且只能把握“外在性的东西”、“客观性的东西”。对于世界的彻底的考察，是对于自己本身在外部“表现出来的”主观性的系统的纯粹内在的考察。这正如在一个活的有机体的统一中一样，对于这个有机体我们当然可以从外部观察和分析，但是只当我们追溯到它的隐蔽的根源，并且按照其全部成就，系统地考察这个在其中并且从其中向上发展的，由内部形成的

生活时，才能理解它。但是这种说明仅仅是一种比喻吗？难道我们人的存在，以及属于它的意识生活，连同它的最深刻的世界问题，最终不就是有关生动的内在存在和外在表现的一切问题都得到解决的场所吗？

§30　缺少直观显示方法是康德的虚构的体系之原因。

人们抱怨康德哲学晦涩难懂，抱怨他的回溯方法的自明性、他的超越论的主观的"能力"、"功能"、"形式化"的不可理解，抱怨很难理解，超越论的主观性究竟是什么，它的功能、它的成就是如何完成的，一切客观科学是如何由此而成为可以理解的。事实上康德陷入一种他特有的虚构的说法，它的字面意义虽然是指主观的东西，但指的是一种主观东西的方式，这种方式从原则上说是我们不能直观地为我们引起的，不论是通过事实的实例，还是通过真正的类比。如果我们试图借助于这些词所指的可直观上兑现的意义这样做，那么我们就处于人的个人的、心灵的、心理的领域。但是在这种情况下，我们会想起康德的内感觉的学说，按照这种学说，一切能以内部经验的自明性显示的东西，都已经由一种超越论的功能，即时间化的功能形成了。但是如果我们不能为"内知觉"提供一种不同于心理学意义的意义，如果它不是最终提供经验基础（就如同笛卡儿的"我思"那样的基础）的真正必真的意义，并且提供上述经验基础的经验不是康德的科学的经验，也不是具有在科 117
学意义上（比如物理学意义上）的客观存在的确实性的经验，而是一种作为普遍基础的真正必真的确实性的经验，这种普遍基础最

终能够表明是一切科学客观性的绝对必真的和最终的基础，并且能使科学的客观性成为可以理解的，如果是这样，我们如何能够达到有关超越论的主观的东西——由于它，作为客观的“显现”的科学上真的世界才得以构成——的概念的清晰理解呢？一切最终的认识概念的源泉一定就在这里，一切客观世界借以成为可在科学上理解的本质的普遍的洞察之源泉，绝对自足的哲学可借以达到系统的发展的本质的普遍的洞察之源泉，一定就在这里。

也许一种更深刻的分析会揭示出，虽然康德反对经验主义，但是在他有关心灵的解释和心理学任务范围的解释上仍然依赖于这种经验主义。对于他来说，心灵是自然化了的心灵，被认为是处于自然的时间中，处于空间-时间中的心理-物理的人的构成要素。在这里超越论的主观当然不可能是心灵的东西。但是难道真正必真的内知觉（还原为这种真正必真的东西的自我知觉）能够与那种自然化了的心灵的自我知觉，与“书写板”及其材料的自明性，甚至是作为按本性归属于“书写板”的诸种力量的“书写板”的诸种能力的自明性看作是同一个东西吗？因为他是按照这种经验主义的，心理学的意义理解这种内知觉的，并且因为他由于受到休谟怀疑论的警告把任何求助于心理学都看作对于真正知性问题的背理的颠倒，并加以回避，他陷入了他自己的虚构的概念构成活动之中了。他不许他的读者将他的回溯方法的结果改变为直观的概念，不许从原初的纯粹自明的直观出发，经过真正自明的逐个步骤而前行，一步一步地构造理论的任何尝试。因此他的超越论概念有
118 一种完全是固有的不明确性，就是说，这种不明确性由于一些根本的原因，绝不能转变成明确的，绝不能转变成一种能达到直接的自

明性的意义构成。

如果康德不是作为他那个时代的人物完全受他那个时代的自然主义心理学(作为对自然科学的模仿和自然科学的类似物)的束缚,而是真正把握住了先验认识的问题以及先验认识对于合理的客观的认识的方法论功能的问题,那么全部概念的和问题提法的明确性方面的情况就会完全不同。为此需要一种与康德的回溯方法根本不同的回溯方法(康德的回溯方法是建立在那些不加怀疑地被认为是不言而喻的东西之上的),不是以虚构地构成的方式进行推论的方法,而完全是直观地阐明的方法,从它的开端上以及在它所阐明的一切东西上都是直观的方法。尽管在这里直观性的概念与康德的概念相比肯定经历了很大的扩展,尽管在这里从一种新的态度出发的直观完全失去了通常的意义,即只具有原本自身呈现的一般的意义,而且恰好只是在这种新的存在领域内具有这种意义的。

现在必须十分系统地回溯追问那些不言而喻的东西,这些不言而喻的东西不仅对于康德,而且对于所有的哲学家,对于所有的科学家,都是构成他们的认识成就之缄默的,隐藏在它们更深刻的中介功能之中的基础。另外接下来还需要系统地阐明在这个基础中生动地起支配作用的,并在其中沉积了的意向性,换句话说,需要一种对于精神存在按照其绝对的最终的特征的真正的分析,对于在精神之中并由精神而生成的东西进行真正的分析,也即“意向的分析”。这种分析不允许占支配地位的心理学用对于被构想为自然的东西的心灵进行的实在的分析来代替,这种实在的分析与

精神的本质是不相容的[①]。

119 § 31 康德，以及当时心理学的不充分性。不能洞察超越论的主观性与心灵的区别。

为了明确理解这里具体所指的东西，为了以这种方式阐明这整个历史时代所特有的晦暗状况，我们要进行一种考察。这种考察显然属于这个历史过程的很晚的意义充实。

一切认识之谜的预先给定的出发点，是近代哲学按照它所特有的理性主义科学理想（这种理想系统地向它的诸专门科学延伸）发展的出发点。这种有时显然获得成功，有时是充满希望地被尝试的合理的诸专门科学发展的活力，突然受到了阻碍。在进一步发展这些科学当中的一种科学，即心理学的过程中，出现了一些谜，它们使整个的哲学成了问题。

当然，洛克的心理学——有像牛顿那样的人的自然科学在它之前为样板——在显现的纯粹主观方面（这个方面从伽利略以来一直受到蔑视），以及一般而言，在一切来自主观方面的对合理性的损害方面，即在概念的不明确性方面，在判断思维的模糊性方面，在知性与理性的各种形态的能力方面，发现一种非常有趣的主题。这当然涉及完成人的心灵成就的能力，而正是这些心灵成就

① 但是一开始情况并不是这样。对于将日常世界当作人的意识的世界来考虑的康德来说，接下来的事情就是通过心理学，——但是这样一种心理学，它使对世界之意识的主观体验真正如它在体验中所呈现的那样表达出来。如果笛卡儿关于"被思之物本身"处于萌芽状态的提示不是被占统治地位的洛克哲学所忽视，而是被导致作为意向心理学产生出来，这本来是可能的。

应该创造出真正的科学，并借此创造出真正的实践理性生活。因此，纯粹合理的认识的、逻辑的和数学的认识之本质与客观有效性问题，自然科学和形而上学认识的特性，都属于这个范围。如果这样一般地来看，这难道不是真正被要求的东西吗？洛克将科学看作是心灵的成就（尽管他也将他的目光过多地对准在个别心灵中发生的东西），并且到处都提出起源的问题，无疑是正确的和适当的，因为成就确实只有从它们的有所成就的活动才能理解。当然，在洛克那里这是很浮浅地进行，是不讲究方法地杂乱无章地进行的，甚至是以自然主义的方式进行的，这种自然主义恰好导致休谟的虚构主义。

因此康德当然不能不加考虑地采用洛克的心理学。但是因此 120
而放弃洛克式的——心理学和认识论的——问题提法中一般的东西就是正确的吗？每一个由休谟引起的问题不是都必须首先而且是完全正确地被理解为心理学的问题吗？如果合理的科学成了问题，如果纯粹先验的科学要具有绝对客观性的要求，因此要成为关于事实的合理科学的可能的和必然的方法的这种要求成了问题，那么首先就必须考虑到（如我们上面强调的）：一般的科学是人的成就，是自身存在于世界之中，存在于一般经验的世界之中的人们的成就，这个成就是其他各种实践成就当中的一种成就，它指向某种被称为理论东西的精神构成物。正如所有的实践一样，这种成就也在行为者本人意识到的它所固有的意义上，与预先给定的经验世界发生关联，并且同时被编入到这个经验世界的序列之中。因此人们会说，精神成就得以实现的难以理解性只有通过心理学的揭示才能澄清，因此它们是保持在预先给定的世界之中的。相

反,如果康德在他的问题提法中以及在他的回溯方法中,虽说也当然地利用这种预先给定的世界,但与此同时又构造一种超越论的主观性,借助它的隐蔽的超越论的功能,经验世界按一种牢不可破的必然性而形成,那么他就会陷入一种困境,即人的心灵(它本身属于世界,因此与世界一起被假定为前提)的一种特殊的特性,应该完成并且已经完成了形成这整个世界的形成活动的成就。但是只要我们将这种超越论的主观性与心灵区分开,我们就会陷入一种无法理解的虚构之中。

§32　康德超越论哲学中一种隐蔽真理的可能性:一个"新的维度"的问题。"表层生活"与"深层生活"之间的对立。

如果说康德的理论毕竟还包含某种真理,某种能够提供真正
121 洞察的真理——实际情况也正是这样——,那也只能是由于这样一种情况,即上面提到的客观有效认识的不可理解性能借以获得其解释的这种超越论的功能,属于一个生动的精神性维度,这个精神性维度由于一些十分自然的障碍,数千年来对于人类,甚至对于科学家们,不能不仍然是隐蔽的,然而这个维度通过一种与它相适合的阐明方法,是可以作为具有经验的和理论的自明性的领域在科学上达到的。这个维度数千年来一直是隐蔽的,即使它一度被人们感觉到,也从来没有唤起人们经常的和始终不渝的理论兴趣,这种情况能够通过指出在参与到这个维度之中和专注于构成自然正常的人的世界生活的全部兴趣之意义间存在一种独特的对立关系而得到说明(而且实际上也会由此得到说明)。

因为在这里一定会涉及的是在一切经验和思想中，甚至在人的世界生活的一切活动中，作出其成就的精神功能（这是这样一种功能，通过它，经验世界作为存在着的事物、价值、实际的计划、工作等等的恒常的地平线，对我们一般总是具有意义和有效性），因此，就可以清楚理解，一切客观的科学，恰好是缺少有关这种最根本东西的知识：即缺少关于那种一般能使客观知识的理论构成物获得意义和有效性，由此才能使它获得由最终根据而来的知识之尊严的东西的知识。

这个有关客观科学问题的可能阐明的图式，使我们想起**赫尔姆霍茨**的著名的有关平面生物的比喻，这些生物关于它们的平面世界仅仅是其投影的那种深维度毫无所知。人们——科学家和其他人——在他们的自然的世界生活中，通过经验、认识、实际的计划、行动，作为外部世界的对象领域，作为与他们有关的目的，作为手段，作为行为过程，作为最后结果能意识到的所有东西，另一方面，还有在自身反思中，作为在这里发挥功能的精神生活而能被意识到的所有东西——所有这些都停留在这个“平面”上，这个平面 122
（即使觉察不到）仍然只不过是一个无限丰富的深维度上的平面。但是这个比喻是普遍有效的，不论是涉及通常意义上的单纯实践生活，还是涉及理论生活，涉及科学上的经验、思维、计划、行为，或是科学上的经验材料、观念、思想目标、前提，作为结果的真理。

当然，这种说明图式还留下一些亟待解决的问题。为什么实证科学的发展能够这么长久地以极大成功的形式纯粹在“表层”上出现？为什么在要求对按一定方法取得的成就达到完全的洞察方面，这些不利之处，甚至是令人费解之处，出现得这么晚，对于它们

即使是逻辑技巧十分准确地构成也不能有任何改善？为什么在“直观主义地”深化方面的新尝试——它事实上已经涉及到较高的维度——以及由此出发进行阐明的一切努力，都未能导致一致的真正令人信服的科学成果呢？这里的问题并不是将目光转向那只不过迄今被忽略了但却是理论经验和经验知识可以直接达到的领域。一切可以这样地经验到的东西，都是可能的实证认识的对象和领域，它们处于“表面”，处于现实的和可能的经验（在这个词的本来的意义上的经验）的世界中。我们很快就会了解，这种真正接近深层次领域的按一定方法进行的努力遇到什么样的——基于事物的本质的——特殊困难，这种接近深层次领域，首先是达到按其所固有的经验方式对深层次领域的纯粹自身把握的可能性；因此我们也就清楚了，在“显在的”表层的生活与“潜在的”深层的生活之间的对立是多么大。当然，历史上先入之见的力量在这里也起一种持久的作用，特别是那些从近代实证科学产生以来支配着我们大家的那些先入之见的力量。这些先入之见（它们已经深入到儿童的心灵中）的本质特征，正在于它们是隐蔽在它们的现实地产生的效果当中。摒除先入之见这样一种抽象的一般的意愿对先入之见本身不会有任何改变。

123 然而这些困难与由这种新的维度的本质以及它们与早已熟悉的生活领域的关系的本质中产生的困难比起来是微不足道的。从模糊地显露的需求到目的明确的计划，从模糊地提出的问题到最初的研究课题——真正着手进行研究的科学只是从这里才开始——之间的路程比任何地方都长。研究者在任何地方都没有如此经常地遇到从暗处显露出来的，以早已熟悉的早就在起作用的概念形式形成的作为悖论的二律背反，作为逻辑上背理的东西的逻辑幽灵。因此滑入到逻辑上的诘难与争辩，极力夸耀自己的科学性的引诱在任何地方都没有这样大，然而真正的研究基础，即现象本身，却永远从视线中消失了。

如果我们现在将与康德的联系抛在一边，尝试将那些愿意深入理解的人引向我实际走过的道路当中的一条道路，所有这些就将会得到证实。这条道路作为实际上走过的道路，因此也显示为随时都可以再一次走的道路；这条道路甚至在每一步骤上都可以使下面这种自明性作为必真的自明性继续有效，并得到验证：即在可一再确证的经验和认识中的可随意反复进行的自明性，和可随意继续下去的自明性。

§ 33　作为客观科学一般问题当中局部问题的"生活世界"问题[1]。

在简短回顾我们以前阐述过的东西的同时，让我们回想一下已经强调过的一件事实，即科学是人类精神的成就，它在历史上而且对于每一个学习者来说都是以从直观的周围生活世界（这个世界是作为对所有人都共同存在的东西被预先给定的）出发为前提；另外，这种精神成就在其运用和继续进行中，也持续地以这个周围世界在其每次对科学家呈现中的特殊性为前提。例如，对于物理学家来说，这个周围世界就是他在其中看到的他的测量工具、听到的节拍声、观测到的量值等等的世界，此外这个周围世界是他知道 124

① 参看附录 XVII。

他自己连同他的全部活动和他的全部理论思维都包括于其中的周围世界。

当科学提出问题和回答问题时，这些问题从一开始就是而且以后必然也是以这个预先给定的世界（科学的实践以及所有其他生活的实践都保持在其中）为基础，依据于这个世界的存在。在这个世界中，认识作为前科学的认识已经起一种经常性的作用，它有自己的目的，这些目的是它能够按照它所想到的意义，并且通常总是为了使实践生活总体上成为可能，而充分达到的。但是在希腊产生的新的人类（哲学的人类，科学的人类）认为自己有责任改造有关自然存在的“认识”与“真理”这些目的理念，并赋予这种新形式的“客观真理”理念以更为崇高的地位，即将它看成是一切认识的规范。与此相关联，最终产生一种在其无限性中包括一切可能认识的普遍科学的理念，即近代的独特的指导理念。如果我们想到了这些情况，那么对于科学的客观有效性和全部任务的明确阐明，显然就要求首先追溯到这种预先给定的世界。它作为“这个”世界，作为我们大家共同的世界，当然是预先给予我们大家的，而我们作为个人则是存在于我们周围的人构成的地平线中，因此是存在于与其他人的各种实际联系之中的。因此正如我们详细阐明过的，这个世界是经常有效的基础，是一种始终准备好了的不言而喻性的源泉，我们不论是作为实践的人还是作为科学家都可以毫无困难地利用它。

如果现在这种预先给定的世界变成一种独特的主题（当然是就能在科学上加以说明的论断而言的主题），那么这就需要特别谨慎的预先的考察。要弄清下面这个问题并不容易，即在“生活世

界”这个标题下应该提出什么样独特的科学的因此是普遍的任务，这里在多大程度上会产生某种哲学上有深远意义的问题。即使是对于生活世界固有的存在意义(它有时被理解得较窄，有时被理解得较宽)取得初步一致意见也是很困难的。

我们在这里借以达到作为科学研究主题的生活世界的方式，
使这个主题呈现为在一般客观科学的整个主题中的一种辅助的和 125
局部的主题。客观科学普遍地，也就是说在它们全部特殊形态(专门的实证科学)中，就其客观成就的可能性而言，变成了不可理解的。如果客观科学在这样一个方面成了问题，那么我们就必须从它自身的运行中脱离出来，并在它之上占有一个位置，这个位置一方面能够在述谓的思想与陈述的系统关联中普遍地通观它们的理论与结果，另一方面也能够通观由正在从事研究，并且是共同地进行研究的科学家们所实行的活动-生活，他们设定的目标，这些目标各自的达成，和所达到的自明性。在这里同样也可以考虑科学家们以各种普遍的方式一再进行的向生活世界以及它的可供支配的直观所予的追溯，对此我们立即可以增加上科学家们所进行的在每种情况下与生活世界直接相适合的陈述，这种陈述是纯粹描述地以同样前科学的、在实际日常生活中的偶然陈述所特有的判断方式完成的。因此生活世界的问题，或更确切地说，生活世界对科学家发挥功能并且一定会发挥功能的方式，只是在上面提到的客观科学这个整体中的局部的主题(也即服务于对客观科学的完满论证的主题)。

但是很显然，在一般地询问生活世界对于自明地建立客观科学所发挥的功能之前，询问这个生活世界对于其中生活着的人所

具有的特殊的和恒常的存在意义是有充分理由的。人并不总是具有科学兴趣，即使是科学家也并不总是埋头于科学研究，另外，正如历史教导我们的，在这个世界上并不是过去一直就存在着一种习惯地生活于早已引起的科学兴趣之中的人类。因此，生活世界对于人类而言在科学之前已经一直存在了，正如同它后来在科学的时代仍继续其存在方式一样。因此人们可以提出生活世界本身的存在方式问题；人们完全可以站到这个直接直观的世界的基础
126 之上，排除一切客观的-科学的意见和认识，以便全面地考虑，在生活世界所特有的存在方式方面，会产生什么样的“科学的”，因此可普遍有效地判定的任务。难道这不会产生一个重大的研究主题吗？通过暂时呈现为科学理论的特殊主题的东西，最终不是已经展示出那个“第三维度”，因此预先就负有使命要吞食掉客观科学这全部主题(以及在这个“平面”上的所有其他主题)吗？这乍看上去肯定会显得是奇怪的和难以置信的。将会出现许多佯谬，然而它们将会被消除。在这里最迫切的必须优先考虑的问题，就是正确理解生活世界的本质以及与生活世界相适合的“科学”探讨的方法问题(但是“客观的”科学探讨不在考虑之内)。

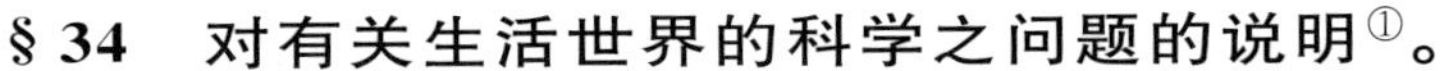

§ 34　对有关生活世界的科学之问题的说明[①]。

a) 客观的科学与一般的科学的区别

生活世界本身不是我们最熟悉的东西吗？不是在所有人类生

① 参看附录 XVIII。

活中总是已经被认为是不言而喻的东西吗？不是总是已经按照其类型学通过经验为我们所熟悉了吗？它的全部尚不熟悉的地平线，不就是只不过尚未完全熟悉的东西的地平线吗？也就是预先按照它们最一般的类型学而熟悉的吗？当然，对于前科学的生活来说，这种熟悉，以及它的方法足以将不熟悉转变为熟悉，足以根据经验（在自身中得到证明，并因此排除假象的经验）和归纳法获得偶然的认识。这种认识对于日常实践来说，是足够用的。如果现在能够并且应该完成另外的东西，应该完成一种“科学的”认识，那么在这种情况下，除去客观科学本身所考虑的，所做的事情，还能考虑什么呢？难道科学的认识本身不是“客观的”认识吗？——不是指向对每一个人都绝对普遍有效的认识基础的认识吗？然而看似背理的是，我们坚持我们的主张，并且要求人们在这里不要由 127
于我们大家在其中受到教养的数千年的传统，而让流传下来的客观科学的概念去取代一般科学的概念。

“生活世界”这个标题使虽然是本质上相互关联但却各不相同的科学任务的提出成为可能，并且也许要求提出这样的科学任务；以下情况也许是真正的完整的科学性的一部分，即只能将这些任务的提出全部合在一起来讨论，但是按照它们奠立时的本质顺序来讨论，而不能比如说单独地讨论这一部分，即客观的-逻辑的部分（在生活世界内部的这种特殊的成就），而对于其他部分却完全不给予科学上的考虑。因此在这里从来就不从科学上询问，生活世界是以何种方式作为基础经常地起作用，它的多种多样的前逻辑的有效性是以何种方式为逻辑的，理论的真理提供根据。也许这种科学性，这种生活世界本身所要求的并且是按其普遍性所要

求的科学性，是一种独特的科学性，一种恰好不是客观的-逻辑的科学性，但是作为最终奠立的科学性，按照其价值，并不是较低的科学性，而是较高的科学性。但是这种完全不同种类的科学性——一直到今天它总是被这种客观的科学性所偷换——如何能够实现呢？客观真理的理念，按照其整个意义来说，是通过与前科学的和科学以外的生活的真理理念的对比而预先规定的。这后一种真理理念在上面提到的意义上的“纯粹”经验中，在其知觉、记忆等等的全部样式中，有其最终的最深刻的证明的源泉。但是对于这种说法实际上必须像前科学的生活本身对它理解的那样来理解，因此人们不可将来自当时客观科学的任何心理物理学的、心理学的解释加入其中。特别是不可以为了立即先做重要的事情，而直接地求助于被认为是直接给予的“感觉材料”，仿佛它们就是直接表明生活世界的纯粹直观给予性的特征的东西。真正第一位的东西是对前科学的世界生活的“单纯主观的-相对的”直观。的确，在我们看来，这个“单纯”作为古老的遗产具有主观意见的轻蔑的
128 色彩。当然，在前科学生活本身中这种直观丝毫没有这种东西；因为它是充分证明的领域，因此，是被充分证明的述谓性认识的领域，确切地说，是如同决定它们的意义的实际生活意图所要求的那样的可靠的真理的领域。由遵循近代客观性理想的科学家探讨一切“单纯主观的-相对的东西”时所具有的那种轻蔑，对于这种主观相对的东西本身的存在方式并未引起任何改变，正如它丝毫没有改变下面这个事实一样，即不论科学家在哪里求助于它，而且是不可避免地必须求助于它，它对于科学家本身来说，肯定是足够的了。

b) 为**了**诸客观科学而使用主观的-相对的经验，以及**有关**这些经验的科学

当诸科学利用生活世界中的对于它们各自目的来说总是必需的东西时，诸科学是建立在生活世界的不言而喻性之上的。但是以这种方式利用生活世界，并不意味着它们本身从科学上认识到了生活世界固有的存在方式。例如爱因斯坦对迈克尔逊的实验，以及其他科学家对该实验的检验(借助复制迈克尔逊实验的仪器，以及在标度方面和确定的是否符合方面有关的一切东西)的利用。毫无疑问，在这里起作用的一切东西——人，仪器，研究所的房间等等，本身都可以再成为通常意义上客观提问的主题，即实证科学的主题。但是爱因斯坦不可能利用有关迈克尔逊先生这一客观存在的理论上的，心理学的-心理物理学的构成物，而只能利用那个对于他以及前科学世界中的任何人，作为直接的经验对象的可以接近的人。这个人在共同的生活世界中以这种活力并以这些行动与成果存在，始终已经是爱因斯坦的一切与迈克尔逊实验有关的客观科学之提问、计划、成就的前提。爱因斯坦和每一个研究者，作为人，当然也都知道，他们生活于其中的世界是一个唯一的、共同的经验世界，即使在他们进行研究时也是如此。另一方面，正是这个世界以及在其中发生的一切东西(根据需要而被用于科学的和其他的目的)，对于每一个以“客观真理”为主题目标的自然科学 129
家来说，都具有“单纯主观的-相对的”这种印迹。正如我们所说的，与这种“主观的-相对的东西”的对比，决定了“客观的”任务设定的意义。这种“主观的-相对的东西”是应该“克服”的；人们能够

并且应该将一种假设的自在存在，即逻辑的-数学的“真理自身”的基础归之于它，人们可以通过对越来越新，越来越完善的假说的设定接近这种“真理自身”，并且能够通过经验的验证而证明它。这是一个方面。但是另一方面，当自然科学家以这种方式对客观的东西感兴趣，并且专心于他的活动时，这种主观-相对的东西仍然对他起作用，但绝不是作为无关紧要地进行的过程，而是作为最终奠立一切客观证明的理论上-逻辑上的存在有效性的东西，因此是作为自明性的源泉，证明的源泉而起作用的。那些被看到的标度、刻度线等等，是作为实际存在着的东西，而不是作为幻觉被使用的；因此在生活世界中现实存在着的东西作为有效的东西是一种前提。

c）主观的-相对的东西是心理学的对象吗？

有关这种主观东西的存在方式问题，或者说，关于应就其总体存在进行探讨的科学的问题，自然科学家通常都用将它归入心理学的办法来应付，但是在这个涉及生活世界中的存在者的地方，也一定不要再将客观科学意义上的存在者偷偷输入进来。因为自古以来，至少是从有关世界认识的近代客观主义确立以来，被称作心理学的东西不言而喻地就具有一种关于主观东西的“客观的”科学的意义，不论我们举出在历史上尝试过的哪一种心理学。在以下的考察中，我们应该将使客观心理学成为可能的问题作为详细研讨的对象。但是预先必须将客观性与生活世界的主观性之间的对比明确地理解为决定客观的科学性的根本意义的对比，并且防止对它进行曲解的巨大诱惑。

d) 作为原则上可直观东西之全域的生活世界；作为原则上非直观的“逻辑的”基础结构的“客观上真的”世界 130

不管关于精神世界(因此不仅仅是关于自然)的客观科学的理念的实行或可实行性的情况怎样，客观性的这种理念都支配着近代实证科学的整个领域，并且一般来说，支配着“科学”这个词的意义的语言用法。就这个概念是从伽利略的自然科学取来的这一点而言，这里已经预先包含有自然主义，以至于科学上“真的”世界，客观的世界，总被预先认为就是在被扩展了的语义上的自然。生活世界这种主观的东西与“客观的”世界、“真的”世界之间的对比所显示出来的差别就在于，后者是一种理论的-逻辑的构成物，是原则上不能知觉的东西的，就其固有的自身存在而言原则上不能经验的东西的构成物；而生活世界中的主观的东西，整个说来，正是以其现实地可被经验到为特征的①。

生活世界是原初的自明性的领域。这种被自明地给予的东西，根据情况，或是在知觉中作为在直接现前中的“它自身”被经验到的东西，或是在回忆中作为它自身而被想起的东西。每一种其他的直观方式也都是将它自身现前化。每一种属于这个领域的间

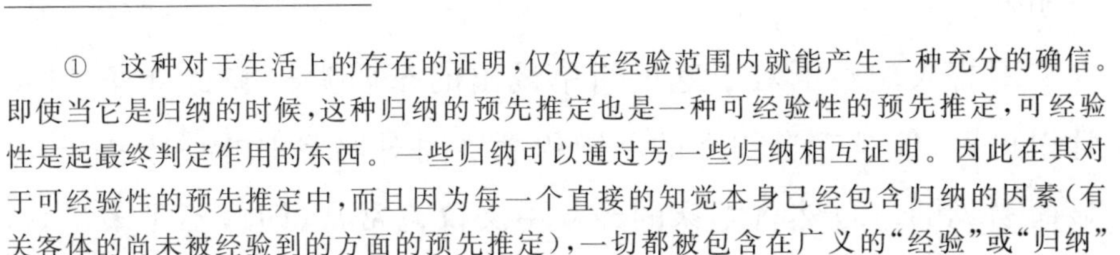

① 这种对于生活上的存在的证明，仅仅在经验范围内就能产生一种充分的确信。即使当它是归纳的时候，这种归纳的预先推定也是一种可经验性的预先推定，可经验性是起最终判定作用的东西。一些归纳可以通过另一些归纳相互证明。因此在其对于可经验性的预先推定中，而且因为每一个直接的知觉本身已经包含归纳的因素(有关客体的尚未被经验到的方面的预先推定)，一切都被包含在广义的“经验”或“归纳”这个概念之中。

接的认识，广泛地说，每一种归纳方式，都具有由对可直观东西而来的归纳这种意义，就是说，具有也许作为事物自身而可能知觉的东西，或作为已被知觉的东西而可能回忆的东西等等的意义。一切可以想象到的证明都回溯到这些自明性的样式，因为（各种样式的）“事物自身”作为主观的实际上可经验的东西和可证明的东西，就存在于这些直观本身之中，而不是思想的构成物；而另一方面，
131 这种构成物，只要它毕竟要求真理，就只有通过回溯到这种自明性，才能具有真正的真理。

当然，使这种自明性的原初权力发挥作用，并且使它在奠定认识方面得到比客观的-逻辑的自明性更高的地位，这本身就是科学地阐明生活世界时的一种最重要任务。对以下情况，我们必须充分地弄清楚，也就是获得最终的自明性，即客观的理论（例如数学的理论、自然科学的理论）按照内容和形式借以奠定的一切客观的-逻辑的成就的自明性，是如何在这种最终成就着的生活中——在其中生活世界的自明的给予性总是具有已经获得，并且重新获得其前科学的存在意义——有其隐蔽根据的源泉。在这里，研究的路径从客观的-逻辑的自明性（像进行研究和论证的数学家等等所实行的数学“洞察”的自明性，自然科学、实证科学“洞察”的自明性）出发，回溯到生活世界总是借以预先给定的原初的自明性。

不管人们眼下对于这里简单说出的东西觉得多么奇怪，甚至觉得可疑，但是在自明性的不同程度之间对比差别的一般特征，是显而易见的。自然科学家的经验主义议论常常（即使不是多半）听起来好像是说，自然科学是建立在有关客观自然的经验之上的科

学。但是这种说法并不是在下面这种意义上是正确的，即这些科学是经验科学，它们原则上是遵循经验的，它们全都是从经验出发的，所有它们的归纳最终必须由经验证明；相反，这种说法只有在另外一种意义上才是正确的，按照这种意义，经验是纯粹在这种生活世界中发生的自明性，并且作为这样的东西，是科学的客观论断的自明性的源泉，而科学本身却绝不是关于客观东西的经验。这种客观的东西作为它本身恰恰是绝不能被经验到的。顺便说说，凡是在自然科学家们与自己的混乱的经验主义议论相反，将客观的东西甚至解释为一种形而上学的超越的东西的地方，他们都是这样看待它的。说客观的东西可被经验，与说无限远的几何学形体可被经验没有不同，更一般地说，与说一切无限的“理念”可被经
验，例如，与说数列的无限性可被经验没有不同。当然，“使”理念 132
以数学的或自然科学的“模型”的方式“直观化”，绝不是直观客观东西本身，而是生活世界的直观，这种直观可以用来使对有关的客观的理想事物的构想变得容易。在这里通常有构想的多种多样中介物参与起作用，这种构想并不是到处都像根据桌子的直棱等等生活世界中的自明性构想几何学上的直线那样直接地发生，也不能按照自己的方式成为自明的。

正如我们所看到的，为了能在这里一般地获得一些关于问题的明确提法的前提，也就是说，为了首先使我们摆脱那些通过客观的-科学的思想方法对学院的统治而将我们大家引入歧途的经常发生的偷换，是需要很多麻烦的手续的。

e）作为主观的构成物的客观的科学——作为一种特殊的实践之构成物，即理论的-逻辑的实践之构成物，本身属于生活世界的完满的具体物①

如果要使这种对比明确起来，我们现在就必须正确对待被对比的两个方面的本质联系：客观理论在其逻辑意义上（如果普遍地理解，科学是述谓性理论的整体，是由“在逻辑上”被认为是“命题本身”、“真理本身”的陈述，并且在这种意义上是合乎逻辑地相联结的陈述构成的体系的整体）是置根于并奠基于生活世界之中，置根于并奠基于从属于生活世界的原初的自明性之中的。由于客观的科学置根于生活世界之中，它就与我们总是生活于其中，甚至是作为科学家生活于其中，因此也以科学家共同体的方式生活于其中的世界，——就是说，与普遍的生活世界——有意义关联。但是与此同时，客观的科学作为前科学的人（作为个别的人以及在科学活动中联合起来的人）的成就，本身是属于生活世界的。当然，诸科学的理论，即逻辑的构成物，并不像石头、房屋、树木那样是生活
133 世界中的东西。它们是由最终的逻辑要素构成的逻辑的整体和逻辑的部分。用鲍尔察诺的话来说，它们是“表象本身”、“命题本身”、推理和论证“本身”，是理念的意义的单位，它们的逻辑的理念性决定它们的目的，即真理“本身”。

但是这种理念性如同任何理念性一样对以下情况并无丝毫改变，即它们是与人的现实性和潜在性有本质关联的人的构成物，因

① 参看附录 XIX。

此仍然属于生活世界的这种具体的统一，因此这种具体统一的具体性要远远超过事物的具体性。并且与此相关联，正是这种情况也适合于科学活动，即经验着的科学活动，“依据”经验构成逻辑构成物的科学活动。在这些科学活动中，这些构成物以原初的形态和原初的变化样式，在个别科学家那里，以及在科学家的共同体中呈现出来：即作为被共同探讨的命题、证明等等的原初状态呈现出来。

我们进入一种令人难堪的境况。如果我们是以一切必要的细心加以比较的，我们就会看到两种不同的东西：生活世界和客观的-科学的世界。不过这二者仍处于联系之中。关于客观的-科学的世界的知识是“奠立”在生活世界的自明性之上的。生活世界对于从事科学研究的人来说，或对于研究集体来说，是作为“基础”而预先给定的。而当他们在此基础之上进行建筑时，被建立的东西是某种新的不同的东西。如果我们不再沉浸于我们的科学思考之中，我们就会认识到，我们这些科学家毕竟是人，并且作为人是生活世界中的组成部分，而生活世界对于我们来说，是始终存在着的，总是预先给定的。因此，全部的科学就随同我们一起进入到这——纯粹“主观的-相对的”——生活世界之中。那么客观世界本身会怎样呢？关于自在存在的假设怎么样了呢？——这种自在存在的假设首先涉及到生活世界中的“事物”，存在于生活世界的“空间时间”中的“客体”，“实在的”物体，实在的动物、植物，还有人；所有这些概念，现在都不是从客观科学的观点来理解，而是如同它们在前科学的生活中那样来理解。

这些假设——它们尽管有科学理论的理念性，但对于科学的

主体(作为人的科学家),仍然具有现实的有效性——难道不是构成人在其生活世界中的生活的许多实践假设和计划当中的一种
134 吗?而生活世界对于人来说,每时每刻都被意识到是可供支配的和预先给定的。另外,如果我们只是按照其整体的充分的具体性来理解生活世界,难道全部的目的,不论它们是在科学以外的意义上以任何其他方式是“实践的”,还是在“理论的”这个名目下是实践的,不都当然地同属于生活世界的统一吗?

但是另一方面也表明,客观科学的命题、理论和整个的学说体系,是在其共同研究中结合起来的科学家们由某些活动所获得的构成物,——更确切地说,是通过活动的连续构造而获得的构成物,在这些活动中,后面的活动总是以前面的活动之成果为前提。此外我们还看到,所有这些理论成果都具有对生活世界有效的性质,作为这样的东西,它们不断地被追加到生活世界本身的库存上,并且甚至预先就作为生成着的科学之可能成就的地平线而属于生活世界。因此具体的生活世界,对于“科学上真的”世界来说,同时是奠定这个世界的基础,并且在生活世界特有的普遍的具体性中,包含着科学上真的世界,——应该如何理解这一点呢?我们应该如何系统地——即以适当的科学性——公正对待生活世界的这种使人感到如此背理的包罗万象的存在方式呢?

我们提出了一些问题,对这些问题绝没有现成的清楚的答案。生活世界与客观上真的世界的这种对比,以及二者的紧密结合,将我们引入深思,而这种深思使我们陷入越来越难堪的困境之中。“客观上真的世界”与“生活世界”的这种背理的关联,使这二者的存在方式变成令人难以理解的。因此,在任何一种意义上的真的

世界，其中包括我们自己的存在，就这种存在意义而言，就变成了谜。在我们试图弄清楚这个谜的过程中，我们面对着这些显露出来的背理之处，就会突然意识到，我们迄今所从事的全部哲学研究都是缺少基础的。现在我们如何才能真正成为哲学家呢？

我们不能避开这种促动因素的力量。在这里我们不可能用埋头于由康德或黑格尔，亚里士多德或托马斯提出的难题和论证的方法来回避这个问题。

f）生活世界的问题不是局部的问题，宁可说是 135
哲学的普遍问题

当然，适合于解决现在我们感到不安的这种谜的，是一种新的科学态度，而不是数学的科学态度，也根本不是在历史意义上的逻辑学的科学态度。也就是说，不是一种在它之前已经可能有的完成了的数学、逻辑学、逻辑斯蒂，作为已经准备好的规范的科学态度。因为这些学科本身，在这里成为问题的意义上，是客观的科学。并且它们作为被包含在问题之中的东西，不可能成为被用作前提的前提条件。首先，只要人们只是对生活世界与客观科学进行对比，只是关心这两者的对立，看上去就很可能人们并不需要不同于或多于客观科学的东西。这正如日常的实践生活有其特殊的和一般的理性的沉思，而为此并不需要任何科学一样。情况正是这样，未加思索就被接受的，而并未被表述为基本的事实并被当作特殊的思考主题加以详细研究的一件众所周知的事实就是，存在有两种真理。一方面是日常的实践境况的真理，它当然是相对的，但是正如我们强调过的，它是实践每次在其意图中所寻求和需要

的。另一方面是科学的真理，对于它的论证恰好回溯到境况的真理，但是以这样的方式回溯的，即科学方法就其本身的意义而言，并未因此受到损害。因为科学的方法想要应用并且必须应用的，也正是这些境况的真理。

因此，如果人们甚至在从逻辑以外的思想实践向逻辑的思想实践，向客观科学的思想实践过渡时，也使自己由这种毫不令人生疑的生活的朴素性拖着走，那看上去情况就很可能是，在“生活世界”这个名称下的独特的题目范围，就会是一种唯理智主义的事业，这种事业是由近代生活所特有的将一切都加以理论化的癖好中产生出来的。但是与此相对，至少下面这一点也变得同样清楚了，即事情不能以这种朴素性而了结，在这里显露出一些背理的不可理解之处：单纯的主观的相对性被认为由客观的-逻辑的理论克服了，然而这种理论作为人的理论实践，却属于单纯主观的-相对

136 的东西，同时必然在主观的-相对的东西中有其前提，有其自明性的源泉。由此同样也就肯定，一切真理问题和存在问题，一切可以想到的有关它们的方法、假设、结论——不论是关于诸经验世界的，还是关于诸形而上学的超世界的——都只能通过这种想象上的唯理智主义的过度膨胀，而获得其最终的明晰性，其自明的意义，或其荒谬性的证据。在这种情况下，这当中也许还包括最近变得引人注目的、令人着迷的“复活了的形而上学”事业中有关正当的意义与无意义的一切终极问题。

通过以上一系列考察，我们就在一种有预见的洞察中，理解了生活世界问题的重要性、普遍的和独立的意义。与它相比，“客观上真的”世界的问题，或客观的-逻辑的科学的问题——不管这些

问题怎样以什么样正当理由一再地被提了出来——则显得是具有次要兴趣、更为专门兴趣的问题。尽管我们的近代客观科学的特殊成就仍然未被理解,但是并不能动摇以下这件事实,即它是由特殊活动而产生的对于生活世界的有效性,它本身是属于生活世界的具体事物。因此,为了阐明人的活动的这种获得物以及所有其他的获得物,无论如何首先必须考察具体的生活世界。并且是按照真正具体的普遍性来考察。借助这种具体的普遍性,生活世界现实地或像地平线那样地包含有人们为其共同生活的世界所获得的全部有效性层次,并且将这些有效性层次最终全部地与抽象地提取出来的世界核心——直接的主观间共同的经验的世界——联系起来。当然,我们还不知道,这个生活世界是如何会变成独立的、完全自满自足的研究主题的,它如何会使科学的陈述成为可能——这些科学陈述本身,即使是以与我们的科学的方法不同的方法,也肯定是必然具有其“客观性”的有效性,也就是具有一种能够从纯粹方法上获得的必然的有效性,我们以及每一个人都能够以这种方法证明这种有效性。我们在这里绝对是一个初学者,我们关于适合于在这里作规范的逻辑学毫无所知。我们不可能做任何事情,只能沉思。只能专心致志于我们的任务的尚未展开的意 137
义,只能以极大的谨慎关心免除偏见,关心保持我们的研究的纯粹性,不受外来的干扰(为此我们已经做了一些重要的事情)。如同在任何新的计划中一样,从这里也必然为我们产生出方法。对这种任务的意义之澄清的确就是达到作为目标的目标的自明性。而完成这种澄清之可能的“道路”的自明性,本质上也是属于这种自明性的。我们所面临的这种预备性沉思的复杂性和困难,将自身

证明是正当的，这不仅是因为目标的宏伟，而且是因为在这里发挥作用的必然的思想本质上是陌生的和冒险的。

这样一来，那个被认为是客观科学的单纯基础的问题，或被认为是客观科学的普遍问题中的局部问题的东西，实际上（正如我们已经事先预告过的那样）证明，对于我们来说，是真正的最普遍的问题。也可以这样说，这个问题最初是作为对客观的-科学的思维活动与直观的关系的询问而出现的。因此，一方面涉及作为逻辑思想的思维活动的逻辑思维活动，例如，物理学理论的物理学思维活动，或纯粹数学的思维活动（在其中数学作为学说体系，作为理论，有其位置）。另一方面，在理论之前，我们在生活世界中有直观活动和被直观到的东西。在这里产生一种有关纯粹思维的根深蒂固的假象，即纯粹思维（作为这样的思维，对直观漠不关心）已经具有其自明的真理，而且甚至具有世界的真理。这种假象使客观科学的意义和可能性以及它的“有效范围”都成了可疑的。在这里人们坚持直观与思维的彼此分立性，并且将“认识论的”性质一般地确定为在相互关联的两个方面实行的科学理论（在这里，科学总是按照人们所具有的唯一的科学概念被理解为客观的科学）。但是，只要直观这种空洞的和模糊的称号——与人们以为在其中已经具有了真正的真理的最有价值的逻辑的东西相比，并不是无足轻重的和无价值的东西——变成了有关生活世界的问题，只要这个题目的重要性和困难在认真进行的探讨中变得十分巨
138 大，“认识论”的，即科学理论的重要变化就出现了，在这个变化中，科学作为问题和成就最终失去了它的独立性，并变成了单纯的局部问题。

以上所述当然与作为一切"逻辑的东西"的先验的规范学的逻辑学有关，这种"逻辑的东西"是在最普遍意义上的逻辑的东西，就是说，按照这种意义，逻辑学是关于严格客观性的逻辑学，是关于客观的-逻辑的真理的逻辑学。从来也没有人想到过这些存在于科学之前的述谓和真理，以及在这种相对性范围内起规范性作用的"逻辑学"，从来也没有人想到过，即使是就这种纯粹描述性地适合于生活世界的逻辑东西，探究先验地规范它的诸原则体系的可能性。传统的客观的逻辑，作为先验的规范，甚至毫无顾忌地偷换这种主观的相对的真理领域。

§35　超越论的悬搁之分析学。第一步骤：对于客观的科学之悬搁。

以下情况是由于落到我们身上的这项任务所固有的本性而发生的，即进入到这种新科学研究——只有达到这个研究领域，这种新科学研究的问题才能被提供出来——领域的方法被分解为许多步骤，其中每一步骤都以一种新的方式具有悬搁的性质，具有抑制自然的-朴素的有效性，至少是抑制已经起作用的有效性的性质。第一个必要的悬搁，即第一个按一定方法进行的步骤，我们已经通过迄今所进行的初步思考看到了。但是它还需要一种明确的一般的表述。很显然，首先需要的是，就一切客观的科学进行的悬搁。这不仅意味着不考虑诸客观科学，譬如以虚构的方式改变对现今人的存在的看法，仿佛在其中没有任何科学出现。宁可说这意味着将诸客观科学之认识的任何共同实行悬搁起来，将关心它们的真理和谬误的任何一种批判的态度悬搁起来，甚至将对于它们的

关于客观的世界认识之指导理念的态度悬搁起来。简要说来，我
139 们所实行的悬搁是针对我们作为客观的科学家或哪怕是作为渴求知识的人所具有的全部的客观的理论兴趣，全部的目的和活动。

但是在这种悬搁中，对于我们这些实行悬搁的人来说，不论是科学还是科学家都并没有消失。无论如何它们仍还像以前那样：是在预先给定的生活世界的统一关联中的一些事实。只不过由于悬搁，我们不是作为具有共同兴趣的人，不是作为合作者而起作用。我们在我们心中恰恰只是引起一种特殊的习惯的兴趣方向，这种兴趣方向具有某种职业态度，而这种职业态度又需要一种特殊的“职业时间”。如同在其他情况下一样，在这里也表明：当我们实现我们的一种习惯兴趣，因此处于我们的职业活动之中（进行我们的工作）时，我们就对我们的其他生活兴趣采取一种悬搁态度，尽管这些兴趣仍然是我们自己的，仍然继续存在着。每一种兴趣都有“它自己时间”，当兴趣改变的时候，我们就会譬如说：“现在该去开会了，该去投票了”等等。

虽然在特殊的意义上我们称科学、艺术、兵役等等为我们的“职业”，但是作为普通人，我们经常是（在一种扩大的意义上）同时处于许多种“职业”（兴趣方向）之中；我们同时既是家庭中的父亲，又是公民等等。每一个这样的职业都有它自己的实现它的活动的时间。以后，那些新产生的职业兴趣（它们的普遍主题被称作“生活世界”）也纳入其他的生活兴趣或职业之中，并且在一个人的时间中，在职业时间得以实现的形式中，总是有它自己的时间。

当然，给这种新的科学以与一切“市民的”职业，甚至与客观的科学同等的地位，意味着低估和轻视在一般科学之间可能存在的

价值方面的最重要的差别。在这样理解时，这种新的科学就受到一种现代非理性主义哲学家们大加喝彩的批评。在这种观察方式下情况显得好像是，在这里应该再一次以一种新的职业技术，建立起一种新的纯粹理论的兴趣，一种新的"科学"，它或是作为举止非常完满的唯理智主义的游戏而进行，或是作为一种服务于实证科学的，对实证科学有用的较高程度的智力技术而进行，而本身在对 140
生活的有用方面又具有它们所特有的真实价值。对那些最终只听见他想听的东西的轻率的读者和听众的偷换，我们是无力防止的，但是他们也是哲学家的公正的听众。少数人（我们是对他们讲话的）将会懂得克制这种怀疑，特别是听到我们在以前演讲中说过的东西之后。至少他们会等着看看，我们的道路将会把他们引向何处。

我如此突出地强调即使"现象学家们"的态度也具有的这种职业特征，是有充分理由的。在对这里涉及的悬搁进行描述时，首要的一点就是，这种悬搁是一种通常的执行中的悬搁，这种悬搁有其在工作中产生效果的时间，而另外的时间则是用于其他任何的工作兴趣或游戏兴趣。特别是，这种执行中的排除，对于在个人的主观性中继续生成和继续有效的兴趣——即作为主观性对于作为它的有效性而保持的它的目标之通常的指向——并不造成任何改变，而且正是由于这个原因，它能在同一的意义上，在其他的时间一再地被实现。此外这绝不是说，这种生活世界的悬搁——我们将会指出，它还包含其他一些重要因素——对于人的此在来说，并不意味着在实践上-"实存上"比鞋匠的职业悬搁有更多的东西，也不是说，不论我们是鞋匠还是现象学家，不论我们是现象学家还是

实证科学家，从根本上说都是无关紧要的。也许甚至将会表明，整个的现象学态度，以及属于它的悬搁，首先从本质上说有能力实现一种完全的人格的转变，这种转变首先可以与宗教方面的皈依相比，但是除此之外它本身还包含有作为任务赋予人类本身的最伟大的实存的转变这样一种意义。

§36 在将客观的科学悬搁起来之后，生活世界如何能成为科学的主题？客观的-逻辑的先验性与生活世界的先验性之间的原则区别。

如果我们唯一的兴趣就是针对“生活世界”的，那么我们就必
141 须问：这个生活世界通过对于客观的科学的悬搁，究竟是否已经被作为普遍的科学的主题揭示出来了？① 借助这种悬搁我们是否就

① 首先我们来回忆以下这种情况，我们称作科学的东西，在作为生活世界经常对我们有效的世界中，是一种特殊种类的有目的的活动和合目的的成就，在这一点上与通常语义上的人的全部职业是一样的；科学还包括一些非职业的类型，即一般不包括目的关联和成就的较高程度的实践意向，以及或多或少是孤立的、偶然的，或多或少是暂时的兴趣。从人的观点来看，所有这些都是人的生活和人的习惯的特殊形态，所有这些都是处于生活世界的总的范围之内，一切成就都汇入这个范围，所有的人，以及做出成就的活动和能力总是属于这个范围。当然，对于处于其特有存在方式中的普遍的生活世界本身的这种新的理论兴趣，要求对所有这些兴趣进行某种悬搁。也即对追求我们的目的的兴趣，以及对一切有目的的生活总是伴随的对于道路、目标和目的本身的批判的兴趣（不论我们实际上坚持这些道路，还是这些道路应当作为正确的道路加以选择等等都要进行批判的兴趣）进行某种悬搁。在按照通常对我们有效的目的而生活时，不论“现在轮到的”是什么样的目的，我们当然是生活在生活世界的地平线中：而且在这里所发生和发展的东西，都是在生活世界中以生活世界的方式存在的东西。但是指向在生活世界中存在着的东西，并不就是指向普遍的地平线。并不就是将被当成目的的东西作为这个地平线中的存在物当作主题，或更确切地说，作为变成了主题的生活世界中的存在物当作主题。因此我们首先必须做的就是，放弃对一切科学上的以及其他的兴趣跟踪。但是仅有悬搁还不够，因为甚至一切目的设定，一切计划，都已经以世界的东西为前提，因此就是说，以先于一切目的而被给定的生活世界为前提。

已经有了关于科学上普遍有效的陈述的主题呢？即有了关于能从科学上确定的事实的陈述的主题呢？我们是如何具有这种生活世界的，即这个作为由这样一些可确定的事实构成的、预先就确定地存在着的普遍领域的生活世界呢？生活世界是空间时间的事物的世界，正如同我们在我们的前科学的和科学以外的生活中所体验的东西作为可能体验的东西知道的世界一样。我们有一种作为可能的事物经验的地平线的世界的地平线。事物，这就是石头、动物、植物还有人以及人的产物；但是在这里所有这些东西都是主观的-相对的，尽管我们通常在我们的经验之中，和在以生活的共同体与我们联结着的社会圈子之中，达到"确定无疑的"事实：这种事实在意见一致的伙伴当中是自动地达到的，就是说，不受可以觉察到的不一致干扰达到的；在这种事实实践上变得重要的地方，也可能在有意图的认识中达到，也就是在以对我们的目的来说是可靠的真理为目标的认识中达到的。但是当我们落入到一个陌生的交往圈子中时，如刚果的黑人、中国的农民等等的交往圈子中时，我们会发现，他们的真理，即在他们看来是肯定的，一般已被证明了的和可证明的事实，对于我们来说却绝不是这样的东西。但是如果我们从正常的欧洲人、正常的印度人、中国人等等的尽管有各种 142
相对性但却彼此一致的东西出发，即从那种使共同生活世界的客观成为对于他们和对于我们（尽管有不同的见解）都是可辨认的东西，如空间形态、运动、感觉性质等等出发，提出对一切客观都绝对有效的有关客观的真理的这种目标，那么我们就仍然还是走在客观科学之道路上。我们通过提出这种客观性的目标（"真理本身"的目标）就造成一种假设，借助这种假设就逾越了纯粹的生活世

界。我们通过第一悬搁(即对于客观科学的悬搁)防止了这种“逾越”。我们现在处于困惑之中,即我们很难说出,在这里除此之外还有别的东西能从科学上要求成为对任何人都是可一劳永逸地确定的东西。

但是只要我们想到,这种生活世界尽管有其全部的相对性,仍有其**普遍的结构**,这种困境就会消失。所有相对的存在者都与之关联的这种普遍结构本身,并不是相对的。我们可以从其普遍性方面注意到它,并且,如果有足够的谨慎,就可以以每一个人都可以理解的方式一劳永逸地将它确定下来。作为生活世界的世界,在前科学的状态中已经有客观科学将其当作前提的“相同的”结构了。客观的科学将这种相同的结构与“自在”存在着的世界的,在“真理自身”中被确定的世界的基础结构(这种基础结构由于多少个世纪的传统,已经变成不言而喻的东西了)一起,作为先验的结构前提,在先验的科学中加以系统阐明,即在有关逻各斯的科学中,在有关普遍的方法的规范(有关“客观自在地”存在着的世界的每一种认识都受这种规范的制约)的科学中加以系统阐明。这个世界在科学之前已经是空间时间的世界;当然,关于空间时间性,还没有谈到理念的数学上的点、“纯粹的”线、面,一般而言,数学上无穷小的连续性,属于几何学的先验性的意义的“精确性”。在生活世界中我们所熟悉的物体是现实的物体,而不是物理学意义上的物体。关于因果性,关于空间时间上的无限性的情况也是一样。
143 生活世界的这种范畴特征与物理学的范畴特征有相同的名称,但可以说,它并不关心几何学家和物理学家所实行的理论上的理念化和假设的基础结构。我们已经知道:物理学家——他像其他人一样也是人，他知道自己是生活在生活世界中，生活在他们的人的诸种关心事情的世界中——在物理学这个题目下有一种特殊性质的问题，并且（在一种较广的意义上）有一种指向生活世界中的事物的特殊性质的实践企图，他们的“理论”是实践的结果。正如其他的企图、实践的兴趣，以及它们的实现，属于生活世界，将生活世界假定为基础，并且在行动中丰富生活世界一样，这种情况也同样适合于作为人的企图和实践的科学。正如我们所说，一切客观的先验性，在它们必然地通过回溯而与相应的生活世界的先验性相关联这一点上，也属于生活世界。这种通过回溯的关联就是奠立有效性的回溯关联。在生活世界的先验性基础上产生出数学的先验性以及任何客观的先验性这种更高程度的意义构成以及存在的有效性，乃是某种理念化活动的成就。因此首先应该将生活世界的先验性按照其特征和纯粹性变成科学研究的主题，然后应该提出这样一个系统的研究任务，即客观的先验性如何在这种基础上以及以什么样的新的意义构成方式，作为一种间接的理论成就而产生出来。因此需要对普遍的结构进行一种系统的划分：普遍的生活世界的先验性和普遍的“客观的”先验性；然后还要对普遍的问题提法进行划分，这种划分或是按照“客观的”先验性在生活世界的“主观的-相对的”先验性中被奠定的方式进行的，或是例如按照数学的自明性在生活世界中的自明性中有其意义的源泉和正当性的源泉的方式进行的。

以上的考察对于我们有其特殊的兴趣，尽管我们已经将我们有关生活世界的科学的问题与客观的科学的问题分离开来。这种兴趣就在于，我们这些由于在学校所受的教育而囿于传统的客观

主义的形而上学的人，一开始完全不能理解这种普遍的纯粹的生活世界的先验性的理念。对于我们来说，首先就需要将它从我们总是立即就用来取代它的客观的先验性根本划分开。将所有客观
144 的科学悬搁起来的这第一种悬搁，如果我们也将它们理解为对所有客观先验的科学的悬搁，并且用刚才所进行的考察补充它们，所获得的正是这种划分。此外这种考察带给我们一种根本的洞察，即客观的逻辑的层次上的普遍的先验性——数学的以及所有其他通常意义上的先验的科学的普遍的先验性——奠基于一种本身是更早的普遍的先验性之中，即正是纯粹生活世界的先验性之中。只有通过回溯到应在一种独立的先验的科学中展开的生活世界的先验性，我们的先验的科学，客观的-逻辑的科学，才能获得一种真正彻底的，真正科学的基础，而这种基础是它们在这种情况下绝对需要的。

在这方面我们还可以说：现代数理逻辑学家相信能够建立起来的那种被认为是完全独立的逻辑学——甚至能在真正的科学哲学的称号下——，作为一切客观科学的普遍的先验的基础科学建立起来，这只不过是一种朴素的想法。这种逻辑学的自明性缺乏由普遍的生活世界的先验性而来的科学根据。这种逻辑学经常是以生活世界的先验性为前提的，然而却是以从未在科学上普遍阐明的，从未达到本质科学的普遍性的不言而喻的东西之形式将它当作前提的。只当将来有一天有了这种彻底的根本的科学，那种逻辑学本身才能变成科学。在那之前它只能无根据地在空中飘荡，而且像以前一样，是非常朴素的，以至于它连每一种客观的逻辑学，每一种通常意义上的先验的科学都具有的任务也认识不到，

这任务就是，去研究它们本身是如何能够奠立起来的，即不再是“逻辑地”奠立，而是通过回溯到普遍的前逻辑的先验性而奠立，一切逻辑的东西，客观理论的整个大厦，都由那种先验性按照自己的全部方法论形式，证明自己的正当的意义，借助这种意义整个逻辑学本身才能够获得其规范。

但是这种认识超越了现在激励着我们的对生活世界的关注。正如我们说过的，对于这种关注来说，重要的只在于这样一种原则上的划分，即客观的-逻辑的先验性和生活世界的先验之间的划分，而且是为了这样一个目的，即为了能够使对有关生活世界的纯粹本质的学说这一伟大课题的彻底思考得以进行。 145

§37　生活世界之形式的-最一般的结构：一方面是事物与世界，另一方面是对事物的意识。

当我们自由地环顾四周，寻找形式的--般的东西，即那种在生活世界的各种相对东西的变化中仍然保持不变的东西时，我们就会不由自主地停留在那个对我们来说在生活中唯一决定以下这种有关世界之谈论的意义的东西上，即世界是事物的全体，是分布在空间-时间性这种世界形式中的，在双重意义上有“位置”的(空间的位置和时间的位置)事物的全体——空间时间中的“存在者”全体。因此在这里有一种被理解为有关这种存在者的具体一般的本质学说的“生活世界存在论”的任务。对于我们当前论述中的兴趣来说，只要提到这种生活世界的存在论就足够了。我们不想在这里停留，而宁愿前进到一种(正如很快就会表明的)非常巨大的任务，而这个任务同时包含这种存在论。为了为我们开辟通向这种新的、同样与生活世界有本质关联但不是存在论的研究课题的道路，我们要进行一种一般的考察，而且我们是作为清醒地生活于生活世界中的人而进行这种考察的(因此当然是在对实证科学态度的一切干扰加以悬搁中进行考察的)。

这种一般的考察同时将具有一种功能，即将预先给定的世界，存在的宇宙，能借以成为我们的主题的种种可能的方式之本质区分，成为自明的。我们回想一下反复说过的话：生活世界对于我们这些清醒地生活于其中的人来说，总是已经在那里了，对于我们来说是预先就存在的，是一切实践(不论是理论的实践还是理论之外的实践)的“基础”。世界对于我们这些清醒的，总是不知怎么实践上有兴趣的主体来说，并不是偶然的一次性的，而是经常地必然地作为一切现实的和可能的实践之普遍领域，作为地平线而预先给定的。生活总是在对世界的确信中的生活。“清醒地生活”就是对世界是清醒的，经常地现实地“意识到”世界，以及生活于这个世界**之中**的自己本身，现实地体验到并且现实地实行对世界之存在的确信。就此而言，世界在任何情况下，都是以这样的方式预先给定
146 的，即被给予的总是个别的事物。但是在对世界的意识方式与对事物的意识方式，即对对象的意识(在一种最宽泛的，但是纯粹生活世界的意义上的对对象的意识)方式之间，有一种根本的区别，而另一方面，这二者又构成一个不可分割的统一体。事物和对象(始终是在纯粹生活世界的意义上理解的)是作为在任何情况下都对我们(以某种存在的确实性样式)有效的东西“被给予的”，但从原则上说，只是这样地被给予的，即它们是作为事物，作为**在世界的地平线中**的对象而被意识到的。每一个事物和对象都是某物，

是我们总是作为地平线意识到的世界中的“某物”。另一方面，这个地平线只是作为存在着的对象的地平线被意识到的，如果没有单独地被意识到的对象，它就不可能现实地存在。每一个对象都有其有效性的可能变化样式，即存在的确实性的样式化的可能变化样式。另一方面，世界并不是像一个存在物，一个对象那样存在着，而是以一种唯一性存在着，对于它来说，复数是无意义的。每一种复数以及从其中抽取出来的单数，都是以世界地平线为前提。在世界中的一个对象的存在方式与世界本身的存在方式的差异，显然地规定着两种根本不同而又互相关联的意识方式。

§38　使生活世界成为主题的两种可能的根本方式：朴素的自然的直接的态度，与对生活世界和生活世界中的对象之主观给予方式的这种“如何”进行首尾一贯反思的态度之理念。 181

但是清醒的生活之这种最一般的特征，只是在现在才成了使对这种生活的实行方式进行可能的区分借以成为可能的形式的框架，尽管这种生活在所有情况下都预先给定了世界，而且在这个地平线中给定了存在着的对象。我们还可以说，这就形成了我们借以对世界并且对这个世界中的事物保持清醒的那些不同的方式。第一种方式，自然的通常的方式——它不是出于偶然的原因，而是出于本质的原因而绝对必须先于其他的方式——，就是直接地指向当时给定的对象的，因此是进入到世界地平线中的生活之方式，这种生活方式并且具有通常的连续的恒久性，具有一种贯穿于全部活动的综合的统一性，这种直接指向各个被给予对象的通常的 147

生活表明,我们的全部兴趣都在对象中有其目标。预先给定的世界是一种地平线,它以流动的经久的方式包含着我们的全部目标、我们的全部目的,不论这些东西是暂时的还是持久的,正如一种意向的地平线意识预先就潜在地"包含着"这些东西一样。我们这些主体,在通常的连续的统一的生活中,对于超出这种地平线之外的目标一无所知,我们甚至连可能有与这样的目标不同的目标的想法也没有。我们还可以说,我们全部理论的和实践的主题,始终存在于生活世界的地平线,即"世界"的通常的统一性之中。世界是一种普遍的领域,我们的全部活动,体验的活动,认识的活动,行为的活动,都是指向它的。一切感受都是从这个普遍的领域,从总是已经给定的诸对象产生的,而且总是将自己变成行动。

但是在对世界的意识中,还可能有一种完全不同的清醒生活。它可能存在于一种突破平淡生活的正常状态的,有关世界的主题意识的变化之中。让我们将目光转向下面这样一种情况,即一般来说,这个世界,或更确切地说,诸对象,不仅仅是以这样的方式预先给予我们大家的,即我们将它们作为它们的诸特性之基体而简单地具有它们,而是它们(以及一切被认为是存在的东西)以主观的显现方式,以被给予性的方式,被我们所意识,而我们并没有特意地注意到这种情况,事实上我们通常甚至对此毫无所知。现在让我们将这种情况形成一种新的普遍的兴趣方向,让我们确立一种关于给予方式的"如何"的和关于存在者(Onta)本身的前后一贯的普遍的兴趣。但关于存在者的兴趣并不是直接地指向存在者本身,而是将存在者作为它的给予方式的"如何"之中的对象而指向它的。而且这种兴趣正是按照唯一的并且是经常的兴趣指向确立的，即指向这样一个问题：这个统一的普遍的有效性，即世界，这个世界，是如何在诸相对有效性、诸主观显现、诸意见的变化中，为我们而成立的。也就是说，指向这样一个问题：我们有关实在的，即现实地存在着的对象的普遍存在的，普遍地平线的这种恒常的意识是如何形成的，——这些对象中的每一个，即使是作为直接存在于这里的东西按照其特殊性被意识到的，也只是按照对于它的诸相对的理解的变化，按照它的诸显现方式和有效性样式的变化而意识到的。

在这种按照由特殊的意志决定引起的新的连贯性进行的全面的兴趣转变中，我们发现，我们不仅得到了许多从来没有当作主题 148
研究的个别事物的类型，而且得到了许多从来没有当作主题研究的，处于不可分割的综合整体之中的综合事物的类型。这种综合的整体由于意向上延伸的地平线的有效性而不断地产生出来；而地平线的有效性则以对存在的证实的确定的形式，或否证的消除的形式，以及其他样式化的形式，彼此相互影响。在其中我们能够获得以前完全不知道的东西，从来没有作为认识的任务觉察到和把握住的东西的那种综合的整体性所固有的东西就是普遍地进行着的生活，在其中，世界作为对于我们来说，总是处于流动着的特殊性之中的世界，作为总是“预先给予”我们的世界而实现的；或者换句话说，在这种综合的整体性中，我们现在第一次发现了世界作为被综合地联结起来的成就之可研究的普遍性的相关项，在它的存在结构的整体性中，获得了它的存在意义和它的存在有效性，并且发现了它获得这些东西的方法。

然而这里我们不必进行详细解释，不需要深入到所有那些在

这里可能成为主题的东西之中。对于我们来说，在这里重要的是要区分两个方面的题材范围，将每一个方面都看作是一个普遍的题材范围。

自然的生活，不论是前科学上还是科学上感兴趣的，不论是理论上还是实践上感兴趣的，都是在非主题的普遍的地平线之中的生活。这种地平线就其自然状态而言，正是始终作为存在者而预先给定的世界。当人们以这种方式平淡地生活时，并不需要“预先给定”这个词，关于世界对于我们来说总是现实的这一点，并不需要任何提示。一切自然的问题，一切理论的和实践的目标，作为主题，作为存在物，作为或许存在的东西，作为大概可能的东西，作为有疑问的东西，作为价值，作为计划，作为行为和行为的结果等等，都与世界的地平线中的某种东西有关。即便是假象，非现实的东西，也是如此。因为一切以某种存在样式表示特征的东西，毕竟又都是与真正的存在有关联的。世界甚至预先就具有意义：它是“真正”存在着的现实东西的全体，不单是被以为的，可疑的，有问题的现实东西的全体，而且是真正现实东西的全体，这些现实东西作为这样的东西，只是在对有效性的经常的修正和改变的运动中，才对我们具有其现实性——作为对于理念的统一之预期才有其现实性。

149 但是我们不想讨论这种“直接进入世界中生活”的方式，而是尝试在这里进行一种一般的兴趣转变。在这种转变中，正是世界的“预先给予”这个新的词变成必需的，因为它是关于预先给予之方式的这种虽有不同指向却仍还是普遍的课题范围的称谓。就是说，使我们感兴趣的不是别的，而正是那种给予方式的，显现方式

的，内在的有效性样式的主观变化，这种主观的变化持续地进行着，不断地综合地结合到流动之中，这样就产生出关于世界之直接的“存在”这种统一的意识。

在生活世界的对象之中我们也发现了人，人以他们的全部的人的行为与活动，工作与痛苦，借助他们各自的社会联系，共同地生活于世界地平线之中，并且知道自己是在世界的地平线之中。因此，对于所有这些，现在也应该一起实行一种新的普遍的兴趣转变。一种统一的理论兴趣应该仅仅指向主观东西的领域。在这个领域里，世界由于它的被综合地结合的成就之普遍性，终于成了它对于我们的直接的此在。在自然的通常的世界生活中，这样多姿多彩的主观东西不断地进行着，但是它在这里仍然经常是而且必然是隐蔽的。怎样，以什么方法，才能将它揭示出来呢？它能够被证明是一个理论上首尾一贯地进行的特殊研究的自身封闭的领域吗？这个领域展示为最终起作用的，有成就的主观性之全体的统一，这种主观性能说明世界——我们的世界，我们的自然的生活的地平线——的存在。如果这是一项合理的、必须的任务，那么实行这项任务就意味着创造一种特殊的新的科学。与所有迄今设计的客观科学，作为建立在这个世界基础之上的科学相反，它是关于世界的预先给予性之一般的给予方式的科学，因此是关于使这种预先给予性成为每一种客观性之普遍基础的东西科学。以上所述同时还意味着创造了一门有关最后根据的科学，一切客观的奠立都从这些最后的根据吸取其真正力量，而这种力量是来自这些最后根据的最终的意义赋予。

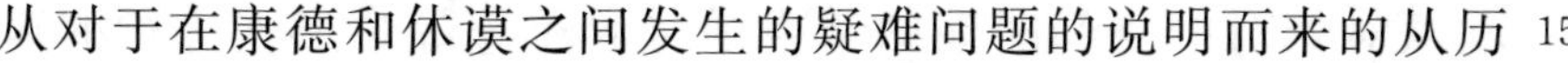

从对于在康德和休谟之间发生的疑难问题的说明而来的从历 150

史上说明动机的我们的途径，现在向我们提出这样一种要求，即阐明预先给予的世界是一切客观科学，当然也是一切客观实践的普遍的“基础-存在”；因此导致要求那种关于预先给定这个世界的主观性的新式的普遍的科学。现在我们必须考虑，我们怎样才能满足这项要求。在这里我们注意到，那初看上去似乎是有帮助的第一步，那种我们必须借以摆脱一切被当作有效性基础的客观科学的悬搁，已经绝对不够用了。在实行这种悬搁时，显然我们仍然继续站在世界的基础上。现在世界被还原为前科学地对我们有效的生活世界，只不过我们并没有将由科学而来的任何知识用作前提，而且这些科学只许作为历史事实来考虑，对于它们的真理性我们并不表示自己的态度。

但是我们将兴趣转向前科学的直观的世界对它进行观察，并注意它的相对性，这在这方面并没有改变任何东西。对于这类事物的研究在某种意义上甚至依然属于客观的研究范围，也就是属于历史学家的研究范围。历史学家必须重新构造他们每一次研究的诸民族和诸时代的变化着的生活的周围世界。尽管如此，预先给予的世界仍然作为基础而有效，而并没有被转移到作为独特的普遍的关联的纯粹主观东西的领域，而现在所涉及的正是这种纯粹主观东西的领域。

即使我们将一切时代、一切民族，最后将整个空间时间的世界，在统一的系统概观中当作主题，而且是在经常注意到处于其纯粹事实性中的特定的人的、特定的民族的、特定的时代的周围生活世界的相对性的情况下，情况也仍然一样。很显然，以上所述不论就以对相对的空间时间的诸生活世界重叠综合形式进行的这种世界的概观而言，还是就对一个这样的生活世界个别地进行概观而言，都是适合的。对于这个世界，先是一部分一部分地考察，然后在更高的阶段上，是一个周围世界一个周围世界地考察，一段时间一段时间地考察，每一个特殊的直观都是一种存在的有效性，不论是以现实性的样式，还是以可能性的样式。每一种直观从一开始就总是已经假定有客观的有效性的其他东西，对于我们这些观察者来说，直观就总是已经假定世界的有效性这种普遍的基础。 151

§39　作为对自然的生活态度实行彻底改变的超越论的悬搁之特征。

那么如何能够将生活世界的预先给予性变成一种独特的普遍的研究主题呢？很显然，只有通过对自然态度的**彻底改变**才有可能。通过这种改变我们就不再像以前那样作为自然存在的人生活于预先给定的世界之不断实现的有效性中，宁可说是我们不断地对这种有效性的实现采取克制态度。只有这样我们才能达到被改变了的新型的研究主题，即“世界本身的预先给予性”：即纯粹并且仅仅作为这个世界的世界，并且是**正如**它在我们的意识生活中具有意义和存在的有效性，而且总是以新的形式获得这些意义和存在的有效性那样的世界。因此我们只能够研究，作为自然生活之基础的有效性的世界就其全部的计划和行为来说是什么，与此相关联地，自然的生活和它的主观性最终是什么，也就是说，纯粹地作为主观性（它在这里作为完成有效性的主观性而起作用）来研究。这种完成自然的世界生活之世界有效性的生活，不能在自然的世界生活的态度中研究。因此需要一种**彻底的**态度改变，一种

十分独特的普遍的悬搁。

§40　把握真正实行彻底悬搁的意义方面的困难。关于导致将彻底悬搁误解为能对一切个别的有效性逐步实行克制态度的诱惑。

对整个自然的通常的生活进行的悬搁的普遍性，事实上有一种无与伦比的特性，而且作为这样的东西，首先有其可疑之处。首先不清楚的是，必须怎样实行它，才能使期望于它的方法上的成就成为可能的，这种方法上的成就甚至就其普遍性而言也仍然是需要阐明的。正如我们将会确信的，在这里出现了一些导致错误的
152 迷途，即一些理解如何实行悬搁的方法，这些方法肯定达不到目的，——这一点我们预先就能看清楚。

为了了解应该如何实行那种彻底改变态度，让我们再一次来思考一下通常的自然的生活方式：在这里我们是运动于永远是新的经验、判断、评价、决心的流中。在每一个这样的活动中，自我都是指向它周围世界中的诸**对象**，这样或那样地与这些对象打交道。这些对象就是在这些活动中被意识到的，有时是直接地作为现实的东西被意识到的，有时是以现实性的诸样式（例如，作为可能的、可疑的等等）被意识到的。任何这样的活动，任何包含于它们之中的有效性，都不是孤立的。在它们的意向之中，它们必然地包含有在流动的运动性中共同起作用的潜在的有效性之无限的地平线。由以前活跃的生活所产生的多种多样的获得物，并不是一些死的沉淀物；即使那些总被同时意识到，但暂时不相干，完全未被注意到的背景（例如知觉域的背景）也仍按照它所含有的有效性共同起

作用。所有这一类东西，尽管暂时并未变成现实的，但都处于由直接地或间接地被促动的诸样式和对自我施加影响的诸样式构成的不停的运动之中，并且可能转入到能动的统觉之中，有效地啮合到诸活动的关联之中。因此，这个总是被能动地意识的东西，以及与此相关联，能动地对它的意识，指向它，与它打交道等，总是被一种缄默的、隐蔽的，但又共同起作用的有效性的氛围包围着，被一种**生动的地平线**包围着，现实的自我也可以通过复活以前的获得物，有意识地把握由统觉产生的思想，并将它们转变成直观，而随意地指向这种地平线。因此，由于具有这种经常流动的**地平线的性格**，每一种在自然的世界生活中直接完成的有效性，总是已经以诸有效性为前提，这些有效性直接或间接地向后延伸到模糊不清的，但偶尔可供使用的，可以恢复的诸有效性这种必然的基础，所有这些，连同那些未来的活动一起，构成一个唯一的不可分割的生活关联。

这种思考对于阐明应该如何实行普遍的悬搁具有重要意义。就是说，我们看到，这种悬搁作为以个别步骤实行的对于有效性的 153
克制态度，是不能达到目的的。

这种对于个别有效性的实行所采取的克制态度（与在由理论的或实践的要求而引起的批判态度中所进行的悬搁相似），代替每一种有效性只能产生一种建立在自然世界基础之上的新的有效性样式：而且即使我们想按照预先的普遍的决心，一步一步地，甚至是无限地，即对于所有从今以后向我们呈现出来的自己的或别人的有效性的实行采取克制态度，情况也不会更好。

但是代替这种按照个别步骤采取克制态度所具有的普遍性，

可能有一种完全不同的普遍悬搁的方式，即这样一种方式，它一下子就使贯穿到自然的世界生活整体之中，并且贯穿到有效性的整个的（不论是隐蔽的还是开放的）网之中的总体的实行停止起作用，——正是这样一种总体的实行，作为统一的“自然的态度”，构成“朴素的”、“直接的”、平淡的生活。通过实行这种克制态度——它禁止这种迄今为止未被打断地进行着的整体的生活方式——就获得了对全部生活的一种完全改变，获得了一种全新的生活方式。于是就达到了一种新的态度，这种态度**超出**世界的有效性之预先给予性，**超出**那种总是将它们的有效性隐蔽地重又建立在其他有效性之上的这种无限相互交织，**超出**由多种多样的但又是综合统一的东西构成的这整个的流，在这个流中，世界具有并且重新获得意义内容和存在的有效性。换句话说，这样一来，我们就有了一种**超越于**普遍的意识生活（个别主观的和诸主观间共同的意识生活）之上的态度，在那种意识生活中，世界对于朴素的平淡的生活者来说，“在那里”存在着，作为毫无疑问地现存的东西，作为现存事物的领域，作为全部已获得的和重新引起的生活兴趣的领域“在那里”存在着。所有这些都由于悬搁而事先停止起作用了，因此，整个的自然的平淡生活，指向“这个”世界之现实东西的自然的平淡的生活，都停止起作用了。

同样应该注意的是，当前的悬搁，即超越论的悬搁，当然地被认为是一种我们断然决定采取的习惯的态度。因此绝不是一种短
154 暂的和偶然地个别地重复的活动。而且我们关于以前的悬搁，在将它与职业的态度对比时所说的一切仍然有效：即在“职业时间”，虽然悬搁使所有其他的兴趣都“不起作用”，但是悬搁绝没有停止

作为我们的存在方式的其他兴趣的存在方式（或更确切地说，作为“感兴趣者”的存在方式的我们的存在方式），仿佛我们会抛弃那种存在方式或者只不过是重新考虑是否继续保持它。但是，也不应忘记我们对于贬低悬搁，将它与其他职业等同起来的做法提出抗议所说过的东西，以及关于通过这种伸展到人性的哲学深层的悬搁将会彻底改变整个人性的可能性所说过的东西。

§41　真正的超越论的悬搁使“超越论的还原”成为可能——对世界与有关世界的意识之间超越论的关联之发现与研究。

我们作为以新的方式进行哲学研究的人，在实行悬搁时是将悬搁当作从并非偶然地而是本质地发生在前的自然的人的存在之态度中转变出来，也就是从那种就其不论在生活中还是在科学中的整个历史性而言从来没有被打断过的态度中转变出来。但是现在必须真正理解这样一种情况，即我们并不是停留在一种无意义的习惯的克制态度上，而是借助这种克制，哲学家的目光实际上才变得完全自由了，主要是从最强有力的、最普遍的，同时又是最隐蔽的内在的束缚中解放出来，也就是从世界的预先给予性中解放出来。在这种解放中，并且借助这种解放，世界本身与对世界的意识之间的、自身绝对封闭和绝对独立的普遍相互关联，就被发现出来了。所谓对世界的意识所指的就是完成着世界有效性的主观性之意识生活，或者说得更确切些，在其持续不断地获得的形式中总是具有世界，并且总是主动地重新将世界构造出来的主观性之意识生活。如果从最广义上理解，最后就产生出各种性质的和各种

意义的存在者为一方，和作为以这种最广泛的方式构成意义和存
在有效性的绝对主观性为另一方之间的绝对关联。首先需要指出
155 的是，通过悬搁，在哲学家面前展示出一种进行体验，进行思想，进
行理论化的新方式，按照这种方式，在哲学家**超出**他的自然的存在
并**超出**自然的世界以后，并没有从它们的存在与它们的客观真理中失去任何东西，同样，也没有从他的世界生活的精神获得物中以及整个历史的共同体生活的精神获得物中失去任何东西；只是他——作为具有独特兴趣指向的哲学家——放弃了继续完全以自然的方式实行他的世界生活，也就是说，放弃了在现存世界基础上提出问题、存在问题、价值问题、实践问题，以及关于存在或非存在的问题，关于价值存在、效用存在、美存在、善存在等等的问题，使一切自然的兴趣都不起作用。但是世界，正如它以前曾对我存在过，而现在仍然存在着一样，它作为我的世界，作为我们的世界，人类的世界，以任何时候都是主观的方式而有效的世界，并没有消失，只不过，在坚持不懈地实行悬搁时，它是纯粹作为赋予它以存在意义的主观性之相关物而落入到我们视线之中的，由于主观性所起的作用世界才“存在”。

但这并不是被赋予世界的一种“理解”、一种“解释”。任何一种“关于……”的理解，任何一种关于“这个”世界的意见，都在预先给予的世界中有其基础。我通过悬搁所消除的正是这个基础，我**超出于**这个世界之上，现在这个世界对于我来说，在一种十分特殊的意义上变成了**现象**。

§42　对实际实行超越论还原的途径给以具体的预先规定之任务。

但是如何能更具体理解上面提到的由悬搁而成为可能的成就——我们称它为“超越论的还原”——以及如何能更具体地理解由此而展现出来的科学任务呢？这里提到的成就，是将“这个”世界还原为“世界”这一超越论的现象，因而还原为超越论的现象之相关物：超越论的主观性；在这种超越论的主观性之“意识生活”中，并且由于这种超越论的主观性之“意识生活”直接地朴素地对我们有效的世界，在一切科学之前，就已经获得了它的整个内容和它的存在的有效性。并且总是已经获得了它的全部内容和它的存在的有效性。我们如何能更具体地理解，在对世界的还原中同时包含的将人类还原为“人类”这种现象的做法，使我们能够将“人

类”看作是超越论的主观性之自身客观化，而超越论的主观性任何 156
时候都是最终起作用的，因此是“绝对的”主观性？如何借助这种悬搁使以下情况变成可能的呢？即按照其作出成就的活动，按照其超越论的、延伸到隐蔽基础之中的“意识生活”，按照其将世界在自身中作为存在之意义而“实现”的确定方式，对主观性进行描述——即以自明的方式将主观性揭示出来，而不是将它杜撰出来，不是以神秘的方式将它构造出来。如果在这里谈的是一种新式的科学态度、一种新式的理论探询和对问题的新式解决，那么也就必须为这些问题准备好基础。有关世界之自然的提问，在预先给予的世界中，在现实的和可能的经验之世界中，有其基础。因此悬搁所解放出来的目光，也肯定同样是按照其自身方式进行体验的目

光。整个这种态度转变的成就，肯定就在于这样一个事实，即现实的和可能的世界经验的无限性，变成了现实的和可能的“超越论经验”的无限性，在其中，世界及其自然的经验，作为第一步，将被经验为“现象”。

但是我们应该如何开始这项工作，如何继续进行下去呢？我们如何能够（首先通过具体试探）获得这些最初的成果呢（即使最初只是作为新的思考材料，在这种思考中，进一步系统研究的方法，另外还有我们整个计划之真正的纯粹的意义，以及这种新科学态度之非常独特的性格都将变得十分明了）？当我们不再在早已熟悉的世界基础上运动，而是通过我们的超越论的还原刚刚站到“知识之母”的这个从未涉足过的领域之入口处时，是多么需要这种材料；在这里引向自我误解的诱惑力有多么大，最后甚至超越论的哲学之真正成功在多么大程度上取决于自身沉思的最后的清晰性，所有这些，我们将在以下的考察中指明。

§ 43 走向还原的新途径与“笛卡儿的途径”相比所具有的特征。

在这里我们想这样进行，即我们重新开始，纯粹从自然的世界
157 生活出发，提出关于世界是如何预先给予的问题。这个世界的预先给予问题，我们首先是按照它从自然的态度中非常清楚地呈现的那样来理解；就是说，是作为由处于相对的给予性方式之经常变动中的存在着的事物之世界的预先给予性来理解的：这个世界，正如它在一切自然地进行的生活中对于我们来说本质上总是不言而喻地存在着的世界那样，它是在无限丰富的总是新的不言而喻东

西中存在着，而这些不言而喻的东西总是构成主观的显现和主观的有效性之变化的基础。因此我们现在就将作为我们的全部兴趣，我们的生活计划——在其中，关于客观科学的理论的兴趣与计划只构成一个特殊的部分——的基础的世界，当做我们的始终不渝的研究主题。但是对客观科学的理论兴趣现在绝不具有特别优越的地位，因此它也不再像从前那样是我们提出问题的促动因素。因此这样一来，现在就不是世界本身，而唯有在给予方式的变动之中不断地预先给予我们的世界，才成为我们的主题。

在这种情况下，一些新型的、不断扩展的系统的任务设定，就在一种最初十分明显地显示为直接必然性的普遍的悬搁中展示出来了。然而在系统地实行如此理解的悬搁或还原时表明，这种悬搁在其一切任务设定中，都需要澄清意义并改变意义，如果这种新的科学想能真正具体地无矛盾地实行的话，或者（这样说也是一样）如果这种新科学真正想还原到绝对的最后的根据，并想避免自然朴素的预先的有效性之未被注意到的不合理的混入的话。这样一来，我们就又一次达到了在此前的论述中已预先一般介绍过的超越论的悬搁，但是它现在不仅被在实行过程中获得的一些重要洞察丰富了，而且还获得一种根本的自身理解，这种自身理解使这些洞察和悬搁本身获得了它们最后的意义和价值。

我要顺便说明一下，在我的《纯粹现象学和现象学哲学的理
念》一书中，我描述的通向超越论的悬搁的简短得多的道路——我
称它为“笛卡儿式的道路”（因为它被认为是通过纯粹对笛卡儿的 158
《沉思录》中的笛卡儿式的悬搁之深入思考并且通过批判地清除其
中的笛卡儿的偏见和迷误而获得的）——有很大的缺点，即那条道

路虽然通过一种跳跃就已经达到了超越论的自我，但是因为毕竟缺少任何先行的说明，这种超越论的自我看上去就完全是空无内容的；因此，人们在最初就不知道，借助这种悬搁会获得什么，甚至也不知道，如何从这里出发就会获得一种对哲学有决定意义的全新的基础科学。因此，正如人们对我的《理念》一书的反应所表明的，人们也很容易在刚一开始就又退回到朴素的自然的态度中，这种倒退本来就是很有诱惑力的。

§44 作为通过对生活世界中事物之现实性的普遍悬搁所规定的理论兴趣主题的生活世界。

现在让我们通过将一种独特的连贯的理论兴趣转向作为人的世界生活之一般的“基础”的“生活世界”，而且正是转向这种一般的“基础”-功能为生活世界所特有的方式，来开始我们新的道路。因为我们在世界文献中寻求那些本可以作为我们的准备工作的研究——这种研究本应将这种任务看作是一种特殊的科学任务（当然是一种不寻常的科学任务，即关于迄今一直遭到轻蔑的意见[δόξα]的科学，这种意见现在突然要求有作为科学、作为认识[ἐπιστήμη]之基础的尊严）——的努力没有取得任何结果，因此我们自己必须完全重新开始。这种新的开始，如同在一切甚至连一种类比都不能进行的全新任务的情况下一样，是以某种不可避免的朴素性发生的。行为在先，行为借助于一些成功的实行使尚不确定的计划变得比较确定，同时变得越来越清晰。然后（作为第二步）需要方法上的反思，这种反思为这类计划的可行性，以及在实行这种计划中已经取得的成果的一般意义和有效范围明确地划定

界限。

因此，我们打算就其受到轻视的相对性，按照本质上属于它的一切相对性的方式，具体地考察周围的生活世界，考察我们直观地 159
生活于其中的世界，以及它的诸种实在的东西；不过我们是按照它们最初在直接的经验中向我们显示的那种样子考察它们的，并且直接按照它们就其有效性方面来说，常常是处于悬而未决之中的（在存在与假象之间悬而未决）方式考察它们。我们唯一的任务就正是把握这种方式，正是把握这种纯粹主观的，表面看来是不可理解的整个“赫拉克里特式的流变”。因此我们并不关心世界的这些事物，这些实在东西，是否现实地存在，以及它们是什么（即按照特殊关系和联系等等，它们的现实存在和现实存在方式），也不关心这个世界从整体上来看实际上是什么，一般来说什么东西作为先验的结构法则或按照事实的“自然法则”属于它，——我们并不将诸如此类的东西当成我们的主题。因此我们排除有关真存在以及关于它的述谓性真理，如在实际生活中为了其生活实践目的需要的那种真理（境况的真理）的一切认识，一切断定；我们也排除科学有关世界的认识，有关处于“本身”之中的，处于“客观真理”之中的世界的认识。在当前主题的范围内，我们当然也不涉及所有那些将任何一种人的实践发动起来的兴趣，特别是因为人的实践都置根于已经存在着的世界，它总是同时对它与之打交道的事物的真的存在还是不存在感兴趣。

因此这里有一种普遍的悬搁，它在这里仅仅用来将其他的研究主题剔除掉。顺便说说，关于这些研究主题可能有什么结果我们现在还完全想象不出来。由对实证科学的明显成就加以阐明的

需要而产生出来的动机，原来曾要求这种主题。我们已经摆脱了这种动机。这个主题如何能够成为一种独立的任务，变成一种研究领域，这需要更深入的思考。

§ 45 对于感性直观所给予的东西纯粹就其本身进行具体解释的初步尝试。

第一步就是给我们的主题的空洞的一般性以内容充实。作为对于世界，纯粹作为主观的-相对的世界（我们的全部日常的共同生活，我们的努力、关心、成就，都在其中发生的那个世界）之在160 上述悬搁的意义上的完全“漠不关心的”观察者，现在让我们初步地朴素地环顾四周。我们的目的并不是去考察世界的存在和存在方式，而始终是考察不论什么作为存在着的东西与如此这般存在着的东西而曾有效并且现在继续对我们有效的东西，而且是从这样的角度对它进行考察，即它**如何**在主观上有效，以何种外观有效。

例如，在这里有一些特定的个别的经验事物，我们注意到其中的某一个。对于它的知觉，即使它是完全未加改变地被知觉的，它也是一个呈现出多种多样形态的东西。这就是看它、触摸它、闻它、听它等等；在每一种情况下，我所得到的都是不同的东西。在看中被看到的东西本身，与在触摸中被触摸到的东西是不同的。尽管如此，我还是说，这是同一个东西——显然，不同的只是，它在感性上呈现的方式。假如我们完全停留在看的范围，那就会有一些新的区分，这种新的区分在仍然是一个连续过程的每一个正常的看的进程中表现为多种多样的形式。每一个状态本身已经是一

种看，但是在每一个状态中所看到的东西其实都是不同的。譬如我们可以将这种情况表述如下，纯粹被看到的东西，即“关于”事物的可以看到的东西，首先是它的表面，而且我们是在看的活动的变动中，时而从这个“侧面”，时而从那个“侧面”看它的，总是从不同的侧面连续地知觉它的。但是**这个**表面是在这些侧面中以一种连续的综合呈现给我的，每一个侧面都是这个表面对于意识的一种呈现方式。这就意味着，当这个表面现实地呈现时，我们所意念的比它所提供的要更多。确实，我具有关于所有侧面都共同地属于它的这个事物之存在的确信，而且我是以我“最清楚地”看到这个事物的那种样式具有关于这种存在的确信的。每一个侧面都向我显示被看到的事物的某些东西。在看的活动之连续变动中，虽然刚刚看到过的侧面现在实际上已不再被看到了，但是它被“保持”下来，并与从以前保持下来的侧面“总合在一起”，这样我就**认识**了这个事物。

类似地关于近和远也可以做较详细的论述。

即使我停留在知觉上，我也仍然已经具有关于事物的充分意识，正如我在第一瞥中就已经将它看作是这个事物一样。当我看 161
到它的时候，我总是借所有那些完全没有呈现给我的，甚至没有以直观的在眼前现前化的形式呈现给我的侧面“意指”它。因此知觉“在意识上”总是具有属于它的对象（即总是在知觉中被意指的对象）的**地平线**。

但是更仔细的考察表明，我迄今所指出的东西，即我归之于事物本身的东西，例如事物的被看到的有颜色的形体，随着近-远定位的改变，本身又是以多种多样的方式呈现出来的东西，——我现在所谈的是远近配置的改变。形体同样还有它的颜色的远近配置是不同的，但是每一个都是以这种新的方式对某种东西的显示，对这个形体，对这种颜色的显示。在同一个事物的每一种感性知觉的样式（触觉、听觉等等的样式）中，都能研究与此类似的情况。在这种变化中，这些感性知觉的样式虽然时而中断，时而又开始，但都作为显示而起自己的作用，它们呈现出显示和显现的多种多样形态，而且其中的每一个都正是作为对某物的显示而发挥功能的。在它们的进行过程中，它们是这样发挥功能的，即它们时而构成关于同一化的，或更确切地说，统一化的连续的综合，时而构成它的分离的综合。这并不是作为外在的结合发生的，而是作为在每种状态中本身都承载着“意义”的，意指着某物的东西发生的，这些感性知觉的样式相互结合使意义不断丰富、意义不断形成。在这过程已不再显现的东西作为尚保持的东西，继续有效；在这过程中对一种连续的过程进行预先的预想，对将要“发生的东西”进行的预期，也同时得到充实和更详细的规定。这样所有的东西都被纳入到有效性的统一之中，纳入到这一个之中，即纳入到这个事物之中。在这里，我们不得不满足于这种初步的大致的说明。

§ 46　普遍的相互关联之先验性。

只要我们这样开始，即不是注意生活世界中的事物、对象，不是去认识它们是什么，而只是抱有以下目的，即询问它们的主观给予方式的样式，也就是说，询问一个客体，在我们的例子中就是知觉对象，作为存在着的和如此存在着的东西是如何呈现出来的，我们就进入到一个变得越来越复杂的非常令人惊奇的显示作用的领

域。通常，我们觉察不到有关这些事物“的”呈现方式所具有的整 162
个主观的东西的任何东西，但是在反思中我们惊讶地认识到，在这里存在一些本质关联，它们是延伸得更远的，普遍的先验性的组成部分。在这里显示出一些非常奇特的“关联”，它们甚至能以直接描述的方式指明。前面已经扼要地指出过：我直接地意识到存在着的事物，但是在从一时刻向另一时刻的推移中，我有“……的呈现”这样一种体验，虽然这种体验只是在反思中才和它的令人惊奇的“……的”一起而变成明显的，在对事物的各个知觉中，包含着非现前的，但却共同起作用的显现方式和有效性的综合之整个“地平线”。

在这里每一种最初的描述都只能是粗略的，但是很快我们就面临关于非现前地显现的多样性的这种关联之谜团，没有这种显现的多样性，我们就完全不能提供任何事物、任何经验的世界。我们很快也会面临具体阐述这种相互关联的先验性方面的种种困难。这种相互关联的先验性只能以一种相对性的方式指出来，以展开地平线的方式指出来。在这种展开的过程中人们很快就会发觉，诸种未被注意到的限制，一些变成不能感觉到的地平线，促使他们去询问新的相互关联，这些新的相互关联与已经显示出来的相互关联不可分割地结合在一起。例如，我们通过给予一个静止的、性质上也没有改变的给定事物以优先地位的方式，无意识地开始对知觉进行这样的“意向分析”。但是，知觉的周围世界中的事物，只是短暂地以这种方式呈现，随即就会产生运动和变化之意向的问题。但是在这种情况下，这种从静止的未被改变的事物开始，真的只是偶然的吗？赋予静止以优先地位的做法本身，在这种研

究的必然过程中就没有原因吗？或者从另外一个方面，但是重要的方面，来考察这个问题：我们无意识地从对知觉（纯粹作为对它所知觉到的东西的知觉）的意向分析开始，在这个过程中，甚至赋予直观地给予的物体以优先地位。难道在这里也表现不出来一些本质的必然性吗？世界是作为时间的世界、时间空间的世界存在的，在其中每一个事物都有其物体的广袤和持续，与此相关联，又
163 有其在普遍的时间和空间中的位置。在清醒的意识中，世界总是这样地被意识到的，这样地借助于作为普遍的地平线之有效性被意识到的，知觉只与现在有关，但是这首先就意味着，在这个现在的后面有一个无限的过去，在它的前面有一个敞开的未来。我们立即就看到，我们需要对回忆，作为对过去的原初的意识方式进行意向分析；而且我们还看到，这样的分析原则上要以对知觉的分析为前提，因为在回忆中以一种令人惊奇的方式包含着已完成的知觉，如果我们抽象地就其本身来考察知觉，我们就会发现作为它的意向成就的现场化，当前化，客体作为“在这里”，原初地在这里，在现场的东西呈现出来。但是在这种在场中，在作为有广袤的和连续的客体的在场中，存在一种完全不再被直观却仍被意识的东西的连续性，流逝的东西的连续性，即一种“滞留”的连续性，在另一个方向上，则是一种“前摄”的连续性。然而这并不像直观的“重新回忆起”这种通常意义上的回忆那样是一种所谓的直接地参与到对对象的统觉和世界的统觉之中的现象。因此，各式各样当前化的样式就完全进入到我们这里研究的普遍主题范围之中了；就是说，进入到坚持不懈地专心致志地按照世界的给予方式的如何，按照它的显然的和暗含的“意向性”考察世界的主题范围之中了。在

我们指出这种意向性时，关于它我们必须一再地对自己说，如果没有它，对象与世界就不可能为我们存在于这里；更确切地说，对于我们来说，对象与世界只是借助意义和存在样式才存在的，它们正是以这种意义和存在样式而不断地从这种主观的**成就**中产生出来，或说得更确切些，已经产生出来。[①]

§ 47　对以后研究方向的提示：动觉，有效性的变化，地平线意识，以及经验共同体化等主观的根本现象。

但是首先必须继续沿着通向主观现象这个不熟悉领域的进行预备性探讨的道路走下去，并且提供一些进一步的，当然仍是粗略的，在某些方面仍未充分规定的提示。还是让我们先来考察一下 164
知觉。在此以前，我们是将目光指向同一事物诸方面显示的多样性，以及近远配置的变化，我们很快就觉察到，“……的呈现”的这种系统，被反向地联系到与此相关联的动觉过程的多样性，这种过程具有“我做”、“我动”（其中还应该算上“我保持静止”）这种独特的性质。动觉不同于在身体上表现出来的身体运动，然而却奇特地与身体的运动结合在一起，属于具有这两个方面（内在的动觉-外在的身体的实在的运动）的自己的身体。如果我们追问这种“属于”，那么我们就会看到，“我的身体”总是要求一些特殊的广泛而深入的描述，它以在多样性中显示自己的方式具有它的独特的特征。

① 参看芬克有关“无意识”的附言（附录 XXI）。

但是我们还没有提到另外一个非常重要的主题方向,这个方向的特征就是**有效性的变化**这种现象,例如从存在变化为假象的现象。在连续的知觉中,对于我们来说,事物“在这里”就在于直接在场这样一种直截了当的存在的确信,——尽管我必须补充说,一般说来是这样;因为只当我让我的动觉起作用,将同时发生的诸显示体验为共同属于它的,才能保留住关于一个现实在场的将自己像它本身那样以多种多样方式显示出来的事物的意识。但是如果我问,这种事物的显示属于变化着的动觉这样一个事实意味着什么,在这种情况下我就意识到,在这里有一种隐蔽的意向上的“如果-则”的关联在起作用;这些显示必定是在某种系统的顺序中发生;因此它们是根据期望,在相应的知觉过程中被预示的。在这里,现实的动觉就包含在动觉能力的系统之中,而协调地属于它的可能的后果的系统则与动觉能力系统相关联。因此这就是对现前化了的事物的任何直截了当的存在的确信之意向性背景。

但是这种协调性常遭到破坏;存在变成假象,或甚至变成不可
165 靠的存在,只是可能的存在,或然的存在,虽然如此仍不是无意义的假象的东西,等等。后来这种假象通过“修正”,通过改变人们一直借以知觉这事物的那种意义,而被消除了。很容易看出来,统觉意义的改变,是借助改变作为通常的东西(即作为协调地发生的东西)被预期的多样性之期望地平线而发生的:例如,当我们看到一个人,后来通过触摸他,而必须重新将他解释为(在视觉上像一个人那样呈现的)人体模型时就是这种情况。

但是,在这样一个兴趣方向上,不仅是在个别的事物上,而且在每一个知觉中,就已经能够看出意想不到地复杂的东西了。就

意识来说，个别的东西并不是单独存在的；对一个事物的知觉，是在某个**知觉域**中对它的知觉，而且，正如在知觉中的个别事物只是通过“诸可能的知觉”之敞开的地平线才有意义一样，只要真正被知觉的东西是“指示”协调地属于它的知觉上的可能的呈现之系统的多样性，那么这个事物仍然还有一个地平线；与“内在的地平线”相对的，正是作为事物领域之中的事物的“外在的地平线”；而事物最终指示整个的“作为知觉世界的世界”。这个事物是同时现实地被知觉的整个一组事物当中的一个，但是对于我们来说，这一组事物在意识上并不就是世界；相反，是世界在这一组事物中呈现出来，对于我们来说，这一组事物作为暂时的知觉域，总是已经具有世界“**的**”**片段**的，即诸可能知觉的事物总体“**的**”**片段**的性格。因此，每一个现前的世界都是这样；世界总是通过“原初的在场”（我们借此来指称现实地被知觉的东西本身之连续主观的性格）的核心，以及通过它的内部的和外部的地平线的有效性，为我呈现出来。

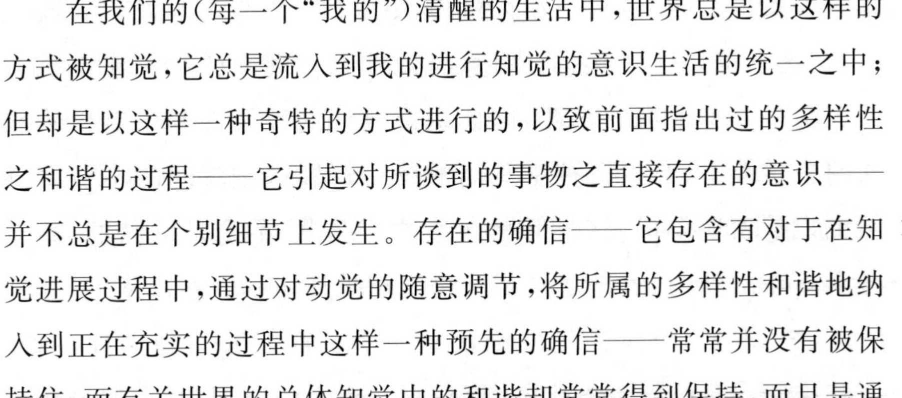

在我们的（每一个“我的”）清醒的生活中，世界总是以这样的方式被知觉，它总是流入到我的进行知觉的意识生活的统一之中；但却是以这样一种奇特的方式进行的，以致前面指出过的多样性之和谐的过程——它引起对所谈到的事物之直接存在的意识——并不总是在个别细节上发生。存在的确信——它包含有对于在知 166
觉进展过程中，通过对动觉的随意调节，将所属的多样性和谐地纳入到正在充实的过程中这样一种预先的确信——常常并没有被保持住，而有关世界的**总体知觉中的和谐**却常常得到保持，而且是通过实际上经常同时起作用的修正而保持的。这里例如应该包括这

样一种修正，即从远处看到的东西在更切近观察时，得到了更确切的规定，并因此同时得到了修正。（例如，从远处看显示为均匀红色的东西，从近处看就显示为有斑点的东西。）

但是，在这里我们不进一步研究我们自己的直观之领域，而是将我们的注意力指向这样一个事物，即在我们的连续流动地对世界的知觉中，我们并不是孤立的，在其中，我们同时与其他人有联系。每一个人都有自己的知觉、自己的当前化活动、自己的和谐的经验，将自己的确信贬低为单纯的可能性、可疑性、问题、假象等等的经验。但是，在这种**共同生活**中每一个人都能参与到其他人的生活中，因此，一般来说，世界不仅是为个别化了的人而存在，而且是为人类共同体而存在，更确切地说，只是通过将直接与知觉有关的东西共同体化而存在。

在这种共同体化过程中，有效性的改变，也总是通过相互修正而产生的。通过相互理解，我的体验与体验的获得物与他人的体验和体验的获得物发生关联，其方式就如同我的（或更确切些说，每一个人自己的）体验生活内部一系列个别体验之间发生关联一样；在这里也是一样，总的来说，有效性之主观间的协调在细节方面表明是合乎常规的东西，因此在有效性的以及在其中有效的东西的多样性中，产生一种主观间的统一；另外，主观间的不协调虽然也常常表现得很充分，但是在这种情况下，不论是缄默的，甚至是未被注意到的，还是通过相互讨论和批评明确表达出来的，一种一致性实现了，至少预先就确信每一个人都能够达到这种一致。所有这些都是这样地发生的，即在每一个人的意识中，在通过相互
167 关联而发展和延伸的共同体的意识中，同一个世界一部分作为已

被体验到的世界，一部分作为所有人的可能经验的敞开的地平线，变成经常的有效性，并且连续地保持这种有效性；世界是由现实存在的事物构成的一切人共有的普遍的地平线。每一个人作为可能经验的主体都有自己的经验、自己的观察角度、自己的知觉关联、自己的有效性的变化、自己的修正等等，每一个特殊的交往集团又有他们共同的观察角度等等。确切地说，在这里每一个人又有他所经验的事物，就是说，如果我们将这种被经验的事物理解为总是对他有效的东西，总是被他看到的东西，并且是在看这个活动中被体验为当下存在和如此存在的东西，他就有他所经验到的事物。但是每一个人都“知道”自己是生活在他周围的人的地平线中，他与周围的人可能时而发生现实的关联，时而发生潜在的关联，如同周围的人也能在现实的和潜在的共同生活中与其他人发生关联一样（他同样也知道这种情况）。他知道，他和他的同伴在他们的现实关联中以如下方式与同一些被经验的事物发生关系，即关于这同一些被经验的事物，每一个人都具有不同的观察角度、不同的侧面、不同的远近配置，等等，但是其中的每一个都是从由多样性构成的同一的总的体系得来的，每一个人（在对同一事物的现实体验中）总是将这种多样性作为同一的东西意识为该事物的可能体验的地平线。如果我们就其显现**方式**的**如何**考察“原来就是自己的”事物与“经过移情作用”而知道的他人的事物之间的区别，如果我们考察自己的观点和经过移情作用而知道的他人的观点之间不一致的可能性，那么对于我们每一个人来说，每一个人真正原初作为知觉的事物体验到的东西，就变成了“关于”客观存在着的东西之单纯的“表象”、“显现”。它们通过这种综合具有了正是“关于……

的显现”这种新的意义，它们从现在起就是以这种意义而起作用。“这个”事物本身实际上是这样一种东西，即没有一个人像真实看到的那样具有它，因为确切地说，它总是在运动中，总是并且对于每一个人来说都是，自己的和他人的变化着的体验和被体验到的东西的敞开的无限的多样性在意识上的统一。在这种情况下，这种体验的别的主观，对于我和每一个人来说，本身就是由也许可能遇到的，并且后来共同地与我发生现实的关联的人们构成的敞开的无限的地平线。

168 §48 一切存在着的东西，不论具有什么意义，不论属于什么范围，都是主观的相互关联的系统之标志。

208 在对于主观显现方式的多样性——世界就是通过这些主观显现方式的多样性预先给予我们的——所进行的这种专一的深入研究中，就是现在也总是下面这样一种认识指导我们，——即使我们本来只是考察知觉的世界，在这方面甚至只是考察它的物体的东西。即在这里所涉及的并不是偶然的事实，宁可说，没有任何一个人——不管我们将他们想象得多么不同——能够体验处于另外的给予方式中的世界，而不是处于我们一般地描述的、不停地运动的相对性中的世界，即在自己的意识生活中，和与人类同伴的交往中，预先给予的世界。正如我们所看到的，关于每一个人都像事物和一般世界对他呈现的那样看见事物和一般世界的这种朴素的不言而喻性，掩盖了一个由值得注意的真理构成的广大的地平线，这些真理从来没有按照自己的特征和自己的系统关联进入到哲学的

视野。世界（即我们总在谈论的世界）和世界的主观给予方式的相互关联，从来（就是说，在“超越论的现象学”在《逻辑研究》中第一次出现以前）也没有引起哲学上的惊异，虽然在苏格拉底以前的哲学中，以及在诡辩学派那里（只是作为怀疑论的论证的理由）这种相互关联已被清楚地感觉到了。这种相互关联也从来没有引起特殊的哲学兴趣，使它成为一种特殊科学态度的主题。人们仍旧囿于这样一种不言而喻性，即每一种事物对于每一个人每一次都显得是不同的。

但是，只要我们开始仔细地考察一个事物在其现实的和可能的变化中是**如何**显现的，并且始终不渝地注意在它本身中包含的**显现与显现者本身**的相互关联，只要我们与此同时将上述变化作为对在自我主观中和在它的共同体化中发生的意向性产生的有效性变化加以研究，我们心中就不能不产生一种稳定的、自身越来越纷繁的类型学，它不仅适合于知觉，不仅适合于物体，适合于现实 169
感性的可以查明的深度，而且适合于一切包含在空间-时间世界中的存在者，以及它的主观给予方式。每一种东西都处于与它的属于自己的在可能经验中的给予方式的关联之中，而这种给予方式绝不单纯是感性的；每一种东西都有它的有效性样式，以及它的特殊的综合方式。体验，自明性并不是一种空洞的普遍性，而是依据存在物的种、属、领域范畴，而且还依据空间-时间的样式而相互区别。一切存在物，不论它具有具体的还是抽象的意义，现实的还是理念的意义，都具有它的自身给予的方式，就自我方面而言，都具有它的在有效性样式中的意向方式，并且与此相关联，都具有这些有效性样式在对其个人-主观的和主观间的和谐与不和谐之

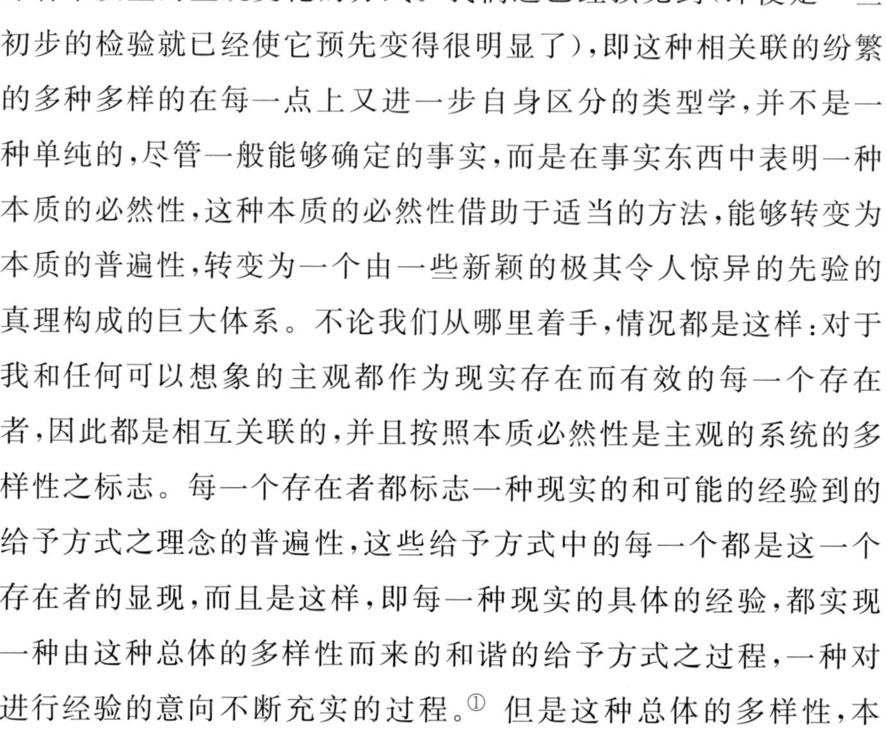

综合中发生的主观变化的方式。我们还已经预见到(即使是一些初步的检验就已经使它预先变得很明显了),即这种相关联的纷繁的多种多样的在每一点上又进一步自身区分的类型学,并不是一种单纯的,尽管一般能够确定的事实,而是在事实东西中表明一种本质的必然性,这种本质的必然性借助于适当的方法,能够转变为本质的普遍性,转变为一个由一些新颖的极其令人惊异的先验的真理构成的巨大体系。不论我们从哪里着手,情况都是这样:对于我和任何可以想象的主观都作为现实存在而有效的每一个存在者,因此都是相互关联的,并且按照本质必然性是主观的系统的多样性之标志。每一个存在者都标志一种现实的和可能的经验到的给予方式之理念的普遍性,这些给予方式中的每一个都是这一个存在者的显现,而且是这样,即每一种现实的具体的经验,都实现一种由这种总体的多样性而来的和谐的给予方式之过程,一种对进行经验的意向不断充实的过程。[①] 但是这种总体的多样性,本

① 当第一次想到经验对象与给予方式的这种普遍关联的先验性时(大约是 1898 年我写作《逻辑研究》时),我被深深地震撼了。以至于从那以后,我毕生的事业都受到系统阐明这种相互关联的先验性的任务的支配。本文以下的思考过程将阐明,将人的主观性包括到这种相互关联的问题中,如何一定会引起这整个问题之意义的根本改变,并最终一定会导致向绝对的超越论的主观性的现象学还原。

现象学还原最初的(尽管还需要许多说明的)出现,是在《逻辑研究》(1900/1901)出版几年以后。系统介绍这种超越论还原的新哲学之最初尝试,是在 1913 年出版的部分著作(《纯粹现象学与现象学哲学的理念》第一卷)。

从那时以来几十年的同时代的哲学——甚至包括所谓现象学学派的哲学——宁愿固守旧哲学的朴素性。当然,对于一种如此根本的改变,即对于整个自然生活方式的全面的转变的这种最初显露,是很难给以有充分根据的叙述的。在这里,尤其是因为在以下论述中将会理解的一些特殊原因,常常引起由于退回到自然的态度而产生的误解。

身作为与现实过程相反然而还是可能实现的过程的地平线，同属 170
于每一种经验，或更确切地说，属于在经验中发生作用的意向。对于每一个主观来说，这种意向就是**我思**，（最广义地理解的）给予方式就是我思按照“什么”和“如何”进行思考的**所思对象**，这些给予方式本身反过来，又将这同一个存在者作为它们的统一“呈现”出来。

§49　关于作为“原初的意义形成”的超越论的构成之预备性概念。以前所阐明的诸分析作为示例所具有的狭隘性；对于进一步解释的地平线之提示。

不论我们应该对所有这些做多么宽泛的理解（在这里，像“存在者”、“给予方式”、“综合”等概念，总是被相对化了的），我们都能由这里看出，所涉及的是当下的主观性之多阶段的意向性总体的成就，但并不是个别的主观性，而是通过成就结合起来的主观间共同性之总体。我们总是一再地看到，从表面上明显的东西来说，形成统一的多样性的显现方式本身，又是处于更深层次的多样性的统一，这种多样性是通过显现而构成统一的，这样一来，我们就被引回到一种晦暗的地平线，不过这始终是一个可以通过有系统的回溯揭示出来的地平线。所有的阶段和层次——通过它们从主观到主观意向地延伸着的综合而紧密结合在一起——构成综合普遍的统一；通过这种统一，对象的整个领域就出现了，这是一个存在着的世界，并且如同它具体地生动地被给予的那样的世界（并且对于一切可能的实践来说，都是预先给予的世界）。在这方面我们所 171

谈的是世界的"诸主观间共同的构成"，其中包括尚隐蔽的诸给予方式以及对于自我有效的诸样式的整个系统；借助这种构成（如果我们对它进行系统揭示），这个为我们而存在的世界就变得可以理解了，即可以将它理解为由诸基本的意向性形成的意义构成物。这些意向性的特有的存在，不是别的什么东西，而是意义构成，这种意义构成与其他的意义构成共同起作用，通过综合"构成"新的意义。意义绝不是别的什么东西，而是有效性诸样式中的意义，因此是与作为有意向的并完成有效性的自我-主观相关联的。意向性的这个名称所指的，是唯一现实的和真正的说明的活动与理解的活动。追溯到意义形成之意向的源泉和统一，就得到一种理解，一旦达到了这种理解（这当然是一种理想的情况），就不会留下任何有意义的问题没有解决。但是，任何一种严肃的真正的从"现成的存在者"向它的意向的源泉的回溯，都会在已经揭示的层次和对于在其中所成就的东西的阐明方面，产生一种虽然是相对的，但是就其所及范围而言仍然是一种真正的理解。

我们更多地是以示例的方式论述的东西，当然只不过是一种开端，首先也只不过是阐明知觉世界的一个开端——知觉世界本身整个来看也只不过是一个"层次"。世界是空间时间的世界，空间时间性（"生动的"而不是逻辑-数学上的空间时间性）属于作为生活世界的世界固有的存在意义。我们瞄准了这个知觉的世界（显然，我们从这里开始并不是偶然的），关于这个世界只得到现在的时间样式，这种样式本身指向它的地平线，即指向过去和将来的时间样式。为了形成过去的意义，回忆首先就实行意向功能，——虽然我们撇开这样一个事实，即知觉本身作为"流动-停止"的现在，只是由于下面这样一种情况才被构成的，即正如更深刻的意向分析所揭示的，停止的现在具有两个侧面的，尽管是以不同方式构成的地平线，用意向的语言来说，就是由滞留与前摄构成的连续体。但是时间化作用与时间的这些最初的萌芽形态完全处于隐蔽 172
状态。在以它们为基础建立起来的回忆中，我们以一种原始直观的方式具体地有一种过去——过去了的现在。这种过去也是一种“存在者”，它具有自己的给予方式的多样性，具有自己的作为当时已流逝的东西，最初达到自身呈现（达到直接的自明性）的方式，同样，预期，或预想，又是具有知觉之意向改变的意义（因此未来的意思就是：未来的现在），是一种原初的意义构成，未来东西的存在意义本身，就是由这里产生出来的——即从更深的能够准确揭示的结构中产生出来的。以上所述说明时间化的，或时间及其时间内容的一些更新维度的起源，——我们在这里不谈论这样一个事实（因为在这里不必说明它），即任何种类、任何阶段的存在者之任何构成，都是时间化，这种时间化赋予结构体系中的存在者的每一种特殊意义以它的时间形式，然而只是通过包罗一切的普遍的综合（世界就是由它构成的），所有这些时间才综合地进入到唯一时间的统一之中。还应该指出一点，即为了阐明意向综合的成就，应该优先阐明连续的综合（例如包含在流动统一的知觉中的综合），这是对于诸非连续的综合进行更高层次的阐明之基础。作为例子，我可以举出将一个被感知的东西，与根据回忆以前就已存在于这里的东西，看作是同一的。这种重新认出，通过连续的回忆对它加以解释，对这些“不言而喻的东西”进行相应的更深入的分析——所有这一切就导致一些困难的研究。

在这里也像在其他情况下一样，我们只能从最切近的具体的东西着手研究。不过已经阐明的东西也许能使我们明了下面这种情况，即只要人们通过悬搁这种态度上的转变前进到这样的程度，即将处于自己固有的、自身封闭的纯粹关联之中的纯粹主观的东西，看作是意向性，并且认识到它是形成存在意义的功能，那么理论的兴趣就会迅速增长，并且人们由于在这里突然出现的无限多的研究课题，以及这里能做出的无限多的重要发现，每前进一个阶段都会处于越来越大的惊异之中。当然，人们很快就会受到一些
173 异常困难的严重困扰；如在保持纯粹的精神态度，熟悉这个陌生的世界——对于这个世界，建立在自然世界之上的一切概念、一切思想方式和科学方法，因此客观科学的一切逻辑方法，都不可能有任何用处——，通过在最初向前探索中形成的这里所需要的方法，实现一种新的但仍是科学的思想等方面的异常困难的严重困扰。事实上，这是一个完整的世界——如果我们能够将赫拉克里特的ψυχή（心灵）与这种主观性看作是相同的东西，那么毫无疑问，他下面这句话也适用于它："哪怕你走遍了每一条大道，你也永远找不到心灵的边界；它的根柢是很深的。"事实上，每一个已达到的根柢都又指向进一步的根柢，每一个已展开的地平线又唤起一些新的地平线。然而，这种无限的整体在其流动运动的无限性之中，指向一种的意义的统一；当然并不是以这样一种方式，仿佛我们能够毫无困难地完全把握和理解这种意义。相反，只要我们相当好地把握住意义形成的普遍形式，处于其无限整体性之中的这整个意义的广度和深度，就获得一些评价方面的维度；整体性问题就作为普遍理性的问题展现出来了。但是这样的情况在初学者那里是不会

发生的，初学者只能从很少有关联的提示开始，他只是逐渐地学会发现所进行的工作的本质次序，并且（这样说也是一样）学会满足那些在提示和描述过程中后来被认为是决定一切的重要观察角度。对此在这里只能用粗略提示的方式加以描述。

§50　将所有的研究问题初步整理在“自我-我思-所思”这个标题下。

如果我们开始对主观的-相对的生活世界发生兴趣，那么吸引我们注意力的首先当然就是显现和显现者，而且在开始时我们同样是停留在直观地给予的东西的范围之中，即停留在经验的诸种样式的范围之中。关于非直观的意识方式以及将它向直观的可能性回溯的问题，仍不在考虑之内。因此，我们要探究的是多种多样的显现借以将“存在者”作为它的“对象极”包含于自身之中的那种综合；不是真实地，而是意向地包含于自身之中，并且是将存在者 174
作为这样一种东西包含于自身之中的，即每一个显现按照自己的方式都是*它的*显现。因此，例如一个处于和谐的统一综合之中的事物，正是这样一个事物，它总是一个方面接一个方面地显示出来的，它通过它的（以多种多样远近配置显示出来的）诸种性质，展示自己的同一的存在。按意向性的说法就是，每一个直接地被体验为“这里的这个”的东西，即被体验为事物的东西，都是它的在反思的方向中变得可以直观的（以及按它们的方式变得可以经验的）诸显现方式的标志。在这里所进行的考察中当然顺便也谈到了自我，但是这个自我最终要求具有成为一个特殊的非常广泛的自我研究主题的权利，即自我作为以自己的方式*同一地实行一切*有效

性的东西，作为有意向的自我，作为在多阶层的显现方式的变化中“通过这些显现方式”而指向统一极的东西——就是说指向它所追求的目标(它的计划)，这个目标或多或少已经预先清楚明确地想到了，它存在着、生成着，从一个阶段到另一个阶段地被充实着，充实着**自己的**意向——，作为这样的东西成为研究的主题。同时还存在着以下情况，即这个自我——作为**自我极**——连续地作为持存着的发挥功能，以至于它在通过对象的诸特性(即按照对象在其中以特殊性而存在的特殊“存在方式”)积极地展示对象时，并不使在知觉进行中总是原初展示的东西沉没到虚无之中，而是(尽管未被知觉到)通过意指把握它们。所有的东西都集中于自我极中，包括将存在确信样式化、“消除”假象、留意对确定的东西作出判定、怀疑等等。另一方面，诸种刺激是指向自我极的，它们以或大或小的紧迫性吸引着自我，也许还促使自我转向它们，并引起一种真正的行动。以上这些以及与此类似的东西，是对于作为自我极的自我进行特殊的深层分析的预告。

因此，用笛卡儿的说法，我们有三个标题：**自我**-**我思**-**所思**。自我极(以及它的同一性这种它所特有的东西)，作为在综合地结合之中的显现的主观东西，以及对象极，这三者是我们的分析的不同注视方向。与它们相对应的，是意向性这个总标题下的各个不同方式：指向某物、某物的显现，以及某物，**作为**在其诸显现中统一
175 的东西以及自我极的意向通过这些显现指向的东西的对象的东西。尽管这些标题是彼此不可分的，但是我们暂时每次只能探讨其中的一个，而且是按照与笛卡儿的探讨顺序相反的顺序进行的。首先是直接给予的生活世界，而且最初是像它作为“通常的”在纯

粹存在的确信中(因此是毫无疑问地)直接地完整地在这里存在着的世界而在知觉上给予的那样的生活世界。由于新的兴趣方向的确立,以及因此在这个方向实行的严格的悬搁,生活世界就成了第一个意向性的标题,成了追溯显现方式的多样性及其意向结构的**指标,主导线索**。在第二个反思阶段,一种新的方向导向自我极,以及它的同一性所特有的东西。这里作为最重要的东西,只想指出自我的形式中最一般的东西,即自我所固有的时间化,借助于这种时间化,自我在它的种种时间样式中构成着自己,使自己成为有延续性的自我;同一的自我(现在现实现前的自我),在它自己的每一个过去,都以某种方式是一个不同的我,正是那个曾经存在过,因此现在不存在的我,然而在它的时间的连续中又是同一个我,它现在存在着,曾经存在过,并且在自己的前面有自己的未来。作为被时间化了的东西,现实现在的自我,也与它的过去了的,因此不再是当前的自我相连结,与它进行对话,对它进行批判,就如同对别人进行批判一样。

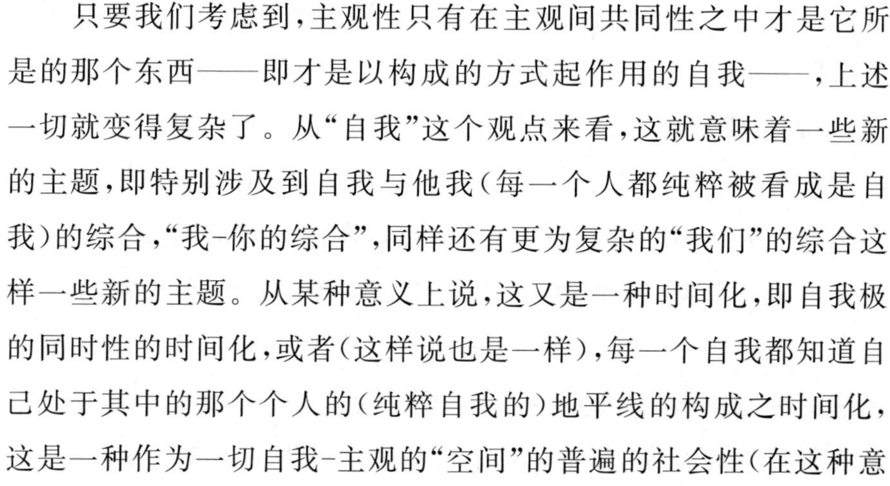

只要我们考虑到,主观性只有在主观间共同性之中才是它所是的那个东西——即才是以构成的方式起作用的自我——,上述一切就变得复杂了。从“自我”这个观点来看,这就意味着一些新的主题,即特别涉及到自我与他我(每一个人都纯粹被看成是自我)的综合,“我-你的综合”,同样还有更为复杂的“我们”的综合这样一些新的主题。从某种意义上说,这又是一种时间化,即自我极的同时性的时间化,或者(这样说也是一样),每一个自我都知道自己处于其中的那个个人的(纯粹自我的)地平线的构成之时间化,这是一种作为一切自我-主观的“空间”的普遍的社会性(在这种意

义上就是“人类”)。但是,主观间共同性的综合当然同时也涉及到所有的东西;主观间共同的同一的生活世界,对于所有的人都是作为显现之多样性的意向性“标志”起作用的,被结合到主观间共同的综合之中的这种显现之多样性,就是那种所有的自我-
176 主观(并且绝不是每一个自我-主观仅仅通过自己的个人所特有的多样性)都通过它们而指向共同的世界及其中的事物——作为在一般的“我们”之中结合起来的一切活动之领域——等等的东西。

§ 51 “生活世界的存在论”的任务。

但是,在所有这些东西当中,起支配作用的是一种固定的类型学。这种情况就使得科学性、描述、现象学-超越论的真理成为可能。正如我们已经指出的,这种类型学是一种能从方法上作为纯粹的先验性加以把握的本质类型学。在这里值得注意的并且在哲学上非常重要的是,这也涉及到我们的题目中最重要的东西,涉及到通过一切相对性作为统一的东西被构成的生活世界,涉及到由生活世界中诸对象构成的整个领域。即使没有任何超越论的兴趣,也就是说,在“自然的态度”中(用超越论哲学的说法:在悬搁之前的朴素态度中),生活世界本来也能够成为一种特殊的科学——即纯粹作为经验世界(即作为能够在现实的和可能的经验直观中统一地、连贯地、和谐地被直观到的世界)的生活世界的存在论——的主题,从我们这方面来说——我们迄今一直在超越论的悬搁这种态度转变中进行我们的系统的思考——我们能够随时重新恢复自然的态度,并能在其中考察生活世界中不变的结构。

直接将一切实践构成物(甚至作为文化事实的客观科学的构成物,尽管我们克制自己不对它们发生兴趣)吸收到自身之中的生活的世界,在不断改变的相对性中当然是与主观性相关联。但是不管它怎样地改变,不管它怎样地被修正,它都遵守它的本质上合法则的类型学,一切生活,因此还有一切科学(生活世界是它们的"基础")都仍然与这类型学相结合。因此生活世界也有能由纯粹的自明性得来的存在论。

关于这样一种建立在自然基础之上的,因此也就是在超越论的兴趣地平线之外的,生活世界存在论的可能性和意义,我们已经谈到过了,而且在其他上下文关联中还会谈到它。我们必须牢牢 177
记住这一点,即这种"存在论"所特有的先验科学的意义与传统的先验科学的意义有明显不同。我们绝不可忽视这样一个事实,即近代哲学在其诸客观科学中是受关于本身为真的世界的构成概念指导的,这个世界至少就自然而言是以数学的形式为基础的。因此,近代哲学关于先验科学的,最终是关于普遍的数学(逻辑,数理逻辑)的概念,不可能具有真正的自明性之高位,因此是从直接地自身给予(经验的直观)中得来的本质洞察之高位,它是很想为自己要求这种高位的。

在做了以上这种提示之后,如果我们再返回到超越论的态度,即返回到悬搁,那么在我们的超越论哲学的框架内,生活世界本身就变成了纯粹超越论的"现象"。尽管就其特有的本质而言它在这里仍然是它以前所是的那个东西,但是现在表明,它可以说是具体的超越论的主观性中的单纯的"组成部分",与此相应,它的先验性证明是超越论东西的普遍的先验性的一个"层次"。当然,像"组成部分”、“层次”这样一些来源于自然世界的词是有害的，因此必须注意到它们的意义之必然的变化。在这种悬搁中，我们总是能够自由地将我们的目光始终一贯地仅仅指向这个生活世界，或者说，指向它的先验的本质形式；另一方面，通过将目光做相应的改变，我们可以指向构成它的“事物”的，或更确切地说，构成它的事物形式的相关物；即指向给予方式的多样性以及它们的相关联的本质形式。然后我们还可以指向在所有这些东西当中发挥功能的主观和主观的共同体，探究它们所具有的自我的本质形式。在这些互为基础的局部态度的这种变换中——在这里，集中注意生活世界中现象的态度被当作出发点，即被当作通向更高水平上的相关的态度之超越论的指导线索——超越论还原的普遍的研究任务就得以实现了。

220 178 ## §52 出现一些悖论式的不可理解的东西。重新彻底思考的必要性。

对于纯粹的相互关联问题的初步概观——这种概观向我们展开了从处于对世界的自然兴趣中的生活向一种“漠不关心的”观察者对世界的态度的转变——产生了（尽管是以某种朴素性，因此是暂时的）许多显然是非常令人惊异的认识，这些认识如果从方法上加以充分辩护，就将意味着我们对世界的整个考察有一种彻底的重新塑造。为了进行这种辩护，需要对诸最后前提的基础进行思考；这整个的问题难点都置根于这个基础之中，因此这个问题难点的理论上的判定，最终也是从这个基础吸取它们的意义。但是，在这里我们立即就陷入到极大的困难之中，陷入到意想不到的暂时无法解决的悖论之中，它们使我们的整个研究都成了问题。尽管有一些向我们呈现的，我们不能不加考虑就放弃的自明性，情况仍然是这样。也许只有重新追溯到这种认识的基础（与追溯到客观认识的基础相反），才能导致对它的真正意义的澄清，并且相应地对它的真正意义的界定。在这种相互关联的主题中，我们总是有世界与作为在共同体中有意向地完成世界有效性这种成就的主观性的人类。我们的悬搁（它决定当前的主题范围）不允许我们去接触任何自然的世界生活和它的世间的兴趣。悬搁提供我们一种超出它们之上的立场。任何关于这个世界的存在，现实存在的或非存在的兴趣，因此，任何从理论上指向世界认识的兴趣，以及甚至任何通常意义上的实践兴趣，因为它们依赖于它们的境况真理这个前提，对于我们来说都是不允许的。不仅不允许我们自己（我们这些进行哲学思考的人）实行我们自己的兴趣，而且也不允许我们参与我们周围的人的任何兴趣，因为在这种情况下我们也间接地对于存在着的现实性发生兴趣。任何的客观真理，不论是在前科学意义上的还是在科学意义上的，或者说，任何有关客观存在的论断，都不能进入到我们的科学性的范围，不论是作为前 179
提，还是作为结论。在这里我们就能发现**第一个困难**。我们也不从事科学研究吗？我们不确定有关真正存在的真理吗？我们不是走上了双重真理的危险道路吗？除去客观真理之外，还有第二种真理，即主观真理吗？回答当然是这样的：这正是在悬搁中进行的研究得出的结果——这是一个令人惊异的但是自明的结果，它只有通过我们现在进行的思考才能最终澄清——，即自然的客观的世界生活，只是不断构成着世界的超越论的生活之一种特殊的方

式，以致超越论的主观性在以这种方式平淡生活时，并没有意识到这种构成着的地平线，而且永远也不能觉察到它们。超越论的主观性可以说是以“迷恋于”统一极的方式生活的，并没有注意到本质上属于它的构成的多样性，为了认识到这种多样性，恰好需要完全改变态度和反思。客观的真理仅仅属于自然的-人的世界生活的态度。从根源上讲，客观真理是产生自人类实践的需要，意图是要确保作为存在者直接给予的东西（在存在的确信中作为保持的东西被预期的对象极），以防存在的确信受到可能的改变。在悬搁这种改变态度中并没有丧失任何东西，在世界-生活的全部兴趣和目的中并没有丧失任何东西，因此，从认识的目的中也没有丧失任何东西。只是对所有这些东西都指出了它们的本质的主观的相关物，因此客观存在的因而还有一切客观真理的全部的和真正的存在意义都被呈现出来了。作为普遍的**客观的**科学的哲学——一切古代传统的哲学都是这样的东西——，以及所有客观的科学，根本就不是普遍的科学。它纳入它的研究范围的只是被构成的对象极，它对于以超越论方式构成对象极的全部具体的存在和生活仍然是盲目无知的。但是正如我们所说，虽然我们将这作为真理来把握，但是首先关于这种真理的意义，我们还需要作最后的澄清。

现在第二个困难出现了。对于人的全部自然生活兴趣的悬
180 搁，似乎就是对它们完全加以回避（顺便说说，这是对于超越论的悬搁之非常普遍的误解）。但是，如果悬搁是这样的东西，那就没有任何超越论的研究了。如果我们不将知觉与被知觉的东西、记忆与被记忆的东西、客观的东西与对于每一种客观东西的证实（其

中包括艺术、科学、哲学)当成例证体验到,并且甚至完全自明地体验到,我们如何能够将这一类东西当作超越论的主题呢? 实际上情况就是如此。因此从某种意义上说,哲学家在进行悬搁时也必然会“自然地体验到”自然生活,不过由于以下情况悬搁产生一种重大差别,即它改变了主题处理的整个方式,而且还改变了认识目标的整个存在意义。在直接的自然生活中,全部的目的都限定于“这个”世界,全部的认识都限定于由证实而确保的现实的存在者。世界是开放的全体领域,是“诸界限”的地平线,是一切实践都以之为前提,并且不断地由实践成果而得到丰富的存在者的普遍领域。因此世界是由能自明地证实的东西构成的整体,它由于“目标指向的活动”而“在这里”,并且是不断地对存在者,“现实的”存在者,有新的指向之基础。但是在这种悬搁中,我们回溯到具有最终目标指向的主观性,即回溯到通过先前的目标设定和目标的实现,已经有了结果,已经有了世界的主观性;并回溯到主观性以其隐蔽的内在的“方法论”具有世界、“确立”世界、继续形成世界的诸方式。现象学家的兴趣并不是指向现成的世界,并不是指向现成世界中的本身是被构成的东西的外在地有意图的行为。现象学家现实地实行或通过深入理解实行各种实践,但对于现象学家来说,实践实现的“终点”并不是他被限定于其上的终点。宁肯说,正是因为他将这种“终点”本身,这种指向世界生活中的目标的生活,并限定于这些目标等等,当成自己的主题(就在其中起支配作用的主观方面进行研究的主题),这样一来对于他来说,世界一般的朴素的存在意义,就变成了“超越论的主观性之极的系统”这样一种意义,这种主观性“具有”世界和其中的现实的东西,正如同它通过构成这些极

而具有这些极一样。显然，这是某种与在世界本身中所保持的从“终极目的”向“手段”的转化，向新的世间目的之诸前提转化根本不同的东西。

181 以上所说的是以下面这种情况为前提的，即人们对于我们通过悬搁将意向生活解释为有成就的生活之方式是完全清楚的，因此人们首先已经获得了这样一种认识，即即使在最直接的知觉中，因此在每一种意识中——在其中人们直接地明确地以此在的有效性占有存在者——就已经包含有目标指向，这种目标指向在越来越新的存在有效性（目标指向给予方式的存在有效性）的协调当中实现，并且在直观的情况下，作为“事物本身”而实现。不论意向性从它最初以实际指向对象的方式显示出来时起可能经受什么样的变化，这些变化最终都是自我的成就之变化形式。

第三个困难是，我们不能看出，如何能在悬搁中以描述的方法按照其个别的事实性讨论构成着的生活的“赫拉克里特式的流变”。在这里，我们受到有关客观世界的科学之通常区分的指导：一方面是诸描述的科学，它们以经验为基础，对事实上的此在进行描述、分类，对直观经验之内的归纳的普遍性进行概述，以便为所有处于同一经验中的每一个人确定它。另一方面是有关法则的科学，有关无条件的普遍性的科学。然而，不论这种客观的区分怎样，对于我们来说，并没有产生真正的困难，因为从客观性出发对超越论的东西提出要求是不合法的。但是以下这一点是正确的，即不可能有经验的事实科学的类似物，不可能有关于超越论的存在和生活的“描述的”科学（作为由纯粹经验而来的归纳科学，并且是在如其事实上出现和消失的那样断定个别的超越论的相互关联

的意义上的归纳科学）。甚至单个的哲学家本人也不能凭自己本
身用悬搁的方法把握住这种难以理解的流动着的生活中的任何东
西，不能凭借总是相同的内容重复它，并确实把握它的“内容的个
体性”和它的“存在方式”，以致他可以用一种确定的陈述将它描述
出来，并且（即使只是为了他个人）在某种程度上可以说能将它记
载下来。但是，普遍的超越论的主观性之充分具体的事实性，从另
外一种好的意义上说，仍是可以从科学上把握的，这正是由于下面
这种情况，即实际上能够而且必须用本质的方法提出这样一项重 182
要任务：研究个人成就和主观间共同的成就的一切类型中的超越
论成就的本质形式，因此按照其全部社会形态研究以超越论方式
做出成就的主观性的全部本质形式。在这里，事实是作为它的本
质的事实，并且只有通过它的本质才能被规定，并且绝不能在与客
观性中类似的意义上通过归纳的经验以经验方式记录。

§53　人的主观性的悖论：对世界来说是主观的东西，同时又是世界中客观的东西。

但是现在出现一个真正严重的困难，它影响到我们整个的任务设定以及这种任务设定的结果的意义，事实上迫使这二者都不得不采取新的形式。由于我们现在的悬搁方法，所有客观的东西都变成了主观的东西。这显然不可能是下面这样的意思，即通过悬搁的方法，存在着的世界和人们关于世界的表象被对置起来了，并且在这个不言而喻地现实地存在着的世界之基础上，人们考察主观的东西，因而考察人们借以获得有关世界的体验的，有关世界的日常的和科学的见解的，他们各自的感觉上的和思想上的“世界

图像”的人的心灵过程。我们的科学性不是心理学家的科学性。通过实行彻底的悬搁，任何有关世界的现实性或非现实性的兴趣(一切样式的兴趣，其中也包括对于这一类东西的可能性，可想象性以及可判定性的兴趣)都不起作用了。因此，我们在这里也不谈论任何科学的心理学以及它的问题设定。对于心理学来说，被它假定为不言而喻的现实的世界是基础；悬搁使我们失去了的正是这个基础。在由悬搁而达到的集中注意于相互关联的这种纯粹的态度中，世界，即客观的东西，本身变成了一种特殊的主观的东西。在这种态度中，“主观的东西”甚至还以背理的方式，即以下面这样
183 的方式，被相对化了。世界(在改变了的态度中被称作“超越论的现象”)从一开始就只被当作主观的显现的、意见的、主观的活动和能力的相关者，通过这些东西世界总是具有它的可改变的统一的意义，并且不断地重新获得这些意义。现在如果进行从世界(它已经有了意义统一体这种单纯存在方式)向“有关”这个世界的“显现和意见”的本质形式追溯，那么显现和意见就被认为是世界的“主观的给予方式”。然后，如果在再一次的反思和追溯中，自我极以及它所特有的一切自我的东西变成了本质研究的主题，那么在一种新的更高的意义上，它就被称作世界及其显现方式的主观方面的东西。但是在悬搁中，主观东西的这种一般概念包括所有这些东西，不论是自我极和诸自我极的总体，还是显现的多样性，或是对象极和诸对象极的总体。

但是困难正在这里。很显然，普遍的诸主观间的共同性——一切客观性，一般来讲一切存在着的东西，都融解于其中——不可能是别的东西，而只能是人类；毫无疑问，人类本身是世界的一个

组成部分。世界的一个组成部分，即世界的人的主观性，如何能构成世界，即将整个世界作为它的意向形成物而构成呢？——这个世界是一个由意向上有所成就的主观性的普遍关联形成的、总是已经生成并且继续生成的构成物——与此同时，它们，在协作中有所成就的主观，本身只能是这整个成就的部分构成物，这怎么可能呢？

世界的这种主观的部分，可以说是吞食了这整个的世界，因此也吞食了它本身。这是多么荒谬呀！或者这是一个可以合理解决的，甚至是必然的悖论，是必然从这种经常的紧张状态——自然的客观的态度的不言而喻的力量（常识[common sense]的力量）和与它对立的“冷漠的观察者”的态度之间的紧张状态——中产生出来的悖论？当然，要彻底实行这后一种态度是极其困难的，因为它经常受到误解的威胁。此外，现象学家绝不能通过实行悬搁就立即具有了不言而喻地可能的新的计划的地平线；超越论的工作领域并不是按照一种不言而喻的类型学已经形成，并且立即就展现在他面前的。世界是预先给定的不言而喻的东西之唯一整体领域。从一开始现象学家就生活于这样一种悖论之中，即他必须将 184
不言而喻的东西看作是可疑的、难以理解的，而且从此以后除去下面这个科学主题也不可能有别的科学主题，即将世界存在这种普遍的不言而喻性——对于他来说，这是一切谜之中最大的谜——转变成一种可理解性。如果刚刚阐明过的悖论是不能解决的，那就意味着，真正普遍而彻底地实行悬搁是根本不可能的。也就是说，为了一种与它紧密结合的科学而彻底实行悬搁是不可能的。如果这种冷漠态度和悬搁纯粹是心理学家的冷漠态度和悬搁——对于这种在这个世界的基础上活动的心理学家，是不会有人反对

的——，那么，那种在我们的自明性上真正能站得住脚的东西，就被归结为客观的-心理学的本质洞察，尽管是一种新型的洞察。但是我们能够安心于这种状况吗？我们能够满足于这样一种单纯的事实吗，即**人类对于世界是主观**(这个世界对于它们的意识而言是它们的世界)而同时又是这个世界中的客观？作为科学家，我们能够安心于这样一种看法吗，即上帝创造了世界和世界上的人类，上帝赋予人类以意识和理性，即认识能力，而最高的是科学认识能力？按照天启宗教的本质所特有的朴素性来说，这可能是毫无疑问的真理，并且永远是真理，尽管对于哲学家们来说，只有这种朴素性还是不够的。创世之谜，以及上帝之谜本身，是天启宗教的本质组成部分。但是对于哲学家来说，在这里，以及在“**在**世界**之中**的主观性作为客观”同时又是“**对于**世界**来说**的意识主观”这种相互关系中，包含着一种必然的理论问题，即要理解这是如何可能的。悬搁在它向我们提供一种**超出于**共同属于世界的主观-客观关联的态度，并因此提供一种指向**超越论的主观-客观关联**的态度时，就将引导我们通过自我反思去认识以下一点，即为我们而存在着的这个世界，就其存在方式和存在而言，是我们的世界，它完全是通过一种可以揭示出来的诸成就的先验的类型学——一种可以揭示出来的成就的类型学，但不是以论证的方式构成的，不是在神话式的思想中臆造的类型学——从我们的意向生活中获取它的存在意义的。

185 如果人们由于草率而忽视这些问题，并且逃避从事首尾一贯地回溯和研究的辛劳，或者如果人们从以往的哲学家，譬如从亚里士多德和托马斯的作坊中引用种种论据，玩弄逻辑证明与反驳的把戏，那就不可能解决这些问题以及其中包含的深刻困难。在悬搁中，逻辑、一切先验性、一切古老而受尊敬的证明，都不能当作有力武器，如同所有的客观的科学性一样，它们本身是应被悬搁的朴素性。另一方面，这种新出现的现象学的超越论的彻底主义哲学的本质特征就是：正如刚刚说过的，它不同于客观的科学，没有预先已经准备好的不言而喻的东西的基础，而是从原则上排除类似意义上的（甚至其他意义上的）基础。因此，它暂时只能从毫无基础的地方开始。但是它随即获得了凭本身力量为自己创造基础的可能性，即通过它在独创性的自身反思中把握住已转变成现象，或更确切地说，转变成现象的整个领域的朴素世界的方法，为自己创造基础的可能性。这种哲学最初的步骤，如同在以上的概述中所实行的步骤一样，必然是以朴素的自明性进行体验和思考的步骤。它并没有预先已形成的逻辑和方法论，它的方法，甚至它的成就的真正意义，只有通过不断更新的自身反思才能获得。这种哲学的命运（当然，后来可能被理解为本质必然的东西）就是一再重新陷入从仍未询问过的，甚至是未被注意到的地平线中产生的悖论之中，这些悖论作为共同起作用的东西，暂时显示为种种不可理解的东西。

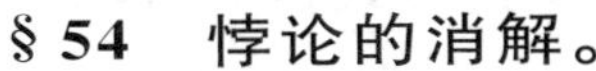

§54　悖论的消解。

a）我们作为人，和我们作为最终发挥功能的有所成就的主观

那么关于现在所讨论的悖论，即关于作为构成世界然而却又

属于世界的主观性的人类的悖论的情况又如何呢？在我们最初所
186 进行的探讨的朴素性中，我们曾对于由令人惊奇的发现构成的那些一再扩展的地平线感兴趣；而且在我们的目光之最初的自然指向中，我们首先就完全坚持在对象极-给予方式（最广泛意义上的显现方式）这种最初的反思阶段的相互关联上。自我虽然作为最高反思阶段上的主题被谈到了，但是在进行细心的分析-描述（它当然是更重视切近的相互关联）当中，它并没有得到应有的重视。自我发挥功能的存在之深度只是后来才被感觉到。因此与此相关联，就缺少从“自我”——如我现在正在谈论的“自我”——向“他我”，向“我们大家”（由许多个“我”构成的“我们”，在其中我只是“一个”我）的意义转变的现象。因此缺少从自我出发，甚至“在”自我“之中”构成作为这个“我们大家”的主观间共同性的问题。这就是那些没有在我们被引入其中并被在其中继续向前推进的道路上呈现出来的问题。现在这些问题将迫使我们注意。因为由于下面这个终究必然会出现的问题，我们最清楚地感受到必须在这里停下来转入自身反思。这个问题就是：作为执行普遍构成的意义成就和有效性成就的主观的我们——作为在公共化中将世界作为极的系统来构成，因此作为公共化了的生活的意向构成物来构成的构成者的我们——是谁？能说，“我们”就是“我们人”，在自然的客观的意义上的人，因此是世界中的实在的东西吗？但是这些实在的东西本身不是“现象”吗，并且作为这样的东西，本身不是对象极和对相互关联的意向性追溯考察的主题（这些实在的东西是这些相互关联的意向性的极，通过相互关联的意向性发挥的功能，它们具有并且已经获得了自己的存在意义）吗？

当然,对这个问题必须给以肯定的回答。事实上正如在有关世界的全部领域范畴的情况下一样,对于一切本质上存在的类型,我们实际上能够揭示基本的意义形成作用,只要我们充分掌握提出适当问题的方法。在这里的情况就是,从实在的人出发追溯他的“给予方式”、他的“显现”方式,首先是在知觉上的显现方式,即以原初的自身给予之样式显现的方式,协调的证明与修正的方式,
通过重新认出而认证是同一个个人——是我们以前“亲自”认识 187
的,而与他相识的其他人也在谈论的同一个个人——的方式,等等。因此必须将“在这里,在这个由彼此很熟悉的一些人构成的社会圈子里有一个人,等等”的不言而喻性,化解为它们的超越论的问题。

但是,超越论的主观,即对世界的构成**发挥功能**的主观,是人吗？毕竟悬搁将它们转变成了“现象”,以致哲学家在悬搁中既没有将自己也没有将其他人朴素而直接地当作**人**而使之起作用,相反只是将它们当作“现象”,当作超越论回溯探究的**极**而起作用。很显然,在这里,在彻底地首尾一贯地实行的悬搁中,每一个自我都纯粹只是作为它的活动、习惯和能力的自我极来考察的,因此是作为“通过”其诸显现,“通过”其诸给予方式,而指向在存在的确信中的显现者,指向各自的对象极,指向它们的极的地平线,即指向世界的自我极来考察的。因此在所有这些反思方向上的其他回溯追问都属于这个范围。具体地说,每一个自我不单是自我极,而且是具有其全部成就和成就获得物,其中也包含被看作是存在着和如此这般存在着的世界的自我。但是在悬搁时,在将目光纯粹指向发挥功能的自我极,并由此出发指向生活及其意向的中间形成

物和最终的构成物的具体整体时，当然并没有什么人的东西呈现出来，既没有心灵，也没有心灵的生活，也没有实在的心理-物理的人呈现出来——所有这些都属于“现象”，属于作为被构成的极的世界。

b) 我作为原初的我构成我的超越论的他者的地平线，而这超越论的他者是构成世界的超越论的主观间共同性的别的主观

我们仍然不满足，我们仍然停留在悖论之中。事实上我们的朴素的做法并不完全正确，这是由于我们忘记了我们自己，这些进行哲学探究的人，或更清楚地说，是**我**实行了悬搁，即使这里有好些人，他们甚至现实地与我一起实行悬搁，但是对于我来说，在我的悬搁中，所有其他的人连同他们的整个活动-生活也都包含到

188 世界-现象之中，而这种世界-现象在我的悬搁中只是我的世界-现象。悬搁创造了一种独特的哲学上的孤独状态，这种孤独状态是真正彻底的哲学在方法上的根本要求，在这种孤独状态中，我并不是一个单独的个人，它由于某种甚至得到理论上辩护的固执(或是由于偶然事件，譬如在船只失事中)，使自己从人类社会中隔绝开来，但是即使在这种情况下，他仍然知道自己属于人类社会。我并不是那个总是具有处于自然有效性中的他的**你**和他的**我们**，以及他的由别的主观构成的总的共同体的**一个我**。整个人类以及人称代词的整个的区分和归类，在我的悬搁中都变成了现象，我这个人在其他人当中的优越性也一起变成了现象。我在悬搁中达到的我——它在与对笛卡儿的概念批判地重新解释和修正中可

称作的自我(ego)的东西是同一个东西——,实际上只是借助于一种多义性它才被称作"我",尽管这是一种本质上的多义性;因为当我在反思中提到它时,我不能说别的,而只能说:我就是实行悬搁的我,我就是询问作为现象的世界(这个现在按照存在和如此这般存在而对我有效的世界)连同所有世界上的人类(我完全确信他们是存在的)的我;因此我,这个我,超越于所有对我有意义的自然的此在之上,并且是每一种超越论的生活的自我极,在这种超越论的生活中,世界首先纯粹作为我的世界而有意义;用一种完全具体化的说法来说,我,这个我,包含所有这一切。这并不是说,我们以前已经作为超越论的东西而说出的自明性是一些幻觉,也不是说不能合理证明以下情况,即尽管有以上情况,我们仍然必须谈到将世界作为"大家的世界"来构成的超越论的主观间共同性,在这种主观间共同性中,我再一次出现,不过只是作为在其他人当中的"一个"超越论的我,在这种情况下,"我们大家"则是作为超越论地起作用的东西出现。

但是立即跳跃到超越论的主观间共同性,跳跃到原初的我,即实行我的悬搁的自我(它永远不会失去自己的唯一性和人称上无格变化的特性),从方法上讲是错误的。下面这种情况与此只有表面上的矛盾,即原初的我——通过一种它所特有的特殊的基本成就——将自己变成对于自己本身来说是超越论的可以变格的东西;因此它从自己出发,并且在自己本身之中,构成超越论的主观间共同性,在这种情况下,它将自己作为具有特权的一员,即作为 189
超越论的他者当中的"我",也归属于这种主观间共同性。这就是在悬搁当中哲学的自身解释实际上教导我们的。这种解释能够指

明，这个总是独一无二的“我”，在它的原初的在自身中发生的进行构成的生活中，如何构成最初的对象领域，即“原初的”领域；如何从这里出发，以有动机的方式，完成一种基本的成就，由于这种成就，自己本身的以及自己原初性的意向上的改变就获得了被称作“对别人的知觉”，对其他人的知觉，对另一个我的知觉——这另一个我对于他自己是“我”，正如我对于我自己是“我”一样——的存在的有效性。如果我们通过对于回忆的超越论的解释，已经理解到以下情况，那么上述情况也可以作类似的理解，即还有一个过去的现在的我，即过去的“我”也属于被回忆起的东西，属于过去的东西（它具有过去了的现在的存在的意义），而真正原初的“我”则是当前在场的“我”，属于这个在场的，除去作为现在的事物领域而显现的东西之外，还有作为现在的体验的回忆。因此当前的“我”完成一种成就，在其中他构成作为存在着的东西（以过去了的样式存在着的东西）的他自己的变化样式。由此出发，我们就能够追寻，这个当前的“我”，这个永远处于流动中的现在的“我”，如何通过使自己时间化而将自己构成为贯穿于“自己的”过去的延续的“我”。同样，这个当前的“我”，这个在延续的原初领域中已经是延续的“我”，在自身中将他人作为他人构成。自身的时间化，可以说通过离开当前的作用（即通过回忆），在我的消除疏异的作用（移情作用作为更高阶段的离开当前的作用——即将我的原初在场移入到纯粹当前化了的原初在场）中有其类似物。这样一来，“他人的”“我”在我心中就获得了作为共在场的存在的有效性，连同它的自明的证明方式（这些方式显然完全不同于“感性的”知觉方式）也在我心中获得了作为在场的存在的有效性。

从方法上说，只有从自我出发，从它的超越论的功能和成就的系统研究出发，才能揭示出超越论的主观间共同性以及它的超越论的共同体化，通过它们，从自我极之功能的系统出发，“众人的世界”以及每一个主观的世界，才**作为**众人的世界被构成。只有在这条道路上，在这种向前进展的本质的系统研究中，也才能获得对于以下情况的最终理解，即主观间共同性中的每一个超越论的“我” 190
（作为按照上面指出的方法共同构成世界的我），肯定必然是作为在世界中的人被构成的，因此每一个人都“在自身中有一个我”；但并不是作为他的心灵的实在部分或一个层次（如果是这种东西那将是荒谬的），相反，就这方面来说，它是可用现象学的反思揭示的有关的超越论的“我”的自身客观化。但是每一个实行悬搁的人，仍然能够认出在他的全部人类行为中起作用的他的究极的“我”。正如我们马上就会看到的，这种最初的悬搁的朴素性产生了以下的结果，即我，这个进行哲学探究的“自我”，在我将自己理解为发挥功能的我，理解为超越论的活动和成就的自我极时，通过一个跳跃，将向发挥功能的超越论的主观性的同样的变化，毫无根据地，因此是非法地归于人类（我在其中发现我自己），而这种变化是我仅只在我心中实行的。尽管有这种方法上的非法性，这里仍然包含有一种真理。但是在所有这些情况下，由于一些最深刻的哲学理由——对此我们不能进一步探讨——，而且并不仅仅是由于方法上的理由，我们必须充分地考虑到自我的绝对的唯一性以及它对于一切构成的中心地位。

§ 55 对于我们最初实行的悬搁，通过将它还原到最终起作用的绝对唯一的自我，而进行的原则修正。

因此，与最初实行的悬搁相对，需要第二次实行悬搁，或更确切地说，需要通过向作为一切构成最终唯一起作用的中心的绝对的自我还原，而对悬搁进行有意识的改变。这一点从今以后就决定着整个超越论现象学的方法。世界预先就存在，它总是在存在确信中和自身表现中被预先给予了的，并且是毫无疑问的世界。尽管我并没有将它"假定为"基础，由于它的经常的自身表现，它对于我，对于这个处于我思中的我，仍然是有效的；连同所有那些它对于我们来说是存在的东西（从细节上讲，有时是客观上合法则的，有时则不是），还连同所有的科学、艺术，连同所有社会的和个人的形态与设制，只要它正是对于我们而言是现实的世界，都是有效的。如果实在论这个词所指的不外就是："我确信我是生活于这个世界中的人，等等，我对此丝毫没有怀疑"，那就不可能有比这更

191 坚定的实在论了。但是重要的问题恰好在于理解这种"不言而喻性"。现在这种方法要求，自我从它的具体的世界现象出发，系统地进行回溯，与此同时在其具体性中，在由其诸基本层次，其诸极其复杂的奠立有效性的活动的系统中，认识自己本身，认识这个超越论的自我。这个自我在悬搁开始时就确定无疑地被给予了，但却是作为"沉默的具体物"被给予的。必须通过从世界-现象出发的回溯的系统的意向的"分析"将它揭示出来，表达出来。在这种系统的操作中，我们才第一次获得了世界与在人类中客观化了的

超越论的主观性之间的相互联系。

但是在这种情况下不禁产生了关于人的下面这种新问题：精神病患者也是与世界构成的成就有关的主观的客观化吗？此外儿童，甚至那些已经有了一些世界意识的儿童的情况又如何呢？毕竟他们只是从培养他们的精神健全的成年人那里才了解到众人的世界这种充分意义上的世界，即文化世界的。那么关于动物的情况又如何呢？在这里产生一个意向上的改变的问题，通过这些改变，我们能够而且必须赋予所有这些意识的主观——这些主观对于我们迄今所承认的（并且总是基本的）意义上的世界，也就是说，对于由“理性”而具有真理的世界，并不是共同发挥功能的有意识的主观——以它们的超越论的性格，而且正是作为我们的“类似物”而赋予的。在这种情况下，这种类似物的意义本身就会成为一个超越论的问题。这个问题当然会涉及到最终包括全部生物的超越论问题领域，只要它们具有（尽管是以间接的但仍然是可以证明的方式）某种类似“生命”的东西，即使是在精神意义上的共同体生活。与此同时，在不同的阶段上，首先是对于人类，最终是普遍地，还出现关于发生的问题、超越论的历史性问题，从在 192
社会性中的，在更高层次上的人格性中的人的此在之本质形式出发，向它们的超越论的因此是绝对的意义进行超越论回溯的问题；此外还有生与死的问题，以及作为世界事件的它们的意义之超越论构成的问题，以及还有性的问题。最后，就如今讨论得很多的“无意识”问题——无梦的睡眠、昏厥，以及通常归入这个题目下的具有相同或相似性质的无论什么东西——而言，它在这里所涉及的无论如何也是预先给予的世界中的问题，正如同生与死的问题

一样，它们当然也归入超越论的构成问题。作为在共同的世界中的存在者，这一类东西有它的存在证明方式，“自身给予”方式，这种方式是一种特殊的东西，但却是为具有这种特性的存在者原初地创造了存在意义的东西。因此，在绝对普遍的悬搁中，必须为具有这种以及任何其他种类意义的存在者指出与它相适合的构成问题。

根据所有这一切就很清楚，没有任何一个以前哲学可以想象到的有意义的问题，没有任何一个可以想象到的一般存在问题，是超越论的现象学在它的道路上不能有一天达到的。其中也包括超越论的现象学本身在更高阶段的反思中向现象学家提出的问题：即不仅是在自然世界中构成的各种形态的语言、真理、科学、理性的有关的问题，而且还有现象学的语言、真理和理性的问题。

因此人们也就理解了自我和一切在这个超越论的根据之上获得的超越论认识的必真性要求的意义。一旦达到了自我，我们就会认识到，我们处于一种自明性的领域，要向它背后追问是毫无意义的。与此相反，任何通常的诉诸自明性，只要因此切断了进一步的回溯追问，那么它在理论上就并不比诉诸上帝借以显示的神谕更好。一切自然的自明性，一切客观科学的自明性（形式逻辑和数学的自明性也不例外），都属于“不言而喻的东西”的领域，这些不言而喻的东西实际上具有其不可理解性的背景。每一种自明性
193 都是一个问题的题目，只有现象学的自明性不是，因为它已通过反思澄清了自身，并证明自身是最后的自明性。想要将超越论的现象学当作“笛卡儿主义”来加以攻击，仿佛它的“我思”是一种前提，或一组前提，以便从中能够绝对“可靠地”推演出其余的认识

（在这里人们只是朴素地谈到客观认识），这当然是一种荒谬的误解，但可惜是一种通常的误解。问题并不在于保证客观性，而在于理解客观性。人们终究一定会认识到，没有一种客观的科学（不管它多么精密）真正阐明了什么东西，或有朝一日能够真正阐明什么东西。推演并不是阐明。预言，或认识物理的或化学的物体的客观的结构形式，并据此而进行预言，所有这些并没有阐明任何东西，而是本身需要加以阐明的东西。唯一真正的阐明就是：使它成为可以按照超越论理解的。一切客观东西都服从于可理解性要求。因此，有关自然的自然科学知识并不提供有关自然的任何真正阐明性的，任何最终的认识，因为它根本不研究处于绝对关联中的自然（在这种关联中自然的现实的真正的存在显示出它的存在意义），因此绝不能在主题上达到这种存在。自然科学的有创造力的天才人物以及他们的成就的重要性并不因此有丝毫减损，正如同在自然态度中的客观世界的存在，以及这种态度本身，并没有因为它们可以说是被回溯到绝对的存在领域（只是在那里它们才真正地最终地存在）去理解而丧失任何东西一样。当然，对一切客观的科学的方法借以获得其意义和可能性的基本的“内在的”方法的认识，对于自然科学家和每一个客观的科学家，不可能是没有意义的。这里毕竟涉及到对做出成就的主观性之最彻底的最深刻的自身反思；这种自身反思怎么能不被用于保护朴素的通常的成就免受误解呢？譬如像能大量看到的在自然主义的认识理论影响下的，以及在对于不能理解自身的逻辑学的盲目崇拜中的那些误解。

194 B. 从心理学出发进入现象学的超越论哲学之道路

§56 从物理学主义的客观主义和一再显示出来的“超越论的动机”之间斗争的观点看康德以后哲学发展的特征。

哲学在其发展道路上进入到一些需要作出具有重大影响的决定的理论状况，在其中哲学家必须重新思考，必须怀疑他们的计划之整个目的的意义，可能要对它重新规定，并必须决心依此彻底改变方法。造成这些状况的那些理论思想的创立者，在哲学史上占有十分突出的地位。他们是由他们出发的发展的代表，即由于他们在他们已拟定的理论中预先形成的他们的新的普遍的目的设定而赋予了统一意义的发展的代表。每一个伟大的哲学家，在所有以后的历史时代都继续起作用；他产生着影响。但并不是每一个哲学家都能提供一种动机，这种动机赋予一系列历史时代以统一，并且能结束一种发展的意义；这种动机作为动力起作用，并提出一种必须完成的任务，随着这种任务的完成，这个历史发展时代也就结束了。对于我们具有重要意义的近代哲学的代表有**笛卡儿**，他对于所有过去的哲学来说，标志着一种转折；**休谟**（为公正起见还同时应该提到**贝克莱**），以及——由休谟唤醒的——**康德**，他决定了后来德国超越论哲学发展的路线。（顺便提一下，我们在这个列举中还看到，一些最宏大的最有精神影响力的体系的创立者并没

有包括进来，因为也许没有人会在这方面把休谟和贝克莱与康德或后来哲学家当中的黑格尔相提并论。）

在最初的系列演讲中我们对继续决定整个近代发展的笛卡儿哲学思考的诸动机进行了深入分析，一方面是对在他最初的一些“沉思”中显露出来的动机，另一方面是对与那些动机处于内在对 195
照之中的动机，即物理学主义的（或数学化的）哲学理念，进行了深入分析。按照这种物理学主义的哲学理念，具有其充分的具体性的世界在其自身中包含具有几何学条理形态的客观上真的存在；与此紧密结合（这一点在这里必须特别加以强调），这个世界就归属它的形而上学的“自在”而言，是由物体和精神构成的二元的世界。这就是启蒙时代客观主义理性主义哲学的特征。此外我们曾尝试对休谟-康德的状况进行了分析，而这种状况最终只有按照以下方式才能阐明，即我们深入到它的前提之中，从这里出发，提出与那个时代相异的我们自己的问题，通过继续进行系统思考，以一种临时构想的形式，阐明一种真正科学的超越论哲学的样式。所谓“真正科学的”，是说它是自下而上地在每一个别步骤上都是自明地进行的，因此实际上是最终得到论证的并继续进行论证的。此外我们试图使人们充分认识到，只有这样一种哲学，只有通过这种向超越论的自我之中的可以想象的最后根据的回溯，才能充实哲学从其最初建立时起就与之俱来的意义。因此超越论哲学在其在英国人和康德那里的最初的不成熟的形态中——尽管他们很少做出认真的科学的论证，尽管休谟甚至退回到一种学院式的贫乏的怀疑主义——整个看来并不表示它是一条歧路，并且一般而言，也不表示它是诸可能的道路中的“一条”道路；相反它是哲学发展

为了达到方法上的完成形态绝对必须采取的唯一未来的道路。只有在这种完成形态中，哲学才能成为真正科学的，才能成为按照它对于它的任务之意义的真正自身理解，按照最终有效性的精神进行研究的哲学，按照对于它的基础，它的目的和方法的必真的自明性进行研究的哲学。这种完成的形态只能作为最彻底的自身反思的结果进入到历史的现实中，以最初开始的形式，最初获得已阐明的任务，获得必需的基础以及进入这个基础的方法的形式，以最初开始一项真正做起来的询问事物本身的研究工作的形式，进入到历史现实中。现在它作为现象学的超越论哲学（但仅仅是在这里
196 预先规定的意义上的现象学的超越论哲学）实际上成了生气勃勃的开端。我敢说，从今以后，不仅近代物理学主义的自然主义，而且每一种客观主义的哲学，不论是从前的还是后来时代的，必须永远被标明是“超越论的朴素的东西”。

然而我们的任务并没有由此而完成。我们自己，以及为了引起与过去思想的真正共鸣——因为在这种共鸣中过去的思想作为萌芽的形态而指向终结的形态之性质才变得明显起来——，我们必须建立的一些思想，我们自己，我可以说，也一起属于历史性的这种同一的统一体。因此我们还有一种任务，即对到我们今天为止的哲学发展，以及我们今天的状况，进行适合其意义的解释。如我们很快就会理解到的，在这个讲演的标题中提到心理学正是要表明这一点。为了完成我们的任务，并不需要详细研究随后时代的多种多样哲学和特殊的思潮。所需要的只是一种一般的特征说明，而且是从已获得的对以往历史的理解出发进行的特征说明。

具有近代特征的客观主义，以及它的物理学主义趋向和心

理-物理二元论并没有消失，就是说，在这方面人们在“独断论的昏睡”中感到很适意。另一方面，被从独断论的昏睡中唤醒的人首先主要是被**康德**唤醒的。因此在这里就产生了起源于康德超越论哲学的德国超越论的观念论流派。在这些超越论的观念论中有一种以前从**笛卡儿**起曾激励过客观主义哲学的巨大的活力保持着，甚至以一种特殊的力量，以对世界的超越论考察的新形态更新着。诚然这个流派也没有能够持久，尽管有过**黑格尔**的体系暂时造成的巨大影响，这种影响使它看上去似乎能永远居于全面的支配地位。一种迅速发生越来越强的作用的反应，很快就具有了这样一种意义，即它反对任何这种样式的超越论哲学，尽管这种样式并没 197
有完全消失，但是以后进行这种哲学探讨的诸种尝试，却失去了它们原初的力量和发展的活力。

至于客观主义哲学的活力，它后来作为实证科学发展的活力以某种方式保存了下来。但是更仔细的考察表明，这绝对不是哲学的活力。我要提醒一下这些科学连同它们作为部门科学的发展所经受的意义改变，由于这种改变，它们最终完全失去了以前在它们之中起过作用的作为哲学分支的那种重要意义。关于这个问题我们已经谈到过了，但是为了说明 19 世纪所产生的状况，在这里稍微详细探讨一下这个问题是非常重要的。从那种唯一真正意义上的诸科学中，在人们不注意之间就产生出一些奇特而新颖的，被列入到其他较高或较低等级的技术，如美术、建筑术，以及还有其他较低水平的技术之中的技术。这些技术曾能被在它们的研究所、研究室、模型陈列馆、博物馆中教授与学习。人们可以在这些技术当中展示技巧、才能，甚至天才，例如在那种为了预见自然现

象的过程，为了对以前时代曾是想象不到的有效范围进行归纳，而构想出新的公式，新的准确的理论的技术中，或者还有在那些解释历史文献，按照语法分析语言、构造历史联系等的技术中展示才能。在这里到处都有伟大的开创性的天才人物，他们赢得人们的最高赞赏，而他们完全是当之无愧的。但是技术并不是科学，科学的起源以及它从未放弃过意图就是，通过阐明最后的意义源泉，获得有关现实地被理解的，另外也是在其最终意义上被理解的东西的知识。彻底无前提的，最终得到论证的科学或哲学，这只不过是对于以上知识的另一种表述。当然这种理论技术有一种特性，即它因为是从哲学（尽管是未完成的哲学）中产生出来的，就具有一种由哲学而来的，属于一切合乎规格的作品的，然而却是隐蔽的意义，这种意义人们不可能通过询问单纯的方法技巧以及它们的历史得到，只能被真正的哲学家唤起，而只有超越论的哲学家才能从
198 其真正的深度上阐明它。因此，在理论的技术中，实际上隐藏着一种科学认识，但这是一种很难达到的认识。

在我们的系统讨论中，我们已经谈到了这一点；我们并且指出，为了获得从其最后根据而来的认识需要的是什么，并且还指出，这一类的认识只有在普遍的关联中才能获得，而绝不能作为朴素的“专门科学”，或甚至在近代客观主义的先入之见中获得。人们经常抱怨的专门化本身并不是缺点，因为在普遍的哲学中它是必不可少的，正如在任何一门专门科学中都需要建立一种技术的方法一样。但是，将理论的技术从哲学分离开来很可能是不幸的。然而即使不考虑纯粹的专家们，在专家当中并与他们并列仍然不断有一些哲学家，他们继续将实证科学看作哲学的分支，因此下面

这句话也仍然有效，即在休谟与康德之后，客观主义的哲学仍未消失。此外超越论哲学的发展路线仍在继续，而且不仅是由康德派生的哲学路线。因为还应该算上许多将其促动因素归之于休谟的继续影响的超越论哲学家，或如在德国，归之于休谟的重新开始的影响的超越论哲学家。我要从英国特别举出 St. 穆勒，他在对德国观念论系统哲学的伟大反动时代，甚至在德国本身引起了强大的影响。但是在德国产生了对于本质上由英国经验论决定的超越论哲学抱有远为认真的意图的尝试（**苏佩，阿芬那留斯**），尽管这些尝试自以为是彻底主义，但却远没有达到真正能单独有效的彻底主义。实证主义经验主义的革新是与以前的特别是超越论的哲学的复兴（这种复兴是由超越论动机的日益增长的紧迫性所要求的）紧密结合的（而这一点人们并没有注意到）。通过回归到这种超越论哲学，并且通过由实证主义动机预先规定的批判的改造，人们希望重新获得自己的哲学。如同休谟和贝克莱一样，**康德**也复活了。——这是一个具有多种色彩的康德，他是由新康德主义尝试进行的多种多样的解释和改造而复活的。康德也被按照经验主 199
义的方式重新加以解释，就如同诸种历史传统混合交织在一起，并为所有的科学家创造一种类似哲学的气氛一样，这是一种被广泛热烈讨论的，但却绝不是深刻的，经过独立思考的"认识论"的气氛。除康德之外，同时所有其他的观念论者也都有过他们的复兴，甚至新弗里斯主义（Neo-Friesianismus）* 也能作为一个学派出

* 新弗里斯主义——弗里斯（Jakob Friedrich Fries，1773－1843），以心理学主义解释康德，并从此立场出发反对德国观念论。新弗里斯主义试图复兴弗里斯的这种想法。——译注

现。如果我们将 19 世纪国际上中产阶级的教养、学识、文献的迅速增长考虑在内，我们就会如同在这里一样，到处都能看到，这种混乱已经达到令人无法忍受的地步。一种怀疑的情绪越来越蔓延开来，它从内部削弱甚至那些坚持科学哲学理念的人的哲学的活力，哲学的历史取代了哲学，或者说，哲学变成了个人的世界观，最后人们甚至将这种贫乏变成一种美德：哲学对于一般人类绝不可能有别的功能，而只能作为个人教养的总和构想出符合个性的世界观。

虽然绝没有完全放弃真正的，尽管从未彻底澄清的哲学理念，几乎再也不能综观的哲学的多样性，仍然还产生下面的结果，即这些哲学再也不能像现代生物学或数学和物理学的诸方向那样划分成诸种科学的方向，而这些方向通过彼此认真合作，通过彼此在批判和反批判中进行的科学探讨，仍将这种科学的共同理念引导到实现的道路上；相反，它们与美术中的"诸种倾向"和"流派"很相似，按照可以说是美学上的风格的共同体彼此形成强烈的对比。在诸种哲学和它们的一般文献分裂成碎片的情况下，一般来说当真还有可能在科学业绩的意义上对它们进行严肃的研究，批判地利用它们，并且保持研究工作的统一吗？哲学有它的作用。但是我们肯定不能认真地说，它们是作为印象而起作用的，它们"激励

200 人"，如同诗一样打动人心，它们唤起"预期"吗？——但是多种多样的当代文学作品不是以类似方式（有时以一种高尚的风格，但很可惜，常常并不是以这样的风格）做这样的事情吗？我们可以相信哲学家具有一些最高尚的意图，我们甚至可以在内心中充满了有关历史的目的论意义的坚定信念，甚至赋予历史的形成物以一种

意义,——但是它是那种在历史上赋予哲学的意义吗?是历史上作为任务交付给哲学的意义吗?如果我们退回到这样一种哲学思考,不就是牺牲了另外某种东西、某种最高尚最必需的东西吗?我们以批判的方式和以自明地展示的方式所探讨的东西,就已经赋予我们提出这个问题的权利,但不是作为有关浪漫主义情绪的问题(因为我们正是想要将一切浪漫主义变回到一种负责的研究工作),而是作为有关那种在普遍的彻底思考中唤醒我们的科学良心的问题,而这种思考如果以最高度的自我负责态度实行,本身就一定会成为最高的真正的真理。

这种实际状况对于欧洲人的实存的困境一定意味着什么,——欧洲人(他们是文艺复兴的成果,并且决定着现代的整个意义)想要为自己创造一种作为工具的普遍的科学,以便为自己提供一种新的根基,并将自己改造为建立在纯粹理性之上的人类——在我们最初的一系列讲演中详细论述过以后,几乎不需要再说什么了。但是我们在这里的责任是使人们理解,要逐步实现"永恒的哲学"理念的伟大志向,即实现来自最终根据的正确的真正的普遍科学的理念的伟大志向,显然被放弃了。同时我们必须为我们的下面这种大胆行为辩护,即我们——如从我们的系统的批判的论述中已经预料到的——仍然敢于(在现在和我们这个时代)为一种被看作科学的哲学之未来发展提出一种乐观的估计。启蒙时代的理性主义已不再是讨论的问题了,我们再也不能遵循它的伟大的哲学家和一般以前时代的哲学家了。但是他们的志向——从其最普遍的意义来看——绝不会从我们这里消失。因为我要重新强调的是,正确的和真正的哲学,或者说科学,与正确的 201

和真正的理性主义是一回事。我们自己的任务仍然是实现这种与启蒙时代的具有隐藏矛盾的理性主义相反的真正的理性主义，如果我们不想让专门的科学，以及被贬低为技术（τέχνη）的科学，或现今流行的哲学向非理性主义操劳的蜕变等等，来取代作为得到最后论证的普遍的科学的哲学之永恒理念的话。

§57　超越论的哲学与心理学的灾难性分离。

现在让我们返回到这样一个时代，在那时近代人和近代哲学家仍然相信自己，相信哲学，并且他们抱着超越论的动机，以我们在真正哲学家的每一句话中都能清楚感受到的内心的绝对的呼唤之负责的严肃态度，为一种新哲学而斗争。即使是在所谓黑格尔哲学——在黑格尔哲学中，由康德所决定的哲学路线曾达到顶峰——解体之后，这种严肃态度在反对黑格尔哲学的诸哲学当中仍维持了一段时间（尽管它的原始力量被削弱了）。但是，为什么在经过了所有这些断裂之后，超越论哲学的发展没有达到统一呢？在那些仍然受古老精神激励的人当中进行的自我批判和相互批判，为什么没有导致将那些无法辩驳的认识成就结合为一种知识大厦的统一体呢？这种知识统一体能够一代一代向前发展，只要通过不断更新的批判、修正，按照一定方法进行的精练，就能完善起来。对此首先必须作以下的一般的说明：一种绝对新式的操作，像超越论科学的操作——它肯定没有任何根据类比进行的指导——，最初只能以一种直觉的预先推定的形式浮现在脑际。对于整个科学迄今为止的论证方式的模糊的不满，以提出新的问题和形成理论的方式爆发出来，这些理论具有解决这些问题方面取

得成功的某种自明性，尽管有许多最初未被注意到的，或可以说是被掩盖了的难点。这种最初的自明性本身中仍然可能包含有很多深藏的不明确之点，特别是以未经审查的被认为是完全不言而喻的前提的形式包含着。然而这些早期的理论在历史上继续有效； 202
不明确之点变得更显眼了，被认为不言而喻的东西受到审查，在这一点上这些理论受到批评，而这就产生了进行新的尝试的动力。此外，在这里，出于本质的原因（从我们的系统论述中可以毫无困难地明白这些原因），超越论的哲学绝不会经受那种不易察觉的向纯粹技术的转变，并由此向一种空洞化过程的转变；由于这种空洞化过程，那种依据技术形成的东西就只还包含一种只有按照超越论方式才能揭示其全部底蕴的隐蔽的意义。因此我们理解到，超越论哲学的历史，首先必然是不断重新尝试的历史，即尝试将超越论哲学首先带到它的开端，并且主要是带到对它本来可能想做的和一定想做的事情的一种清楚的真正的自身理解的历史。它起源于一种"哥白尼式的转向"，即从原则上排斥朴素的-客观主义的科学的奠立方式。正如我们所知道的，超越论哲学作为萌芽的最初形态，出现在笛卡儿沉思的最初几个沉思中，它试图从必真的自我出发，以绝对观念论的方式奠立哲学，但它是不明确的、歧义的，并且很快就将自己的真正意义弄颠倒了。在新的阶段上，即贝克莱和休谟对数学-自然科学精密性这种哲学上的朴素性的反动，也没有达到所要求的哥白尼式转向的真正意义，康德的新开端也没有达到哥白尼式转向的真正意义，即按照严格科学精神，一劳永逸地将系统的超越论哲学建立起来。康德并没有达到一种真正的开端，即通过彻底摆脱一切科学的和前科学的传统而获得的开端。

他并没有深入研究按照意义和有效性构造一切存在物的绝对主观性，以及按照其必真性把握这种主观性、询问这种主观性，并按照必真性阐明这种主观性的方法。从那时起，这种哲学的历史必然正是为必须实行的超越论的转变的和超越论的研究方法的明确的和真正的意义，换句话说，为真正的"超越论的还原"，坚持不懈地
203 斗争。我们对于康德的批判思考已经使我们清楚看到，当人们研究的是在未被阐明的基础（"不言而喻东西"的基础）上提出的问题时，那种给人以深刻印象然而却是不明确的自明性所具有的危险，或者如果我们愿意说的话，以模糊预见的形式对纯粹自明性进行阐明的危险，因此，也已经理解了他是如何被迫去进行神话式的概念构造，并被迫从事一种危险的与任何真正的科学都敌对的意义上的形而上学。康德的全部超越论概念，超越论统觉的自我的概念，各种超越论能力的概念，"物自体"（它构成身体和心灵的基础）的概念，都是构成的概念，这些概念原则上是抗拒最后阐明的。以后的各观念论体系尤其是这样。对于这些体系，对于它们的哲学研究的整个方式，事实上必然产生反动的根据就在这里。当然，当人们心甘情愿地埋头于这种体系时，不可能完全否认这种思想构造的力量和重要性。但是这种体系的最后的不可理解性，在所有那些从这些伟大的新的科学中成长起来的人们中间引起了深刻的不满。尽管按照我们的阐明和说法，这些科学所提供的是一种纯粹"技术的"自明性，尽管超越论哲学绝不可能变成这样一种技术，这种技术仍然是一种精神成就，这种成就必须在每一步上都是明确的可理解的，必须有所采取的每一步骤和它据以建立的基础的自明性。在这方面（如果从形式上来看）对于每一种依据技术实行

的技术上自明的科学，例如数学，适合的东西，对于它也是适合的。在这里，即使我们想借助一种按照同样精神拟定的有关这种不可理解的东西之必然性的构成理论来说明这种超越论的构成的不可理解性，也是没有用处的；另一方面，即使想让人们相信这种超越论理论的过于深奥的思想本身就具有相应的理解上的困难，由于人们太懒，不能克服这些很容易就能克服的困难，也是没有用处的。以下情况也同样是正确的，即超越论哲学归根到底，而且按照本质的必然性，肯定会给自然人因此也为我们所有的人的理解（即 204
常识），造成极大的困难，因为我们不可避免地会从自然的基础出发向超越论的领域上升。自然的生活态度的这种完全转变，即转变为“非自然的生活态度”，就对于哲学的决心和坚定性提出了可以想象到的最高的要求。人的自然的知性和置根于其中的客观主义，会把每一种超越论哲学看成古怪的想法，把它的智慧看作是无用的愚蠢，或者会把它解释为一种心理学，这种心理学想把自己彻底想象为不是心理学。任何一个对真正哲学有感受力的人从来也不会被困难吓退。但是近代人，作为由科学造就的人，要求一种可洞察性，这种可洞察性，正如看的活动的图像正确提示的，要求在对目的和道路的“看”之中的自明性，而且是在这条道路上的每一步骤的自明性。尽管这条道路仍然很长，并且如同在数学中那样还需要多年的艰苦研究——但这并不能吓倒那些毕生对数学感兴趣的人。一些重要的超越论哲学不能满足对于这种自明性的科学要求，因此它们的思想方法被抛弃了。

如果我们返回到我们的主题，那么对此我们就可以说（这样说绝不会引起误解）：如果作为“客观的”科学的理性主义启蒙哲学暴

露出来的不可理解性，引起了超越论哲学的反动，那么，对于已尝试过的超越论哲学的不可理解性的反动就一定会超出这些超越论哲学。

但是我们现在面临这样一个问题，即如何能够理解这样的一种风格在怀有科学志向的近代哲学的发展中，毕竟能够在一些伟大哲学家以及他们的哲学中，发展起来并得到传播呢？这些哲学家绝不是用概念作诗的人。他们绝不缺少创造一种作为最终得到奠立的科学的哲学的真正愿望，不管人们可能怎样改变这种“最终奠立”的含义（例如，我们想想费希特在他的《知识学》书稿中，或黑
205 格尔在他的《精神现象学》的“序言”中所作的有力的说明）。它们仍然被束缚于它们的神话式的概念构成的以及处于模糊的形而上学预先推定之中的对世界解释的样式上，而没有能够达到一种科学上严格的概念性和方法，并且康德系谱中的每一个后继者都重新构想一种具有这种风格的哲学，这是怎么回事呢？在超越论哲学固有的意义中就包含这样一种东西，即超越论哲学是由对意识主观性的反思中产生出来的，在这种意识的主观性中，世界，科学的世界和日常的直观的世界被人们所认识，并获得其对于我们的存在的有效性；因此超越论的哲学就不得不发展一种对于世界的纯粹精神的考察。但是如果它不得不与精神的东西打交道，那么它为什么不求助于数世纪以来被人们孜孜不倦地研究的心理学呢？或者，如果它不满意这种心理学，那么它为什么不建立一种更好的心理学呢？当然，人们会回答说，经验的人，心理-物理的存在者，不论就身体还是就心灵而言，本身都属于被构成的世界。因此，人的主观性并不是超越论的主观性，洛克及其后继者的心理学

的认识理论总是一再地被用来告诫人们要提防“心理学主义”，也就是要提防任何将心理学运用于超越论的目的。但是为此超越论哲学就总是不得不忍受难以被理解这样一种不幸。在经验的主观性和超越论的主观性之间的差别仍然是不可避免的，但同样不可避免的，而且也是难以理解的，是它们的同一性。我本人作为超越论的我，“构成”这个世界，而同时作为心灵，又是这个世界中的人世间的我。将自己的法则加于世界的知性，是我的超越论的知性，而且它也是按照这些法则塑造我本身；然而它是我的——这个哲学家的——心灵的能力。这个设置自己本身的我——费希特曾谈到过它——如果不是费希特的我还能是别的东西吗？如果这不是真正的谬论，而是一种可以解决的悖论，那么除去询问我们内在的经验的方法，以及在这个内在的经验的范围之内进行分析的方法，还能够有别的方法帮助我们弄清楚这个问题吗？当人们谈到超越论的“意识一般”时，如果我，作为这个个体的-个别的我，不可能 206
是这个构造自然的知性的承担者，我就一定不能问，我如何能超出我的个体的自我意识，而具有一种普遍的、超越论的、主观间共同的自我意识吗？因此，主观间共同性的意识一定会变成超越论的问题；但是下面这一点又是不清楚的，即除非通过询问自我本身（而这又是在内在经验中询问），也就是询问我借以获得并具有他人的和一般人类同伴的那种意识方式，主观间共同性的意识如何能成为超越论的问题呢？另外如何能够理解以下这个事实，即我能够在我的思想中将我与他人区分开，并能赋予他人以是“我的同类”这样的意义呢？在这里心理学能够是无关紧要的吗？它肯定不探讨所有这些东西吗？这些相同的或类似的问题向康德也向他

的深深地沉醉于昏暗的形而上学或“神话”之中的后继者提了出来。因为人们可能会认为我们只有在获得有关我们人的理性的以及有关人的或更确切地说人类的成就的科学概念以后，也就是说，只有从真正的心理学出发，才能够获得有关绝对理性及其成就的科学概念。

对于这些问题的第一个回答就是，超越论哲学(包括所有已尝试过的其他形式的超越论哲学)，抛开对心理学主义的担心不说，完全有理由不指望心理学提供任何建议。这原因在于心理学本身，也在于具有“几何学样式”的客观主义的普遍的科学这种近代理念的特性，以及其中的心理-物理二元论的特性，强加于心理学的致命的错误见解。在以下的论述中我将试图指出(这个论点在这里肯定会显得很背理)，正是被加到心理学上的这种限制——它歪曲了心理学的意义，并且直到今天还妨碍心理学理解自己的固有的任务——，是造成以下情况的主要原因，即超越论哲学找不到摆脱自己的困境的出路，因此仍然陷于自己的完全不是从原初自明性而来的概念和体系之中，而它过去正是借助这些概念和体系来解释自己的本身有价值的经验观察的。如果心理学并没有失去
207 效用，它本来会为具体可行的，摆脱一切悖论的超越论哲学完成一种必需的中介性的工作。但是心理学失去了效用，因为在它作为与新的自然科学并列的新的心理学最初创立的时候，它就已经忽视了对自己的，作为关于心灵存在的普遍科学的，从本质上说是唯一真正的任务之意义进行探究。相反，心理学曾能够按自然科学的典范，或更确切地说，按照作为客观的同时又是具体的普遍科学的近代哲学的指导性理念，将自己的任务和方法提了出来，——当

然，这种任务就给定的历史的促动因素来看，似乎完全是不言而喻的。在这点上是毫无疑问的，即一般来说，只是19世纪末，对于这个任务的怀疑才成了哲学思想的动机。因此心理学历史实际上是危机历史。因此，心理学也不可能对一种真正的超越论哲学的发展有所帮助，因为这种帮助只有在对心理学进行一种彻底的改造以后才有可能，通过这种改造，心理学本质上特有的任务和方法，就通过最深刻的自身反思而被明确地提了出来。但这是因为，前后一贯地纯粹地实行这种任务，就自然而必然地一定会导致有关超越论主观性的科学，因此就导致这种超越论主观性的科学向普遍的超越论的哲学的转变。

§58　心理学与超越论哲学之间的亲缘关系和差别，作为判定领域的心理学。

如果我们为了阐明心理学与超越论哲学之间的这种困难的，甚至是悖论式的关系，而运用我们的系统考察——我们以前曾通过这种考察弄清了彻底的真正的超越论哲学的意义和方法——，所有这些东西就会变得容易理解。我们对于以下情况已经毫不怀疑了，即具有近代特征的科学的心理学——无论我们考虑从**霍布斯**和**洛克**以来许多心理学构想中的哪一种——对于这些理论成就决不会有所贡献，而且也绝不会为这些成就提供任何超越论哲学将它当作任务的前提。为近代心理学提出并为它所接受的任务， 208
就是成为有关心理-物理事实的科学，有关人和动物这种统一的但却划分为两个实在层次的存在者的科学。在这里，一切理论的思维都在不言而喻地预先给定的经验世界的、自然生活的世界的基础上运动；理论兴趣只是作为专门化了的兴趣指向诸实在方面中的一个方面，即指向心灵，而其他的方面，则被认为已经由诸精密的自然科学按照其客观-真实的自在的存在认识了，或者还要继续认识。但是对于超越论的哲学家来说，整个实在的客观性，一切现实的和可能的科学所主张的科学上的客观性，以及伴有其“境况真理”，其存在着的诸对象的相对性的生活世界之前科学的客观性，现在都成了问题，成了一切谜中之谜。这种谜恰好就是“世界”借以对我们来说经常地前科学地存在着的这样一种不言而喻性。在这里“世界”是一切客观科学都不可缺少的不言而喻的东西之无限性的名称。当我这个进行哲学思考的人，以纯粹的连贯性对我自己进行反思（我是作为在经验的变化中，以及由经验产生的意见的变化中，经常发挥功能的我，作为通过这些经验具有对世界的意识，并且有意识地与世界打交道的我），当我全面地连贯地询问被给予的方式和询问有效性的样式的“是什么”，以及“是什么样的”，当我全面地连贯地询问自我中心化的方式时，我就认识到，这种意识生活完全是有意向地完成着的生活，通过这种生活，生活世界以及它的全部变化着的表象内容部分地重新获得意义和有效性，部分地已经获得意义和有效性。在这种意义上，一切实在的世间的客观性，包括人与动物的客观性，也包括“心灵”的客观性，都是被构成的成就。因此，心灵的存在，以及各种客观精神（如人的共同体，文化），同样还有心理学本身，都属于超越论的问题。如果想在朴素的客观的基础上，用客观科学的方法探讨这些问题，那就是一
209 种荒谬的循环论证。

尽管如此，心理学与超越论哲学仍然以一种奇特的方式彼此

不可分割地紧密联系着——，这是由于对于我们来说，已不再是难以理解的，而是已被阐明了的心理学的我（因此是在空间-时间世界中世间化了的人的我）与超越论的我的，以及自我生活和成就的差异性与同一性的紧密联系。根据我们的阐明，在这里我们可以从一种最终的自身理解出发说：在我的作为人的朴素的自我意识中——人知道自己存在于这个世界上，对于人来说，世界就是对他有效地存在着的东西的整体——，我对于超越论问题的广大的维度是盲目的。这个问题维度处于一种隐秘的无名的领域中。虽然我实际上是超越论的自我，但是我并没有意识到这一点；我处于一种特殊的态度中、自然的态度中，我完全献身于对象极，完全被束缚于仅仅指向对象的兴趣与任务上。但是我能够实行一种超越论的态度转变——在这种转变中，超越论的普遍性就显露出来了——，在这种情况下，我就将这种片面的隐秘的自然态度理解为一种特殊的超越论的态度，理解为指向整个兴趣生活中的某种习惯的片面性的态度。如果我现在投身于一种恰如其分的系统的工作，那么我现在作为新的兴趣的地平线，就会有处于全面关联之中的完整的进行构成的生活与成就——即一种新的无限的科学领域。通过这种态度转变，我们就只有超越论的任务；一切自然的给予性与成就都获得了超越论的意义，而且它们在超越论的地平线内部提出一些全新种类的超越论的任务。这样，我作为人和人的心灵，首先成了心理-物理学和心理学的主题；然后，在更高的和新的维度上，成了超越论的主题。我甚至很快就意识到，我关于自己所具有的一切看法，都是来自自我统觉，来自经验和判断，这些经验和判断是我——反思地指向我的自己时——获得的，并且与关

于我的存在的其他统觉——这些统觉是我在与其他主观的接触中从他们那里接受来的——综合地结合在一起。因此我的不断更新的自我统觉，是处于我的自我客观化的统一中的我的成就的连续的获得物，它们在这种统一中连续地变成了习惯性的获得物，或者说，总是一再变成这样的东西。我可以以超越论的方式询问这种
210 总体的成就——我本身作为“自我”是它的最终的自我极——并且可以追寻它的意向性的意义结构和有效性的结构。

与此相反，作为心理学家，我给自己提出这样的任务，即认识我自己这个已经是世界上的，以特殊的实在的意义而客观化了的，所谓世间化了的我——具体地说就是认识心灵——，而且正是以客观的，当然是世间的（在最广泛的意义上）认识的方式进行认识的我，而且是作为诸种事物、其他的人、动物等等中间的作为人的我。因此我就理解到，事实上在心理学与超越论哲学之间，存在着一种不可分割的内在联系。但是从这里出发我们还可以预见到，一定有一条通过具体阐明的心理学而达到超越论哲学的道路。我们预先就可以说，如果我自己将超越论的态度当作将我提高到超越一切世界统觉以及我的人的自身统觉之上的方法来实行，并且纯粹为了研究从其中并通过它我“具有”世界的那种超越论的成就而实行超越论的态度，那么以后我仍然还会在心理学的内在分析中重新找到这种成就，虽然那时这种成就又进入到统觉之中，因此作为实际上与实在的身体相关联的实在的-心灵的东西而被统觉。[①]

---

① 如果我学会澄清，从作为自我的我出发理解，其他人对于他们本身来说如何只

相反地，对于我的统觉生活以及当下在其中显现的世界，按照当下显现的方式(因此是按照人的“世界图像”的方式)加以彻底的心理学的阐明，——这在向超越论的态度的过渡中，肯定会立即获得超越论的意义，只要我现在在更高的阶段上始终也考虑到就客观统觉而言是赋予意义的成就；世界的表象活动就是由这种成就而获得实在存在东西的意义，人的-心灵的东西的意义，我的以及其他人的心理生活的意义，——在这种心理生活中，每一个人都有 211
自己的世界表象，每一个人都发现自己存在于世界中，在其中表象着，在其中按照目的而行动。

当然，这个尽管还需要更深刻论证，但对于我们来说是非常容易理解的考察，在超越论的还原之前是不能达到的；但是，尽管有所有这些不明确之处，在心理学与超越论哲学之间的这种紧密联系不是非常明显的吗？事实上这种联系确实曾是经常共同决定发展的一种动机。因此下面这种情况最初一定会显得令人吃惊，即从**康德**以来，超越论哲学根本没有从心理学获得任何实在的好处，而心理学从**洛克**时代起就想要成为建立在内在经验基础之上的心理学。相反，任何一种未走入经验主义-怀疑论歧途的超越论哲学，都把与心理学的最轻微的掺和看作是对于自己真正意图的背叛，并且对心理学主义展开坚持不懈的斗争，这种斗争希望产生，并且已经产生了一种效果，即不允许哲学家关心客观心理学。

是人，而世界作为经常对他们存在着的世界，作为在其中他与其他人，也与我一起生活的世界，是如何对他们有效，以及他们在世界的客观化的成就中和自我的客观化成就中，是如何最终也成为超越论的主观的，如果是这样，那么我就会再一次对自己说，我必须将我关于他人的超越论的自我客观化的超越论澄清所获得的东西，归之于他们的人的存在，归之于他们的从心理学上评价的存在。

确实，即使是在休谟与康德之后，对于所有那些没有从他们的独断论昏睡中被唤醒的人，想要以心理学的方式探讨认识论问题，仍然是一种巨大的诱惑。尽管有了康德，休谟仍然未被理解，正是他的怀疑论的基本系统著作《人性论》很少受到研究；英国经验主义，即洛克式的心理学主义的认识论，在继续传播，甚至变得更为繁盛，因此，超越论哲学及其全部新的问题提法，当然要经常进行反对这种心理学主义的斗争。但是我们当前的问题不再与此有关，因为它所针对的不是哲学上的自然主义者，而是真正的超越论的哲学家，其中包括那些创造了伟大体系的哲学家。为什么他们完全不关心心理学，甚至也不关心建立在内在经验之上的分析心理学呢？已经提出的回答——这个回答尚需进一步阐明与论证——是，从洛克以来的所有各种形式的心理学，尽管它们想成为建立在“内在经验”之上的分析的心理学，但却没有选对自己特有的任务。

212 按照我们的叙述，整个近代哲学，按照作为普遍的最终奠立的科学这种原初的意义，至少从康德和休谟以来，是两种科学理念之间的一种独特的斗争，即建立在预先给定的世界的基础之上的客观主义哲学的理念，和建立在绝对的超越论的主观性的基础之上的哲学理念之间的斗争，——这后一种哲学理念在历史上是一种全新的东西，令人惊异的东西，是随着贝克莱、休谟和康德而出现的。

心理学始终参与这个伟大的发展过程，而且正如我们看到的，是以不同的功能参与这个过程，它甚至是真正的判定的领域。它之所以是这样的领域，正是因为虽然它处于不同的态度中，并因此处于不同的任务设定中，但是它仍然将普遍的主观性——它在其现实性和可能性上都只是一个东西——作为它的主题。

§ 59　对于从心理学的态度向超越论的态度转变的分析。在现象学还原"之前"和"之后"的心理学。("流入"的问题。)

在这里我们重新采纳一种想法，这种想法刚才曾作为在我们看来已经具有超越论的-哲学的倾向的想法预见过，并且已经预先向我们提示一种从心理学通向超越论哲学的可能道路的理念。在心理学中，自然的-朴素的态度引起这样一种结果，即人的超越论的主观间共同性的自身客观化——这种自身客观化，本质必然地属于对我和我们来说是预先给定的被构成的世界的组成部分——必然具有一个由超越论地发挥功能的诸意向性构成的地平线，这种地平线是任何反思，即使是心理学的科学的反思，也不能展示出来的。"我，这个人"同样地"其他的人"——它们分别表示自身的统觉和他人的统觉，这些统觉连同所有属于它们的心理的东西，是一种超越论的获得物，这是在其个别性当中流动变化着的获得物，是由在朴素态度中被隐蔽了的超越论的诸功能而来的。213
只有冲破这种朴素性，只有用超越论还原的方法，才能回溯到超越论的历史性，这种统觉的意义成就和有效性成就最终是来自超越论的历史性。我，这个心理学家，像每一个人一样，以一切心理学、一切精神科学、一切人的历史所坚持的那种毫不动摇的朴素性，经常地朴素地实行对自身的统觉和对他人的统觉。当然，在这过程中我可以将我自己，将我的和他人的心灵生活，我的和他人的变动

着的统觉，当作主题来反思；我还可以回忆自己；我作为精神科学家，可以将历史可以说当作共同体的回忆而引入主题；我可以带着理论兴趣，通过观察实行对自身的知觉和对自身的回忆，并通过移情作用的中介利用他人的对自身的统觉。我可以询问自己的和他人的发展，将历史（在某种程度上可以说是共同体的回忆）当作主题来探究；——但是整个的这种反思仍然保持在超越论的朴素性中；它实行一种从超越论上可以说是现成的世界统觉，而与此同时，超越论的相关物：（现实的或作为沉积物）发挥功能的意向性——它是普遍的统觉，对于各个特殊的统觉起构成作用，并赋予它们以“这个和那个人的心理体验”这样的存在意义——仍然完全是隐蔽的。在世界生活的朴素态度中，存在的恰恰只是世间的东西；就是说被构成的对象极（但却并没有被理解为这样的东西）。心理学像任何一种客观科学一样，是受前科学的预先给予的东西之领域约束的，因此是受能够用公共语言称谓、表达、描述的东西约束的；在我们的情况下，就是受以我们的语言共同体（从最广义上理解，就是欧洲人的语言共同体）的语言表达的心理的东西约束的。因为生活世界——“我们大家的世界”——与能够共同谈论的世界是同一的。每一种新的统觉通过统觉的转移本质上都导致周围世界的新的类型化，并且在交往中导致一种命名，这种命名立即汇入到公共的语言中。因此世界始终已经是可在经验上公共地（主观间共同地）解释的，并因此同时是可用语言解释的世界。

但是通过超越论现象学的态度转变而造成的与朴素性的决
214 裂，现在产生了一种有重要意义的（对于心理学本身有重要意义的)变化。当然,作为现象学家,我随时可以返回到自然的态度,返回去朴素地实行我的理论的或其他的生活兴趣;我可以再像往常一样,作为家长,作为市民,作为公职人员,作为一个"好欧洲人"而行动,就是说,作为我们人类的一员,作为我的世界中的人而行动。像往常一样,——然而并不完全像往常一样。因为我再也达不到旧的朴素性了,我只能理解它。我的超越论的洞察与目的指向,在这种情况下变成了仅仅是非现实的,但它们仍然是我自己的。而且不仅如此,从前的朴素的自身客观化,作为我的心灵生活的经验的人的我,处于一种新的运动之中。所有这些新式的仅仅与现象学的还原相联结的统觉,以及新式的语言(即使我不得不使用日常语言,也是在必然改变了意义的情况下按新的方式使用的),——所有这种以前完全是隐蔽的东西,不能用语言表达的东西,现在都流入了自身客观化中,流入了我的心灵生活中,并且作为它的基本成就的新揭露出来的意向背景而被统觉。我甚至从我的现象学研究中知道,我,从前朴素地存在的我,那时只不过是以朴素的隐蔽性的样式存在的超越论的我;我知道,有一个进行构成的对立面不可分割地属于我,因此第一次产生出我的全部具体性,这个作为人而再度被直接统觉的我;我知道超越论功能的这整个维度,这些功能彼此普遍地交错着,并且延伸至无限。如同从前心灵的东西一样,现在这些新流入的东西,也通过这种物体的身体(本质上总是一起被构成的身体)在这个世界中具体地定位;我这个人与现在赋予我的超越论的维度一起,处于空间中的某个位置和世界时间中的某一时刻。因此,在这种向自然态度的返回中,每一新的超越论发现都丰富了我的心灵生活,并且也(通过统觉毫无困难地)丰富

了每一个其他人的心灵生活。

215 ## §60 心理学失效的原因:二元论的和物理学主义的诸前提。

对于我们的系统阐明之这种重要补充,澄清了以下两个方面的本质区别:一方面是本质上受到限制的主题的地平线,建立在朴素地具有世界的基础之上的心理学(因此,超越论现象学以前的任何一种心理学)原则上是不可能超出它而进行思考的——关于主题地平线更往后的东西甚至毫无所知——,另一方面是新的主题的地平线,只当通过将超越论的东西流入到由超越论现象学而来的心灵的存在与生活中,因此只有通过克服朴素性,心理学才能达到这种地平线。

由此心理学与超越论哲学的紧密联系,就以新的方式得到阐明和理解;与此同时,为我们理解心理学在其整个近代历史中的失效提供了新的指导线索,而这种指导线索超出所有我们以前为进行评价所做的系统考察中已获得的东西。

心理学必然失效,因为它只有通过彻底的完全没有先入之见的沉思,才能实现它的任务,即研究具体的丰满的主观性的任务,而这种沉思在这种情况下必然会展示出超越论的-主观的维度。为此显然就必须在预先给定的世界中进行与我们以前在有关康德的演讲中的考察与分析类似的考察与分析[①]。如果说在那个演讲中,我们的目光首先是由身体在生活世界中的预先给予方式所指

① 参看§28以下。

引的，那么在这里所需要进行的分析中，就应该将心灵的东西在生活世界中预先给予的方式作为出发点。原初反思的问题现在所指向的是，在世界中，在生活世界中，心灵——首先是人的心灵——是什么，是怎样的，就是说它们如何使物体的身体“具有生命”，它们怎样在空间时间中定位，每一个心灵如何通过它具有关于它在其中生活的并且意识到在其中生活的那个世界的“意识”而以心灵的方式“生活”；每一个心灵如何将“它的”物体不仅一般地体验为特殊的物体，而且以一种十分独特的方式体验为“身体”，体验为它 216
可以作为“我的”（在它的支配之下）使之活动的活的身体的“诸器官”的系统；当“我碰撞”、“我移动”、“我举起”这个和那个东西时，它是如何借此“参与到”它意识到的周围世界中的，等等。当然，心灵“存在于”世界“之中”，但这意思是说，它是以物体那样的方式存在于世界之中吗？这意思是说，如果具有身体与心灵的人在世界中被体验为实在的，那么人的这种实在性以及他的身体与心灵的实在性，与纯粹的物体的实在性具有或可能具有相同的，或者哪怕只是相似的意义吗？不管怎样将人的身体看成是物体，它仍然是“身体”——是“我的物体”，我“移动”它，我在它之中并通过它“进行支配”，我“赋予它以生命”的“我的物体”。如果不从根本上真正无先入之见地考虑这类很快就会变得非常重要的情况，我们就绝不可能掌握心灵本身**固有的本质东西**（“心灵”这个词完全不是从形而上学的意义上理解的，而纯粹是在心理的东西在生活世界中最初给予的意义上理解的）；因此也不可能掌握有关“心灵”的科学之真正的最后的基础。心理学不是这样做，它完全不是从一种原初获得的心灵概念开始，而是从一种来自笛卡儿二元论的心灵概

念开始。这种概念是由已经发生在前的有关物质自然的和数学自然科学的构成的思想提供的。因此心理学预先就被加给了一种与自然科学并行的科学的任务和这样一种观点：心灵——心理学的主题——是与物质的自然——自然科学的主题——相同意义上的实在东西。只要这种有数百年之久的先入之见的荒谬性没有被揭露出来，就不可能有任何一种心理学是有关真正心灵东西的科学，即有关那种最初从生活世界获得其意义的东西的科学；因为心理学——与任何一种客观的科学相似——必然地与这样的意义相联结。因此毫不奇怪，心理学从未得到它所羡慕的典范，即自然科学，所显示的那种持续不断的向前发展，而且没有任何有创造才能的人，没有任何方法上的技巧，能够防止它一再重新陷入危机。我们不久前就是这样地经历了一场心理学危机，这种心理学在前几
217 年还作为国际性的学院心理学，充满了令人鼓舞的确信，认为自己最终能取得与自然科学同等的地位。尽管如此这并不是说，它的工作一直都是没有效果的。借助科学的客观性，许多与人的心灵生活有关的值得注意的事实被发现出来。但是因此它就真的成了心理学，成了一门我们从中知道有关精神固有本质的某种东西——我要再一次强调：并不是关于神秘的“形而上学的”本质的某种东西，而是关于固有的在自身之内的存在与自为的存在的某种东西——的科学吗？进行研究和反思的自我通过所谓“内知觉”或“自我知觉”所达到的正是这样一种存在。

§61　处于(客观主义的-哲学的)科学理念与经验方法之间紧张关系中的心理学：心理学研究的两个方向(心理-物理学的方向和“由内在经验出发的心理学”的方向)的不相容性。

一切科学的经验知识都有其原初的正当性，也有其尊严。但是，就其本身来考察，并不是每一种这样的知识都已经是最本原的和永恒的意义上的科学(它的最早的名称是哲学)；因此也不是从文艺复兴以来重新建立哲学和科学时所想到的那种意义上的科学。并不是所有的科学的经验知识都是作为这种科学的局部功能而产生的。然而只要它满足这种意义，它就能真正被称为科学的经验知识。但是我们只有在下面这种情况下才能谈论科学本身，即在普遍哲学的不可分割的整体内部，普遍任务的一个分支能够发展成为一种自身统一的特殊的科学，普遍的任务在作为分支的它的特殊任务中，作为该系统的原初的生动的基础起作用。并不是任何一个随便单独得来的经验知识都已经是这种意义上的科学，不管它具有多少实际的成果，不管有多少证明可靠的方法技巧在它当中起支配作用。以上所述现在就适用于心理学，只要心理学在历史上，仍然陷于要实现它的作为哲学的科学的，即真正科学的规定的经常的欲望之中，仍然陷于对它的合法的意义的不明确之中，最后，只要它屈服于要建立一种有严格方法的有关心-身的 218
(或更确切地说，心理-物理学的)经验知识的诱惑，并相信，凭借它的方法的被证明的可靠性，已经实现了它的作为科学的意义。但是与当代的专家的心理学相反，我们(哲学家们)在心理学——作

为关于一般哲学正确形成的“判定的场所”——方面的事情首先是，将这种“作为科学的意义”移到兴趣的中心，并且就其整个的动机和有效范围对它进行阐明。

在原初以我们说的“哲学的”科学性为目的的这个方向上，始终有一种不满的动机，这种不满的动机在笛卡儿的早期阶段以后不久就开始了。在历史上，从笛卡儿留传下来的诸任务之间有一些严重的紧张关系：一方面的任务是，完全按照探讨物体的方法探讨心灵，并且将心灵与物体相关联，作为空间时间中的实在东西来探讨——因此是想要按照物理学主义的方式将整个生活世界当作“自然”（扩大意义上的）来研究；另一方面，是通过“内在的体验”——心理学家关于他自己本身固有的主观东西的原初的内部体验——的途径，就其在自身之内的存在与自为的存在来研究心灵的任务，——或者通过同样也是指向内心的“移情作用”（即指向作为主题的其他人的内心）的途径，就意识的中介作用研究心灵的任务。这两种任务看上去不论从方法上还是从内容上显然都是有联系的，但二者并不想协调一致。近代哲学从一开始就给自己预先规定了实体的二元论以及方法上与“几何学规则”的一致——我们还可以说，预先规定了物理学主义的方法上的理想。不管它在流传过程中变得多么不确定，多么模糊，不管它怎样很少认真开始明确实行，对于有关作为心理-物理的实在的人的基本把握来说，对于开始进行心理学研究的一切方式来说，具有决定意义的，是要实现一种有关心理东西的按一定方法进行的认识。因此，世界首先是“按自然主义方式”被看作由实在事实构成的，受因果法则调节的双层次的世界；因此心灵也被看作是它的由精密的自然科学

设想的物体的身体之实在附属物，虽然它具有与物体不同的结构，219
不是有广延的东西，但仍然在与物体相同的意义上是实在的，并且由于这样一种关联，也正应在与物体相同意义上按照“因果法则”研究：也就是借助与被看作典范，同时被看作根本基础的物理学理论原则上相同的理论来研究的。

§62　对于将心灵和物体都当作实在的东西原则上给予同等地位之荒谬性的初步探讨；指出自然事实的与心灵的时间性、因果性、个体化之根本差异①。

这种按照自然主义方法将物体与心灵原则上等同起来，很显然是以在它们的前科学的，在它们的生活世界的经验的给予性中，更原初地将这二者原则上等同起来为前提的。因此，物体与心灵表示在这种经验世界中的两个实在层次，在其中它们就像是（并且在相同的意义上是）一个物体的两个部分，真实地实在地结合着。因此具体地说，一个对另一个是外在的，是与另一个相分开的，只是有规则地与另一个联结着。但是这种形式上的等同就已经是荒谬的；这是违反在生活世界的经验中实际所给予的物体与心灵所固有的本质东西的，这种固有的本质东西规定着一切科学概念的真正意义。让我们首先挑选出一些自然科学和心理学共有的，并且被认为在二者之中有相等意义的概念，并对照在理论上层构造（这是精确的科学化的工作）之前的实际经验作为最原初地规定意

① 参看附录 XXII。

义的东西所显示的东西，也就是对照在直接的生活世界的经验中作为物理的东西和心理的东西而给予的东西，来检验一下这种意义的相等。我们现在所必须做的，是这两个方面从来没有认真地，从来没有彻底地、始终如一地做过的事情，即从科学的基本概念回溯到“纯粹经验”的内容，将精密科学的一切假定，将它所有的一切思想的上层构造，都彻底搁置一旁，——就是说，就像这些科学尚不存在那样考察世界，即正是将世界作为生活世界，如它在生活中
220 尽管有全部相对性却仍然保持统一存在那样，如它在生活中经常以有效性方式显示出来那样考察它。

首先将这种**空间时间性**（作为同时性和连续性的时间性）还原为纯粹生活世界的空间时间性，还原为在前科学意义上的实在的空间时间性。按照这样的理解，它就是实在世界的普遍形式，生活世界中的每一个实在的东西都在这种普遍形式中并通过这种普遍形式得到形式的规定。但是，心灵像物体一样有真正意义上的空间时间性，有这种意义上的内存在吗？人们总是注意到，心灵的存在本身并没有空间上的广延性和位置。但是这种世界时间（连续性的形式）能够与空间性分离开吗？世界时间作为完整的空间-时间，不是纯粹物体固有的本质的形式吗（心灵只是间接地参与这种形式）？尽管没有彻底划分生活世界与科学上想象的世界，这种对于心理东西空间性的否定显然是指向现实的经验的内容的。从本质上说，世界的一切对象都“物体化”了，正是因此，一切对象都“参与”物体的空间时间；对象的非物体方面也“间接地”参与物体的空间时间，这种情况适合于每一种精神对象，首先是心灵，但也适合于任何其他种类的精神对象（如艺术作品、技术构成物等等）。

就赋予这些精神对象以精神性含义的东西方面来看，这些精神性
对象是借助它们“具有”物质性的那种方式而被“物体化”的。这些
对象以非常本然的方式在这里那里存在着，并且与自己的物体一
起扩展。它们同样也在物体的空间时间中间接地有其过去的存在
与将来的存在。每一个人只能在自身中以原初的方式体验到心灵
的物体化。我只能在我的身体中体验到那种以固有的本质的方式
形成身体性的东西。换句话说，我只有在我的经常地——而且唯
有通过这种物体——直接地对我的周围世界的支配中，才能体验
到种种形成身体性的东西。只有我的身体是以原初的有意义的方
式作为“器官”，并作为被分节为分器官的器官给予我的；我的身体
的诸部分中的每一部分都有其特征，因此我可以以特殊的方式对
每个部分直接进行支配：用眼睛看，用手指触摸，等等，就是说，我
可以为了一种正好以这种方式发生的特殊的知觉而对该部分进行
支配。很显然，只有这样，我才有关于世界的知觉，然后是其他的
体验。所有其他的支配，以及一般而言，所有我与世界的关联，都
是由此中介的。通过碰撞、提举、反抗等形式的物体上的“支配”，
我作为我在远处产生作用，首先是对世界对象中的物体的东西产 221
生作用。我真正作为它本身，按照固有的本质体验到的，只是我的
进行支配的我存在，而每一个人也只能体验到他自己的进行支配
的我存在。所有这样的支配都是在“运动”的样式中进行的，但是
这种进行支配的“我运动”（我运动我的双手去触摸，推动某物）就
其本身而言，并不仅是一种其他每一个人都能知觉到的空间的运
动，物体的运动。我的身体，个别来说，譬如身体的一部分，“手”，
在空间中运动；但是“动觉”的支配行为——它与身体运动一起被

物体化了——本身并不是作为一种空间中的运动处于空间中，而只是被间接地一起在空间中定位。只是从我自己的本原地体验到的支配——作为对于活的身体本身的唯一本原的体验——出发，我才能将他人的身体理解为在其中有另一个“我”被具体化并进行支配的活的身体；因此这又是一种中介，然而是与奠定它的非本然的定位的中介完全不同的中介。对于我来说，其他的自我-主观只是以这种方式牢牢地属于“他们自己的”身体，并在空间时间中的某个点上定位，就是说，非本然地内存在于身体的这种形式中；而它们本身，因此心灵一般，纯粹按它们固有本质来观察，完全没有这种形式的存在。

但是此外(如果我们仍然保持在奠定原初存在意义的生活世界中)因果性也具有了一种原则上完全不同的意义，不论所谈到的是自然界的因果性，还是心灵东西与心灵东西之间的“因果性”，还是身体东西与心灵东西之间的“因果性”。物体就是它所是的东西，作为这种被规定的物体，它是按其固有本质在空间-时间上被定位的诸“因果的”性质之基体。① 因此如果取消了因果

① 就生活世界来说，这只不过意味着，物体——它本身预先就能够由它自己的经验意义按照它固有的本质特性说明——总是已经随身具有一种在其如此这般的存在中，在当下的“情况”中存在的东西。首先，属于生活世界最一般结构的就是，可以说物体具有它的在如此这般的存在中存在的习惯，物体以一种已经知道的形式存在，或者，如果它对于我们来说是“新的”，它就具有一种尚需要认识的类型，在这种类型中，诸可被说明的特性在类型上相互关联。但是属于生活世界的形式类型学的还有：物体在共存中(首先是在当下的知觉领域)，在连续中，有其类型上的共同性——因此有一种经常的普遍的空间-时间的类型学。正是因为这后一种情况，每一个被个别经验的物体不只是一般地与其他的物体必然地共同在那里存在，而且作为具有这个类型的存在物在那里存在，即在类型上属于它的诸物体当中存在，在一种在连续的类型形式中发生的相互从属的类型形式中存在。因此每一个物体都如其存在的那样“存在”于“情况”

性，那么物体就失去其作为物体的存在意义，失去其作为物质个体 222
性的可辨认性和可区分性。但是我是"这一个我"，在本身之中并通过自己本身而具有个体性，它并不是由因果性而具有个体性的。当然，由于这种物体的身体，我能借助自己在物体空间中的位置（我将这种位置作为非本然的归之于自己的物体的身体）而变得能够与每一个他人，因此能够与每一个人相区别。但是对于每一个处于空间时间中，并具有全部心理-物理制约性（这些制约性在这里起作用）的人的这种可区别性和可辨认性，对于我在自己的作为自身存在的存在方面，并没有做出任何贡献。作为这样的自身存在的东西，我在本身中事先已具有自己的唯一性。对于我来说，空间与时间并不是个体化的原则；我并不知道自然的因果性，这种因果性按照它的意义是不能与空间时间性相分离的；我的作用是作为自我进行支配，而这是通过它的作为在它的身体中进行支配的动觉直接发生的，只是间接地（因为身体也是物体）扩展到其他物体上。

§ 63　"外部经验"和"内部经验"概念的可疑性。为什么关于生活世界中物体东西的经验，作为关于某种"单纯主观东西"的经验，迄今也没有被包括到心理学的主题之中呢？

下面这种根本错误产生一种按照类似自然科学而形成的方法

之中；一个物体中的性质的变化，就暗示另一个物体中的性质变化，——但是对此应该像它本身本质上属于生活世界那样，粗略地大致地理解；与科学的理念化基础相适合的"精确的"因果性是根本谈不上的。

的误认为的不言而喻性。这种根本错误就是，想要真正将人与动物看成是两种实在性，看成是在其实在性意义上具有同等地位的两种不同种类的实在性的结合，与此相适应，想同样地以物体科学的方法研究心灵，也就是说，想将心灵作为如同物体一样以自然因果性的方式存在于空间与时间中的东西来加以研究。这二者〈自然科学的方法与新的心理学的方法〉所引起的当然的结果，就是“内部”经验与“外部”经验这种错误的平行论。这两个概念在意义和功能（它们对于物理学、心理学、心理物理学的科学功能）方面仍然是不清楚的。

经验从两个方面被认为是按照理论功能进行的：自然科学应
223 该以外部经验为根据建立起来，而心理学应该以内部经验为根据建立起来；在前一种情况下被给予的是物理的自然，在后一种情况下被给予的是心理的、心灵的存在。因此，“心理学的经验”就变成了与“内部经验”等义的表达。更确切地说，现实地被体验到的，是先于一切哲学与理论而直接存在着的世界——存在着的事物、石头、动物、人。在自然的、平淡的生活中，这被体验为直接的知觉上的“在这里”（作为直接存在着的，存在上确实的当前），或同样是直接的作为记忆中的“过去在这里”，等等。甚至可能的有时是必然的朴素反思也属于这种自然的生活。于是我们就看到了相对性，作为按其在生活本身中给予方式的特殊性而当时直接在这里存在的有效的东西，变成了“纯粹主观的显现”；而且相对于这一个，即“存在者本身”而言，它被称作“显现”，而存在者本身则是通过当目光指向这种“显现”的变化时所进行的校正而抽取出来的——但又是相对地抽取出来的。对于其他的经验样式，或更确切地说，对于它们的相关联的时间样式来说，也是如此。

这一点我们在其他地方已经详细地研究过了，如果我们在这里重新生动而清晰地回忆那些详细研究，那就会产生一个问题：为什么整个流动的生活世界没有在心理学一开始就立即作为“心理的东西”出现，而且作为最初可接近的东西，作为按照直接给予的心理现象的类型进行解释的最初的领域出现呢？与此相关联的问题是：为什么经验——它将这个生活世界作为经验现实地呈现出来，并且在其中，特别是在知觉的原始样式中，将纯粹物体的东西呈现出来——不被称作心理学的经验，而是在一种所谓与心理学经验的对比中被称作“外经验”呢？当然，在生活世界的经验方式中存在着差别，或者人们所经验的是石头、河流、山脉，或者人们通过反思对他有关这些东西的经验，以及我的其他活动，自己的或他人的活动，如像通过身体所进行的支配等等，进行经验。这可能是对于心理学具有重要意义的区别，并且可能导致一些困难的问题，
但这能对以下情况有任何改变吗，即所有生活世界中的东西显然 224
都是“主观的东西”？作为普遍的科学的心理学，除去全部主观的东西还能有其他主题吗？一种更深刻的——而不是自然主义的使人迷惑的——思考不是在教导我们，所有主观的东西都属于一种不可分割的整体吗？

§64 作为将心与物并列起来之根据的笛卡儿的二元论。在“描述的科学和说明的科学”这一图式中，只有其形式的和最一般的东西才被证明是合理的。

在伽利略自然科学的意义上，数学的-物理学的自然是客观的-真实的自然；这种客观的-真实的自然应该是在纯粹主观显现中显示出来的那个自然。因此很清楚，精密自然科学的自然并不是现实地体验到的自然，生活世界的自然，这一点我们前边已经指出过了。它是由理念化而产生的理念，被假定取代了现实直观的自然的理念。① 理念化的思想方法是创造“精确的”理论和公式的全部自然科学的（即纯粹物体科学的）方法之基础，以及将这些理论与公式返回来在现实经验世界中进行的实践内部加以运用之基础。

因此在这里就存在着对于以前所提出的问题的答案，而这个答案对于当前的思想进程来说是足够用的，这问题就是：下面这种情况是怎么发生的，即生活世界的自然，这个“外部经验”的纯粹主观方面，在传统的心理学中没有被认为是心理学经验，相反却将心理学经验与外部经验对立起来。笛卡儿的二元论要求将心与物并列起来，要求贯彻隐含于这种并列之中的心理存在的自然化，因此也要求将所需要的心理学方法论与自然科学的方法论并列起来。当然，由于对古代人现成的几何学接受的方式，那种全面地规定几

① 参看§36。

何学的意义的理念化作用几乎被忘记了；而从心理学方面并没有将这种理念化作用作为一种以适合于心理东西的方式原初地现实地完成的成就来要求，或说得更确切些，并没有因缺少它而感到不便。当然在这种情况下肯定已经表明，事实上理念化在心理学方 225
面是没有地位的，因为在这里可能根本谈不到像远近配置和动觉之类的东西，根本谈不到测量或与测量类似的东西。

关于方法相同的这种偏见，引起了一种期望，即人们通过相应的改变实施这种方法，无需主观上有条理的更深刻的思考，就能够达到稳固的理论构成和按一定方法进行的技术。但这是一种徒然的希望。心理学从来也没有成为精密的，心理学与自然科学的并列从来也没有真正贯彻，而且如我们所理解的，这是由于一些本质的原因。我们在这里就已经可以这样说，——不管在非常必要的全面彻底的澄清方面还有多少事情要做，以便也能理解，为什么这各种形式的心理学，在其中近代二元论的和心理-生理学的（或心理-物理学的）心理学在较长的时期能有一种按照适当目的和方法进行研究的外观，并能保持关于它作为有关心理东西的真正基础的科学而继续取得成功之信念的各种形式的心理学，没有一种是精确的，没有一种是与自然科学并列的，——或者还能理解：为什么完全合法的并且完全是不可缺少的心理-物理的经验知识，不能被看作通向满足心理东西固有本质的真正心理学的道路，并能详细阐明这种心理学。无论如何，根据一些可以理解的理由，我们预先已经可以说：从纯粹固有本质来看，心灵的东西并没有任何自然的东西，没有任何自然意义上的可以想象的自在，没有任何空间时间上的因果性的自在，没有任何可理念化的可数学化的自在，

没有像自然法则那样的法则;在这里没有任何关于类似于自然科学的向直观的生活世界回溯的理论,没有具有类似在自然科学方面那样的理论化功能的观察与实验,——尽管有经验的-实验的心理学的所有这些对自身的误解。但是因为缺少根本的洞察,二元论的历史遗产以及将心灵东西自然化,仍然保留其效力,但它是模糊的、不清楚的,因此甚至在两个方面都没有能产生从根本上真正贯彻精密科学的二元论的要求(而这正是二元论的意义所要求的)。

这样,**描述的科学对从理论上进行说明的科学**这样一种图式
226 也就好像不言而喻地准备好了——在心理学方面,我们发现这个图式在**布伦塔诺**和**狄尔泰**那里受到更明确的强调——,如一般来说在 19 世纪的情况,这是一个奋进的时代,这个时代最终产生了能与自然科学相比的严格科学的心理学。我们并不是想以此说,纯粹描述的概念和描述科学的概念,此外甚至还有描述的方法和说明的方法的区别,在心理学中完全不允许被应用;同样我们并不想否定应该区分纯粹身体的经验和关于心灵的东西,关于精神的东西的经验。对于我们来说,重要的是批判地阐明整个近代心理学的自然主义的,或更准确地说,物理学主义的先入之见,直到其最后根源,一方面是就指导着描述的、从来也没有被阐明的经验概念进行批判的阐明,另一方面是就在描述的科学和说明的科学的对比中进行的将二者并列起来的、将二者看成是相似的解释的方式进行批判的阐明。

对于我们来说,下面一点已经很清楚了,即作为物理学类似物的"精密的"心理学(因此关于实在东西、方法、科学的二元论的平

行论)是一种荒谬的东西。因此也不再可能有作为描述自然科学类似物的描述心理学。有关心灵的科学，根本不可能按自然科学行事，根本不可能在方法上求教于自然科学，即使是在描述与说明对立的图式中也不可能。只要它按照其固有本质澄清了自己的主题，它就只能按自己的主题行事。剩下的只是这样一种形式的最一般的东西，即我们恰恰不能运用那些被挖空了的语词-概念，不能在晦暗不明之中运动，而是应该从清晰性中，从现实地自身给予的直观中，或这样说也是一样，从自明性中汲取，因此在这里就是从原初的生活世界的经验中，或更确切地说，从心灵东西的固有本质中，而且只从这里汲取。像在其他地方一样，由此产生出有关描述和描述的科学的，以及在更高的程度上，有关“说明”与说明的科学的适用的和不可缺少的意义。说明作为更高阶段的成就，在这种情况下所意谓的不外是一种超出描述领域的方法，而描述领域
是可以通过进行现实体验的直观清楚意识到的。这种超出是在 227
“描述的”认识之基础上发生的，并且作为科学方法，它是通过一种可以理解的，在描述性材料中得到最终确证的程序实现的。从这种形式的一般的意义上说，**所有的**科学都有描述这种必不可少的基本阶段，以及说明这种被提高了的阶段。但是这只能被看作形式上的平行关系，并且必须在每一种科学中从固有本质的根源上寻找它的意义充实；而且不允许像在物理学中那样以如下方式预先歪曲“最终确证”这个概念，即将特殊物理学的(即以数学方式理念化了的)领域的某些命题看成是能提供最终确证的命题。

§65 通过进入到心理学家和生理学家的实际操作方法来检验以经验方式建立的二元论的正当性。

因此如果描述是这样被理解的，它就必须说明那唯一原初真正的，唯一可能的心理学的开端之特征。但是不久就表明，清晰性，真正的自明性，一般来说，特别是在这里，并不能轻易获得。首先，正如已经指出的，反对二元论的原则上的根据，反对已经歪曲了的纯粹生活世界的经验意义的两个层次的划分的原则上的根据，反对关于物理的存在与心理的存在按照实在性之最内在的意义具有同类的（生活世界的）实在的错误看法的原则上的根据，反对（在这两种情况下）将时间性与个体性看成是同类的东西的原则上的根据，都过于以哲学定向，过于以原理定向，以至于它们一般来说，没有能给当代的心理学家和科学家留下持久的印象，甚至也没有能给"哲学家们"留下持久的印象。人们对那些毕竟没有导致任何的一致的原则上的论证变得厌倦了，因为从一开始人们就对此心不在焉，而宁愿信赖在重要的经验科学中完成的毋庸置疑的成就的力量，信赖它们的现实的方法，信赖它们的以经验为基础的

228 实际工作，——当然是在每一个科学领域特有的经验：对于物理学家来说，是物理学的经验，对于生物学家来说，是生物学的经验，对于精神科学家来说，是精神科学的经验。的确，它们被称作经验科学是很合适的。如果我们不是注意科学家们在其中谈论他们的方法和他们的工作的反思，即在其中进行哲学思考（如通常在特殊场合的学术谈论中）的反思，而是注意实际的方法和工作本身，那么

在这里科学家们确实经常是最终求助于经验的。人们会反对我们说，但是如果我们置身于这种经验之中，那么这种经验本身，在物体的东西和精神的东西方面立刻就会显示出来，这种错误的二元论解释被吸收到假想的经验意义之中，并且给研究者以满足于实际上纯粹以经验方式建立起来的二元论的权利，以及运用内部经验和外部经验，运用时间性、实在性和因果性的权利（科学家们也正是这样做的）。尽管哲学家很有说服力地谈论原理上的荒谬性，但是他敌不过传统力量。当然，我们现在也绝对不愿意放弃我们的反对意见，这正是因为这些反对意见根本不同于所有那些使用从历史上继承下来的，未曾对其原初意义重新提出过质问的概念的论证，而且因为我们的反对意见正是从最原始的根源得来的，对我们的陈述的任何检验都一定能够令人信服。但是，以此并没有清楚表明，可实行的经验科学的方法，它们的合法性的意义和限度，被清楚地说明了；特别是关于作为我们当前的主题的心理学，它的始终是心理-生理学的方法，并没有被说明——既没有说明它的合法性，也没有说明它所表现的诱惑。这不仅适合于所有从前时代的简单的有一定方法的形式，而且也适合于自从19世纪后半叶以来出现的最高的发展形式。将有关物体的经验与有关精神的经验分离开的必要性并没有被明确地强调；关于由这里预先就被要求的权利，即将有关物体的经验，就如它也对于心理学家具有的不变的含义一样，包括到心灵的东西之中，因而将它的普遍性变成一种无所不包的普遍性的权利，也没有得到明确的强调。这当然就使我们陷入一种自相矛盾的困难之中。但这是这样一些困难，它们能被有效地、成功地执行的工作推到一边，但不能被普遍

229 的哲学推到一边；相反它们必须被克服，因为哲学的存在正是为了消除实践的一切障眼物，特别是科学实践的障眼物，重新唤醒，甚至是拯救真正的和真实的目的，完整的目的，即科学（在这里是心理学）作为它与生俱来的意义应该实现的目的。因此我们不能省却向最一般的基础的回溯，心理学的可能任务，以及每一种客观科学的可能任务，都是由这种最一般的基础产生出来的，就是说，这种最一般的基础是经验科学在其中工作的共同经验的基础，因此如果经验科学在否定一切“形而上学”时，主张遵循不可违反的经验要求，就必须求助于这种最一般的基础。

§66 一般经验的世界：它的一系列领域的类型以及其中可能的普遍抽象；作为普遍抽象相关项的“自然”：关于“补充抽象”的问题。

我们将从一般的考察开始，在这种考察中我们只简单地重复一下先前已说过的东西（不过将它们深化了），以便在这里能够就所提出的问题以一种原始的生动的明确性，说出某种决定性的东西。我们已经知道，客观科学中所有的理论成就都根据预先给予的世界，即生活世界，而有其地位，——我们已经知道，它以前科学的认识以及对这些认识的有目的的改造为前提条件。生活世界在其中被给予的那种直接经验，是一切客观认识的最后基础。与此相关联地说，这个前科学地（原初地）纯粹通过经验而对于我们存在的世界本身，通过它的不变的本质类型，预先向我们提供一切可能的科学主题。

在这里我们首先考察最一般的东西，即世界是作为“事物”的世界被预先给予的。在这种最广泛的意义上,“事物”是对于最终存在着的东西,“具有”最终的属性、关系、相互关联的东西(通过这些东西,事物的存在得到展示)的一种表达,而事物本身则不再是以这种方式被“具有”的东西,而恰恰是最终的“具有者”的东西,——简短地说(不过完全是按照非形而上学的方式说的),它是最终的基体。事物都具有它们以特定语言的“名词”表达的具体类
型学。但是一切特殊的类型学都被最普遍的“领域的”类型学所包 230
摄。在生活中,这种“领域的”类型学是以其恒常的一般性对实践进行规整的,它首先在理论上的本质探究的方法中,作为本质必然的东西显露出来。在这里我要举出一些区别,如:有生命的东西与无生命的东西的区别;在有生命东西的范围内,动物,即不仅是本能地生存的东西,而且还是经常以自我活动的方式生存的东西,与纯粹本能地生活的东西(如植物)的区别。在动物中,人是最优等的,以至于纯粹的动物作为它的变种只是从它那里才获得存在的意义。在无生命的东西中,显露出人化了的,从人那里获得含义(例如文化的含义)的东西。此外,以改变了的方式,显露出相应地以相似的方式有意义地指向动物的存在的东西,与在这种意义上没有含义的东西相区别。很显然,这种来自作为原初经验的世界的生活世界的最一般的划分与归类,对于科学领域的划分有决定性的意义,正如它们由于诸领域的内在联系与交叉,也对诸科学间的内在联系有决定意义一样。另一方面,包括一切具体化的普遍的抽象化同时也决定着诸可能的科学的主题。只是在近代才走上这后一条道路,而正是这条道路,在这里才适合于我们。作为物理学被建立起来的近代自然科学,在这种坚持不懈的抽象中有其根

源，由于这种抽象，它在生活世界中只想看到物体性的东西。每一个“物”都“有”物体性，尽管它（譬如像人或艺术品）不仅是物体的，而只是如同所有实在的东西那样“被物体化了”。通过这种以普遍的连贯性实行的抽象，世界被还原为作为纯粹自然科学的主题的抽象的普遍的自然。唯有在这里，首先是几何学的理念化，然后是所有其他数学化的理论研究，才能汲取其可能的意义。几何学的理念化建立于“外部经验”的自明性之上，而这种外部经验事实上也是抽象化的经验。但是在这种抽象化中它有其解释的本质形
231 式，有其相对性，有其说明理念化动机的方式。

那么关于人的心灵的情况又怎样呢？人是被具体体验到的。只是在将他的物体性的东西抽象掉以后——在将世界还原为抽象的物体的世界的普遍抽象内部——，现在非常明显地呈现出来的有关“另一方面”的问题，即补充的抽象的问题，才产生出来。因为现在物体的“方面”属于自然科学的一般任务，并且在那里得到了对它的理论上理念化的处理，心理学的任务就被说成是“补充的”任务，即正是使心灵的方面以相应的普遍性受到相应的理论上的处理。是不是这样一来几乎就像是以无可争辩的方式，即真的是在生活世界的经验的纯粹的根据上，没有任何形而上学的介入，而建立起了二元论的人的科学，并赋予心理学以其原初的意义呢？这种想法首先适用于人的领域，然后同样显然也适用于动物界。此外借此有关社会精神的与物化的精神的科学（精神科学）之方法也将预先被定向，——看上去很像是这样。正如相互关联的抽象教导我们的，人（所有动物的实在也是如此）确实还是具有两个层次的实在，如同在纯粹的生活世界的经验中，即在纯粹的经验中呈

现出来的那样，因此，有关人的领域的科学，当然首先就要求那种
我们有时（在与社会心理学对比中）称作个人心理学的东西。人们
将他们的抽象地区分出来的心灵在世界的时间空间中，具体地分
配给物体，而这些物体，在对物体的纯粹自然的考察中，构成一个
可作为整体就其自身进行考察的世界。心灵的东西本身，则由于
物体化了，而成为彼此外在的了，因此它们并不在它们自己固有的
抽象层次上构成一个作为整体的平行的世界。因此，心理学只能
是有关**单个的**心灵的一般特性的科学——这种情况是由单个的心
灵按照它们固有的本质，由心理-物理的关联规定的那种方式，由
它们共同归入普遍的自然而被规定的那种方式所造成的。在这种
情况下，这种个人心理学必然是社会学的基础，同样也是有关物化 232
了的精神（文化事物）的科学的基础，这种物化了的精神就其固有
意义而言，归根到底与作为个人的人有关，因而与心灵生活有关。
所有这一切也能够以类比的方式——正是在类比所及的限度
内——转用于动物、动物社会，转用于在特定的动物的意义上的周
围世界。

借助于这种将我们带回到生活世界的经验知识基础，因此带回到在这里最终必须询问的自明性根源的思考，难道没有证明物体性与心灵的精神性这种传统二元论的正当性吗？或更确切地说，难道没有证明，一方面是作为关于人的（还有动物的）物体性的科学的生理学，另一方面是作为关于人的“心灵方面”的科学的心理学，这两个方面的二元论的关联的正当性吗？甚至还不仅如此，难道二元论在与**笛卡儿**（他对经验主义也有影响）开创的理性主义传统相比之下甚至不也是得到了改善吗？就是说，它不是由于只

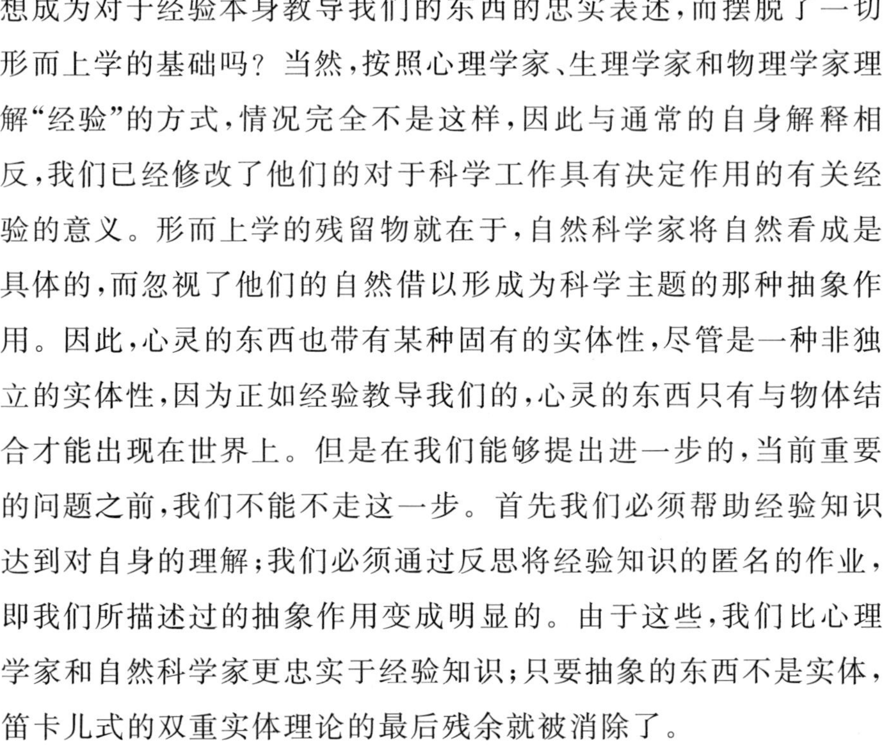

想成为对于经验本身教导我们的东西的忠实表述，而摆脱了一切形而上学的基础吗？当然，按照心理学家、生理学家和物理学家理解“经验”的方式，情况完全不是这样，因此与通常的自身解释相反，我们已经修改了他们的对于科学工作具有决定作用的有关经验的意义。形而上学的残留物就在于，自然科学家将自然看成是具体的，而忽视了他们的自然借以形成为科学主题的那种抽象作用。因此，心灵的东西也带有某种固有的实体性，尽管是一种非独立的实体性，因为正如经验教导我们的，心灵的东西只有与物体结合才能出现在世界上。但是在我们能够提出进一步的，当前重要的问题之前，我们不能不走这一步。首先我们必须帮助经验知识达到对自身的理解；我们必须通过反思将经验知识的匿名的作业，即我们所描述过的抽象作用变成明显的。由于这些，我们比心理学家和自然科学家更忠实于经验知识；只要抽象的东西不是实体，笛卡儿式的双重实体理论的最后残余就被消除了。

233 ## § 67 在经验基础上进行抽象的二元论。经验论的开端在历史上的持续的影响（从霍布斯到冯特）。对材料经验论的批判。

但是我们现在必须问，二元论中的哪些东西，在人和科学的“分层”中的哪些东西（这种分层由于前边谈到的抽象作用而获得新的合理性）是真的有意义的，并且是继续有意义的？我们故意不使用我们对这种二元论的最初的批判，不使用我们关于心灵存在的空间时间定位和个体化具有的原则上次要的性质的提示；我们想完全进入到科学家的心理-物理二元论的经验主义中，以便在作为根本基础的整个经验世界的普遍关联中作决定。除去那些如很快就会表明的对于理解心理学的真正任务具有根本本质性质的新洞察，我们还将重新发现那些我们以上提到过的旧洞察。

让我们从已经讨论过的抽象作用开始谈起，这种抽象作用很快就会显露出它的隐蔽的困难。让我们直截了当地自然地将这种抽象作用看作是根据人的具体经验所区分的目光方向和兴趣方向。当然，我们可以注意它的纯粹物体性的方面，并且一贯地从单方面对它感兴趣；同样我们也可以注意它的反面，纯粹对它的心灵的东西感兴趣。由此，“外部”经验与“内部”经验（首先是知觉）的区分看起来也立即清楚了，并且具有无可置疑的合法性；而人本身划分为两个实在的方面或层次的情况也是一样。什么东西属于心理的方面？它的哪些东西是纯粹在内知觉中给予的？对于这样一些问题人们将以熟悉的方式回答说：是人格，人格的诸特征的基体，先天的或后天获得的心理素质（能力，习惯）的基体。但是这样一来就回溯到流动着的“意识生活”，即回溯到一种时间的过程，在其中首先特别有自我-活动的特征显露出来，但是在诸被动状态的背景上显露出来的。这种“心理体验”之流，就是在那种对准心灵东西的抽象态度中所经验到的东西。一个人的心理体验的现前范围只能被他本人作为他的“内知觉”直接地真正地知觉到（而且正 234
如人们甚至以为的，是以一种特殊的必真的自明性知觉到）。而其他人的心理体验只能以“移情作用”这种间接经验的方式得到。至少当人们不像从前习以为常的那样将这种经验方式解释为推论时，是这样的。

然而所有这些绝不像几个世纪以来未经更深入思考就接受的

那样简单，那样明显，对于来自建立在与外部经验并列的“内部经验”以及其他心理学经验基础之上的与物理学家的抽象作用并列的抽象作用的心理学，必须认真地加以怀疑，这样理解的心理学甚至原则上是不可能的。这显然也涉及到每一种纯粹依据于经验直观的有关人的两个实在方面或层次的二元论，以及每一种有关人的科学的二元论。

从历史观点来看，我们必须考察经验主义心理学，以及从霍布斯和洛克时代以来就在心理学中占支配地位的感觉论，这种感觉论一直到我们今天还在损害着心理学。在自然主义的这种最初形式中被认为是以经验为基础的心灵，作为由心理学材料构成的固有的实在的领域，按照意识空间的自身封闭的统一，被单独划分出来。将对心理学的材料的经验的这种给予性与对物体的经验的给予性朴素地等同起来，就导致将前者物化；持久地将目光注视着作为典范的自然科学，就会诱使人们将心理学体验的材料理解为心灵的原子或原子的复合，诱使人们将两方面的任务并列起来。心灵的能力，或如后来人们喜欢说的，心理素质，变成了物理力的类似物，变成了心灵的纯粹因果属性的名称，不论这些属性是作为固有本质属于心灵的，还是由与身体的因果联结而产生的——无论如何在两方面都是以同样的方式理解实在性与因果性。当然，在**贝克莱**和**休谟**那里对心灵的这种解释的难以理解的困难，立即就显示出来了，并且迫使他们走向将这种“并列”双方的一个方面吞
235 食了的内在的观念论。但是直到 19 世纪，这种情况并没有对被认为是遵循经验的心理学与生理学的实际研究方式有任何改变。**洛克**的那些后继者的内在哲学的“观念论的”自然主义，能够很容易

地改造为二元论的心理学。休谟的虚构主义使之变得非常明显的认识论上的困难，已经被克服了——而且是借助于"认识论"克服的。另外在这里，对人们在遵循经验的自明性的自然努力中反正要做的事情进行事后的论证，乃是一种虽然引人注目，但很可惜回避了真正的彻底精神的反思。这样一来在明显有价值的经验事实上不断增长的获得物，就呈现出一种可在哲学上理解的意义的外观。我们在冯特及其学派的反思中，在关于"两种观察角度"的学说中，在通过双重"抽象作用"而在理论上运用唯一的一般经验中，看到这种仿效科学的认识论-形而上学解释的典范。看上去这种学说是走在克服一切传统形而上学并导致对心理学与自然科学的自身理解的道路上，但实际上，它只不过是将经验的二元论的自然主义重新解释为具有两副平行面孔的一元论的自然主义——即斯宾诺莎主义的平行论的变种。另外，不论是冯特还是其他人对受经验二元论束缚的心理学进行论证的方法，都停留在遵循洛克传统的将意识当作材料的自然主义的解释中。但是这并没有妨碍他们将表象、意志、价值以及目的设定当作意识材料来谈论，而不从根本上提出这样的问题，即如何能够从这些材料以及它们的心理的因果性出发，理解那些理性的活动呢？这些理性活动是作为它们的成就的一切心理学理论的前提，而在这些理论本身中，这些理性活动应该作为诸成果中的一种成果表现出来。

§68　对意识本身作纯粹解释的任务：意向性这一普遍的问题。（布伦塔诺改造心理学的尝试。）

在这里，首要的事情就是克服朴素性，这种朴素性将世界如其

236 所是的那样在它当中并通过它而为我们存在的意识生活——作为现实的和可能的经验的全体——变成人的实在的属性，与人的物体性相同意义上的实在的属性；也就是说，这种朴素性遵循以下的图式：即在世界上有具有各种不同特征的事物，其中也有这样的事物，它对存在于自身之外的事物进行感受，进行理性的认识。或者这样说也是一样，即首要的事情，而且首先是在直接的反思的自身经验中的首要的事情，就是完全无先入之见地对待意识生活，就如同它本身此刻完全直接呈现的那样。在这里，在直接的给予性中，人们所发现的绝不是颜色材料、声音材料，以及其他的“感觉的”材料或感情的材料、意志的材料等等，因此也没有发现任何在传统心理学中像当下直接给予的东西那样明显地呈现的东西。相反，就如同**笛卡儿**已经发现的那样（当然，我们撇开他的其他意图），人们发现了**我思**、**意向性**，它如同所有周围世界现实的东西那样具有人们熟悉的语言表达形态：“我看到一棵绿色的树；我听到它的叶子的沙沙声，我闻到它的花香”；或者“我回忆起我的学生时代”，“我为我朋友生病感到忧虑”等等。我们在这里发现的不是别的，而只是“对……的意识”，即只有按照它的整个的范围和它的诸种样式才能研究的最广泛意义上的意识。

在这里应该回忆一下**布伦塔诺**所取得的卓越功绩，他是通过以下的做法，即在其对心理学的改革尝试中从研究（与物理东西相比较）心理东西固有的特征开始，并且指出意向性就是这些特征之一，而取得这些卓越功绩的；因此有关“心理现象”的科学到处都应与意识体验有关。但是很可惜，在最本质的方面，他仍然囿于自然主义的传统的先入之见；如果心灵材料不是被理解为感觉的材料

(不论是外“感官的”还是内“感官的”),而是被理解为具有意向性这种奇特性质的材料;换句话说,如果二元论,心理-物理的因果性仍然被认为是有效的,这种自然主义传统先入之见就仍然没有被克服。他关于与描述的自然科学并列的描述的心理学的理念 237
(如他认为两者有相似的方法这一点所表明的),以及他完全按照关于描述的自然科学与说明的自然科学的关系的旧的传统解释而提出对心理学进行分类与描述的分析的任务,也属于这种情况。如果布伦塔诺认清了将意识生活作为意向生活来研究,而且首先是在预先给定的世界的基础上来研究(因为问题是将心理学作为客观科学建立起来)这种任务的真正意义,那么整个这一切本来是不可能的。因为他只是从形式上将意向性心理学当作任务提了出来,但却根本没有完成这个任务的方法。他的整个学派的情况也是一样,这个学派像他本人一样,始终坚持拒绝承认我的《逻辑研究》中的决定性的新东西(尽管他关于意向现象心理学的要求在这里也有影响)。《逻辑研究》中的新东西绝不在于纯粹存在论的研究,——存在论的研究与这本书的最内在的意义相反,产生了一种片面性影响——而在于主观指向的研究(特别是1901年第二卷的第V和第VI研究)。在这种主观指向的研究中,作为所思的所思(cogitata qua cogitata)第一次作为每一个意识体验的本质要素(如同在真正内在经验中给予的那样)得到应有的重视,并且立即支配了意向分析的整个方法。这样在那里“自明性”(这个僵硬的逻辑偶像)第一次被当成问题,使它从对科学的自明性的偏爱中解放出来,并被扩展到用来意指原初的一般的自身给予性。在若干活动综合为一种活动的过程中,发现了真正意向的综合,据此,在

从一种意义到另一种意义的独特的结合中，不仅产生其诸部分是有意义的一个整体、一种联结，而且产生一种这些有意义的诸部分本身被包含于其中，并且是以有意义的方式被包含于其中的单一的意义。与此同时有关相互关联的诸问题也已经显露出来了，因此在这部著作中事实上包含了现象学的最初的，当然是非常不完善的开端。

238

§69 “现象学的-心理学的还原”这一心理学的基本方法。(初步的特征说明：1. 意向关联及悬搁；2. 描述心理学的诸阶段；3. “冷漠的旁观者”的设定。)

292

然而对于材料心理学以及按布伦塔诺的方法思考意向性的心理学所进行的这种批判，现在需要系统说明理由。让我们更仔细地考察一下以前说明过的二元论的、平行的抽象作用的、对作为分别属于自然科学和心理学的抽象经验类型的内在经验和外在经验的划分的、被信以为真的直接经验基础的不言而喻性。如果我们特别地将我们的注意力指向“内在的”即心灵的经验，在这种情况下，事情并不是仿佛我们通过对一个人的直接经验，通过抽去一切自然的东西，就已经轻而易举地看到了他的纯粹的-心灵的生活——作为他真实固有的意向体验的一个层次——，就是说，并不是仿佛我们实际上获得了与将他的纯粹物体性作为主题提供给我们的那种抽象作用直接对立的抽象作用。在对世界的这种直接经验中，我们发现人与某些东西——动物、房屋、田野等等——有意向关联，也就是说，当在意识方面受这些东西的刺激时，主动地看它们，一般地感知它们，主动地回忆它们，思考它们，就它们进行计划，对它们采取行动。

即使我们作为心理学家从人身上抽去他的物体的身体（它属于自然科学的论题），这对于与世界中实在东西的意向关联并不改变任何东西。在这种情况下，实行这种关联的人确信自己与之打交道的实在事物的现实性；而心理学家——他总是将某人当成他的主题，并且深入理解，这个人感觉到什么，他在想什么，他在做什么，等等，——关于涉及到的东西也具有自己的确信。在这里应该充分注意的是：一个人（这个人是在已经抽去了他的身体的情况下被理解的）的直接自然地被经验和被表达的意向性，具有在这个人与其他的实在东西之间**实在关联**的意义。这些实在东西当然不是与有关的实在东西相关联的这个人固有的心理本质的组成部分；然而另一方面，我们却必须将他的知觉活动、思想活动、评价活动，239
等等，归入他固有的本质。因此，为了获得所要求的“描述心理学”的纯粹的真正的主题，就需要一种经过充分自觉训练的方法。我称这种方法——在这种关联中作为心理学的方法——为**现象学-心理学的还原**。（关于这种还原与超越论的还原是一种什么关系，我们暂时存而不论。）

作为心理学家，我朴素地站在直观的预先给予的世界之基础之上。在这个世界中分布着事物以及具有其心灵的人和动物。现在我想纯粹按照其精神的心灵存在首先是通过范例，然后是一般地，来解释人的具体的-固有本质的东西。一切意向性都属于心灵的固有本质的东西，例如被称作“知觉”的这种类型的体验，正是作为意向性，而且正如被用作实例的那个人所实行的意向性，属于

心灵固有本质的东西，而且总是这样，以至没有任何超出人的，即“心灵”的固有本质之外的东西被一起带进来。在知觉活动中，人意识到被知觉的东西。但是，不管这种知觉活动具有观察和解释活动的样式，还是具有关于被直接注意的东西之未被注意到的背景的被动意识的样式，有一点是清楚的，即：不管被知觉的对象是存在还是非存在，不管进行知觉的人在这点上是否搞错了，此外不管我这个心理学家——在我进行深入理解时，我立即同时实行一种对于被知觉东西的确信，——是否搞错了，所有这些对于作为心理学家的我肯定都是无关紧要的。这里的任何东西都不可以进入到对知觉的心理学描述中。不论是存在还是假象，都对以下事实没有任何改变，即有关的主观，举例来说，事实上实行一种知觉，事实上具有这样一种意识：“这棵树在这里”，他与此同时实行了属于知觉的本质的一种直接的确信，即对于直接在此存在的确信。因此关于人，关于自我-主观，如它们在经验上直接给予的那样的一切真正直接的描述陈述，都必然超出这些主观之纯粹本质固有的东西。只有通过特殊的悬搁的方法才能纯粹地获得这种主观的纯粹本质固有的东西。这种悬搁是对有效性的悬搁，在知觉的情况

240 下，我们克制自己不参与实行进行知觉的那个人所实行的有效性。我们有这样做的自由。我们不能毫无困难地、随意地改变一种有效性，不能将确信变为怀疑，变为否定，同样也不能将喜欢变为不喜欢，将爱变为恨，将渴望变为厌恶。但是我们能够毫无困难地对任何一种有效性采取克制态度，即为了某些目的我们总可以使它不起作用。但是我们必须进一步思考。对于这个进行活动的人来说，每一个活动都是具有特殊内容的确信或确信样式（认为某事是

没有把握的、可能的、无意义的）。但是与此同时，这种确信——或如我们说的，这种有效性——也具有一种本质的区分，例如，对存在的确信不同于对价值的确信，这二者又不同于实践的确信（例如对计划的确信），而且每一个确信都有其各自的样式。此外，由于活动的有效性与其他活动以及其他活动自身包含的有效性的**关联**，例如由于围绕着每一种活动的地平线意识，我们有活动的有效性的各种差别。

让我们撇开这样一个事实，即在“地平线”意识的概念中，在地平线的意向性的概念中，就已经包含有通常狭义上“无意识的”，然而却以可以指出的方式共同起作用的，甚至以各种各样方式共同起作用的意向性的极其多样的样式，这些意向性的样式具有它们固有的有效性样式，以及它们固有的改变这些有效性样式的方式。此外，正如更详细的分析能够表明的，仍然总还有一些“无意识的”意向性。这里甚至应该包括由新近的“深层心理学”（我们并不因此就将自己的理论与这种心理学理论等同起来）揭示出来的被压制了的爱、屈辱感、“怨恨”等感情，以及由它们无意识地引起的行为方式。这些意向性也有它们的有效性样式（对存在的确信，对价值的确信，意志的确信，以及它们的样式上的变化），因此对于它们来说，凡是我们通过知觉的例子已经明白了的东西，预先都考虑到了。当把一种纯粹的心理学当作目标时，心理学家本人绝不允许构成他的主题的人格的有效性（不管它具有怎样的多样性）同时起作用，当他进行研究的时候，他绝不可对这些有效性采取或具有自己的立场；这一般地而且首先是关于这些人的所有那些他们尚不 241
知道的，处于他们生活深处的，对心理学家来说处于隐蔽状态的意

向性，当然也不管这些意向性对于这个人本身在特殊的意义上是有意识的意向性，还是无意识的意向性。这包括一切习惯的东西，一切兴趣，它们或是短暂的，或是支配着整个一生的。心理学家预先并且永远在他的职业生活中以及他的职业时间中，克制自己不对作为他的主题的个人感兴趣的事情也一起“感兴趣”。只要他违反了这一点，他就会背离他的主题。如果是那样，就会从意向性——个人通过它们（在纯粹心灵上）自在和自为地是自己所是——，从意向性所固有的内在的“自身关联”和被关联，立即产生出实在的关联，即这些个人与在他们之外的任何一种世界对象——这些个人被卷入到这些对象的实在的关联之中——之间的实在的关联。

但是，描述心理学的特殊的主题，就是作为本身仅仅是意向的生活的主体的人本身的纯粹固有本质的东西，而意向性的生活作为个别的心灵尤其应被看作一种固有的纯粹意向的关联。但是每一个心灵也与其他的在意向上相互联结的心灵共同处于共同体之中，也就是说，也处于一种纯粹意向的，由于固有本质而内在地紧密联系之中，即主观间共同性的联系之中。这一点我们以后还要讨论。但是我们这里遇到的非常值得注意的事情，是主观能够借以成为主题的这双重的方式，通过这双重的方式主观能够以两种不同的态度，显示出诸种非常不同，然而本质上却相对应的性质；一方面是诸个人对于在意向上对他们有效的世界内部的他们意识到的，在意向上对他们有效的事物之纯粹内在的关联。另一方面，个人作为在实在世界中的实在者，对这个世界中的事物处于实在的关联之中。纯粹描述心理学通过悬搁的这种纯粹内在的态度，

将人主题化，由此就得到了它的主题：心灵。

当然在这里，我们像看待其他描述科学的概念一样，是在广义上看待描述心理学概念的，这些描述科学肯定不是与直接直观的纯粹材料相结合的，而是向那些借助任何现实经验的直观都不能使它作为现实存在而实现的东西推论，只是这种东西必须是能够 242
由以类比方式改变了的直观来代表的。因此，地质学与古生物学是“描述科学”，尽管它们延伸到地球的那样一些气候时期，在那些时期对于被归纳的生物的类比直观原则上是不能代表可能的经验的。类似的情况当然也适合于描述心理学。描述心理学也有其以极其间接的方式展示出来的多种多样心理现象的领域，但是它们有能够直接经验到的东西作为前导。但是正如我们已经说过的，只是由于对有效性的普遍悬搁，心理学才获得了它的一般主题。它最初的进攻点很可能就是在自然态度中突现出来的实在的意向性，即人的所作所为当中的行为方式。这样，描述心理学通过克制自己不参与到共同的有效性中，而首先把握住了人的“内在的东西”。但是由此它还没有成为真正描述的心理学；它由此尚未达到它的纯粹的自身封闭的工作领域，并没有达到“纯粹的心灵”，并没有达到处于其固有本质的、彻底意向上的独立性中的纯粹心灵之自身封闭的领域。为达到这一步，就需要（而且预先就需要）心理学家实行普遍的悬搁。心理学家必须“一下子”完全停止实行对作为主题的个人或明或暗实行的有效性之任何参与，而这里所说的个人，是指所有的个人。因为心理学毕竟应该是有关心灵东西的普遍科学，是与有关物体的普遍科学并列的东西；而且正如关于物体的科学预先就是处于普遍“悬搁”之中的科学，处于习惯的，预先

形成的职业态度——即想要抽象地只是对于处于其固有本质的关联中的物体进行研究——之中的科学一样，心理学也是这样的东西。因此它也需要自己的习惯的“抽象的”态度。它的悬搁涉及到所有心灵的东西，因此也涉及到心理学家自己的心灵的东西，这包括他——作为心理学家——克制自己不同时实行他自己以自然的日常生活的方式实行的针对客观世界中实在东西的那种有效性。这位心理学家在他自身之中设立了对于他自身以及所有其他人的“冷漠的旁观者”和研究者，并且这是一劳永逸地，也就是说，是就
243 从事心理学研究的全部“职业时间”而设立的。但是悬搁必须被真正普遍地并且是彻底地实行，它绝不可被认为是批判的悬搁，不论是用来进行自我批判的还是批判他人的悬搁，不论是理论批判的还是实践批判的悬搁。它也不可按照一般的哲学意图，被认为是对于经验，对于有关客观存在着的世界的真理本身认识的可能性的普遍批判；当然，也不可被认为是怀疑论式的，不可知论式的悬搁。在所有这样理解的悬搁中都包含有采取立场。但是正如我们一再重复的，心理学家作为心理学家，在他的研究中不允许有任何立场，也不允许采取任何立场，不允许仿佛他有权谈论作为他的主题的那些人的有效性那样采取不论是赞成的，还是反对的，还是未定的、悬而未决的立场。只要他没有将这种态度当作认真的有意识地建立起来的态度学到手，他就达不到他的真正的主题，只要他违背了这种态度，他就一定会失去他的主题。只有按照这种态度，心理学家才能有主观之本质上统一的，绝对自身封闭的“内在”-世界，他才有意向生活的普遍的整体统一作为他的工作的地平线，即处于最原初状态的他自己的生活，而且由此出发，还有共同的生

存者以及他们的生活，借助于这些生活，每一种具有其固有的意向性的生活，都在意向上延伸到每一个其他人的生活中，而且所有的人都以多种多样方式，较亲密的或较疏远的方式，结合到生活的相互联系之中。对于处于这种相互联系之中，但却具有自己的“冷漠的旁观者”态度的心理学家来说，任何一种意向生活，如每一个主观，每一个特殊的主观的共同体本身所经历的意向生活，即活动的实行，知觉的以及以任何其他方式经历的行为，变化着的有关存在的意指活动与有关意志的意指活动，等等，所有这些，都能够当作主题理解。因此一般来说，将个人的纯粹活动-生活，就是说，首先是狭义的意识生活，当作他的最切近的，最基本的主题。这种狭义的意识生活，可以说就是这种精神世界的首先对他变得显而易见的表层，而意向性的深层只是逐渐地显露出来的；另一方面，方法，以及事物的系统联系，也只是在向前探索的经验研究中才显露出

来。当然在这方面，即在能够引起对这种彻底改变的必要性的意 244
识，并且下决心有意识地坚持地遵守这种改变，并且还引起这样一种认识，即只有借助于这种描述心理学，一般心理学才能满足它们固有的科学意义，并能通过对它自己的，即心理学的正当意义的适当限定，公正对待心理物理学主题设定的正当意义之前，哲学及其科学需要经过整个漫长的历史。

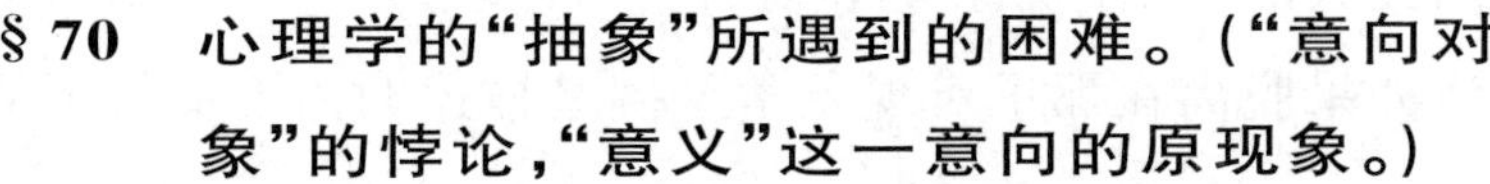

§70　心理学的“抽象”所遇到的困难。（“意向对象”的悖论，“意义”这一意向的原现象。）

自然科学能够通过直接实行的普遍抽象作用将一切精神东西抽去的办法获得其主题，而心理学却不能那样简单地通过直接实

行一种相反的抽象作用将一切纯粹物体东西抽去的办法获得其主题。通过心理学自身理解的道路，即使在认识到是必要的现象学的悬搁以后，也会遇到异常的困难，甚至会受到令人吃惊的悖论的阻挠，这些困难和悖论必须依次加以澄清和克服。这就是我们现在应该全神贯注的事情。首先是**意向对象本身**的悖论式困难。我们从下面这个问题开始：所有在主观“意识”中以各种各样有效性样式意识到的，在悬搁之前被之定为实在存在着的（或可能存在着的，或甚至是不存在的）对象，如果现在在心理学家的悬搁中禁止对每一种这样的设定采取立场，它们会变成什么呢？我们的回答是：正是悬搁使我们的目光不仅向在纯粹意向生活中发生的意向（“意向体验”）敞开，而且也向这些意向在自己本身中，总是按照其是什么这种固有的内容而设定为它们的有效的对象的东西敞开，以及向它们这样设定所用的方式敞开：即处于什么样的有效性样式中，或更确切地说，处于什么样的存在样式中，处于什么样的主观时间样式中，如知觉上现前的，回忆中过去的，即曾为现在的，等等；具有什么样的意义内容，什么样的对象类型等等。意向以及意向的对象本身，另外还有处于“其给予方式的如何”之中的意向的
245 对象，首先在行为领域中成为一种内容极其丰富的主题。紧接下来就不得不满足于谨慎地扩展这种相互关联的概念和问题。

因此我的《**纯粹现象学和现象学的理念**》一书中那句话——那句话如果脱离在那里对现象学悬搁之描述的上下文就可能引起人们的反感——是完全正确的，那句话就是：“关于一棵树本身，人们可以说它被烧毁，而一棵被知觉到的树‘本身’则不会被烧毁；就是说，对于一棵被知觉到的树这样说是荒谬的；因为如果这

样说，人们就是在期待纯粹知觉的一个成分——这个成分只有作为自我主观固有本质的因素才是可以想象的——去做某种只有对于由树木构成的物体才能有意义的事：烧毁。”心理学家——只要他保持在纯粹描述的范围内——能具有的唯一的直接对象，就是自我主观以及“在”这种自我主观本身（但是在这种情况下只是通过那种悬搁而得到的自我主观）“中”可以经验到的它内在固有东西，这些东西是以后进一步科学研究的主题。但是心理学在这里到处都发现不仅有意向，而且有相关联地在意向当中包含的——以“被包含”这种本质的并且完全是独特的方式包含的——“意向对象”。这些意向对象并不是意向的真实的部分，而是在它们当中被意念的东西，是意向的特殊的意义，并且是只有对于像“意义”这样的东西才有意义的诸样态中的意义。不许可仅仅谈论意念活动的被意念的东西，意识体验的被意识的东西，意向的被意向的东西——这些响亮的词句，不可避免地在一种被扩展的意义上被应用于现象学的心理学——；相反，它们必须有步骤地变成心理学研究的主题。这种仅止于对它们进行谈论，乃是材料心理学的做法。甚至休谟也谈论关于树、石头等等的印象，知觉（他如何能够避免这样做呢？），而且直到今天，心理学还是这样做。正是因此，由于看不到“意向上的内存在”或“在心中想到某种东西”，——在语言中也倒过来这样说——，心理学也看不到真正意向分析的可能性，并且在相反的方向上，也看不到意向综合这一主题设定的可能性——而这正是固有本质的心理学研究的，即描述的心理学研究的全部主题。在心理学以外的生活中，有时注意个人的行为和痛苦，有时注意它们的“意义”（注意人们“心中所感到 246

的”东西),这是很普通的事情。即使在科学的领域内,我们在对兴趣的某种限制中也有解释意义这样的主题设定,例如,在语文学中,通过对使用语词的人在他们谈话中心中所想到的东西,他们的经验上、思想上、实践上所意指的东西,以及对他们心中所感到的东西,进行经常的反思和追问而具有的解释意义这样的主题设定。但是只当人们并不想通过普遍的一贯性看到意义以外的任何别的东西时,只当在赋予意义和获得意义的生活,以及在这种生活的全部意义赋予和意义的无所不包的综合所具有的人的全部主观的样式中和普遍的具体相中,人们不想追寻意义以外的任何别的东西时,只有在这时,人们才具有纯粹心理学的问题,但绝不是孤立地具有纯粹心理学的问题。换句话说,只有那些在普遍悬搁中生活的,并且通过普遍悬搁而拥有作为完成意义和完成有效性的纯粹“内在生活”的,即意向生活的普遍的地平线的人,才也具有现实的,真正的,并且如我们强调指出的,绝对自身封闭的意向性的问题范围——纯粹心理学的问题范围,在这种情况下,这种问题范围属于一切研究心理东西的科学(心理物理的科学,生理学的科学)。

心理学家从自己的原初的领域获得这种意向性的问题范围,但这个原初的领域对于他来说,绝不是可以孤立出来的。借助他的原初意识领域的移情作用,借助从移情作用中产生的东西(它是移情作用中绝不会缺少的组成部分),他已经具有了普遍的主观间共同的地平线——尽管开始时他很少注意到它。

当然,这种悬搁作为一种明确的有步骤的根本要求,只能是那样一个人事后反思的事情,这个人由于某种朴素性,并且由于某种历史状况，可以说已经被牵连到悬搁之中了，已经占有了这个新的“内在世界”的一部分，即在某种程度上伴有模糊不清地勾画出的远处地平线的内在世界的较近的领域。因此只是在《逻辑研究》完成四年后，他才达到对他的方法的明确的自我意识，而这种自我意识甚至在那时也是不完善的。但是与此同时也产生一些极其困难的问题，这些问题与这种方法本身，与悬搁和还原，以及关于它们本身的现象学理解，以及它们的在哲学上的非同寻常的重要性 247
有关。

在我在这里转而探讨这些困难，并借此充分阐明心理学的悬搁和还原的意义之前，我要更明确地说明这两个词在使用中的区别，按照迄今的全部叙述，这种区别是很明显的。在纯粹心理学，即真正意义上的描述心理学中，悬搁是为使主观按照它固有本质的纯粹性而成为能被经验的，能被主题化的手段，而在自然的世界生活中，主观则被经验为，并且经验自己本身为处于对世间实在对象的意向的-实在的关联之中的。因此，对于这位绝对冷漠的心理学观察者来说，这种主观就变成了新的特殊意义上的“现象”——而这种态度的转变在这里就被称作现象学-心理学的还原。

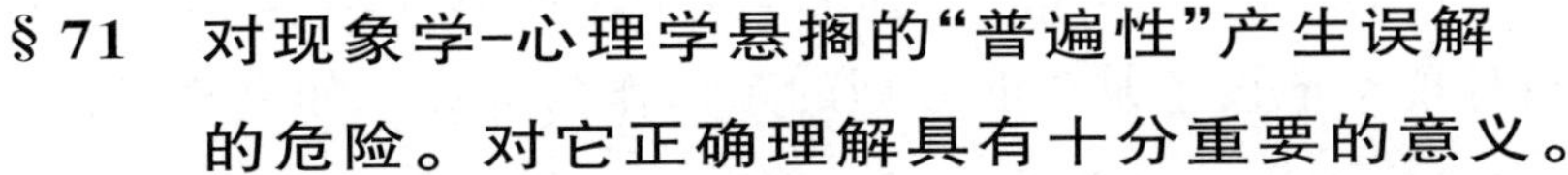

§71　对现象学-心理学悬搁的“普遍性”产生误解的危险。对它正确理解具有十分重要的意义。

现在我们开始讨论一些最本质的问题，以便借此从不同的方面阐明悬搁与还原的更深刻的意义，然后阐明纯粹心理学本身的更深刻的意义。实际上这种心理学具有深度，它导致一些悖论，对于这些悖论，一个除去有关心灵的客观科学再无其他目的的心理家是不会预料到的。不过我们的叙述也许会促使他就其自然主义感觉论检查他的意识心理学，并且承认，真正的心理学需要普遍的悬搁。虽然开始时这个心理学家也许会以为，尽管他没有明确地将普遍的悬搁宣布为方法，他已经在悄悄地实行悬搁了，并且在他集中注意于个人内在固有的东西时，他在按照内知觉，内部经验，或者按照移情作用进行描述的标题下，将对于这些个人来说是外在实在的东西（就其真正的存在或非存在而言）排除了。但是他也许会承认，这种指向人的“内在存在”的自然的朴素的方式（这种方
248 式甚至对于前科学生活来说也绝不是陌生的）是不够用的，只有通过普遍悬搁这种自觉的方法，处于其充分具体性之中的主观纯粹自在自为的存在才能成为主题的领域。因此他一定会看到，并且一定会对自己说，只当我将所有心理以外的东西，即在心理生活中有效的世界排除掉，因此纯粹心理的领域对于我来说变成了一个封闭的世界，以下事实对于我才成为自明的，或以下的自明性才成为令人信服的，即在心理东西本身的固有本质中包含着这样一种性质，即它是意指对象的，等等。

在这种情况下，我普遍地具有流动的多种多样的意向性，其中就有流动地有效的世界本身：但并不是以这样方式具有的，即与此同时现实地设定某种非心理的东西作为世界。如果我们在这里再补充说，也许心理学家还会同意，那种占支配地位的以揭示心理的-物理的因果性或制约性为目的的倾向——这种倾向直到如今都使心理学家给感觉材料以优先地位，并使他们不去追问感觉材料在意向关联中所占有的描述地位，以及追问感觉材料的只有在

这种关联中才能被决定的意义——是心理-生理学的态度。最终他可能会承认，因此事实上在这里有一种重要的东西：即意向性的主题设定范围，而且是作为一种表示相关关系的项目的意向性主题设定。而且按照我们整个叙述的意义，事实上这是主要之点，为了我们毕竟能够开始，我们首先必须完全确信它。只有通过普遍的悬搁，我们才能将纯粹的自我-生活本来所是的东西看作是固有的主题领域；这种自我-生活是意向生活，是在意向生活的意向中，受在这种意向生活中显现的有效的意向对象的刺激，意向生活以各种不同方式指向意向对象，与它们打交道。所有这样地“与之打交道的对象”本身都属于纯粹的内在性，并且必须按照它们的纯粹主观样式，按照它们的内涵，以及一切在其中包含的意向中介加以描述地把握。

但是，数百年之久的传统的思想习惯，并不是这么容易就能够克服的，它们还在起作用，尽管人们明确表示放弃了它们。在内心中，心理学家仍然会坚持认为，这种描述心理学并不是一种独立的科学，它以有关物体的自然科学为先决条件，同时又是以心理-生
理学方式，或也许可能是以心理-物理学方式说明的自然科学的预 249
备阶段。即使承认它本身作为纯粹描述心理学有独立的存在，它肯定还要求有一种与自己并列的“说明的”心理学（在上个世纪末，布伦塔诺和狄尔泰的立场就正是如此）。初学者（每一个学院心理学家按照他所受的教育而言在这方面都是初学者）一开始可能会认为，在纯粹心理学方面所涉及的只是一组有限的任务，是一种虽然有用但却是次要的辅助学科。这种看法部分地是建立在必须从人的行为方式开始这种必要性之上的，以及建立在这样一种考虑

之上的，即这些行为方式作为实在的关系，需要还原到行为方式中的内在的心灵的东西。因此看起来很明显，必需的普遍的还原，恰好预先就具有这样一种含义，即决心不断地逐个地将在有关世界的经验中出现的全部人的行为方式进行还原，因此决心从科学上，或许还要借助于实验，描述那种已在日常语言中清楚表现出来的心理的东西，即人的行为或痛苦，粗略地说就是，按照其经验类型从科学上描述的行为领域的心理东西，——按照这些经验类型的意义，总是包含有心理-物理的因果性。但是所有这些都具有这样一个目的，即此后能继续完全按照自然科学的方式进行归纳的推论，并据此进入到昏暗的无意识领域——通过形成一些表达真正能经验到的活动的相似与变化的新概念。在心理学方面就是如此。就身体这个相反的方面而言，就产生出一些与纯粹心理学的问题紧密结合的心理-物理的问题。对此有什么可反对的吗？如果我们就此补充说，在“行为方式”这个名称下，最终应该包括一切表象、知觉、回忆、期待，还应该包括一切移情作用，此外还应该包括一切联想，而且还应该包括正在变得暗淡的，正在变成沉积物的诸种活动的事实上能以描述方式追寻的诸种变化，以及还有一切本能与冲动，更不要说“地平线”了，——如果我们这样说，人们一定会变得犹豫不决吗？

无论如何，普遍的还原尽管有意进行内在的描述，却会被理解
250 为个别还原的普遍性。此外有一个非常重要问题需要指出来。心理学家的道路是从外在的考察走向内在的考察的道路；因此是从人以及动物的相互外在的关系走向对他们的内在的存在与生活的考察。因此首先想到的，就是按照下面这样的方式实行普遍的还

原——正是为了赋予心理学的普遍性以与自然科学的世界的普遍性并列的意义——，即还原应该在通过经验和归纳能达到的所有个别主观上逐个地实行，而且，在每个主观那里都是就个别体验而实行。怎么可能是别种样子呢？人是彼此外在的，是被分离的实在性，因此它们的心灵的内在性也是被分离开的。因此内在的心理学只能是个体心理学，个别心灵的心理学，其余的一切都是心理-物理研究的问题；对于动物世界，最后对于整个有机物领域，也是如此，如果有理由说，每一种有机物一般都有其心理的方面的话。所有这些看起来简直都是不言而喻的。因此如果我预先说，正确理解的悬搁，由于其正确理解的普遍性，而完全改变了人们有关心理学的任务所能够形成的全部观念，并且揭露出，所有那些刚才被说成不言而喻性的东西乃是一种朴素性，一旦人们真正地并且按照其全部意义理解并实行悬搁与还原，这种朴素性就必然成为并且永远成为不可能的，如果我们这样说，人们就会认为这部分地是夸大其辞，部分地是搞错了。

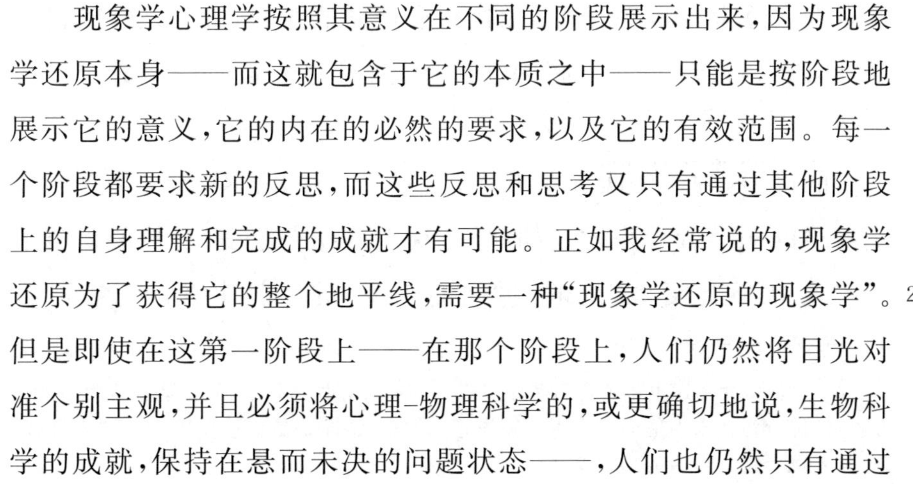

现象学心理学按照其意义在不同的阶段展示出来，因为现象学还原本身——而这就包含于它的本质之中——只能是按阶段地展示它的意义，它的内在的必然的要求，以及它的有效范围。每一个阶段都要求新的反思，而这些反思和思考又只有通过其他阶段上的自身理解和完成的成就才有可能。正如我经常说的，现象学
还原为了获得它的整个地平线，需要一种“现象学还原的现象学”。251
但是即使在这第一阶段上——在那个阶段上，人们仍然将目光对准个别主观，并且必须将心理-物理科学的，或更确切地说，生物科学的成就，保持在悬而未决的问题状态——，人们也仍然只有通过

艰苦的努力才能获得这些主观的意义，而不能直接从人们必须由之开始的行为主义的还原中获得这种意义。[①]

借助于这种最初的还原，人们还没有达到心灵固有本质的东西。因此我们可以说，真正的现象学-心理学的悬搁，不仅对于整个自然生活，而且对于过去的心理学家来说，也是一种完全陌生的，不自然的态度。因此对于自我-主观的固有本质的东西来说，对于它们的一般心灵的东西来说，就缺乏科学描述所必需的经验领域，缺乏只有从重复中才能产生出来的熟悉东西的类型。真正心理学意义上的“内知觉”，以及按照其固有的纯粹存在被理解为心灵的经验的一般心理学的经验，远不是直接的东西和日常的东西，以及通过对最初的开端进行直接的“悬搁”就能得到的东西，因此在引入独特的现象学悬搁方法之前，它是绝不可能的。因此，凡是采取现象学态度的人，必须首先学会看，获得熟练，并且在熟练中首先掌握有关他自己的和他的固有本质东西的粗糙的不稳定的概念，然后掌握越来越确切的概念。由此，描述的现象学的真正的无限性才逐渐变成明显可见的，而且是以最强的，最无条件的自明性，即以这种唯一真正的“内在经验”所具有的自明性变成明显可见的。

的确，这种说法听起来好像是一种严重的夸张，但只是在受传统束缚的初学者看来才是如此，这种人从外在态度（自然的人类学的主观-客观态度，心理的-世间的态度）的经验出发，首先认为，

① 当然，我在这里不考虑行为主义者的那些夸张说法，他们只是运用行为的外在方面，仿佛行为并未因他们这样做而丧失它们的意义，即正是移情作用，对于“表现”的理解，才赋予这种行为的那种意义。

这里所涉及的是将实在的诸前提的累赘不言而喻地简单地“净化” 252
掉，而心灵的经验内容从本质上说已经是熟悉的，甚至是能用日常语言表达出来的。但这是根本错误的。如果这是正确的，人们就只需要将从一般经验中得来的作为进行思想，进行感受，进行活动的主观，作为经验到喜悦与痛苦的主观，等等的人的经验概念，用分析方法进行解释；但这可以说只是心理东西的外在方面，是表面的东西，是心理东西中使自身在外部世界客观化了的东西。这与在儿童那里的情形相似。儿童关于事物虽然有作为事物的经验，但关于内部结构却毫无所知，在他们关于事物的统觉中，甚至完全缺少这种结构。对于那些完全没有在现象学意义（真正的悬搁使它成为可能）上学会理解表面的东西本身，并学会去询问它的无穷尽的深层层次的心理学家，情形也是一样。在他们那里缺少任何真正心理学的统觉，因此缺少任何提出作为操作问题的真正心理学问题——这些问题肯定已经具有预先确定的意义地平线——的可能性。

因此，只当人们从外在化了的意向性进入到内在的意向性——它以意向的方式构成外在化了的意向性——时，所谓的“净化”，或如人们常说的“对心理学概念的澄清”，才能使心理的东西一般成为可以理解的，才能一般地看到它的固有的存在，以及所有那些“包含”于它之中的东西。因为只有在这时人们才一般地学会理解，心理学的分析，以及相反地，心理学的综合，真正意味着什么；以及学会理解，是什么样的意义鸿沟将它与人们从外在态度的科学而来的就分析与综合名下可能理解的东西分割开。

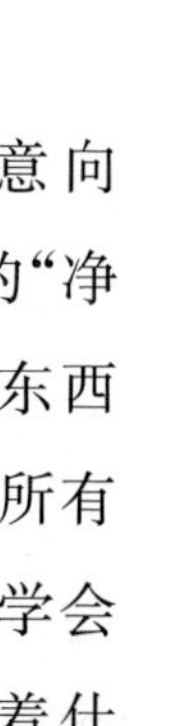

那种最初的悬搁无疑就是纯粹心灵经验的必然的开端。但是

现在必须花一些时间对这种纯粹心灵的东西进行一番概略观察和深入讨论,并且坚定不移地去把握它的固有本质的东西。如果经验主义通过这种〈与纯粹经验的联系〉[①]为自己带来更好的名声,那它就不会看不到现象学还原,它的描述就绝不会将它引导到材
253 料和材料的复合,而精神世界由于其固有特性和无限的整体性,就会不再是封闭的了。直到今天没有一种传统的心理学能够对知觉——哪怕只是对特殊类型的知觉,如对有关物体的知觉——提供即使只是一种真正的解释,或对记忆、期待、"移情作用",或其他的现前化方式提供即使只是一种真正的解释;此外甚至没有提供对判断以及其他活动类型的意向的本质描述,也没有提供关于一致与不一致(在它们不同的样式化中)之综合的意向的说明,这种情况难道不荒谬吗?人们关于被包含在每一个这样的题目下的这多种多样的复杂的研究问题毫无所知,这种情况难道不荒谬吗?人们没有经验的领域,没有为自己开辟出专门的心理学的事实领域,需要完成的描述的领域;人们根本没有处在真正心理学的经验之中,——这种经验首先将心理的东西不加分析地呈现出来,并且通过心理东西的内在的和外在的经验地平线模糊地勾画出应该在意向上显露的东西。只要人们没有认识到普遍的悬搁与还原的必要性——只有通过这种悬搁与还原,人们才能够达到描述与意向分析的基体,并因此达到研究的领域——,人们不时地那样频繁,那样强调地提出关于描述心理学的要求又有什么用呢?我只能否认,迄今存在的心理学曾经实际上踏上过真正心理学的土地。只

① 尖括号中的字,是编辑者毕迈尔为句子的完整而插入的。下同。——译者注

当存在有这样的真正心理学时，才有可能按照其实际的心理学的内容利用多种多样的并且无疑是非常有价值的心理物理学的以及依赖于这种心理物理学的心理学事实，并且能够弄清楚，实际上什么是这两个方面的经验规则的联系环节。

先入之见的力量是很强大的，以至于尽管在迄今数十年的时间里，超越论的悬搁与还原在其不同的发展阶段都得到了阐述，但是除去将真正意向描述的最初成果以颠倒意义的方式转用于旧的心理学之外，并没有获得更多的东西。关于应该如何认真看待这种转用的"颠倒意义"这一说法，在我们以下的考察中将会表明，这 254
些考察——如我们所希望的——作为从最成熟的自身沉思中产生出来的考察，将使相应的更深刻的透彻性和明晰性成为可能。此外，这样一种"discours de la méthode"（方法谈）——如在这里对它概述的——由于以下情况所带来的困难也将被消除，即存在于这种"方法谈"背后的数十年的具体研究，没有能作为具体的基础而提供帮助，特别是因为，甚至已出版的著作，也只有通过对于还原的真正的，当然总是很困难的理解，才能真正产生影响。尽管还原在那些著作中已经作为超越论的哲学的还原被介绍过了，为什么在这里还要谈到它呢？关于这点，从我们以下的论述中很快就会明白。

我们现在紧接下来的任务，而且对于阐明悬搁的真正意义是非常紧迫的任务，就是让人们清楚看到，对于悬搁必须以之实行的普遍性的首先想到的解释所具有的那些不言而喻的东西，实际上是一种对自身的误解。根据从人对实在周围世界的行为方式出发，从将这些行为方式逐个地还原为心理的东西出发，于是就一般

地认为，普遍的还原就是这样一种态度，即以还原的方式对所有发生的个别的意向性普遍地加以净化，然后对这些个别的东西加以探讨，这种看法是根本错误的。当然，在我的自我意识中对我自己进行反思时，我发现“我”是这样地生活在世界中的，即我受个别事物的刺激，与个别的事物打交道；因此这种还原不断地产生个别的表象、个别的感情、个别的活动等等。但是在这里我不允许像关于“意识白板上的材料”的心理学那样，忽视以下事实，即这个“白板”有关于自己本身是白板的意识，它存在于世界中，并且有关于世界的意识：我不断地意识到世界中的个别事物，例如那些作为使我感兴趣的，引起我思考的，打扰我的事物，等等；但与此同时，我不断地具有关于这个世界本身的意识，作为我自己生活于其中的世界，尽管它不像一个事物那样存在于那里，不像事物那样刺激我，或在一种类似的意义上是我与之打交道的对象。如果世界不是作为世界而被意识到，也不能像一个客体那样成为对象的，我如何能够以
255 反思的方式通观世界，并实行对世界的认识，从而使我自己超出总是与事物打交道的那种简单的直截了当的生活呢？我以及我们大家如何能够经常具有关于世界的意识呢？我们经验到的，我们无论如何都必须与之打交道的每一件事物——如果我们对我们自己进行反思，就也包括我们自己——将自身呈现为这个世界中的事物（我们对此可能注意到，也可能注意不到），呈现为当时知觉领域的事物，但是这个知觉领域仅仅是这个世界中的知觉上的片断。我们可能注意到这一点，能够追问这个经常的世界地平线，甚至不断这样做。

因此，心理学的还原必须对个别事物以及它的世界-地平线

的意识一起进行还原，因此，所有的还原都是世界-普遍的。

这对于心理学来说是一种先验性；我们不可能想象有任何一个心理学家，他在探讨心理的东西时会没有自己对世界的意识，或更确切地说，不是清醒地与本身必然伴有其世界地平线的对象打交道，并且，他在表象其他人时，可以将他人表象为与自己不同的人——即表象为不是具有对世界的意识的人，而这种意识同时又是对自身的意识，即将他自己意识为在世界中存在的。

因此，这些以及或许还有许多类似的性质，在心理学的开端上，在心理学最初创立时就有了，忽略了这一点同样是错误的，这正如物理学家在创建有关物体的理论时没有看到广袤是属于物体的本质是错误的一样。当然，在建立物理学方法时是很顺利的东西，如注意先验的结构，使自己受它们的指导，甚至将这些结构作为特殊的科学规范体系，作为数学，变成方法的基础，所有这些在心理学的发展中都包含有许多非同寻常的不可思议的困难，尽管在表面上与物理学有许多相似之处。在物理学方法中比较容易的事情，如对自然实行普遍的抽象，通过理念化以数学方式把握自然，在这里——在这里应该进行相反的抽象，应该将对世界的意识和自我意识变成普遍的主题——，由于最深刻的原因使我们陷入方法上的困难的预备性沉思之中。

心理学，即有关一般纯粹心灵——心理学的抽象化作用就在 256
于此——的普遍科学，需要悬搁，而且心理学必须预先就所有心灵的有关世界的意识进行还原，就每一种有其特性的有关世界的意识进行还原。其中包括每一个人的自身统觉，连同有效性的意义、习惯、兴趣、想法，等等（这些东西每一个人总认为是自己所有的），

以及每一个人总在实行的各自的经验、判断等等。这每一个人都以他向自己显示的方式被自己思念，但同时也是作为在世界中存在的东西被自己思念的。所有这些都应该被还原。

但是我们不可忽略这样一个问题：每一个人，当他具有作为这一个人的有关他自己的自身统觉时，他是如何具有进一步的有关世界的意识的呢？在这里，作为一种先验的东西，我们很快又会看到，自身意识和对他人的意识是不可分的。以下这种情况绝不是一种纯粹的事实，而是不可想象的，即我不是**某一个**人就是世界中的人了，但我却在我的知觉领域中不需要有任何人存在，但是周围的人，作为现实的、已认识的人，并且作为由可能遇到的人构成的开放的地平线，却是必需的。我实际上处于周围人的现在之中，处于人类的开放的地平线之中；我知道自己实际上处于世代的联系之中，处于历史发展的统一之流中，在其中，这个现在是人类的现在，人类所意识到的世界是伴有历史的过去与历史的将来的历史的现在。当然，我可以在想象中自由地改造这种有关世界的意识，但是这种世代性与历史性的形式是牢不可破的，正如属于我这个个别的自我的，我的原初知觉的现在——作为回忆中的过去的现在与期望中的将来的现在——的形式是牢不可破的一样。当然，这种先验性就内容而言能达到什么样的范围，它如何能以严密的固定的法则表达出来，在某种程度上可以说作为世界意识和自我意识的存在论表达出来，这是一个重要的问题，然而却是没有解决的问题；但是无论如何，它是这样一个问题，这个问题涉及到普遍悬搁的意义，并且涉及到在普遍悬搁中作为内在心理学的被还原了的现象所能获得的东西，因此是作为心理学的主题从一开始就

应考虑到的东西。但是在这里我们必须更准确一些。心理学家当然必须从自身出发并且首先在自己身上实行悬搁与还原；他必须 257
从他原初的自身经验以及他原初固有的对世界的意识出发，即从他将自己看作人的这样自身统觉出发，对于这个人他总是赋予所有那些他赋予他的东西——这是个好人或这是个坏人，以及所有其他被他认为是的东西，当他变成对他本人的漠不关心的旁观者时，所有这些东西都失去了全部的共同起作用的有效性；而这种有效性本身，连同一切有效行为以及有效行为者本身都变成了现象，因此不会丢失任何一点东西。但是它对所有这些具有原初的意识，这种意识，作为被还原了的意识，他是作为最初的东西而具有的；其中包括他的具有流动的特征及其历史性的世界意识，以及所有那些他认为根据时间-空间性和内容归属世界的东西。通过还原，这个世界——除去这个对他有效的世界，他再也没有别的世界了（别的世界对他是完全没有意义的）——对于他来说，变成了单纯的现象。

但是正如在对自身的经验中一样，心理学家在对他人的经验中，而且预先在每一种可能的对他人的经验中，肯定都实行了悬搁；所有的人都变成了纯粹的心灵，变成了具有对自身的统觉和对世界的统觉的自我-主观，这些统觉可以纯粹按照有效性作用和有效性作用者的相互关联而变成主题。但是现在让我们来思考这样一些情况，即每一个人当他与具有其世界意识的他人进行交往时，同时就意识到这个具有这一他人特性的他人；他的意向性以令人惊异的方式延伸到他人的意向性中，反过来他人的意向性也延伸到他的意向性中；与此同时，自己的存在有效性和他人的存在有

效性，以一致和不一致的样式结合在一起；通过相互修正，最终始终是，而且必然是关于具有同一些事物的这个同一的共同的世界之一致的意识起作用，对于这同一些事物，一个人是这样理解，而另一个人则作另一种理解。每一种对世界的意识，预先就已经是对于所有的人，对于所有熟悉的人和不熟悉的人，对于所有遇到的主观来说，是同一个世界的意识，而且是处于对存在的确信这种样式中的意识，所有这些主观必定预先本身就是这个世界中的主观。我从我自己获得被定向了的世界，每一个其他人从他自己获得被
258 定向了的世界，这是这样一个世界，它以他者为前提，而这他者本身由自身出发而有他者，他者本身又有他者；这样，这些他者通过意向关联的中介，就被设定为一个共同的世界统觉的诸主观，而每一个人在他对自身的统觉中都有他自己的对世界的统觉。所有这些都处于一种不停地流动的变化中，而这种变化始终又是相互修正的变化。换句话说，我们当中的每一个人都有他的生活世界，这个世界被认为是大家的世界。每一个人都在主观地相对地设定的诸世界的统一极的意义上具有生活世界，而那些主观地相对地设定的诸世界，在修正的变动中变成了**这个**世界的，即我们大家的生活世界的单纯显现，变成不断持续的意向的统一之显现，甚至变成由诸种细节，诸种事物构成的整体领域。这就是这个世界；别的世界对于我们完全没有意义；并且在悬搁中它变成了现象，现在遗留下来的并不是由每一个都被还原为它的纯粹的内在性的被分割的心灵构成的众多；相反，正如存在着一个作为自身封闭的统一关联的唯一的普遍的自然一样，同样也只存在着一个唯一的心灵关联，一个全部心灵的总体关联，所有这些心灵都不是外在地，而是内在

地统一的，即通过他们的生活的公共化作用这样一种意向的相互交融与渗透而统一的。每一种被还原为它的纯粹内在性的心灵，都有它自为的和自在的存在，都有它原初固有的生活。然而以下情况也是心灵固有的，即它以原初固有的方式而具有各自有关世界的意识，而且是由于这样一个事实：它具有移情作用的经验，即具有关于他人也拥有世界，并且拥有同一个世界的经验意识，即关于总是以自己的统觉统觉着同一个世界的他人的经验意识。

正如每一个自我-主观都有一个原初的知觉领域一样——在一个能够由自由的活动开辟的地平线中，这个地平线引向越来越新的，一再被确定地或不确定地勾画出来的知觉领域——，每一个自我-主观都有它的移情作用的地平线，它的别的主观性的地平线，这种地平线能够通过与一连串他者的直接的和间接的交往而开拓，而这些他者相互间都是他者，而他者总又能够有他者，等等。但是这就意味着，每一个自我-主观都有被定向的世界，因此它具有相对原初的所予性的核心；而且是作为一种地平线的核心，这个地平线是尽管不确定，但却共同起作用的，进行预先推定的复杂的意向性之名称。这同时又意味着，在生动地流动着的意向性中(自 259
我-主观的生命就在于这种意向性)，预先已经以移情的方式和移情的地平线的方式意向地包含着每一个其他的自我了。在真正理解着自己本身的普遍的悬搁中就显示出，对处于其固有本质之中的诸心灵来说，绝不存在彼此外在性这样的分离。那种在悬搁之前的世界生活的自然的-人世的态度中是彼此外在的东西，通过心灵在身体中的定位，在悬搁中就转变成了纯粹的意向的彼此内在的东西。与此同时，世界——直接存在着的世界以及在其中存

在着的自然——就转变成作为大家共有的现象的“世界”，“所有现实的和可能的主观之世界”，这些主观当中的任何一个都不能回避意向的关联，按照这种意向的关联，他预先就包含在每一个其他主观的地平线之中。

正如我所认为的，这样一来我们就会惊异地发现，在描述心理学(它想要表达心灵固有本质的东西)的理念的纯粹展开中，必然会实现现象学-心理学的悬搁与还原向**超越论**的悬搁与还原的转变；并且我们发现，我们在这里并没有做别的事情，而且也不可能做别的事情，只能按照一些基本特征重复一些思考，这些思考我们以前只能是按照完全不同的兴趣进行——即不是按照作为实证科学的心理学的兴趣，而是按照普遍的并且是超越论的哲学的兴趣进行。

但是与此同时又出现了这样一种必要性，即彻底思考对悬搁与还原的这些最简单的方式所进行的修正。当我们在心理学中也追求客观的科学性时，我们就如同考察世界中的其他事物一样考察人；对于心理学来说，客观性同样也意味着排除一切纯粹主观的东西，因此也排除作为发挥功能的主观性的我们自己的主观的东西，世界一般这种存在的意义就是在主观性的功能活动中产生出来的。因此我作为心理学家可以迁就这样的事实，即甚至在这样的已经指向对世界的意向构成的思考中，我就通过移情这种经验
方式具有了作为在此存在着的现实东西的其他人，由于这些其他
260 人，我知道我自己仅仅是存在于社会共同体之中的。但是，当我对
我和我的有关世界的意识进行还原的悬搁时，其他人——如同世界本身一样——也同时受到悬搁，这样一来他们对于我就只是意

向的现象。因此，彻底的完全的还原导致这位由此首先将自己变得绝对孤独的纯粹心理学家的绝对唯一的自我，他作为绝对唯一的自我不再具有作为人的自身有效性，并且不再被看作在世界中的实在的存在者，相反，他是他的通过彻底还原而得到的具有其全部意向关联的普遍的和纯粹的意向性的纯粹主观。这是必真的自我，这个自我必真地存在于它的诸意向性之中，而这些意向性必真地包含于自我本身之中，并能够展现出来。如果在这些意向性中——并且是从本质上——，能够证明有另一些主观共存在(但是作为被关联的另一些自我的共存在)，因此就能够证明自我和他者这种原始的划分，那么纯粹意向的心理学的主要任务之一，就是通过对世界的有效性不断进行还原的方法，阐明主观的纯粹的功能，借助于这种功能，从作为自我的我的观点来看的作为"我们大家的世界"的世界，就是具有特殊内容的大家的世界。悬搁的空洞的一般性尚没有阐明任何东西，它只不过是纯粹主观性的新世界能借以揭示出来的入门途径。对这种纯粹主观性的新世界的真正揭示，仍是具体的，极为艰难而精细的研究任务。

有一个主要成果现在仍然必须用一句话来强调一下。我们的考察表明，悬搁不仅在个别心灵内部进行的个别还原中是不适合的，而且它作为从心灵到心灵的个别还原也是不适合的。全部心灵构成一个处于诸个别主观的生活流的相互关联之中的意向性的唯一的统一，这种统一可以由现象学系统地阐明；在朴素的实在性或客观性中是相互外在的关系，如果从内部来看，就是意向上彼此内在的关系。

261 ## § 72 超越论的心理学对于作为进入纯粹对自身认识之真正门径的超越论的现象学之关系。最终排除有关心灵的科学所抱有的客观主义理想。

看来我们的研究之令人惊异的结果也可以表达如下:作为实证科学的纯粹心理学,即一种想要如同其他实证科学,自然科学与精神科学一样,将生活世界中的人当作世界中的实在的事实进行普遍研究的心理学,是不存在的。只存在一种超越论的心理学,它与超越论的哲学是同一的。我们现在必须思考,这种说法在什么意义上是需要修正的。说不可能存在作为建立在预先给予的世界之上的科学的心理学,即作为直接有关世界中的人(此外还有动物)的科学的心理学,当然是错误的。确实,如果不寻问心灵存在

320 的固有本质的东西,任何这样意义上的心理学也是不可能的。同样确实的是,心灵存在的纯粹固有本质的东西并不是像某种只需要我们去看的东西,或是像已经存在于那里,只不过人们并未注意到的东西那样不费力气就能得到的。所有这样地在这里存在的东西,都作为这样地看它们的人所统觉的东西属于这个世界,并与其他东西一起属于应被还原的东西之领域。但是,如果涉及一切具有关于世界的意识这样一种情况的普遍的悬搁是必要的,那么心理学在实行这种悬搁期间就失去了客观世界的基础。因此纯粹心理学就其本身来说,与作为关于超越论的主观性的科学的超越论哲学是同一的。这一点是不可改变的。但是现在让我们回想一下,我们以前关于作为对自然的世界的态度之重新定向的现象学

还原所知道的东西。我们可以从这种重新定向再转回到自然的态度；我们以前说过，如同每一种科学和每一种生活职业一样，纯粹心理学具有它的职业时间和属于它的职业时间的悬搁。在我是超越论的或纯粹的现象学家的这段时间里，我仅仅处于超越论地对自身的意识之中，我仅仅作为超越论的自我，按照所有其中被意向地关联的东西，而是我的研究主题。在这里，绝对不存在任何客观性的东西；这里存在的只是**作为**我的（超越论的自我的）**现象**的客 262
观性、事物、世界以及有关世界的科学（因此包括所有的实证科学和哲学）。我作为超越论的研究者可以实行的和想要实行的一切存在的有效性，都与我自己有关，但正是因此，也与在我的原初的意向性中发生的现实的和可能的“移情作用”，即对他人的知觉有关。由于这种还原，他人就从为我存在的人变成了具有我的原初的意向生活之意向关联者的存在意义的为我存在的另一些自我。反过来也是有效的：我连同我的全部原初的生活在他们当中被意向地关联；同样他们全体也都彼此相互意向地关联。我在这里以科学的方式所说的东西，是我关于我自己说的，对我自己说的；但是背理的是，与此同时我也说给所有其他人，他们在我之中是超越论地被关联的，并且彼此之间也是超越论地被关联的。

纯粹心理学仅仅知道主观的东西，如果允许作为存在者的客观东西进入其中，那就已经放弃了纯粹心理学。这种无限的心理学研究作为超越论的纯粹的研究，所涉及的是诸主观的以及它们的超越论的生活的这种意向的相互融和与渗透，它们必然是以围绕我而被定向的形态进行的。只不过它们是以这样的方式进行的，即我在自我学的自我沉思中划定我的原初领域（“原始性”的领

域），并且在它们的交织当中揭示出它们的意向改变诸阶段中的意向的综合与关联；当我使所有我的移情作用有计划有步骤地，即通过其他悬搁当中的一种悬搁，失去效力，只是将它们作为我的体验保留下来时，我就获得了一种原初生活的本质结构。如果我使这种移情作用（就它们在“共同实行”中的意向上有效的诸相关物方面）有效，那么移情作用就会变成我所能想象到的每一个他我的本质结构，在这种情况下就会出现由这种移情作用所产生的普遍联系的问题，以及它的本质上的特殊形式的问题——正是在自然的世界观中作为客观化了的形式产生出来的特殊形式，即作为家庭，民族，民族共同体，并且由此作为人类历史性的本质结构而产生出来的特殊形态，但是在这里，由于被还原，它们表明是绝对历史性
263 的本质结构，即超越论的主观共同体的本质结构，并且是作为这样一种主观的共同体，即它以这种最普遍的并且是被特殊化了的先验的形式，通过意向上被共同体化而生活着，它在本身具有作为意向上有效的相关物的世界，并且以在文化世界中在越来越新的形式中和越来越新的阶段上，继续不断地创造出这种作为相关物的世界。这种通过一切可以想象到的方法中最严格的方法——即对自己本身进行必真的反思并对自己本身进行必真的解释的超越论的主观性的方法——而系统地展开的东西，正是超越论的哲学；因此，纯粹心理学不是，也不可能是别的东西，而只能是以前按照哲学的目的作为绝对被奠立的哲学所寻求的，并且只有作为现象学的超越论哲学才能实现的东西。但是我作为纯粹心理学家或超越论哲学家，并没有因此就不再是人了；在世界的现实存在中，以及世界的所有的人和其他生物的现实存在中，同样也没有发生任何

变化。我也没有停止具有在就人的心灵存在——人的个别心灵存在和社会存在——而言的关于人的一般科学这个标题下的对人世的关心；因此在职业变换中，即当我作为立足于世界基础之上的心理学家开始从事工作时，我就又返回到自然的态度。正是作为心理学家，我不得不下决心发展一种纯粹的心理学。因此这里涉及的情况显然与以下情况类似，即自然科学家的兴趣要求发展一门纯粹的数学，如果这种纯粹的数学以前并没有作为一种独特的理论兴趣的后果而发生，也仍会要求发展这样一门纯粹数学。事实上，对于真正的心理学，对于真正心理学固有本质的精确性，超越论哲学起着先验科学的作用，心理学在其全部现实的心理学认识中都必须求助于先验的科学，为了它的世间的经验知识，它必须运用这种先验科学的先验的结构概念。诚然，在对于心理学与自然科学之间，甚至心理学与每一种实证科学之间的这种真正相似的提示中，显示出一种巨大的差别。探索纯粹心灵的东西的心理学家，按照使所有实在的共同有效性不起作用的绝对不可避免的要 264
求实行悬搁，此外，他又是不可避免地，通过艰难的反思，有条不紊地实行悬搁，并使自己摆脱全部世界生活以及一切有关世界的客观科学无意识地带有的朴素性。在自然生活中的尚不够科学的日常事务中，每一个人都相信自己具有对自己的认识和对人们的认识，尽管他对这种认识的完善性评价是相当谨慎的；当然，他常常会弄错，但是他知道，这种认识是能够改善的；并且每一个人都以类似的方式相信自己具有关于世界的认识，至少是具有关于他切近的周围事物的认识，实证科学则认为，这是一种朴素性，它只有通过自己的科学方法才达到有关世界的真正认识。心理学家想要

的无非是其目的已获成功的其他实证科学所想要的东西，它所寻求的无非是实证科学的方法，这种方法不考虑日常关于自己的认识和关于人们的认识。但是当他感到不得不发展现象学还原的方法时，他发现，实际上没有一个人在其关于自己的认识中真正达到他的真正的现实的自己，达到他自己所固有的作为自我主观的存在，和作为一切他的有关世界的认识的和世间的成就的主观的他自己所固有的存在，他发现，所有这些宁可说只有通过还原才显示出来，纯粹心理学无非是一条通向真正的纯粹的对自身的认识的充满无限艰辛的道路；但是其中也包括作为对于人们的自我的或心灵的真正存在与生活的认识的对于人们的认识，此外同时还包括关于世界的认识；此外还有对于世界的真正存在的认识，而这种真正存在则是一切实证科学（不管它们取得多么大成就）原则上绝不能达到的。实证科学称作关于世界的认识的东西，乃是关于世界中事物的认识，是关于这些事物的属和种，它们的结合和分离，它们的变与不变，它们在变化过程中持续存在的法则，它们的无所不包的结构、形式，以及一切事物的存在都受其制约的这些形式的法则的认识。但是实证科学的全部认识，它的全部问题和答案，它的全部假说和证明，都是建立在预先给予的世界的基础之上的，或在这种基础之上被思考，世界乃是持久的前提；只不过世界是什
265 么，在从已知向未知的归纳运动中什么东西被归属于世界，却是一个问题。世界并不是在唯有对于实证科学才有意义的假说，譬如作为关于银河系的结构的假说那种意义上的假说，——一切有关实证东西的假说，正是建立在世界这个“假说”的基础之上的假说，在相同的意义上按照实证科学的方法为世界这个“假说”寻找一个

根据，那是荒谬的。事实上，只有从超越论的心理学或超越论的哲学出发，我们才能看到并且理解，在询问世界这个“假说”时，这里所缺少的是什么，这个“假说”是什么，为了对这个“假说”产生怀疑需要什么。在这种“假说”中，我们大家作为发挥功能的主观（正是在主观的功能之中并通过主观的功能，世界为我们而存在）完全处于主题之外，几乎被忘记了，作为这样的主观的我们大家与在我们之中获得意义并赋予意义的特殊内容一起都不起作用。我们不能说，发挥功能的主观性从洛克以后就以经验主义认识论的形式被发现出来了。因为或者这种认识论是关于实证东西的心理学，所谈论的是作为发挥功能的主观的人，在这种情况下它就假定了世界这个基础，因此它是在兜圈子；或者它像休谟一样对这个基础实际上产生怀疑，——休谟在这方面要比康德彻底得多——，在这种情况下，它就使我们陷入背理的唯我论和怀疑论之中，至少是使我们陷入对世界存在的可怕的不可理解之中。其原因我们已经明白了。世界作为世界（它通过现实的和可能的认识，通过现实的和可能的发挥功能的主观性而如其所是地存在）的基础有效性问题，一般来说已经呈现出来了。但是为了不仅着手运用悬搁与还原的方法，而且达到它的完全的对自身的理解，并由此第一次揭示出绝对发挥功能的主观性——不是作为人的主观性，而是作为在人的主观性之中的，或是首先在人的主观性之中将自己本身客观化的主观性——，曾必须克服巨大困难。

正如我们在这里看到的，从人类学的和世间的态度出发停留在主观-客观的关系上，并且将对我的早期著作的现象学的提示误解为就是对这种关系的提示，乃是一种幼稚。这意味着正是没有

266 看到以下这个悖论所具有的重要问题，即人，作为共同体就是人类，对于世界来说是主观性，同时应以客观的世间的方式存在于世界之中。这个为我们而存在的世界是在我们人的生活中具有意义，并且总是获得对我们而言的新的意义——意义并且还有有效性——的世界。以上情况是真的，下面的情况也是真的，即从认识方面来看，对于我们人来说，我们自己的存在先于世界的存在，而从存在的现实性方面来看却并非如此。但是在超越论的生活中进行构成的主观性的世界与世界本身——即与作为在超越论的主观间共同性的生活共同体中恒久地作为理念极勾画出自己的轮廓并证实自己的世界——之间超越论的关联，并不是那种在世界本身之中发生的难以理解的关联。在超越论的主观间共同性的具体相中，在它的生活的普遍联系中，包含着被称作世界的极，或更确切地说，由个别的极构成的系统，而且正是作为意向对象被包含的，就如同每一个意向都包含着它的意向对象一样，而这个对象是绝对不能与它的相对的具体相分开的。所有迄今关于观念论与实在论的讨论都没有意识到这个真正的问题，这个问题处于一切认识论的背后，它虽被人们探求，但却没有被揭示出来；更不要说这些讨论能在进入真正对自身的认识和对世界的认识的门径这种艰深的意义上把握超越论的还原了。

然而现在人们还会向我们提出这样一个问题，即纯粹心理学——它由于超越论的主观性而抛弃了世界这个基础——究竟如何能有助于正是在世界基础上进行其实证研究的心理学家呢？使心理学家感兴趣的不是超越论的内在性，而是存在于世界之中的内在性，使心理学家感兴趣的是存在于这个世界中的人和人的共同体；而且当他谈论心灵生活时，当他谈论人的属性时，以及当他就共同体提出或打算提出类似问题时，他所想到的仅仅是在世界中实在发生的事情，他所想到的是在实在的人中所发生的事情，以及在他的作为人的自我意识中通过无先入之见地对自身经验能够经验到的事情，而关于其他人，则是通过对其他人的经验而能够经验到的事情。对于心理学家的这样的事情来说，悬搁与还原的第一阶段就足够了，这个阶段还没有被我们看作是真正超越论的东西，或看作是更高层次自身沉思中第一位的东西。人们在他们作为人的所作所为中涉及的是对他们本身有效的实在东西；心理学 267
家不可使他们认为是实在的东西同时有效等等。然而在这种情况下，心理物理的或心理生理的二元论，不是对于世界（不管它在超越论上意指什么）具有其经验上的合法性吗？类比于自然科学的任务的提法，人的心理学和动物的心理学的任务的提法不也具有其经验上的合法性吗？

一些古老的诱惑重现了，在这里首先必须说的是——撇开我们在定位与因果性方面开始提出的那些原则的反对意见——，只有通过借助无比彻底的全面的超越论的悬搁而获得的绝对的无先入之见性，才有可能真正摆脱这些传统的诱惑；而这就是说，只当人们掌握了主观领域的整体——人，意向地-内在地联结着的人的共同体，以及他们在其中生活的世界，本身作为意向的对象包含于这个整体中——，人们才有可能观察和系统研究我们称作给予方式方面的**情况**。正是借此，人们才能够发现，每一个世间的给予都是在地平线的情况中的给予，在地平线中包含着更广阔的地平线，最后，作为世间给予的东西的每一个东西，本身都带有世界的

地平线，并且只是因此才被意识为世间的。就我所知，W.詹姆斯是唯一注意到这种地平线现象的人，他称它为fringes（边缘），但是如果没有从现象学上获得对于意向的对象性和意向关联的理解，他怎么能够询问这种地平线呢？但是如果发生了这种情况，如果这种对世界的意识摆脱了它的匿名状态，那就已经实现了对超越论东西的突破。但是如果发生了这种情况，如果达到了作为整体的普遍的主观性之领域的超越论的研究领域，那时就会在向自然的（尽管现在已不再是朴素的）态度返回中，产生一种令人惊异的结果，即随着现象学研究的进展，人的心灵处于它自己的心灵内容的奇特的运动之中。因为每一种新的超越论的认识，都按照本质必然性变成了对于人的心灵的内容的充实。我作为超越论的
268 我，甚至与在世间人的我是同一的。在人的领域中对我隐蔽了的东西，我在超越论的研究中揭示出来了。只要超越论的研究不仅是为世界构成的历史充实了一种新的科学，而且还全面地充实了世界的内容，它本身就是一种世界历史过程。一切世间的东西都有其超越论的相关者，关于这后者的每一个新发现，在人的研究者，即心理学家看来，都是对于世界中的人的新规定。任何一种没有掌握这种已经在发挥作用的超越论心理学的实证心理学，都不能揭示出关于人和世界的这样的规定。所有这些都是自明的，然而对于所有我们这些在数百年的思想习惯中，部分地是在数千年的古老思想习惯中，培养起来的人来说，却是背理的，这就以新的方式表明了在数学，每一种有关世界的先验科学，与作为先验心理学（即有关超越论的主观性的本质学）的现象学之间的极其深刻的区别。自然的先验性“先于世界的存在”，但并不是以这样的方式，

即在数学的先验性方面的认识进步能够影响自然的存在。自然本
身就是它所是的东西，并且本身是数学的，不管我们关于数学知道
多少，或根本不知道，一切都被作为纯粹数学并作为自然本身预先
决定了。按照占支配地位的并且指导着几百年以来的自然科学的
假说，情况就是这样。但是对于包括精神存在在内的作为世界的
世界，这种“预先存在”是荒谬的；在这里，拉普拉斯式的精神是不
可想象的。关于世界的存在论的理念，关于世界的客观的普遍的
科学的理念，——这种理念的背后有一种普遍的先验性，按照这种
先验性，一切可能的事实的世界都能按照几何学的样式认识，——
这个甚至连莱布尼茨也被引入歧途的理念，乃是一种无稽之谈。
就心灵的领域而言，根本没有这样的存在论，没有具有物理学主义
的-数学的理想类型的科学，尽管心灵的东西可以以超越论的普遍
性充分地系统地研究，并且可以按照具有先验科学之形式的原则
上的本质普遍性进行研究。现象学将我们从科学体系的旧的客观
主义理想中解放出来，从数学自然科学的理论形式的旧的客观主 269
义理想中解放出来，因此将我们从可能是物理学的类似物的心灵
存在论的理念中解放出来。只是由于对超越论的东西（它只有通
过现象学的还原才能经验到和认识到）盲目无知，才使得物理学主
义在现代的复活——以逻辑学主义的数学主义这种改变了的形
式——成为可能。这种逻辑学主义的数学主义放弃了历史向我们
提出的建立在最终的洞察之上的，并且建立在绝对普遍性之上的
哲学的任务，在这种哲学中，不允许有任何未被询问的问题，不允
许有任何未被理解的不言而喻的东西。将物理学主义称作哲学，
这只不过意味着，将一种暧昧不明的状态冒充为对于我们从休谟

以来所处的认识困境的清楚认识。人们可以将自然认作确定的流形，并且假定这种理念为根据。但是只要这个世界是认识的世界，是意识的世界，是具有人的世界，对于这个世界来说，这样一种理念就是极端荒谬的。

§73 〈结束语〉：[*] 作为人类的自身沉思的哲学。理性的自身实现。[①]

哲学家为自己提出的任务，他作为哲学家的终身目标，就是关于世界的普遍科学，关于世界的，即自在的世界的普遍的最终的知识，真理本身的总体。这个目标，它的实现的可能性的情况怎样呢？我能够从一种真理、一种最终的真理开始吗？一种最终的真理，一种我通过它能够就自在存在着的东西断言某些东西，并能够毫无疑问地确信它的最终有效性的真理？如果我已经有了这种“直接自明的”真理，我也许就能够间接地推论出新的真理。但是我从哪里获得这种真理呢？任何一个自在存在的东西通过直接经验就能成为对于我是确信无疑的东西，以至我依据这些经验，借助于与经验、经验内容相适合的描述概念，就能说出直接的自在真理
270 吗？但是关于世间的东西的全部经验，关于我直接确信是在空间时间中存在的东西的全部经验的情况又如何呢？它是可靠的。但是这种可靠性可能发生变化，它会变成靠不住的，在经验的进展中，变成假象：任何直接经验的陈述都不能提供给我们一种如其自

* 尖括号〈　〉标志括号内的话是编者加的，下同。——译注

① 本书的原稿在§72处中断了。这一节是编者加到本书结尾处的；本文取自手稿K III 6。请参看附录XXVI，XXVII，XXVIII。

在地所是的存在者，而只能提供一种在确信中以为是的东西，这种东西必须在我们的经验生活的变化中经受检验。但是仅仅这样一种检验——这种检验就在于现实经验的一致性——并不能防止可能产生的假象。

在进行经验时，一般来说，在作为“我”生活（思考、评价、行动）时，我必然是具有它的“你”，它的“我们”和“你们”的“我”，即人称代词的“我”。同样必然的是，在自我的共同体中，我和我们是所有那些我们认为是世界中存在的东西的相关物，是所有那些我们在称呼中、在命名中、在讨论中、在进行认识的论证中，总是已经假定为可以共同经验的东西的相关物，作为这样的东西，这种在不能个别分离的，而是内在地公共化了的意识生活的共同体中，为我们在这里存在着，现实地存在着，并对我们有效。世界是我们公共的世界，必然是在存在上有效的，这始终是一样的；但是个别来说，正如我与我自己会发生矛盾一样，我可能与我的他者发生矛盾，处于怀疑之中，处于对存在的否定之中。那么我是如何，是从哪里获得这种最终的自在存在者的呢？经验，共同体的经验，以及彼此相互修正，如同自己个人的经验和自我修正一样，对经验的相对性都不会有任何改变；它作为共同体的经验，也是相对的，因此，一切描述性陈述必然是相对的，一切可以想象到的推论，不论是演绎的还是归纳的，都是相对的。思维如何能够提供相对真理以外的东西呢？然而日常生活中的人并不是没有理性的，他是思维的生物，他与动物不同，具有整体观点（καθόλου），因此他有语言，有描述，他进行推理，他提出有关真理的问题，他进行证实、论证，按照理性作决定——但是这整个的“自在真理”的理念对于他来说有意义吗？

“自在真理”，以及相关联地，自在的存在者，不是一种哲学上的虚构吗？但它毕竟不是虚构，不是多余的无意义的臆造，而是这样一种东西，它将人提高到一个新的阶段，或更确切地说，它的使命是将人提高到人类生活的新的历史发展的新的阶段，——这种历史
271 发展的隐得来希，就是这种新的理念，与它相对应的哲学的或科学的实践，新型的科学的思维之方法论。

自在的东西与客观的东西所指的是同一些东西，至少与在下面这种意义上的客观的东西指同一些东西，即在精密科学中，客观的东西与纯粹主观的东西是对立的，纯粹主观的东西被理解为仅仅应该指示客观的东西，或是仅仅应该在其中显现客观的东西的东西。主观的东西是客观的东西的单纯现象；从这些现象中抽取出客观的东西并加以认识，并且在客观的概念和真理中规定客观的东西，这就是任务。

但是所提出的这种任务设定的及其诸前提的意义，即一切方法的前提，从来也没有被认真思考过，甚至没有以科学的方式，以一种最终负责任的态度，研究过；因此人们甚至不清楚，自然科学的客观性的意义，更准确地说，自然科学的任务与方法的意义，从根本的本质上说，是与精神科学的客观性的意义，精神科学的任务与方法的意义不同的。这不论对于所谓具体的精神科学，还是对于心理学都是有效的。人们不适当地要求心理学具有像物理学那样的客观性，正是因此，一种充分的和真正意义上的心理学变成完全不可能的了；因为对于心灵，对于作为个体，作为个别人格和个别生活中的主观性，正如同对于作为社会历史的，作为最广泛意义上的社会的主观性一样，自然科学那种样式的客观性，简直是荒

谬的。

人们必须对一切时代的哲学——观念论哲学除外，它在其方法上无疑是失败的——提出指责的最终意义就是：它没有能够克服自然主义的客观主义，这种客观主义从一开始就是一种非常自然的引诱，而且一直是如此。正如我说过的，只有各种形式的观念论试图将主观性作为主观性来把握，并试图恰当评价下面这个事实：即世界从来只是作为具有其特殊经验内容的主观相对地有效的世界而呈现给主观和主观共同体的，并且是作为这样的世界，它在主观性中，并且通过主观性，总是呈现出新的意义变化；甚至不容争辩地坚持的关于作为以变化着的方式主观地呈现的同一个世 272
界的确信，也是纯粹在主观性中才能说明其根据的确信，这种确信的意义——世界本身，现实存在着的世界——绝不超出完成这种意义的主观性。但是观念论在完成其理论方面总是过分匆忙，大多没有能够摆脱隐蔽的客观主义前提；或者它作为思辨的观念论，忽略了这样一种任务，即以分析态度具体询问现实的主观性，即使现实的现象的世界直观有效的现实的主观性，——按照正确的理解，这种任务不外就是实行现象学还原和实行超越论的现象学。顺便说说，这也说明，为什么我称由我发展的现象学为超越论的现象学，并在其中谈到超越论的主观性。因为当**康德**通过他的**理性批判**赋予这个旧的词一种新意义时，人们可能很容易就相信，**贝克莱**和**休谟**的完全不同的观念论，以及所有一般的观念论，严格说来，都具有相同的主题范围，只不过在这同一范围内提出一些改变了的问题罢了。

理性是作为按人格的活动与习惯而生活的有生命之物的人所

特有的东西。这种生活作为人格的生活是一种处于发展的经常的意向性之中的经常的生成。在这种生活中生成的东西就是人格本身。它的存在永远是生成，在个别的人格的存在与共同体的人格的存在的相互关系上，这对于二者，即对于人们和统一的人类，都是适合的。

人的人格的生活经过自身沉思与自身辩护的诸阶段，即从具有这种形式的个别化了的偶然的生活出发到普遍的自身沉思和自身辩护的诸阶段，直到在意识中把握住自律的理念，即把握住这样一种意志决定的理念，即将它的全部的人格生活形成为在普遍的自身辩护中的生活的综合统一；与此相关联，将自己本身形成为真正的我，自由的、自律的我，这个真正的自由的自律的我力图实现它生而固有的理性，力图实现忠实于自己本身，能够作为理性-自
273 我而始终与自己同一这样一种追求；但是所有这些都是在个人的人格与共同体之间不可分割的相互关联中实现的，因为在一切利益——既谐调又冲突地联结着的利益——方面它们直接地和间接地有联系，并且个人的人格的理性必然只能作为共同体的人格的理性而达到越来越完满的实现，反过来，共同体的人格的理性也必然只能作为个人的人格的理性而达到越来越完满的实现。

正如我所说的，普遍地必真地建立起来的和正在建立的科学，现在是作为必然是人类最高的功能而产生出来的，即作为能使人类发展到个人的自律的和包罗万有的人类的自律——即构成人类最高阶段的生活动力的理念——的功能而产生出来的。

因此，哲学不是别的，而是〈理性主义〉，是彻头彻尾的理性主义，但它是按照意向与充实的运动之不同阶段自身加以区分了的

理性主义；它是从哲学最初在人类中出现开始的，**处于不断自身阐明的运动之中的理性**(ratio)，在此以前，人类与生俱来的理性(Vernunft)尚完全处于隐蔽状态中，处于黑夜的昏暗状态中。

希腊哲学在其早期阶段，将这种黎明时期的图像，这种通过最初的认识概念对存在者的最初阐明，称作宇宙，称作存在者的世界，此后不久，在主观的注视方向上，将与此相关联的对于早已熟悉的人的发现，称作世界的主观，但是作为这样的主观，人是人类当中的人，它通过自己的理性与存在的宇宙并与自己本身发生关联。哲学的历史，从外在的历史上的丰富学识方面来看，就其注意方向是指向世界中存在着的人，指向作为理论构成物(命题体系)的诸种哲学而言，它是其他诸文化形态中的一种文化形态，就其外在的逝去了的生成系列(它将这个生成系列——光来自不发光的东西[lucus a non lucendo]——称作是发展)来看，它是一个在世界中，在世界的空间时间中发生的因果过程。

但是，如果从内部来看，它就是在精神共同体中生活着，并继续生活下去的世代哲学家——这种精神发展的承担者——的斗争。这些世代哲学家生活于“觉醒的”理性为达到自己本身，为达到自己的自身理解，为达到具体地理解自己本身——而且是理解 274
为存在着的世界，理解为在其整个普遍真理中存在着的世界——的理性而持续进行的斗争中。说哲学，即处于其全部的形态中的科学，是合理的，这是同义反复，但是哲学就其全部形态来看，是处于通向更高的合理性的路程中，那是这样一种合理性，这种合理性由于人们一再发现它的不充分性和相对性，而被推动向前，想要通过艰苦努力获得真正的完全的合理性。但是它最终发现，这种真

正的完全的合理性乃是处于无限之中的理念，并且事实上必然是处于路途之中；但是它也发现，这里有一种最终的形态，它同时是新型的无限性和相对性的开始形态的；但这是一种双重意义上的发现，从历史上说，它标志开端与继续发展这两个时代。

首先是那样一个时代，在其中由历史上个体化了的哲学家的人格——即**笛卡儿**，近代这个历史时代的开创者——揭示出对于必真性的要求，并且第一次明确地将它纳入到意志之中。这个发现曾一度被埋没，遭到误解，即使处于误解之中，它仍然是富有成果的，在理性主义的科学中，理性主义的先验科学和经验科学中，产生了影响。对于这种哲学的不充分性的意识，引起了反动：除去感觉论的最后是怀疑论的哲学（休谟）以外，有康德的哲学以及随后的超越论哲学——然而在其中，超越论的原初动机，即由对必真然性要求而产生的动机，仍未被唤醒。

历史运动的起伏——一方面是重新增强了的经验主义的感觉论和怀疑论，一方面是重新增强了的旧式科学风格的理性主义，德国观念论和对于它的反动——，所有这些一起表明这第一个时期，整个近代的第一个时期的特征。第二个时期是作为再一次采用笛卡儿的发现，即再一次采用对于必真性的根本要求的重新开始；在这个开始中，由于改变了的历史状况（第一个时期的全部重大发展与诸哲学都属于这种状况）产生出一些推动力，形成对必真性（作
275 为根本问题的必真性）的真正的永恒的意义进行彻底的周密思考，指明了必真地建立起来的，必真地向前发展的哲学的真正方法：在这里包含对于以下两方面的根本对比的发现，即对于一方面是通常称作必真认识的东西，另一方面是在超越论的知性中预先规定

一切哲学的原始基础和原始方法的东西这二者之间的对比的发现。正是由此，开始了一种对于进行哲学思考的自我（作为应该达到自己本身的绝对理性的承载者），对于这个作为在其必真的自为存在中与它的别的主观和一切可能哲学家伙伴相关联的自我，进行最深刻最普遍的自身理解的哲学；这是对绝对主观间共同性（在作为人类整体的世界中客观化了的）的发现，它是作为这样的东西，在其中，理性或则变暗，或则被澄清，或则以明晰的自身理解的运动的方式，处于无限的过程之中；这是对绝对的（在最终的意义上是超越论的）主观性在不断进行“世界构成”的超越论生活中必然的具体的存在方式的发现，与此相关联，是对于“存在着的世界”的新发现，这个世界的存在意义（作为超越论地构成的意义）为在以前阶段上称作世界，世界真理，世界认识的东西产生一种新的意义；但是正是在这里，这种新的意义也被赋予了作为超越论的主观性的和它的存在的，它的进行构成的生活的自身客观化的人的存在，它的在以时空形式预先给定的世界中的存在；接下来，是人最终将自己理解为对他自己的人的存在负责的人：即它将**自己理解为有责任过一种具有必真性的生活的存在**——不仅是从事抽象的通常意义上的必真的科学的存在，而且是从事一种将它的全部具体的存在按照必真的自由实现为必真的科学，实现为一种处于其理性——只有通过理性它才成为人类——的全部生动生活中的科学的存在；正如我所说的，将自己理解为理性存在的人理解到，它只是在想要成为理性时才是理性的；它理解，这意味着根据理性而生活和斗争的无限过程，它理解，理性恰好是人作为人从其内心最深处所要争取的东西；只有理性才能使人感到满足，感到“幸福”；

它理解,理性不允许再细分为“理论的”、“实践的”和“审美的”,以及无论其他什么的;它理解,人的存在是目的论的存在,是应当-存
276 在,这种目的论在自我的所有一切行为与意图中都起支配作用;它理解,它通过对自身的理解,在所有这些行为与意图中能够认出必真的目的,并理解,这种由最终的对自身的理解而来的认识不可能有别的形态,而只能是按照先验原则的对自身的理解,只能是具有哲学形式的对自身的理解。①

① 参看芬克为《危机》继续部分所写的提纲,附录 XXIX。

增　补

A. 文　　章 279

关于实在的科学与理念化。——对自然的数学化①。

科学在希腊哲学中有其根源,因为希腊哲学发现了理念和借助理念进行规定的精密科学。它导致作为纯粹理念科学的数学的产生,即作为关于由理念决定的对象的一般可能对象之科学的纯 341
粹数学的产生。科学所面对的是作为自在地存在着的实在东西(与个别的进行认识的主观之主观给予方式的多样性相对的自在存在着的实在东西)的存在者的问题。这是关于处于生成中的存在之流的问题,以及关于处于生成中的存在之同一性的可能性条件问题,即对于存在着的实在东西作同一规定的可能性(作为通过将连续性数学化而对于直观的连续性进行规定的可能性)条件问题。但是这个问题是独立于偶然的主观性的,这首先意味着独立

① 这篇文章以兰德格雷贝的打字稿副本为根据,通过间接注明的日期,可以确定该副本产生于1926－1928年。未能找到速记原稿,很可能是被销毁了。*

* "增补"部分的"文章"和"附录"标题下的注,凡未注明"编者注"的,皆是译者综合"编者注"和"校勘附注"的有关说明写成的。

于特殊感受性的偶然性。

面对解决这些问题的任务，这种发展导致**作为有关实在的逻辑的**，而且首先是作为有关自然的实在的逻辑的**存在逻辑的产生**，以及作为谓词规定之形式逻辑的直谓逻辑的产生。

就后者而言，它所涉及的是作为诸同一规定的同一基质的一般存在者；另外，它涉及判断形式的多样性以及作为被规定的基质的基质形式的多样性，涉及处于定义之中的谓词的诸形式，以及属于这些定义的假言规定方式和选言规定方式的可能性，诸模态变
280 化的可能性等等。同一的东西是同一化活动的相关物，作规定就是下判断，被规定的东西本身是判断活动的相关物。

属于这里的还有应该能够成为真理的可能的判断之规则，这是推论的，由真理推出真理（间接产生真理）的，或从假言规定（被规定的真理，假设）获得假言真理的可能途径之规则；此外，在这里还有对于思想形式，思想上的可能产物的形式，对于生产途径的可能形式或由推演生产而来的思想的考察，以及对这些思想按照真正思想的可能形式进行批判；同样，这里还有以自明性表现出来的“对象”的、“被意指的东西”的同一性。通过这种自明性，属于可能保持这种同一性的那些必然的东西也变得普遍为人所知了，而同一的东西只经受那些保持其同一性的变化。在这里人们被导致思想形式的同一性，这些思想形式贯穿所有的规定，而这些规定并不破坏被规定对象的同一性。

面对科学发展的这些最初的萌芽，出现了对于提出客观有效性要求的科学以及一切实践规则的怀疑论批判。苏格拉底式的向自明性返回表示一种反动，而且通过实例使自己明了纯粹可能性

的范围,那种保持意义的同一性,保持作为具有规定的实体的对象之同一性并使这种同一性被觉察到的自由变换,也表示这种反动。这种变换与另外那些破坏同一性的变换是对立的。这种变换是在向纯粹的一般东西,向诸可能性的一般形式,向所属的本质可能性和本质不可能性的转变中完成的。产生了一些关于善、美、真正好的政治家,真正法官,真的荣誉,真的勇敢与正义的规范概念,以及有关批判本身的基本概念:正当,不正当,对,错,等等。

因此,怀疑论迫使人们对怀疑的批判进行批判,而且因为这种批判一般涉及到真理之可能性与可认识的存在的可能性,它迫使 281
人们彻底思考可能真理的条件与可能存在的条件,迫使人们认识到,不是含糊不清的思想与谈论,而只有彻底的,指向最终以自明性完成的对可能存在之证明的思想,只有自明性,才能有助于使我们确信真理与存在。我不可含糊不清地胡言乱语,不可去追随传统的模糊概念和被动地聚集起来的经验残余的沉淀物,以及诸如此类的东西;而是必须按照从纯粹直观而来的主动的思想重新创造我的概念,在这种情况下我就会获得有资格成为规范的纯粹真理。一切由纯粹自明性获得的真理都是真正的真理,并且是规范。另一方面,它本身并不需要包含有关规范的任何概念,即不需要包含有关“真的”、“正确的”的变化形态的任何概念;这些概念本身,如果从思想上把握,就会产生一些有关纯真、真理的概念与判断;这些判断本身必须由自明性得来,必须本身是真的,并且能成为假的。

科学并不是在理论兴趣中的朴素的认识,而是从现在起有某种批判属于其本质——一种原则上的批判,这种批判能够从“原则

上”证明每一步认识活动都是正当的，它在每一步上都包含这样一种意识，即一般来说，具有这种形式的一个步骤必然是正确的步骤，这样一来，认识的奠立的途径，奠立的活动进展的途径，和在奠立活动的基础上被奠立的东西进展的途径，是对准目标的正确的途径，因此，认识是真正的认识，被认识的存在并不仅是误以为的存在，而是在确切意义上被认识的存在本身，在认识中表明其正当性的存在。不过这首先适合于在普遍的自明性方面有其进步的当前的认识。但是科学利用由从前的认识而来的认识成果。这种认识所包含的规范的意识，在这种情况下意味着一种能追溯到以前的奠立的、具有现实能力的意识，而这种能力能将这种奠立重新建立起来，并能将对正当性的确信追溯到它的起源，并且重新证明它的正当性。

古希腊罗马时期及其文化在这里向我们提供了什么？它因此
282 开辟了通向哪里的道路？它所提供的东西部分地是像萌芽似的开端和推动，部分地是实际上已经开始了的科学的片断。

它所指示的道路，是使有关一般的本源的自明性之原则完善起来的道路：

单个的经验，关于个别此在的经验，不可能产生任何可在客观上证明为正当的陈述。那么在这种情况下个别的事实判断究竟如何才能够有效呢？**被经验的**世界究竟如何才能够事实上存在呢？存在自身表明是理念的极，是关于具有自明地给予的诸感觉上的透视变形（“诸方面”，诸显现）的诸推定的自明性之“无限东西”的理念的极，在这些感觉上的透视变形中，同一的东西以自明的方式显示出透视变形，但是在每一种有限的片断中都是推定的，尽管它是一种合理的推定①。现实的真理是现实的存在的相关物，正如现实的存在是处于无限东西之中的理念，即关于由处于永远是合理的推定之中的显现、经验构成的系统的无限东西之极的理念一样，现实的真理是处于无限之中的理念，即在经验判断的一致中的同一东西的理念，在这些经验判断的每一个中，真理都“显现出来”，都达到正当的主观的给予性。处于无限之中的理念，是可以按照纯粹普遍性形式（它在自身中包含有一切可能性）先验规定的，并且按照这种形式，人们可以从有限的封闭的整体经验出发（即从它的相对“封闭的显现”出发，从可感事物的确定的东西出发，从感性经验的属性出发）构造一种关于被经验所要求的，包含于经验之中的适当的理念之预先推定。

在实在东西的理念之形式中，包含着一些片面的局部的理念，
正如在对存在者进行规定的完满的真理中（在适合于存在者的、对
存在者如它本身那样进行规定的谓词的总体之中），包含着多种多
样个别的可述谓的规定，多种多样个别的真理，它们并未对存在者
的其他方面进行规定。只要每一个经验可能先验地包含一些在以
后的经验和它们的综合中将被排除的不一致因素，由它所获得的
理念的规定就不仅可能是片面的，而且可能部分地是错误的，尽管 283
它实际上确实是被这种迄今为止的经验所要求的。相关联地，属
于实在东西本身的理念和作为纯粹形式的理念的，有由经验构成
的无限的系统，这些经验建立起一种纯粹一致性的系统（通过持续

① 但是在这里始终只看到单纯的自然，与此同时为世界设定了关于实在性的理念，世界的相关物是自在真理的理念，能从数学上构造的真理的理念，虽然是以任意的近似值被给予的。

地排除不一致地被经验的东西，并采用相一致的经验），并且本身表明是可被经验的东西。在这种情况下，有一种理念作为附属的理念先验地属于每一个经验，或适当限定了的经验，但是这种理念绝不是最后的理念，而是开端，从某些方面说，是处于无限之中的、难以达到的理念的表现，从这后一种理念中只能提供作为对开端进行的一切构造之绝对规范的形式。

阐明所有这一类的东西，并且先验地概述自然的本身为真的东西之相对真的，并且对于经验的每个状态来说，都是相对必需的可能规定之形式，这就是自然科学的理论；作为方法，这就是自然科学方法的理论。然而这里必须做两点区分：

1. 关于"自在"自然的存在论：一般自然之必然的东西，自然的必然的形式，理念的本质，以及在理念上和"本身"能够归属于自然的每个个体之诸规定的必然形式。对于纯粹理念的这些思考，是由关于自然的纯粹数学的科学完成的。

2. 关于处在自在真理中的自在自然之可能认识之先验方法论：如果我们不是思考作为理念（作为数学的理念，作为超感性的理念）的纯粹自然，而是思考能进行经验的生物所经验到的自然本身，或者如果我们将数学的自然看作是关于自然的经验（从存在论上说：感性直观的自然）的理念上的自在，在这种情况下，我们就会有另一种理念。在这种情况下，我们就获得从对自然的经验出发的有关自在自然之认识的可能性的科学，而这是有关数学自然科学之可能性的先验科学，或是从经验材料得来的有关自然的自然科学规定之方法的科学。

在一种更为狭窄的意义上：我只允许将"正常的经验"看成经

验，将正常的感性并且是处于对正常的“知性”之关系中的正常的 284
感性看成是经验。数学上真的自然如何能由正常的显现规定呢？这是通过将连续性精确化，从感性的因果性转变为数学的因果性等等的方法实现的。只有在这种情况下才能考虑心理物理学上反常的东西。

但是人们真的能以这种方式根据关于自然的经验将关于自然的**先验的存在论**与关于自在自然的可能规定之先验的**方法论**区别开吗？我这个进行认识的人如何获得有关自然的先验的存在论的认识呢？在那种情况下，我就生活于可能的经验之中，可能的知觉之中和可能的知觉判断之中。在感觉上显现方式的所有变化中，有什么东西属于同一的东西本身呢？如果正是这些显现方式（不管它们在其他方面怎样）应该能够一起进入到同一性-一致性之中，并且应该能够使这种同一的规定成为可能，在感觉上的显现方式的所有变化中，有什么东西属于同一的东西本身呢？

并不是感觉特征成分的每一个**变化**都扰乱同一性，并不是每一个变化都保持其“对象的改变”这个名称下的变化。显现的反常的变化并不被统觉为，或不需要被统觉为“对象的改变”。如果它被这样统觉了，那么它们以后就会在“错觉”的名称下被排除。如果我生活于经验之中（生活于经验的统觉之中，通过这些统觉，我具有作为感性直观的实在性的经验），如果我坚持一致性的路线，那么所有的反常就都被排除了，并且每一个直观上给予的变化，对于我来说都是在我自己的经验综合的范围内的实在的变化。如果我现在与**另一个人**建立联系，那么我就会发现，他（他处于他的正常状态——但他是色盲）在他的关于相同、差别等等的判断中是与

我不同的，尽管我们经验着相同的东西。（他还可能具有比我更锐敏的感觉，他的视力好，而我的视力不好，等等，这种情况在每一个人那里都有变化。）在这里，极其多种多样的，在想象上是无限多的差别的可能性，甚至是矛盾的可能性，是没有完结的。这有什么办法呢？

如果我们看看已经发展了的自然科学，那么答案就是：被单个
285 的主观经验到的每一个感性的差别，都标志一种真正的差别，而这种真正的东西是由在公共事务（κοινά）范围内进行的测量规定的。与这种质的差别同时发生（以某种大致的方式）的，还有量的差别。在量的范围内，在广延的领域，全部真的东西都表达出来了。

另一方面，并不是所有能借助量值和量值的相关关系从量上说明的东西，都是我以及每一个人能够以相同的方式“感觉到的”。我可以通过测量方法使自己确信，某些量的关系和法则是有效的，关于它们我恰恰只是通过这种方法知道它们是持久地存在着和持久地有效的，而在运用方法之前，我只依靠感性，依靠“知觉的判断”。

如果不是通过对于方法的一般思考，即对于面对显现的相对性，在其中显现的真的东西如何能被规定出来的方法的思考，——为此首先是借助这样一种一般的思考，即思考在显现的变化中，真的存在如何能显示出来、表达出来，——如果不是这样，自然科学能达到这样的观点吗？但是这样的思考如果是本质地纯粹地实行，显然就会导致一种有关自然的存在论。

因此我们还可以说：如果我不弄清以下的问题，**我如何能够达**

到先验的存在论呢？

1. 如果我具有和谐一致地经验到的自然，如果我保持在这种和谐一致的范围之内，特别是保持在某些和谐一致地经验到的事物或过程的范围之内；如果在任意的其他诸场合我或者还有另一个人（如我通过对于他的移情作用所确信的）经验到同一些事物，等等，那么对于在二者的经验中的这相同事物或过程的认识之可能性，就必须以“**广延的东西**”为前提条件，以双方被感知的性质的时间空间**框架**，形态在共同时间上分布的同一性，时间顺序的同一性，因此还有相应形态的因果依赖性的同一性为前提条件。与此相反，被感知的性质的变化以及对这些被感知的性质的判断的变化，却是“偶然的”。即在下面这种意义上是偶然的，即即使由它们产生出矛盾，它们也并不损害这种同一性（即使是在单独生活的经验中，以不同感觉样式经验到的东西之同一性，也必然是“空间时 286
间的”框架的同一性。这种框架必然是同一的东西，是感性的“显现方式”的一切差别当中必然同一的规定内容）。对于本质上也就是必然地属于同一东西的东西之这种最早的强调，导致几何学、运动学，并且还可能导致了先验的机械学，导致关于诸变化中函数依赖关系之可能形式的学科，或关于可能的量的因果关系之形式的以及它们的因果法则的学科。实在的东西是自身限定了的，如果它不仅就其几何学形式而言，而且就其可能的形式变化而言是合法则地（因此是按照因果法则地）固定的。实在的东西有实在的特性，有它经验上的因果特性。为了能够成为自身同一的，必须具有经验上可认识的量的-因果性的特性。

因此新的自然科学之突出特征就是，它首先将与感性的（合法

的）显现中的变化相反的、在确定意义上是必然的东西，提高到注意的中心，它并且认识到，量的-因果性的法则是属于这种必然的东西的。

第二点是像下面这样一种观察：我听到一种声音，并且看到弦的振动，这种声音在质上是相同的，它不依赖于颜色，不依赖于感官性质的东西，但是它依赖于弦的张力的强度、依赖于弦的粗细等等，而这些是完全可测量的因素。量的东西不仅存在于显现着的有广延的过程之中，而且在这过程中它还是由纯粹质的东西所指示的东西。很可能这量的东西以后也在感性的显现方式中被从感性上指示出来（而在质上却以某种方式“被掩盖了”）。

相反，如果质是属于正常显现，那么每一质上的变化，每一质上的如此存在就应该是实在东西本身的性质。但是“质”（第二性质）可能并不属于对象本身，也许它是主观上变化着的性质，而且对于其中每一个主观、每一个经验着这个有关的实在的、每一个自身和谐一致地经验着这个有关的实在的诸主观来说，是主观上变化着的性质。如果每一个被经验到的质都有其客观性的权利，那么这只当它标志数学的东西时这才是可能的，而且只是以不同程
287 度的完善性在这个或那个人那里标志数学的东西的：每一个人肯定能够按一定方法根据这些标志获得量的东西，也许要借他人的帮助；但是他自己能够规定质的东西。因此，所有的“本身”都是数学上的本身。所有的因果法则肯定都是数学的法则。实在的性质是根据因果法则规定的因果的性质。

然而在这里应该作两种区分：

1. 上边详细讨论过的那种认识，即在和谐一致的经验（作为感

性的显现方式)中,应当在偶然的东西和必然的东西之间进行区分,即在必然贯穿于一切感性经验之中的原初的特征,和特殊的感性特征,非本原的特征之间进行区分;因此是这样一种认识,即"共同的"感性特征并不是偶然地是共同的,而是必然地是共同的。

2. 知觉到的东西、经验到的东西本身,完全是"模糊的";就和谐一致的经验来说,它始终是处于一定完善程度的本质法则支配之下的,这种完善程度作为理念上的可能性始终是存在的。因此我可以有或多或少"清晰地"给定的相同的特征,然而不管它怎样清晰,仍然可以想象有一种更清晰的程度。总是可以想象,我清晰地发现是无差别的东西,在更高清晰度的情况下就会显示出差别,不论是对我,还是对于共主观都是如此。相关联地,向绝对完善(真正的自身)接近的敞开着的可能之诸可能性,也属于完善程度的差别,而这种绝对完善当然是不断地向后退却的。因此关于同一东西的"显现方式"所说过的东西,在清晰度的这个方面也是适用的。但是在这背后存在着有关"同一的自身"、"本身"的理念。真正的特征是可能的完善程度的极限。但是因为只有数学的特征是"真正的"特征,所以真正的数学特征就是数学的极限。

更清楚地解释一下:在对经验进行的综合中,第一特征与第二特征一样有其完善性上的差别。在第一特征的情况下,与此相对应的是测量的完善性程度和通过测量而接近的程度,以及由此而产生的,或更确切地说,与此相联系而产生的,借助于几何学的或 288
类似的概念进行的量化的程度。这导致具有其思想规定的精密的自然数学的极限值-理念化。第一特征是诸主观共有的,只要它一般来说能够被和谐一致地辨认出来,并且只具有这种完善性和

接近的相对性(以及现实东西之间的因果性的相对性),与此同时,第二特征也在另外一种方式上是相对的,就是说,它们与经验的正常状态与反常状态相关联,因此与主观"偶然地"相关联,并且随诸主观而改变[①]。此外,第二特征的完善程度的极限值是不能测量的,一般只能"直观"。但是它是在诸主观间共同规定的,并且可以通过与第一特征的数学极限值的关联而规定。

3.做规定就是做述谓;原初自明地做规定,就是形成知觉判断,而间接地做规定,就是形成经验上普遍的判断(归纳的经验判断)和经验上的因果性判断,等等。进行规定的思想,判断和推论,概括和列举——这些都是在真正的经验领域中进行的——,将显现的东西、特征、规则性看成是真的,但是这种真是相对的和"受主观制约的"真。为了将这里产生的东西(对于较低层次的实际目的来说,是足够了)与它的"客观性"[②]联结起来,为了由此而巧妙地将真本身和真的实在本身突出出来,首先需要一种新式的思想或一种独特的方法。对于同一的东西的可能性之诸基本条件的这种思考,——这种同一的东西以流动的主观上变化着的显现方式呈现出来[③],并且是一致地呈现的——导致作为显现所固有的必然性的显现的数学化,或导致构造方法的必然性,以便由显现构成同一的东西以及它的同一的规定[④]。

---

① 我们有两种正常状态:1.交往的前提,作为共同的自然,在这里作为必然的东西就是量的东西;2.与此相反是偶然的东西,即在第二性质方面的一致是"偶然的"。

② 这种客观性是关于"非相对的"真理本身的理念。

③ 而且从原则上说,也只是这样呈现的。

④ 这种同一的东西必然是基础。

但是，具有不同意义的显现能够包含同一的东西吗？并且在什么意义上它们能够包含同一的东西呢？显现的多样性——它们和谐一致地属于同一个整体，并构成同一的东西——必须符合同一的（真正的）对象之可能性的诸条件，并且所有实在有效的法则必须是形式存在论的，即形式数学（流形理论）的法则的特殊化。它们是特殊化，因为形式数学教导我们，如何构成，并以构成的方式规定对象的和对象的无限性的无限多的形式，甚至全部可能的形式；并且每一种给定的显现系统，每一种经验的统一，按照它们的形式来看都勾画出一个对象的整体性、一个自然。 289

353

在古代哲学中，兴趣首先就落在无法反驳的理性必然性上，否定这种必然性是荒唐的。这种必然性首先纯粹是作为几何学的和算术的必然性出现在数学领域中。在这样一些量值的领域，并且首先是空间量值的领域——首先是在若干种类的优越的场合（直线，被限定的平面图形，以及空间量值的对应场合），首先是在有关以下情况的经验直观中，即量值可以分成相等的部分，并且可以再由相等的部分构成——或再由相同的元素构成的集合的领域（这些集合可以被分解成子集，并且通过增加一些元素或由这些元素构成的集合而扩充为新的集合），产生了“精确的”量值比较，而这些量值比较可以化归为数的比较。在模糊的较大、较小、较多、较少，以及模糊的相等上，可以确切地加上大多少、小多少、大多少倍、小多少倍和精确的相等。每一个这样精确的考察，其前提都是规定相等的可能性（这种相等是排除了较大或较小的），以及规定量值单位的可能性，而这种量值单位彼此是完全可以代替的，它们作为量值是同一的，就是说，它们从属于同一的量值概念，量值本

质。在这种作为经验直观对象的空间量值中,包含这样一种情况,即人们可以更接近它们,可以使它们显得“更准确”。在实际生活
290 中,准确、精确是由目的决定的,“相等”是对于这个目的同等地有效,对于这个目的来说,可以有一些不必予以考虑的无关紧要的差别。在这里,可以在排除一切实际限制的情况下,形成绝对相等的理念,数学上精确相等的理念。

因此在这里首先开始了进行理念化的概念形成的思想过程,即那样一种逻辑化,它使“严格的”真理,逻辑真理,成为可能,并且对于这个逻辑领域来说,使按严格的必然性和普遍有效性进行的思维成为可能,这种必然性与普遍有效性能够给任何否定贴上荒谬性的标签,并且是非常有洞察力地贴上的。自然形成的词的含义是模糊的、流动的,以致不能明确地规定归入“概念”,即普遍意义的东西是什么。逻辑上的含义是精确的。逻辑上普遍的东西,概念,是绝对与自身同一的,它的内包是绝对没有歧义的。但是逻辑概念恰好不是从朴素而直观的东西得来的概念;它是通过独特的理性活动,通过理念的形成,**精确的**概念的形成而产生的,例如,通过那样一种理念化,这种理念化与经验上模糊的直线,弯曲相反,产生出几何学上的直线、几何学上的圆。

测量土地的实际需要,首先只是迫使人们模糊地,即按照可感觉到的特征,将按照特征同等有效的东西(对于特定的实际需要来说),与按照特征非同等有效的东西区分开来。这种对于某种实际目的同等有效的东西,就被确定为相等,而在这相等内部特征上的差别则是“无关紧要的”差别,就是说,它们被看成是并不妨碍这种同等有效性的,可以被忽略的差别。由此人们就已经能够建立起

测量与计算了，能够提出甚至能够证明“几何学的”命题，当然有某些附加条件。因为如果将一千个“同等的”长度彼此连接起来，其中每后一个与前一个只差一指的宽度（这是一个无关紧要的差别），那么测量的结果就可能是：1000 尺＝1001 尺。这就是说，运用相同的尺度进行不同的测量可能提供不同的结果，所谓“不同的”，就是说，并非是无关紧要地不同的。只有作为理想规范的纯粹数学的“理念”的构想，和对于接近之运用方法的发展，才能导致一种纯粹实质性的数学和一种数学技术。人们通过经验进行比 291
较，一定能够认出在相等之中的完善程度的可能差别，这乃是空间经验的性质所固有的；例如，在相隔一段距离被看作是完全“相等”的东西，在靠近观察时就可能被看作仍是有差别的；而在更切近观察时可能又仍然是相等的，等等。

因此，我们可以想象一些理想的收敛过程，在这些过程中，绝对的相等能作为不断地接近于相等的极限，在想象中被构造出来，其前提是，这个系统中的一项被看作是绝对不变的，在量值上与自身绝对同一的。在这种精确的理念思想活动中，人们运用不变的、静止的、在质上没有变化的理想的概念，运用相等和一般东西（量值、形状）的理想概念，这样就以任意多的理念上未经改变的并且是在质上同一的实例产生出绝对的相等。人们从被看作是暂时的、精确的、具有其精确量值等等的不变的状态，构想出每一种变化。

柏拉图的理念论通过对于“理念”和接近的完全是有意识的发现，开辟了逻辑思维、“逻辑”科学、合理科学的道路。理念被理解为原型，一切个别的东西都“在理念上”或多或少地分享它，与它接近，或多或少完满地实现它，属于理念的纯粹理念真理被看作是一切经验真理的绝对标准。如果我们将以下这种信念称作是理性主义，即一切理性的认识都必定是合理的，不论它是在探讨纯粹合理概念的本质关系的思维（或宁肯说是按照法则探讨一切可能的东西的思维，只要这些东西是从属于纯粹合理的理念，被以精确规定的方式思考的）中是纯粹合理的，或者它是比照这种纯粹的理念的东西，借助于接近的方法，以及按照相应的纯粹理念而对经验东西进行判断的其他的标准，测量经验东西，——那么整个近代的信念就都是理性主义的。

在逻辑意义上的真正的对象是这样一种对象，它绝对"与自身"同一，就是说，它绝对同一地是它所是的东西；或者换句话说：
292 对象通过它的规定、它的本质、它的谓词而存在；如果这些本质作为归属于它的本质是同一的，或者，如果这些本质的归属绝对地排斥它们的不归属，那么它就是同一的。但是只有理念的东西才具有严格的同一性；结论就是，只当个别的东西是普遍的绝对的理念的理想的同一的基质时，个别的东西才真正是同一的东西，即存在着的东西，——但是个别的东西如何能够不单大致地分享普遍的东西，而且还精确地分享普遍的东西呢？这种包摄关系如何能够是精确的呢？

纯粹数学思维是与这样一些可能对象有关的，这些对象是借助理想的-"精确的"数学的（极限-）概念而被确切地思考的。例如，关于自然对象的空间形态，它们作为被经验到的形态，以模糊的方式处于形态概念之下，有它们的形态的诸规定；但是由于这种经验材料的本性，人们能够而且按理必须将理想的同一的东西（它按照其所有的规定都是理想的)作为在一致的经验中显示为存在着的同一的对象东西的基础;它的全部规定都是精确的,就是说,所有归属于它的普遍性之下的东西都是相等的,并且这种相等排除不相等,或者这样说也是一样,属于一个对象的精确的规定,排除这个规定不属于这同一个对象的情况。在所有由对象的“普遍性质”限定的特殊规定中——因此在这个特殊范围之内,例如自然对象的空间形态——如果有一个特殊的规定属于这个对象,所有其他特殊规定就不属于这个对象(排中律)。

对象一般都具有空间形态。经验上经验到的空间形态有它们不同的经验型式。但是很可能有这样的情况,一个对象有一种(最低等的)型式——就是说,我经验到它具有这种特殊的形态——以及它没有这种型式——就是说,我在以后的经验中看到,它没有这种形态(而它并没有发生变化)(在经验领域内排中律无效)。我不能把任何经验的规定看成是真正属于对象的,我只能说,它是按照这种规定被经验到的。甚至在思维中,我也不能绝对同一地把握
住这种规定,在我接近被经验的对象时,我永远不能说,我现在经 293
验到的规定与我经验过的规定绝对是同一的东西。

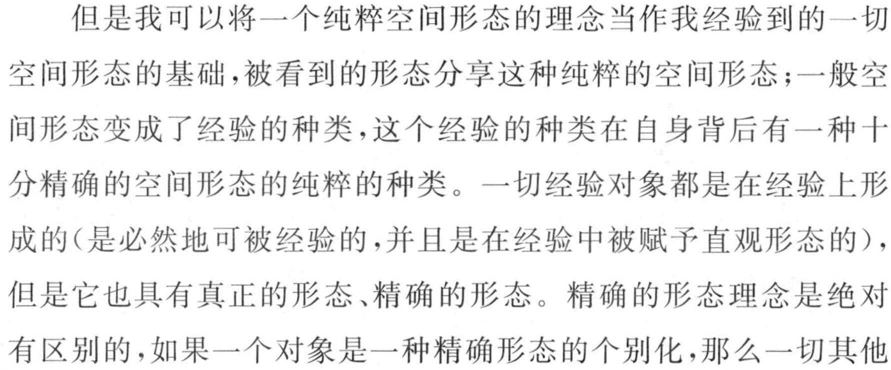

但是我可以将一个纯粹空间形态的理念当作我经验到的一切空间形态的基础,被看到的形态分享这种纯粹的空间形态;一般空间形态变成了经验的种类,这个经验的种类在自身背后有一种十分精确的空间形态的纯粹的种类。一切经验对象都是在经验上形成的(是必然地可被经验的,并且是在经验中被赋予直观形态的),但是它也具有真正的形态、精确的形态。精确的形态理念是绝对有区别的,如果一个对象是一种精确形态的个别化,那么一切其他

不同的精确形态就因此而被排除。在两个精确的形态(空间形态的最低等级的区别)中,如果一个属于一切对象,另一个就不属于(排中律)。

294

自然科学的态度和精神科学的态度。自然主义。二元论和心理-物理的心理学[①]。

自然主义的态度[②]。世界作为处于彼此外在的形式中的实在事物的宇宙。自然作为纯粹有广延的事物的领域。一切实在的东西都是一物体,或者有一物体,但是只有物体才具有同时被从时间空间上理解的实在的和真正的共存在。处于持存之统一中的未被改变的(但是可能变化的)或自身改变着的形态的统一,即形态的-广延的形式,被质的规定性所充实。每一种物体都服从普遍因果性的规则,普遍的自然服从因果性的先验性,这些因果性的先验性在真理本身方面,可以按照可由归纳方法发现的一定的因果法则规定和构成。

因此物质的存在是有广延的-共存的存在,并且如果自然是自足的自然,它就是在境况之中——处于共存在的,在自然的统一性中共存着的物体之中——被一义地规定的存在。自然主义将人

① 本文以胡塞尔的速记稿(档案馆目录号:K III 2,第75-86页)为根据。胡塞尔本人所注日期是:1930年前后,或更早。后来胡塞尔曾联系《危机》的问题仔细加工修改过,并加了许多补充和旁注。

② “自然主义的态度”,并不是属于自然世界观的从本质上被预先规定的普遍的注视方向,而是自然主义的偏见。

看成被充实的广延，因此将一般世界只看作是被扩大了的自然。人的精神的持存被看作是客观的持存，心灵在持存的每一阶段都被看作存在，虽然并不是以类似于物体的形态实际地在空间上形成的，但确实是由心灵材料构成的共存在，一种同时的存在，这种同时的存在一定可以以某种方式归入具有在空间广延中共存在着的东西的形式的，以及一般在空间中共存在着的东西的形式的同时性。

下面这一点当然是正确的，即人的心灵生活是以内在时间的 295
形式进行的，并且我们发现，每一个当下的现在都是多种多样"材料"构成的共存在的统一。但是在这里首先应该获得有关这种内在时间的最本质的认识，另一方面，应该获得有关以下问题的最本质认识，即"客观时间"如何获得作为超越的自然的存在之形式这种基本的意义，在这种存在的形式中，心灵的内在时间在客观上"时间化"了，并且正是因此心灵本身也在客观上"时间化"了。

自然主义不加考虑就相信，从本质上说，整个世界能按照与自然主义的自然相似的方式被思考，因此世界的自在存在同样能当作自在真理的相关物，而且是当作可构造的自在真理的相关物来思考，就如同(自足的)自然一样[①]。世界是有关世界的普遍的归纳的科学之研究课题，经验的归纳是为发现精确的世界法则(其中包括自然法则)而进行理念化的数学方法的基础，或为获得有关作

① 作为理念化了的自然的自然是可构造的，因此它是一种存在论上的，而且是数学上的绝对普遍性之事实上的现实性。此外，理念化了的自然还是经验的质与经验的质在经验上对应这一情况的理念化。但是如果具体的事实的世界，经验的世界，是能理念化的，能构成的，那就产生一个结论，即这个世界有它的关涉世界的数学。

为心理物理存在的人和动物的法则，有关他们的心灵的法则，有关他们的个体的存在和行为的以及他们的身体的法则的进行观念化的数学方法的基础。因此，用一种极端的说法，上帝具有一种有关世界的普遍数学，上帝知道这种对于全部世间事物并且按照其全部规定都有效的世界法则，因此知道有关一般在空间与时间上存在着的东西的以及如此这般存在着的东西的共存在的精确法则；它们是因果性法则，只不过更复杂、更多样，同样也延伸到了精神领域。

具有其无可置疑的经验发现的心理物理学的问题就是：什么东西能够包摄在心理物理的序列中？

通向客观认识（如同自然科学所运用的客观认识）的科学态度，而且一般而言，指向作为有关世界，有关自在存在着的实在东西的宇宙的客观认识的科学态度，会成为以通过自在真理而认识
296 自在存在为目的的科学态度。但这岂不就是一般科学的任务吗？就自然来说，就动物、人来说，就人的共同体来说，就文化对象以及人类一般的文化来说，自在意味着什么呢？

我们能够将指向“客观的”世界（作为科学的主题）的主题的态度，与指向被理解为主观性及其主观东西（世界在其中被经验、显现、被判断、被评价等等的主观性）的普遍的主观性的主题的态度划分开来吗？但是这岂不就是个人的态度吗？

那么什么是个人的态度呢？人与动物一样是存在于空间中的；在其中由现实东西构成的世界总是与人一起被预先给予的。兴趣指向作为个人的人们，这些个人在个人的行为与情感中与“这个”世界相关联，他们在生活的、个人交往的、行动的以及由世界事物规定的、对世界事物采取态度的共同体中，具有同一个周围世界，而且是作为他们所意识到的，并且是意识为同一个周围世界的世界而具有的。

他们对之采取态度的，促动他们的，他们总是与之打交道的世界，就正是**这个**世界；但是在个人的态度中，兴趣指向个人以及他们对世界采取的行为，指向作为主题的个人对作为为他们而存在的东西进行意识的方式，而且还指向他们所意识的存在者所具有的特殊的对象的意义。在这方面所涉及的世界，不是实在存在着的世界，而是对这些个人有效的特殊的世界，它对他们显现着，并且就像它对他们显现的那样显现着；问题是，他们作为个人，在行为和情感中是如何表现的，——他们是如何被促动去完成他们个人特有的知觉行为；回忆行为；思想行为；评价行为；制定计划的行为；惊恐行为；受惊吓时不由自主地退缩的行为；自卫的行为；进攻的行为等等。人们只是被他们意识到的东西所促动，而且是通过这种被意识到的东西借助意义在他们的意识中存在的方式，以及这种被意识到的东西对他们有效和无效等等的方式被促动的。

对个人的兴趣当然不仅仅是对他们的行为方式和他们的行为
动机的兴趣，而且是对使他们成为同一的个人的东西的兴趣。人 297
们会说：是对人们的习惯和性格的兴趣。但是这首先要求我们去了解那些他们借以表现自己（首先是实际上作为同一的自我-主观表现自己）的，并且他们由以产生出来的行为方式[①]。

① 但是这种个人的科学中的科学的东西恰好相关联地与促动个人的，因此被个人所意识的周围世界有关，这个周围世界对于个人来说是以它的显现方式的样式而真正现前的，真正被经验到并能经验到的。

精神科学的以及也许能建立起来的一般精神科学的题材范围，对于人类学、动物学（在有关作为“客观”现实的东西的，作为自然的人与动物的科学的意义上）以及对于作为有关现实的人与动物的客观的-现实的构成部分的，通常称作心灵、心灵生活、心灵性质的科学的心理学，是一种什么关系呢？

精神科学是关于处于其对于世界的意识关联之中的人的主观性的科学，而世界是对人的主观性显现的，并且在人的行为与情感中对人起促动作用的世界；并且反过来，精神科学是关于作为个人的周围世界，或作为对个人显现，对个人有效的周围世界的世界的科学。在显现方式的变化中，在人们在其“内在生活”中所经历的统觉的变化中，人们个别地，或是通过相互理解而共同地意识到“这些”事物，关系，同样还有促动他们，对于他们来说在周围世界中成为主题的诸个人，诸个人的联合，等等，人们将这些东西意识为一些同一的东西，只不过时而是这样地，时而是那样地向他们以及不同的个人显现的，对他们有效的，并且或许曾被看作确实存在的等等同一的东西。

但是，一般来说，在个人生活中这些同一的事物并不是处于作为主题的科学兴趣中；个人的生活一般来说并不是理论上的生活，因此事物对于个人来说一般并不是科学上的主题（如关于它们在“客观真理中”“自在地”是怎样的），而是作为恰好对它们有效的东西，正是作为通常促动他们的，在理论之外的行为和情感中规定他们的东西。如果我们将这些事物，将自然、动物与人的世界，身体与心灵，如它们自在自为地“自身”（客观）存在的那样，变成科学的主题，那么我们就是自然科学家、动物学家、人类学家，以及特别是（现

在在一种与自然科学的动物学类似的意义上的)心理学家。 298

在这里虽然我们也一再有作为显现着的实在东西的有关的实在东西;但是我们对它们的客观兴趣,作为以充分的普遍性最终理解的理论上的对实在性的兴趣,是指向它们的通过显现、通过诸主观的给予方式显现的东西,指向它们的能按照它们的精确的、客观上真的存在,以绝对普遍有效的科学判断规定的东西,——按照真的存在,这种真的存在,即是这些实在东西的存在本身,而不是为我们或为以多种多样方式所促动的这些那些个人的群体的存在①。

在这里有一种特殊的促动方式处于优越地位,它的特征可以用"对于客观上实在的存在之理论兴趣"这种表达式来说明。作为主题的客观的自然,它的客观上真的自在存在,确实也是个人的成就,或宁肯说是这种成就的理念,一种方法的成就,这种方法自身包含有无限的理念,包含有无限完善过程的理念,即作为以自然科学的方法在理念上被普遍规定的,或是被越来越完善地规定的自然的实在的自在。但是它是一种无限成就的相关物,一种在这里被称作自然科学家共同体的那种个人的共同体之特殊成就的相关物。只要精神科学作为无所不包的有关精神世界的科学,将所有个人、所有种类的个人和个人的成就、所有种类的个人构成物(在这里称作文化构成物)作为它的题材,那么它就也包含自然科学,以及自然科学的自在的自然,即作为实在的自然。但是自然的经

① 这就是科学的一般意义——这种科学当然是朴素的开端,它并没有达到完满的世界,宁可说,在起初它是觉察不到地受传统束缚的。

验，以及在意识上普遍产生的被经验东西的同一性，总是贯穿于每一个个人的生活之中。但是规定个人生活（这种生活只是在例外的情况下才是自然科学家的生活）的兴趣，并不关心“自在存在的”和在自然科学上突出强调的（应该突出强调的）自然，而是关心摆
299 脱了一切理论的、显现着的，并以这种或那种方式被意指的自然，正如它在人类的个人生活中出现，并在特殊的实践中规定个人生活那样。对于所有的人来说，他们所谈的自然，他们在其中生活并且知道他们自己共同生活于其中的世界，是规定着他们的自然和世界，这个自然和世界在交往中被辨认出来并被校正，它是唯一的世界，并且它被认出是同一的世界，客观的科学家以他的个人的活动的特殊的方式将它当作主题。就这方面来说，个人的世界不外就是“客观的”世界。但是这个在每一个个人那里被预先给定的，对于每一个时代的每一种人类文化以及处于其特殊实践中的每一个别的人都有效的，作为现实地被设定的世界，正是处于特殊的“显现方式”之中，处于特殊的统觉之中的世界，它对于进一步的重新改造的变化是敞开的，这种变化可能将存在改造为非存在（假象），通过这种变化，尽管有一些校正，仍然确立起一种作为存在着的持续有效的世界的统一性，而这种统一性对于进一步的规定始终是敞开的，——也许对于作为现实性的科学理论也是敞开的。它永远处于这种敞开之中。而精神科学，以实际的个人、民族、时代，以及在被他们所认为的、对于他们如此这般具体直观显现的、以神话的方式或其他任何方式被统觉的诸世界中被他们所认为的事物本身，以被他们所经验的自然，以为他们而存在并且促动他们的文化为主题——这种精神科学在主题方面必然地并且唯一地指

向这个处于其对个人（他构成精神科学的主题）显现的“主观的”方式中的世界。这个世界并不分解为纯粹个别-主观的在时间上不断变化着的诸方面。这个历史共同体所共有的周围世界就是通过这样的诸方面构成的。在它的生活的这个共同体中，共同体或共同体的诸个人的生活，与对于他们来说是共同的周围世界（个人的“世界”）发生关联，而这个周围世界对于他们来说，有一种相对的现实性——并且是一种对于不同的个人共同体和他们的个人的时代而言变化着的现实性；但这并不排除以下情况，即个人的共同体（它们当中的每一个都有其个人的周围世界），由于彼此发生关联或已经处于关联之中，而能够具有或获得一种彼此交叉的共同的周围世界，或更确切地说，他们知道自己通过相互交往与同一个“实在的”世界相关联，只不过他们发现，每一个共同体都是以完全不同的方式理解这个世界，赋予这个世界以完全不同的现实性。

但是，这种必然像任何可能的公共化一样伸展得很远的共同的“实 300
在性”，虽然是借助它的同一性被意识到的，但只是作为在个人之间突现出来的同一化的统一，以及能在公共生活中得到的验证的统一而被意识到的。只当有关实在性的科学正是按照它的特殊的个人的活动和持久的成就来规定实在性，实在性才通过科学被规定为具有“客观的”真理的，即具有科学的真理的，如其自在存在的那样的实在性[①]。

---

① “客观性”的目标，即科学的目标是存在物，但并不是作为那种被**某些**个人和文明所经验和证实的存在物，如它在此被经验并能在经验中证实的那样，而是对被认为经验着相同东西的**所有可能**的文明（包括巴布亚文明）、**所有**可能的经验、**所有**可能的周围世界都存在着的东西。

对于精神科学的态度来说，出发点是“自然的态度”，每一个人，因此也包括处于开始阶段的精神科学家，在一切科学的意图和行动之前，都以这种态度处于清醒的生活中，并且也能感觉到自己是如此。他处于一个包围着他的世界中，这个世界时而这样时而那样地显现，时而这样时而那样地促动他，他凝视这个世界，倾听这个世界，等等，一般来说，在实践上他由这个世界以各种不同方式规定，并且通过这种实践，他总是赋予这个世界以新的面貌。他本身如同他周围的人一样也属于这个世界；根据情况，这些周围的人或是他实践的对象，或是实践的别的主体，与他一起行动，与他一起看，一起听周围世界的同样的事物，特别是实践中的那些他们在共同的实践方向上“所考虑的”事物。在自然态度中，世界作为在主观地以及共主观地联结起来的现实的和可能的显现、意见、兴趣的变化中普遍同一的世界，一般来说并不是科学的主题；相反，从广义上说，主题是人们的所有那些暂时触动他们的东西或是那些持久地，也许是在固定的习惯中（比如在职业上），使他们关心的东西：在他们以“严肃态度”或在游戏中，获取、创造无价值的东西或有价值的东西，暂时的东西或持久存留的东西时，在他们按照私自的利益或共同的利益，并且作为个别的主体或是共同体的工作
301 人员，在共同工作中的工作人员，但是，这种必然完成成就时，触动他们或使他们关心的东西；他们自己的或世代形成的记忆，将他们带入到过去的共同体生活中。

刚才所说的本身就是精神科学家能够并且必须由之开始的一般思考；他所以能够这样做，是因为他作为欧洲人已经熟悉了科学，已经熟悉了并养成了全面的理论的态度；并且已经能够通过这

种概观获得他的主题。因此，处于其生活与工作之中的人，共同体中的人们，共同体本身，就是处于与作出成就的行为之成就本身以及成就的构成物的相互关联中的精神科学的科学主题；但是处于怠惰时期的消极的人，短时间的睡眠然后又醒来的人，处于其生活（作为个人的生活）的统一之中的完整的人，作为处于行为与情感之中的我和我们，也是精神科学研究的主题。

个人做什么，遭遇到什么，在他那里发生了什么，他怎样对待他的周围世界，什么使他生气，什么使他苦恼，什么使他愉快，什么使他沮丧，——这些都是与个人有关的问题；同样所有与各个层次的共同体，与婚姻、友谊、社团、城市共同体、民族共同体等等有关的类似性质的问题，也都是与个人有关的问题；首先是在历史的事实性方面，然后是在一般性方面与个人有关的问题[①]。在这种情况下，这里一定能够产生出来的普遍的科学，不就是心理-物理的心理学，即“个性心理学”和社会心理学吗？

作为个人的人，他难道不是心理物理的人吗？事实上他确实是这样的人，即他知道自己具有身体与心灵，并存在于世界中，他在空间中忙碌，作为手艺人用他的双手，或以任何方式用他的身体，他在战争中进行战斗时也用他的身体进行战斗，当然他始终意

① 在这里一般性指什么还是个问题——是“自然历史”的一般性，是形态学上的一般性，还是类似于精密自然科学的一般性那样的绝对的一般性。仅只适合于精密自然科学的那种客观性是以“几何学化”、理念化为基础的，这种理念化借助于将经验理念化——借助于理念性的概念，自在存在的概念，和作为自在真理的理念的真理的概念——而能从理论上的包括作为有关无限多同一东西的经验的全部可能性。存在着一种能够按照全部本质可能性包括“精神”领域、历史领域，并能借此通过精确概念达到这个领域的“精确的”真理的方法吗？

识到他的身体，并且通过他的身体对他的外部世界施加影响，或在
302 身体上体验到被触动，被碰撞，受到伤害。但是，这种必然当然人在个人的科学中与在自然科学的-生理学的人类学中一样是同一的人。——在从一种科学向另一种科学的过渡中，人们不假思索地实行了同一化。然而主题的方向却是根本本质上不同的方向。在精神科学中，人并不是作为能够客观地规定其自在存在的同一的实在性的主题，而是历史的人，只要他能在他的周围世界中主观地进行支配。

我以前说过，“自然科学”-心理学的研究与精神科学的研究之对立就在于，自然科学与精神科学各自以不同的观点将作为心灵的精神的东西当作他们的主题：就是说，在自然科学中，精神的东西作为被局限了的主观，当作现存身体的附属物[①]，与身体共同存在，并且以归纳方式——以心理-物理的方式（在笛卡儿二元论意义上）——与身体统一在一起；而精神科学的态度则是个人的态度，它恰好纯粹是指向个人的；这里说的“纯粹”是在与自然科学是纯粹的——是通过“抽象”而成为纯粹的——这种相似意义上的“纯粹”。对于个人来说，身体是周围世界中的一种优越的对象，他能够通过直接支配而占有它，等等。但是这个对象被以归纳方式

① 我们不能说它是“附属物”。把它当作附属物的这种看法已经是一种歪曲。在经验中，被经验的别人的身体，通过被经验的身体材料的复合体（即这个被经验的东西本身）在主观方面指示心灵的东西和自我；因此，在这里有“联想”，而且正如在每一个统觉中都有联想一样。

在预先给定的世界中，自然从本质上说是处于彼此外在中的“因果”统一体。当我们谈到“自然中的精神”时，在这里，这种“被定位了的”存在很容易被曲解为空间上的共此在，并且实际上也被曲解为时间空间上的共存在，也就是说，在事物，事物的诸实在因素共存在那种意义上的共存在。但是精神如何能在身体上存在？我们必须提出这个问题。作为一种进行支配的东西，这只有借助于统觉才能发生。

统觉，而这种统觉是一种客观的统觉。

当然，个人是被定位了的，而且是通过他的物体的身体在自然的空间与自然的时间中被定位的。如果一个人处于准确的空间中，那么这就是具体的定位。当然，一个人可以将主题的兴趣纯粹指向自然和自然之中的物体的身体，在这种情况下人们就能够发现与他们一起存在于自然（不论是经验的自然还是精确的自然）之中的，或更确切地说，存在于相应的空间-时间的位点上的主观，心灵。但是首先这里的问题是，人们从这种共同此在中能够期待什么，但是，这种必然什么东西构成“人”或“动物”这种实在的统一 303
之统一意义，在什么限度内人们有可能并且有权利谈论身体与心灵的“结合”，甚至有可能并有权利将这种结合看作是具有类似于自然因果性结合那种性质的因果性结合，从一开始世界（作为纯粹的经验世界，因此作为我的和我们的周围世界）的构成就包含这样一种情况，即在世界中，这里是纯粹的事物，那里是人，那里是动物，这里是艺术品，那里是工具，这里是手艺人，那里是士兵，等等；这些情况被经验到，被这样地预先给定，被统觉；而这是以变化着的方式，但又是以一种人（包括作为人的我自己）的存在必然地包括于其中的最一般的结构类型，被体验、被给定、被统觉的。对于这个世界，人们到处都能够提出一些归纳性问题；凡是有规则性的共存的地方，那里也就有归纳性的问题。在每一个简单的统觉中，都包含着有规则性的共存，它是可以揭示出来的；因此，这种共存在属于每一种统觉类型，而且它也属于一般的统觉，属于对世界的统觉，属于对较近的或熟悉的世界和较远的世界的统觉，同样也属

于对于单个的近的事物或远的事物的统觉。因此，人们能够并且一定会发现一些隐含地表明的归纳性法则，它们使物体-身体的“材料”与心灵的“材料”相互联系起来；但这还远不表示有关自然因果性的，以及类似于在自然中结合为一个整体那样的结合的任何东西。当然，这种区分标明了一种心理物理学，它在传统上被看作是建立在传统的感觉论之上的人类学。

精神（心灵，具体的人格的存在）存在于空间时间中他的身体所在的地方，从那里出发，他的生活向世界，即向由空间时间上的存在物构成的宇宙中伸展，并对世界施加影响。当他具有对他的周围世界（因此对世界本身）的意识时，他就是他周围世界的精神、人格、自我；他对世界发生影响的可能性是由于，他以确定的有秩序的方式具有对世界的经验，或说得更确切些，他能够以经验的方
370 式在这个世界中存在，能离事物较近或较远地存在，等等。这还包含，他经常具有关于“他的”身体的极好的经验意识，也就是说，他意识到他是完全直接地存在于这个东西之中，并且意识到他是以受到刺激并进行支配的自我的方式持久地“生活”于它当中，并“能够”做事情。这种关联，以及周围世界在个人经验上生成并借以直
304 观地在那里存在等的任何方式，但是，这种必然作为与个人有关的东西，正是精神科学研究的事实。

精神科学与精神打交道；狭义的自然科学与精神科学首先在这里区分开：一方面是有关物理事物的科学，另一方面，是有关作为个人的人的，作为通过支配具有其身体的个人的人的，通过作为进行知觉的身体的身体与所有其他实在东西相关联等等的人的

科学[①]。

但是现在应该注意，自然也在周围世界中，在我们今天的周围世界中，在印度人的假设的周围世界中，在石器时代的周围世界中，等等，——只要精神科学是我们的主题，而不是“客观的”自然科学是我们的主题，只要我们的主题恰恰不是客观的自然，只要构成旧意义上的自然历史的周围世界的联系依然保留着（尽管这种主观的相关性还没有被明确地表达出来，或者甚至未被研究者觉察到，仍然不是研究的主题）。只当我们的目的是指向客观性，指向它的在存在论意义上的，然后是在数学意义上的自在存在，而不是指向如它在经验上向我们显示的那样的它的存在等等，我们才能有自然科学的生物学[②]，而不是自然历史（它也共属于作为历史上的周围世界的一般人类史）。

但是如果情况是这样，那么问题就是，在多大程度上不能够也 371
对心灵的东西，对于精神，对于个人，进行同样的区分，或说得更确切些，是否能也将一种客观的精神科学从历史的精神科学区分开来。更准确地说，在指向作为经验的实在宇宙的世界的态度中有两种可能性：1）在存在论的-数学的体系中的精密的自然，此外还有面对身体和心灵（个人的东西）的经验的共在的精密的心理物理学；2）从一开始就是精神的态度——历史的态度。

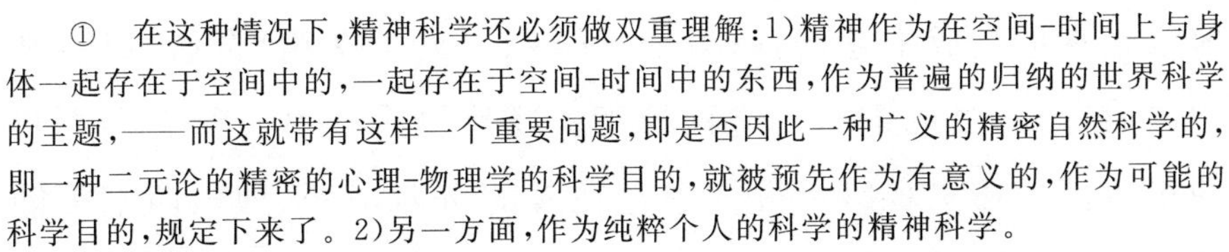

① 在这种情况下，精神科学还必须做双重理解：1）精神作为在空间-时间上与身体一起存在于空间中的，一起存在于空间-时间中的东西，作为普遍的归纳的世界科学的主题，——而这就带有这样一个重要问题，即是否因此一种广义的精密自然科学的，即一种二元论的精密的心理-物理学的科学目的，就被预先作为有意义的，作为可能的科学目的，规定下来了。2）另一方面，作为纯粹个人的科学的精神科学。

② 这里有理念化的前提。

如果我们对自己说，或每一个我对他自己说：我所谈到的世界，中国人谈到的世界，梭仑时代的希腊人谈到的世界，巴布亚人
305 谈到的世界，但是，这种必然始终是主观上有效的世界，甚至科学家——他作为科学家，是希腊-欧洲人——的世界，也是主观上有效的世界，那么一切就会变得十分清楚了。

在实际生活中，我具有的世界是作为传统的世界，不管这种传统是从哪里来的；它也可能甚至是从经过转达的通常是被歪曲了的科学上的获得物来的，这些科学上的获得物是我从报纸上和教科书中得来的，并且通常我将它们变成我的动机和偶然影响我的同伴的动机。现在我可以环顾四周，并且对于由传统而对我有效的这个世界发生理论上的兴趣，或者我设想自己处于科学出现之前的古希腊人的地位，等等。最早的普遍的理论兴趣，开始时的理论兴趣，具有这样的性质，即想认识客观世界，就是想认识这个世界本身。它是由传统而来的世界，但是它是这样的东西这一点被掩盖了，无论如何，这一点可以完全搁置一旁。现在让我们不要按照自然主义思想方式等等来理解客观科学。客观科学意味着直接将世界当成主题，而精神科学意味着将作为对世界起作用的主观性的世界的世界，就这个世界是主观相关的而言，当作主题（只有主观以及在主观之中"被表象的"具有空间时间性的世界才是主题）。我们能够将自然，而且还将人、人类文明、民族等等，"直接地"、客观地当成主题，另一方面，又将人、人类文明、自然，以主观相关的方式，当成主题。这种相互关联反复进行着。所有存在着的东西都是在主观给予方式中存在着的东西，每一种东西都可能直接地成为主题，或主观相关地成为主题。在这里，"主观地"意思

是：主观本身成为主题，而不问客观的自然；在这种情况下人们就会说，通过抽象将它变成主题。从一开始，在理论上就倾向于将世界看作是存在物的全体；一切存在着的东西，甚至处于反思的一个阶段上的精神科学的东西，重又被归于世界，如此以至无穷。但是现在我通过超越论的还原反转回来了；现在产生一种精神科学，它事先并没有世界，也并不总是坚持这个世界。

如果我们探求生物的自然历史真理，那就已经假定生物是在和谐一致的经验中被考察的（按照它的身体的和心灵的存在，这二者是在统一的经验中被给予的），但是，这种必然并且按照这种经 306
验以完全符合的经验概念（描述的概念）被描述的。虽然我关于他人，甚至关于我自己可能会搞错，但是只要经验是可靠的，只要我遵循经验的一致性，我就能获得经验真理，我就能了解这个人。正如在作为自然对象的物体的身体方面那样，心灵的情况也是一样（就这方面来说，我们有一种类似的情况）：即关于它们的经验是无穷的。但是心灵是否具有能规定心灵的，类似于自然事物的客观的（准确的存在论的）自在那种意义上的、客观的自在的（完全能够证实的）本质结构呢？从一开始就很清楚，我们能够认出精神的本质形式，尽管同样也很清楚，在心灵的主观性的本质与事物的本质之间存在着天壤之别。我们必须从一开始就避免错误的推论，并从而避免对身体曲解。另一方面，好的和必要的指导思想显然不就是这样的吗？即它们试图将对于具有其历史性的真实的精神的研究，建立于对精神（以及精神生活于其中的共同体）的本质认识之上，并由此创造出“精确的概念”，以及作为全部精神的真实性的

理念极的精确的，绝对有效的真理①。

非自然主义的对自然的态度是：如果我们现在谈论以自然世界为根据的不同的经验态度，我们就必须区分：1）瞄准自然，并且是作为被经验的自然的态度，瞄准单纯的事物的态度，或抽象地瞄准动物的身体的态度，或瞄准作为单纯事物的文化对象的态度；2）人格主义的态度：指向个人或作为个人的人的态度。

这后者包括什么呢？个人作为存在着的统一是什么，他们具有什么特征，——什么东西构成他们的“生活”？他们作为个人做什么，有什么遭遇，在不同的生活境况中他们如何“对待”他们周围的世界，他们个人如何受周围世界的触动，如何以个人的方式对它做出反应；最后，为他们存在着的，对他们有效的，决定他们的周围世界本身是怎样的。在这里问题也将是：他们的周围世界是如何变化的，什么样类型的对象属于他们的周围世界；因此一般而言，个人的周围世界具有什么样的本质结构，并且特殊而言，它特别是

307 作为周围但是，这种必然世界——它从个人的世界生活本身而取得形态，并且总是重新取得形态——具有什么样一般结构？具有什么样类型的文化对象？

个人周围世界的结构与个人生活的结构（具有个人的习惯）有本质关联，而个人生活作为世界生活，就是对周围世界中显现的对象以及它们的周围世界的特性采取态度。

周围世界中的个人在周围世界中具有一种特别突出的地位。但是下面这种主题上的区别在这里起着重要作用：一方面个人（不

---

① 但是在这里对于历史知识的本质认识看上去是什么样的呢？

仅是其他的个人，而且也许还有我自己）作为周围世界的客体，作为周围世界中的对象——而这个周围世界是已经预先给予了实践着的我，在最广义上实践着的，即具体的，清醒地生活于世界之中的我的周围世界——，就是主题（因此在确切意义上，是以周围世界的方式而成为主题的），作为对象，个人是作为对之有某种事情发生的对象，人们发现他们是存在于周围世界中的，人们看见他们，但并没有与他们打交道，与他们没有任何共同之处：他们就如同纯粹的事物一样存在于这里和那里；在这里也许特别适合于从外部看别人和理解别人，而不进入其内心深处，不与他共同生活。另一方面，存在着作为别的主观的另外一些主观，我们与他们在经验中，在思想中，在行为中形成共同体，我们与他们一起具有在周围世界中的共同的实践，尽管每一个人又还有其自己的实践。当我们在周围世界中彼此相互地（他人在我的周围世界中）存在于那里——而这总是意味着以身体-物体的方式存在于那里——时，我们就已经有了某种"共同体"。当我们看为我们而存在的同一个世界中的这同一些对象，或部分地看这同一些对象时，我们就在彼此经验。就这种共同的看而言，这大部分并不是真正的经验，它是对于其他人以及他们的经验状况的空洞的理解。但是，个人的共同体作为个人生活的共同体，而且可能作为持久的个人的相互关联，却是一个独特的东西。第一步就是在对他人的经验，他人的生活状况，他人的行为等等的直观的理解中，与他人明确地保持生动的一致。由此出发通过表情与语言而达到交流，这已经就是自我的关联。每一种交流当然已经以周围世界的共同性为前提，只要我们彼此间都是个人，但是，这种必然这种共同性就建立起来 308

了，——但它可能完全是空洞的、非现实的。但是有他们作为共同生活中的伙伴，与他们交谈，分担他们的忧虑，与他们共同努力，与他们结友和为仇，与他们相爱和相恨，则是另一回事。只有在这里，我们才进入到“社会-历史”世界的领域。

当我们生活于自然的态度——非超越论的态度——中时，各种不同的主题方向，因此各种不同的理论兴趣方向，就按照预先给定的世界的结构——这个世界是作为我们公共的周围世界，并且通过周围世界作为客观的世界被给予我们的——向我们展示出来了。“通过这个周围世界”，就是说，周围世界是某种可变的东西，我们在生活中从一个周围世界向另一个周围世界进展，其间在这种变化中却连续地经验到同一个世界，而周围世界则变成了这个世界的显现方式。在指向本质的态度中，我们能够从实际的共同的世界出发，研究人的周围世界的本质形式，并能够研究那种在周围世界的变化中通过进入不同的人类文明而永远在进行自身构成的新的周围世界的本质形式；并且，通过将这种无限展开的进程作为可能的进程呈现出来，我们就能够描绘出作为可能经验构成的世界（也就是作为在可能的变动的周围世界中，通过不断进行的修正而显示出来的世界）的存在着的世界的结构。这可能就是那种关于纯粹经验世界本身的存在论的理念。理论的态度可以指向单纯的自然，在这种情况下，我们就有一种自然的态度，因此这种态度并不是“自然主义的”，另一方面，我们可以将我们的态度指向个人和个人的共同体，我们可以将我们的态度指向可能的具体的周围世界，以及在其中被勾画出来的“真的”世界。

指向自然的态度可以有一种不同的意义。一般来说，我们这

些从事研究的个人是处于自然态度之中的，因此在此之前我们已
经就彼此共同地一起生活了。但是在这里，作为对世界而言的主
体，我们以及我们的生活是匿名的，——只要我们没有将我们当作
我们自己的主题。因此指向自然的态度恰好就是：只将自然当作
主题，而不将任何别的东西当作主题；因此当作主题，从某种意义
上说，同时就是“进行抽象”，但是，这种必然这首先一定不要（因此 309
不必）像通常那样理解为主动抛开某些东西，而只应被理解为仅仅
注意某些东西。当然对自然的科学态度，最终是以有意识地将自
然变成主题，而且是以将有意识地排除了或是想要排除一切纯粹
主观东西的纯粹自然变成主题为基础的。

现在在这里变成主题的自然，可能就是周围世界的自然，而且正如它预先给定的那样，在现实的和可能的经验的知觉中呈现出来，并且在我们的经验生活的进程中，由于经验的一致性而证明是实际存在着的（尽管有一些偶然的修正）；成为主题，应该意味着经验的认识，意味着通过一致的经验——通过对间接归纳进行的经验的预期而补充了的自己的和他人的经验——，通过描述，进行规定；意味着致力于描述的科学；普遍的描述的自然科学，任何时候都包括可能的自然的经验的全部领域——感性知觉，记忆，实际上能够通过这些东西证实的归纳的全部领域。这些东西的基础是“可能经验的世界”的存在论（虽然实际上没有建立起来）。由此人们已经能够将通过对不可能经验到的远处的东西与近处的东西匀质化而进行的对经验的归纳扩展分离出来，并由此而导致对无限东西理念化。

“精密的”自然科学的目标就是另一回事了，即这样一种目标，

超出直观的自然的相对性，周围世界的相对的自然的相对性，而确定作为在所有相对东西中的，处于“自在真理”中的同一的自在之“自在的”自然。这种描述的自然是与个人和人类相关联的，就是说，与我们、我们的民族、我们欧洲人的文明相关的，与在我们历史时代的我们这些地球上的人们相关的；但是我们自己在这里并不是主题，这些关系也不是主题；只要我们世世代代始终是这统一的历史时间中的，即时间范围中的同一的地球上的人类，就不需要将这些东西主题化；因此科学的论断从一代到另一代以可以理解的方式继续对我们有效[1]。

310 但是，这种必然我们只需要将主题的注视方向对准这种相对性，我们就能清楚地看到，这种自然科学属于关于地球上的一般人类的个人的科学的更广泛的组成部分，而这种一般人类被理解为“我们人们”，它总是从我们这些个别的研究者获得它的时间的地平线，以及它的相对的，在广义上是历史的时间性。对此进行深入研究，我们就会看到，从探究哲理的希腊人那里产生出来的欧洲人首先采取了这种指向最外部的可能达到的周围世界的理论态度，也只有他们能获得这种理论态度。周围世界是相对于对它起作用的主观性的，——有关起作用的主观性的类型学本身是历史的：人

① 描述的普遍的科学，作为具有其普遍性的关于预先给定的世界的科学，仍保持在现实的和可能的，直接的和间接的经验领域之中；因此它必须从作为现前的、以地平线的方式预先给定的世界出发，借助于展示共现前而前进；并作为关于敞开的普遍的现前的描述科学而产生出来，但是此外也作为处于过去时代的另外还有将来时代的连续展开之中的关于过去的科学（古生物学）而发展起来。当然它是指向类型上的普遍性的，指向类型的类型上变化的方式的，另外指向按照这样的一些规则，对个别事实进行说明的。

必然是世代相继的共同体的成员,因此必然生活于作为他们的周围世界的每一个共同的周围世界之中,在这方面在这种周围世界中有一种普遍的历史性起支配作用。但这并不是说,有一种可能的理论态度属于每一种共同的周围世界;即使这种可能的理论态度,首先是“描述的”科学的态度,从本质上说也是历史的。但是如果这种态度形成了,那么在历史的发展过程中,从纯粹自然的描述向心理-物理的描述的发展,就被预先规定了。

因此在这种情况下,这种指向人和动物的态度就是一种新的
态度,——人和动物,并不是作为能按照纯自然的态度以前后一贯
的描述的方式加以研究的物体,而是作为人(或动物),它们具有作
为它们的身体的物体,他们各自都有其个人的周围世界,作为通过
身体而被定位了的近的-远的世界,这个周围世界同时也处于左-
右、上-下的显现方式中,而且所有这些显现方式都处于对下面这
种主观的方式的连续依赖之中,这种主观的方式就是在一种甚至 *379*
能够随意实现的动觉系统中“我运动我的身体”这种主观的方式。
有关人的论题范围包括,作为周围世界对人有效的东西以及在这
种周围世界——不论是他个人的,还是共同体的周围世界——中 311
对人有效的东西;还包括:对于每一个人,以及还有对于共同体都
是可以反思地把握的这个周围世界的显现方式——彼此进行交往
的诸个人的显现方式如何达到一致;每一个个人如何给予他的总
是作为在进行经验的统觉中被定位的周围世界之原点-客体的人
的存在以在周围世界空间中的位置;在个人改变位置时,例如在个
人交换他们的位置时,对于每一个人来说,方位,同一些客体,如何
一定会改变,或更确切地说,显现方式如何一定会变换。

描述的自然属于所有人的个人的周围世界，或更确切地说，属于所有“欧洲的”人的周围世界，因此也一起归入人类学，但是很显然，精密科学的自然并不属于这样的周围世界，而只属于那些是精密自然科学家的人（或那些理解自然科学的人）的周围世界。当然，科学的自然史也不属于每一个人的周围世界，只要它将它的普遍的周围世界置于研究之下，并且揭示出，可能的周围世界本来可能是什么样的，却不曾是那样，而且现在也不是那样，除非再次为了科学家，才是那样。自然科学是一种文化，但只是属于下面这样一种人类文明的文化世界，这种人类文明产生了这种文化，并且在其中存在有个人深入理解这种文化的可能途径。

另外，与直接的和间接的共同体生活延伸得一样远的“文明”的普遍统一，也能成为主题；与此相关联，周围世界的共同体（在显现的方式和被理解的方式的“如何”方面），特别是文化的共同体，也成了主题。它在其有时间性的生活的统一中，在构成这种生活本身的形式的时间性的统一中，可能成为主题，——那种时间性绝不是精密自然科学所研究的自然的时间性，这后一种时间性，按照其意义，是绝对同一的自然之同一的时间，这种同一的时间超越不论什么样特殊人类文明的一切周围世界的自然，精密自然科学所研究的自然之时间不是相对的时间，那种相对的时间从本质上说属于当时共同生活与存在着的特殊人类文明，而这种特殊人类文明具有其全部的过去以及敞开的未来，而这种未来是从现在的人的观点得到作为现在人的未来的意义的，即现在人类文明的未来。

312 但是此外彼此处于松散联系之中的文明，也能够成为主题，诸文明形成为共同体的方式，在历史上形成或已经形成一种文明的方式，也能够成为主题；其中主要部分是自己文明的历史，这也是它由早期的诸文明和文化等等而来的历史生成的主要部分。在这种情况下我们就抛开了自然科学的描述研究，而开始进入了精神科学的问题；或说得更确切些，我们将描述的自然纳入到历史的精神科学之中。

所有这些仍然是表层的，尚没有考虑到诸文明以及它们的文化的规范理念，更确切地说，尚没有考虑到那样的一些理念，它们作为在生活的决定当中起作用的“当为”，决定人的生活，不论是个人的生活，还是以各种方式组成共同体的人的生活（但是这些理念偶尔也在普遍的意志决定和意志决心中起作用，这些意志决定和决心会永远地调节自己的生活以及共同体的生活）。因此这导致内在于历史的“意义”，导致发展的目的论问题，导致作为为新的文明指示方向的理念的普遍理念之发展的问题：如作为有关世界的科学之理念的相关物的无限的真的世界之理念，真实的和真正的个别的个人生活之理念，以及真正的共同体的理念，最后是真正的文明之理念，以及属于该文明的“伦理的”理念，关于普遍科学的理念，——不是关于这个单纯的世界，而是关于所有一般存在着的东西，即使是作为理念、作为理念的规范等等存在着的东西的普遍科学之理念[①]。

381

最后，普遍的个人的科学本身似乎变成了包罗万象的科学，变成了一种普遍的哲学，以本质的方式变成了普遍的存在论。因为一切都从我们出发，从这些活生生的人，我们这些提出理论问题的

① 但这是通过坚持不懈地实行精神科学——按照自然的态度——而达到的。

人出发;我们本身都是个人,并且我们在我们的共同世界中有关于一切主题的主题,关于一切可能的问题提法的主题,因此还有关于有关人的最高的和最后的问题的主题。

313 让我们从这种普遍的,按其性质是历史的,从个人观点出发的世界观——它是在预先给予的世界之基础上运动的——返回到绝对的基础,即超越论的主观性的基础上。

在这里出发点是:我们,实行这种对于个人的普遍考察,其中包括对于周围世界等的普遍考察的我们,本身就是人,是欧洲人;我们本身是历史上生成的;作为历史学家,我们创造了任何一种意义上的世界的历史和世界的科学,按照我们置身于其中的欧洲历史的动机,我们创造了历史的文化构成物。为我们而存在的世界,本身是我们的历史构成物,而我们本身,按照我们的存在,是一种历史构成物。在这种相对性中,被相对性本身当作前提的非相对的东西是什么呢?是作为超越论的主观性的主观性。另一种出发点就是:本质上是普遍的有关个人的科学——心理学。普遍的心理学。返回到超越论的哲学。

314

欧洲人的危机与哲学[①]。

I

在这个演讲中,我要冒险进行一种尝试,即通过阐明欧洲人的

① 这篇文章胡塞尔曾应维也纳文化协会邀请两次在维也纳演讲 —— 1935 年 5

历史哲学的理念(或目的论的意义),从人们经常讨论的欧洲的危机这个主题找出新的兴趣。当我在这个过程中揭示出哲学,以及作为我们的诸科学的哲学的分支,在这种意义上必须实行的本质功能时,欧洲的危机也将获得一种新的阐明。

我们将从一件众所周知的事情开始,即从自然科学的医学与所谓的"自然疗法"的区别开始。如果说,自然疗法是在人们日常生活中从朴素的经验和传统产生出来的话,那么自然科学的医学则是运用纯粹理论科学的认识,即运用有关人的身体的认识,首先是解剖学和生理学的认识,而产生的。但是这些科学本身又是建立在对一般自然进行普遍说明的基础科学,即物理学与化学的基础之上的。

现在让我们将目光从人的身体方面转向人的精神方面,即转向所谓精神科学的主题。在这些科学中,理论兴趣仅仅指向作为个人的人,以及个人的个人生活与有所成就的活动,以及与此相关联地指向有所成就的活动的形成物。个人的生活是作为我和我们在共同体的地平线中以某种方式联结在一起的生活。而且是在各种各样的简单的或被分成不同等级形态的共同体中,如家庭、国 315
家、超国家的共同体中的生活。在这里,**生活**这个词并没有生理学上的意义,它所意味的是有目的的,完成着精神产物的生活:从最

月 7 日和 10 日。原来的题目是"欧洲文化危机中的欧洲人"。演讲的题目是:"欧洲人危机中的哲学",后来改成现在这个题目:"欧洲人的危机与哲学"。速记手稿是手稿 KIII 1 的一部分,它包括第 1－12 页。在卢汶胡塞尔档案馆中有两份芬克的打印副本(目录号:MIII 5 II a,和 MIII 5 II b)。副本 a 比副本 b 内容更多,它比速记稿扩充了三分之一。我们在这里提供的是内容较多的一个稿本,在结尾处包含了副本 b 所没有的几页。胡塞尔所注的这篇文章的写作日期是 1935 年 4 月 7 日。——编者注

广泛意义上说，是在历史发展的统一中创造文化的生活。所有这些就是各种各样精神科学的主题。很显然，这里存在着茁壮成长与衰退之间的区别，就是说，人们甚至同样也可以就共同体，就民族、国家，谈论健康与疾病。因此问题直接就是：在这方面为什么从来也没有能发展起一种科学的医学，一种医治国家和超国家的共同体的医学呢？人们说，欧洲各国生了病，欧洲本身处于危机中。在这里绝不缺少像精通自然疗法的医生那样的人。我们简直是被幼稚的、夸大其词的改革建议的洪流淹没了。但是为什么得到充分发展的精神科学没有像自然科学在它们自己的领域里作出杰出贡献那样，在这里效力呢？

凡是熟悉现代科学精神的人就不难对这个问题作出回答。自然科学的伟大之处就在于，它们不满足于直观的经验认识，因为对于自然科学来说，一切对于自然的描述，都只能是有步骤地向精密的，最终是物理-化学的说明前进。它们认为："单纯描述的"科学使我们束缚于世间周围世界的有限性上。而数学的-精密的自然科学，却借助它的方法，包括了具有其现实性和实在的可能性的无限的东西。它将直观给予的东西理解为纯粹主观相对的显现，它教导我们，要按照它的绝对普遍的原理和法则，通过系统接近的方法，研究超越主观的（"客观的"）自然本身。与此同时，它教导我们，从最终存在着的东西去说明一切直观上预先给予的具体的东西，不论是人，还是动物，还是天体；就是说，从当下的实际上被给予的显现出发，去归纳未来的可能性和概然性，而它们的范围和精确度都超出了一切直观上受限制的经验认识。近代精密自然科学
316 始终如一的发展的结果，是在以技术方式对自然的支配中的一场

真正革命。

可惜，在精神科学中的方法的情况却完全不同（在我们已经完全了解的那种观点的意义上），而且这是由于一些内在的原因。人的精神毕竟是建立在人的身体之上的；每一种个别的-人的心灵生活都是以身体为基础的，因此每一种共同体也都是以作为该共同体成员的个别人的身体为基础的。因此如果对于精神科学的现象的真正精确的说明是可能的，因此一种类似于自然领域中那样的广泛的科学实践是可能的，那么精神科学家就必须不仅考察作为精神的精神，而且还必须追溯到物质的基础，并且借助于精密的物理学与化学进行他们的说明。但是，即使在个别的人方面，由于所需要的心理-物理的精密研究的复杂性，这就已经失败了（而且在可以预见的未来这种情况也不会改变），更不要说对于巨大的历史共同体了。如果世界是一种具有两个所谓有相等权利的实在领域，即自然与精神的结构，其中任何一个在方法上和实质上都不比另一个优越，情况就会不同。但是只有自然能够单独作为封闭的世界来讨论，只有自然科学能够按照完整的一贯性，抛开一切精神的东西，去研究纯粹作为自然的自然。相反，另一方面，对于对纯粹精神东西感兴趣的精神科学家来说，这种始终一贯地抛开自然的态度，并不能导致一个自身封闭的，纯粹在精神方面关联的"世界"，这个"世界"能够成为纯粹自然科学的类似物的纯粹普遍的精神科学的主题。因为一切其他的精神性由之而来的动物的精神性，人的和动物的"心灵"的精神性，都是以因果性的方式个别地奠基于物体性之中的。因此以下情况就可以了解了，即纯粹对精神东西本身感兴趣的精神科学家，不能超出描述的东西，不能超出精

317 神的历史,因此仍然受束缚于直观的有限性。所有的实例都证明了这一点。例如,历史学家如果不利用古希腊国家的自然地理,就无法讨论古希腊的历史,如果不利用它的具体的古代建筑,就不能讨论它的建筑学。这看来是十分明显的。

但是,如果在以上叙述中所表明的这整个思想方式是建立在具有严重后果的先入之见上的,并且这种先入之见由于它的诸种影响,本身也要对欧洲的疾病承担责任,那该怎么办呢?事实上,这正是我的信念,而且因此我也希望能使人们清楚理解,在这里也有关于那种不言而喻的态度的重要来源,由于那种不言而喻的态度,现代科学家认为,建立一种有关精神的纯粹自身封闭的普遍的科学的可能性,甚至不值得讨论,因此干脆否定了这种可能性。

在我们的欧洲问题的兴趣中,就包含对这个问题的进一步讨论,以及根除那种乍看上去是清楚的论证。当然,历史学家,每个领域的精神研究者或文化研究者,在他们的诸现象中总是也有物理的自然,在我们的例子中就是古希腊国家的自然。但是这种自然并不是自然科学意义上的自然,而是被古代希腊人看作自然的东西,是在他们的周围世界中作为自然的现实出现在他们眼前的东西。更充分地说,希腊人历史上的周围世界,并不是在我们的意义上的客观世界,而是他们的“世界表象”,就是说,是他们自己的主观有效性,以及所有其中对他们有效的现实的东西,其中包括例如诸神、诸精灵等等。

“周围世界”是一个仅在精神领域内才有其地位的概念。我们生活于我们各自的周围世界中,我们的全部忧虑和痛苦都是关于这个周围世界的——这表明一种纯粹在精神领域中发生的事实。

我们的周围世界是一种在我们之中和我们的历史生活之中的精神构成物。因此在这里，对于将精神本身当作主题，而又要求对精神做一种不同于纯粹精神上的说明的人来说，是没有任何根据的。因此总而言之情况就是：将周围世界的自然看作是本身不同于精神的东西，因而想通过自然科学来论证精神科学，并借此将它变成所谓精确的，这乃是一种荒唐之举。

同样显然被忘却了的是，自然科学（与所有一般科学一样）是精神成就的一种称号，即共同工作的自然科学家的成就；作为这样 318
的东西，它们与所有的精神事件一样，毕竟属于应该按精神科学的方式加以说明的东西的范围。那么想要以自然科学的方式说明"自然科学"这种历史事件，想要通过引进自然科学和它的自然法则——而这些东西作为精神的成就本身就属于需要说明的问题——进行说明，这难道不是荒谬的吗？这难道不是循环论证吗？

精神科学家受自然主义的蒙蔽（不管它们在言辞上怎样激烈地攻击自然主义），甚至完全没有提出普遍的纯粹的精神科学的问题，完全没有询问纯粹作为精神的精神之本质理论，这种理论正是按照原理和法则，探究精神领域的绝对普遍的东西的，其目的是由此出发获得在绝对最终意义上的科学说明。

以上对精神科学的思考，向我们提供了用来把握和探讨作为纯粹科学问题的我们的精神的欧洲这个主题的适当的态度，就是说，首先是按照精神的历史把握和探讨精神的欧洲这个主题。正如在序言中就已经预先指出的，按照这种途径，一种引人注目的，似乎只有我们的欧洲才生而俱有的目的论就会变得显而易见，而且它与哲学及其分支——科学——在古代希腊精神中的觉醒或降临十分紧密地联系在一起。我们已经预见到，这里所涉及的将是对于引起严重后果的自然主义的或者(这样说也将表明是等值的)还有对世界解释中的近代二元论的起源之最深刻原因的阐明。最终欧洲人危机的真正意义也将由此而显露出来。

我们提出这样一个问题：如何描述欧洲精神形态的特征呢？因此欧洲并不是从地理学上，按照地图理解的，仿佛据此应将欧洲人限定为在这块地域上共同生活着的人群。从精神方面说，英国的自治领，美利坚合众国，等等，显然都是属于欧洲，而爱斯基摩人
319 或集市上围栏中展示的印第安人，或长期在欧洲流浪的茨冈人，则不属于欧洲。很显然，在这里，在欧洲这个名称下所涉及的是精神上的生活、工作、创造的统一体；这种统一体具有其全部目的，兴趣，忧虑，痛苦，具有其有目的的活动的产物，具有其机构和组织。在这里，个别的人活动于多种多样的不同层次的群体中：家庭中，部族中，民族中，正如我所说的，所有这些都在精神上紧密地联系着，并处于一种精神形态的统一体中。因此，个人，个人的联合，以及他们的全部文化成就，就应该被赋予一种将他们全部联结在一起的性格。

“欧洲的精神形态”——这是什么呢？这就是显示欧洲(精神上的欧洲)历史内在固有的哲学理念的，或(这样说也是一样)它内在固有的目的论的精神形态。这种目的论从普遍的人类本身的观点出发，将自身标明为一种新的人类时代的出现和发展的开端，这是这样一个人类的时代，它从现在开始起只想生活于并且只能生活于从理性的理念出发，从无限的任务出发，自由构造自己的存在的，自由构造自己的历史生活的活动之中。

从本质上说，每一种精神形态都按照共存与演替的方式，存在于一种普遍的历史空间中或一种历史时间的统一中，它具有自己的历史。因此，如果我们按照必然性从我们自己和我们的民族出发，探究历史的诸种联系，那么历史的连续性就总是将我们一步一步地从我们的民族引向邻近的民族，就这样从一些民族引向另一些民族，从一些时代引向另一些时代。最后在古代，从罗马人引向希腊人、埃及人、波斯人，等等，在这里显然是无穷无尽的。我们回到了远古时代。我们不得不求助于门京的重要的思想丰富的著作：《石器时代的世界历史》。在这样的前进过程中，人类就表现为仅由精神联系而联结起来的唯一的人的生活和民族的生活，它具有丰富的人类的类型和文化的类型，而这些类型是流动的、相互融合和相互渗透的。这正如大海，在其中，人们和民族是暂时地形成着、变动着、又消失着的波浪，其中的一些波浪，形成比较丰富、比较复杂的涟漪，而另一些波浪的涟漪则比较简单。

但是如果我们更加连贯地、更加深入地考察，我们就会看到一 320
些新的、独特的联系与差别。欧洲各民族不管怎样互为仇敌，它们在精神上仍有一种特殊的内在的亲缘关系，这种关系贯穿所有的民族，并且超越民族的差别。在这里有某种类似于亲如兄弟的关系，在这个范围内，这种关系使我们具有一种家乡意识。只要我们设想自己处身于例如具有其多种民族和文化形态的印度的历史范围之中，这种情况就会立即呈现出来。在这个范围内，又会存在家庭般的亲缘关系的统一，但是这种关系对于我们则是陌生的。另一方面，印度人则将我们视为异国人，只有他们彼此之间才认为是同乡。但是，这种在许多层次上相对化着的家乡与异域的本质差

别，这个全部历史中的根本范畴，不可能是充分的。历史上的人类并不总是按照这些范围以同样方式加以划分的。我们正是在我们的欧洲感知到这一点的。在这里有某种独特的东西，所有其他人类群体也在我们身上作为下面这样的东西感受到了这种独特的东西，即撇开一切有用性的考虑不说，这种东西变成了他们以不屈不挠的意志在精神上保持自己时却将自己欧洲化的动机；而我们，如果我们正确地理解自己，就绝不会举例说印度化。我的意思是说，我们感受到（尽管这种感受很不清楚，但它很可能是有道理的），我们欧洲人性与生俱来就有一种隐得来希，它普遍地支配着欧洲的形态变化，并赋予它一种意义，即向着作为永恒之极点的理想的生活形态与存在形态发展。这里所涉及的似乎并不是赋予有机生物的领域以它们的性格的那种众所周知的有目的的努力；因此这里所涉及的并不是像生物学上的发展那样的东西，如从处于各种阶段上的胚芽状态，向成熟，以及后来的衰老与死亡的发展。从本质上说，并没有关于民族的动物学。民族是精神的统一体，它们没有，特别是超民族的欧洲没有一种曾经达到过，以及能够达到的发育成熟形态，作为一种有规则地重复的形态。精神上的人类从来也不曾完成，将来也绝不会完成，也绝不能重复。欧洲人的这种精

321 神上目的（其中包括特殊民族的以及个别人的特殊目的）存在于无限之中，它是一种无限的理念，可以说，整个的精神的生成都是以处于隐蔽之中的这种理念为目标的。只要它在这种发展中被意识到是目的，它在实践中也就必然成为意志的目标，因此被导致一个新的更高的发展阶段，这个阶段是处于规范和规范的理念的指导之下的。

但是所有这些并不想成为对于我们的历史发展的一种思辨解释，而想成为对在无偏见的沉思中产生的一种清晰的预感的表达。但是这种预感给予我们一种观察欧洲历史中最重要联系的意向指导，在追寻这种联系的过程中，被预感到的东西将变成我们的被证实的确信。预感是一切发现的直觉的路标。

现在让我们详细说明。精神的欧洲有其诞生地。我这样说并不是要从地理上指出一个地方作为诞生地，虽然这样说也是合适的；我是指在一个民族的，更确切地说，是在这个民族的个别的人和人群中的精神上的诞生地。这就是纪元前 7 世纪和 6 世纪古希腊国家。在古希腊国家中产生了一种个人对周围世界的**新式的态度**。其结果就是出现了一种完全新式的精神构成物，这种精神构成物很快就成长为一种系统而完整的文化形态；希腊人称它为哲学。按照原初的意义正确翻译，它所指的不是别的，而是普遍的科学，关于宇宙的学问，关于由一切存在着的东西构成的无所不包的统一体的学问。这种对于大全的兴趣，因此对于这个无所不包的生成，以及生成中的存在的询问，很快就开始按照存在的一般形式和领域而特殊化了，因此，哲学，这唯一的学问，就分支为许多特殊的学问了。

在这种意义上的哲学的产生中——因此其中也包括所有的学问——，我看到了精神的欧洲的原现象，不管听起来有多么背理。通过更详细的阐明——这种阐明也应该尽量简洁——这种背理的假象很快就会消除。

哲学，科学，是一种特殊种类的文化构成物的称号。这种历史 322
运动——它采取了欧洲超民族性的风格-形式——是以处于无限

之中的规范形态为目标的，但并不是以对形态变化的纯粹形态学上的表面观察就能看出来那样的规范形态为目标。这种持续地指向规范，乃是个别个人的意向生活内在地固有的，因此是各个民族，以及它们的特殊的群体，以及最后作为欧洲而联结在一起的诸民族的有机体，内在地固有的。当然它并不是所有的个人都内在地固有的，因此并没有在那些通过主观间共同的活动而构成的较高阶段的个性中得到充分发展，但仍然以普遍有效的规范的精神的发展与传播的必然过程之形式为它们所固有。但是这同时具有一种意义，即通过在最小的范围内变得有效的理念形成物而对整个人类不断进行改造。理念是在个别的个人那里产生的意义构成物，它具有本身包含有意向上的无限性的奇异的新特性，这些理念并不像空间中的实在事物；后者虽然也进入到人的经验领域，但并不因此对作为个人的人意指某种东西。随着这些理念的最初发端，人逐渐地变成了新的人。他的精神存在进入到不断重新塑造的运动之中。这种运动从一开始就是以交往的方式进行的，它引起一种个人在其生活范围中存在的新形式，并且通过交往的理解而引起一种相应的新的生成。在这种运动中首先有一种特殊的人性发展起来（它后来甚至超越了这种运动），这种人性以有限的方式生活着，却趋向无限的极。正是通过这种方式产生了一种共同体化的新方式，一种持续存在的共同体的新形态；它的通过爱理念、引起理念以及从理念上规范生活而共同体化了的精神生活，本身包含有无限性的未来的地平线：按照理念的精神世代更新的无限性的未来地平线。因此，这最初是在一个独特的民族，即希腊民族的精神领域中，作为哲学和哲学共同体的发展而完成的。与此

同时，首先在这个民族中产生一种普遍的文化精神，它吸引了整个 323
人类，因此它是不断地向新的历史发展形式的转变。

当我们探究哲学的和科学的人的起源，并且由此出发阐明欧洲的意义，并且接着阐明随着这种发展的形式而从一般的历史中突现出来的这种新型的历史性时，以上这种粗略的概述将会得到充实和更好的理解。

首先让我们来阐明在始终是新的诸专门科学中得到发展的哲学之引人注目的特征。让我们将它与在前科学的人类中已经存在的其他文化形式进行比较：与手工业、农业、住宅布置艺术进行比较。所有这些都表示具有自己的保证成功产生的方法的文化产品的类别。此外它们在周围世界中还具有一种短暂的存在。另一方面，科学的获得物在其保证成功的生产的方法被获得以后，就具有一种完全不同的存在方式，一种完全不同的时间性。它们不会被用完，它们是永恒的；重复的生产所创造的并不是相同的东西，至多是同样合用的东西；在同一的个人和任意多的个人的任意多生产活动中，同一地生产出来的是相同的东西，即按照意义和有效性来说是同一的。在现实的相互理解中相互结合在一起的诸个人，只能将他们当时的同伴以同样的生产活动生产的东西经验为与由他自己的生产活动生产的东西是同一地相同的。用一句话来说，科学活动所获得的东西，并不是实在的东西，而是理念的东西。

但更重要的是，如此作为有效的，作为真理而获得的东西，可以用作更高层次上的理念东西的可能生产的材料，并且这种情况总是可能重新进行。在发展了的理论兴趣中，每一个目标都预先获得一种仅仅是相对的目的的意义；而这种目标就变成了通向在

预先规定为普遍工作领域，科学"领域"的无限性之中的越来越新的、越来越高级的目标的通路。因此科学表示任务的无限性的理念，在这些任务中任何时候都有一个有限部分是已被完成了的，并
324 且作为持久的有效性保存下来。这有限部分同时构成作为包罗一切的任务统一体之无限任务的地平线的诸前提之基础。

但是在这里还有一点重要的补充说明。在科学当中，个别劳动产品的理念性，真理的理念性，所意味的并不是意义和证明在同一化情况下的可单纯重复性：在科学意义上的真理理念从前科学生活的真理分离出来了（关于这一点我们以后还要谈到）。它要成为绝对的真理。在这里包含一种无限性，这种无限性赋予每一种事实的证明和真理以一种向无限的地平线仅仅是相对的单纯的接近的性格，而在这种无限的地平线中，自在真理可以说被看作无限遥远的点。在这种情况下，与此相关联，这种无限性也存在于在科学意义上"真正存在的东西"之中，另外还存在于对每一个人都"普遍"有效的东西之中，而这"每一个人"被理解为总是应该完成的论证的主体；它现在不再是前科学生活中有限意义上的"每一个人"。

在对于科学所特有的理念性，以及在它的意义中以各种各样方式包含的理念的无限性，进行了这样的特征说明之后，通过历史的回顾在我们面前呈现出一种对比，这种对比我们可以用下面这句话来表达：在哲学以前的历史地平线中，没有任何其他的文化形态是在这样一种意义上的理念的文化，没有任何其他的文化形态知道无限的任务，知道这样的理念东西的世界，这种理念东西的世界作为整体，并且按照其全部的个别部分，以及按照其生产的方

法，都与意义一致地在本身中包含着这样的无限性。

在科学之外的，尚未由科学触及的文化，是处于有限性之中的人的任务与成就。人生活于其中的敞开的无限的地平线尚未展示出来，他的目的和他的活动，他的商业与交往，他的个人的，他的社会的，他的民族的，他的神话的动机，——所有这些都是在终究可通观的周围世界中运动的。在这里没有无限的任务，没有其无限性本身就是工作领域——而且是以这样的方式成为工作领域的，即在其中工作的人意识到这种无限任务领域的存在方式——的理念的获得物。

但是随着希腊哲学的出现，以及通过对新的无限性意义的连 325
贯的理念化，对它的最初的系统表述，在这方面就完成了一种进一步的变化，这种变化最终将有限性的全部理念，并借此将全部精神文化以及它的有关人的概念，都吸收到它的范围之中。因此，对于我们欧洲人来说，在科学-哲学的范围之外，还存在多种多样无限的理念（如果我们可以使用这种表达方式的话），但是这些理念必须将类似的无限性性质（无限的任务、目的、证明、真理、“真正的价值”、“真正的财富”、“绝对”有效的规范等等类似的性质）首先归功于通过哲学以及它的理念性东西对人进行的改造。因此处于无限性理念指导下的科学的文化，意味着整个文化的根本改造，意味着作为文化创造者的人类的整个存在方式的根本改造。它还意味着历史性的根本改造，这种历史性现在成了处于生成中的有限的人类向具有无限任务的人类发展的历史。

在这里我们遇到一种可以想到的反对意见：哲学，希腊人的科学，并不是他们所独有的东西，并不是由于他们才在世界上出现的

东西。毕竟他们自己也谈论有智慧的埃及人、巴比伦人等等，而且他们事实上的确也从后者那里学到了许多东西。今天我们有许多有关印度哲学、中国哲学等等的著作，在这些著作中，这些哲学与希腊哲学被放到同一个平面上，而且被理解为处于同一文化理念之内的不同历史形式。当然，这里并不缺乏共同之处。但是我们不可让纯粹形态学上一般的东西掩盖住意向深层的东西，不可看不到最本质的原则上的差别。

首先，这两个方面的“哲学家”的态度，他们的一般的兴趣指向，就已经是根本不同的。在这两个方面的哲学家中，我们有时能够发现涉及整个世界的兴趣，这种兴趣在两个方面——就是说，也在印度哲学、中国哲学，以及类似的哲学那里——都导致一种有关世界的普遍认识，这种认识到处都以类似职业的生活兴趣的方式

326 发生作用，并且通过一些可以理解的动因导致一些职业共同体，在

其中，一些共同的成果一代一代地传播，或更确切地说，一代一代地得到改造。但是只有在希腊人那里，我们才能得到一种普遍的（“宇宙学的”）具有纯粹“理论”态度这种全新形态的生活兴趣，并且只有在希腊人那里，作为这种生活兴趣由于内在原因而在其中产生作用的共同体形式，我们才有哲学家、科学家（数学家、天文学家等等）的相应的全新的共同体。在这里有这样一些人，他们不是个别地，而是共同地、一起地——就是说，在个人间联合起来的共同体的劳动中——追求理论，获取理论，并且仅仅追求理论，获取理论，随着协作者的圈子的扩大，以及研究者的世代相续，最终将这些理论的发展和不断完善与对无限的共同的任务的意识一起，纳入意志之中。理论的态度在希腊人那里有其历史的起源。

一般来说，态度是指意志生活的习惯上固定的风格，这种意志生活具有由这种风格预先决定的意志方向或兴趣，具有最终目的、文化成就，而最终目的和文化成就的总的风格因此也是由这种意志生活的固定风格决定的。各个人的确定的生活就是按照这种作为规范形式的持久的风格进行的。具体的文化内容是在相对封闭的历史进程中变化着的。处于其历史境况中的人类（或作为整体的共同体，如民族、部族等等）总是按照某一种态度生活的。它的生活总是具有一种规范的风格，和符合这种风格的持续的历史性或发展。

因此，如果具有其新颖性的理论的态度被回溯到一种从前的态度，一种更早的规范的态度，这种理论的态度就被称作原来态度的改变。根据对具有其全部共同体形式和具有其诸历史阶段的人类存在的历史性的一般观察我们现在看到，从本质上说，某种态度本身是最初的态度，或更确切地说，人的存在的某种规范的风格（按照形式上的一般性来说）表示一种最初的历史性，在其中，尽管有各种上升、下降、停滞，创造文化的此在的各个实际的规范风格仍在形式上保持为同一的风格。就此而言，我们所谈的是自然的 327
朴素的态度，是原初的自然的生活态度，是最早的原初自然的文化形式，不论是较高的还是较低的，不论是顺利发展的还是停滞的。因此所有其他的态度都作为自然态度的改变被回溯到自然的态度。更具体地说：在具有这种自然态度的历史上实际的诸文明之中的一种文明中，从这种文明的具体生成的内部和外部情势中，在某一时点上，必然产生出一些动机，这些动机最初推动这种文明之中的个别人和团体去改变态度。

如何能够说明这种本质上是原初的态度，这种人的存在的历史上的根本方式的特征呢？我们回答说：显然是由于生成方面的原因，人总是生活于共同体中、家庭中、部族中、国家中，而所有的共同体本身又总是划分为特殊的社会集团。这种自然的生活现在被说成是朴素地直接地面向世界的生活，这个世界作为普遍的地平线总是以某种方式被意识到在那里，但并不是主题。成为主题的东西，是人们所指向的东西。清醒的生活总是指向这个或那个东西，将它作为目的或手段，作为重要的东西或不重要的东西而指向它，指向感兴趣的东西或漠不关心的东西，指向私人的东西或公共的东西，指向日常需要的东西或突然地出现的新东西。所有这些东西都包括在世界的地平线中；但是为了使处于这种世界生活中的人改变态度，为了能够将这个世界生活以某种方式变成主题，为了能够对它保持一种持久的兴趣，就需要一些特殊的动机。

但是这里需要更详细的说明。这个改变自己态度的个别的人，作为他们的普遍的生活共同体（他们的国家）中的人，还继续具有他的自然的兴趣，每一个人都有他个人的兴趣；由于没有改变态度，他们可能干脆就失去这些兴趣，这对于每一个人来说就意味着，不再是他从出生以来生成的那个样子。因此在任何情况下，改变态度只能是暂时的；改变态度只能以一种绝对的意志决心的形式具有一种对于整个以后生活习惯地继续有效的持续性，这种意
328 志决心就是在周期性的、但内在地统一的时间，总是重新采取同一种态度，而它的新的兴趣，则通过能在意向上消除分立的这种连续性，作为有效的东西，应当实现的东西，加以保持，并且在相应的文化构成物中实现它。

我们在自然的原初的文化生活中就已经出现的职业——这些职业具有其周期性的贯穿于其他的生活以及它们的具体时间性中的职业时间(公职人员的工作时间等等)——中,认识了类似的东西。

现在有两种可能的情况。这种新态度的兴趣或者是服务于自然的生活兴趣,或者是(这本质上是同一个东西)服务于自然的实践,在这种情况下,这种新态度就是实践的态度。这可能具有与政治家的实践态度相似的意义,政治家作为国家的官员,他所致力的是公共的利益,因此他要通过自己的实践服务于全体的实践(并且间接地也服务于自己的实践)。这当然还是属于自然态度的领域,自然态度从本质上说,对于不同类型的社会成员的确是不同的,事实上,统治社会的人与"公民"——当然这两个词是在最宽泛意义上使用的——的自然态度是不同的。但是这种类比至少使以下情况变得可以理解了,即实践态度的普遍性——现在是指向整个世界的态度的普遍性——绝不是一定意味着对这个世界内的一切细节和所有特殊的整体感兴趣和关心,这种情况显然是不可思议的。

但是与这种较高层次的实践态度相比,还存在着改变这种一般的自然态度(我们很快就会在宗教的-神话的态度的类型上了解这种态度)的另一种本质的可能性,即理论的态度,——当然,只是预先这样称谓它,因为哲学理论是在它当中按照必然的发展而产生,并发展成为自身目的或发展成为兴趣领域的。理论态度虽然又是一种职业态度,却完全是非实践的。因此它是建立在对于它自己的职业生活领域中的一切自然的实践,也包括较高层次的服

务于这种自然领域的实践的蓄意的悬搁之上的。

329 不过应该立即就说，就此所谈的尚不是理论生活从实践生活的最后“分离”，或更确切地说，所谈的并不是理论家的具体生活划分为两个互不关联地实现的生活连续体；从社会方面说，那就会意味着形成了两个精神上互不关联的文化领域。因为普遍态度的第三种形式仍然是可能的（既与置根于自然态度的宗教-神话的态度相反，又与理论的态度相反的形式），即在从理论态度向实践态度的过渡中完成的两方面兴趣的综合，这样地综合，即使得在封闭的统一体中，并且在将一切实践都悬搁起来的情况下，所产生的理论（Theoria）（普遍的科学）能够（并且在理论的洞察本身中证实它能够）以一种新的方式服务于人类，服务于在具体的存在中暂时是并且永远是自然生活的人类。这是以一种新型实践的形式实现的，以对一切生活和生活目的，一切由人类生活已经产生的文化构成物和文化系统进行普遍批评的形式实现的，因此也是在对人类本身以及对明确地或不明确地指导人类的诸价值的批判的形式中实现的；此外它是这样一种实践，它所抱的目的是，通过普遍的科学的理性，按照各种形式的真理规范，提高人类，将人类转变成全新的人类——能够依据绝对的理论的洞察而绝对自我负责的人类。但是在这种对理论的普遍性和普遍感兴趣的实践进行综合之前，显然还有另一种理论和实践的综合，即对受限制的理论成果的运用所进行的综合，所谓受限制的，就是将使理论兴趣的普遍性特殊化的专门科学仅限于自然生活的实践以内。因此在这里原初的自然的态度与理论的态度通过有限化的过程而结合在一起了。

为了在其与被认为是和它相等的诸东方“哲学”的根本区别中

更深刻地理解希腊-欧洲科学(一般地说,哲学),现在必须更仔细地考察在欧洲科学之前产生出诸东方哲学的实践的一般的态度,并且将它作为宗教-神话的态度来阐明。下面这种情况也是一个众所周知的事实,而且也是一种本质上能够认识的必然性,即宗教-神话的动机和宗教-神话的实践是每一个自然地生活的人类文明——希腊哲学诞生并产生影响之前,因此对世界的科学观察诞生并产生影响之前——所共有的。神话的-宗教的态度就在于,作为整体的世界变成了主题,而且是在实践上变成主题的;世界在这里当然就是指在有关的文明(比如国家)当中,以具体传统的方式有效的世界,因此是按照神话的方式被统觉的世界。首先在这里,属于神话自然态度的世界的,不仅有人和动物,以及其他的低于人的低于动物的有生命之物,而且还有超人的有生命之物。将这个世界当成整体而巡视的目光,是实践的目光,——并不是仿佛人(他在自然的日常的生活中仍只对特殊的现实的东西直接感兴趣)有一天能够达到下面这种情况,所有的东西会突然一起同样地变成实践上对他重要的。但是只要整个世界被看作完全受神话式的神秘力量支配的世界,只要人的命运直接或间接地依赖于这些力量对世界进行支配的方式,普遍的神话的世界观察就可能是由实践引起的,并且在这种情况下,它就是一种实践上感兴趣的世界观察。那些被推动去采取这种宗教-神话态度的人,显然就是统一照管宗教-神话利益及其传统的教士等级中的教士。在教士等级中产生着用语言固定下来的有关神话的神秘力量(在一种最广泛的意义上,被理解为人格的力量)的"知识",并且在他们当中传播着。这种知识好像自动地采取一种神秘思辨的形式,这种思 330

辨呈现为一种朴素的令人信服的解释，并对神话本身进行了改造。与此同时，这种目光当然总是同时也指向被这些神话的神秘力量统治的其余的世界，指向属于这个世界的人和在发展上低于人类的有生命之物（顺便说说，这个其余的世界由于在其固有的本质存在方面并不是固定的，所以也听任神话的成分加入进来），指向这些神秘力量支配这个世界的事件之方式，指向它们本身必然结合
331 成一个统一的最高的权力层之方式，指向它们通过创造、工作、判定命运而影响个别的功能和功能行使者之方式。但是整个这种思辨知识的目的就是，按照人自身的目的服务于人，以使他能够尽可能幸福地安排自己的世间生活，并保护生活免遭疾病，免遭各种厄运，免遭贫困和死亡。当然在这种神话的-实践的世界观察和世界认识中，也可能出现各种各样以后能在科学上运用的有关事实世界（事实世界，即由科学的经验认识构成的世界）的认识。但是就其自身的意义关联而言，这种世界观察和世界认识现在是，并且仍将是神话的-实践的世界观察和世界认识；如果那些在由希腊创造的并在近代发展了的科学思维方式中教育出来的人，谈论印度的和中国的哲学和科学（天文学和数学），就是说，按照欧洲方式解释印度、巴比伦和中国，那将是错误的，并且是对它的意义的歪曲。

下面的在迄今为止的任何意义上都是非实践的、“理论的”态度，与那种普遍的但是神话的-实践的态度是截然不同的，这就是一种惊异（θαυμάζειν）的态度，希腊哲学鼎盛时期的伟大哲学家们，柏拉图和亚里士多德，就将哲学的起源追溯到这种惊异。人们被思考世界和认识世界的热情所激动，这种思考和认识抛开了一切

实际的关心，在它的认识活动的封闭的范围内和从事这种认识活动的时间中，所追求和所获得的仅仅是纯粹的理论。换句话说，人变成了世界的不参与的旁观者、概观者，他变成了哲学家；或更确切地说，从这时开始，他的生活获得对于只是在这种态度中才是可能的对新的思想目标和方法的动因的敏感性，通过这些思想目标和方法，最终哲学得以生成，而人本身则变成了哲学家。

当然，这种理论态度的产生也如同所有历史上生成的东西一样，在历史事件的具体关联中有其实际的动机。因此在这方面必须阐明，那种惊异如何能够从七世纪希腊人——他们与他们周围 332
世界中的伟大的并且已经有高度教养的民族有交往——的行为方式与生活地平线中产生出来，并且首先在个人那里变成习惯的东西。我们不想对此进行详细讨论；对于我们来说更重要的是，理解动机形成的途径，这条途径从单纯的改变态度，或更确切地说，从单纯的惊异出发，通向理论，——这是一个历史事实，但是这个历史事实肯定具有其本质的方面。我们需要阐明从原初的理论，从完全是漠不关心地（由对一切实际兴趣实行悬搁而产生的）对世界的观察（由单纯的一般的观察而得来的有关世界的认识）向真正科学理论的转变，这二者是由意见（δόξα）和认识（ἐπιστήμη）的对比而中介的。作为那种惊异的起初的理论兴趣，显然是好奇心的改变，这种好奇心作为对"严肃生活"过程的侵入，作为原初已形成的生活兴趣的后果，或是作为直接现实的生活需要得到满足或工作时间已经结束时游戏似地对四周的环顾，而在自然生活中有其原初地位。好奇心（在这里并不是作为习惯上的"坏毛病"）也是一种变换，一种从自身消除了生活兴趣，将生活兴趣抛弃了的

兴趣。

在这样确定方向之后，人首先考察民族的多样性，自己的民族和其他的民族，每一个民族都具有其自己的周围世界，这个周围世界作为完全是不言而喻的现实的世界，对民族以及它的传统、它的诸神、精灵、它的神话的潜力起作用。在这种令人惊异的对比中，产生了世界表象与真实世界的区别，并且产生有关真理的新问题；因此不是受传统束缚的日常真理的问题，而是关于一种对所有的不再受传统蒙蔽的人而言是同一的普遍有效的真理，即自在真理的问题。因此哲学家的理论态度要求他经常地下决心，并且预先就下决心，经常地，并且是在普遍生活的意义上，将他未来的生活献给理论的任务，根据理论认识而建立理论认识，直至无穷。

在个别的重要人物，如泰勒斯等人那里，由此而产生出一种新的人性；这是这样一种人，他们的职业就是创造哲学生活，将哲学
333 作为一种新型的文化形态创造出来。当然，不久一种相应的新型的共同体化就产生出来了。这种理念上的理论构成物毫无困难地同时被那些再生产这些理解过程和生产过程的人们共同经历和共同接受。它们毫无困难地就导致一种共同的工作，和通过批评的相互帮助。甚至一些局外人，一些非哲学家，也注意到了这种奇特的行为和活动。通过同情的理解，他们或是本人成了哲学家，或者，如果他们通常在职业上太忙，他们就向哲学家学习。因此哲学就以两种方式传播，即作为扩展着的哲学家职业共同体传播，和作为同时扩展着的教育的共同体运动传播。然而，后来带来严重后果的民众的统一体从内部分裂为受过教育的人和没有受过教育的人的根源也就在这里。但是这种传播的趋势显然并不限于本民族

之中。与所有其他文化事业不同，哲学并不是一种束缚于本民族传统的土壤之上的利益运动。别的民族的人也学习理解这种由哲学向四周扩展的强大的文化变动，并且一般地参与其中。但正是这一点尚需要加以说明。

以研究和教育的形式加以传播的哲学产生出双重的精神效果。一方面，研究哲学的人的理论态度之最本质的东西，就是批判态度的特有的普遍性，这种态度断然拒绝不加询问地接受任何预先给定的意见，任何传统，以便能立即就这传统上预先给定的全部领域，追问本身是真正的东西，即理念性。但这并不仅仅是一种新的认识立场。由于要求全部由经验得来的认识服从理念的规范，即服从绝对真理的规范，由此立即引起人的存在的整个实践，即整个文化生活的深远变化；实践不应再由朴素的日常经验和传统来规范，而应由客观真理来规范。因此理念的真理就变成一种绝对的价值，它通过教养的运动，和在儿童教育中的持续的影响，产生
一种普遍改变了的实践。如果我们稍微仔细地思考一下这种转变 334
的方式，我们立即就会理解这种不可避免的结果：如果真理本身的一般理念变成了在人的生活中出现的一切相对真理的，即现实的和可能的境况真理的普遍的规范，那么这也涉及一切传统的规范、公正、美、合目的性、起支配作用的个人价值、来自个人性格的价值等等的规范。

因此与新文化的这种成就相关联，产生出一种特殊的人性与一种特殊的生活职业。有关世界的哲学认识不仅创造了这种特殊种类的成果，而且创造了一种人的态度，这种态度立即就影响到所有其余的实践生活及其全部的要求和目的，这是人们在其中受到

教育并因人们受到教育而变得有效的历史传统的目的。在人们之间形成一种新的紧密的共同体，我们可以说是一种纯粹理念兴趣的共同体，这些为哲学而生活的人，由于对这些不仅对所有人都有用而且所有人都能同等占有的理念的献身精神而联结在一起。必然地形成一种特殊种类的共同体活动，即彼此共同劳动的活动，相互进行有益批评的活动，从这种活动中生长出一种作为共同财富的纯粹的绝对的真理的有效性。另外这里有一种通过对这里所想要的东西和所成就的东西的同情的理解而传播这种兴趣的必然趋势；也就是将越来越多的尚不是哲学家的人吸收到从事哲学研究的人的共同体中来的趋势。这种情形首先是在本民族中发生的。这种扩展不可能仅仅作为职业上的科学上的研究的扩展而发生，宁肯说，它远远超越了职业的范围，是作为文化教育的运动而发生的。

如果这种文化教育运动传播到了越来越广泛的民众范围，当然也传播到了高层的、居于统治地位的、未被生活的操劳弄得筋疲力竭的人们的圈子中，那会产生什么结果呢？显然这不会简单地导致总体上令人满意的正常的国家-民族生活之均质的改变，而很可能是导致巨大的内部分裂，由于这种分裂，国家的生活和整个民
335 族的文化将陷入根本的变化之中。满足于传统的保守的人们与从事哲学研究的人们将会发生相互斗争，而且这种斗争肯定将会在政治权力领域中进行。从哲学产生之初迫害就已经开始了。按照哲学理念而生活的人被革出社会。然而理念比任何经验的权势都更要强大而有力。

在这里应该进一步考虑这样一个事实，即这种由对每一种传统上预先给定的东西采取普遍的批判态度中产生出来的哲学，在其传播中绝不受任何国界的限制。只不过必须存在采取普遍的批判态度的能力——这种能力当然也以一定水平的前科学文化为前提。因此这种民族文化的彻底变化是可以传播的，这首先是通过前进中的普遍的科学变成以前曾是彼此相异的诸民族的共同财富，并且是通过科学共同体和教育共同体的统一性贯穿到诸民族的多样性中而实现的。

还有一件重要事情必须考虑到，这涉及到哲学对待传统的态度。就是说，在这里应该注意到两种可能性。传统上有效的东西或者完全被摒弃，或者它的内容被从哲学上吸收，并因此也按照哲学的理念性精神加以重新改造。这里一个较好的例子就是宗教。在这里我不想将“多神教的宗教”包括进来。多数意义上的诸神，一切种类的神话力量，都是具有与动物或人同样现实性的周围世界的对象。从概念上说，上帝本质上是单数。但是从人这方面来看，上帝所固有的东西乃是，它的存在的有效性和价值的有效性被人体验为一种绝对内在的关系。于是这里出现了这种绝对性与哲学理念性的绝对性的很容易想到的结合。在由哲学开始的理念化的一般过程中，上帝可以说是被逻辑化了，它甚至变成了绝对的逻各斯的承担者。顺便说说，我想将这种情况看作是逻辑的东西，即宗教在神学上依据于信仰的自明性，将它当作论证真正存在的一 336
种独特的并且是最深刻的方式。但是各民族的诸神作为周围世界中的实在的事实在这里无疑是存在的。在哲学以前，人们没有提出过任何对认识进行批判的问题，没有提出过任何有关自明性的问题。

尽管有些概略，我们已经从本质上描述了一种历史上的动因，它说明，如何能够从几个古怪的希腊人开始而形成了对人的存在及其整个文化生活的改造，首先是在他们自己的国家中，然后是在邻近的国家中。但是下面一点也是显而易见的，即由此开始能够产生一种全新的超民族性。当然我指的是欧洲的精神形态。现在它再也不是仅仅通过商业竞争与权力竞争而相互影响的不同各民族的彼此并立；相反，是一种由哲学及其特殊科学而产生出来的自由批判的和规范无限任务的新精神彻底支配人类，并创造着新的无限的理想！这些新的无限的理想，既是民族中的个别人的理想，也是这些民族本身的理想。但是最终它们也是各民族的扩展着的综合之无限理想，在这种综合中，这些民族中的每一个，正是通过它们以无限性精神力争实现它们自己的理想的任务，而为与它们联合在一起的诸民族贡献出最好的东西。通过这种赠与与接受，这个超民族的整体以及所有它的社会阶层，都得到了发展，并被一种感情奔放的无限任务的精神所充实，这种任务被分成多种多样的无限性领域，却仍然是唯一的任务。在这种以理想定向的整个群体中，哲学本身仍然保持主导的功能，并保持其特殊的无限的任务，保持自由地普遍地理论沉思的功能，这种沉思同时包括所有的理想和理想整体，即一切规范的总体。哲学通过欧洲文明始终执行其指导整个人类文明的功能。

II

但是现在我们必须来听听无疑是非常纠缠人的误解和反对意
337 见，在我看来，这些误解和反对意见是从诸种流行的先入之见以及这些先入之见的表达方式取得其影响力的。

我在这里所陈述的东西对于我们的时代来说难道不是非常不合时宜的吗？难道这不是试图挽救理性主义、浅薄的启蒙主义、迷恋于脱离现实生活的理论、具有其必然恶果的唯理智主义、空洞的求知欲、唯理智主义的故作风雅和博学等等的名声吗？难道这不是意味着我们想重又退回到致命的错误吗？即认为科学使人变得聪明，它的使命就是创造真正的，掌握命运的，并能使人满意的人性。今天还有谁认真看待这些想法呢？

这种反对意见对于从 17 世纪到达 19 世纪末的欧洲发展状况来说，无疑有其相对的正当性。但它却没有切中我的论述的本来意义。在我看来，很可能我这个被认为是反动分子的人，比起那些现今在口头上很激进的人来，要激进得多、革命得多。

我也同样确信，欧洲危机的根源在于一种误入歧途的理性主义。但是不可由此认为，仿佛合理性本身是坏事，或总的来说对于人的生存只具有次要意义。合理性，在那种崇高的真正的意义上——我们所谈的只是这种意义——，作为在希腊哲学古典时期变成了理想的古朴的希腊的意义上，当然还需要许多自身思考的阐明；但是它能够以一种成熟的方式指导我们的发展。另一方面，我们很愿意承认（在这种认识中德国观念论要比我们早得多），作为启蒙运动时期的理性主义的那种理性的发展形态乃是误入歧途，尽管这毕竟是一种可以理解的误入歧途。

理性是一个广泛的题目。按照古老的美好的定义，人是理性的生物，在这种宽泛的意义上，巴布亚人也是人，而不是动物。人有自己的目的，通过思考，考虑到诸种实际的可能性而行动。生成

着的作品与方法加入到传统之中，并凭借它们的合理性总是可以
338 重新理解的。但是，正如人，甚至是巴布亚人，代表着动物性的新阶段，即与动物相比的新阶段；同样，哲学的理性也是人性和它的理性的一个新阶段。但是这个处于关于无限任务的理念规范之下的人的存在的阶段，这个从属于永恒的种(sub specia aeterni)的存在的阶段，只有以绝对的普遍性——正是从一开始就包含在哲学的理念之中的普遍性——的形式才是可能的。虽然普遍的哲学以及所有个别的科学是欧洲文化的局部现象，但是按照我的整个论述的意义，这一部分可以说是起功能作用的头脑，真正的健康的欧洲精神生活依赖于这个头脑正常发挥功能。因此，具有更高人性或理性的人类需要一种真正的哲学。

但是现在这里存在有一个危险之处！“哲学”——在这里我们也许必须区分作为特定时代的历史事实的哲学和作为理念，作为无限任务的理念的哲学。特定历史时代的现实的哲学，是一种为实现无限性的主导理念，与此同时，甚至还为实现真理总体，而进行的或多或少取得成功的尝试。从这种观点来看，实践的理想，作为永恒极而被觉察到的理想——人在其整个一生中如果偏离它就会悔恨，就会背弃自己，就会因此而遭厄运的那种理想——绝不是已经清楚的和确定的，它们是按照一种多义的一般性被预先推定的。只有通过具体的努力，并且至少采取能获得相当成功的行为，这种确定性才能产生出来。在这里经常面临着陷入片面性和过早的满足的危险，而这些片面性和过早的满足本身又引起以后的矛盾。因此在诸哲学体系的伟大的要求和它们彼此互不相容的立场之间形成鲜明的对比。此外这里有一种特殊化的必然性，——然

而也是特殊化的危险。

因此片面的合理性当然就会变成一种弊端。我们还可以说，哲学家最初只能按照一种绝对必然的片面性理解和探讨他们的无限任务，这乃是属于理性的本质。这本身并没有任何不正当，也没有任何错误，相反，正如已经说过的，他们所采取的笔直的和必然 339
的道路，只允许他们把握任务的一个方面，起初不会注意到，从理论上认识存在者全体这项整体的无限的任务还有另外一些方面。如果说，通过这些不明确性和矛盾显露出一种不充分性，那么这却促成了一种普遍思考的开端。因此，哲学家始终必须致力于把握哲学的真正的和充分的意义，即哲学的无限性地平线的总体。不允许将任何认识的路线、任何单个的真理绝对化，孤立化。只有通过这种最高的自身意识——这种自我意识本身变成无限任务的诸分支之一——哲学才能完成它的将自己本身并借此将真正的人性引上轨道的功能。对情况正是如此的这种认识，本身也属于最高的对自身的思考层次上的哲学认识领域。只有通过这种不断的反思活动，哲学才成为普遍的认识。

我曾说过，哲学的道路经历过朴素性。这里就是受到很高称颂的非理性主义提出批评的地方，或说得更确切些，是揭示那种干脆被看成哲学上的合理性的理性主义的朴素性的地方，而这种理性主义无疑是启蒙运动以来的整个近代哲学所特有的，并且自认为是真正的，因此是普遍的理性主义。因此在这种作为开端而不可避免的朴素性中，就存在着一切在古代已经以萌芽形式得到发展的科学。更确切地说，这种朴素性的最一般的称谓，就叫**客观主义**，这种客观主义采取了自然主义，即将精神自然化的各种形态。

古代的和近代的哲学曾经是，并且现在仍然是朴素的客观主义的哲学。但是为了公正起见，我们必须补充说，从康德开始的德国观念论已经非常关心克服这种已经变得非常严重的朴素性，尽管它实际上并没有能够达到对于这种哲学的和欧洲人性的新形态来说是更高反思的决定性阶段。

我只能以概略提示的方式来说明我曾说过的东西。自然的人（我们将他看作是前科学时代的人）在其所有的关心和活动中都是
340 指向世界的。他生活和活动的领域就是空间上和时间上在他周围伸展的周围世界，他将自己归入这个周围世界。在理论态度中情况也是如此，这种态度最初只能是对于世界采取不参与的旁观者的态度，而由此这个世界就失去了它的神话化的性质。哲学将世界看作是由存在者构成的宇宙，世界变成了与世界的表象——即按照民族的和个人的主观而变化着的世界表象——对立的客观世界，因此真理就变成了客观真理。因此哲学是作为宇宙学开始的，最初它好像是自然而然地在其理论兴趣中指向物质的自然的，因为所有空间时间上给予的东西——至少就其基础而言——肯定都具有物体性的存在形式。人，动物并不单纯是物体，但是在他们将目光指向周围世界时，他们显现为某种有物体的存在物，因此显现为归入到普遍的空间时间中的实在的东西。因此一切心灵的事件，即特定自我的事件，如体验、思维、意愿，都具有某种客观性。共同体的生活、家庭、民族等等的生活，在这种情况下，似乎分解成了作为心理物理的客体的个别个人的生活。由于心理物理因果性而产生的精神上的关联，缺少纯粹精神上的连续性，到处都有物理自然介入进来。

发展的历史进程是由对周围世界的这种态度确切地预先规定的。粗略一瞥存在于周围世界中的物体的东西，就已经能够看出，自然是一个普遍联系的同质的整体，可以说是一个本身被同质的空间时间包围着的，被分割为个别事物的独立的世界，而这些个别事物作为有广延的事物(res extensae)全都彼此相似，并且因果性地相互规定。很快就采取了一个最初的并且是最重要的发现步骤：即克服已被看作客观自在的自然的有限性，一种尽管具有其敞开的无限性的有限性。无限性被发现出来了，而且首先是以将量、数值、数、图形、直线、极点、平面等等理念化的形式发现的。自然，空间，时间，变成了可以在理想上无限延伸，并且可以在理想上无限分割的东西。由土地测量技术产生出几何学，由计数技术产生

出算术，由日常的力学产生出数学的力学，等等。尽管并没有明确 341
地将它当作前提，直观的自然和世界变成了数学的世界，数学的自然科学的世界。古代人已经作了前导，并且用他们的数学同时完成了对无限的理想和无限的任务的最早发现。这是为所有以后时代科学指路的北极星。

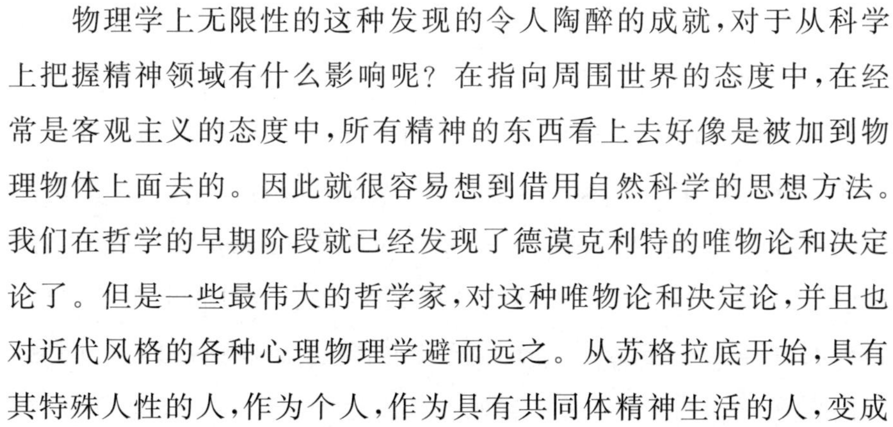

物理学上无限性的这种发现的令人陶醉的成就，对于从科学上把握精神领域有什么影响呢？在指向周围世界的态度中，在经常是客观主义的态度中，所有精神的东西看上去好像是被加到物理物体上面去的。因此就很容易想到借用自然科学的思想方法。我们在哲学的早期阶段就已经发现了德谟克利特的唯物论和决定论了。但是一些最伟大的哲学家，对这种唯物论和决定论，并且也对近代风格的各种心理物理学避而远之。从苏格拉底开始，具有其特殊人性的人，作为个人，作为具有共同体精神生活的人，变成

了研究的课题。人仍然被归入客观世界之中，但是对于柏拉图和亚里士多德来说，这个客观世界已经变成了重要的研究课题。在这里可以感觉到一种引人注目的分裂；人属于客观事实的领域，但是作为人，作为自我，人有目的，意图，有由传统而来的规范，有真理的规范——永恒的规范。尽管这种发展并没有消失，但它在古代减弱了。让我们转到所谓近代。人们以炽烈的热情接受了以数学方式认识自然和认识一般世界的无限的任务。现在对精神的认识也应该分享对自然认识的巨大成果。理性在自然方面证明了它的力量。“正如太阳是普照万物并且温暖万物的太阳一样，理性也是如此”（笛卡儿）。自然科学的方法也应该揭示精神的秘密。精神是实在的，是客观地存在于世界中的，作为这样的东西是奠基于活的身体之中的。因此对世界的理解立即并且普遍地呈现为二元论的，并且是心理物理的世界理解的形态。同一的因果性（只是被分裂为两个部分）包围着这唯一的世界；合理阐明的意义到处都是相同的，然而却是以这样的方式，即所有对精神的阐明，如果它
342 是唯一的并且是普遍的哲学的阐明，就通向物理的东西。不可能存在一种纯粹的、自身封闭的、阐明性的精神研究。一种纯粹转向内心的，从自我，从自我体验的心理东西延伸到他人心灵的心理学或精神理论，必须采取外在的途径，即物理学的和化学的途径。所有那些经常使用的有关公共精神、人民意志的言辞，有关国家的理想和政治目的等等的言辞，都是空想和神话，它们是通过类比借用那些只是在个别个人的范围内才有其真正意义的概念而产生的。精神的存在是不连续的。对于有关所有这些困难的根源的问题，我们现在应该回答说：这种客观主义或这种心理物理的世界理解，

尽管表面上是不言而喻的，但却是一种朴素的片面性，它本身仍然是未被理解的。作为被认为是身体的实在附属物的精神的实在性，精神的被认为是在自然内部的空间时间上的存在，乃是一种谬论。

但是在这里关于我们的危机问题必须说明以下情况是怎么发生的，即这个为其理论的和实践的成就而十分自豪的长达数百年之久的“近代”，最终自身又陷入到日益增长的不满之中，甚至它的处境必须被看作是困境。这种困境，最后作为方法方面的困境在所有的科学中都出现了。但是我们欧洲的困境涉及到许多方面——尽管它未被理解。

这完全是些由朴素性产生的问题；由于这种朴素性，客观主义的科学将它称之为客观世界的东西看作是由所有的存在者构成的全体，而没有注意到，没有一门客观的科学能够给予成就着科学的主观性以应有的重视。按自然科学方式培养起来的人，认为以下情况是不言而喻的，即必须排除一切纯粹主观的东西，以主观表象的方式呈现出来的自然科学的方法是客观地规定的。因此它也为心理的东西寻求客观上真的东西。在这里同时就假定，被物理学家排除了的主观的东西，正是应该作为心理的东西在心理学中研究，那当然就是在心理-物理的心理学中研究。但是自然科学家没
有弄清楚，他的毕竟是主观的思想劳动的永恒基础，乃是生活的周 343
围世界，它永远被预先假定为基础，被预先假定为研究工作的领域，唯有在这个基础之上，他的问题，他的思想方法才有意义。这种方法的强有力的部分——即从直观的周围世界导致数学的理念化以及导致将这种理念化解释为客观的存在的方法的部分——在

哪里受到批判并得到澄清呢?爱因斯坦的彻底变革所涉及的是借以探讨被理念化了的并被朴素地客观化了的自然的那些公式。但是一般的公式,一般的数学上的客观化,是如何在生活的基础上以及直观的周围世界的基础上获得意义呢?爱因斯坦没有告诉我们任何东西;因此爱因斯坦并没有改造我们的生动生活在其中进行的空间与时间。

数学的自然科学是一种进行具有效率,具有盖然性、精确性、可计算性的归纳的绝妙的技术,这些归纳在以前甚至连想也不能想到。数学的自然科学作为成就,是人类精神的胜利。但是就它的方法和理论的合理性而言,则是一种完全相对的合理性。它本来已经以一种根本的规定为前提,而这种根本的规定本身则是完全缺乏现实合理性的。由于直观的周围世界,这个纯粹主观的东西,在科学的题材范围中被忘却了,所以这个正在工作的主观本身也被忘却了,科学家并没有成为研究的主题。(因此,从这种观点来看,精密科学的合理性与埃及金字塔的合理性属于同一类东西。)

当然,从康德起我们有了一种独立的认识论,然而另一方面这里存在一种心理学,它凭借它自称有自然科学的精密性而想要成为精神的一般基础的科学。但是我们对于真正合理性的希望,即对于真正洞察的希望,在这里也如同在别处一样变成了失望。心理学家们完全没有注意到,甚至他们也没有在自己的主题中探讨作为正在进行工作的科学家的他们本身以及他们的周围生活世界。他们没有注意到,即使单就他们想要获得作为对所有人都普遍有效的真理本身而言,他们也必须预先设定自己是在他们的周

围世界中和在他们的历史时代中共同体化了的人。由于它的客观主义,心理学完全不可能按照其固有本质意义将心灵——而这种 344
心灵毕竟就是我,是行动着的、遭受着痛苦的我——变成研究的主题。它能够将评价的体验、意愿的体验,作为与物质的生活相关联的东西客观化,并且以归纳的方式加以探讨,但是它能够对目的、价值、规范也这样做吗?它能够将理性当作研究的主题吗?譬如作为"素质"当作研究的主题吗?以下这些情况完全被忽视了,即客观主义作为专心于真正规范的研究者的真正成就,正是以这种规范为前提的;因此客观主义并不想从这些事实被推论出来,因为这些事实在这种情况下已经被认为是真理,而不是幻觉了。当然人们感觉到了这里存在的困难;因此爆发了有关心理学主义的争论。但是通过拒绝以心理学方式建立规范,主要是建立有关真理本身的规范,并没有成就任何东西。改革整个近代心理学的需要在各个方面都变得越来越明显了,但是人们还没有理解到,心理学由于它的客观主义而失灵了,没有理解到它完全没有达到精神的固有本质,没有理解到它将客观地构想的心灵孤立化以及它按照心理物理的方式重新解释在共同体中的存在是错误的。确实,它的工作并不是徒劳的,它揭示出许多经验规则,甚至是有实用价值的经验规则。但它并不是真正的心理学,正如同道德统计学尽管具有其同样有价值的知识,但并不是道德科学一样。

但是在我们的时代到处都显示出对于理解精神的迫切需要,而在自然科学与精神科学之间方法上和实质上的关系之模糊不清,却变得几乎令人难以忍受了。最伟大的精神科学家之一的狄尔泰,曾将他整个一生的精力献给澄清自然与精神的关系,澄清心

理-物理心理学的成就，正如他所认为的，这种心理学应该用一种新的、描述的、分析的心理学来补充。令人遗憾的是，文德尔班和李凯尔特的努力并没有带来所希望的见识。与所有其他人一样，他们仍然受客观主义的影响；那些进行革新的新心理学家尤其如此，他们认为，一切过错都来自长期占统治地位的原子论偏见，并
345 且认为由于整体心理学而出现了一个新时代。但是，只要没有看出由对周围世界的自然主义态度产生的客观主义具有其朴素性，只要没有认识到，二元论的世界理解——在其中，自然与精神应被认为是具有相同意义的实在东西，尽管是一个因果性地建立在另一个之上的，——是错误的，只要是这样，情况就绝不会得到改善。我十分认真地认为，有关精神的客观科学，客观的心灵理论——在这样一种意义上的客观的，即它能够使心灵，使个人的共同体，具有一种空间时间形式的内存在——从来也没有存在过，将来也绝不会存在。

精神，甚至只有精神，是在自己本身中并且为自己本身而存在的，是自满自足的；并且能够按照这种自足性，只按照这种自足性，被真正合理地，真正彻底科学地加以探讨。至于处于其自然科学真理之中的自然，则只在表面上看来是自足的，只在表面上看来是单独地在自然科学中达到合理的认识。因为真正的自然按照其意义，按照自然科学的意义，是研究自然的那个精神的产物，所以它是以精神科学为前提的。精神按其本质能够进行自身认识，并且作为科学的精神，能够进行科学的自身认识，而这是可以重复进行的。只有在纯粹精神科学的认识中，科学家才不会遇到他的成就将自身隐蔽起来这样的抵抗。因此为了争取平等权利而与自然科

学进行斗争乃是精神科学的错误。只要它们承认自然科学有其自足的客观性,它们本身就陷入客观主义。但是只要它们现在是由它们的各式各样学科构成的,它们就缺少最终的,真正的,由精神的世界观察而成为可能的合理性。正是这种全面地缺乏真正的合理性,才是人们对他们自己的存在以及他们的无限任务的这种变得不堪忍受的模糊不清之根源。这些无限的任务是不可分割地紧 346
密联系在一项任务之中的:只当精神从朴素地面向外部而反转回自己本身,并且停留于自己本身,纯粹停留于自己本身之时,它才能使自己感到满意。

但是这样的对自身的思考是如何开始的?只要感觉论,或更确切地说,材料心理学主义,白板说的心理学,在这个领域占统治地位,就不可能有开始。只当布伦塔诺要求有一种作为有关意向体验的科学的心理学,才提供了一种能够进一步发展的推动,尽管布伦塔诺本人还没有克服客观主义和心理学主义的自然主义。一种真正方法——即按照精神的意向性把握精神的根本性质并由此出发建立一种无限一贯的精神分析学的方法——的产生,导致了超越论的现象学。它以唯一可能的方式克服自然主义的客观主义和各种形式的客观主义,即通过下面这样的方式,进行哲学思考的人从他的自我出发,而且是从纯粹作为其全部有效性的执行者的自我出发,他变成这种有效性的纯粹理论上的旁观者。按照这样的态度,就成功地建立起一种具有始终一贯地自身一致并与作为精神成就的世界一致的形式的绝对独立的精神科学。在这里,精神并不是在自然之中或在自然之旁的精神,而是自然本身被纳入精神领域。在这种情况下,自我也不再是与预先给定的世界中的

其他孤立的事物并列的一种孤立的事物,为了一种内在的彼此渗透和相互支持的存在,一般来说,它不再是自我-个人的严格彼此外在和彼此并列了。

然而我们在这里不能谈论这些东西;没有一个讲演能够详尽无遗地阐述这些东西。但是我希望已经说明了,旧的理性主义——它是一种荒谬的自然主义,并且没有能力从根本上把握直接与我们有关的精神问题——在这里并没有复活。现在所讨论的这种理性不是别的,只不过是精神以普遍的,可辨明的科学之形式进行的真正普遍的、真正彻底的对自身的理解;在这种科学形式中,实行一种全新的科学性的模式,在其中,一切可以想象到的问题,存在的问题和规范的问题,以及所谓实存的问题,都找到了它
347 们的位置。我确信,意向性的现象学第一次将精神作为精神变成了系统的经验与科学的领域,并由此而引起了认识任务的彻底改变。绝对精神的普遍性包括了所有的以绝对的历史性存在着的东西,自然作为精神的构成物而被归属于这种绝对的历史性。只有意向性的现象学,而且是超越论的现象学,才借助于它的出发点和它的方法,给人们带来了光明。只有从这种现象学出发我们才能理解,并且是从最深刻的根据上理解,什么是自然主义的客观主义,特别是理解,心理学由于它的自然主义,肯定根本不能达到精神生活的成就,及其根本的和真正的问题。

III

让我们扼要概述一下我们的论述的基本思想。今天人们谈论得很多的、在生活的崩溃的无数征兆中表现出来的“欧洲生存的危

机”，并不是一种神秘莫测的命运，也不是无法看穿的灾难；相反，它在可以从哲学上加以阐明的**欧洲历史的目的论**的背景上是可以理解和可以看清的。但是这种理解的前提条件就是，首先要从其主要的本质核心上把握“欧洲”这一现象。为了能理解今天的“危机”的破坏性，我们必须将**欧洲这个概念作为无限的理性目的的历史目的论**明确强调出来；必须说明，这个欧洲的“世界”是如何从理性的理念中，即从哲学的精神中产生出来的。在这种情况下，就可能表明“危机”是**理性主义的表面上的失败**。但是合理的文化的这种失败的原因——正如我们已经说过的——并不是由于理性主义的本质本身，而仅仅在于将它**肤浅化**，在于它陷入“自然主义”和“客观主义”。

欧洲生存的危机只有两种解决办法：或者欧洲在对它自己的合理的生活意义的疏异中毁灭，沦于对精神的敌视和野蛮状态，或
者欧洲通过一种最终克服自然主义的理性的英雄主义而从哲学精 348
神中再生。欧洲最大的危险是厌倦。如果我们作为“好的欧洲人”对诸危险中这种最大的危险进行斗争，以甚至不畏惧进行无限斗争的勇气与之进行斗争，那么从无信仰的毁灭性大火中，从对西方人类使命绝望之徐火中，从巨大的厌倦之灰烬中，作为伟大的、遥远的人类未来的象征，具有新的生命内在本质的、升华为精神的不死之鸟将再生。因为唯有精神是永生的。

349 # B. 附　　录

附录 I，附于 § 9①。

一切我们作为实在东西加以统觉的东西，都已经处于被统觉的周围世界领域中，并且在这个领域中已经具有与其他不管怎样作为“共同在这里”被统觉的东西的统一——已经处于周围世界的形式中；因此，已经具有作为存在于领域中的类型学的具体类型学

422 形式，并且也具有因果性的个别样式，对于进行认识的生存者来说，是归纳性的个别样式。

因此总是具有周围世界给予性的自然的物体性，作为具体的有血肉的东西，作为人和动物的身体，作为植物的有机体，是因果性地-归纳性地紧密联系着的。凡是在这里作为事物，作为性质，成了主题的东西，都已经有了一种类型学上熟悉的形式，它已经具有一种具体的样式，但它仍然能够呈现出独特的新东西，呈现出类型上的变形，它发展成为一种新的类型——通过重现相似的东西，它能被从类型上重新认出。但是还有一种状态，不加改变地持存的一组东西的状态，具有变化的一组东西的状态；但它是这样的，

① 写于 1935 年 10 月。本文取自手稿 KIII 13(第 5－9 页)。

即不管我怎样在回忆中追溯，在回忆中追溯到周围的人，而且是作为相互一起，并且与我相关联而生活的，并在这种关联之中共同经验的主体的周围的人，我都是具有我们共同熟悉的，并且共同修正的同一个世界，一切存在着的东西总是作为对我和我们大家来说适应于普遍一致性的东西属于它的世界。具有其变易性的存在物是因果性地被规定的，每一个个别的东西都处于其位置上，每一个状态都有其位置，——它有自己的历史。凡是在概观中看不到具有这种存在方式的这种共同存在之生成的因果性的地方，记忆领域的扩展，或更确切地说，可共同概观的过去的扩展，就指示出引起这里的存在和存在方式的诸情况。

但是在生活及其界限之中，人们基于作为条件的事态和事件的相似性，停留于可以理解的历史性，早已熟悉的并且常常是得到证实的发生过程，和已发生的东西的混合之中。无条件的普遍的因果性，是一种假设，这种假设，在经验的系统扩展中和从偶然事
件向因果性的还原中——尽管还有剩余的不清楚的领域——有其 350
根源；这种假设在广大的领域中，始终以严格科学的形式被证明是可靠的。在作为由流动的经验（我们的共同体化了的经验）构成的世界的世界中，存在着包罗一切的归纳性，特别是作为因果性的归纳性；人们从每一个存在着的东西出发，从它们的可以确信的性质出发，进行归纳和预料，依据这些东西，可以作出归纳的推论，可以作出一般证明可靠的归纳；——这就是有关认识的世界，由经验而来世界的认识样式，相关联地，是总是为我们存在着的世界的样式——作为它的形式-样式，特别是因果性样式。这就是普遍的认识的结构——借助于样式的认识——，尽管个别来说，具有全部

的不熟悉性和不确定性。

但是普遍的精确的因果性，仅仅是近代自然科学的概念[①]；就我所知，古代没有这样的概念，中世纪也没有。

空间时间的理念化，在古代就已经存在了，当然，将理念化了的数学（纯数学）运用于经验的可能性，就是说，通过将经验图形理解为理念的图形，通过大体的近似，将理念化了的数学运用于经验的可能性，也存在了。

近代将对连续性（具有其全部形式的连续性）的数学化，将运动，变形，此外还有机械的因果性的数学化，引入到纯数学的领域。但是后一种数学化还表示一种新东西：纯粹几何学的图形，以及被数学化了的这种几何学的运动与变化，尚不是数学的物理学。在数学的物理学中，几何学的抽象被保留了，这种抽象，恰恰不考虑那种具有作为实在性的充实的空间-时间的共存——即实在性的存在的东西。实在物体中首要的东西当然就是——通过将物体理念化——它具有几何学的-运动学的形态（在空间时间上的延伸性）。但是运动和变形，一切具有空间形态（静止的和运动的形态）的可以想象的事件，实际上都被认为是处于绝对普遍的因果性之中，对于自然科学家来说，这种因果性是绝对普遍的因果性的主要部分，这种普遍的因果性，与可经验的物体，在一切经验的变化中保持同一性的物体——用主观的说法，能借助同一性而重新认出的，能在同一的自在真理中规定的物体——有关联，就其全部质的

① 1. 将空间数学化；2. 将处于其统一之中的空间时间性统一地数学化；3. 将具有其性质等的充满空间时间的持存着的实在东西（实在的基质）数学化，a）将第一性质的变化（实在的运动和变形）数学化，b）将其余的性质（间接地）数学化。

规定，甚至就其作为机械的东西不能直接理念化的规定而言，有关联。

伽利略的物理学，是基于这样一种自然的概念，按照这种概念，早就预先确定的普遍规整世界事件，特别是规整物理事件的科 351
学理念，具有一种本质上新的意义（就是这样一种意义，即自然处于绝对普遍的和精确的法则、因果性法则支配之下，这些法则将无限的自然变成可计算的整体领域）。在这里古代的理念化——它超出图形的空间时间性而扩展到将变化数学化——与将具有其因果性的理念化了的实在本身的数学化结合起来了。当后来产生了这种方法，这种实际上能发现精确的因果法则的方法，发现作为有关实在的理念的法则，因此是将经验的实在事物理念化的法则，就是说，将在周围世界中绝不是理念上精确的东西，而是处于开放的-无限的经验的相对性之中的实在东西理念化的法则的方法的时候，这就是一种奇特的事情，当然必须加以详细研究——如果人们作为物理学研究中的"熟练工人"，不仅应该从技术上，不仅应该从实践上，把握这种方法，而且应该通过回溯到处于其变化之中的思想方式，也理解这种方法的创造者，并借此理解这种方法的真正的目的意义和它的正当性的界限的话。

在最初的成功之后，立即就非常明显地出现了一种信念，即不论作为在成功的道路上具有显著成果的精密的自然科学关于自然说些什么，相似的目的，相似的方法，对作为空间时间上存在着的世界的整个的具体的世界，一定是适用的。于是就产生了心理-物理的生物学，在人的方面，就产生了心理-物理的心理学，而且是在精确的因果性科学的精确方法与目的的理念的指导下的生物

学与心理学。因为一切经验的因果性现在都是以物理学的因果概念(这种概念随即就变成了纯粹建立在物体性之上的,即处于抽去了精神性状态下的动物学的以及其他生物学的生物物理学的概念)为基础的,所以每一种心灵东西与物体的身体之间经验上存在的因果性一定也具有精确的意义。因果性与精确的因果性几乎是不言而喻地变成了同一的概念;同样,每一种内在心理的因果性,每一种在内在心理的因果性中,在不断变化中发生的内在心理的共存与连续的每一种明显的或被认为明显的个别的"因为……所以……"的联系,也变成了与精确的因果性同一的概念;同样从人到人,或者还有从动物到动物延伸着的社会性的因果性,以及它与其他周围世界的因果联系,也变成了与精确的因果性同一的概念。

但是,诸种困难早就变得很明显了。首先,精确的,而且是物理-化学的自然科学之抽象的完整性,进行精确的因果性研究而不同时对精神东西从科学上进行因果性研究的可能性,是以长期以来几乎普遍流行的下面这种信念为条件的,即按照拉普拉斯的
352 理想,无所不包的自然,是一种可一义地计算的诸因果关系构成的完全封闭的关联。自然变成了实在的自在世界本身,其中每一个个别的,即按照位置被规定的、具有其精确的"自在"的实在东西,由于因果关联的一义性,就其全部性质而言,都是按照法则被一义规定的东西。因此在这种情况下,就没有空隙,没有在心理物理的实在东西中心灵东西的协同因果作用介入的可能性,当然也就没有相互间起因果作用的可能性。那么对于心理物理的具体事物之在周围世界中经验上存在着的经验的因果性之精确解释应该是什

么呢？也许就是下面这样？即：作为具有“人的有生命的有机体”这种形式的复杂的物质构成物以及在其中发生的生理学事件的共同结果，心理事件原来是一种完全不同存在领域的事件，就是说，是在物质自然中已经一义地因果性地发生的生理学-物理学事件的一种因果类似物？或者甚至是在世界本身之中的已知的和未知的心理东西的一种普遍的对应？因此世界本身就分裂为两个一义对应的，通过一种完全不可理解的法则平行进行的平行的因果世界？在这种情况下，从自然向精神的归纳推论，通过改变观察，就变得精确地可能了，或者这样说也是一样：存在一种普遍的相互的因果关系，它同时又分裂为两个普遍的、封闭的因果性领域。

那么关于按照精确的因果性法则重新解释普遍的自然因果性的尝试，重新解释一切因果性法则在先验的前提上所使用的东西的尝试——这种解释应使精神的介入成为可以想象的——，重新解释精确的心理的和心理物理的因果性的尝试，又如何呢？

首先，普遍的，即包括世界中一切心理东西的纯粹心理的因果性，因此不仅是在单个的心灵中发生的因果性，而且是将一切心灵一起纯粹按心灵方式联结起来的因果性，出于可以理解的理由（根据因果性-实在性的世界观是可以理解的），被普遍拒绝了。

自然本身纯粹是实在的因果性的整体，并且是一个连续的，包括全部（理念化了的数学的）空间时间性的因果关联。连续地产生影响和连续地受到影响，所说的是，不可能有在空间时间中遥远的地方的直接影响，一切影响都发生在因果性地引起的运动中，并且肯定都是连续的。经验是将心灵与物体一起显示出来的，而且是与不连续地构成的、具有特殊的世界因果性的、特殊的物体复合体一起显示出来的，并且只要它们具有其具体的样式，即生理学上的生命的(生物物理学的)样式，只要心理的生命同时在这里存在，情况就是这样。

将心灵与心灵直接联结起来的独特的心理的连续性，或更确切地说，独特的心理的因果性，心灵的东西对他人的心灵东西在比
353 如说动因这个名称下起作用的一切方式，都被排除了。在这种种情况下，相互的心理物理的影响，即在身体中到处产生的因果性效果，同样也作为直接的远距离影响发生了。因此，很显然，身体的连续的物理的因果性，也中介心理的协同的因果性。

这些在这种粗疏的思想——只要它受近代自然科学的促动——看来几乎是不言而喻的信念，现在完全支配着近代心理学的意识和方法。近代心理学，像纯粹物理的自然科学一样，想成为**普遍的**科学，像那种关于预先给定的世界的物理存在的普遍科学一样，它本身想成为关于心理东西的普遍科学，而且同样也是**精密的**科学；这种精密的科学，不是以描述的方式注视着周围经验世界中心理东西在现象上的呈现，以及它的归纳的，具体而生动的关联，特殊的心理-物理的关联，不管它是个人心灵的还是社会的关联；而是想在心理现象的经验过程的背后，发现精确的法则，尽可能按照数学的方法，或不管用什么进行理念化、进行假设的方法，发现这种法则。在这样一种自然主义态度中，它作为普遍的心理学，必然是个人心理学。心理事件的精确的基本法则，因果性法则，甚至只能是个别心灵在其个别的心灵事件及其与有关的身体的因果性关联方面的法则。此外从这些基本的法则出发，能够对人与动物的社会存在，对它们与身体之外的周围世界的依赖关系，

以及对文化教养，进行一切心理学的和心理物理学的说明。当然这种说明还是坚持这种基本的要求。因为，从来也没有能真正从这种说明的成就中看出某种东西。人们安于这里存在的诸种关联的难于洞悉的组合——正如对动物的生理物理学研究满足于这种组合一样；这种研究从来也没有达到对于生物机体的存在与生成的物理-化学的说明。

心理学——物理学；心理的东西分布到世界——具体的空间时间的世界——中的身体上，心灵也被包含于这种形式中，它与它的身体一起具有位置的规定性。它尽管具有位置，但在其固有本质的东西中并没有空间的广延性；相反它与物体的身体一起具有持续性，而这正是因为它在物体的位置上完全占有的那个应占的部分。

于是心灵在身体的位置中的这种有位置的存在，就使对于特殊的身体位置的追问成为可能的了，心灵的东西就是被限定在这种特殊的身体位置上的，在通常的因果性研究中，相互影响或与此类似东西的转运点，也被限定在这个位置上，如作为精神载体的大脑，以及作为特殊精神功能载体的大脑的特殊部分。

至少，下面这一点被认为是不言而喻的，即普遍的精确的因果 354
法则性支配整个世界，而不仅仅是物理的自然，尽管物理的自然具有特殊的封闭性。在这里，心灵的事件(行为，感受)，如同经验似乎经常表明的那样，是与某种物体的有机体结合在一起的吗？这种共存在能够以不同于诸物体性的部分相互之间支配的方式，或物体的物体部分与物体相互支配的方式被支配吗？在世界认识的原初领域中，在直观经验的原初领域中，不仅表现出因果性的形式，表现出作为在变化中保持着的物体的形式，而且是在贯穿于诸事态的支配当中保持着的物体形式；不仅如此，而且在诸典型事态中进行保持的这种形式，对所有具体的存在者，对作为具有两个方面的心理-物理的具体物的动物和人，都表现出来。这样一种经验——即通过对事态之中的物体变化的行为的更进一步了解，我们可以发现差别越来越细微的因果关联，据此就能够更准确地预料经验的事件——导致下面这样一种预先推定，即情况肯定将永远是这样，并且按照理念化的方式思考，最后真正存在的东西处于绝对固定不变的法则支配之下，直到最后，在越来越完善地被规定的物体上的一切都是一义地准确地被规整的。

对于精神的东西以及对于具体的心理物理的动物性，肯定不能也这样认为吗，即在关于这些具体现实东西的当前周围世界的经验中，在精神方面，如最初看上去那样，情况并没有不同？但是我们对它们的经验总是不完善的；我们对它们探讨得越多，对它们的精神行为的事态——不论是身体的事态还是精神的事态——分析得越准确，并且在这里同时还有对于作为物体的身体方面及其正常的或由于生病而改变了的结构认识得越准确，我们就越能更好地预见处于其周围环境中的动物或人的心理物理统一的精神行为，并且能更好地就过去的经历进行重新构成。为什么在这里对于应在无限进展中发现的符合精确的法则的和完全一义的规整作用的理念化的预见，不能具有其应有的权力呢？为什么它不应是心理学的，或更确切地说，心理物理学的任务呢？

这种心理物理学的实在，包括被看作独立的心灵与身体，通过被认为在空间时间形式中相等的内存在，而获得的同等地位，立即就导致在其最一般意义上赋予二者相等的存在方式，——尽管承认心灵与物体的身体原则上是不同的。正如物体——不论是真实的还是想象上的——是由诸部分，最终是由原子构成的一样，心灵也是由诸部分，最终是由心灵要素构成的，只不过我们不能对它们 355
真实地进行分割。即使心灵没有空间形态，在其中仍然有可以区分的多种多样体验，行为，状态共存着，并且几乎是存在于类似空间的东西中，正如洛克当时曾将新生的心灵比作白纸，或直截了当地比作一间房屋、一间黑暗的房间一样，在其中，借助经验总是能够看到新的心灵材料。原子论的原则就是以此为特征的。这种原则并不在于人们像休谟试图做的那样，将心灵看作是作为心灵原子的印象群和观念群，它们总是重新变化，并且只受联想的支配（但很可惜，在他看来这并不精确），几乎像风中的沙堆一样，是一起被吹动的。不论人们将要素看成是处于相对整体中的，最终是处于最高的整体中的受法则支配的，还是人们受近代物理学的影响，使用场的概念，对这个原则都没有改变。因为下面这种情况并没有变化，即心灵被自然化了，这就是说，心灵被看作一种实在的东西，它以与空间时间中的纯粹物体相同的意义具有存在，因此处于时间法则的支配之下。即这样一些法则，它们通过实在的时间充实的起功能作用的法则而具体补充通过空间时间位点的个体化；而且是这样一些法则，它们使普遍的世界认识成为可能（尽管经验的领域是有限的）；因此是普遍的进行全面规定的因果性法则。但是只有物体具有现实的真正的空间时间位点，只有物体具有作为空间中的广延的形态，而且，只有这样的物体，才具有现实的位置，并借此而具有物理学所必须谈论的那种实在的时间个体

化。物体按固有本质在空间时间上存在，并且只是以这种方式个体化。心灵作为自我的统一，从最广义上说，是人格的统一，按固有本质，具有其作为自我本身的个体化，但是这种自我本身绝没有空间位置。当然，心灵，人格，存在于这里和那里。它散步，改换地方，或者它被运走。但是，只有通过它的经常的并且是它本质固有的与自己身体的关联，人格才在空间时间中具有位置，而身体同时也正是物体，因此，人格的空间时间上的位置，只是一种非固有的位置。因此，它的可以区别的诸心灵的活动与状态的共存，以及在回忆中重又被意识到的自己的过去的经历，以及在这里显露出来的体验的时间顺序，以及这些体验的具有其共存的全部在场的时间顺序，虽然也可以认为是时间顺序和时间上的共存在，但是心灵东西的这种本质固有的时间，就其本身而言，并不是物体的自然的时间，也不是具有其身体上的共存与相继的作为物体的身体的特殊时间。只有通过人格与其身体的固有本质的关联，以及借助于
356 身体与整个物体的周围世界的关联，才能达到物体时间与心灵时间的确定的对应，并达到在从指向自我主观和它固有的东西的态度向指向非精神的物体性的态度的转变中的某种一致。

这些一般的提示能够通过细心而无偏见的意向分析，最准确地，甚至以绝对的自明性，加以证实。这些提示并没有使日常生活的自然的世界观失去其任何意义，也没有使精密的自然科学失去其任何意义，而只是展示出在该意义中实际上真正包含的东西。被切中的只是传统的心理学，它从来也没有能实现它的成为精密科学，甚至是绝对真正科学的意愿。它总是一再地陷入危机之中，这并不奇怪，因为它从来没有从根本上理解心理学的任务，即它唯

一意识到，并彻底详细研究的心理学的任务。下面这种情况是有深刻而又容易理解的原因的，即为什么具有某种由经验而来的朴素性的自然科学——关于它也可以说相同的东西——能够通过理念化而达到其无可置疑的成果，为什么心理学就完全不能？今天精神文明普遍毁灭的这种欧洲状况，对自然科学的成果并没有改变任何东西，自然科学的成果在其独立的真理当中并不包含任何改造自然科学的动机。如果这里存在着一些动机，那么它们所涉及的是这些真理对于从事科学的人和科学以外的人及其精神生活的关系。情况就是如此，就是说，在毁灭当中催促人们去创立现实的真正的心理学的心理的东西以及更广义上的精神的东西，最终使人的，个人的存在，个人的生活，个人的成就的活动，和精神的获取活动，在这种成就活动和获取活动中的个人的共同体，变成可以理解的，并由此出发，使明智地重建一种新的人类，成为可以理解的。

附录 II，附于 § 9a①。 357

在前科学的经验生活中，我们处于赫拉克里特的变化着的感性事物的材料之流中。在这种材料的变化之中，我们虽然以朴素经验的自明性具有一种确信，即通过看、触摸、听等等，通过事物的诸特性，能认识同一事物，并且通过经验的"重复"，确认它是客观上真实存在着的东西，是如此这般存在着的东西。但是很明显，在

① 这个附录的本文取自 KIII 22(第 5－13 页和第 16－19 页)。它被写在发表于《哲学》杂志上那篇文章打字稿的背面，可能是写于胡塞尔已读完该文章的校样之时，因为通常胡塞尔是不把打字稿当稿纸用的，因此，可能写于 1936 年或 1937 年初。

这种情况下，我们作为对于它的认识而获得的东西，按照它的全部可视为同一的规定，必然是一种仍处于近似之中的、由于在或大或小的完善性方面的区别模糊不清而处于悬而未决之中的东西。通过重复的经验清楚认识到的东西，就每一个有关它认识到的东西而言，必定仍然只是相对地认识的，因此在各个方面也有一种特殊的由敞开的未被认识的东西构成的地平线。因此这里所涉及的是，经验本身根据情况总是包含某种类似于向事物更紧密接近，更准确地认识事物的活动；并且在这里，在“更准确地规定”这个称谓下，存在着一种连续的可能的校正过程，例如，被看作是光滑的、平坦的、纯红的等诸如此类的东西，“实际上”发现有些粗糙、凹凸不平、有色斑等等。在我们的经验生活和别人的经验生活一起公共化中情况尤其如此。我们当中每一个人都有他自己的经验表象，但是以这样一种通常的确信具有的，即每一个在场的人都经验到相同的东西，并且能够在其经验的可能过程中通过诸种相似的特性认识这同一些事物。因此这也涉及日常的共同的世界，我们的通常的实践生活完全是在这种世界中发生的。所有在这里作为实际存在而对我们有效的东西，始终已经被理解为对所有人都存在的东西，而且正是通过共同的经验而被理解为存在的。而且不仅每一个在这里被看作能够视为同一的规定是处于一种由开放的可能的进一步的规定构成的地平线中，而且，每一个对象还超越在经验对象上共同感觉到的东西，并且已经是共同认识到的东西，处于一种开放的地平线中，处于未知事物，可能经验认识的事物的无限性之中。与此相适应，还有属于诸模糊事物的同样也只是由模糊的因果性构成的地平线；只要这些地平线是通过经验以确定的方式被认识的，它们就与以大致确定的方式经验到的环境和环境的变化有关，此外它们还有自己的仍然是完全不确定的因果性构成的地平线，这个地平线与由未被认识的外界事物构成的地平线相关联。

这种在开放的不确定的地平线中在或多或少完善的规定性方 358
面还处于悬置之中的作为存在方式的经验世界之式样，并没有扰乱正常的实践生活的过程，譬如没有扰乱作为正常人的世界的日常世界；正常人的生活与正常的、在正常的经验类型中变得共同知道的事物之范围有关，并且只是就在模糊的类型学中能够辨认的东西依赖于它。超出这种情况之外仍然处于悬而未决之中的东西，实际上是无关紧要的；因此在这里存在一种实际上完善的准确性和一种实际上完善的对事物的认识——如它们实际上所是的那样，如它们在其真正的存在中能够一再显示的那样，即在正常的实践生活唯一认识、唯一需要的那种真理之中能够一再显示的那样。

但是，鉴于我们的经验世界的这种不可改变的样式——这个世界是我们在生活中经常作为实际经验的世界而具有的，作为这样的世界它赋予“世界”一词以唯一原初的意义——，科学的世界认识，用古人的说法，哲学，如何才能够哪怕只是作为任务得到说明呢？而且是按照对于我们来说已经完全变成不言而喻的那种科学的客观性的意义——这种意义肯定首先是在原初的世界概念的发展和变化中就形成了——说明呢？这种意义对于我们变得如此不言而喻，以致我们需要花力气去弄清楚，在这里存在一种我们必须追问其原初动机和原初自明性的发展产物。

随着普遍理论兴趣的最初出现——通过它哲学连同它的普遍

题材，即一切一般存在者，存在者全体及其无所不包的统一，进入了历史——，作为原初经验的世界的世界之最一般的，固定不变的特征，也受到注意，与此相关联，世界经验本身的不变的特性，也引起了注意；特别是这个世界的普遍的因果样式，以及另一方面对所经验的事物的经常是模糊的不确定的认识方式之普遍结构，也引起了注意。随着对认识方式的普遍结构的深入了解，立即就产生了关于这种认识方式的普遍结构对于个别进行经验的人和共同进行经验的人的相关性的认识，和对于在不稳定的、主观的、感性的给予方式的变化之中通过认识辨认出同一事物的人的相关性的认识。但是由此如何就能产生出关于事物的绝对的、精确的可规定性的理念呢？不仅是实际上被经验到的和实际上可能经验到的事物的可规定性理念，而且还有普遍的、开放的、无限的世界地平线中的事物的可规定性的理念，这种地平线是处于其有限进展中的实际经验永远不能跨越的。在这里，精确的普遍的因果性理念是如何发生的？而且与事实上可经验的东西领域中一切经验上的归纳相反，产生出关于所有事物的精确的，普遍的可归纳性的理念，而这些事物由于原初世界的经验结构，仍然是无限地不确定的和
359 开放的。因此，正如我们还可以说的：从意见（δόξα）向认识（ἐπιστήμη）的跳跃是如何发生的？并且在认识（ἐπιστήμη）的题目下，产生一种可合理认识的自在（An-sich）的理念，这种自在在感性经验的事物中作为纯粹的显现，纯粹主观相关地呈现出来。

精确的客观性是方法的成就，这种方法被人们在经验世界（“感性世界”）普遍地运用，不仅是作为行动的实践，作为对经验中预先给定的事物进行塑造和改造的技术而运用，而且是作为这样

一种实践，在其中那些不完善地进行规定的事物表象构成材料，而且是以一种一般的思想态度构成的，按照这种态度，举出一个作为“任何一个一般事物”的实例的示范性的个别事物，就认为说明了它的始终未完善但能够完善的主观表象的开放的无穷的多样性了，而且这是通过运用那种从每个“表象”出发总是沿着可能完善化的路线进行的能力而实现的。继续进行这一系列提高的能力，不论是在经验(对事实的)的情况下，还是在直观的虚构的情况下，都是有限的，它们作为对范例事物——人们通过经验会越来越完善地认识这种事物——的实际直观很快就中断了。虽然对某种“更完善的”东西的空洞的预期必然会同时被给予，但无需指向更后的(plus ultra)东西的实际意向是能够实行的，也无需预先已经空洞地规定的完善化系列的延续部分作为能够继续的系列是能够实行的。理念化的成就——即关于“一再”(immer wieder)的构想——在这里开始了：在指向关于这个系列的空洞的构想的方向上，有一种关于实行这个系列(这被认为是可能的)的空洞的想法，而由于这种想法，又预先构思一个新的系列，而这个新的系列又是借助可以实行而被想到的，如此，一再反复进行下去——**直至无穷**。

首先产生的东西，是关于连续的理念。这种连续可以绝对的普遍性重复，以特有的自明性作为可自由想象的，自明地可能的无限性重复；代替敞开的有限性，代替有限的重复，这种重复是处于绝对的“一再”的领域之中的，处于可按照理念上的自由加以更新的领域之中的。由此，范例事物本身的性质，作为关于在这里变得自明的关于具有绝对普遍性的事物一般的思想的实例，而理念化

了。理念的性质,作为被构想出来的有关可以想象的、准确的、相对完善的表现的无限性的统一,而产生了。理念上一致的同一化会贯穿于这些表现之中。事物本身作为具有其诸性质的存在者完全被理念化了——具有其全部性质,而这全部性质又具有其全部表现,这些表现,正是由于贯通被构想的无限的整体,由于贯通无所不包的统一性,而详尽表达了所有的性质的和事物本身的同一性。通过理念上贯通这种无限的整体性,因此就产生一种关于作
360 为不仅具有其现实经验,而且具有其理念上可能的经验的事物的事物本身的理念的认识。因此,这样一种理念化也克服了对持续地伴随着一切实际经验认识的开放的世界地平线的认识之明显的有限性的限制。在经验从相对认识了的事物和事物领域向未认识的事物和事物领域的进展中,这种进行理念化的思想甚至从外部获得了经验世界的无限性——作为在外部经验的被想到的和可能想到的连续进行中,甚至在无限的完善化中,能从理念上获得的世界认识的无限性,作为由“一再地”尽可能地继续进行经验上的丰富而来的认识的无限性。

因此,在这种情况下,被理念化的世界就是事物的理念上的无限性,事物中的每一个本身都标示一种相对表现的理念上的无限性,而事物——从理念上说——就是这种表现的协调一致的同一性的统一。

正如我们看到的,世界的这种复杂的理念化,赋予每一个实际世界经验的事物以一种理想,即理念上可以想象的,可以无限完善的,并且能在被构想的无限性的过程中达到绝对完善的认识之理想。但是以此并没有完成这样一种成就,即为每一个预先给定的

事物创造其个别的理念的存在，因而，建设起一条将已经取得的理念的理想上的多样性应用于总是预先给定的现实经验的世界的桥梁。从已经产生的这种成就来看（就其作为精密科学实际存在而言），实际上精确的客观性是一种认识的成就，这种成就首先以一种系统的确定的理念化方法为前提，这种方法创造一个由作为能确定地产生的并且能够无限地系统构成的理想东西构成的世界，其次，它使这种可构成的理想东西应用于经验世界的可能性变成自明的。

这个这样地一般地表述的问题，是“**客观的**”**科学的**，客观科学的哲学的**历史可能性的**根本**问题**——即这样一种科学，它毕竟事实上是按其自己的方式已长期地在历史上存在着的，通过接受上述任务的理念而得到了发展，并且至少在一个分支中，即作为精密的数学以及数学的自然科学，达到了极富成果的实现。这里所涉 439
及的，不仅是从地点、时间、实际状况方面确定科学在历史上的实际起源点，因此将哲学回溯到它的创始者，回溯到古代自然科学家，爱奥尼亚等等，而是要从它原初的精神的动机上，就是说，按照它最原初的**意义**，并且是由此出发而按照原初方式进一步发展的**意义**理解它。此外作为意义基础经常共同起作用的，还有这个世界，而且是如它在现实经验中呈现出来的那样的世界，即这个“感
性的世界”，这个世界按其诸特殊样式而言，是处于历史的变化之 361
中的，而按其不变的普遍结构而言，是不变的。

关于认识可能性的另外一个问题——作为客观-科学认识的可能性的问题（在这里人们会说，纯粹“认识论的”问题）——与历史上的可能性的问题是一种什么关系，只有在我们以后的思考过程中才能得到阐明。从我们这里所处的历史境况出发，这种最初的起源也是历史的回溯考察不能直接达到的。我们首先关心的是回溯在世界的根本层次中的成功的合理的客观化的起源，我所指的当然是作为几何学，作为纯粹数学，而完成的客观化。

客观化是建立在前科学的经验材料之上的方法的问题。数学方法由直观的表象"构造"出理念的对象，并且教导我们，应该有步骤地系统地处理这些对象[①]。它并不是用手工的方式从一些事物产生另一些事物，它是产生理念；理念是由一种特殊的精神成就产生的，是由理念化活动产生的。

首位的是理念化成就，以及理念化成就当中在飘浮于相对性之中的显现的多样性基础上作为精神构成物能够产生的，可精确地视为同一的理念。其次是理念构成物由预先给定的理念而有步骤地构成。两者结合起来，构成客观的科学的精神，它包含两种无限性，即同一个事物借以呈现出来的显现的多样性的无限性，以及事物的无限性。

理念化的精神成就在"事物-显现"、"事物-表象"中有其材料。在具有其作为生动的存在有效性的显现过程的知觉活动中，这种显现处于实现的样式之中，而不是作为"材料"的显现。在这里我实现存在的有效性，实现它的地平线。在"综合"的进展中，我

① 它根据由其本质固有的等级次序引起的不完善性的无限性概念，构想出完善性的理想。它将事物的性质理念化。与此同时相关联地它将它们的可视为同一的性质理念化。另一方面，它也将不完善的可经验性——按照这种可经验性，我们的实际经验从已知事物向未知事物进展——理念化，这样，逐步逼近法的绝对无限性，作为理想，就构成逐步逼近的完善化过程的基础。

并不是通过将某物与另外的某物“结合起来”，因此将它当作材料来处理的办法，将它构成地平线；在“活动”中，在知觉过程中，我指向存在上有效的统一，在运动中，我指向地平线的连续的重叠，具体地指向显现的以及显现的地平线的整个意向性的连续的重叠——具体的意向性是处于通过在显现中变成直观东西而进行充实的运动之中。但是在理念化的思想中，这种实现的方式改变了：362
首先是将发生着的不确定的显现作为可能的显现连续地变成直观的，其次是范例的东西，再次是关于无限性的构想，等等。

在作为物理学的已完成的成就中表现出这种精确的客观化的两个部分，一方面是通过纯粹数学的成就，以“纯粹思想”进行的科学的成就体现出来，即通过在更准确规定的意义上进行理念化的，并且纯粹保持在理念东西的领域中的科学的成就体现出来。它的全部的成就，实际上是通过它的确定的理念化的方法，和由已预先存在的对象系统地有步骤地构成理念对象的方法表示的，这种方法最终能使掌握整体成为可能。这个世界已经是客观的，只要有关它的认识，所构成的有关它的理念的东西，对于每一个运用这种方法的人来说是绝对同一的，不管他经验上的直观表象活动与那种在别人以直观为基础的理念化活动中能够服务于别人的直观表象活动有多么不同。

数学的成就当然是被限定于纯粹空间时间形态上的，或更确切地说，限定于普遍地属于世界的空间时间结构的。我们可以看到，只有在这种结构的本质中，这种成就才能成为可能的，因此，精确的客观化至少首先只有对于这个作为物体世界的世界，才能有意义，——抛开事态上所有那些本身不是物体的东西。

*　　　　*　　　　*

在这里产生一个特殊的问题。当我们按照一定方法系统地认识到历史的先验性时，这本身是一件历史事实吗？因此这不就是假定了历史的先验性吗？这种先验性被人类的存在联系起来，与当人类经验，思考，行动时对他有效的周围世界联系起来。但是这种先验性却是一种理念上一般的东西，这种一般的东西一方面与作为对象的人本身有关，另一方面，它与人之中，即形成它的我们之中的构成物有关。那么这种理念的构成物的客观性的情况如何呢？这种先验性的客观性的情况如何呢？在这里我们又遇到了不中断的传统之可能性的前提。那么什么东西保证这种先验性的客观性呢？——作为正是先验地是人类的及其文化世界的存在的客观性？作为一种本身始终具有其先验性的，始终有效的，在任何时候都总是能确认同一的先验性的客观性？这不就是假定了上升的文化，并且总是在其中假定了人吗？这样就说明：他们对本质的历史有兴趣，相互间发生科学上的联系，并且持续地获得先验的获得物，并将它们流传下去。难道这不就是一种无穷尽的事实吗？

363　但是在这种情况下我们又回到了这样一种事实上，即历史事实（包括我们存在这个当下的事实）只是基于先验性才是客观的。但是这种先验性仍然是以历史的存在为前提吗？

如果有一天人变得原则上完全不能通过自由变动展示地平线，并由此而揭示出历史世界的不变的本质结构，那么几何学的先验性，以及其他先验科学的情况会是怎样呢？在那种情况下，人们能够知道一种科学是不是先验的吗？或者，如果由于偶然的事实的原因,一种科学通向其先验源泉的道路被阻塞了,——那么像我们在这里一直尝试的这种思想如何能够开始,以使被阻塞了的源泉能重新打开呢?

因此还必须指出,而且作为属于人的,同样也属于世界的个别的本质的东西指出,在人类之中,这种能力是绝不会停止的,也绝不会完全缺少的,尽管它也是由于事实上的原因仍然未得到发展。这就导致关于理性的最一般最深刻的问题。

我们现在来考虑这样一件事情,即几何学,与它有密切关系的其他科学,最终都是这唯一的哲学之现实的或尚需完成的分支,而哲学被认为是进行理论思维的人类的,进行哲学思考的人类的成就;哲学的目的就是真理,——不是日常的有限的真理,这种真理的局限性,它的有限性,它的相对性,就在于这样一个事实,即它是历史的,但它对于历史的地平线却盲目无知。它应该是一种无条件的绝对的真理,它包含这个世界,这个世界中有在其中生活的人,而人有他的实践兴趣,他的相对的认识,以及以此为基础的评价与计划的活动;而且还包含进行哲学思考的人和他的哲学真理构成物。

因此在这里不是涉及到所有的真理——不管它们的特殊性格有多么不同——吗?因此涉及作为科学的主导理想的在科学意义上的所有真理吗?它难道不是由本身处于历史领域之中的理念化产生的吗?它难道不是假定了本身是由理念化产生的历史的先验性吗?

*　　*　　*

这是第一次在这篇论文中出现了它的历史进程需要以这种方

式提出问题，并且需要一些新的有其特殊方向的研究。从这些研究中——不是在这些研究本身中，而是在它们与以后的研究，和与以后的历史进程的紧密联系中——将逐渐地产生出一种全新的哲学提问方式和新的哲学研究方法。

即使是这一节中的问题分析，也呈现出一些严重的困难，而且
364 由于这是远离哲学与科学中早已熟悉的东西的道路——这条道路的尽头是不可预见的——，这些问题分析在读者初看起来会显得像是破坏文章统一风格的、很少令人感兴趣的离题的余论。在这里我必须要求读者有一点持久的耐心。以后将会理解，在这篇论文中，没有一个论述对于这篇文章的进程，对于它的作为向上导致超越论现象学的引导的任务，是可以缺少的。在它的这种整体意义中，还包含历史的研究和由它引起的系统的研究的紧密结合，这种结合从一开始就以一种奇特的反思形式准备好了，哲学家的自我反思只有通过这种奇特的反思才能进行，而这位哲学家是处于一种不可能以任何预先给定的哲学（不论是自己的还是别人的）为前提的境况之中的，因为对于他来说，应当成为问题的是作为一种唯一的哲学的一般哲学之可能性。

365 **附录 III，附于 § 9a**[①]**。**

这篇论文中引起我们思考的兴趣，使我们有必要首先进行一

① 这篇论文写于 1936 年；由 E. 芬克于 1939 年以《关于几何学的起源》(*Vom Ursprung der Geometrie*)为题，发表于布鲁塞尔《国际哲学评论》(*Revue Internationale de Philosophie*)杂志第 1 年度第 2 卷上。这篇文章的手稿是 KIII 23，保存于芬克的打字稿副本中。文章的分段采用了芬克发表的文章的分段法，一些不完整的句子也依照芬克所做的修改补全了。

种伽利略肯定完全没有进行过的反思。我们不可将我们的目光仅仅集中到流传下来的现成的几何学上，以及集中到在伽利略的思想中几何学的意义所具有的存在方式上，——在他的思想中与在古老几何学智慧的所有后来的继承者的思想中，几何学的意义所具有的存在方式并没有不同，不论他们什么时候进行工作，或是作为纯粹几何学家进行研究，或是实践上应用几何学，都没有什么不同。宁可说，我们也应该，甚至首先就应该，回溯留传下来的几何学的原初的意义，几何学正是以这种原初的意义继续有效——继续有效，同时继续被发展，并且在一切新的形态中仍然是"这唯一的"几何学。我们的这些考察必然会引向最深刻的意义问题，科学的问题，和一般科学史的问题，最后甚至会引向一般的世界史的问题；因此我们的与伽利略的几何学有关的问题与说明就获得一种范例的意义。

首先需要指出，在我们对近代哲学进行历史的沉思的过程中，在这里，即在伽利略这里，通过揭示几何学的意义的起源这个深层的问题，以及以此为基础的伽利略的新物理学的意义的起源这个深层的问题，第一次出现了照明我们整个计划之光，即想以历史沉思的形式对于我们自己的当前的哲学状况进行自身的思考，以期我们由此最终能获得哲学的意义、方法和开端，我们愿意并且应当将一生奉献给它的这**唯一**哲学的意义、方法和开端。正如在这里在一个实例上首次可以看到的那样，我们的研究在一种非同寻常的意义上，即在一种主题方向上，正是历史的，这个方向将展示出一些通常的历史学完全不知道的深层问题，一些按其性质毫无疑问也是历史的问题的问题。对这些深层问题前后一贯地追寻下去

会将我们引向何处，这当然是在开始时尚无法预见的。

对于几何学（为了简洁起见，在这个名称下，我们同时包括所有研究在纯粹空间与时间中以数学方式存在的那些形态的科学）366 起源的探询，在这里不应被看作文献学的-历史的探询，也就是说，不应被看作要查明那些实际上提出纯粹几何学命题、证明、理论的最早的几何学家们，查明他们发现的某些命题，如此等等。与此相反，我们的兴趣应该是追溯一种最原初的意义，正是按照这种意义，几何学在过去生成，并且从那时起，在数千年间作为传统而存在，而且现在对于我们来说，仍然以生动的继续起作用的形式存在着[①]。我们探询几何学在历史上最初据以出现——必然据以出现——的那种意义，虽然我们关于几何学最初的创始者并不知道任何东西，而且甚至根本不去探询这些东西。从我们所知道的东西，从我们的几何学，或者说，从流传下来的古老几何学形态（如欧几里得几何学）出发，就会有一种对于几何学的过去了的原初的早期阶段——如它们作为“原初创立的几何学”必然曾经所是的那样——的追溯。这种追溯不可避免地仍然保持在一般东西的范围内，但是很快就会表明，这是一些可以作出多种多样解释的一般的东西，这些一般的东西具有能获得特殊的问题和作为其回答的自明断定的预先确定之诸种可能性。这种追溯由之开始的所谓完成了的几何学，是一种传统。我们人类的存在是在无数的传统之中运动的。整个文化世界就其全部形态而言，都是作为由传统构成的东西而存在的。这些形态作为这样的东西，不仅仅是按因果方

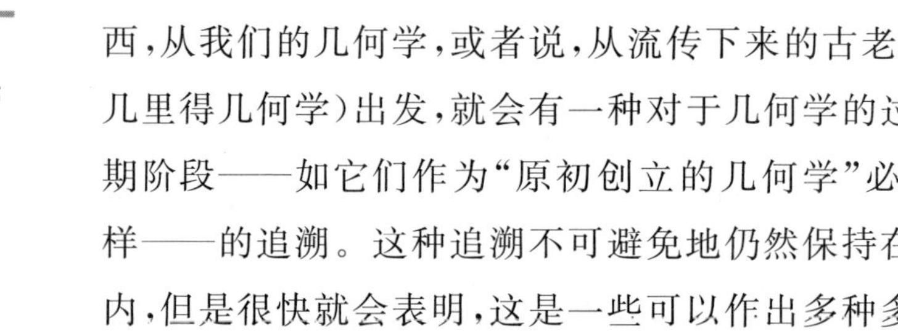

① 对于伽利略以及从文艺复兴时期起所有以后的时代来说也是如此，即以一种连续的生动的继续起作用的方式存在，然而同时却又是传统。

式生成的；我们也总是已经知道，传统正是在我们人类的范围内，通过人类的活动，也就是说，按照精神的方式生成的传统，——尽管我们一般对于传统的确定来源以及在这种情况下实际完成的传统的精神活动毫无所知，或差不多毫无所知。然而在这种无知中，到处都存在，而且从本质上就存在一种内在包含的，因此也能够阐明的知识，即具有无可辩驳的自明性的知识。这种知识首先从一些浅显的不言而喻的事情开始，如所有传统的东西都是由人的成就而产生的，因此过去的人和人类文明曾有过存在，在他们当中有过传统东西的最早的发明者，这些发明者由现存的材料，不论是未加工的，还是已经在精神上形成的，而创造出新事物等等。但是人们从这种浅显的东西被引向深层的东西。传统可以在这种一般东西中继续被探询，如果我们始终一贯地保持探询的方向，就会展示出无限多的问题，这些问题会按照它们的意义引向一些确定的回答。它们的一般的形式，甚至——正如我们所看到的——无条件的普遍有效性的形式，当然可以运用到个别地被确定的特殊情况上，但是它们只决定在个别东西中可通过包摄把握的东西。

因此，关于几何学我们应从我们在前边为了指出我们的追溯的意义已经谈到的最切近的不言而喻的事物开始。我们将由传统提供给我们的几何学（我们曾学过这种几何学，我们的导师们也同 367
样学过）理解为精神成就的总体获得物，这种总体获得物通过借助新获得物进行的新的精神活动中的继续工作，而得到扩展。我们知道流传下来的几何学的较早形态，那是几何学由之而形成的形态，但是每一个形态都重复地参照以前的形态，——因此很显然，几何学肯定也是从一种最早的获得物，最早的创造活动中生成的。

我们理解它的持续的存在方式:它不仅是一种从一些获得物向另一些获得物前进的变动过程,而且是一种连续的综合,在这种综合中,所有的获得物,都继续保持其效力,所有的获得物都按以下方式构成一个整体,即在每个当前的阶段上,这个总体的获得物可以说是新阶段上的获得物的总的前提。几何学必然地处于这种变动性中,并具有正是这种样式的几何学未来的地平线;对于每一个意识到处于这种继续前进过程中,并且是作为构筑于这种地平线之中的认识进步而处于继续前进过程中(对此有恒常的潜在的知识)的几何学家来说,几何学就是这样的。这同样的情况也适合于每一种科学。同样地,每一种科学都与一个由共同协作的工作者构成的开放的世代链条相联系,这些工作者是一些或者著名或者不著名的研究者,是为总的生动的科学贡献力量的主观性。科学,特别是几何学,由于这种存在的意义,必然曾有过一种历史的开端;这种意义本身在成就的活动当中有其起源:首先是作为计划,然后是在成功的实行之中。

很显然,这里的情形与所有其他发明的情形是一样的。每一种由最初的计划到实行的精神成就,首先都是以现实成功的自明性存在于这里的。但是如果我们注意到,数学有其从作为前提的获得物到新的获得物的生动的前进运动的存在方式,在新的获得物的存在意义中同时包含着前提的存在意义(而且以后也总是如此),那就很清楚,几何学(作为发展了的科学,如同在每一科学中一样)的总的意义就已经不能在开始时作为计划存在,然后作为变动的充实存在了。在它之前必然有过一个比较简单的意义构成的预备阶段,而且无疑是按下面这样的方式,即它首先是以成功地实现的自明性出现的。但是这样说实际上是有些夸张了。自明性绝不意味着别的东西，而只意味着通过意识到存在者原本的自身存在于这里而把握存在者。成功地实现一种计划，对于行为主体来说，就是自明性；在这种自明性中，被实现的东西作为它自己本身本原地存在于这里。

但是现在出现了一些问题。这种计划及其成功地实现的过程，毕竟是纯粹发生在这个发明者的主观之中的，而且本原地存在的意义及其整个内容，可以说也只存在于他的精神领域之中。但是几何学上的存在，并不是心理上的存在；它并不是像个人的东西在个人的意识领域中那样的存在；它是对“每一个人”（对于现实的和可能的几何学家或那些懂得几何学的人）都客观地存在着的东西的那种存在。正如我们所确信的，几何学甚至从它创立时起，就 368
具有一种各个民族和各个时代的所有的人，首先是所有现实的和可能的数学家，都可能理解的独特的超时间的存在；所有它的特殊形态也是如此。而且所有那些由随便什么人根据预先给定的形态重新产生的形态，很快就会呈现出同样的客观性。正如我们所看到的，这是一种“理念的”客观性。这种理念的客观性是文化世界的整整一类精神产品所独具的，全部科学构成物和科学本身都属于这类精神产品，而且例如文学作品这种构成物也包括于其中①。这一类的作品，不同于工具（锤子、钳子）或建筑物，以及类似的产

① 但是最广义的文学概念包括它们全体；就是说，这个概念的客观存在包括：它被用语言表达出来，并且可以一再地表达，更明确地说，它们只是作为语言的含义，意义，才具有客观性，具有对于每一个人而言的存在。就客观的科学而言，甚至也以特殊形式具有客观存在：科学著作的原文的语言和外国语言的译文之间的差别，并不能废除对科学著作作同一理解的可能性，或者只是使它变成为非本真的间接的可理解性。

品,具有在许多彼此相似的实例中可以重复的性质。毕达哥拉斯定理,甚至整个的几何学,只存在一次,不管它怎样经常地被表达,甚至也不管它以什么样语言被表达。它在欧几里得“原本的语言”中和所有的“译本”中,都是同一的东西;不管它怎样经常被感性地表达出来,从原本的谈话和记载,直到无数的口头表达或文字的以及其他的资料证据,在每一种语言中它仍然是同一的。感性的表达,如同所有物质事件一样,或如同所有在物体中具体化了的东西一样,都在世界的空间时间中个体化了;但是在这里被称作“理念的对象”的精神的形态本身却不如此。然而它们仍然还是以某种方式在世界上客观地存在着,但这仅仅是由于这种双重的重复,并且最终是由于进行感性上具体化的重复。因为语言本身在其按照词,句子,话语所进行的任何特殊化中,正如从语法的观点很容易看出的,完全是由理念对象构成的;例如“Lowe”(“狮子”)这个词,在德语中只是一次就出现了的,它在其被随便什么人的无数次表达中,始终是同一个东西。但是,几何学的词、句子、理论——当它们纯粹被看成语言构成物时——的理念性,并不是那种在几何学中成为被表达的东西,并且作为真理而有效的东西的理念性——即几何学的理念的对象、事态等等。不论在哪里有所陈述,主题,即被陈述的东西(它的意义)与陈述是不同的,在进行陈述时,陈述本身绝不是主题,也不可能成为主题。在这里这种主题正是理念的对象,它与语言这个概念所包含的对象是完全不同的。现在,我们下面这个问题所涉及的正是在几何学中作为主题的理念的对
369 象:几何学的理念性(恰如所有科学的理念性一样)是如何从其最初的个人心中的起源(在其中,它是最初的发明者心灵的意识领域

中的构成物)而达到它的理念上的客观性的?我们预先就看到,这是借助于语言达到的,可以说,它是在语言中获得其语言的躯体的。但是这种赋予语言的躯体的活动,如何就能由纯粹内在的主观的构成物形成客观的构成物?这后者譬如说作为几何学上的概念或事态,实际上对于每一个人都是存在的,可以理解的;并且,在其语言表达中,作为具有其几何学的理念的意义的几何学言论,作为几何学命题,在将来任何时候都是有效的。

当然,我并不想按照语言的理念的存在,及其通过表达和文字记载而在现实世界中奠立的存在,探讨也是在这里产生的语言的起源的一般问题。但是关于作为在人类文明之中的人的功能的语言,与作为人的存在的地平线的世界之间的关系,我在这里必须说几句话。

当我们清醒地生活于这个世界之中时,我们总是意识到这个世界,不管我们是否注意到这一点。我们意识到作为我们生活的地平线,作为"事物"(实在对象)的地平线,作为我们的现实的和可能的兴趣和活动的地平线的世界。我们周围的人的地平线总是在世界的地平线中突现出来的,不管他们当中是否有某个人在场。在对此有任何注意之前,我们就意识到了我们人类伙伴的这个开放的地平线,这个地平线具有其由我们的最接近的人,我们一般所熟悉的人构成的有限的核心。与此同时,还意识到总是作为"他人"的我们外部的地平线中的人们;"我"总是将他们作为"我的"他人,作为我可以与他们一起进入到现实的和可能的,直接的和间接的移情的关系之中的"他人"而意识到的,这种移情的相互关系是一种与他人的相互理解,并且在这种关联的基础上与他人交往,并

且与他人一起进入到共同体的某种特殊方式中，并且在这种情况下通常也知道我与他人处于这种共同体化了的关系中。正如我一样，每一个人（正是作为这样的人，他被我和每一个人所理解）都有他的人类伙伴（并且总是将他自己算入其中），都有他知道自己生活于其中的一般的人类。

一般的语言正是属于这种人类的地平线。人类首先是作为直接的和间接的语言共同体被意识到的。很显然，只有通过作为可能的交流的语言及其范围广泛的文献记载，人类的地平线才能成为如它对于人们始终所是的那样的开放的无限的地平线。成熟的正常的人类（其中没有反常的东西和儿童世界）作为人类的地平线和作为语言共同体在意识中具有优先地位。在这种意义上，人类对于每一个人（对于每一个人而言，人类都是他的“我们-地平线”）来说，都是由能够彼此以正常的充分理解的方式表达自己的人构成的共同体；并且在这共同体中，每一个人也都能够将所有那些在他们的人类的周围世界中存在的东西当作客观存在的东西来

370 谈论。所有的东西都有它们的名字，或者说，所有的东西在一种最广泛的意义上都是可命名的，也就是说，可用语言表达的。客观世界从一开始就是大家的世界，即“每一个人”当作世界的地平线所具有的世界。世界的客观存在，是以人（作为有其公共语言的人）为前提的。语言就其自身方面来说，是功能和被熟练的能力，它是与世界相关联的，即与可由语言按其存在和如此存在方式表达的对象之总体相关联的。因此，一方面人作为人，人类同伴，世界——人们，我们，总在谈论，并且总能够谈论的世界——，另一方面，语言，二者处于不可分离的联结之中，并且人们总是已经确信

它们的不可分割的联系的统一，尽管通常只是含蓄地，以地平线的方式这样确信。

以此为前提，最初进行创造的几何学家当然也能表达他的内在构成物。但是下面这个问题重又产生了：这种内在构成物如何通过表达按照其“理念性”而成为客观的？的确，可被他人理解的，可以传达的心理的东西，作为这个人的心理的东西，当然是客观的，这正如他本人作为具体的人，像一般事物世界中的实在事物一样，是每一个人都能经验，都能称谓的。人们可以对这种心理的东西取得一致意见，可以根据共同的经验提出经受验证的共同的见解等等。但是这种心理上内在地被构成的构成物，如何能达到一种作为理念对象的特殊的主观间共同的存在呢？——而这种理念对象正是作为“几何学的”对象，绝不是某种心理上实在的东西，尽管它确实是来源于心理的东西。让我们来思考一下。在最初的生产活动的现实性中，也即在原初的“自明性”中，本原的自身存在，绝没有产生出任何能够具有客观存在的，能够保持的获得物。生动的自明性会消失，——当然是按以下的方式，即能动状态立即就转变为由对于刚刚存在过的东西的逐渐暗淡的意识构成的被动状态。最后，这种“滞留”会消失，但是这种“消失了的”经过和已过去的东西，对于有关的主观来说，并没有变成虚无，它可以再被唤醒。属于最初模糊地被唤醒东西的被动性，以及也许是以越来越清楚的方式显露出来的东西的被动性的，有重新回忆的可能的主动性，在这种主动性中，已经过去了的经验活动仿佛被重新生动地体验到。凡是原初自明的生产作为其意向的纯粹的充实，是被恢复的东西（被再回忆起的东西）的地方，与这种对已经过去

的东西之主动再回忆一起，就必然会出现一种伴随的现实生产的主动性，并且与此同时，从原初的“一致”中产生出同一性的自明性；现在本原地被实现的东西，与此前曾自明地存在过的东西，是同一个东西。与此同时也形成一种在重复的链条中以同一性的自明性（同一性的一致）任意重复构成物的能力。但是即使由此我们也没有超越主观及其主观的自明的能力，就是说，我们尚没有提供“客观性”，但是只要我们考虑到移情的功能，和作为移情的共
371 同体和语言的共同体的人类同伴，客观性就会以可以理解的方式初步地产生出来。在相互通过语言进行理解的联系中，一个主观的本原的生产和产物，会被另一个主观能动地理解。如同在回忆中一样，在这种对他人生产的东西的完全理解中，必然产生对当前化了的活动的自己方面的当前的参与实行；但同时也产生对在信息的接受者与信息传递者的生产中精神构成物之同一性的自明的意识，而这也是交互地发生的。这些生产能够以相似的方式从一些人到他的同伴进行传播，并且通过这种重复活动的理解链条，自明的东西便作为同一的东西进入到他人的意识中。在较多人形成的信息共同体的统一中，这种重复地被生产的构成物，并不是作为相同的东西，而是作为对所有人都是共同的一个构成物被意识到的。

现在我们还必须考虑到，通过这样的在一个人身上本原生产的东西向本原地再生产的另一个人的这种现实的传递，理念构成物的客观性尚没有被完满地构成。所缺少的是，即使在创造者及其同伴并不清醒地处于这样的联系中，或完全不再存活的时候，“理念的对象”仍然持续存在。这里缺少的是即使没有任何人自明

地实现理念对象，它们也仍然继续存在。

文字的、文献的语言表达的重要功能就是，它无需直接或间接的个人交谈，就使传达成为可能，它可以说是潜在化了的传达。由此，人类的共同体化也提高到一个新阶段。纯粹从物体方面来看，文字符号是直接地感觉上可经验的，并且总是有可能在主观间共同地经验的。但是作为语言符号，它们与语言声音一样能唤起它们的熟悉的意义。这种唤起是一种被动的活动，因此被唤起的意义是被动给予的，正如任何一个沉入昏暗之中的主动活动，通常在以联想的方式被唤起时，起初是作为或多或少清晰的回忆而**被动地**显露出来一样。正如在回忆的情况下一样，在这里所提到的这种被动性的情况下，这种被动唤起的东西可以说也能转变回到与它相对应的主动性[①]：它是作为语言生物的每一个人原初固有的重新激活的能力。因此与此相适应，通过书写就发生了意义构成物之原初存在样式的改变，例如，在几何学的领域，就是用语言表达出来的几何学构成物的自明性的改变。可以说，这种构成物被 372
沉淀了。但是读者能够使它再变成自明的，能重新激活自明性[②]。

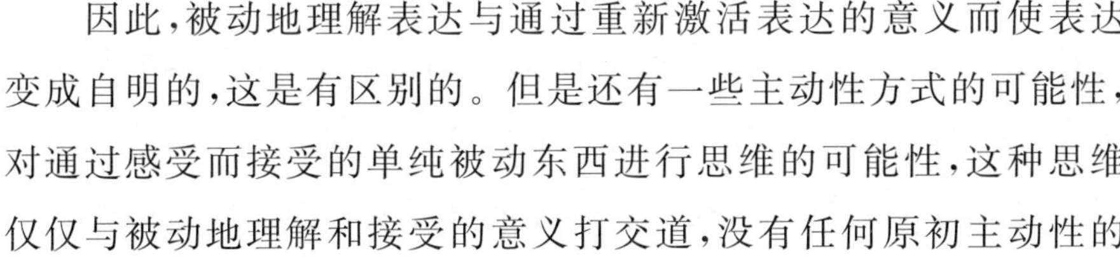

因此，被动地理解表达与通过重新激活表达的意义而使表达变成自明的，这是有区别的。但是还有一些主动性方式的可能性，对通过感受而接受的单纯被动东西进行思维的可能性，这种思维仅仅与被动地理解和接受的意义打交道，没有任何原初主动性的

① 这是一种在自身中被意识为摹仿的转变。

② 但这绝不是必然的，事实上也不是常规的。即使没有这个东西，读者也能理解，他能够无需自己的主动活动，由于共同有效性“不加考虑地”接受被理解的东西。在这种情况下，读者处于纯粹被动接受的状态。

自明性。被动性一般是以联想的方式结合和融合的领域，在其中所有产生的意义都是被动地结合在一起的。由此经常会产生一种意义，它表面上是同样可能的，就是说，通过可能的重新激活而成为自明的，然而这种实际激活的努力，只能重新激活这种结合中的个别成分，而将它们统一为一个整体的意图却没有实现，而是落空了，就是说，由于对这种无意义性的原初意识，存在的有效性被破坏了。

很容易看出，甚至在人类生活中，首先是在每一个个人的从童年到成年的生活中，在感性经验基础上的诸活动中创造其原初自明的形成物的原初直观的生活，也很快地，并且在越来越大的程度上，受到语言的诱惑。原初直观生活越来越大的部分，陷入到纯粹由联想支配的谈话和阅读之中，因此，就如此获得的有效性而言，它常常对以后的经验感到失望。

现在人们会说，在我们这里感兴趣的科学领域，以获得真理和避免错误为目的的思维领域，理所当然地从一开始就非常关注防止联想的构成物自由起作用。鉴于具有持续的语言获得物（这种获得物最初只能再次被动地接受，并且能被其他任何人接受）形式的精神产物不可避免的沉淀作用，这种联想的构成作用仍然是一种经常的危险。人们以下面这种方式应付这种危险，即不仅事后确信这种特殊的构成活动现实地重新激活的可能性，而且在自明的原初创造之后就确信它具有被重新激活并被持久保存的能力。当人们考虑到语言表达的一义性，并且考虑到用细心铸造的有关的词，句，句子关联来保证能一义地表达的成果时，就发生这种情况；个别的科学家——不仅是新的发明者，而且作为科学共同体成

员的每一个科学家——在接受其他人能够接受的东西之后，都会这样做。因此这是在作为生活在由共同责任联系起来的统一体中 373 的认识共同体的科学家之相应的共同体内部的科学传统的特征。因此，按照科学的本质，科学研究工作者具有一种持久的要求，或一种个人的确信，即所有由他引入到科学陈述当中的东西，都是被“一次了结地”说出的，它是“确定地存在着的”，能永远同一地重复，并且能以自明的方式运用于以后的理论目的和实践目的——能够按照真正意义上的同一性，毫无疑问地被重新激活[1]。

然而在这里还有两点也是重要的。第一点，我们还没有考虑这样一个事实，即科学思维根据已经获得的成果获得新的成果，而这种新成果又为更新的成果奠定基础，如此等等，——这乃是一种意义流传增殖的统一过程。

在如几何学这样的科学的最终巨大增长当中，关于重新激活的可能性的要求和能力的情况如何呢？当每一个研究者在这个建筑物中他所在的部位工作时，那些在这里不可能通观的工作间隙和休息时间的情况如何呢？当他开始实际继续工作时，他一定要首先熟悉这个基础的整个巨大的链条，直到最初的前提，并且将这个整体现实地重新激活吗？很显然，在这种情况下，像我们的现代几何学这样的科学就根本不可能。然而以下情况是由每个阶段的成果的本质而发生的，即成果的理念的存在意义不但是一种事实

① 当然这首先涉及科学家在自身中建立起来的试图获得重新激活的确实能力的稳定的意图指向。如果重新激活的可能性这样一个目标只能是相对地实现的，由能够获得某物的这种意识产生的要求也就具有其相对性；这种相对性也会被人们注意到，并会被消除。对于真理的客观的，绝对确定的认识，归根到底是一种无穷的理念。

上较后的意义，而且由于意义是建立在意义之上的，较早的意义就在有效性方面将某种东西传给较后的意义，它甚至以某种方式进入到较后的意义；因此，在精神建筑物之中，没有任何构造成分是独立的，因此也没有任何构造成分能够直接地被激活。

有一些科学特别是这样，这些科学如几何学一样，在理念产物中，即在理念东西——由这些东西总是一再地产生出更高阶段的理念东西——中有其主题领域。在所谓的描述科学中，情况就完全不同，在那里，理论兴趣在进行分类和描述时仍保持在感性直观范围之中，而感性直观在这里代表自明性。因此至少一般而言，每一个新的命题都能单独地以自明性兑现。

与此相比，像几何学那样的科学如何可能呢？它作为系统的能够无限增长的理念东西的等级结构，如何能以生动的可激活性而保持它原初的意义呢？——如果它的进行认识的思维无需能激
374 活以前诸认识层次，直到最初的层次，而却产生出新东西的话。即使在几何学的较早阶段上还能够做到这一点，最后肯定在努力获取自明性时力量也消耗太大，以致无力达到更高的生产力。

在这里我们必须考虑到一种特殊种类的、以特殊方式与语言结合的“逻辑的”活动，以及以特殊方式在其中产生的理念的认识构成物。从本质上说，任何一个在纯粹被动的理解中出现的句子结构，都包含一种特殊的活动，这种活动最好用“解释”这个词来称谓。一个被动地(也许是通过回忆)浮现出来的句子，或是通过听而被理解的句子，最初是以被动地自我分享的方式单纯地接受的，是作为有效的东西接受的，而且在这种形态中，它已经是我们的意见。我们要把对于我们的意见进行解释这种特殊种类的重要活

动，与这种被动接受的活动区分开来。如果说，在第一种形式中，这种意见是未加区分地、整体地被接受的，直接有效的意义，——具体地说，是直接有效的陈述句——，那么现在，这个本身处于未加区分的模糊性之中的东西得到主动的解释。如果我们考察一下，例如我们在马马虎虎地读报时，是如何进行理解和简单地接受"消息"的，那么在这里就有一种对于存在的有效性的被动接受，通过这种被动接受，被读过的东西就直接变成了我们的意见。

但是，正如以上所说，要进行解释的意图，以及下面提到的活动，是一种特殊的东西，即将读过的东西（或其中一个有趣的句子），按照意义成分，逐个地，单独地，从被动地模糊地作为统一体接受的东西中分离出来，清楚地表达出来，并且以一种新的方式，主动地完成一种建立在个别有效性之上的整体的有效性。现在由被动的意义形态，产生出一种通过主动生产而形成的意义形态。因此这种主动性就是一种——特殊的——自明性；在其中产生的构成物则处于原初被产生的形式中。在这种自明性方面，也存在着共同体化。被说明，被解释的判断，变成了可传承的理念的对象。这种理念对象成了逻辑学谈到句子或判断时唯一意指的东西。由此也就普遍地指明了逻辑学的领域，即普遍地标明了这样一个存在领域，只要逻辑学是有关一般命题的形式理论，它就是研究这个领域的。

借助于这种活动，现在其他活动也变得可能了，——如根据对我们有效的判断自明地构成新的判断。这乃是逻辑思维及其纯粹逻辑自明性的特征。所有这些，即使当判断变成为假设时也仍然保持不变，在这种情况下，不是我们亲自陈述、判断，而是我们设想

自己进入到陈述、判断的状态。

在这里让我们集中考察我们被动地得到的只不过是被感受到的语言的句子。在这里还必须注意到，句子本身是作为对于由实际的原初的活动产生的原初的意义的复制改造而在意识上呈现的，因此本身是有赖于这种起源的。在逻辑自明性的领域中，演绎，以前后一贯的形式进行的推论，起着经常的、本质的作用。另一方面，也应该注意那些运用“已经解释过的”，但并未达到原初自明性的几何学的理念东西的构成的活动。（不可将原初的自明性与“公理”的自明性相混淆；因为从原则上说，公理是原初的意义构成的结果，并且总是受到这种意义构成作用的支持。）

375

关于在几何学以及所谓“演绎的”科学——人们这样称呼它，尽管它决不仅是进行演绎——的巨大知识建筑物的情况下，通过回溯到原初的自明性，而以十足的原初性进行完全是真正的重新激活可能性的情况又如何呢？在这里有一条基本法则以绝对普遍的自明性起作用：即如果前提实际上能回溯到最原初的自明性，并能激活最原初的自明性，那么它的自明的结论也能回溯到最原初的自明性，并能够激活最原初的自明性。由此看来，从原初的自明性出发，始源的真正性一定会通过逻辑推论的链条传播开来，不管这链条有多么长。然而如果我们考虑到在将数百年之久的逻辑链条按照统一的行动实际地改变为原初的真正的自明性的链条方面，个人的和社会的能力明显有限性，我们就会注意到，这个法则本身包含一种理想化作用：即取消了我们能力的限制，并以某种方式将我们的能力变成无限的了。关于这种理想化作用特有的自明性，我们以后还要讨论。

因此，这些是一般的本质洞察，这种洞察澄清了“演绎”科学的整个的有条不紊的生成过程，并借此澄清了它们本质的存在方式。

这些科学并不是以记载下来的语句形式存在的现成的遗产，而是处于生动的，不断生产的意义构成活动中，这种意义构成的活动通过以逻辑方式处理记载下来的东西，即以前生产的沉淀物，而总是支配这些东西。但是从具有沉淀的意义的句子出发进行逻辑处理，只能产生具有相同性质的句子。一切新的获得物都表达一种真正的几何学的真理，这在下面这个前提下是先验地确定的，即演绎的建筑物的基础实际上以原初的自明性产生出来了，客观化了，因此已变成了可以普遍理解的获得物。从某一个人到另一个人，从某一时代到另一时代的连续性，肯定曾经是能够实行的。很显然，原初的理念东西由文化世界中前科学的所予中产生出来的方法，肯定在几何学存在以前就以明确的语句写下来了，记录下来了。此外，将这些语句由模糊的语言理解引致重新激活其自明的
意义的那种活动所具有的明晰性的能力，肯定会以自己的方式传 376
了下来，并且总是能传下来的。

仅当这些条件得到满足，或者仅当这些条件的实现在今后任何时候都完全得到保证，几何学作为演绎科学，在逻辑构造的进展之中，才能保持其真正原初的意义。换句话说，只有在这种情况下，每一个几何学家才能够将每一个命题不仅作为沉积的（逻辑的）命题意义，而且作为它的现实的意义、真理的意义、包含于自身之中的东西，导致间接的自明性。整个几何学也是如此。

演绎法在其进行中遵循形式逻辑的自明性，但是，如果没有实

际发展了的重新激活包含在基本概念之中的原初活动的能力，也就是说，如果不知道这些活动的前科学的材料的“是什么东西”和“是什么样的”，几何学就会成为一种空无意义的传统；如果我们自己没有这种能力，我们甚至连几何学是否有一种真正的意义，一种实际上能“兑现”的意义，或曾经有过这种意义，也不可能知道。

遗憾的是，我们的情况正是如此，而且整个近代的情况也是如此。

上边提到的“前提”事实上从未实现。基本概念意义形成的生动的流传实际上是如何发生的，我们会在几何学的基础课程及其教科书中看到；我们在那里实际上学到的就是：按照严格的方法论与现成的概念和命题打交道。通过画出的图形将概念变成感性直观的，以此代替原初理念东西的实际产生。其余的事情就成功了——不是超出逻辑方法固有自明性的实际洞察的成功，而是被应用的几何学实践上的成功，是它的巨大的，虽然是未被理解的实践上的有用性。对此我们还必须补充一点，这一点在以后讨论历史上的数学时将会变得明显起来，即完全热衷于逻辑活动的科学生活的危险。这种危险就存在于这样的科学态度迫使人们进行的某种不断的意义改变之中①。

诸科学以及几何学忠实于起源的真正流传在历史上是可能的，通过指出这种可能性以之为基础的诸本质前提，我们就可以理解，这些科学如何能在几个世纪中生气勃勃地向前发展，却仍然不

① 这种意义的改变虽然对于逻辑方法有好处，但它使人们越来越远离起源，并且使人们对于起源的问题，并因此对于整个科学本来的存在意义与真理意义变得无动于衷了。

能成为真正的科学。命题的传承以及能够从逻辑上构造越来越新的命题,越来越新的理念东西的方法的传承,能够通过各个时代一直继续下去,而重新激活原初开端的能力,即重新激活所有以后东西的意义源泉的能力,却没有传承下来。因此,所缺少的正是曾经给予或肯定曾给予所有命题和理论以一种能够一再地变得自明的 377
根源的意义的东西。

当然语法上一致的命题和命题的构成物,不管它们怎样——即使是通过纯粹的联想——产生出来并变得有效,在任何情况下都有它们本身的逻辑的意义,即能通过解释变得自明的意义;这种意义在以后能够一再地作为或是逻辑上一致的或是逻辑上矛盾的同一的命题被认出,在后一种情况下,不能在现实判断的统一中实行。在那些共同属于一个领域的命题中,以及在可通过演绎由这些命题得到的体系中,我们有一个由理念上同一的东西构成的领域;对于这个领域而言,存在一些很容易理解的持久流传的可能性。但是,现在命题如同其他文化构成物一样,是作为传统产生出来的;它们可以说是提出一种要求,即要求能成为原初自明的真理意义的沉淀物;然而它们(譬如作为由联想而产生的歪曲)却绝不是必然具有真理意义。因此,即使整个的预先给定的演绎科学,处于有效性的统一之中的整个命题体系,起初也只不过是一种只有通过作为被称的真理意义之表达的现实的重新激活的能力才能被证明为正当的要求。

从这个事态就能够理解以下情况的更深刻的原因,即尽管在近代提出了广泛传播的,并且最后得到普遍贯彻的对于所谓“从认识论上奠定”科学的要求,然而却从来也没有弄清楚,这些非常令

人羡慕的科学真正缺少的是什么[1]。

至于忠实于起源的真正流传，即在具有原来的自明性的实际上最初开端的状态下的流传，被中断的更详细的情况，我们可以指出它的一些可能的，并且是很容易理解的原因。在早期几何学家们最初的口头合作中，当然不需要将对于前科学的原始材料的描述，以及对于几何学的理念东西与这些原始材料相关联的方式的描述，然后是对于这些理念东西的最初的“公理性的”命题产生出来的方式的描述，精确地确定下来。此外，逻辑上较高的构成物还没有上升到不能一再地返回到原初的意义的高度。另一方面，在原始的生成物上实际应用被导出的法则的这种实际上是当然的可能性，在实践中当然很快导致了一种被习惯地使用的方法，如果需要，这种方法可以借助数学完成有用的事情。当然这种方法即使没有原初自明性的能力也能传承下来。因此，一般来说，被抽空了意义的数学，在逻辑上不断地进行构筑时，是能够传承的，正如技术应用的方法能够传承一样。这种实践方面极其广泛的有用性，

378 自然而然地变成了推动和评价这些科学的主要动机。因此，已经失去了的原初的真理意义很少能感觉到，以致甚至必须重新唤醒对于相应的回溯的需要，不仅如此，还必须揭示出这种回溯的真正意义，就是不言而喻的了。

我们的作为原理的诸结果，具有一种普遍性，这种普遍性延伸到所有的所谓演绎科学，甚至预示着所有科学的相似的问题和相

---

① 休谟除去努力回溯对已形成的观念，以及一般科学的观念的原初印象，还做了什么呢？

似的研究。所有的科学肯定都具有沉淀了的传统所具有的可变动性，进行传承的活动在产生新的意义构成物时，就一再地运用这些沉淀了的传统。诸种科学以这种存在方式通过各个时代持续地延伸着，因为所有新的获得物又沉淀下来，又变成了研究的材料。这些问题，这些进行阐明的研究，这些原理上的洞察，不论在哪里，都是**历史的**。我们处于人类的地平线中，处于我们本身现在生活于其中的唯一的人类的地平线中。我们总是生动地意识到这个地平线，并且是作为被包含在我们特定的当前的地平线中的时间地平线被意识到的。对于这唯一的人类，本质上有一个文化世界作为具有自己的存在方式的生活环境与之对应；这个文化世界在每一个历史时代和人类文明中，都恰好是一种特殊的传统。因此我们处于历史的地平线中，其中所有东西都是历史的，不管我们对于确定的东西知道得多么少。但是这种历史的地平线有自己的本质结构，这种结构可以通过有条理的询问揭示出来。一般可能的特殊问题就是被这些本质结构预先规定的，例如对于诸科学来说，就预先规定了由于它们的历史存在方式它们特有的向起源的回溯。在这里我们可以说被引回到最初的意义构成的原始材料上，被引回到原初的前提上，这些东西都存在于前科学的文化世界中。当然，文化世界本身又有它的起源问题，这个问题暂时仍未被问及。

当然，具有我们这种特殊形式的问题，立即就会引起相关联的有关人类和文化世界的存在方式的普遍历史性以及存在于这种历史性中的先验结构的整个问题。但是，像对几何学的起源进行阐明这样的问题，有自身的完整性，它并不要求超越这些前科学的材料而进行追问。

我们的补充说明将紧密联系到在我们的哲学-历史状况下很容易想到的两点反对意见。

第一种反对意见是：一定要将几何学起源的问题彻底追溯到无法找到的，甚至连传说中也没有的几何学上的泰勒斯，这是一种多么奇特的固执啊！几何学存在于它的命题、它的理论中。当然，我们必须并且也能够以自明性的方式彻底辨明这个逻辑建筑物。
379 在这里我们肯定能达到最初的公理，并且从这些公理出发达到使基本概念成为可能的原初的自明性。这如果不是“认识论”——在这里正是几何学的认识的理论——还能是什么呢？没有人会想到要将认识论问题回溯到那个虚构的泰勒斯，——这完全是多余的。在现今存在着的概念和命题本身中，包含有它们自己的意义，首先是作为尚不自明的意指，尽管如此，但却是作为具有被意指但尚属隐蔽的真理的真命题，而这种真理我们当然能够通过将这些命题变成自明的而从它们当中揭示出来。

我们的回答如下。确实，任何人都没有想到这种历史的回溯；确实，认识从来也没有被看成一种特有的历史任务。但是这正是我们对过去加以指责的原因。关于认识论的阐明与历史的，甚至是精神科学的-心理学的说明之间的根本区分，认识论的起源与发生学的起源的根本区分方面的流行的教条，只要人们不对“历史”、“历史的说明”和“发生”等概念实行一种通常的方法不能允许的限制，就是根本错误的。或者宁可说，这样一种限制是根本错误的，正是由于这种限制，历史的最深刻的和真正的问题被掩盖了。如果仔细想想我们的（虽仍显粗略，但以后必然会导致新的更深刻的层次的）阐明，那么它们就恰好表明，我们的知识——即作为现

在生动的文化形态的几何学是一种传统，并且同时又仍被传承——绝不是关于引起历史诸形态的连续性的外在因果性的知识，——譬如甚至是由归纳而来的知识，而在这里以归纳为前提恰好是荒谬的——；相反，理解几何学以及一般预先给定的文化事态，就已经意味着意识到了它们的历史性，尽管是“潜在地”意识到的。但这并不是一种空洞的言词；因为以下情况对于在“文化”这个标题下给定的一切事态完全是普遍有效的，不论它们所涉及是最低的需要方面的文化，还是最高的文化（科学、国家、教会、经济组织等等），即在一切将文化事态直接理解为经验事态的活动中，都“同时意识到”它们是由人的构成活动而来的构成物。不管这种意义怎样地隐蔽，不管它怎样只是单纯“潜在地”被同时意指，它仍然包含有说明、“解释”、澄清的明显的可能性。任何说明，任何从解释向自明性的过渡（哪怕也许很快就会停顿下来），不外都是历史的揭示；从本质上说，它本身是一种历史的东西，并且作为这样的东西本质必然地具有其历史的地平线。当然，这同时也就是说：被理解为整体的整个文化的现在“暗含着”具有不确定的、但从结构上看是确定的一般性的整个文化的过去。更准确地说，整个文化的现在暗含着一种彼此相互关联的过去的连续性，每一个过去 380
本身都是一种过去了的文化的现在。这整个的连续性是一种延续至现今（这个现今是我们的现今）的传统的**统一性**，并且是作为将自己本身以流动-持存的生动性传统化的过程。正如已经说过的，这是一种未被规定的一般性，但它具有一种原理性的结构，并且是从已经表明的东西出发可以进行更为广泛的解释的结构，这种结构也奠定并“包含”对于实际的具体的事实的任何探求与规定

的可能性。

因此，使几何学成为自明的，就是揭示它的历史传统，不管人们是否清楚这一点。为了不停留于空洞的谈论或无差别的一般性，这种认识只需要从现在出发的，通过对现在的研究而实行的有步骤的恢复具有上边（在可以说是表面上属于几何学的东西的一些部分中）强调过的形式的那种有差别的自明性。如果系统地实行，那么这种恢复所产生的就不是别的，而正是具有其最丰富内涵的历史的一般的先验性。

我们现在还可以说，历史从一开始不外就是原初的意义形成和意义沉淀的共存与交织的生动运动。

不论什么东西根据经验作为历史事实被想起，或是由历史学家作为过去的事实而表明出来，它们必然具有自己内在的意义结构；但是日常在这里可以在动机的关联中明白揭示出来的东西，更具有其深刻的、延伸到越来越远的内涵，这些内涵是可以询问，可以揭示出来的。一切关于事实的历史学都仍然是令人费解的，因为它们总是朴素地、直接地从事实进行推论，然而却从不将这种推论整个地以之为根据的一般的意义基础当作主题，也从不研究意义基础所固有的强有力的结构上的先验性。只有揭示出处于我们的现在之中，然后是处于每个过去或将来的历史的现在本身之中的本质一般的结构[①]，并且整个说来，只有在对我们生活于其中，我们整个人类生活于其中的具体的历史的时间的揭示中（从它的

① 处于社会-历史的人类本质结构之中的外在的现成的人的表面结构，但是还有能揭示有关联的个人的内在历史性的更深的结构。

整个本质一般的结构加以揭示），只有这样一种揭示，才使真正有助于理解的历史学，有洞察力的历史学，真正意义上的科学的历史学，成为可能。这是具体的历史的先验性，这种先验性包含在历史上已生成的东西和正在生成的东西中的，或在其本质存在中的，作为流传下来的东西和传承下来的东西的全部存在物。以上所说的东西，涉及到“历史的现在一般”、“历史的时间一般”这种整体的形式。但是，被归入其作为传统和自身生动流传的东西之统一的历史的存在之中的特殊文化形态，在这个整体中，只具有在传统性中 381
的相对独立的存在，只是作为非独立成分的存在。现在还必须相关联地考虑到历史性的主体，即创造文化形态的，在整体中发挥功能的个人：进行创造的作为个人的人[①]。

就几何学而言，在我们指出了基本概念的变得难以接近的隐蔽性，并且使这些概念按照最初的根本特征成为可以理解的之后，人们现在认识到，只有（在一般历史性的先验性这整个问题之中）有意识地提出揭示几何学的历史起源的任务，才能提供出忠实于起源的，同时能以一般历史学的方式理解的几何学的方法，不论是对于一切科学，还是对于哲学，情况都是一样。因此，从原则上说，哲学的历史，专门科学的历史，不可能按照通常的事实的历史学的样式，将它的主题当中的任何东西变成可以理解的。因为真正的

① 这种历史的世界起初当然是作为社会-历史的世界而预先给定的。但是这种历史的世界只有通过每个个人的内在历史性才能在历史上存在，并且作为个别的世界存在于与其他被共同体化了的个人的内在的历史性结合在一起的每个人的内在的历史性中。请回忆一下我们在开始时的一些不充分的叙述中关于记忆以及其中包含的经久的历史性所说的东西。

哲学史，真正的专门科学的历史，不外就是将当前给定的历史的意义构成物，更确切地说，它们的自明性——沿着历史回顾的有文献记载的链条——一直回溯到作为其基础的原初自明性这一隐蔽层次[①]。甚至在这里的本来问题，也只有通过求助于作为一切能想象到的理解问题的一般源泉的历史的先验性才能获得理解。在科学中，真正的历史说明的问题，是与“从认识论上”进行的论证或澄清相一致的。

我们一定还会预料到第二种反对意见，并且是非常重要的反对意见。在以各种形式广泛流行的历史主义那里，我很难期待它对于超出通常的事实的历史学的深层次研究（如同我在本文中所概述的深层次研究）有少许的敏感性，特别是因为这种深层次研究，正如“先验性”这个词已经表明的，要求一种完全无条件的，超

382 越一切历史事实的自明性，真正必真的自明性。人们会反对说，在我们已获得如此之多的证据表明一切历史东西的相对性，一切历史地生成的世界统觉，直到“原始”部落的统觉的相对性之后，还要想揭示历史的先验性，绝对超时间的有效性，并且自以为已经揭示出了这样的东西，这是多么天真啊！每一个民族不论大小都有自己的世界，对于同一个民族来说，这个世界中每一样东西都是非常和谐的，不论是通过神话-巫术的方式，还是通过欧洲-理性的方式；这个世界中的一切都能够完美地说明。每个民族都有它的“逻

① 但是，对于科学来说，什么是原初自明的，这取决于那些提出新的问题，新的历史问题的受过教育的人，或这些人的范围，这些问题既是在社会-历史世界中外在历史性的问题，也是内在的历史性的深层次上的问题。

辑”,因此如果这种逻辑用命题来说明,就有“它的”先验性。

但是,让我们来考虑一下确定一般历史事实,因而也包括确定支持这种反对意见的历史事实的方法论;并且就这种方法论以之为前提的东西进行思考。不是在关于“事实实际上曾是怎样的”这种精神科学的任务的提法中,就已经包含一种不言而喻的前提,一种具有绝对不容置疑的自明性(如果没有这种自明性,历史学就会变成一种无意义的事业)的从未被注意到的,从未变成主题的有效性基础吗?所有通常意义上的历史学的提问和提示,都已经以作为普遍的问题地平线的历史为前提,这种普遍的问题地平线虽然不明显,但仍是作为潜在的确信的地平线,这种地平线尽管有其全部背景上的模糊性和不确定性,仍然是所有确定性的前提,或所有想要寻求和查明确定事实的意图的前提。

历史学上本身是最初的东西,乃是我们的现在。我们总是已经知道有关我们现在的世界,并且知道我们生活于其中,我们总是被一个由未知的现实事物构成的敞开的无限的地平线包围着。这种作为对地平线的确信的认识,并不是学会的认识,并不是在某个时候曾经现实地存在过而只是现在变成了背景的、向后退去的认识;为了能作为主题提出来,这种对地平线的确信必须已经存在;为了要知道我们还不知道什么,它已经被当作前提了。一切无知都涉及未知的世界,然而这个未知的世界作为世界,作为全部现在的问题的,因此也包括作为特殊历史的问题的地平线,对于我们而言,预先就存在着。这个特殊历史的问题是针对人的问题,即针对这样的人,他们按照共同体化了的共存方式,在世界中活动、创造,并且总是重新改造这个世界的恒常的文化面貌。此外对于以下这

一点——我们应该是已经谈到过这一点了——我们不是已经知道了吗？即这个历史的现在在自身背后有其历史的过去，它是从历史的过去生成的；历史的过去是一个从另一个产生出来的诸过去的连续体，每一个过去作为曾存在过的现在，都是传承下来的东西，并且由自身产生出传统。我们不是知道以下这一点吗？即现在，以及在其中包含的全部历史的时间，是历史上统一的不可分割的人类的现在，这种统一是通过人类的世代的联结以及通过从总是已经教化了的状态出发进行教化——不论是在协作当中还是在相互照顾当中——而不断地共同体化完成的，等等。难道由所有这些不是表明一种普遍的地平线的“知识”，一种潜在的，但可以按
383 其本质结构系统地阐明的地平线的“知识”吗？在这里变成重大问题的东西，难道不就是那个所有问题都包容于其中，因此所有问题都以之为前提的地平线吗？因此，我们首先还不需要对历史主义提出的事实进行某种批判的考察，只要指出一点就够了，即关于它们的事实性的断言就已经是以历史的先验性为前提的——如果这种断言有意义的话。

但是，仍然还产生一种怀疑。我们所依靠的地平线的解释，不能停留于模糊的、表面的谈论；它本身必须达到一种科学性。它借以表达的句子必须是确定的，并且能够一再地变成自明的。我们用什么方法才能获得历史世界的普遍的，与此同时又是确定的，始终忠实于起源的先验性呢？不论我们什么时候进行思考，我们都以一种自明性发现，我们有能力进行反思，能够朝地平线望去，并且能够通过解释深入到地平线之中。但是我们有能力，并且我们自己也知道有能力，完全自由地在思想中和想象中改变我们人的

历史存在，以及改变在这里被解释为这种存在的生活世界的东西。正是在这种自由改变当中，在对生活世界的可以想象到的可能性的熟悉当中，以必真的自明性出现了一种贯穿于一切变体的本质普遍的存在；关于这一点，我们实际上可以以一种不容争辩的明确性加以确信。在这种情况下，我们就消除了与作为事实而有效的历史世界的任何联系，而将这个世界本身只看作一种由思想上可能的东西构成的。这种自由，以及这种将目光指向必真的不变项，总是——以能够随意重复这种不变的结构的自明性——将不变项作为同一的东西，在任何时候都能成为原初自明的东西，能够以明确的语言确定的东西，作为总是被包含在流动的、生动的地平线中的本质，一再地表明出来。

借助于这种方法，我们通过超出我们以前所指出的形式上一般的东西，也能够将前科学世界中那种必真的东西当作主题。这种必真的东西，几何学的最早的创立者曾是能够支配的。它肯定能够被当作他进行理念化的材料。

几何学以及与它有紧密联系的诸科学，不能不与空间时间性，以及其中的可能形态、图形，还有运动状态、形状变化等等打交道，特别是将这些东西当作可测度的量与之打交道。现在很清楚，尽管我们关于早期的几何学家的历史的环境所知甚少，但是作为不变的本质的成分，以下这一点是肯定的：即它是一个“由事物”构成的世界（其中包括作为这个世界的主体的人本身），所有的事物必然具有物体性，——尽管不可能所有的事物都是单纯的物体，因为必然共存的人类就不能认为是单纯的物体，同样即使在结构上共同从属于物体的文化对象，也不能仅限于物体的存在的范围。另

384 外以下一点也很清楚，至少就其本质核心而言，通过仔细的先验的阐明，是能够查清楚的，即这种纯粹的物体具有空间时间的形态，而“质料”的性质（颜色、温度、重量、硬度等等）就与它有关。其次也很清楚，在实际生活的需要当中，形态方面的某些特殊研究被突出出来，而技术实践总是已经指向被认为特别优越的形态的制作，并且按照某种渐进的方向对这些形态加以改进。

首先从事物形态中抽取出来的是面——或多或少“光滑的”，或多或少完美的面，棱，或多或少粗糙的，或是相当“平直的”棱；换句话说，或多或少完美的线，角，或多或少完美的点；而在线中，直线特别受喜爱，在面中，平面特别受喜爱；例如，为了实践的目的，由平面、直线和点限定的平板特别受喜爱；而完全地或局部地弯曲的面，对于许多实践兴趣来说，则是不合需要的。因此，制造平面，并使之完善（抛光），在实践当中总是有其作用的。在人们想要进行公平分配的场合也是如此。在这里，对量的粗略估计变成通过对相等部分的计数而进行的对量的测量。（在这里，从事实的东西出发，也能够通过自由变换的方法，认出本质的形式。）每一种文化都有测量，只是在完善程度上有低级和高级的不同。我们总是可以假定，在本质上可能的历史状况中的、在这里是作为事实的历史状况中的某种测量技术，不论是较高的还是较低的测量技术，因此也包括建筑物的绘图技术，测量田地和道路的技术等等，保证了文化的进步，它们总是已经存在于那里了，总是已经相当发展了，并且已经预先给予尚不知道几何学，但可以被想象为几何学的发明者的哲学家了。作为哲学家，在他从实践上有限的周周世界（由房屋、城市、风景等等，以及在时间方面周期地发生的过程，如日、月

等等构成的世界）转向理论的世界观察和世界认识时，他就将暂时已知的和未知的空间与时间作为在开放的无限性的地平线中的有限东西占有了。但是他还没有由此而获得几何学的空间，数学的时间，以及其他由这些作为材料的有限的东西而能生成新式精神产品的东西；并且他还没有借助于他的具有其空间时间性的多种多样有限的形态，获得几何学的形态，运动学的形态；这些有限的形态作为由实践而产生的，并想使之逐步完善的形态，很显然，只是作为新式实践的基础，而由这种新式实践产生出一些名称相似的新的构成物。

下面这一点预先就很清楚，即这种新的构成物将是由进行理念化的精神活动，即“纯粹”思维产生的结果。这种纯粹的思维在 385
已描述过的这种事实的人类的一般预先给定的东西中，以及人的周围世界中，有其材料，并由这些材料创造出“理念对象的东西”。

现在的问题就会是，通过诉诸历史学上本质的东西，揭示出**曾必然能够并且应该赋予几何学的整个生成以它的持久真理意义的那种历史上起源的意义**。

现在特别重要的是，突出并且确立以下这个洞察，即只当在理念化活动中考虑到了空间时间领域的必真的一般内容，即在一切可以想象的变化中不变的内容，理念的构成物才能产生；这种理念的构成物对于整个未来，对于人类所有未来的世代，都是可以理解的，因此是可以传承的，并可以以同一的主观间共同的意义重新产生出来。这种条件远远超出了几何学，对于所有应该能无条件普遍地传承的精神构成物都是有效的。只要科学家的思想活动将某种“受时间限定的东西”，即限定于他的当前的纯粹事实的东西，或是作为纯粹事实的传统而对他有效的东西，引入他思想中，那么他的构成物同样也就具有纯粹受时间限定的存在意义；这种意义只能被那些分享有相同的纯粹事实的理解前提的人所理解。

以下是一种普遍的确信，即几何学以及它的全部真理，对于不仅是历史上实际存在的，而且还有一般可能想象的所有的人，所有的时代，所有的民族，都是绝对普遍有效的。人们从来也没有探究过这种确信的根本前提，因此人们从来也没有真正将这种根本前提当成问题。但是对于我们来说，以下一点也变得清楚了，即对于要求无条件客观性的历史事实的每一种断定，同样也是以这种不变的或绝对的先验性为前提的。

只有通过揭示这种先验性，才能有一种超出一切历史事实、一切历史的环境、民族、时代、人类文明的先验的科学，只有这样，一种作为“永恒真理”(aeterna veritas)的科学才能出现。那种已获得的有时被挖空的科学上的自明性向原初的自明性追溯的能力，只能建立在这个基础上。

在这种情况下，我们不就面临着理性的广阔而深远的问题地平线吗？即那种在每一个不管多么原始的人，即在“理性的动物”那里起作用的同一理性的问题地平线吗？

这里并不是探讨这种深奥问题的地方。

从所有这一切我们现在至少可以认识到，历史主义——它要想从受时间约束的人类的神秘的性质或其他统觉方式的观点，阐
386 明数学的历史的或认识论的本质——是根本错误的。对于有浪漫主义心情的人来说，数学的历史上的东西及其史前的东西中，神话的-神秘的东西，可能特别有吸引力；但是沉湎于数学中的这种纯

粹历史事实的东西,也就正是陷入浪漫主义,而忽略了真正的问题,忽略了内在的历史的问题,忽略了认识论的问题。在这种情况下,很显然,人们的目光也无暇注意到,如同所有东西一样,每一种类型的事实性,包括那些在反对意见中起作用的类型的事实性,都在人类的普遍东西的本质结构中,有其根源,在其中表现出一种贯穿于历史整体中的目的论的理性。由此显示出与历史的整体性有关,并与最终赋予历史以统一的整体意义有关的一系列独特的问题。

如果通常的关于事实的一般历史学,特别是在近代实际上普遍地扩展到整个人类的一般历史学,具有某种意义的话,那么这种意义只能奠定在我们在这里可以称作内在历史的东西的基础之上,并且作为这样的东西,奠定在普遍的、历史的先验性的基础上。这种意义必然进一步导致已经指出的理性的普遍目的论这种最高的问题。

如果我们在这些阐明性叙述——这些阐明是按照十分普遍的多方面的问题的地平线进行的——之后,将下面这一点作为某种充分确保的东西而当作基础,即人的周围世界从本质上讲,现在是同一的,并且始终是同一的,因此对于那种适合于原初创立与持久传承的东西也是同一的,那么我们在我们自己的周围世界中,就可以按照统一的步骤,并且只是以探索的方式指明,对于"几何学"这种意义结构进行理念化的原初创立的问题而言,应该更详细地思考什么东西。

387 **附录 IV，附于 § 12[①]。**

经典物理学的前提。——主观上变化的自然现象，经验的自然现象，由于其经验上的逼近（使完善）的过程与远离的过程，使人们转向作为由物体本身构成的全体领域的自在自然之数学理念。普遍有效的自然数学，有关自在存在物体的空间时间位点的数学，作为基础，就属于这种理念；这种数学是通过位点在下面这种意义上一次规定的（个体化的），即一个普遍的法则（对于空间而言就是几何学的法则），是由于下面这种可能性而存在的，即当一个坐标系被自由选定时，对于任何一个位点，对于空间上的任何延伸，都能一义地具有一种完满规定的用数字计算的数值。因果性法则就奠立于这个基础上。每一个物体都可以借助因果性法则进行计算，物体的理念本质就在于它的空间时间的因果性的存在。数学的普遍法则是在这样一个限度内被规定的，即它具有一种有限数目的基本数学法则（“公理”）的形式，一切法则都作为纯粹的结果，以纯粹演绎的形式包含于这些基本数学法则中。按照经典物理学，自然最后是作为实在的、不可分割的、空间时间上定位的、连续的或分立的要素之全体领域而存在的，这样，数学物理学的法则通过用数字表示的个体化，使自然界的一切实在东西，或它们的一切最终要素和复合体的一义计算成为可能的了。自然中的一切存在物，由于其因果性的存在（而这因果性的存在，总是直接或间接地与作为因果性事态的多样性的整个其余的自然相关联），并且由于

478

① 写于 1936 年 6 月。本文取自手稿 KIII 2（第 46－47 页）。

自然的永恒法则的性质,是“自在地”被一义规定的。

新的物理学:处于由自在存在物构成的时间空间的次序中的实在东西,不能预先一义地规定和计算。当人们将个别的存在者看作已确定给予时,实在自然的普遍法则(纯粹数学的,特别是物理学的法则)作为演绎的结果,只包括那些在其因果性行为中能按其活动范围规定的东西。这样,最终的细节的行为,就处于一些特殊的因果性之中,即它们处于就某种能从数学上说明特征的类型 388
进行编组的法则的支配下。这种确定的自然只是按照编组,按照所属的类型,才能一义地计算;不能按照这一组中的个别的细节进行一义地计算,就是说,不能就这些细节的运动以及其他的变化,进行一义地计算。因为,普遍的自然法则,是以演绎的方式一义地可计算地包含着类型——或,自然科学的自然,只是自在的类型的自然——,所以最后细节的变化,只是按照它们所归属的类型,并且是只能勾画出活动范围的类型,以盖然性勾画出来的。

说在自然界存在一些在因果性方面不确定的事件这种意义上的偶然事件,是不正确的,因果性,即每一事件对其环境中事物,最终是对整个自然的依赖性,是自然的理念,并且是作为数学自然科学的自然的理念,一开始就包含的。这对于新的物理学也适合。因果性并不意味着经典物理学意义上的一义计算,这种一义计算,宁可说是早期物理学容易想到的对自然因果性的最早的解释。对自然事件的新的理解——这是在这样一种普遍假设之中的理解,即经验的自然被理解为与数学上理想的自然近似——在下面这一点上并没有任何改变,即在最终要素上的任何事件,任何运动和变化,都是“因果性地”决定的;只是现在因果性所说的是,这些事

件、运动和变化，是按照法则受它们的类型的复合体制约的，或更确切地说，在自然中发生着一种“先验的”复合体的结合与分解，而分解重又按照一种绝对普遍的样式导致复合体的形成，因此，个别地并且是最个别地发生的东西，从来也不是任意发生的——虽然它并不是按照其个别性可计算的——，宁可说，只是依据其处于诸复合体的关联之中复合体而发生的。这种情况总是为所发生的事件规定一种因果性规则。而正是这种情况形成客观的盖然性。盖然性，如同可靠性、明确性、可计算性等等一样，是一种主观的表现，它是依赖于我们这些进行推测和进行计算的人的。在假设的自在自然中，并没有作为可推测性的盖然性，而只有对于物理学家而言的变成事件发生之可能性和盖然性的范围的一组东西的法则。

经典物理学是原子论的（在最原初意义上）和机械论的（数学化了的自然中的一切事件，从事件起，从原子中的一切变化起，都是可以一义地计算的，依据这些事件和变化，整个自然可以按照全部复合体机械地说明）。

新的物理学，是关于被按照个体-类型思考的自然的物理学，——甚至在自然中进行最后构成的诸要素的一切事件，一切变化，都具有其实在的存在，而这种实在存在是由一组变化的个别的
389 类型学规定的，这一组变化是这些变化所归属的，并且当这些变化从一组个别类型中凸现出来时，一定会立即适应这一组变化。

因此新的物理学开始将处于数学-物理学理念化之中的物体世界的经验直观内容——这种内容过去未受到应有重视——包含到理念化之中。正是经典物理学由于新发现的射线而陷入的困

难，迫使它这样做的。经验直观的世界（能够理念化的“现象”的世界）是具体物体的世界；具体物体呈现为同一的物体，此外它们是由诸部分，由最后的（经验的）要素构成的整体，但不是以这样的方式呈现的，即仿佛它们在取消一些部分和接受一些部分时，会失去其同一性。当它们保存其个体的类型时，它们在材料的改变中仍然是同一的。新的物理学是对自然的个体的-类型的（然而却仍然是数学的）认识的开端，因为它作为量子物理学，例如将原子规定为个体的-类型的统一，这些个体的-类型的统一在自然的自在方面，先于它们最终要素的存在，并参与决定最终要素的存在与存在方式的规则。因此在有关自然的数学中存在着一些数学的法则，它们在以下方面具有最大的普遍性，即它们涉及最终的要素，同时涉及具体物，只要最终要素被看作理念上的同一东西（绝对不变的同一东西），同样具体物也是绝对不变的，就是说，被认为是具有理念的同一性的近似，并被理念化，被认为是按照几何学的方式保持其形态，按照运动学的方式保持其运动等等的对象。

在经验中被看作与固定不变的东西近似的东西，在理念性领域中，由于引入个体的-类型的东西，也被看作是分子这个“太阳系”中的形态与形态变化的近似，因此是按照几何学的方式讨论的。这表明，最后，一切东西，最终的要素和整体东西，都必须按照个体的-类型的方式来看待，而理念化和数学化始终只是方法，这种方法并不是依照旧的经典态度克服直观的相对性，相反它本身就保持在相对性之中，而且在每个新阶段都恰好适合于始终是相对的存在。

更重要的是，物体存在的“量子化”意味着一种关于以物理学方法获得的，以具体物形式存在的，更确切地说，由最终的具体物（个体的-类型的整体）构成的自然的法则；但是从经验直观——在其变化中，在其统一形态中，就包含着关于进行理念上预先推定的物体理论的一切构想的唯一基础——上，我们仍然还是预先提供了一种关于作为具体世界的世界之普遍法则，在这里，就是作为具
390 体自然的自然之普遍法则。新理学家（依照严格精确的理由假定）发现的基本的类型学，对于较高的具体物的结构而言，是基本的，这种结构不是可以任意想象的，而只有按照肯定可以按照其样式进行研究的结构类型学，才是可以想象的。世界作为本质上具体的世界，只能按照较高的和较低的具体物的类型学而存在，在最高层次上，世界作为大全，不仅是由诸"原子"，由物理学上表明是基本的具体物构成的大全，而且是具有构造法则的大全，由于这种法则，世界这个具体的"整体"，作为整体（虽然作为无限的整体，本身并不是在其他具体物之中的具体物）是一个具体的大全。在这种情况下，世界整体，就被划分成下一级的整体，而这些整体首先本身又是由整体构成的，这样一直划分下去，直到最后的整体。其次，在这种诸整体的共存中，我们看到一种特殊的诸整体的因果性，即作为在世界统一之中的综合可能性的法则。如果我们通过在想象中自由改造现实世界而在思想上改变现实世界，那么在这里显露出来的世界这个具体物的普遍样式，作为存在着的诸具体物的大全（每一个具体物都存在于材料的变化之中），就意味着一种普遍的联系，一种因果性，这种因果性支配着具有其作为具体物的变化的诸具体物。这种变化在这里特别是指每一个具体物的结构的变化；而在对自然的抽象态度中，则是指每一个正是由这些物

体构成的具体物的结构变化。

我们理解，这里所涉及的并不是“原始的具体物”，不是以言语概念进行的活动，相反，在这里，我们的目光是指向贯穿于经验世界（尽管并没有穷尽物体世界的全部具体物）的结构类型学，这种结构类型学也将世间物体的普遍性，包括有机体的普遍性，变成物质的具体物的关联，每一个具体物按照固有本质，并且以与其他具体物共存的方式，受法则的支配，受“因果性的”、并与诸具体物相关联的法则的支配。当然，正因为自然不是世界，这种支配不可能是一义性的。

由此得知，物理学会由于忘记了指导它进行理念化和指导它的假说的理论状况，而陷入与机械的原子物理学所陷入的相似错误中，如果它相信，借助于它原初的具体物，能够以数学方法推演出具体世界的全部具体物，用典型的说法说，仿佛能发明一种数学，它能把握这些处于其相互关联中的最后的具体物，以致由此能将可能具体世界的全部具体物都用演绎方法推导出来的话。

数学的物理学，是认识我们现实地生活于其中的自然的，在相对东西变化中始终保持具有其同一性的、经常是经验的和具体的统一的自然的卓越的工具。它使物理学的技术在实践上成为可
能。但是它有自己的界限，而且不仅在这样一点上有自己的界限， 391
即我们在经验上不可能超出接近的阶段，而且在这样一点上有自己的界限，即实际上具体世界只有很狭窄的层面被把握。生理学，生物物理学，作为关于处于具体的有机的世界整体之中的有机物体的学说，仍然经常有运用物理学的理由（因为有机体是可以理念化为数学上的物体的），但是从原则上说，生物物理学不可能化归

为物理学。生物物理学的实在性和因果性，绝不能还原为物理学的实在性和因果性。

392 **附录 V，附于 § 16 以下**[①]**。**

我们从历史上回忆我们哲学上的前辈时，现在该轮到笛卡儿了。

如我们已经知道的，笛卡儿有哲学的历史，有可以追溯到泰勒斯的哲学家共同体作后盾。但是**笛卡儿**要“**重新开始**”。

“我们这些当代的哲学家们”，这个哲学的当代的哲学家们，是这样开始着手对于哲学上不满于这个当代的动因，对于当代人不满于我们的哲学的动因，以及我们自己不满于在哲学上过分增多的纷繁性——违背哲学的意义——的动因进行思考的。这里包含有进行历史思考的动因，将我们的哲学的当代作为哲学的历史的当代进行考察的动因，以及唤醒对我们哲学上的祖先“进行历史回忆”的动因。我们这一代哲学家是有来源的，可以沿着世代的链条进行追寻，在特殊情况下，可以沿着哲学发生的链条进行追寻——一直追寻到我们称作我们最早的祖先的那些人，我们的最早意图的，我们的精神构成物的最早的创立者；我们的这些思想意图和精神构成物，按照它们对于我们的意义和继续有效性，是来自那些最早的祖先的原初的意图和原初的精神构成物。我们按照历史回忆的再现方法，就能很好地再现自身沉思，即以前的哲学家们的自身

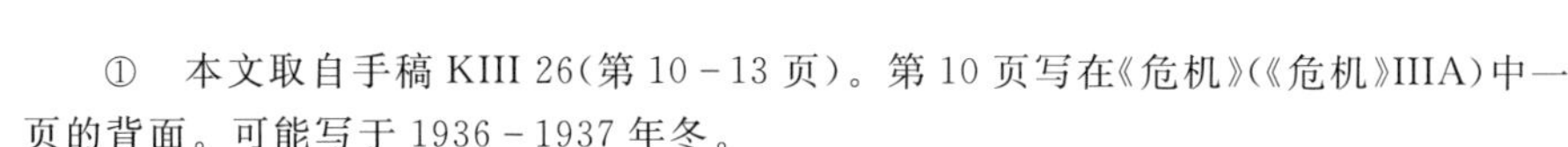

① 本文取自手稿 KIII 26(第 10－13 页)。第 10 页写在《危机》(《危机》IIIA)中一页的背面。可能写于 1936－1937 年冬。

沉思；但是这种通过历史的回忆唤醒以前的哲学家和他们的哲学，——我们通过深入理解，将这些哲学理解为思想成果，理解为那些被唤醒的哲学家的意向、计划，以及这些计划的实行——，按照它们彼此以不同方式的相互间影响来看，原来它们是：时而作为后代接受遗产，作为学者，最多是解释和延续这些遗产；时而作为后代拒绝这些遗产，部分地是批判地拒绝，或者甚至全部拒绝，特别是在过去为遗产准备好的哲学有多种形态的情况下，或是以折中的方式拒绝，或是全部地彻底地拒绝——如由于认为完全无用而拒绝整个经院哲学——，或者虽然承认有积极的方面，但由于认为预先已经是不可改变的遗产而加以拒绝。

当我们以这种方式参与到历史之中，即当我们以历史的方式
回忆我们的历史存在，回忆那种在我们之中虽然是由自己的精神 393
活动产生，但却是由遗产而来的东西，由我们对那种本身已经是由对过去哲学的批判产生的东西的批判而来的东西（而这些过去的哲学本身具有历史遗产，并批判历史遗产）时，并且当我们理解，在通常情况下，接受与修正是相互联系的时，我们就处于一种特殊方式的沉思之中：我们就会理解，在后辈人中，有某种来自前辈人的思想在精神上延续着，更确切地说，在后辈人的正在思考的计划和工作中，有前辈人的计划在精神上延续着，我们就会理解，曾有其开端的一般哲学，在所有的历史变化中，正是由于以下情况而是哲学，即最原初的计划乃是一种新的意向，这种意向试图以各种不同的已被找到的形态充实自己。因此正如一般的意向一样，它在开始时是很不确定的，它是在已被找到的充实当中才被规定的，但是，这种充实可能是一种不完善的充实，正如它现在是不完善的那

样，它被接受，但又受到批判；这就是说，充实作为意向的充实受到了批判，就此而言，意向得到了更新，并重新为它寻求充实，等等。

通过把握从最初就加入到历史之中的这种意义，通过深入研究这种意义（研究这种**意向**），我就能够完成一种针对充实这种意向的本质可能性的解释，而在历史的传统中，后来的哲学家是否正是做这样的解释，是否完成同样的成果，则是无关紧要。并且据此我就能够理解，笛卡儿关于彻底重新奠立哲学的要求真正意味的是什么。并且我就能够理解，一般来说，后来的哲学家如何能够重新要求一种彻底的开端，以及哲学借助这种意向提出的最原初的要求，在自身中，在其充实可能性的诸自明条件中，就包含一种绝对命令。我就能够理解，每一个哲学家（作为自身仍具有原初意向的哲学家）都能够通过沉思有意识地发现这种确定的要求，尽管也许并没有有意识地达到这种要求。每一个哲学家都服从这样一种要求，即使是对早期的哲学，也不能按照其流传，按照其形成物，加以接受，而是主动地充实它的意向性，而且只是从这种意向性出发，才承认他原初自身体验为充实的东西为充实。笛卡儿曾是认真这样做的，——我们也要认真这样做——，然而不仅是经院哲学家和古代的哲学家，而且甚至连伽利略的新的自然科学，也没有提到过要这样做。但是，在哲学的原初意向中就包含有这样的想法，即成为在预先给定的基础上的意图；在这里就已经包含有追溯这个基础的问题，以及追溯从哲学以前的经验和认识（生活世界的经验和认识）出发，追求哲学的认识，并经过努力达到哲学的认识之方式的问题。

394 对于笛卡儿来说，“哲学”这种意向虽然是**他的**意向，但同时

又是“贯穿于”各个时代的唯一的意向；这种哲学贯穿于所有的哲学，具有同一的意义，而并不是一种通过对诸哲学的经验的外在的比较而获得的普遍东西，就像三角形是通过对感性上给予的诸个别的图形进行比较而得到的普遍东西那样。（一般来说，在这里已经有精神形态——文化构成物的形态——与“感性的”形态的明显差别。）但是就哲学而言，情况仍然是不同的。在历史（这历史是我们的历史）的统一中，我们的哲学家，全体哲学家，在以下方面有一种同一性，即他们不仅想充实相同的或相似的诸意向，而且每一个哲学家都具有同一的意向，每一个哲学家只是通过重新采纳而重复这个意向，其情形相似于个别的自我现在具有以前下定的决心，或一个已经获得的认识判定，而以重新采纳这旧的决心的形式重复这同一个东西，因此这个决心被认出是同一个决心，并被证明是同一个决心。只不过在历史的内容方面总是一再地改变的世界，一切哲学家都居住于其中，总是生活于其中，并且知道它是历史的世界的统一性和同一性，要求一切哲学意向的统一性和同一性。哲学家向这个世界提出要求，他批判这个世界，他为它的不完善的真理，为它的主观-相对的存在方式，寻求最终的真理，寻求自在的存在。当他这样做的时候，他总是将世界假定为是以其自身的方式存在的世界；他说，世界存在着，而世界中的事物只是以在存在与非存在之间悬而未决的形式存在，因此这正是世界的存在方式，而绝不是幻觉，因为我们预先必须排除以下情况，即那种对我们作为现实而出现在我们眼前的东西，或不论以其他什么方式出现在我们眼前的东西，是幻觉；在这方面，对于我们来说，不许存在任何妨碍我们的主观确信的怀疑，因此在这里我们能够提

出有关客观真理的认识询问，并能形成有关它的方法，或运用这种方法。幻觉并不分有（μέθεξις）理念，并不“回忆”理念，幻觉就在于，它并不表达最后的真正的存在，这种最后的真正的存在只为我们产生经验上真的存在，能在真正的生活世界的现实中证明的存在。

我们曾说，笛卡儿对于作为一个可以彻底怀疑的世界的感性世界进行了全面的批判。他要求将一切可疑的东西悬搁起来，因此就整个感性世界的真正存在，以及全部被认为是属于它的存在者，实在的东西，进行悬搁。**在这里，他显然并没有将真理理解为生活中在前科学上被认为是真的和实在的东西**，甚至是以判断形式表达出来的，受到怀疑的，并根据经验在实践上充分证明了的东西；而是理解为最后的真理，这种真理不像经验的真理那样只是相

395 对的，而且不仅是将在存在方式方面进行修改的可能性搁置起来，

而且甚至将事后作为无意义的东西加以抛弃的可能性也搁置起来，——只要经验的扩大和继续发展决定了迄今被证明是存在的东西将被消除的情况是敞开的。当在这里产生的这种“怀疑的可能性”涉及到整个“感性的世界”，涉及到认识者的生活世界时，它也包括作为这个世界中的人的认识者本身[①]。——然而自相矛盾的是，在这种对这整个世界的存在有效性的悬搁中，这个自我，这个我，这个对世界进行意识的主体，这个实行悬搁和意向最终真理的主观，仍未被怀疑的可能性所触动，正是这个自我，这个我，悬搁

① 古代人贬低人类实践生活中有效的前科学的认识，以及对它的相对的证明，并且不加任何认真思考就将它作为虚假认识加以排除的做法，在笛卡儿那里作为一种传统的东西又再次出现了。

的实行者，被看作是不可消除的“前提”，——或者宁可说是被看作可以作前提的东西，尽管有一种同时涉及到对作为人们的我自己的生活世界的存在的怀疑的可能性。笛卡儿也这样说。因此他区分了自我（ego）和我-人（Ich-Mensch），当他意识到这样划分的困难时，他相信，通过排除自己的身体很容易就能克服这种困难，他只将他的 mens，即纯粹的心灵，看作自我。对此我们会说（这样说对笛卡儿并没有很大伤害），关于我的人格，关于我，这个人，在性格方面，在他的世界生活方面，在他的世界生活的现实动机方面，等等，我甚至会有很多地方弄错，在自然的日常的意义上的自我体验，会向我证明是自身错觉。然而，当我就这个生活世界实行普遍的悬搁时，在这种悬搁中所进行的反思得到一种绝对无可置疑的东西，一种是最终存在的存在，并且与此相关联，还有展示出来的诸真理，它们是必真的，无可置疑的。因此，如果我作出的陈述不是关于我的性格，我在世界中的存在，我的朋友和敌人，我的行为以及行为的动机，我在世界中的成功和失败，我的优点，我的过失与缺陷等等，而是关于在这悬搁当中的我的“cogitationes”（“思想”），关于我的现象-世界，我的现象-我，在众人当中的我这个人，等等，其中包括关于作为我的意见的我的判断等等时，就是说，如果我在这种同时包括我的人的存在的现实的普遍的意义上理解对于生活世界的悬搁，那么我就必须说：

489

通过这种悬搁，我，这个自我，就高居于世界之上，这个世界包括所有的人，所有人的世界生活，以及共同属于世界生活的、不仅是日常的经验活动，判断活动，对判断的证实活动，日常实践的活跃的存在，拟定计划的活动，判断和证实实践目的的活动，以及在

这方面制定计划的活动，不论认为它是不能实现的考虑，还是认为它是可能实现的考虑，将我的认可加给这些考虑的活动等等；我说
396 的不仅是日常的，意即前科学的；因为如果科学在历史上生成，那么它就如同其他文化成果一样，只是文化成果的一种特殊形式，也一起属于世界，正如推动和理解科学的人属于世界一样，在人的思想活动中，科学理论作为思想构成物，作为文化构成物，原初地被获得，或者以后被获得，以后被理解，被接受①。

因此，在悬搁中我高居于所有这些东西之上，高居于所有在这当中被合理要求和论证的有效性与证明之上，并且由于所有这些有效性以及在其中产生效果的东西本身在作为主观的我身上的反映，我重又经验，重又判断，但却是以这样的方式进行的，即我绝不是作为这个世界中的人对世间东西进行判断，而是作为自我对自我进行判断，更确切地说，作为自我，对于它来说，世界，人，作为人的处于自然方式中的我，都是现象。但是，笛卡儿对于借助普遍怀疑的可能性和悬搁对他所产生的东西并没有这样始终一贯地进行思考。

这怎么可能呢？在自我之中 mens，即人的心灵，又如何区分呢？首先，我已经说过：笛卡儿暗地里谋求一种作为达到最终有效性的科学的新科学，他预先就相信，这种新科学具有最终有效性的

① 那么“我高居于……之上”是什么意思呢？“我对一切经验（只要我在这经验中有存在的确信，它就是认识的最低阶段）实行悬搁”是什么意思呢？以及对一切其他的认识，甚至对通常在生活世界的评价和实践中共同完成的一切自然的认识，也即在我看来它通常包含的存在的确信，或甚至存在确信的样式（例如在计划中的存在确信，伦理的或宗教的当为的存在确信等等）实行悬搁是什么意思呢？这意味着对作为科学最初应该提供的东西的客观有效性的悬搁，因此是对于科学的悬搁吗？

权利，并且相信能论证这种权利；因此新科学达到作为最终有效存在的世界的“自在地真的世界”，——这就是他特有的缄默的计划的目的。绝对地奠立新的实证科学。但是在这里不是已经表现出一种先入之见吗？即他——由于受古代的传统的推动——有一种关于“最终有效的”真理的，和最终有效的自在存在、绝对的自在存在的缄默的先入之见吗？

处于其生活世界的存在方式和判断方式中的人们知道这种“最终有效性”吗？就是说，在科学在这里存在之前，知道这种“最终有效性”吗？人一般不能首先从哲学，因此从科学，认出它吗？特别是，笛卡儿考虑到他对于感性世界的批判已经由一种绝对的，最终是真的世界的理念指导吗？他考虑到，处于不受任何关于绝对无疑的理想和关于绝对存在的理想指导的生活中的人的怀疑的可能性和怀疑的不可能性必须首先被区分开吗？他考虑到这种指
导着作为哲学家的他本人的那种怀疑的可能性吗？他这位哲学家 397
将绝对的存在作为一切具有相对性的真东西的基础，而真的东西由于它一定能在这种绝对存在中被认出而得到论证。他考虑到，最终有效性的理念以及这种理念在历史上从中产生出来的哲学，正是文明的历史形成物，因此本身属于世界吗？他考虑到，对于科学上的真理的悬搁，不论是对个别真理的悬搁，还是对一般科学和一般普遍哲学的悬搁，虽然同时包括了对于它们全部真理的悬搁，但以此尚没有包括对于前科学的和科学以外的生活世界的存在的悬搁，以及能够同时考虑到的，对于一切前科学的和科学以外的认识的悬搁，其中也没有同时包括进行认识的人们、非科学的人们、科学家们、哲学家们吗？

他想成为彻底的。他怀疑哲学的这种最原初的前提。这种最原初的前提很快就采取了下面这种形式:存在着某种东西吗?——被认为的世界中的某种东西,这个世界被尝试进行普遍怀疑:是否世界并不仅仅是假象(没有任何最终的存在者与之对应的幻想的构成物)?——这个某种东西是必真的,绝对不可取消的,而且作为一般有某物存在的前提?这个某物就是自我。但是这个自我按照其意义,是世界中的一个存在者,一个绝对的存在者,这个存在者以这样一种世间事物的形式受到询问:它是没有任何东西与之对应的概念?还是有某种东西与之对应的概念?他没有看到这样一个错误,即他将世界的最终有效性的存在方式归之于自我,归之于自我的存在方式,正如客观的(进行理念化的)科学,将世界的最终有效性的存在方式归之于理念化了的生活世界一样。

他没有看到,在生活世界中属于生活世界的研究者实行的科学上的客观化与对生活世界的理念化——对生活世界的理念化为生活世界创造了一种向通过理念化被预先推定的最终存在者接近的理论实践——之间的区别,——或者他没有看到必真的判断——它是将生活世界逻辑化的标准和在生活世界内部能无限扩展的预见(归纳)这样一种实践的标准,——和在悬搁中的自我和现象学化的认识活动所实行的全部其他的必真性与认识之间的区别。

或者更确切地说,下面这样一种传统的、未言明的、未被注意到的不言而喻之理,即真理一定意味着“最终的”真理,它的相关物就是作为自在存在的存在者,因此,感性,即前科学的经验世界,并不是真正存在的世界(用前科学的论证方法提供这个世界的经验活动,对这个世界以述谓方式进行规定的思维活动,并不是真正的认识),使他根本不能(即使是以前的哲学也没有能)将生活世界以及在其中可能的认识目标当成自己的问题,并且根本不能明白, 398
全部传统的哲学和科学,乃是在历史世界中进行自身了解的人的一种任务与尝试,是以为获得的和真正获得的成就,——而人是各个历史上的现在的人,以及他的现在的生活世界中的人,以及那种作为科学家,在与他现在的一代科学家同伴的历史联系中,在与过去一代的科学家同伴的联系中,并且通过他们的传统与更以前的科学家的联系中,进行认识的人;他没有明白,这种科学以及它的真理本身因此是属于生活世界本身的一种任务,计划,正在进行的实践,——不管旧的科学怎样了解,怎样认为。因此关于科学的可能性问题,关于科学的真的方法的问题,关于论证这些方法的问题,就是这样一个问题,即科学(哲学)这种意图是一种"合理的"、有意义的意图,即可以理智地实现的意图吗?——而这个问题自然地导致对于前科学生活世界的本质特性的追问,以及对于在前科学生活世界中的促使人们提出新的任务和新的实践(在这里即是科学的任务和实践)的东西的追问,对于其中他作为使用科学方法的人在生活世界中预先给定的东西上〈为了经验〉所做的事情,对于他在这里超出这种在生活世界中所经验所思考的东西还能有意义地想要的东西,对于即使是在他怀有要超出这种所经验所思考的东西的目标方面,他在前科学的材料上完成哪种创造进行追问。

很显然,对于以下情况的盲目无知,即一切科学的目标设定,

以及一切逻辑，一切作为"真的"存在的规范的狭义和广义上的逻辑概念和逻辑命题，是一种在对生活世界的永久的确信基础之上（按照生活世界固有的存在方式）形成着的人的创造，是对于这个世界的一种新式的目标设定，一种将世界逻辑化，将一切逻辑东西的理念性加到世界上，而且是以人将精神的意义（客观的精神，文化的意义）加到事物上的方式将逻辑东西的理念性加到世界上的，——我是说，很显然，对于这种情况的盲目无知，一方面使人们完全丢掉了一项重大任务，现实的、真正的科学理论的重大任务，即阐明这种目标的提出和可能性，以及实行将前科学的认识逻辑化或相关联地实行将生活世界的存在（相对的存在）理念化为一种理念上同一的并且是绝对可以同一化的存在，而且是在复数的存在者的存在的必然关联中，在事物的存在的必然关联中，以及世界的存在的必然关联中理念化的。这是将处于开放地平线中的，和处于作为可能的进行认识的主观的无限开放的人类的关联之中的生活世界，理念化为数学的无限的世界，理念化为数学的-理念的空间-时间性的世界。这毕竟并不是完全的规定。但它们在这里肯定足够了。以后的叙述一定会将其他必需的东西提供给我们。

399 为了通过完成作为科学理论的科学真理体系而完成一种真正的科学理论，或科学认识的理论，如我们还会理解到的，首先需要一种新式的科学研究，针对纯粹前科学的能够经受进行理念化的逻辑化的生活世界的科学研究，即对生活世界特有的存在方式以及生活世界本质固有的形式结构的研究，这种形式结构是在生活世界的一切变化中，在生活世界的一切相对性中，以及生活世界与可能的进行认识的人类的关联中，必然不变的东西。这后一项任务，要求抛开任何逻辑化的活动，并且在已经预先给定的诸科学方面，要求对它们的有效性进行悬搁，但是在两个方面还仍然需要不同的悬搁，——一方面是高居于生活世界之上，不去探究生活世界中的通常的日常的兴趣，或不去埋头于生活世界中的自然的方式，以及另一方面，高居于一切科学之上，并且作为科学家，他也许是某一个人，恰好不去探究科学家生活于科学活动中，并且献身于科学活动的方式。但是，当必须进一步研究和理解这些东西时，它们一定会首先被考虑到。

但是我们不可忽视下面这种情况，即在这里我们实行了态度的改变，并且实行了与这些态度改变有关的相应的实践计划的改变，任务提法的改变。而那些计划和任务都是在生活世界的基础上发生的。尽管如此，这些改变仍然是停留在存在的有效性之中，存在的有效性对于一切有关生活世界的本质描述的认识计划，以及有关理念化成就的本质描述的认识计划，或更确切地说，对于完整的科学理论，乃是先决条件，是根本基础，——很难说是“前提”，因为这个词通常有一种非常狭隘的仅仅是逻辑的意义，但是通过将这个概念扩展我仍然愿意说，只要即使是在这个词的演绎的推论的前提或归纳的推论前提这种含义上，就也包含被演绎的或被归纳事态依据前提的设定而被设定的意思。与此相似，生活世界是为我们设定的，经常对我们有效的，对于“建立”在它之上的有效性来说是根本的有效性，尽管在这里谈不到推论。我们称生活世界的有效性是一切与它相关联的并且立即被附加到它上面的有效性的基础的有效性。日常生活所熟悉的、科学化的活动也许需要

的各式各样悬搁的形态，都是在生活世界的这个存在基础上活动的。一组这样的形态具有这样一种普遍的东西，即悬搁是怀疑真理的有效性，并且以证明（也许论证）真理的有效性为目的的批判的需要，不论是在科学以外，还是在科学以内，都是如此。但是悬搁并不需要有这种意图。因此，对于现实性的悬搁可能服务于这样一个目的，即将在意识上现实的东西解释为在由诸可能性构成的宇宙中的纯粹可能性。或者更确切地说，服务于这样一种目的，
400 即全面通观在被现实体验到的，譬如被从经验上经验到的东西中共同有效的，但又是敞开的诸可能性，并且由现实的东西构想出与它相对应的本质的普遍性；同样，对于作为存在者全体的世界，我们以某种方式实行对这个现实世界的悬搁，以便构想一般可能世界的本质形式。

在这种针对作为事实上被给予的，并且经受了诸给予方式的流动变化而仍保持的世界的自由想象变换中的不变东西，针对本质的普遍性的活动中，这个作为变化基础的不变东西本身，并不以其存在经受悬搁。我们只是从我们这里除去了以下这种意向，即我们像迄今一样按照我们当时起作用的兴趣，继续对为我们存在的这个世界的存在方式进行研究，并且一般地对世界生活中的特殊事件进行研究。但这一类的继续生活只是被搁置一旁，对于不变的普遍性的暂时的专一的兴趣本身，只是一种中介，它应该服务于认识生活世界的人，特别是服务于譬如说认识事实的世界的人，——这样，意向就能达到成功的充实。

但是那种对世界的存在，对世界本身的存在，与此同时对与这个存在相关的一切兴趣生活，预先并且普遍地加以克制的十分独

特的悬搁,是以完全不同的方式实行的。这个迄今正是由对存在的朴素的确信而来的世界的绝对存在,以十分独特的方式变成开放的悬而未决的存在,然而并不是在现实存在与或许是非存在,或者甚至是假象之间的未定的悬而未决的存在。这种存在以一种十分独特的方式成为靠不住的,它变成了可能的并且是完全新式的询问的可疑主题。

因此,一切其他的悬搁都有世界的绝对存在作为基础,都有对世界的存在确信作为“先决条件”。一切其他的悬搁在我们现在讨论的(“超越论的”)悬搁之前,就在持续地、在一切个别内容的变化——被我们看作是这个存在着的世界的个别内容的变化——中统一地实行了,人们总是确信这个绝对存在着的世界,关于这个世界,我们经验到它的这个或那个外观,时而是正确地,时而是错误地经验到,时而是作为在其中实际存在的,时而是作为错误地指派给它的外观而经验到,或以其他任何方式猜测这些外观。这种对世界的普遍的确信,总是处于实行当中,这种对世界的普遍的确信,可以说先于一切东西,它不是作为存在的陈述,因此不是作为真正的前提;但是正如它是处于流动的实行中那样,它是首先为一切设定存在的活动,一切譬如说通过经验把握存在者的活动,一切先入之见,一切进行认识的指向和获取,还有作为计划,作为相应的先入之见和获取的一切评价的活动和实践的活动,因此还有一切在其中产生的精神获得物,规定意义的东西,作为所有一切种类的存在意义都依赖于它的有效性基础而起作用的东西。通常存在者——并且是一切种类的存在者,如实在的存在者,美的或善的存在者,一切的存在者——意味着在世界的基础之上的存在者,在世

497

401 界中的存在者。正如一切活动一样，以上所述也涉及对于存在或非存在，即特定地显露出来的、误以为的现实东西的存在或非存在采取的每一种克制态度。因此它就进入到一切有目的的批判中，即按照存在或非存在，这样存在或那样存在，判定真和假。对于进行判定的判断和行为的一切批判的克制，都是在总是预先给定的对世界的存在确信的基础上进行的，并且从这种存在确信获得它们的存在意义。正如适合于前科学的生活世界的意义的一切真理问题一样，这显然也适合于理论认识的，哲学认识的，特别是“科学的”认识的真理问题。在这里只是涉及在对世界的确信的基础上获得意义的特殊的实践，即“理论”的实践。

402 **附录 VI，附于 § 16 以下[①]。**

第一沉思的原本进程

1）**意图**（在最初的几句话中就立即表达出来）：尝试“推翻”“一切”（即一切迄今被我获得的并被我看作真理的认识），并且从一些最初根据重新开始。

2）如何能够实行这种“**推翻**”呢？并不是我必须证明一切都是错误的（或甚至必须逐个地批判一切东西），并且实际证明这种错误东西是已就其错误而被觉察到的。只要对一切尚不是完全肯定的东西，以及尚不是完全无可置疑的东西，不表示我的赞同态度；对于一切只要我看到任何一种怀疑根据的东西，都加以拒绝，就足

① 写于 1937 年 5 月。取自手稿 KIII 21（第 10－16 页）。

够了。但是我并不需要对于所有我看作是真的东西逐个地重复这样做，只要我遵守我的所有其他的判断都以之为根据的那些原则就足够了。

3)某种“视……为真”的活动的这样的原则，被称作**感性**——我们还可以说：服务于日常生活实践的全部前科学的知识，我借助感官获得的被信以为真的知识。我当然知道，感官有时也会弄错。而且这会产生一种有根据的怀疑，即感官通常可能会弄错。但是当涉及到我的日常周围世界中的事物时，我当真能够怀疑实践生活的十分牢固的可靠性吗？甚至怀疑我的身体的实际存在吗？那会是一种发疯的想法。但是，难道不存在与梦中的幻觉相似的发疯的幻觉吗？难道能指出将清醒与睡梦区别开的确定的特征吗？

4)然而在这里人们会对自己说，感官会弄错，这本来的意思是说，那种由感性的感觉材料创造复合的心像的想象力会欺骗我们，或者说，在我们心灵中仿佛是由心灵描写出的心像并没有描摹任何实在的东西，没有任何原型与这些心像对应，既没有这些复合的想象与之对应，也没有简单的要素、颜色，以及其他一般的感性材料与之对应。所有这些东西都属于我自己，并且在这个方面——即这就是我将它看成的东西，正如我感觉到它，或者作为复合的心像具有它一样——我显然并没有弄错。

如果我在我的一般思想活动中遵守这一点，那么我的一般思想活动也就不再受到怀疑。笛卡儿说，实际上我有一种在这个领 403
域里进行的伟大的科学，即纯粹几何学，一般与图形、量、数，与感官周围世界中直观因素打交道的科学，它不问在真正的现实中是否有某种东西与之对应。不问感性的直观是不是梦境中的直观；

这种客观上没有任何东西与之对应的直观，对于几何学命题的有效性并没有任何改变，因为它作为纯粹几何学的直观，并不表达客观存在的自然的某种东西。物理学的情况则不同，它运用纯粹数学，正是要对客观存在者进行判断。

5）现在又上溯到上帝，上溯到（毕竟可以不言而喻地设想的）我的存在的创造者。现在笛卡儿试图一方面证明对一切在最后的思考中优先显露出来的内在认识怀疑的可能性，另一方面证明一切能在内在心像中描摹的客观存在的可疑性。他并没有像在这里根据事物的本性本来应该的那样，纯粹按照上述 4）的继续，在数学公理与间接的数学认识，而且是作为具有直接和间接的必真性的认识之间进行区分。因此，他并没有向我们提出这样的问题，即是否至少关于量以及与它有关的诸科学，我们本来已经凭借公理发现了牢固的基础。而是按照他的“推翻”的方法原则，从被认为是由认真考虑过的、最可靠的根据证明了的对一切数学的和自然科学的-超越的认识怀疑的可能性，产生一种决心，即对所有这些认识都如同虚构的认识，如同错误的认识那样对待。

但是笛卡儿心目中想到的不仅是数学和物理学，而且是一般的认识。因此，正如对于这些特殊的科学，或更确切地说，对于它们的有效性范围一样，在这种一般的考察中，显露出两种认识：对于心灵之内的心像纯粹按其在认识者心灵之内的存在的认识，和对于心灵之外的世界，被认为是通过心像描摹的世界的认识。

他发现日常的经验和认识是不完善的。他想要克服它们的不完善性；他寻求一种真理，更确切地说，一种认识，它能克服日常的认识或日常的真理的相对性和错觉的可能性。但是笛卡儿这位沉思者在沉思过程中发现，在所有的情况中都作为内在过程在进行认识的心灵中发生的认识中，有一个谜，如果这种认识超越心灵的话。首先，起指导作用的，是真正科学的认识的理想，因此，首先被看作这样的东西的，并被当作典范的，是纯粹数学的认识，以及借助数学认识的运用的自然科学的认识。但是关于真正科学的认识真的完成了它所要求的东西的说法，乃是一种先入之见，尽管我们 404
不能必真地认出这一点。因此看来我们必须检验：数学的公理真的是直接必真的吗？演绎法真的是在每一步上都是必真的，并且是按照必真的推论规则规范的吗？认识是必真的。它的论证真理的方法，赋予被论证为真的东西一种绝对有效性的性质，只不过具有直接必真性和间接必真性的区别。但是我们现在有这样一个问题，即如何揭示出能够以普遍的必真性认识由事实上存在着的东西（而不仅是自然）和如此存在着的东西构成的宇宙的普遍的科学。根据类推法，可以提出这样一项任务，即把握普遍的直接的先验性（按照类似的说法，把握纯粹的普遍的数学，即有关一切可能的存在者的直接公理的全体），并且借助于形式逻辑的原理（这些原理本身属于公理系统）获得间接的先验的真理的总和。这样，我们就有了完整的普遍的数学，作为纯粹必真的东西的全体，并且通过将必真的东西应用于事实的世界（如通常的数学被应用于事实的自然一样），我们就有了自然科学的类似物，即普遍的合理的哲学，有关事实世界的合理的认识，如果正是在这种应用的意义中就包含着具有其全部存在者的自然本身，事实的世界本身，是自在地合理的话。

在这种科学理论的态度中，数学的和逻辑的公理呈现为科学

论证的最后承担者，而且，在向在这里所谈到的意义上的整体哲学，即普遍科学的哲学的扩展中，充其量也只出现这样的困难，即我们如何能为这种存在者的宇宙系统地获得全部最后公理，什么样的系统思想能使我们自己再一次必真地确信这种全体，顺便说说，这个问题甚至在数学方面就已经存在了，但只是在很晚才被明显感觉到。

但是笛卡儿并没有探究所有这些思想，在他面前产生的是一种完全不同的论证问题，尽管显然是一种与普遍数学的问题（或者在我们看来是一样的，即普遍存在论的问题）不可分割地联系着的问题。认识是心灵内部的成就，并且它表明是纯粹心灵内部的认识构成物，不管这认识是不是真正的、科学的、必真的认识。无论如何在认识中，在心灵内部的东西中，包含一种见解，即认识心灵之外的东西，认识外部世界这种心灵之外的东西，而不仅仅是认识心灵固有的东西（尽管也对它进行认识）。此外，关于心灵内部的、几何学的以及其他的“心像”的研究似乎表明，一切先验的认识，暂时只能达到一种与作为心灵内部事件的心像有关的必真性。

405 几何学是必真地有效的，但是它不问是否有与它在内心中构想的形态对应的客观物体。一般来说，就是如此。这对于一切纯粹先验的东西一定也是适合的。但是如果我们说，自然科学不仅是建立在纯粹数学之上，而且还建立在经验之上，那么甚至经验、感觉、回忆等等，也是认识者心灵之内的事件，只不过它们在这种情况下立即就呈现为不言而喻的，以致经验不仅涉及当下的心像本身的事件，而且还涉及超越的被描摹的东西。那么为这种超越

性进行辩护的必真性，因此为具有一般先验性的数学的超越的（或这样说也是一样，客观的）有效性的正当性进行辩护的必真性在哪里呢？

现在对于笛卡儿来说，由于对在心灵的内在性中进行的认识之问题的这种“发现”——作为被认为延伸到心灵之外的超越东西中的认识——以及对于这种超越活动的正当性之可能辩护的问题的这种“发现”，关于将认识作为真正的，作为必真的认识建立起来的整个问题，或关于真正科学的、真正哲学的方法的问题，就发生了变化。

当然，现在直接必真的公理不再是哲学的最后根据了，因为在它们之中，在有关存在着的世界的科学中，它们具有客观的功能，它们对于事实世界的可应用性总是已经包含在它们当中，并且包含在纯粹数学中，关于真的自在自然具有数学的形式，它们必定受先验的法则，受按数学形式化了的法则支配的假定，就更不能不言而喻地接受了，正如甚至连比如完全在有关心灵之外的东西的经验的提示下的一般超越的存在也不能不言而喻地接受一样。

这种问题的变化也采取了最后根据的意义，或这样说也是一样，采取了本身是最初根据的意义，一切认识都建立在它之上，一切正当性的提问最终都追溯到它之上的最初的根据的意义。在这种最早的科学理论的态度中，一切公理都是最终的必真的根据，并且对于普遍科学而言——哲学是关于科学的认识的，客观合理的世界认识的一切公理的完整的体系——是统一的完整的根据，普遍的科学以它为根据，真正的哲学以它为根据，真正的哲学按照与数学和自然科学认识相似的方法在这个完整根据之上建立起来，

假如这种认识方式的典范真的具有正当性的话。

但是，由于发现认识者的一切认识都是心灵内部的事件，并且从属的超越的有效性问题的一切认识也是心灵内部的事件，于是就产生一种新的必真性：自我(ego)的必真性，具有其自己的存在的作为他的一切认识活动的主体的认识者的必真性，以及关于这
406 样一种情况的必真性，即他的一切认识活动，他的一切一般意识生活，都是他的心灵存在的绝对封闭的关联，在其中，一切超越性，一切心灵之外的意念，正如他的一切意念一样，恰好是心灵的东西——而被意念的东西则是心灵之外的东西[①]。

绝对无可怀疑的认识的中心问题，应被绝对无可怀疑地论证的科学的中心问题，恰恰是处于变化之中，而这种变化是以笛卡儿本人完全不清楚的方式进行的。

笛卡儿发现了纯粹的我，这个纯粹意识生活的我，纯粹思维的我，——至少他处于这种发现之中，他并没有将这种发现本身完完全全地明确起来，没有能防止模糊不清的改变：他发现了它，然而他处于走向牢固基础(fundamentum inconcussum)的途中，在这

---

① 笛卡儿将数学包括到完全可以怀疑的东西(客观的东西)的领域中，并且没有在公理与演绎法之间进行任何区分：很显然在他看来(请参看《哲学原理》)，数学(在数学中几乎一切都是演绎)是以记忆力的可信赖性为前提的，而记忆力却容许有错觉。然而他没有考虑到，当他在我思之上，或宁可说，在纯粹意识的最初的直接自明的认识之上，重新建立认识和科学时，他确实使用了一种新式的思想活动，这种思想活动同样以记忆力的可信赖性为前提。

因此我们也不理解，为什么数学公理的直接的必真性不是不可被怀疑的，为什么数学公理不应该被看作思维程序的牢固基础，虽然思维程序是以记忆力为前提的，——但正是在这里留下了一个问题，正如对于据说在绝对根据之上运行的思想活动一样。

个牢固基础上，一切真正的认识都能建立起来，或更确切地说，在这个牢固基础上，普遍的科学，即哲学，有关作为客观存在者全体的世界的系统的普遍的认识，都能建立起来。在内心中，他将数学和数学的物理学作为典范——很显然，这里涉及的不是别的，而是在最初的、绝对无可怀疑的前提之上，系统地建立哲学，建立有关世界的科学——，对于纯粹数学而言，这种前提就是真正必真的、实际上不再按演绎法论证的公理。在数学物理学中，经验的判断与这种公理结合起来了，经验判断在数学应用于事实的自然中起中介作用。

当然，演绎的原则，形式逻辑的规则，也一起算入到公理之中。在这里，严格论证的要求是指向最后的，而且是清楚而明确的前提的，或如我们说的，是指向自明的前提的，我们还必须更准确地说，是指向排除一切可能怀疑的必真的前提的。或者这样说也是一样，这里所指的是有关存在的确信，它排除任何非存在的可想象性，任何关于在认识道路的进展中可能出现的以下情况的可想象性，即将以这种自明性确信为存在着的东西重新评价为“尽管如此却是非存在的东西”（或“并非如此存在的东西”）。这种确信，或更确切地说，它的存在者，是绝对非常坚定的，这种坚定性，正是我们对真正的科学提出的要求。因此，按照这种解释，我们可以简要地 407
说：这里所涉及的是作为绝对坚固的真理之整体的有关世界的科学，就这种科学的建立而言，所涉及的是绝对牢固的最后前提的整体，在一种广泛的意义上，是绝对的无可怀疑的公理的整体。

现在我们要问：这个我思，即以这个自我为中心的思维之绝对自身封闭的全域，在笛卡儿关于世界的科学的原初计划的意义上，是前提吗？或更准确地说，是一种独特的自身封闭的前提的集合吗？更准确地说，在发现这个自我以后，与这个自我有关的直接直观的判断，此外一般而言，在这个领域中的反思的思维中，关于这个领域中的事件所做出的事实的判断和本质的一般的判断，变成了那种有关世界的科学的前提吗？变成了以前，在笛卡儿的方法之前，被忽略了的前提吗？——由这些前提出发，通常被看作最后前提的东西，如数学的公理，能从原初的根据获得所要求的必真的论证吗？

事实上这就是笛卡儿的想法。

但是我们必须承认，在这个方面有一种严重的误解，而这种误解之所以可能，是由于笛卡儿没有通过分析彻底理解他的发现的意义内容；为了发现普遍的精密的世界科学的必真的最后的前提，笛卡儿本人也受到他的怀疑方法的追问。这种方法并不在于一种没有任何人能有权任意认真实行的真正普遍的怀疑。笛卡儿真的指出过，感性经验世界的存在，因此日常世界的存在，是可疑的，或指出过，在想到可能的梦境时，世界就失去其存在的可能性吗？对于他可能会成为可疑的，正如对于我们会成为可疑的一样——当然并不是由于这种原因，并不是仅仅指向生动的梦境的幻觉（事后自明地对我们显示为这样的东西的幻觉），——甚至偶尔会发生这样的情况，我们在某种情况下，会突然自问：这是真实的吗？这是梦境？这是幻觉？——我是说，他是否真的穿着室内长便服坐在壁炉边，对于他可能会变成可疑的。但是，这种对于暂时完全确定的状况的怀疑就是一般世界存在的可疑性吗？难道下面这种情况不就是世界的确实性的特征吗？即尽管有各种可能的和现实的对

状况的怀疑,世界的确实性仍按照自己的方式不可改变地,甚至是必真地,作为世界的确实性保持着。难道以下情况不也是世界确实性的特征吗?即它确实不是可以随意破坏的,尽管个别的相对东西,以及在当下现实状况中的相对东西,是可以怀疑的,并且常常是在外观上受到存在有效性的改变①。

笛卡儿没有考虑到这种情况,当然也没有看到与此相关联的 408
问题,而这些问题是由于考虑到(应该正确理解的)笛卡儿的发现一定会产生出来的。因此不可能谈到对于世界的真正普遍的怀疑,但是作为这种方法的本质成就从这种方法中所剩下的,乃是(在笛卡儿看来是由被信以为真的对于作为世界非存在的可能性的普遍怀疑的可能性而引起的)关于整个世界存在的悬搁,或更确切地说,关于这种不存在的假设的估计。

这显然是可能的,如果我们将他的方法从错误这种累赘中解脱出来(这种错误是这种方法在笛卡儿那里所具有的,而这种错误事实上完全可以不犯),尽管这要费很大力气,笛卡儿也由于这个错误付出了很大力气,即要理解,很可能整个世界,经验的世界,人的生活的世界,作为有怀疑可能的世界,可能是不存在的,虽然我们经常以存在的确信经验到它。尽管如此,我们仍然可能做出笛卡儿式的转变:我自己的存在,作为这个做出这种估计的我(用笛

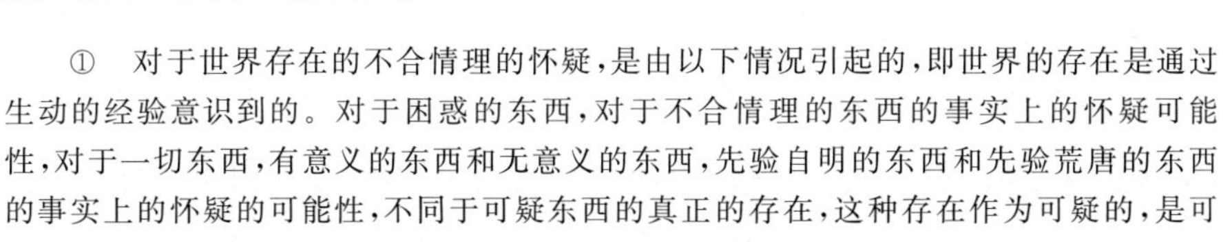

① 对于世界存在的不合情理的怀疑,是由以下情况引起的,即世界的存在是通过生动的经验意识到的。对于困惑的东西,对于不合情理的东西的事实上的怀疑可能性,对于一切东西,有意义的东西和无意义的东西,先验自明的东西和先验荒唐的东西的事实上的怀疑的可能性,不同于可疑东西的真正的存在,这种存在作为可疑的,是可以必真地认出的,在其中包含有不存在的自明的可能性。

卡儿的说法：这个将这整个世界认作是可疑的我）的存在，不被关于世界不存在的估计所触及，完全未被触及地保留着。即使我完成了普遍怀疑的尝试（但没有像笛卡儿那样清楚认识到可疑性，不存在的可能性），我仍然是这个进行怀疑的人，至少，这个随意地做出这种估价的我（因此这个我仍然存在着），不管是作为可能的假设，还是作为不可能的假设，荒谬的假设，做出这种估价，我就是做出这个估价的我，因此我并没有能做出我自己不存在的估价。我不能这样做，这是必真地肯定的，我看到了这一点。此外我还能以必真的自明性理解：不管世界的存在与不存在的情况怎样，更确切地说是当下以某种被认为存在着的事物对我有效的世界的存在与不存在的情况怎样，——我正是通过悬搁排除一切判断，或更确切地说，通过那种假设的估计，即我存在，排除一切判断，而且，不管这整个被经验的世界生活以及其他的世界生活——通过这种世界生活，世界从前对我有效，并且尽管有这种随意的悬搁，现在仍对我有效——的情况怎样。在“我存在”中，在这个自我的存在中——这个自我是通过悬搁的方法显露出来的——，就包含着，我就是这个体验着这种经验，思想活动，对世界生活的评价的、意愿的活动的我，或更确切地说，我在悬搁之前就存在，我就是处于这些活动（并且还有属于这些活动的被动的体验）中的我，是完成事物存在有效性的我，以及完成事物流动综合的普遍能力的我，是完成普遍的世界有效性的我。只不过，我通过悬搁使包含于这种意识方式中的存在有效性不起作用，我实行一种贯穿于这整个有效生活当中的克制态度，通过这种克制态度，作为这个自我的体验的
409 这些体验的特殊的存在，就以先验的自明性与在这些体验中并通

过这些体验作为被认为存在着的世间事物的存在和世界本身的存在分离开了。

只有通过悬搁的方法(被净化了的笛卡儿式的方法),对于我来说,未受悬搁的,在悬搁之前的生活,即自然朴素的世界生活,才与作为自我的生活的纯粹生活区别开来;正如我还要说的,这是自然的朴素的态度的生活,我首先在其中进行经验,而且也知道关于我的这种经验,我以自然的方式对此有所"意识",但是与此同时我还确信被经验的事物的存在,并且是作为诸事物的世界中的事物的存在。在自然的世界生活中,我的经验的存在,与我所经验到东西的存在,处于一种结合在一起的存在有效性之中。一切与世界有关的活动和被动的体验的情况也是如此。在这种情况下,我的经验,处于自然方式中的一般主观东西,就是作为在存在方面对我有效的世界的部分的我的人的存在的部分。但是当我实行悬搁,并且是作为对于世界的全面悬搁时,我的人的存在,我的人的体验(世界的这个部分),就变成了存在的有效性,我正是使这种存在的有效性与世界的存在有效性一起不起作用,——我作为世上的存在者,在对世界的非存在的这种普遍估计中,将它像不存在的东西一样来对待。但正是因此,我将我的存在当作所有这些有效性,以及整个世界的有效性的纯粹有效性的实行者来理解,现在我可以区分开:思维之流的自我,作为流本身是综合统一的思维活动,思维活动的所思对象就是世界,以及一切在世界中的存在者——对我有效的世界本身。在悬搁的方法中,作为世界上的东西和世界本身而被设定的东西,以及在这个设定中为我而直接存在的东西,变成了在有关的思维活动中被思维的东西,有效的东西。通过禁

止存在的有效性，和对自己的反思，我发现我是所有这些客观东西的主观，是使客观有效，使客观起作用的主观，并且只是将客观看作这样的东西，即看作是有效作用的发挥者，主观就是有关客观的意识，被看作纯粹意识的意识。但是只要在自然的态度中，在自然生活的态度中，被经常作为我，作为行为与能力的主观被意识到的东西，本身作为世上的东西被统觉，并且不论我关于存在着的事物意识到什么，在这里我事实上也必然地将一起在这里的我自己作为经验者、思维者，作为与其他个人一起在这里被共同体化了的来意识，只要是这样，乍看上去似乎普遍的悬搁就根本不可能实行，并且当尝试实行这种悬搁时，它在我自己的作为人的“我存在”方面，就会遇到其界限。事实上在这点上有一个很大的危险。关于世界不存在的估计，乍看上去会使任何关于存在的设定成为不可
410 能，而且看起来，只有这个估计适合于作为通向笛卡儿式的问题的通道：在被认为存在的，但可惜是可疑的现实东西的无限性中，预先至少有一种必真无疑的东西吗？对所有东西我都可以怀疑，只是不能怀疑，我——我这个人——存在。然而这是一种不确切的说法。决定性之点是，这种普遍的悬搁绝不会落空。因为它按照其意义，并不是对于存在或不存在的判定。为了对世界的存在作赞成还是反对的判定，它并不需要另外的存在。相反，它的无与伦比的重要性就在于，揭示出这个纯粹的我。在我实行悬搁而不是受到悬搁时，我进行反思，并且我以先验的自明性看到，我暂时是作为实行这些活动的主观而存在的，尽管作为人的存在，和整个世界一起，“仿佛是不存在一样”被排除了。

因此，在这里必真地设定了处于存在的有效性之中的进行悬

搁的我，但不是这个我，这个人。很显然，我可以重复这种悬搁和反思。当这个对世界的悬搁仍然保持有效时，我还能够将那个自我的存在设定也包括到悬搁之中。在这种情况下，我通过反思再一次具有进行这种悬搁的自我，并且能重复地具有，我可以经常这样做。这个自我总是一再地存在，这同一的自我处于重复之中，这同一的自我是思维-生活的主体，在思维-生活中，世界只是被设定为所思对象，然而这种对世界的朴素的直接设定却受到了悬搁。自我只是通过反思才被揭示出来，才可以说自动地被阐明，并自在地存在着，然后进一步比如成为研究的基础，这样，它就揭示出它的在进行中的思维。同样只有由此出发进行回溯，它才知道，它从前是匿名的。所有我们在这种考察中表明的，本来都已经产生自这样的反思和回溯揭示，产生自将曾直观到的东西用词句表达出来的重复的可能性。

通过悬搁作为自我，作为纯粹意识的主观被发现的东西，因此实际上并不是什么在世界中，在对我存在的世界中，我用“世界”这个词称谓的世界中，存在的东西；这个世界是我任何时候都经验到的一切东西，我任何时候都能从经验领域中经验到的一切东西都属于它的世界，在所有这些东西中，我总是能作为现实的东西，或可能的东西，而认出间接性的东西。

但是这就详细阐明了世界对我的意义，这样，就详细阐明了世界这个大全，这个最空洞的某物。某种世间的东西，熟悉的或不熟悉的世间的东西，所表示的乃是，我从我出发能够认识的东西，而且这样说也是一样，即某个人和我通过某个人，而某个人又通过某个人，能够认识的东西。因为“某个人”本身就是对我存在的某物，是从我出发并对于我来说能够认识的存在者，不论是熟悉的，还是不熟悉的。我的自我确信就已经包含着他人的自我确信，正如他人的自我确信已经以我的自我确信为前提，并且此外又将我的自我确信本身作为共同自我有效的存在者包含着一样。

但是现在的问题是：我同样也没有自己的存在，一种纯粹是我
411 固有的本质，不以对我有效的他者的本质为前提的本质吗？为了使他者发挥有效性，然后借助这种有效性将他者看作对于我存在的，我不应该有一种作为在其中他者为我获得意义和存在有效性的我自己的本质，一种“我存在”、“我生活”吗？我不能够问这样一个问题吗：在我之中有什么东西，在其中他者得以呈现，并按照我的纯粹个人生活的动因，作为他者变得对我有效呢？

412 **附录 VII，附于 § 18**[①]**。**

当笛卡儿被激起对于伽利略的数学和数学自然科学的热情，然而却不满意于它们的论证方法时，当他要求进行最后的彻底的论证时，在这里促使他这样做的是什么呢？他真正感到缺少的是什么呢？

科学家们从事科学活动，他们当中每一个人首先通过自己的“知性”活动获得自己的成果，如他所确信的，客观的真理，借助于这些客观的真理，他增加着科学财富。但是他的思想是在他身上，在他心灵中进行的，在思想以前，在科学以前存在的东西（他在其中譬如进行客观性质与单纯主观性质之间的批判的划分），乃是日

① 写于 1936－1937 年冬（?），取自手稿 KIII 26（第 4a－b 页）。

常感性世界的事实。这个自在自为地被观察的日常感性世界，对于每一个人来说，纯粹是他的主观现象，因此是心灵的东西，只不过，经历到它的人误以为，在它当中直接地亲自地经验到一个客观的世界。但是，由这种感性的世界，以及由仅仅在主观经验中被给予的显现（在凭借这种感性东西进行的思想活动中）所获得的思想成果，本身不又是单纯主观的东西吗？因此这种在科学活动进行中成果的直接的**不言而喻的客观性，一定会成为问题**。对于科学来说，还需要有比阐明其客观有效性更深刻的从对主观理论行为进行反思而来的根据。“知性”是如何做到这一点的，即是如何使这种客观性成为可能的？知性不曾知道也不能知道，知性获得了什么成果，以及如何获得其成果，因此也不能理解，这种成果如何实际上具有客观性，以及在多大程度上具有客观性。如果说，前科学的人未能克服感官的假象，科学以及它的合理的方法克服了它们，人们从数学中，从其成果的必真的自明性上，学到了知性的成就，——那么严格说这就是在关于意见（δόξα）和知识（ἐπιστήμη）的评价中的古老对立，这种对立只是在从哥白尼、开普勒开始，而通过伽利略完全成熟的近代，才获得新的形式。但是，这种新的精密的自然科学暂时仍还是一种朴素的东西。究竟对人固有的本质能力的未被询问的心灵上的支配，在这里就是指知性，如何能保证心灵之外的客观性？为什么这种心灵东西比感性的心灵东西，即 413
心灵想象力的成就优越，毕竟想象力作为能力同样是人所普遍固有的？

如果经验的客观性和科学认识的客观性成了问题，那么科学就不可能再满足于简单地说，它们的成果具有随同正确操作而被

体验到的自明性。这样，它就根本不是真正被奠定的科学，或者它的论证方法本身必须首先被奠定，并且是从主观根源上被奠定。如果我不理解，我的心灵的-科学的行为是如何达到客观真理的，那么我的全部成就很可能就是一种“幻觉”，或者，很可能有一个骗人的精灵在欺骗我[①]。至于生活世界，即使提示以下情况也是不够的，即我们大家都经常会弄错，并且即使是错觉本身也是确凿无疑的，或者甚至提示我们的梦境，以及整个世界仅仅是梦想中的世界这样一种可能性也是不够的。在这种情况下，最后确实需要追溯到知性，正是知性以科学的形式，和对真实世界的认识一起，也奠立有关引起感觉的现实东西的客观陈述。知性本身恰恰是主观的能力和行为，它借以区分真理与谬误的一切方式，以及它借以批判感觉的方式，都是在心灵的内在性中进行的。看来我们必须进行一种纯粹主观指向的研究，并通过这种研究弄清楚，知性的成就是如何以纯粹的内在性完成的，为什么它们具有现实客观的效果，怎么样，并且在什么条件下，心灵内部产生的东西能具有客观的权利，并且已经具有客观的权利。按照这种新式的问题提法，没有任何科学的成果，没有任何变得自明的积极成就，可被用于这种新的研究。这种自明性现在简直成了不可理解的东西，并且成了首先应该按照其客观性的意义和可能性加以奠定的东西。或者换一种说法：科学以及感性世界——感性世界，只要它即使是以尚不确定的方式表示客观性，并且这种表示经常服务于合理的科学，并借助

① 虽然不是任意的想象，却仍是内在成就，这种成就在心灵之外没有任何东西与之对应，尽管在这里我相信有客观真理。在这点上就可能有骗人的精灵欺骗我。

科学的成功而同时证明是有理的——必须被完全地普遍地看作是可疑的，仿佛它们根本就不具有客观真理的有效性。

现在思想进程也许要这样进行：如果一切对于我存在着的东西，甚至是自明地有效的东西，都必须被看作是“可疑的”，好像它们事实上根本就不存在，这岂不是也反对我自己的探讨——反对 414
我自己的存在，以及有关最终是在我心中发生的知性成就的研究吗？因此下边这个问题岂不又重现了吗，即我自己，这个经验着世界，以科学的方式（按照“知性”）思考着世界的我，岂不可能是一种主观的虚构，骗人的精灵的作用，等等吗？然而并非如此。在这里我看到，我的一切询问，我的一切不论是模糊的还是清晰的表象活动，甚至我的一切自由想象活动，我的不论对什么东西的怀疑，都已经预先以我为前提条件。在所有这些活动当中，在所有的思维活动中，我已经是这个进行思维的我。因此我发现，自我以及自我的思维生活，乃是一切可能的思维成就，一切有关客观性意义和正当性的询问的原始基础；我必须追溯到这个原始基础，它乃是关于完成这种客观成就的知性的全部最后根据之最后的绝对的原始基础。在这里，知性不仅被运行，而且变成了研究的主题。正是通过这种根本的颠倒，借助于有关最后根据的这种全新的意义，笛卡儿接近于发现处于正是这种自我的形式之中的超越论的主观性。但是，他在这种发现面前止步不前，他仍没有在真正意义上完成这种发现。正如我们在前边已经详细解释过的，就是说，他没有完成这种发现，是因为他没有看到我和思维（首先被理解为人的思维）正是由于普遍悬搁这种彻底精神而遭受的变化。笛卡儿一定会看到，并对自己说，我的“mens”，我的“心灵”，借助这个概念已经被

统觉为世界中的人格的存在，因此，这个人和这个世界就被设定了，而不再受悬搁了。如果他真正遵守这种悬搁，因此并没有随即放弃他的彻底主义，那么他就一定会看到，在自我中实现和表明的世界的存在有效性（被理解为超越自我的世界存在的有效性）是荒谬的东西，他一定会看到，对于这个自我来说，“在它之外”的东西是无意义的。

415 **附录 VIII，附于 § 18**[①]**。**

笛卡儿发现了自我（ego），它的思维的实行者的我（Ich）以及一切被认为的和真正的（可证实的，在最终有效性这个理念之下可证实的）为它存在着的东西的普遍内在性——并且随即就将它与作为抽象产物的心灵，mens（或灵魂）混淆起来，就是说，与抽去它的在其在世界中的实在存在当中的一切外界东西的人的人格混淆起来。他不知不觉地将自我与作为所思对象的世界（更确切地说，是作为包括心灵，人-我，纯粹的人格的实在存在物的宇宙）混淆起来，或用后者去偷换它；或者这样说也是一样，即将作为内在于自我的有效性的世界，与内在于实在心灵的有效性的世界，即被人们作为存在着而意指的世界，并且我本身也在其中同时实际被意指的世界，混淆起来了。

当然上述的区分并不是容易理解的——人作为世界中的人，和同时作为意识到世界（以及自己的人的存在本身），在自己的行动中意指世界，证明世界的人，并不是最后的我，完成一切有效性，

① 写于 1937 年 5 月（?）。本文取自手稿 KIII 28（第 66a－68 页）。

完成一切现实统觉，并且通常或当前具有一切有效性和一切现实统觉的我，相反，人本身是一种真正在世间被统觉的东西，通过统觉（“具有某种感性内容的人”），——正是为了统觉，自我实行或已经实行了统觉的功能——能够完善起来，等等。

很显然，自我实行的全部有效性，所有本身已经被赋予了人类统觉意义的有效性，都经历过统觉，而这些统觉按照意义和有效性，最终是由自我构成的。据此同样也很明显，只要外部在这里根本没有意义，就不可能有从自我——如在最后的反思中表明的那样设想的自我，这种反思在一切统觉的意义构成物后面，正是追溯到构成意义的自我——的固有本质的存在，向自我之外的存在的推论。

这种“认识论”的荒谬之处是很明显的，自从笛卡儿的范例以来，这种认识论将**纯粹的心灵**（在心理-物理的人之中的抽象物）与**超越论的自我**混淆起来，或者更确切地说，它没有能将这二者区别开来，因此仍然留下了一种困难、一种不明了之处，即自我恰好必须被认为是我，并且如我说过的，人称代词在这里也已经是相关项了。我是那个赋予那种我作为人，作为人格而经验到的东西，或以 416
其他任何方式间接地作为共同有效的东西而具有的东西，以不同于我的存在意义的东西，我作为这个人格，总是经验到我当时的经验、它的经验内容的人，并且作为我的存在有效性，“存在于”经验之中，正如每一个其他的我对于我而言是被经验到的，并且以任何其他方式在我的存在有效性中被意识到的，并且总是从我的意识中并在我的意识中获得对于我可能具有，可能获得的整个存在意义一样。它们本身是人格，这些人格具有它们的**你**和**我们**，但我是

这个人格存在，以及它们的当时的人格存在——不论我在哪里谈到它们——赋予其意义和有效性的东西。我，这个所有人的，并且至少是我们的，在特殊意义上，甚至最广泛意义上的“我们”的有效性和意义成就的绝对主体，正如就我而言的我是这个我们之中的我一样——，但是我们当中的每一个我，在这里都被这个有效的我设定为就他而言的他的我们的中心，而所有这些从我而有效的我-主体以及我们，同时被看作由诸我-主体构成的同质的共同体。此外我将它认作是绝对发挥功能的主体共同体，客观的世界就是由它的交往的意向的成就而“构成”的。我是那种设定有效的世界的东西，这个世界是由于我的意识生活而以全部内容对我有效的世界，它正是通过这些内容而对我有效。现在世界虽然是对于我，但经常也对于所有的人具有世界这种存在的意义，这是每一个人都经验到的，每一个人都作为生活的领域而具有的，每一个人都像我本人一样将自己归属于它的同一的世界。但是，如果这个世界按照其意义以作为诸主体的众人为前提，那么我确实就是那种使这个“众人”，即所有别的主体有效，并设定为有效的东西，正如它确定地或不确定地，已知地或未知地对我有效一样。我是那种在这当中“知道”每一个他人都有自己的世界表象，世界统觉的东西，并且是那种能够认识到每一个人都和其他人一起处于统觉的共同体之中，每一个人都通过经验、思考、行为，直接或间接地和其他人一起共同体化的东西。“众人的世界”的共同的意义是由这种共同化构成的，并且是借助诸特殊个别主体的特殊性构成的，但是在它们的“交往”中，在它们的共同生活中，并通过在这当中的相互纠正，在内容方面或多或少得到补充：同一地存在着的世界对于

每一个人而言总是在先的，通过可能的纠正而被证明是同一的，并且预先就已经以同一性的内容被看作是对所有人都一致的核心，处于经常的修正运动之中，处于对世界这种存在意义的更详尽规定和不同规定的经常运动之中。

因此，我-共同体作为对于世界起构成作用的东西，总是先于被构成的世界——我-共同体是经常发挥功能的主观性，它完成构成世界的成就，进行活动，通过活动获得习惯，总是处于公共化之中，并且来自公共化。因此，我，自我拥有由成就而来的世界，通过成就，我一方面构成我和我的他者的地平线，并与此同时构成同质的我们-共同体，而这种构成*并不是世界的构成*，而是可以称作*自* 417
*我的单子化*的成就——作为人格的单子化，单子的复数化的成就。在自我中，在它的成就中，自我被构成，他具有其他的自我，每一个都是唯一的，每一个都自在自为地是绝对的功能主观，对于所有基本的成就而言是唯一的，每一个都被单子化，并构成它的单子的“我们-全体”，这当中的每一个都包含着作为他者的每一个其他人，包含着作为我们的他的我们，并且在他的我们当中，又包含所有的我们，并将所有的我们均质化，如此等等。在单子的共同体——这个共同体通过单子的关联，对世界的构成，其中也对每个单子的自我构成，起作用——中的每个单子的自我都具体化为人化了的自我（正如单子-宇宙具体化为全人类一样），或更确切地说，具体化为人的人格，以身体的形式在共有的自然（所有人的自然，通过纯粹单子和它的单子的构成活动而构成为这样的东西）中，在空间和时间上定位，或者还具体化为现实的人的心灵——作为在空间-时间世界中心理物理的现实的人的准成分。

只要现象学还原的方法，以及由此出发在它的实行当中对于有效性的奠定进行分析的方法，以及对于全部单子的成就进行反思分析的方法，未被揭示出来，未被实行，绝对唯一的自我——对于世界的“深入询问”，对于世界作为有效性现象的理解，所导致的绝对唯一的自我——与可以说是人称上变化着的我的区分，以及起功能作用的单子的共同体与作为人的诸人格的人的共同体的区分，就不能被仔细研究，不能被理解。

418 **附录 IX，附于 § 20**[①]**。**

对笛卡儿有关意向性论述的批判。思维这个表达在笛卡儿那里常常是这样使用的，即用来表示在我思中被思维，被意识的东西；没有清楚区分意识经验，如感觉活动、经验活动、思维活动，和在其中被经验的东西、被记忆的东西、被思维的东西，以及以任何其他方式被意识到的东西本身。

“本来”意义上的观念（III，第 36 页）是对于事物的意识，是作为事物被意识的东西本身，如在意识经验本身中正是作为它的成分被意识到的那样。在这里笛卡儿说：“**仿佛是**事物的肖像”——tamquam rerum imagines（人，妖怪，天国，天使，上帝）。

但是他也称观念是我对这些观念的行为方式（意愿，赞同与反对，还有判断）。真理与谬误只存在于判断之中。

在这里进行批判的理由就足够了。笛卡儿恰好没有将纯粹的意识当作特殊的、系统的，深入到隐蔽深层的研究的主题。仿佛是

① 写于 1937 年 5 月。本文取自手稿 KIII 21（第 6a－6 页）。

肖像（tamquam imagines）——笛卡儿以“仿佛”（tamquam）所想到的总是前科学上实际显现的东西，观念，正如它们是被思维的对象那样，并不是超越的事物的摹写，不是关于……的肖像；另一方面，他借 tamquam 所想到的是，在这些观念中还必须区分本质的（属于实体的）属性和非本质的因素，如关于物体的特殊的感觉性质。一些清晰而明确地被给予的，并且可以数学方式明确起来的观念，是真正在进行描摹，而另一些则是模糊不清的观念，它们——在物理学中会摆脱它们的模糊不清的性质——本身又被还原为真正的性质。笛卡儿没有注意到在多种多样透视之间的区分，通过这些透视能够获得多种多样的感觉材料，而这些感觉材料在透视的连续变化中是作为事物的同一的颜色等等，作为事物的性质而被把握的；因此他没有注意到事物借以显现的综合的统一的透视与内在的事物，显现着的事物本身的区别。判断把握感觉或将感觉联结起来，但是当判断进行肯定或否定时，它肯定**什么东西**，在这里作为被肯定的观念是什么？这里的歧义之处是：判断提供与对象的联系，但是作为需要肯定或需要否定的东西而**为判断存在的是** 419
什么呢？当然不是感觉材料。

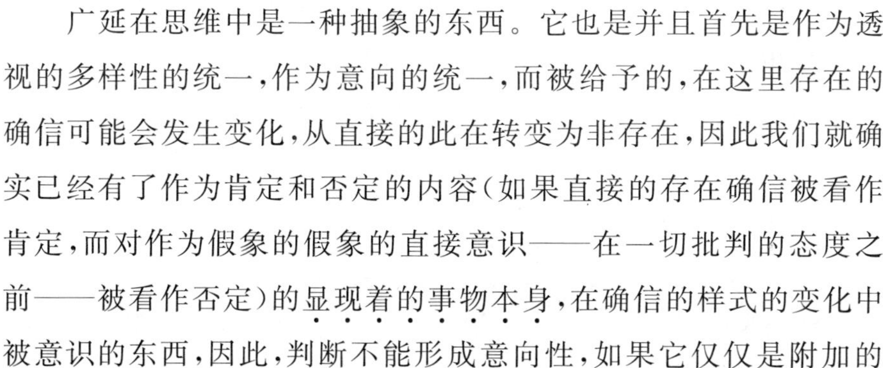

广延在思维中是一种抽象的东西。它也是并且首先是作为透视的多样性的统一，作为意向的统一，而被给予的，在这里存在的确信可能会发生变化，从直接的此在转变为非存在，因此我们就确实已经有了作为肯定和否定的内容（如果直接的存在确信被看作肯定，而对作为假象的假象的直接意识——在一切批判的态度之前——被看作否定）的**显现着的事物本身**，在确信的样式的变化中被意识的东西，因此，判断不能形成意向性，如果它仅仅是附加的

肯定和否定的话[①]。

笛卡儿虽然将意识内容和思维中的纯粹被思维的东西本身从我思分离开来，但是，他却根本不理解，**在这里真正存在的是什么，属于意识的本来意义的是什么**。

420 **附录 X，附于 § 21 以下[②]。**

哲学认识的古典的概念，即与前科学的-非科学的人的意见（δόξα）相对立的认识（ἐπιστήμη）的古典概念，以这样的方式获得了一种“**合理的**”**认识的意义**，这种意义为从伽利略和笛卡儿起的近代，培养起一种普遍的数学，并且统治着近代。因此，近代将ἐπιστήμη译为“ratio”（理性）。因此，近代首先将数学的自然科学看作是对于在最后意义上存在着的自然总体的认识。作为数学的

自然，这个自然总体超越了前科学的感性的自然，但是在它本身后面不再有形而上学的自在，即只是所谓照亮它这个作为纯粹现象的感性自然的自在。对于康德来说，笛卡儿已成了历史的过去；《沉思录》，甚至从笛卡儿的遗著中发现的那些“准则”，在他的现实的哲学环境中，也不再具有任何曾经彻底改变了近代最初几代人的那种精神力量了。它们只是作为流传下来的思想继续起作用，只是作为这样的东西偶尔包含在哲学的论证中。因此康德从来没

---

① 数学家笛卡儿习惯于在现成的理论获得物中，在被挖空的命题中，进行思考，并批判地怀疑它们，决定它们，将判断作为被决定的东西套用到经验上。

② 写于 1936 年 7 月。本文取自手稿 KIII 19。在封面上用蓝铅笔注明：康德一文的最后修改稿。——下边在方括号中注道：论文的修正稿，寄给李凯尔特（长条校样第 1－23 页，带有附录），1936 年 9 月 28 日。

有通过笛卡儿得到直接的推动，看起来，他从来没有注意到，笛卡儿已经在纯粹数学和自然科学的合理成就当中看到了一个重要问题；而且首先是在将这种成就回溯到感性世界的存在的有效性和存在的证明，日常的，前科学的和科学以外的生活世界的存在有效性和存在证明的方式中看到的。笛卡儿甚至着手（不过只是粗略地）对我们有关这个感性世界的朴素的存在确信进行批判，这个感性世界必须是作为主观相对的世界而处于存在与假象之间的经常的悬而未决之中。因为在存在的确信所设定为有效的东西中，在对于作为存在的感性世界的直接的感官的感觉而设定为有效的东西中，没有任何东西能避免怀疑的可能性，即能避免尽管被感觉到，但却不存在的可能性，所以笛卡儿实行了他自己的类似怀疑的悬搁，由于这种悬搁，他禁止自己使用有关这个永远只是以为存在着的感官世界的任何判断，关于它的日常真理的判断。在第二沉思中，他对感性世界——从现在起，它对于他，即在悬搁中进行哲学思考的我来说，完全是纯粹的观念——进行了第二点批判，**根源的批判**，在这种批判中，他已经以与康德同样鲜明的方式，在通常 421
所谓的感性经验（作为对于事物的经验）中进行了区分：单纯的纯粹感性的感觉，和在那种共同起作用的理性（ratio）中产生出来的，或更确切地说，从特殊的思想活动中产生出来的诸因素；他将纯粹感性与理性对立起来。他在感性世界这种观念中指出，被以为在它当中存在着的东西，绝不是单纯感性的所与物，相反到处都可以指出与感性所与物一起的理性因素，没有这些理性因素，当时的感性材料就没有事物存在的有效性，没有同一性质构成的实际存在的同一物体的存在的有效性，这样，一般来说，感性世界对于我们

就不可能（即使只是以为的）作为世界而有效。如果仔细思考，这一部分是有弱点的，因为作为事物在感觉上被经验到的东西，即形式，不可能是纯粹感性的。

让我们将笛卡儿的意思用我们的语言表达出来：他的意思是说，我们不可以忽略，感性材料首先必须作为事物（或作为事物的性质，作为实在的过程，联系等等）被统觉。统觉作为某种理解，是"判断"，不管我们在这里是否说出来。因此，首先可能是关于被认为存在的东西或是关于仿佛是的东西的意识，然后可以问它是否真正存在。首先，如果我们抛开判断（用康德的说法，抛开意志的自决），我们就有了纯粹感性材料，它是来自纯粹感性，来自被动性的能力（用康德的说法，纯粹感受性的能力）。我们将对于日常世界的经久的存在的确信不是归之于被动性的能力，而是（虽然是奠定于被动性的能力之中）首先归之于判断能力。我们将它归之于广义上的理性，正是归之于判断能力，为此我们称人为理性的生物。更确切地说，在理性的充分而广泛的意义中，包含在确切的肯定的意义上作为真理能力的理性，与在否定意义上作为谬误能力的理性（它本身同时被包含在作为不存在错误东西的真理的真理能力之中）之间的区分。因此，在确切的意义上，理性并不是这种判断的能力，而是那种判断的能力，在那种判断中，进行判断的我按照它"生而固有的"规范的理念和规范的法则行事。因为它用反思的方法在这些判断上内在地把握其清晰性和明确性，它正是仅仅在自明的和"清晰而明确的"判断中认识这些规范。但这就是纯粹合理科学的判断。因此，这就是笛卡儿的观点（虽然不是按照词句，而是按照意思是如此）。按照这种观点，在他看来，下面这个问

题就预先解决了:纯粹理性如何能与感性相联结,更确切地说,纯粹合理的认识(数学)如何能应用于感性的日常世界,以及它的特殊的经验的事实。

但是现在对于笛卡儿来说,被标明为合理的判断的自明的判断之清晰而明确的知觉(clara et distincta perceptio)的、主观体验的超越主观的有效性,变得难于理解了,按照笛卡儿的观点,合理 422 的科学是一种在进行哲学思考的我之中发生的全然主观的成就,——它如何能要求一种客观的,延伸到自在存在的东西中的有效性呢?自我——对于笛卡儿来说就是纯粹的心灵(mens)——如何能借助于它的活动而超越自己呢?这就涉及到被还原到这种纯粹性的人的全部思维。因为按照笛卡儿的看法,在全部的思维中,也包含(至少是作为因素)判断。众所周知,在这里上帝存在证明的应急措施就开始了。

我们也可以(尽管并非没有含糊不清之处)将刚才划分的笛卡儿的两个问题统一地称作合理科学的有效范围的问题,合理科学作为客观科学的存在意义的可能性的问题。前科学的认识,处于一切活动中的存在有效性,也都一起包含在这个问题中,即通过这样的方式包含在这个问题中,每一种前合理的方式的存在有效性,都可以在一个判断中合理地询问,都可以在一个判断中确认,这个判断在这种情况下,可以按照正确与不正确合理地判定。在这里还包含这样的意思,每一个前科学的认识,实际上都有一个存在者与之对应,在这样意义上与之对应:即每一个无意义的假象都有一种存在,一个真正的存在者为基础,假象与它有矛盾,也许将来随后的认识会将它暴露出来,并对它进行规定。

显而易见，这个首次在笛卡儿那里出现的问题，在本质核心上与康德的先验综合判断的根本问题是同一的，在这个根本问题中，不可分割地包含着同一些紧密相联的问题，以致最初康德的系统阐述未能准确地区分和理清它们。

尽管有这种本质上共同之处，但是我们还不能说，康德的根本问题在同样意义上也是笛卡儿的“根本问题”，因此不能说，两位哲学家的所谓基本风格本质上是相似的，二者比方说只是在发展程度上有所不同。二者恰恰是在原则上有非常大的不同，这种不同从外观上表现如下：对于笛卡儿来说，他的哲学的真正根本问题，是包含一切真正认识的普遍科学的必真根据的问题。康德也要求必真的根据，但是对于他来说，必真性具有一种完全不同的意义。在“普遍科学（或哲学）的必真根据”这个表达式后面所包含的原则上可以澄清的东西，对于我们的目的具有更重要的意义。

在这里所意指的东西，在其可理解性方面受到歧义性的损害，这种歧义性就包含在关于将根本问题作为在哲学家的整个哲学研究中都指导着他的问题的，作为他的全部哲学都应为其解决提供
423 答案的任务的谈论中。在某种意义上，指导这两位哲学家的动机的确本质上是相同的，只要这二人都是首先将目光指向合理的自然科学，只要这二人原初的意图都是将具有科学性的方法当作真正的，因此对于一般科学有效的方法更严格地奠立起来，因为二人都有一种动机，即未经检验就不接受这种先行的信念。但是对于笛卡儿来说，在这方面并不存在应该并可以指导整个哲学研究过程的，因此指导整个哲学体系的，明确地置于首位的“根本任务”。在那种情况下，就会预先假定了这种任务实现的可能性。在这种

任务中，正如它预先意谓的，不可能已经包含有不言而喻的前提——而这种前提乃是未对其意义和有效性界限加以论证的先入之见——吗？因此这个任务本身按照其实践的意义，不是预先就需要思考和论证吗？一切通常意义上的方法的问题，即那些通过在一般东西中展开，然后是在科学的特殊方法中展开，而使科学的真正重建成为可能的问题，难道不是在以后才发生的吗？因此对于笛卡儿来说，使作为合理的普遍科学的哲学成为可能的理念，和方法的理念，具有两种意义和两个层次。同样，对于他来说，“根本问题”的理念，具有一种由以下的信念产生的特殊的、最严格理解的根本意义，即哲学本身只能实现自己的意义，只能成为真正的哲学，如果“哲学家”通过自我沉思赋予在他眼前作为“哲学”浮现的计划以得到澄清的和清楚表达的任务的形式的话。在这种情况下，哲学就必须同一般清楚而明确的目标一样，相应地——清楚而明确地——预先规定方法，即实际上实现的可能道路，在这里就是形成理论。

527

在康德那里的情况却完全不同。在他那里不能发现任何这种哲学上自我辨明的彻底精神。康德在理解他从中被培养起来的合理哲学的预先给定的成就方面，陷入了难堪的困境之中，对于他来说，虽然这种哲学的可能性，甚至牛顿自然科学的可能性，成了“根本问题”，但是，当他想澄清这种可能性，并且按照它的真正意义和它的有效范围证明这种可能性时，这种计划却具有了本质上不同的意义。在这里就已经表现出区别。对于他来说，自然科学的无可怀疑的成就，不仅如同在笛卡儿那里的情况那样，是一种主观的确信，而且他不像笛卡儿那样，也首先对这种无可怀疑性从根本上

加以怀疑。而是经常将这种无可怀疑性用作他的理论的论据。此外，所谓个人的不言而喻的东西，具有更加确定的内容，譬如，在感
424 性与理性二者的能力的划分中。笛卡儿想从原则上——真正完全从原则上——将他所有的先入之见包括到有效性的原则问题的统一之中，也就是说，想普遍地彻底地将这种是否有效的问题，包括到有效性的原则问题的统一之中，包括到哲学是否可能以及如何可能这样一个普遍的问题之中；而在康德那里，个人的先入之见却成了前提，它们的有效性是不成问题的。而且正如我们将会看到的，在他的哲学研究中，有大部分前提，他甚至连它们的可能性（按照他的可能性概念）也没有询问过，因为他甚至没有用适当的语言将它们表达出来。

这种差别很显然与这两位伟大思想家在其中进行哲学研究的不同历史状况有关。

对于康德以及他那个世纪的理性主义来说，数学自然科学早已作为唯一真正的有关自然的科学，在有学问的有教养的人当中得到普遍承认，在他的反对者方面，甚至被承认为自然哲学，即关于在物质自然这个名称下的最后的自在存在者的科学。在这个意义上，它也是被普遍承认为包括一切“客观的”存在者，一切最后意义上的存在者的普遍的科学的典范，因此，也是普遍的哲学的典范。而在笛卡儿那个时代，情况却不同。对于笛卡儿来说，问题是要使这种刚刚开始的全新的科学首先得到承认，问题是使科学的方法作为对他同时代的人唯一产生真正真理的方法——也是使他本人达到自己的自我辨明的方法——令人信服地奠立起来。

从经院哲学的传统主义和它的神学的-目的论的世界观中解

放出来，对流传下来的先入之见进行斗争，对来自自主理性的科学和哲学的强烈愿望，这一切支配着文艺复兴时期的哲学思想运动。因此，这种哲学的思想运动首先恢复了作为纯粹来自知识(ἐπιστήμη)的世界认识的哲学之古代的古典的意义。然而不久它就达到这样一种地步，即想要制止传统主义式地接受古代哲学。最后从这种努力的趋向中，产生一种彻底的、绝对无先入之见的愿望，由于这种无先入之见，在所有按理性进行判断的人那里的同一的纯粹的理性得到了清澈的表达，并将真正的方法和真正的理论令人信服地引上轨道。这种趋向变成占统治地位的热情，变成像笛卡儿那样伟大天才的主要的生活意愿，笛卡儿将他的这种无先入之见(或者说成无前提性也是一样)的要求扩展到极端，并试图通过沉思彻底澄清并确定这种要求的正当意义，它的自明的必然的意义，另一方面，同样以一种相应的彻底精神，将作为普遍认识
(在其中，一切特殊的认识和科学只能是非独立的成分)的哲学的 425 529
理念，当作问题，然后当作任务，——所有这些，以一种十分独特的方式使他作为整个近代的开创者而突出出来。从一种好的，虽然是非常一般的意义上说，所有近代的哲学家都是笛卡儿主义者，正如所有的物理学家都是伽利略主义者一样。

哲学即使是产生自这个伟大的人格，也只能是来自这位哲学研究者的彻底的自我辨明。但是只当特定的被宣称的认识之特定的公开的或隐蔽的前提都被辨明，因此，它们也变成了认识，哲学才能成为这样的东西。因此很显然，一般的认识和普遍的认识的理想必然要求(如果它一般具有一种意义，一种现实的可能性)追问并最终真正揭示出最后基础，这个包含一切最后的前提的，作为

必然能辨明的最后基础。很显然(由于可能认识的和认识要求的无限性,以及由于每一种可能想到的意见都宣称是认识,或更确切地说,都是可疑的这种可能性),以上要求只有按照下面这种方式才是可以想象的,即以下情况可以以最根本的、形式的普遍性成为必真自明的,即每一种可能想到的意见,每一个可能想到的问题,每一个可能想到的对于它的立场,在肯定、否定、怀疑、猜测等等中,已经以一种到处都是形式上相同的基础,作为一种绝对必真的不言而喻的东西为前提,如果没有这种不言而喻的东西,就没有任何这一类的东西,因此没有任何被宣称的认识能具有意义。揭露这种不言而喻的东西以及对它的必真的使用,就得到哲学绝对必真的基础,而哲学只有在以下情况下才能实现,即从这种基础出发,能够逐步地建立起间接的认识,更确切地说,已建立起间接的认识,而在建立过程中,每一步都能在其在这种间接性的链条中所处位置上,由这种绝对的必真的认识基础间接地辨明,在这里在能够进一步规定间接的认识论证的东西方面没有任何违背这种形式东西的偏见,更不要说在这里应作为认识而被奠立的东西的特殊样式方面了。

当然,这是一种思想连贯的解释,是对于笛卡儿的思想的一种"阐述",而且是以一种严格形式的措词进行的阐述,借助于这种措词,就能够避开许多被信以为真的不言而喻的东西,由于那些东西,笛卡儿本人曾违反了这些程序,譬如当他认为,间接的认识论证在逻辑-数学的演绎形态中就已经被预先想到了时。当然,这种形式的解释的谨慎与详尽,还意味着对笛卡儿的超越(尽管它只不过是认真仔细的解释),即在这样一个限度内的超越,这位思想家的这种拘泥细节的精密的自我解释的疏忽，有可能使那些不可靠的不言而喻的东西不被觉察地流入进来，至少是有助于这种流 426 入，而这可能产生严重的后果，并且肯定是与所想要的彻底主义相矛盾的。

关于绝对必真的认识之奠立的这种笛卡儿的彻底主义的解释，还有一点需要强调。如果我们像笛卡儿一样不假思索地认为，哲学的理想——即使是在无限的进步当中——能够这样实现，即我们通过在想象中经历可能认识的全部无限的东西，最终达到作为由具有其全部特殊性和个别性的存在物——作为被认识的真理的对应物——构成的宇宙的宇宙，那也是一种偏见。

也许在这种必真的绝对的基础中，在自我中，就已经包含一种必真的无限性；如果认为这种无限性是可以通过无限的进步而系统地穷尽的，则是荒谬的（正如空间被我们看作是连续的位置系统，它的位置从作为坐标系的原点的任何点出发，原则上都是可以达到的，尽管实际上没有一个人能走到任意远）。因此十分需要对笛卡儿的程序进行解释，然后需要进行一些新的根本的思考：哲学是否可能，如何可能，而且按照这种实际的提示，已经需要一些本源性的思考，作为这样的东西，需要绝对的必真性，这种必真性作为“先于”一切可能认识的必真性，是一切认识的普遍“基础”。

如果我们现在将我们的目光从笛卡儿转向*康德*，那么几乎用不着说，康德对真正被奠立的认识之可能性条件的询问的这种彻底精神，以及一般地说，对哲学之可能性条件的询问的这种彻底精神，是陌生的，不管他怎样询问哲学认识的可能性条件和有效范围，并建立了宏大的哲学体系。

笛卡儿要求于哲学的合理性，作为他在自己面前和任何人面前可能辩护的合理性，不是别的，而是哲学上自我辨明的极端的彻底精神。它不是别的，正是他的必真的认识奠立的意义，对这种意义我们不可以按照现在时髦的方式反对说：笛卡儿的建立在必真基础上的普遍哲学，产生了那种在实存方面失败了的，衰颓了的人类（它的第一个代表人物就是笛卡儿本人），产生了那种“在实存方面”失败了的人类，它的进步的热情，它在无限进步中实现认识上对自然的支配的理想，以及通过认识上的支配能无限增强对自然的技术上的支配的理想，从根本上讲，是追求一种“安全”，在一定程度上，是追求一种面对命运的保险。确切地说，这种保证，也许
427 连同必真性的理想一起，不外是胆怯地逃避这种本质上命运攸关的此在要求于人类的责任和考验。

不可否认，在我们的时代存在着这种类型的文明，并且它作为一种大宗现象受到描述。但并不是所有的人都随意取笑他们的桎梏；我敢维护这样一种观点，即本质上属于这种文明的颓落哲学，不仅在一定程度上是为这种进步的文明辩护的哲学，而且还是，并且首先是，对这种文明以这种批判反应的方式作出如此出色的实存反应的哲学。事实上，最严重的颓落是由于对伟大的和真正的道德盲目无知，而正是这种道德造就了哲学——伟大的真正的哲学——，并且将它的有创造力的承担者造就成值得受人敬仰的。伟大的孤独者笛卡儿，以及他的伟大门徒斯宾诺莎，是如何寻求“安全”的，他们在他们的著作中是如何想要将人们引上安全道路的？为此他们从世界退却了吗？或者，笛卡儿，当他体验到从精神的困境中解放出来时，他去朝拜洛雷托的圣母吗？在一个为其历

史上的博学多识而自豪的时代，人们会变得对这位哲学家的道德——这种道德有其如真正艺术家的道德，真正政治家的道德那样的类似物——完全充耳不闻吗？人们再也不能理解，什么是生活，什么是知道自己的使命，什么是使命的悲剧吗？很少有著作像在笛卡儿的《沉思录》中那样，在其中人格的最彻底的自我负责的精神显示得如此清楚。

这种反对意见很可能击中从事在这期间变成了技术的科学的后来的几代科学家，但是如果人们责备这位有独创性的天才，那就是对于历史的和客观的情况的严重颠倒。在笛卡儿那里，问题的提法在一定程度上就是先行预防一种在理论的创造和论证中单纯作为技术被应用的科学，一种被掏空了哲学内容的科学，这种科学正是因此在实存方面失败了。人们一定会重新学会理解这种最深刻的意义，——而且也一定会重新学会理解通过笛卡儿的推动才被触及的作为自主的人所进行的最终辨明的自身沉思的必真性问题，并且正是由此而获得关于下面这种问题的理解，即在沉思中，什么曾是超越论的-哲学的动机，什么东西在康德那里(甚至在这种动机很快就变得模糊不清以后)，以及在康德以后的超越论的观念论那里，又成了模糊的推动力，而且从昏暗的深处显露出来，以便将来有一天获得完美而清晰的超越论哲学的明白形式。

只是由于这种形式的超越论，才产生一种对于人类及其历史的存在的最高的、哲学的自身理解之可能性。它使人类理解到，随着哲学作为希腊哲学在产生时与生俱来的必真地奠立的普遍科学 428
之意义的实现，应该产生一种使人的有意义的存在成为可能的新的最高的功能。

这样一来，这种普遍的主观间的科学，由于最终的绝对充足的理由，就变成了人类——处于其走向自身创造其真正存在（作为他自己本身的使命的无限理念）的无尽头的道路上的人类——的功能，人类的表达。这种科学性不可能是实证科学的科学性，换句话说，可测度的预见之科学性本身不可能是哲学，——按照其意义关联，宁可说它只是一种从属的，只有按照其自身的正当的含义才能阐明的要素，这种情况首先是在随着康德的宏大哲学计划而开始的发展中被涉及到的。在最深刻的根据上，它涉及到真正的形态，涉及到作为隐得来希的哲学生来固有的意义。即使哲学已经作为超越论的哲学，并作为巨大的体系而出现，它绝不因此在这里就已经处于自身理解之中，已经明白了以下问题，即作为哲学能够被要求并必须被要求什么东西，在这里“超越论的”这个词力图表达的意义的改变真正能够并必须表示什么样的目的和任务。

在这种对笛卡儿的评价中，也包括康德及其后继者，虽然并没有特别强调；但是对康德（我们在这里甚至使他与笛卡儿形成对比）的评价是这样的，即我们恰巧是反对他缺少彻底精神，就他忽视了重申必真地奠立哲学这个问题，或更确切地说，这个目标而言。真正的哲学上的自身负责的道德也在支配他，对于他来说，哲学毫无疑问是人对于他自己作为自律的人，作为理性的存在所应有的东西之一种必然的最高度负责的思考。那种他称作知性认识或称作单纯“理论认识”的东西，即实证科学、自然科学，以及（只要它们能证明正当）遵循自然科学的典范的一般科学——它们全都曾将理性主义与哲学看成是一个东西——都作为重要的，但相对从属的东西归入到这种理性存在应有的东西之中。

当然，像一切哲学一样，康德哲学也是科学，只要它提出论证的要求，并要求不将任何命题、任何论断（不论是直接的还是间接的论断），没有经过思想上的自身辨明而证明它，就宣布为真理。不论康德从他的立场出发可能有什么正当理由，来防止通常情况下将认识的方式，逻辑-数学的方法以及也许可以与它同等看待的先验的方法，与包罗万象的哲学之方法以及哲学上的方法混淆起来（由此就使数学的方法与超越论哲学的方法区别开了，而同时又不否认理性主义的精密方法的真正权利），现在如果有人想 429
将康德哲学（真正意义上的）变成一种非理性主义，不想承认它是在原初的永恒的意义上普遍科学，那就是对于康德的术语的明显误用。康德哲学的超越论的先验的体系是一种更高程度意义上的先验科学，本身是理论的认识，或确切地说，是理论，在它当中进行支配的理性是理论的理性——因为那个理性仍保持为理性，不论现在是在康德的理论理性标题下还是在实践理性标题下。对于真正的善、真正的公正、真正的义务的思考，也属于理性。康德的批判既"批判"数学，也"批判"伦理学；因为伦理学从古代以来，不论是坏的还是好的，确实都是认识，都是自称的科学，都是哲学的目标，它的陈述如同所有的陈述一样，处于形式逻辑规范的支配下。在这种情况下，为什么不也为它要求一种超越论的逻辑，就如同在这种情况下，另外也为有关所谓美学价值和价值构成物的认识沉思的和科学的尝试要求这样的东西一样呢？突出强调"绝对命令"的这种沉思，一般而言每一种沉思，难道不当然就是认识吗？难道不是要达到判断的，而且是要达到真判断的意愿吗？在下面这点上，人难道不是理性的存在吗？即它的存在的方式是一种达

到越来越高程度的反思的存在方式，他的合乎理性的存在，本质上只能通过“想是反思的合理的东西和想成为反思的合理的东西”而实现。这种特殊的人的此在方式或理性的此在方式的最后形态，难道不是普遍的沉思，并且在这种情况下必然针对作为处于一般人类当中的人的存在的沉思吗？这种沉思的成功的形态，就是无限地继续构成下去的哲学——哲学作为赋予人以人性的功能，作为赋予“一般人”以人性，赋予人类以人性的功能，作为在最后形式中的人的此在（这种最后形式，对于人类向人的理性发展的最优形式而言，同时又是初始的形式），又是一种发展形式，由此，人的此在作为人之所是和人之存在方式，是在“为自己本身存在”当中的存在，是在“想要自己本身”当中的，是在“能想要自己”当中的存在——因此是在无限的努力中实现这种“能够”的存在。哲学的科学正是为此奠立基础的，而哲学科学的承担者就是哲学的科学家，即唯一真正的科学家。乍看上去这可能显得有些难于理解，但是普遍的科学的意义，研究一切存在者，研究具有全部意义的存在者的科学的意义，就在于此。这作为隐蔽的意向，存在于一切哲学当中，尽管自身认识和科学，如同一种特征一样，在人的此在中经常出现，这种意向在哲学达到其本身的真正意义之前，达到其明白的意义之前，以及达到真正必真的奠立之前，是不会显露出来的，这
430 种必真的奠立对于哲学，以及其中包含的对于人类，乃是最后的自身理解。这里不存在文化诸形态——科学、艺术、经济等等——的诸特征彼此并列的情况，不存在诸特殊的科学——数学、自然科学、生物学、心理学、伦理学、认识论，等等——彼此并列的情况。这里存在的是，人借以在空间时间的自然中将自己客观化的诸种

客观化方式与程度，但是只存在一种包罗万象的科学，一种哲学，一种作为普遍的沉思和已获得的自身理解的普遍的认识，在其中，隐蔽的、未展开的理性变成了理性，变成了理解自己、规整自己的理性。

在一切理性的本质意义当中，包含有这样一种意义，即理性按照一种必要广泛的意义，是进行认识的理性。它到处都是对于真的东西或假的东西的负责的思考。

但是，下面的问题当然是有争论的，即康德哲学的合理性是否已经表达了充分意义上的真正理性(ratio)，以及它是否由于它缺乏彻底精神而放弃了理性，而这种彻底精神作为对必真性的信念，乃是哲学成为可能的原始条件，它从一开始——并且永远——规定着哲学意图的根本意义，并且按照我们的提示，通过能达到的成功，在必真的科学中得以实现。真正哲学的这种根本要求，从笛卡儿起就被充分意识到了，甚至产生了非常重要的效果。但是在效果方面，它仍停留于某种简单状态。必真根据的巨大的、具有多种多样问题的深层，仍然是他难以接近的。

那种人类的最高阶段，具有要想成为彻底遵循必真目标的此在的必真意愿的人类的(绝不是抽象的个体的人的)此在的最高阶段，就在这个深层中。这种此在的功能正是反思，普遍地必真地认识自己以及相关联地认识世界，这种认识乃是作为在真正的人类的生成中，以真正的命中注定性，以必真地被意愿的命中注定性，实现真正人类的此在之可能性的必然的形式和必真的条件，而这种认识就克服了盲目的命运。

但是对于康德以及与他同时代的哲学家来说，应该必真地奠立的哲学之动机，已失去了它的力量。在这种动机中，包含有对于客观的和普遍的认识之可能性的前提和条件进行回溯分析的要求，这种认识，按照其彻底精神，在它达到作为最后基础的最后的根本的前提（同时并不使客观科学失去其意义，使它的整个计划失去其意义，或者说，所有其他人的计划存在有效性，以及在任何特殊意义上要求一种事实上存在的人的计划的存在有效性，作为要求，并没有成为不可想象的），并且相关联地，达到根源的基础（一切存在的有效性都是由它那里，在只有从它出发才能得到的最后
431 的论证的阶段上，得到自己存在的有效性）之前，是没有支撑点的。正是由此，笛卡儿的计划才真正得到准确表达，他关于绝对无前提的认识之理念和要求，关于通过对于一切公开的和隐蔽的先入之见（甚至是被学到的、被采纳的先入之见）的普遍悬搁而能获得的绝对观点之理念和要求，才真正得到准确表达。而只有按照这种绝对的观点，一般来说，对于任何可能的认识，任何不论是真的还是冒充的认识，任何可能的前提，任何可能的问题和回答之绝对基础的自主的思考，才可能开始。既然这个基础被称作绝对的前提，那么它就不能再属于在那种最广泛意义上的传统的不言而喻的东西，并且一般而言不再属于预先呈现为确定无疑的，甚至呈现为必真的不言而喻的东西，因为悬搁涉及的范围很广，它使一切作为存在着的有效的东西不起作用，看上去好像它不存在，好像它是可以被怀疑的。在自由悬搁的情况下，而且只是在这种情况下，这种绝对的基础，可以被看作一切存在的有效性的基础，甚至是已经承担着悬搁本身的存在有效性的基础——正是现在被有意识地用作绝对基础的存在有效性的基础。

正是在不言而喻的东西的基础方面——康德哲学在其问题提法中不加询问地将这种基础设定为前提并加以利用——对康德哲学的这种批判，可以帮助我们阐明关于绝对最后基础的问题的意义，或者如我们还可以说的，阐明必真性问题、“自明性”问题，以便借此说明一种以全新的方法进行的全新的哲学研究的迫切必要性，并借此获得一种对于在理解——想要理解——以这种方法真正实行一种最终有效的哲学之已准备好的开端方面的敏感性。笛卡儿以后的哲学不论在具体实施中和在成果中与笛卡儿哲学有多么大的不同，笛卡儿仍然可能是而且必定是笛卡儿以后的一切哲学的开创者。按照以上突出强调的形式，这就是笛卡儿主义。但是这种新式的——“现象学的”——哲学被称作超越论的哲学（“超越论的现象学”，但不同于所有的，即使是从《逻辑研究》获得动机的所谓现象学派的现象学）的正当性也变得可以理解了。它被称

作“超越论的”哲学，尽管并不是康德哲学的继续发展、改造，不论 539
是改好还是改坏。但是从这种现象学的哲学出发，通过对康德哲学的批判运用，可以看到，在它的（按照根据和按照概念上的规定必须拒绝的）超越论的主观性当中，通过生动的直观，恰好看出了现象学按照其方法以必真的自明性，以一种它所固有的直接的经验方式，以一种它所固有的间接构想的方法论，完全必真地把握的东西。

附录 XI，附于 § 23[①]。 432

我曾说过，休谟的方法总是导致唯我论。但是他从来也没有

① 本文取自手稿 KIII 26（第 22 页），写于 1936－1937 年冬（?）。

宣布过这个结论,他的方法很容易引起混乱,在最初的几章中,他经常这样说,即仿佛对于与我们的知觉的存在相对的世界的真实存在不能有异议。当他将他的研究限制在纯粹知觉领域时,他却这样行事,仿佛可以将对于知觉的起因的询问托付于心理学家、自然科学家。他甚至想将与此相关的问题排除在外。他说话的方式与他停留在洛克的立场上时完全一样,只不过他想更严格地坚持他的任务。他甚至没有看到,他作为内在性的研究者,必须只给自己的自我以优先地位,当他继续进行他的研究时,他行事的方式仿佛这是一种纯粹的(尽管未被说出的)方法上的限制,他不许涉及有关他人的经验认识的问题,他甚至把这只用作证实他的这样一些论断,即每一个人通过他的经验都能证实被断言的东西,就如同他也从故事中和文学创作中取来例子一样,仿佛对于内在的研究可以通过这种方法得到证实——无论如何,没有将他人和社会作为内在性问题提出来,没有考虑到心理学上的客观性在多么大程度上是可能的这样一个问题。当然在这里他必须首先检验这种从自己的内在性到别人的内在领域的可能性和存在的"推论"。但是如果他没有谈到所有这些东西,那是由于他的这样一些理论,即它们将它们的有效性根据纯粹归之于内在的断定,并且成果具有这样一种形式,即除去"想象力的范围",即内在的领域,以及对于它来说,能够断定是原本给予的东西,不可能有任何东西真正存在。正如他直截了当地承认的,任何对这个领域的超出,都包含矛盾,一切超越性都是虚构。在这里包含有什么呢?同样也包含有其他人的存在和诸神的存在。但是任何地方都没有这种结论,这种明确表达的看法;相反,却有许多如果不是适合于安抚形而上学者就

是适合于安抚神学家的东西。

我已经简要地指出，目的论的历史的进程，延伸到直到休谟的经验主义运动中，这个进程是随着近代哲学（作为普遍的科学）最初的创立而开始的，并且由于其对于在哲学构想中的新意图的最 433
初未被澄清的，并且一开始在最本质之点上随即产生的错误解释，在某些方面导致了必要的充实，而在另外一些方面，则使它带上错误，而这些错误是由哲学的，更确切地说，是由已生成的诸科学对自身的荒谬的解释必然产生的。由于休谟的心理学（据说，一切科学的顺利发展都依赖于这种心理学，这种心理学是真正的基础哲学），对于所有如同他必须被看待的那样认真看待他，并专心致志于他的思想方法的人来说，有关基础哲学的双重问题，即有关纯粹意识的，有关纯粹主观性的新式科学的问题，和有关作为客观上存在的，甚至以奇特的方式具有其纯粹意识的人的心理学的问题，变得极其重要而迫切了，正如心理物理学的人类学——在那里，在心理学方面存在着笛卡儿的 mens 意义上的心灵——的意义问题变得重要而迫切一样。当作为思维主体并且纯粹作为思维主体的人成为主题时，当在这种情况下对于进行哲学研究的人以及对于以心理学态度彻底建立心理学的人来说，预先给定他的，对于他总是作为这样那样存在着而有效的世界，必然是他的意识生活的构成物时，必然一定会首先产生一种唯我论，即将世界还原为意识的构成物，而且是自己意识的构成物。人们当然不愿意做出这种令人难以置信的结论，——尽管这种结果是令人难堪的，甚至在哲学上是绝望的（如休谟“在本书的结尾处”关于它的结果本身所说的，这种难堪在前哲学的朴素性中是可以避免的），但是这整个的

道路仍然可能正是在以下这点上有其历史的-目的论的价值，这种价值的意义怎么高估也不为过，即这条道路迫使(或应该迫使，并最终有一天一定会迫使)人们彻底地，充分展开地思考这整个的认识到本身是荒谬的有关世界和科学的说明，并询问最终的基础。

434 **附录 XII，附于 § 23[①]。**

休谟首先着手纯粹从作为意识之最初的唯一的原初事实的感觉材料出发，探讨客观认识的起源。尽管他以将所有客观化成就贬低为虚构而告终，对于那个不能认真对待他的根本颠倒了的感觉论的人来说，还是出现了被给予的东西的根本区别，或更确切地说，根本的问题提法：正如否认在其精密性方面具有其的确不可超越的严格必真性的作为连续统和纯粹代数-形态的数学的纯粹数学，甚至指责它有矛盾，然后将它还原为日常事物世界的模糊形态，是错误的一样，另外将具有事物性质、关系、因果性的同一的事物，通过追溯到联想和习惯，而解释为虚构的构成物和感觉材料，同样也是不妥的，——由此确实就显露出**预先给定的事物的世界**，先于科学研究而始终为我们存在的世界，被我们体验为同一的世界，尽管有其相对性，但仍然能通过其存在与其现实的实在性在实践上充分证明的世界；以及由于在更高阶段上的工作，按照逻辑方法逻辑化了的世界，即“客观上真的”世界、精密东西的世界。不仅如此，当他思考“精神”、“心灵”、“知性”用感觉材料，用感受性唯一

---

① 本文取自手稿 KIII 28(第 7 页)，写于 1937 年春(?)。

直接给予的东西所做成的东西时，当预先就已经意识到，前科学的世界的，尤其是科学的世界——作为在意识上给予我们的，并且被认为直接为我们在这里存在着的世界——的保持着的“对象”，必然是心灵的成就的构成物，是人的知性的成就的构成物时，他进行了一种区分，即能由这些材料产生的认识构成物［他称这种构成物为“观念的关系”(relation of ideas)，即可以无矛盾地协调一致的思想可能性，以及支配着它们的这种协调一致的法则］，——另一方面，就是“事实的材料”(matters of fact)，即不仅被标明为一致的思想可能性，而且被标明为事实上的现实性的构成物。相关联地，由此标明了被运用于感觉材料的原始最初素材上的有成就的功能的两种形式。一种功能产生绝对必然的东西——但这些必然的东西只涉及可以无矛盾地想象的可能的东西；另外一种功能产生事实上的存在，即作为只具有盖然的有效性的预见之规则产生出来的存在，在这种情况下，被预见的东西也可能是另外一种样子。

附录 XIII，附于《危机》第三部分 A[①]。 435

《危机》继续部分的前言

很遗憾，在《哲学》杂志第一卷上以作为导言的两章而开始的这部著作的继续部分，在长时间的延误之后现在才这样发表，——

① 写于 1937 年春(?)。取自手稿 KIII 6(第 51－65 页)。胡塞尔仅仅将它称作是《危机》继续部分的前言，并在封面上注明：第二草稿。

不可克服的障碍，我的变得不稳定的健康状况造成的结果，迫使我将已准备了很长时间的计划搁置起来。因此就产生了对于理解这里尝试的、通向构想超越论现象学的理念和方法的、目的论的-历史的道路的严重停顿。这里所发生的情况，与在演出一部宏大的音乐作品时，由于序曲结束而中断所产生的情况有些相似，也就是说是这样，即现在这部作品接下来要演奏主要部分（即歌剧本身），并且已为它准备好了一种生动理解的状态，却在稍后不重奏序曲就突然开始演奏了。

事实上，第一篇文章所提供的是一种自身相对完整的预备性思考，一种最初的自身理解，一种最初的对自身的研讨，它具有这样一种功能，即首先创造一种有关新式的，在我们哲学的整体状况中变得必需的哲学的目标设定和方法的暂时性的理念（一种预先的理念，一种被正确说明动机的预备性的理念）。同时这整个的思考恰好只是表现为预备性思考，它要求参照在以后章节中才完成的真正成就，借助那种成就，来自最终有效根源的这种暂时性的理念就能达到充分的明确与清晰，并且按照这种方法，能以应作为哲学而提出的任务的真正可行性的自明性呈现给我们。下面的情况显然在一种比音乐序曲的比喻更高的程度上适用于我们的统一的预备性思考，即它的功能并不限于仅仅预先指向真正想要达到的后来的工作成就（仿佛它在完成这项工作之后就没有别的工作可做了）。在我们的情况下，甚至涉及到这样一种预备性的思考：从其中产生出来的有关可能的、指向目标的路线指导的预备性概念，因此应该用作以后要完成的工作的基准点和指导路线（显然，这已包含到我们以前的叙述之意义当中了），因此我们一定不要忽视这

种预备性概念，更确切地说，我们必须通过回溯一再地提到它。正 436
是这种回溯提供我们实行回忆的重复的一切机会，而为了回溯，就需要克服这种长期的停顿。而在本来只是指向最必需东西的预备性思考的情况下，简短地重复第一篇文章的整个过程，几乎不会有什么用处。

现在我们想立即进入到这种新的，真正进行详细说明的思想过程中。因此，我们要将在前一章结尾处许诺的对康德的批判推迟一下；也就是将指出并批判地怀疑康德与迄今为止的一切哲学中的独断论所共有的某些极其广泛的、但始终未被询问的不言而喻的东西的工作推迟一下。虽然康德为了克服某些他本人非常强烈地感受到的缺欠而实行了他的“哥白尼式的转向”，他却并未由此而达到——如我们已经说过的，但我们打算只是通过一种深入的批判分析才去论证的——一切哲学认识的最终的根本基础，并没有因此而完成一切哲学任务当中的最伟大的任务——即正是从这种基础出发系统地能有所成就地建立哲学的任务。在笛卡儿《沉思录》中，尽管只是形式地，并且是作为未发展的胚芽包含的，正是对于必真的有洞察力的方法，对于进行最终自我辩护的哲学，真正从根本上进行最终的认识上论证的这种彻底精神。关于这一点，我们已在我们对于前几个“沉思”的深入解释中，在我们指出其原初意图时，清楚表明了。但是我们的对于笛卡儿的处置方法的批判的思考表明，他不是着手研究作为原始基础与他的我思一起已经呈现在他眼前的东西，而是由于他内心中紧紧追踪着的数学的认识理想，而立即被引上了一种思想方向，这个方向有助于合理科学的那种有害的理念获得被认为的绝对的规范之高位。整个近

代都处于这个思想方向的影响之下，我们也将那些时髦的几乎成了普遍流行的贬低笛卡儿的批评归咎于它；这些批评恰恰没有看到笛卡儿无与伦比的独创性，而笛卡儿正是以这种独创性将以后绝不能驳回的对最终的自在基础——一切认识都建立在这个提供最原始意义的基础之上——的追问引入到历史中。

然而，我们在这方面所阐明的东西，如同在我们的第一篇文章中阐明的一样，尚没有超出预备性思考和预备性提示的范围，尽管它具有所需要的自明性。因为只当具体指出那个能在严格遵循“笛卡儿式的悬搁”（对一切预先有效性的悬搁）的情况下，证明关于一种新的认识论基础的说法，即关于作为能直接看到的不变的
437 结构之原始领域的说法的正当性的东西，此外，只有对从这种东西出发从本质方面被预先规定的问题提法和具体方法的研究，才能真正证明，这种哥白尼式的转向，连同它的再也不能忽视的对一切朴素的-不言而喻的事先的有效性进行普遍怀疑的彻底主义，并不是一种空洞的-形式的要求，一种关于空洞的问难，关于与事实无关的经院哲学辩论的纯粹游戏的单纯结果，而是严肃的实实在在的无限工作的开端。一旦那种将一切可以想到的认识上的追问回溯到它们的绝对的最终的基础的论证方法的具体意义达到了自明性，达到了唯一的、唯有这种回溯才具有的必真性，就没有任何意识到自己责任的哲学能够逃避这种工作①。

① 因此这就是预备性的思考所引向的东西，以及借助于它所固有的自明性，使以后才进行的解释的目的变得可以理解的东西。一种按照其性质已经是对于这条道路之可能性的合理预期，导致对这条道路本身的发现和构想，这是一条通向要揭示具有必真自明性的真正方法结构的道路，而这种必真的自明性以其独特性，而成为未来哲

据此已经很清楚，即一种应该证明康德的方法、他的哥白尼式转向缺少彻底精神的对康德的原则批评，按照其“目的论的”-历史的反思，本身就包含从康德向笛卡儿的回溯，或更确切地说，包含将康德与笛卡儿进行比较，——我们必须附加一句，鉴于现在变得时髦的对笛卡儿的解释，以及对笛卡儿的轻蔑贬低，这乃是一种惊人之举。

此外，对于按照这种精神设计的对于康德的批判来说，向英国经验主义进行深入回溯，特别是向休谟的毫无成就的尝试进行深入回溯，也是不可缺少的；休谟的这种尝试就是试图具体地、系统地-普遍地说明只是在笛卡儿《沉思录》中才第一次作为最后的，能纯粹从直观上把握的，并且是有步骤地加以解释的基础而揭示出来的东西（尽管很粗略，很快就被推到一边，并且是以自身误解的方式曲折表达出来的）。对于我们事先简要说出的东西——即在休谟那里，显露出一种隐蔽的意图，即补充在笛卡儿那里被疏忽了的东西，并借此达到对笛卡儿原初意图的理解——需要一种准确 438
的有根据的证明；但是在这种情况下，也必须指明，休谟为什么必然会失败。

学的绝对标准。

为什么在预备性的思考及其暂时的自明性与在这种历史任务——哲学这个词经常所意指的任务——的特性中的解释性的实现之间的这种划分是无法消除的，为什么下面这种情况是不可想象的，并且始终是不可想象的，即哲学的思考（作为由哲学的变得毫无希望的状况说明动机的哲学的思考，而这种哲学是作为主观上变化无常的诸体系的哲学，它处于其无穷的自身预先规定的继续生成之中）在一种独特的最初的步骤中，“达到”将方法必真地合乎规范地设计为一种可以以根本的自明性在全部无限的未来工作中真正实行的方法，——这些问题我们以后还要思考。我们首先必须把哲学这个计划的独特性本身作为思考的题目。

一种追溯到整个近代哲学(从虽然被意识到但并未自我理解的彻底精神出发的)笛卡儿式原初创立的对康德的批判,为了进行深入的继续有效的历史的-批判的思考,在这中间,另外还必须一再地转向一些新式的,因此是人们不熟悉的风格的非常烦琐的,非常困难的实实在在的分析,这些分析,如后来向我们显示的,并不是逐个地按照批判状况的每一特殊需要进行的,而是从一开始就按照统一的系统特征,不管每一历史的-批判的意图进行的,同时,在这种系统的研究中,本质的意图就是上升到超越论的现象学,并且表明,这种现象学是唯一能从最终认识根源上论证的超越论哲学,因此是唯一可能的超越论哲学。为此我们并不想也不能回避批判地运用康德哲学基本结构的要求,因此也不能回避康德的思想方式迄今曾能够运用的巨大精神力量,这种精神力量还没有变成阻碍哲学发展的先入之见构成的不可逾越的高墙,正是在这种发展中,被灌输到从笛卡儿起的近代哲学中的意义,依据自己最后反思和决断的自由,以真正的方式,必然的方式,而圆满实现。随后进行的这样的批判,是能够完成的(当然是非常简要地完成的)。

在这里还可以说一句话,这句话事实上对于为上升到超越论的-现象学的哲学的过程中对纯粹客观性造成的某些损害进行辩护是必要的。这种损害就在于,我们必须考虑到某些支配着我们当代哲学的先入之见,或作为先入之见而强有力地发展的现代运动,因为这些先入之见从一开始就使这本书的读者没有能力随同我一起真正完成诸种步骤和方法以及处于全部理论之前的提示,以及能通过它们最原初地完成的思想工作,这些东西能给予全部理论以正确的辩护,因此事实上也能导致一种自明地充实那种任

务之意义的哲学。谁预先完全意识到他正在走的道路只能被评价为不现实的，意识到他是通过将支持者的应合与他施加的心灵上的影响力相结合才获得对于这条道路的证据的，他就不再费力去尝试实际跟随这条道路，并在进行中实际检验他脚下是否有坚实基础，他是否在获取知识的方向上继续前进，而获取知识则是他绝不愿放弃的。纯粹从事情本身出发的引导实际上并不必关心这些先入之见，正如登山者并不与那些想要向他证明他尝试要走的并反复说明的道路根本行不通的人争论一样。

然而，因为哲学并不是私人的事情，并且按照它固有的意义 439
（真正的方法就是按照这种意义获得的）只能在哲学家的工作共同体中通过无限的进步而实现，所以对于每一个哲学家来说，使这种共同体成为可能，就是说，明智地采用已获得的方法的可能性，也包含在他的义务之中。因此在这种哲学的导论中，不仅应该完成严格地忠实地叙述通向发现真正哲学的道路的任务，或者这样说也是一样，通向发现哲学的真正方法的道路的任务。必然一定与此紧密相连的，是要有效地排除那些使人们看不到事情本身的根据的，而且是根本的根据的先入之见。当然，揭示隐藏于这些先入之见中和论证中的矛盾的手段，并不是在一开始确实准备好了的，因此，驳斥首先就在于下面这种超出纯粹就事情本身进行说明的"非事情本身的"预先提示和意见，即暂时不把有关的先入之见当作毫无疑问的不言而喻东西来使用；因为根本地和系统地怀疑它们以及与它们类似的东西[①]，而且以彻底的方式对它们提出问题，

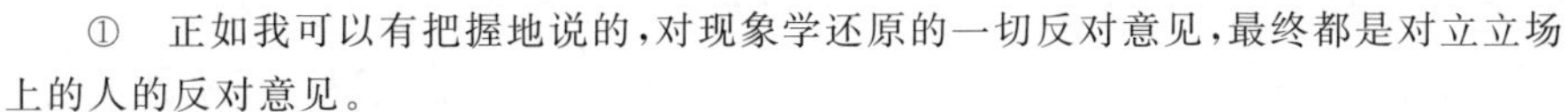

① 正如我可以有把握地说的，对现象学还原的一切反对意见，最终都是对立立场上的人的反对意见。

并以彻底的方式做出回答，正是研究本身的任务；这些问题和回答，按照迄今为止的哲学研究的朴素态度，是绝不能达到的，通过这种彻底的方式，一种方法才能达到真正的必真性，而唯有必真性才能实践作为哲学被提出的任务之最深刻的意图，只要它意味着想要怀疑与否认应该怀疑与否认的东西；无此进行哲学研究的我就不可能是我。

我立即就谈到这些先入之见当中最坏的一种，它首先涉及作为已经按所要求的方式存在的哲学的超越论哲学，即人们事先就认为已经知道问题在哪里，在这里作为必真地奠立的哲学应该是什么。人们至多是读过我的著作，或更经常地是向我的学生请教，这些学生作为由我本人教育出来的学生，的确能够提供可信赖的答复；这样一来，人们就是根据舍勒和海德格尔以及别的人的解释和批判来确定方向，这当然就免去了钻研我的著作这种非常艰难的工作。而对于我的抗辩人们却有他们的回答：这位老人固执于他已走上的思想道路，变得对任何进行反驳的批评都没有接受能力了，甚至不愿意与批评者，即使是亲密的学生，辩论清楚，而是抱怨别人误解了他，没有能力把握真正的观点，没有能力将真正的观点当作批判的基础。我甚至读到这样的指责：这种诉诸缺乏理解的方法，的确是一种使批评者“无计可施”的低劣的方法。

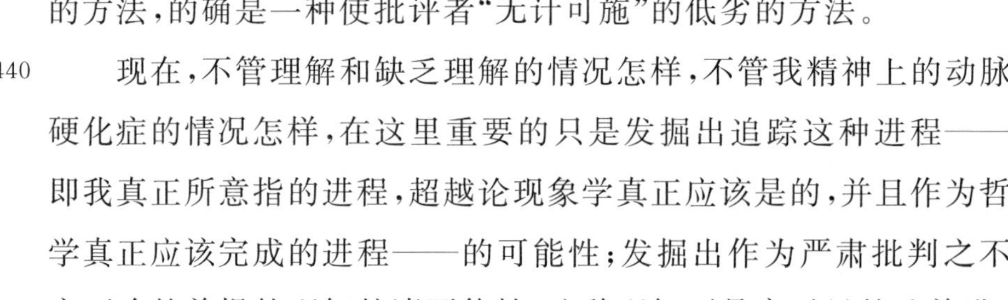

440 现在，不管理解和缺乏理解的情况怎样，不管我精神上的动脉硬化症的情况怎样，在这里重要的只是发掘出追踪这种进程——即我真正所意指的进程，超越论现象学真正应该是的，并且作为哲学真正应该完成的进程——的可能性；发掘出作为严肃批判之不言而喻的前提的理解的诸可能性，这种理解不是盲无目的地前进，

而应该是与我所代表的并且事实上是我首先引入历史之中的现象学相遇。

在这里，在开始时，我只要求这样一点，即要求人们将他的与此有关的先入之见，将他以为的预先就有的知识，将由我赋予全新意义的词：现象学、超越论的、观念论（作为超越论的-现象学的观念论等等）所意味的东西，全部藏在心中不说出来，禁止任何向这些东西的回溯，禁止一切利用这些东西的论证，同样也禁止就所获得的一般哲学知识发表意见，当然这只是暂时的。首先让我们去听和看呈现在面前的东西，去跟踪并注视它能通向何处，能用它做什么。在这样跟踪时我们会自问，我们是否毕竟有一种做决定还是不做决定的选择，这情况是否如同在攀登迄今未能登上的山峰一样；这个山峰是已经开始的道路的终点，并且我们现在刚好在这里，一旦到达这里，我们现在就又能返回到开端，还会随意地重走这条路，并且一再地体验到：这实际上就是山峰，并且是作为通过这条道路登上的山峰。接下来我们在事后又可能谈论自己以前的信念，也许的确能使别人理解，为什么人们以前走了那条信以为真的道路，那条道路绝不能达到所计划的目标，而一定会导致歧途。因此我不再要求别的，而只要求克制，要求等待，而且当我们处于这条道路上时，不就这条道路明智还是不明智与向导进行争论。谁要不想接受这个协议，不愿意认真遵守这个协议，当他继续往下读的时候，尤其是当涉及到非常不熟悉的、非常艰难的道路的时候，他就只是在耽误自己的时间。

我们要开始一个新的进程，正如我已经说过的，在这个进程中，这个新进程的第一个进程（预备性思考的进程）——它一定会

说明这些最后态度的动机——的成果应该作为指导而起作用。在这个论述中，我要就我准备走向哪里——即在我确信我以前真的发现了，开始了这条道路，后来又检验了这条道路之后，我准备走向哪里——明确发表看法。我预先已概括地描述了这条道路，它被明确地描述为具有必然令人信服的统一的动因的道路，并且是在能以相应的自明性考虑的基本事实的名称下被描述的。

441 这种明确的说话方式不可以被误解，它的意义必须在以后得到修正。它在下面这点上有其根据，即预先的规定，正如任何不管多么临时的草图一样，必须具有自己的自明性——轮廓的自明性——，完满的直观的具体的东西，在十分不确定的一般东西中，缺乏这种自明性，然而在一般东西的诸线索的关联中，却一定会有一致的可能性方面的自明性。由来自自明的基本事实的意义合成的建筑构件，并不仅是空洞地不清楚地被需要的，相反它们也是从早已熟悉的，并且在人的生活中先于一切科学论证的需要而被作为无条件有效的东西接受并从实践上检验过的确实性的范围中取来的。当我们回溯到这一类东西的时候，我们就预先获得一种实践上的自明性。虽然这种明确的说法表示，在这种预先的构想上，并没有取消任何东西，在基础-自明性的和奠基于其上的道路（正如它作为总体的计划而被预先规定的那样）的真正的必真性方面，并没有能发生动摇，但是当人们反对说，这样的道路的可能性，所谓必真的哲学方法的可能性，因此最后，具有这种风格的哲学的可能性，毕竟预先就被当成了前提时，这就意味着，我们的导入的方法，或者我们的发现的方法，必然令人信服地奠立哲学真正的方法的方法，是完全被认识错了。人们终究一定会明白，正如我们在前

边已经说明过的,预先存在着一些自明性,它们虽然是自明性,然而首先必须受到怀疑,并且必须以进行详细说明的正当性证明的形式纳入到一种新的最终被论证和最终进行论证的最终有效性的形态中。因此,从来没有能从视线中消失的指导这种新的沉思的意义,通过以前沉思的成果而得到理解。从此以后,这些"成果"对于我们来说,绝不是被承认为固定不变的前提;相反,它们是进行提问的间接证据,正如它们的在这种暂时性中尚未被解释的、尚未被规定的、带有模糊的地平线的意义,应该导向具体充实的自明性,就是说,导向充分的自明性一样,处于暂时性中的自明性不能"证明"那种充分的自明性,但是能够利用它,使它有益于在这里起作用的如此崇高而宏大的计划。

* * *

现在我们将目光转向它的方法的另外一个方面,不是作为为了一种给人以深刻印象的论述而偶然选定的方法的另外一个方面,而是将作为超时间的,即延伸到各个时代和各个哲学家世代的任务的哲学本身的重要的固有本质东西揭示出来的方法的另外一个方面。在对它的超时间的、超个人的,但通过各个时代和各个个人同一地传播的任务的意义之深入研究中,我们能够认识到,全部 442
的哲学史必然具有一种统一的目的论的结构,具有一种贯穿于哲学上共同体化了的诸个人的、乍看上去类似(只不过是类似)于本能的倾向性,在其中,哲学的任务提法的必然的最初形态,最终一定会被某种"哥白尼式的转向"的彻底精神所超越,会经受一种必然的意义改变,在其中,这种彻底精神作为对原初的朴素性的克服而被标志出来；但这种朴素性绝不因此是错觉的朴素性，在这里宁可说旧的任务理念能被提高到普遍性的新阶段，它固有的、但受到限定的权利，能变成完全可以理解的。

但是准确地说，对于哲学任务通过所有变化——如同它们在多种多样哲学体系中历史地表现的那样——仍保持的同一性的说明，必须延伸到哲学家首先明确意识到的那种倾向性；这种说明导致在历史上出现的对那种哥白尼式的转向，对那种新的哲学研究风格的明确要求。摆脱贯穿于各个时代并凝固为哲学中一些固定的哲学类型学的自然朴素性风格的困难，导致态度上和阶段要求上的一些动摇不定，误解，荒谬性，或错误的观点，这些阶段要求作为争取清晰性和一致性的斗争而起作用，并作为诸种道路——在这些道路上，校准的趋向只是通过有意识地把握这种按照目的论发生的事情的趋向，通过自由的和彻底的思考和有意识地实现的活动，而继续起作用——以一种与主观性通过意识到它的目的和普遍的关联而获得对于本能的支配相似的方式起作用。

对于哲学研究的整个迄今的方法，最后甚至对于哲学的目的、任务进行怀疑之无法反驳的动机，就是由于我们哲学家现在所处的普遍的完全没有指望状况。我们应该按照已经占据统治地位的怀疑的方式，放弃对于真正完成在几千年间赋予哲学一词以意义的那种任务的信念吗？这种信念就是相信有可能真正实现一种普遍的世界认识的理念，而这正是交给我们的任务。这种理念——一种最终的、自身为真的哲学的理念——是一种虚幻的概念吗？是否只能存在众多的哲学？是否只能存在一些个人的产物，并且正如它们在历史上处于其当时的暂时状况中并且按照在这种状况

中起作用的传统的状态已生成的那样，即一致性只不过是学派的短暂的信念？

下面这一点是否至少能够作为真理从原则上论证，或者也许不是这样，而是原则上从哲学家以及他们的哲学的历史性的一般东西中推断出来的呢？即暂时的哲学指向处于无限东西之中的并 443
且实际上是不能够达到的极，指向一种不可能达到但仍必须作为前提的真理？在这里，作为起规整作用的理念的、能够并且必须指导哲学认识的理念的康德的概念，有其正当的应用吗？或者与此相反，还有一种甚至是从哲学史的基本结构的深处产生出来的可能性敞开着，即处于其哲学家世代的历史连续性的统一之中的哲学的任务，以下面这种形式得到证明，并且从原则上只能这样地作为任务传播、贯彻，即一方面，它不断地改变着，在各种各样的体系中，作为当时任务含义的解释，相互关联地获得其历史的表达，但是另一方面，它通过哲学的个人，通过彼此在思想上相互关联、相互促动的哲学家的主观间的并且是超时间的共同体，达到一种必然的目的论；这种目的论指向任务的纯粹意义形态，指向任务的真正完成，但是这样地指向的，即发展过程在目的论上的完成，必须具有真正任务理念呈现出来并得到完全澄清的形式，并且具有因此当然是有洞察力的方法的形式，而由此开始的真正哲学的实现过程，按照本质的必然性，则具有无穷地进行阐明的形式？

如果我们看看最普遍的东西，那么在第一篇文章的整体意义中，就包含一种对于使人感到有些背理的意图的预备性论证。即对于哲学史的研究一定会为哲学家形成一种唯有在其上他才能够完成其哲学任务的基础，这虽然是一种古老的、得到广泛传播的信

念，但是这里所意味的东西，显然是远离我们在我们自己的阐明中试图作为必然性加以说明的东西。单纯的（哲学的）历史，历史上发生的哲学的单纯论断——它们作为“历史事实”而产生，只是在我们心中被再一次回忆起，借此按照它们作为历史事实的特征，对我们而言，成为我们进行思想的可能的当前的材料，与由我们本身亲自引起并再一次回忆起的精神构成物，我们自己获得的信念，我们自己创立的理论，以及我们不论是不假思索地作为仍对我们继续有效而重新采用的理论，还是经过批判，并且也许按照这种批判而改造了的理论相似的方式起作用。当我们接受并作为我们自己的新著作的材料利用通过他人的报告获得的我们同时代哲学家的思想，或者甚至我们哲学前辈的思想——保存下来的他们的著作或有关他们的学说的间接报道就如同向我们作的报告一样起作
444 用——时，我们也同样行事。这样我们这些数千年中的哲学家们，就形成一种经由进行回忆的历史（历史的写作，历史的科学）所中介的，并由此而成为可能的哲学家共同体。

现实的共同工作的连续性，或者相互间地或者单方面地向对方学习的连续性，根据被当作有效的而接受的（被承认的，更确切地说，被检验的，被说明的）成果而进行的相互批判的和相互校正的连续性，继续形成新的信念，这种信念当然又作为接受、批判和校正的基础起作用，并作为新一代人的新思想形成的前提、材料起作用。正是在这里，作为各个时代的哲学世代相传而发生的东西，以及使个人在这种生成中发挥其作用的东西，以及能确定为事实的那种作用，才是哲学史的成就，而且只有借助这种成就，才能通过时间并超越时间，通过已发生的和已流逝的历史，获得思想家共

同体的统一。

这样，自从有了有关哲学史的历史著作以后，哲学史甚至就成了一个从历史——被复制的，并通过复制总能够被支配的历史——学习的超时间的过程。科学的历史改变了哲学史本身，并第一次创造了一切科学上阐明了的时代之所有通过科学的历史随时能够再一次回忆的，对每一个哲学家都能够再一次回忆的，并且总是可供再次支配的哲学家的与哲学的超时间的现在。

当然，在这里为了更确切地认识精神生产的这种方式，还需要进一步分析包含有传统东西的一般精神生产的统一之中的区别，精神生产虽然表明是历史上统一的，但是由于变化——历史的统一性由于使超时间的共同体化成为可能的历史著述而经受的变化，更确切地说，还由于历史科学，以及历史科学在所有它的变化中超时间地保持的方式（当然必须是加以解释的东西）所经受的变化——形成一种经常的，思想上连续的现在，为每一世代（精神上的），世代的每一个个人承担者效力的现在：这是为每一个人敞开着的历史博物馆，即多种多样的机构，图书馆、博物馆中的一个机构。

很显然，在这里有许多超出哲学这一精神形态的，更为一般的问题。这就是已经指出的贯穿于历史论著之中的，并且在更高的阶段上，贯穿于历史科学之中的，以及贯穿于由于历史论著并借助历史论著而产生的历史性的本质区分之中的，精神文化形态的（更确切地说，人类文化的）历史存在之变化的一般性的、并且很可能在我看来是非常重要的问题。理解这种变化所要求的更深入的分 445
析的形式，在以后我们仅仅是对哲学的历史感兴趣的研究过程中，

我们将会更加熟悉。但是现在重要的是，作为关于对于我们的在预备性思考中只是以暂时提示的方式实行的历史方法，即将哲学的历史运用于揭示哲学真正的方法，或这样说也是一样，即运用于揭示“哲学本身”的历史方法之阐明性论证的最初的并且是根本的主题，乃是要使我们弄明白，以前所说明的从哲学的历史进行学习的（最简单的也是最必需的）最初的方式，并不是唯一的方式。通过这种方式历史上生成的哲学的连续，我们将会说，并且能够说，效果的关联，作为一系列可经常支配的事实产生出来；但是历史学（进行描述的，或更确切地说，以科学方式把握的历史科学）绝不是这样地揭示它、描述它，仿佛它是一种以类似方式在自然界的空间时间中被因果性地规整的一些有时间性的事实的外在共存和相继。

*　　*　　*

因此从根本上说，这种方法论上的思考也已经属于哲学本身的建设。哲学本身的建设必然以下面这样的方法的建设开始，这种方法恰好不应该可能重又导致其他诸种哲学中的“一种”哲学，而是应该能够导致唯一的哲学。人们将学会理解，从原则上说，对于哲学并没有一条可以想到的道路，如果朴素地走上这条道路，就可能有事后可能证明的，本身就是一种最终有效的哲学的最终结果。

哲学按照其最固有的意义，只能借助一种得到最后辩护的方法，换句话说，借助一种以从科学上进行辩护的思想构想和论证的方法，才是可能的。与此相关联的是，这种方法的构想与论证已经是哲学本身的本质部分，而且并不是以这样的方式成为本质部分，仿佛它是一种随便从哪里来的能够死记硬背的技术，或是一种人们已经学会了使用的现成的工具。这一点在这里当然还不是完全可以理解的。但是我要说，应该注意避免对于认识论和方法论的非常流行的工具式的解释。在对近代认识论的阐明中，在对其真正使命的理解中，没有什么东西像这种荒谬的先入之见那样如此站不住脚。在我们的论述进程中，这种先入之见将自动地变成毫无意义的东西。

附录 XIV，附于 § 28[①]。 446

经验主义对理性主义的反动

理性主义想要一种遵循物理学主义典范的——按照几何学条理的——自然哲学。这种真正认识自然和认识世界的新方法，在一定程度上崇尚数学的自明性，并且认为借助这种自明性，能获得有关具有“自在真理”的自在存在者的认识，而且是关于作为超出一切可能的和现实的经验的自在存在者的认识。直接的知觉是对日常被看作实在的感性事物的感性直观；但是这些感性事物是事物本身的单纯的显现，不充分的表达，而事物本身则是只有这种新方法才能深入到的。前科学的归纳只能重又预见感性事物的显现，单纯的经验和归纳对于日常生活的实践是足够用的，但是它产生不出科学的认识，而科学的认识，正如它运用于生活的实践及其

① 写于 1936－1937 年冬(?)。取自手稿 KIII 26(第 2－3 页)。

显现时所表明的，使预见和归纳（对于感性显现的过程的预见和归纳）成为可能，而这种归纳伸展得比前科学的归纳远得多。至少在物理自然的领域是这样。

但是理性主义相信，借助一种本质上相同的方法，还能够认识另外的，甚至是更高的超越东西，因此就有关于人的学问，或更确切地说，关于人的精神的、人格的、社会的存在的学问，最后有关于上帝，即使对于自然世界和精神世界也是最高的存在源泉的上帝的学问。

当然，经验主义与理性主义的对立并不在于，前者要求将知识建立在经验上，而后者则对此持否定态度。因为即使对于理性主义来说，自然科学也完全是以经验为根据的，世界是通过经验给予的，有关确定实在的认识是以经验，首先是以知觉为前提的，不论是关于这个实在的知觉，还是关于作为通向实在的间接推论的依据的另外一些实在东西的知觉。普遍的认识，关于世界的以及它的事实形式的普遍认识，关于世界的全部可能认识的特殊领域的
447 普遍认识，同样也以对世界的经验为前提，尽管世界并不是事物，但它却有它的作为被真实地给予的方式，　　只不过关于这一点并没有被明确谈到过。虽然世界是缄默的，但对于每一个人而言，仍然是明显的。人们在由现实给予的个别实在的东西以及知觉领域构成的全景中进行概观，因此人们正是以这种环顾和通观的方式经验到世界。

那么经验主义的反动以及它诉诸经验的做法的真正意义何在呢？人们首先会指出经验主义的反形而上学的倾向。但是在这种情况下就应该问，它更深刻的动机是什么，它更深刻的含义是什

么。近代经验主义在那些本身不是数学家和自然科学家，实际上没有受过以数学方法进行思想训练的人们中间有其代表。即使是洛克，作为牛顿和波义耳的朋友，显然也只有一些关于近代的物理学和数学的模糊的观念，他的兴趣属于社会-历史的领域，而在这个领域中，自然科学的认识方式即使确实起作用，也是起十分次要的作用。贝克莱是神学家，他的经验主义观念论本来是为他的神学服务的，是为反驳无神论服务的。在休谟那里，虽然理论兴趣超过了政治的和一般实践的兴趣，但是他的科学兴趣的真正领域是社会历史领域，作为主题的单个的人，是这个领域中的人，是在这个领域中进行的各式各样生活中的人。当他作为客观的科学的，物理的-精密的科学的，以及在这些学问当中包含的理性主义形而上学的批判者登场的时候，看来他只是抛弃了这种观点。在这种情况下，他将从事科学的人的认识成就，看作是在这些人自己的心灵中发生的成就，但是哲学论著《伦理与政治散论》以及还有《人性论》表明，他总是将被个别考察的人同时看成在个人的历史世界中诸个人当中的个人，尽管这导致了变得重要的超越论动机与人类学的-历史的动机之间特殊的对立关系。这种经验主义已比较认真地思考过历史发展中的，或如我们更清楚地说的，历史目的论中的双重功能。

其中的一种功能，当我们回忆起前一章中有关伽利略的那几节时，就会明白。乍看上去，好像他极大地阻碍了历史进程的顺利发展，然而正如现在在一个重要方面表明的，他在历史上恰好是非常富有成果的。物理学运用旧的和新的几何学，运用旧的和新的算术，新的代数学，运用刚一产生就被理解了的微积分；但是它忽

略了——我们在伽利略那里在采用传统上被修复的几何学时已经
448 (尽管非常粗略地)指出过了——对于这整个的数学来说是方法上意义赋予的主要部分:前科学的生活世界的原始基础,连同它本质固有的量的方法学;并且它还忽略了运用于它之上的理念化,而没有这种理念化,任何科学、任何逻辑学都不能存在。所有这一切都被当作前提,但是本身并没有被当作科学反思的主题,甚至由于传统化,而完全被推移到一切对精密的方法学进行论证的正当性考虑的范围之外,——包含于有技巧地运用"科学的"理论化(这种理论化是建立在来自生活世界结构的理念化的传统化了的获得物之上的)之中的技术上的自明性,被看作是数学和自然科学中的必真的先验的自明性,而科学,则正如飘浮在空洞的空间中一样,飘浮于生活世界之上,飘浮于纯粹感性朴素东西的〈世界〉之上,然而却应该对于生活,对于所有通过经验被给予的东西,必真地有效。

对于专心于精神科学或生活实践的经验主义者来说,在技术的自明性中并没有包含像对于物理学家和数学家那样的绝对的力量,对于物理学家和数学家来说,这种力量就是方法的自明性,唯有借助方法,才能有所发现,他认为自己的生活使命就是进行发现。就洛克方面来说,虽然他表面上接受了他的朋友波义耳的关于第一性质与第二性质的学说,但是并没有不假思索地接受关于实体的学说,即关于形而上学的超越的物自体的学说。正是物体的和心灵的自体的这种形而上学的超越性,是笛卡儿以来的理性主义世界观的主要成分。二元论甚至就是关于形而上学上超越的实在东西的二元论,这些超越的实在东西在感性中只是含糊不清

地显示出来的。当洛克引入内感觉的概念时，他就准确地表达了在理性主义的传统中一定会作为结果而共同意指的东西。但是洛克称实体为一个 je ne sai quoi（我不知道是什么的东西），并没有为此而（尽管在这篇有关实体问题的论文中也有通常的颇具唯我论特色的表达方式）直截了当地否认实体，在这点上就已经是带有理性主义传统的突破，因为最原初的看法正是，数学和物理学是有关实体的认识，因此是有关超越性的认识，有关自身存在的世界的认识。下面这种情况是由于经验主义者的态度，即他将真正直观的，真正被经验到的和可能经验到的周围世界，当作出发点和主题，并且询问，思想，即心智活动（operations of mind），特别是作为具有几何学样式的科学的方法论，如何从这个周围世界出发，会延伸到被经验的东西和可能经验的东西之外。经验主义当然发觉了这个根本困难，并最终发觉了这种不可能性，即在与生活世界联系着的，并且仍归属于生活世界本身的“科学的”实践（它与历史文化

实践的其他形式相比，是非常新的）中，科学的理论化的实践中，从 449
生活世界中经验到的东西出发到另外一些东西，而不是再次到生活世界中经验到的东西，是不可能的，就是说，尽管在人的经验中实际上没有达到直接能达到的东西，但仍达到那种与在假设的想象方式中实际能达到的东西没有区别的东西，如月球上的山脉和岩石，或者如地球的深处，甚至天体，这些东西尽管所有的望远镜都不能，而且绝不能获得有关它们的实际上可指出的切近经验，但仍可说成是原则上可能经验的。从原则上说，事实上没有任何人能达到的远处的领域，仍然能作为“可能经验”的领域被想象，并被间接地证明，就如同那样一些遥远的地方，譬如迄今一切详细的研

究都未能达到的热带原始森林带,关于它们,我们仍然有正当理由说,我们有关于它们的即使是非常不确定的知识,不过通过实际的考察旅行,至少这种知识的有些部分可成为能在直接经验中研究的。

因此我们看到,在经验主义中有一种趋向,即要从科学上发现虽然日常熟悉但没有从科学上认识的生活世界。这是什么意思,在这里这必然一定会要求什么,对此我们以后还必须更详细论述。在这里只要指出下面一点就足够了,即对于经验主义来说,在它的对生活的周围世界的指向中,在对历史上是重要的生活世界,即在精神科学中的某些方面成了科学论文的主题的生活世界(人的社会,文化)的指向中,数学的科学的成就,一般而言,以物理学主义方式从事的科学的成就,必然会成为问题,在这种问题中,就包含着以下的这种自明的要求,即在生活世界内部,或更确切地说,在生活世界的基础上,阐明那些作为理论的科学的构成物被创造出来的成就,以便借此规定科学的意义和"有效范围"。每一种实践的构成物都有其正是来自这种实践上有所成就的行为的实践的意义,并且,只有从这种行为出发,一般而言,从它的本质形式出发,才能够预见具有其可能性的成功与失败。计划的自明性作为被阐明了的成功行为的结果,更确切地说,作为通向目标的自明道路的结果,是每一种实践都附有的自明性,这特别适合于被称为理论的实践。

我上面所说的正是,在经验主义之中,只是存在一种发现生活世界的趋向,或更确切地说,提出并实际执行将从科学地考察生活世界的根据和基础出发的,从生活世界的根据和基础出发的科学,

真正变成自明的这种任务的趋向。

就是说，在从洛克到休谟的经验主义运动中，有另外一种趋向与这种趋向相结合；换句话说，两个任务是不可分的，必须完成两种根本不同的科学上的发现，不仅是发现为科学奠定基础的生活 450 世界；结果是，首先它本身一定会被作为真正的新的科学的必要主题揭示出来。第二点，是需要所谓的对笛卡儿的发现的发现，按照我们的叙述，这种发现几乎没有做，甚至还被误解了，因此完全没有达到以基本科学（因此是双重的基本科学——超越论的基本科学）的形式进行的阐述。这种基本科学深藏在笛卡儿的最初几个沉思中，他甚至没有把它当成任务，甚至没有当成遥远的任务，当成预兆。代替它的是一种作为遵循自然科学方式的实证科学的客观心理学的任务，此外代替真正超越论的基本科学的是作为被误认为一切客观科学的基本科学的心理学，这种心理学同时应该属于客观科学的序列。仍然能够并且一定会发生以下情况（由于在心理学的题材范围与超越论的题材范围之间的那种奇妙的，但只是在超越论的现象学出现以后才能阐明的意义联系），即将笛卡儿二元论当中的被认为清楚的心理学任务引上轨道的看上去是完全能够成功的这些开端，正是在它们的基本科学上的运用中，导致一些无法解决的困难，并因此迫使人们对于这种心理学的基本科学进行内在的意义阐明，在这当中，这种基本的科学由于自身的缘故，随着这种意义阐明，同时经受到一种意义的改变，最终可能导致，并且在历史上"一定会"导致对有关超越论主观性的科学的真正发现。因此，情况并不是仿佛这种新的心理学虽然仍保持有效，但是为了真正的基本科学的目的（笛卡儿的原初目的），应该当作

不适用的，即作为“在认识论上”不适用的干脆排除掉，——虽然这种情况在历史的发展中作为歧途，即不是将荒谬的东西抛弃，而只是将它们掩盖起来，并且暗地里扩展它们的这种歧途，直到今天还起着重要作用。

451 **附录 XV，附于 § 28**[①]**。**

康德因为特别关心作为最终的哲学的哲学之可能性，——因此这同时就意味着对于有关进行超越的认识的形而上学之意义感兴趣，——因此就不得不对于一般的认识，前科学的认识，科学的-精确的认识，它的客观性，最后，它是不是“形而上学的”认识，进行批判的分析；所有这些必然是结合在一起的。在这种对（在合理的自然科学类型意义上的）科学进行批判中详细说明的科学性——超越论的科学性——，显然本身并不是那种被批判的科学性。科学家的不言而喻的东西，就康德承认的而言，对于他来说，不再是朴素的不言而喻的东西，因为他对这种东西加以怀疑，并就它的起源和它的有效范围提出了一些理论——超越论的理论。

566

因此问题就会是，康德在其所尝试的超越论的科学性中，是否自身又以在理论上仍未当成主题的不言而喻的东西为前提。不言而喻的东西，这指的就是，被使用的存在的有效性，但这种存在的有效性，并没有成为主题，而在理论思考和理论工作中被采用，因此在这里，在康德的超越论哲学的科学性中，重新被当作这种科学

① 写于 1936 年或 1937 年。本文取自手稿 KIII 1(第 202 - 209 页)。

性的基础，但未从理论上思考过。但是，我们当然称康德的超越论哲学是“科学的”，因为它提出它的论断要有最高度的自我辩护能力的要求，同时又提出对每一个理智地思考的人，对每一个明智地遵循超越论方法的人，都绝对有效的要求。只不过这种科学性并不是精密科学的——旧的哲学的意义上的科学性；据说通常意义上的客观科学性的存在有效性的范围，以及这种存在有效性本身，是通过它被奠立的；尽管人们预先就确信，这种存在有效性无疑是存在的。不过如果这种超越论的奠立真的赋予它以它的正当性，以及按照其真正意义赋予它以正当性，那么借此这种“有效范围”就被澄清了。

但是康德确实真的将不言而喻的东西——在这里我们首先想
到的总是在偶然情况下被使用的，并且按照偶然情况而变动的不 452
言而喻的东西——之领域以原初的方式当成理论的主题了吗？他首先认真地系统地解释了生活世界，在朴素的前科学的生活中，在整个前科学的和科学以外的生活实践中，朴素地未经询问地以存在的确实性而有效的世界吗？他提出了由这个世界本身表达的问题吗？他最后不是在他的事实上缺少这样解释的问题提法中，将属于问题本身的，因此其实是应该怀疑的东西当成前提了吗？

在这里首先看看诸前提的整个领域，即由个别的，按照临时的情况被现实使用，但并未当作主题的诸前提构成的整个领域。这个领域就是日常事物的世界。只要从精密的自然科学——作为典范的，唯一能实现“精密性”理想的自然科学——中举出例子就足够了。研究者在各自的工作环境中，看到他的仪器，刻度盘上的分度线，他听到有节拍的跳动，作为化学家，散发出的气味、滋味等等也对他起作用，此外，所有这些都以某种方式作为用当时在理论工作中有关的感性事物进行的操作而起作用。这种理论的目的，就是理论，以及在理论中的理论上真的存在，而且正是在这种自然科学的理论中所追求的意义的存在。但是他在这里当然运用了当时向他呈现的感性实在的东西，即正是手头的东西——这些东西对于他是存在上有效的东西，是"现实地"存在的东西，在视觉上、触觉上存在的东西，等等，并且他留心不在这方面弄错，他可能考虑，并且相信来自这种实在性的各种表现。但是这些实在的东西显然并不是他作为自然科学家最初寻求的实在东西，以及在其中完成其意图的实在东西，在其中获得作为客观上真的自然的、所追求理论在意识上成功的结构体系的实在东西。如果我们称所有那些人们在活动中，在进行追求，进行获取的行为中所指向的东西，即在把握的行为、领会的行为、支配的行为，因此是操作的行为中，因此是以任何方式进行工作的行为中所指向的东西为主题的话，那么这些感性上实在的东西就是主题的。但是在这种情况下，我们就有双重的意义，这双重的意义，是在自然科学的活动中作为区别显示出来的，即作为在自然科学上被追求的东西，被获得的东西，自然科学的命题，又作为真正目的，以及自然科学的结果命题等等的前提——一句话，自然科学的-主题的领域——，以及与这个领域相对的前自然科学的题材范围的领域，存在有效性的领域，存在表现的领域——这个领域发生在前，并且当然经常地被作为前提，自然科学家一般是借此而完成理论的-主题的成就的，他们并能够通过思想实现其更高程度的存在意义——之间的区别显示出来的。正是这种按照理论工作状况改变着的，由感性事物上真实的东西、实际上存在着的东西构成的前提（“前提”这个词在这里所说的东西），具有奠基的功能，但是前提本身并不是——因此甚至这种奠基本身也不是——真正理论兴趣的对象，因此按照其存在方 453
式它们同样也不是理论上主题的东西。所有在这里考察的具有其明显的可用性和应用的偶然的前提，都存在于普遍的地平线中：这是感性的世界，前科学的、自然科学上不言而喻地存在的世界，我们大家经常地有意识地生活于其中的世界。这个领域本身更不会成为理论上的主题，个别的不言而喻地存在的东西，感性的存在东西的存在方式，作为来自这个领域的存在者的如其所是地存在方式也不会成为主题。

诚然并不缺少对于感性存在物（当然这是一种不准确的表达，我们宁愿说：生活世界中的存在物）的一般概观反思。更确切地说，对于感性直观东西的，对于生活世界的，以及属于生活世界的存在有效性方式的这种概观考察，已说明了客观上“有效的”，在现在通常意义上的“科学的”世界认识的一般目的构想的动机。将这种对于一切感性现实东西的存在有效性之普遍方式的概观和判断与一种特殊的将这种存在有效性的普遍方式在理论上主题化区别开来的东西——也许是作为在最初设置客观科学时对于“感性世界”的明确判断，也许后来偶尔在认识论的反思这个标题下——，这在论述伽利略时我们已经在一定程度上指出过了。在这里只需要指出，从现在起，由于在这里有了精密的科学，对于它们，或更确切地说，对于所有的科学家，就有了一种毫无疑问不言而喻的东西——这样一种不言而喻的东西，超出它们之外进一步进行思考，就是毫无用处地浪费时间——，即这个由有颜色的东

西、发出声音的东西、散发气味的东西，或可看见的东西、可触摸的东西、可听到的东西、可闻到的东西等等构成的世界，并不是真正实在的世界。真正实在的世界是应通过客观的、精密的科学发现的，是唯有在精密科学的真理本身中才能表达出来的世界。前者按照其存在的有效性，完全只是主观相对的，正是因此，不是真正的世界，而真正的世界对于每一个人，对于每一个时代，都是无条件地实在存在的，作为这样的世界，正是通过科学，才能真正认识。由此就产生了下面的情况（我们可能不够准确）：作为在主观上改变着的表象方式的，以及同时在有效性的样式的变化中向我们呈现的这个世界之经常存在的确实性，必然会“不言而喻地”在自身中隐藏着一种借助人的进行认识的理性认出的客观的自在存在，没有任何主观性和相对性的客观存在。由此可见，这种不言而喻性说明了客观哲学及其专门科学的任务之动机。这种不言而喻性能够通过人的理性实现，人通过自己的理性将他的感性经验所给予的东西合理化。从纯粹理性中，以一种不依赖于单纯感性存在
454 有效性任何介入的必真的自明性，产生出纯粹的数学，这样在一般的方面按照理性主义，产生出一种纯粹合理的存在论；如果被运用于感性经验所给予的东西，它就得到作为有关事实的自然的科学的合理的自然科学。

在这里康德只是跟着走到一定的地步。对于在主观相对的感性现实中通过数学化的方法而来的这种合理化的成就的确信，因此还有对于在由纯粹理性而来的基础科学和应用这种基础科学的科学，即将感性合理化的科学之间的划分的确信，是康德与理性主义共有的。但是，这是如何发生的，这是如何可能的，恰好是这一

点，成了他的问题。此外，他根据他的研究，否认合理的心理学的可能性，对于心灵的领域来说，原则上不存在纯粹数学的类似物。因此不能完成像牛顿那样的人的合理的物理学对自然实际完成的东西。

更重要的是，康德揭示出在理性主义诸前提中没有对理性主义显露出来的不言而喻的事情，并且最后根据他的理论必须作为不允许的，作为完全错误的加以拒绝。这种不言而喻的事情就是，合理的认识能获得最后意义上的自在存在者。对于理性主义者来说，纯粹的数学，因此他所追求的一般存在论（普遍的，纯粹先验的一般科学），当然是一种普遍的“形而上学”，一种有关诸可能的“自在”世界的科学，因此是有关事实世界的，例如，有关在感性显现中预先给予的自然的合理科学，即是有关自然的形而上学。但是康德在合理的客观性，即精密的自然科学实际上达到的客观性，与任何合理的认识、任何合理的原则都不能达到的形而上学的“自在”之间进行了区分。但是如果仔细观察，在康德与理性主义的这种对立中，确实仍然留下一种二者共有的不言而喻的东西。在以经常的，尽管是主观相对的存在有效性前科学地预先给予我们的感性世界中，在其中未被认识的、隐蔽的，但是借助合理的方法能够认识的世界，即客观科学的世界，作为现象的世界显示出来。但是这个世界，作为完全是在处于纯粹的，被运用于感性的理性中的，进行认识的主观性中的世界，也是主观相对的，只不过是按照另一种方式是主观相对的。进行认识的意识生活，合理的理性与感性结合的意识生活，并没有由于它的全部成就而超出我们的主观性。但是当康德现在也把合理的客观性描述为纯粹现象的世界时，他

就是在坚持，在主观的意识生活中（最终是在经过加工的感性材料中）“不言而喻地”显示出一种完全超越主观性的自在，一种原则上任何科学都不能认识的原则上不合理的东西。

455 康德的理论并不比康德学派的理论站得更高，他从概念上理解超越论功能的方法，以及他进行超越论论证的方法，是根本不充分的。他实际上并没有以一种在最后根据上透彻的理论提出和解决那项任务，即这种新的自然科学以及具有同样合理风格的二元论的世界科学的显然是不言而喻的要求一定会提出的那项任务。

但这不可能有别的意义，而只能有哲学的意义，来自必真根据的普遍科学的意义，正如那个从形式上看笛卡儿作为明确目的提出来然而在进行阐明时却放弃了的东西，因为他还没有能够从其整体上理解和估量，从理论上理解和探讨真正意义上必真的东西——作为一切可能的认识和理解的最后基础——这项任务的巨大的重要性。

对于哲学的发展来说，这在历史上同样意味着，由于康德的理性批判的巨大冲击力，理性主义独断论的昏睡被打断了；不能再满足于自然科学家运用其方法的那种朴素性了，在那种朴素性中自然科学家虽然富有成果地运用其方法，但并没有对方法的成就获得最低限度的自身理解；这特别意味着这样一种令人难堪的发现，即不论是日常世界的存在意义，还是被宣称为科学上真的实在的世界的存在意义，现在实际上同样都变成了谜，变成了完全不能理解的东西，——这个谜本身并没有解开。在这里进行的阐明已经非常深入了，以致达到了康德的理论未曾达到的深度和结构关联的前形态。在康德和笛卡儿那里的问题提法尚不够完善，没有真正达到问题提法的基础，达到问题提法中不言而喻地设定为前提的不清楚的东西，并将它当作主题来思考。只有通过这种真正的彻底的回溯，才能够与康德的回溯理论相反地去寻求通向真正理论的道路，在那种情况下，这种真正的理论就肯定不再是回溯地进行的，而一定是从最后的根据上升，因此是向前进行的。

在《纯粹理性批判》第一版中，康德虽然做了一个可能对最初的和继续进行的论证起作用的开端，但只是为了很快就中断，并没有达到从这种被认为的纯粹心理学方面能够开拓的真正基础，和进行论证的真正问题。

现在为了发现超越论哲学的真正任务，为了达到进行最终奠立的方法，我们坚持首先从康德开始（尽管我们的现象学哲学不是从康德，而更直接地是从笛卡儿，从英国经验主义，特别是从休谟来批判地规定的）。

附录 XVI，附于 § 29[①]。 456

我们可以在人身上考察人的单纯的物体（Körper）——它所意味的和人的身体（Leib）并不相同——，这种考察所涉及的并不是在特殊意义上的人的本质的东西，即与其他领域的事物相对而标志他的东西，其中包括他的精神性，他的在意识生活中的存在。但是人们会说，这仍然太一般，这是他和动物共同具有的东西，并且精神的存在，在意识生活中的存在，也许延伸得还要远得多。但是为了认识动物以及其他的主体的有生命的生物固有本质的东

① 写于 1937 年 5 月。本文取自手稿 KIII 21（第 18b－20a 页）。

西，我们必须先通过经验研究人的存在，而这是出于这样一个原因，即我们，根据经验研究某种东西的人，以及每一个我，这个进行研究的人，从真正原初性上讲，只经验到我自己的自我-主观的存在和生活，即使是其他人的存在，也只是借助第二级的经验形式才能认识的，这第二级的经验形式是建立在我的原初的经验，我关于我自己的我和我生活的原本的经验的基础之上的。

但是在这里产生一些困难，在自身知觉中我是知觉的主体，同时又是被知觉的客体。在这里，在特殊的反思中，我是**纯粹**使自己指向我的主观存在和意识生活，还是我将自己看成世界中的客体，诸事物中的事物，这是有区别的。

因为我将我体验为在世界中的人，因此我发现我在这种情况下具有这个身体，存在于这个身体中，因此一般而言，按照我的人的本质，发现我是作为这个人的我，它如同每一个我一样，体验到这个空间时间的世界、表象、思考、评价、渴望、意愿这个空间时间的世界。一句话，发现我是以自我为中心的意识生活的我。很显然，在这个看法中包含有：我事实上纯粹指向我的作为人固有本质的存在，那种构成别的事物、人、动物等等的东西，则作为不属于它的东西不予考虑，就是说，它们对于我并不是需要认识它们的，需要追踪其存在方式的，需要间接研究它们的等等的主题。但是很显然，这个世界确实同时对我有效，它对于我来说，是我存在于其中的世界，它过去和现在都持续地对我有效，如果我谈论我的经验，我的判断、决心、行动，作为我固有的，并且仅仅是我固有的来
457 谈论，那么属于它们的存在的，在这里作为我的人的存在规定的，就是它们都指向世界中的各种各样的事物，这些事物是实际存在

的，被看作对我而言是实在的。现在我通过反思——而这个反思已经作为我现在进行的描述的基础——确实能够认识到，我就是那个在其意识中，在其经验等等中，有效作用，存在的确信得以实现，并且实现了的东西，而世界正是在这种有效作用与存在的确信中现在为我存在并持续地为我存在，我认识到，在我的“表象活动”中，世界的当下的内容作为世界存在着，正如这种内容对我表象的那样存在着，这个当下的内容就是世界借以被我看作世界的东西。

如果我对于纯粹作为对世界进行表象的人和作为将我的被表象的世界“设定”为存在的人的我，即作为经常实现世界有效性的我的我进行反思，而且是十分具体地进行反思，就如同我总是以流动的生动性而是实行对世界的意识的我一样，那么，世界和作为在被表象的东西的，有效东西的世界中的实在的人的我就存在着，但并不是表象世界的活动，并不是使世界有效（使世界有变化着的有效的样式）的活动存在着，这种活动属于我，属于这个执行者的我，或者这样说也是一样，我，这个纯粹执行的我，并不是这个人。我们不可因此被弄糊涂了，我和我意识（我行动，我活动，我痛苦，等等），在这里是在不同意义上两次出现，但是在这两次出现中，贯穿着必然的统一，这种统一的两个方面必然说相同的话。

在一种观点中，我的我以及我行动，是在现实的人，客观的种类，更确切地说，世界中的事物种类那里的事件，在另一种观点中，即在最后反思的观点中，这个我，而且是我的我，进行反思的我的我，是最后的我、纯粹的我，就是说，是这样一个我，对于它而言，世界一般，以及世界中的人们，以及我的人的存在，是意识的对象，在

这个我的意识生活中，世界一般产生效果，这个我最终执行具有其全部世间东西以及作为世间的人的我自己的世界的有效性，世界被作为对这个我有效的、统一的内容（或“意义”）来谈论，而且是以一种被看作经常对它存在的内容的方式被谈论的。

反思就是对这个我的认识，向它“看过去”，对它作出陈述。但是通过这种反思，我还认识到，我——按以前的自然的方式在世界中生活的我——总是已有过作为有效世界的世界；而这个我——有过作为存在着的世界的世界的我，由于这种存在有效性，世界曾为我存在——仍然始终是匿名的。即使我在反思中将我作为对世界进行意识的主观来把握（这是由于更高阶段上的我生活和有效的生活而发生的），这个主观本身现在作为进行反思的我做事，我发挥作用，也仍是匿名的。我这样说当然是基于再一次的、更高的反思，因此，这里显然存在一种重复。我总是可以重新进行反思，我总是重新具有进行反思的我，这个对确定内容进行表象，并借助
458 这种内容实行其作为存在者的有效性，实行存在的确实性的
我，——这个我，当他这样做时，它就以一种本质必然性、被意识为非主题的、未被领悟的，而且也没有作为有关最初被注意到的东西的某种已经存在着的背景被意识到。只当我参与到有一天达到（不论由于什么动机）对此进行反思的重叠中，并且认识到这种可重复性时，我才能预先认识到，但是以十分不确切的空洞性认识到：面对这种从主题上把握住的我-存在，我总会发现匿名的我，以及进行反思的生命。然而在反思，以及在通过反思以主题方式形成的东西的，以及被具体观察到的东西的重复中，我能够——预先必须说——非常清楚地思考：这种思想上继续进行的重复，从本

质上说是否总能一再地产生不同的东西,或许在这摆脱自然态度的第一步之后,是否只是重复这新东西的本质内容。正如人们预见到的,在这里特别重要的是这第一步,借助这第一步我看到,这个在自然态度中的匿名的我,就是那个我,对于它来说,自然意义上的我,我这个人,是对象,就是说,由于它的意识,它具有作为在世界上存在着的东西的意义和有效性,并且它作为实现这种有效性成就的东西,在实行这种有效性期间仍保持为匿名的,并不属于世界,因此不可被认为是具有人的意识生活的人的我。

附录 XVII,附于 § 33 以下[①]。 459

我们总是有意识地生活于生活世界之中;通常我们没有理由普遍地将它作为世界明确地当作我们的主题。我们意识到这个世界是地平线,我们为我们的特定目的而生活,不论是短暂易变的目的,还是持久地指导着我们的目的。它可能是我们为自己选择的在我们现实生活中起支配作用的生活职业目的,或者是我们由于自己的教养不知怎么卷入其中的目的。在这种情况下,一种自身封闭的"世界"-地平线就被构成了。这样我们这些作为具有其职业的人,对所有其他别的东西很可能就变得漠不关心了;我们只注意到作为我们的世界的这个地平线,以及它自身的现实性和可能性——这个"世界"的存在的现实性和可能性——,就是说,我们只注意到在这里是"现实的东西"(对于这个目的而言是适当的,真实

① 写于 1936-1937 年冬(?)。本文取自手稿 KIII 1(第 174-177 页)。胡塞尔本人将它归入 § 34,因为在封面上注明 76b,78。页码 76b 按照原来的编码属于 § 34(因为本文后来的扩充,页码 78 属于 § 36)。

的东西),或“非现实的东西”(不适当的东西,错误的东西,虚假的东西)。

这整个劳动生活以及整个产品-世界,以最普遍的、充分的、生活世界的意义,保持在始终不言而喻地存在着的世界之中,特殊的劳动和产品是以在存在与非存在方面的“真和假”,较远的和最远的存在领域的正确东西与错误东西为前提,——所有这些东西都是我们不感兴趣的,尽管我们在具有特殊兴趣的生活中,也根据特殊的需要,利用较远领域中的存在物。因为我们只有在特殊的世界中才能以主题的方式(在“造就”这个世界的最高目的的支配下)生活,因此,生活世界是非主题的;只要它仍然是这样的,我们就有我们的特殊的世界,唯一作为主题的世界,作为我们的兴趣的地平线。在这里,很可能是这个起支配作用的目的最终是共同体的目的,就是说,个人的生活任务是共同体任务中的局部任务(如果我们在这里可以谈论局部的话),而个别个人的工作活动对每一个共同活动的“参与者”同时起作用,并且是有意识地同时起作用。

很显然,作为科学家职业生活的有目的的生活,以及在其中在科学家的(贯穿于研究者的世代连续之中的)共同体化中引起的,作为科学工作的地平线的“世界”,都属于以上所进行的特征说明的普遍性范围。但是在这里科学工作有一种典型的特征是不必归
460 属于所有这样的世界与目的的。所有已经属于这个科学世界的工作,按照其存在的特殊的共同体意义(对于共同体所有人而言的现实的和真正的存在,另一方面是不正确的、虚假的存在),绝不仅仅构成复多和在存在方式上的相互从属;而是单个工作——单个的

科学成果——变成了更高阶段工作的前提,建筑材料,并且是必然如此,永远如此,同时是以这样的方式变成的,即所有的科学工作,〈联合成〉统一的,整体的工作,联合成(完善的教科书中的学说的)理论体系。科学的世界,科学家存在的地平线,具有一种唯一的、无限发展的工作或结构的特征,在它之上,相互关联地属于它的科学家世代,继续构筑,直到无穷。但是在这里,这种理论体系是述谓真理的构成物,在其中,相关联地作为连贯的普遍的基础被引起了:即对于这个“领域”理论上为真的东西——在最高的目的理念之下的,在真正进行全面规定的目的理念之下的,即将绝对真的存在突出出来的理念(一种延伸到无限的理念)之下的理论上为真的东西。在由陈述构成的理论体系当中,这种“在真理中的存在”,就是存在于其理论意义中的同一的“所关涉者”,它是这个领域及其存在者的理想的“概念”。

科学的世界——系统的理论——以及其中包含的以科学真理形式存在的世界(以自然科学形式、以普遍理论形式存在的世界,它的自然,在命题中,在形式命题中被看作基础的自然),如同所有的目的世界一样,本身“属于”生活世界,正如所有的人以及一般人类共同体,以及共同体中人的目的,个人的目的和共同体的目的,以及所有相应的劳动构成物,都属于生活世界一样。但这对于旧意义上的哲学也是适合的,我们有理由在最后特别提到这种哲学,它的理论上的“全体领域”就是最完全意义上的世界。这种“世界”中的每一个,都有其职业目的规定的特殊的普遍性;每一个都有某个“全体”的无限的地平线。但是所有这些“全体”都包含于这个世界中,这个世界包括所有的存在者,所有存在着的全

体，以及所有它们的目的和有目的的人与文明。所有这些都包含于它之中，所有这些都以它为前提。这是什么意思呢？它对于“哲学”的世界意味着什么呢？**这里不是产生一种关于哲学的世界，哲学的领域的必然的、同时又是危险的两义性吗？**作为这样的东西，哲学毕竟应该将这个完整的世界，以及所有刚刚在特殊世界中提到的东西，当作它的主题；哲学所追求的普遍的理论，毕竟也应该是关于人类存在的理论，人类的目的和工作的理论，甚至哲学应该将自身当作主题包括在内，因为哲学本身就是人的有目的的构成物。

461 我们绝不可让人把自己搞糊涂了。我们必须**区分**出这样一个“领域”，这个领域**先于**所有目的以及从最高处进行统一的指导的目的理念，它是目的理念所要达到的领域，目的理念所要探讨的领域，是目的理念预先就统一地考虑到的，以便与它相关联进行有目的的行动，并创造劳动产品的那个领域。**另一方面，我们要区分出目的领域**，按照其固有的普遍性已经过努力获得的东西和尚需努力获得的东西的领域，事先或事后被认为是按照科学的特殊性已被引起和尚需引起的现实性的地平线。预先给定的自然——生活世界的领域——物质的自然，每一个人日常生活中都熟悉这些东西，并且能够“更详细地”了解它，只不过他没有理由像自然科学企图做的那样，按照其抽象的统一性，统一地将它抽出来加以考察。对于自然科学家来说，它是他要为之成就某种新东西的预先给定的存在领域：在绝对普遍有效的真理理念指导下的关于自然的理论，理论上真的存在，述谓规定。这是纯粹指向其职业目的的自然科学家的“领域”，在这个领域内又区分出，已经在理论上确定的东

西和它所从属的在某种意义上完整的科学的地平线，但是在自然科学家的领域已从存在领域确定下来的情况下；另一方面，区分出在这个方面的新任务上所必须确定的东西，因为已经完成的东西总是同时就是继续理论建设的基础，即对之提出新问题，并给以回答的基础。

对于“哲学”（旧意义上的），最后同样也应区分出直接的世界，始终是不言而喻的，熟悉的与不熟悉的生活世界，作为对之提出一种普遍的目标——关于这个世界的理论，科学——的普遍领域；另一方面，是与这种目标的提出相称的科学家的生活，他们的兴趣的地平线，以及“现实东西”的地平线，成果的地平线，不仅是那种被称作“在科学真理中存在着的自然”的地平线，并且是“一般世界”的地平线。这种真理是关于这个世界（这个世界在前科学的生活中以存在的确实性和不言而喻的现实性毫无疑问地存在着）的理论上的有目的的构成物，但它并不是这个世界本身。

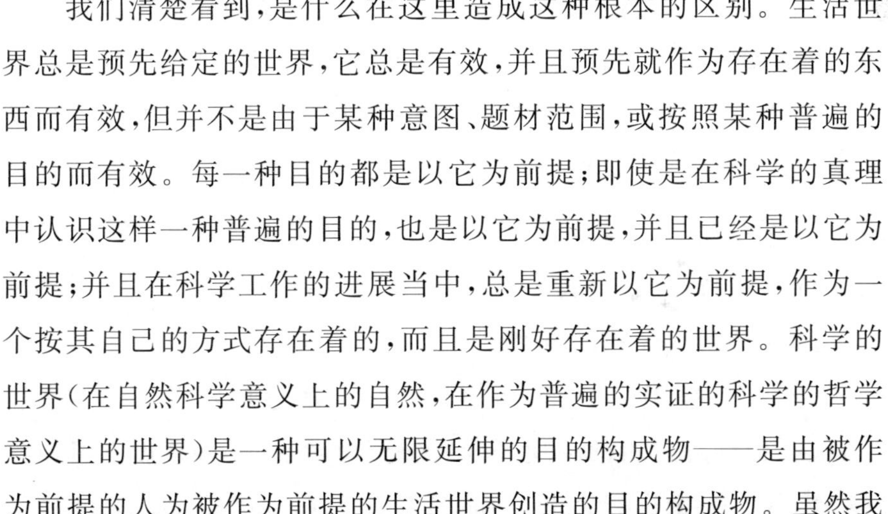

我们清楚看到，是什么在这里造成这种根本的区别。生活世界总是预先给定的世界，它总是有效，并且预先就作为存在着的东西而有效，但并不是由于某种意图、题材范围，或按照某种普遍的目的而有效。每一种目的都是以它为前提；即使是在科学的真理中认识这样一种普遍的目的，也是以它为前提，并且已经是以它为前提；并且在科学工作的进展当中，总是重新以它为前提，作为一个按其自己的方式存在着的，而且是刚好存在着的世界。科学的世界（在自然科学意义上的自然，在作为普遍的实证的科学的哲学意义上的世界）是一种可以无限延伸的目的构成物——是由被作 462
为前提的人为被作为前提的生活世界创造的目的构成物。虽然我

们现在能够弄清楚，生活世界本身是一种“构成物”，但它并不是一种“目的构成物”，尽管人们首先属于这个生活世界的先于一切意图的存在（只要我们遇到他们，当然就能认识他们），连同他们的全部意图，并且连同由他们而产生的全部工作，现在也当然同属于这个生活世界。

在这里又有某些引起混乱的东西：每一种实践的世界，每一种科学，都以生活世界为前提，科学作为目的构成物与生活世界形成鲜明对照，生活世界“凭其自身”始终已经存在，并且将存在下去。然而另一方面，每一种由人类（个别地或共同地）形成着的东西和已经形成的东西，本身都是生活世界的一部分：因此这种鲜明对照又被消除了。但这只是一种混淆，因为正是科学家，如同一切由其职业目的（“生活目的”）结合在一起而生活的人们一样，只注意到他们的目的和工作的地平线。不管生活世界有多么大，都是他们在其中生活的世界，也是他们的全部“理论工作”所归属的世界；不管他们利用多少生活世界中的东西——这些东西作为被探讨的东西，正是理论探讨的基础——，生活世界本身并不是他们的主题，并不是作为在每个场合预先给予他们的世界，并不是作为以后他们着手工作的世界；因此整个看来，他们的主题并不是由存在者构成的宇宙，后者对于我们来说，总是处于不停地相对运动之中，并且构成一切特殊的计划、目的，以及更高层次上的目的地平线和有目的的工作的地平线的基础。

每当科学家作为科学家讲话的时候，他总是处于科学的态度中，他在他的理论目的的地平线中进行思考，在某种程度上可以说他是深入它当中进行思考，同时将它作为具有优越的普遍的有效

性的地平线，即作为他的职业兴趣的现实的地平线而具有。其余的世界，世界全体——它作为世界全体当然将全部人类目的构成物纳入自身之中——则处于他的兴趣之外。生活世界的全面的普遍的存在——特别是在其中使它的理论世界以及从属于它的特殊的预先给予性成为可能的功能——则完全不予考虑。

但是现在产生一个背理的问题：难道我们不能转向生活世界——我们大家在生活中作为我们大家的世界意识到，但并没有以某种方式将它变成普遍的主题，而始终只是被呈现给我们日常的、眼前的，我们的个别的或普遍的职业目的和职业兴趣的生活世界——吗？难道我们不能以一种改变了的态度全面地概观它吗？难道我们不能指望像它所是的那样，并按照它的存在方式，按照它固有的变动性与相对性了解它吗？难道我们不能将它变成一种普遍科学的主题吗？——但是这种普遍的科学绝对没有像历史哲学和诸科学所追求的目的那种意义上的普遍理论的目的。

附录 XVIII，附于 § 34[①]。 463

也许情况是这样，即客观科学这种任务的提出，并不是产生自历史的偶然性，而是作为哲学文明地平线中最明白易懂的学问以必然性出现的。但是，这个对于我们而言是第一的东西，也许并不是本来第一的科学，这种科学作为这样的东西，首先通过数百年的片面的影响，甚至是以对文明的整个历史生成的影响，能够激发诸

① 本文被胡塞尔放到《危机》手稿的 76b 页中，并注明：76b 与 c，——这些页都属于 § 34。有的部分是先用铅笔速记然后用墨水笔抄写的。准确的写作时间不能确定，可能是写于 1936 年。

种沉思，在这些沉思中，科学的新的意义，并且首先作为关于作为客观科学的基础——因此在一定程度上是作为辅助工具——的生活世界的科学的新的意义，能够产生出来。也如同在前后一贯的发展中一样，实际上我希望指出这样一点，即发现作为理论主题的生活世界（即作为不言而喻的东西预先给予客观科学的世界），可能还是不够的，有关生活世界的新式的科学在构成它所固有的科学的诸任务的普遍性方面，最终不可避免地包含一切对于存在和真理认识都有意义的问题。不仅包含一切在生活中（在前科学的和科学以外的生活中）发挥其作用的认识问题，而且还——在更高阶段上——包含一切客观科学的问题。但是现在是以提出根据的方式包含的，这种方式在新的维度上，并且最终正是由于这些维度，如同它们以其无限的深度所显示的，导致一种普遍的科学，这种科学在其自身中完整地包含一切可能的认识和认识问题——一切理性的问题。

客观真理的，或更确切地说，客观认识的理念，一开始是由它与科学以外的生活的真理和认识的理念的对比规定的，这种科学以外的生活，以其存在的有效性和普遍的开放的地平线（理念始终有意识地包含的地平线），表明我们首先遇到的生活世界的概念的特征。被经验证明的东西，在生活中，因此在世界中，被看作“实际”存在的。每一种意见，每一种最广泛意义上的存在有效性，如果它不是已经在经验中的意见（譬如不是直接的知觉），都应通过经验证明。在经验中，对于科学以外的生活来说，被意指的东西，
464 是作为本身在这里被给予的——在知觉中是本身现前地被给予的，在回忆中是本身重又被具体想起，因此那种人们作为本身“在

眼前”而具有的东西，是在“直觉形象”的，在最广泛意义上的经验的一切样式中被给予的。经验证明、证实意见，正是通过这样的方式，即它指出具体的东西本身，并用具体的东西作证明。但是只要经验本身仍带有尚未进行经验的附带的意见成分，并且是以熟悉的方式带有这种成分，经验本身就需要证明。经验是通过继续经验，通过经验的主动继续进行而被证明的，并且是通过经验的在经验之中被附带意指和被先前意指的东西在进展中继续被证明而被证明的。

那种超出在统一经验中本身在这里被意指的东西而指向另外一些对象，以及它们的可能的经验的归纳，也作为附带意见属于经验。在两种情况下是没有本质区别的，即使譬如说在对一个事物的经验中，同一事物的超出当时被感觉方面被附带意指的“诸方面”，按照其内在的归纳性，这其实也是一种“归纳”，一种所谓内在的归纳，它不同于总是随同进行的对作为可经验事物的其他诸事物的相互关联的向外指向。最后，真正的经验是对被意指的存在起证明作用的东西，而证明本身赋予先前“单纯被意指的”存在以“现实的”和真正的存在的性格，赋予它以“是真的”的证明。由于处于其境况之中的经验者对之感到满意的这种“是真的”，这种事实上的存在，这种被意指的存在就进入到他的认识中，他的行动中，并且从今以后能够将它当作实际存在的一再加以支配。但生活是一种经常性的运动，而这种运动首先还包含有产生诸种分歧意见，证明遭到中断，现在经验到某种东西，但不是作为一致的，作为充实先前的意指的，而是作为与它相矛盾的而经验到的；所产生的不是对存在的确信和证明，宁可说是怀疑、单纯的欲望，也许最

后是否定的经验，无意义的假象的经验，被消除的东西的经验。但是这些细节上的否定的经验并不取消普遍的正规的一致性，这种一致性总是一再地被恢复。这种和谐东西的广泛的成分，可以说通过诸种意见的相应改变将新的被经验的东西吸收到自身之中，——并且人们预先就确信，每一种怀疑一定能够被消除，每一个非存在，都一定有一个适当的不同的存在与之对应，每一个无意义的东西，都一定有一个适当的实在东西与之对应，而且这种实在东西一定能够产生出来。从一开始就起一种经常作用的东西，在由不一致而来的交往的一致性当中起作用的东西，因此也作为彼此相互纠正并这样地在共同体中达到真理的可能性而起作用的东西，也是如此。世界作为存在着的事物的经常的、存在有效的、公共的地平线，总是具有并且预先就具有这样的可校正东西的存在有效性，这种可校正东西是可以一致地经验的、能相互全面校正而

465 达到一致的东西。这种无疑是十分粗略的叙述表明，生活世界是这样地处于经常的运动之中，即它处于有效性的经常的相对性的运动之中，和处于对共同生活的人，共同拥有世界的人的指向之中；世界的有效性的承担者，世界的有效性的执行者，是进行意指的人，是共同地和相互地进行经验的人，但又是不同的总在重新进行校正的人和能够进行校正的人。

这个生活世界不外就是单纯的，在传统上被非常轻蔑看待的意见（δόξα）的世界。在科学以外的生活中，它当然并没有受到任何这样的贬低，因为它标志一个由诸种充分的表现构成的领域，——那样一些表现，它们赋予处于其任何目的中的人的全部感兴趣的生活以可能性和意义。任何目的，也包括“客观的”科学的

理论目的，因为在这当中甚至包含有科学家经常使用的“不言而喻的东西”——，一般地说，由这些不言而喻地明白地存在着的事物，并且能以意见的方式证明为真正的和实在的事物构成的世界，乃是唯有在其上一切客观科学才能展开的基础；一句话，生活世界，这个“纯粹”主观的和相对的，处于其存在有效性的，以及存在有效性的变化和校正的永不静止的流之中的世界，乃是——这看起来可能是很背理的——客观科学将其“最终有效的”、“永恒的”真理的构成物，将永远绝对有效的，对每一个人都绝对有效的判断，建立于其上的基础。

客观的科学本身当然知道，这是一个纯粹的理想，并且也许会承认，这是一个无限遥远的目标。但是它确实具有属于它的本质特性的这种指导性理念，并且不管它的理论怎样处于历史上的完善化运动之中，如处于一种特有的有效性的相对性之中，这些理论都是建立在生活世界基础之上的判断，这就是说，是建立在在主观的有效性生活的经常的变动性中产生的普遍的存在有效性的基础之上的，以及表现出来的——通过日常经验和经验的证明——附属的确信的基础之上的判断。

附录 XIX，附于 § 34e①。 466

科学的世界与生活的世界的对比：科学的世界，科学家的世界，它仅仅是由科学真理构成的合目的的领域，具有科学上真的存在；而生活世界，则是这些目的与行动以及所有其他东西注入其中

① 本文取自手稿 KIII 1（第 178 页），可能写于 1936－1937 年冬。

的领域。但是科学家们本身是生活世界中的人——是其他人们当中的人。生活世界是所有人的世界,因此诸科学(诸科学首先是科学家们的诸世界),对于这里的所有的人都作为“我们的东西”存在着,并且作为已获得的成果(命题,理论)存在着,它们对于这里所有的人是主观相对的,正如生活世界对于所有的人是主观相对的一样。哲学应该是有关存在的**普遍的科学**,应该包括一切存在者,一切具有其真理的东西,这在传统上意味着,哲学应为整个的生活世界,为主观相对的生活世界,创造一种客观的理论,应该赋予客观理论以最终真理的普遍的目的理念,并且能作为目的理念实现这种客观理论;**这毕竟是一种有意义的事业**吗?不询问生活世界自身的存在,这能够判定吗?在这种哲学中同时包含生活世界的存在吗?在生活世界与科学的世界之间,在这两个作为“存在着的”世界之间,不存在对立吗?科学家们不仅本身是生活世界中的人,处于生活世界的文明之中的人;而且正因为他们本身是生活世界中的人,他们自己并不总是对科学感兴趣并从事科学研究,而是还有其他的生活世界,并且是以各式各样的预先给予的方式,作为存在着的、有前提的兴趣而具有的(并将这种兴趣包含在自身中)。

生活世界是主观的-相对的,——它不是通过“存在着的世界”这个普遍的目的理念获得的存在领域,仿佛生活世界在这个目的理念发挥作用之前不曾存在,仿佛这个被信以为真的目的理念不曾以生活世界为前提。但是生活世界是主观的东西,是作为“世界的主体”的人的具有相对性的存在有效的东西,并且这个主体经常是按照兴趣生活,按照本能的兴趣,而且也按照想象的和意愿的兴趣——目的的兴趣生活。主体经常有目的；这种被当作目的的东西，作为被唤起的东西，经常汇入到预先给定的世界中，并且这个预先给定的世界，总已经是由人们的兴趣而生成了的，总已经是以某种方式作为我们的意识世界被获得了的。

将人和人类文明普遍地都变成了主题，不是当然地将这整个 467
的意识生活以及全部主观的东西都变成主题了吗？但是现在意识生活具有这样的性格吗，即将它作为客观目的的题材范围来对待，并且在这当中想达到总是被当作前提的主观相对的世界（这个世界是人类的意识成就）？

*　　*　　*

普遍的客观的科学的意义和可能性——它的可能性，这指的不是它的实践上能够做什么，它的作为有意义的实践的可能性，作为导致一些有意义的方法的有意义的目标的可能性——**成了问题**；哲学也重又成了问题，哲学，即一种真正的普遍的存在学说，这种学说涉及一切存在者，以致没有任何作为前提的存在者，即作为从未被按照其自身的意义，按照其自身的存在表现询问过的前提的存在者，从它那里溜脱，这样的哲学重又成了问题。

这种或那种哲学的理念是同一的吗？或者更确切地说，不是原则上不同的吗？一种是无意义的，另一种是有意义的，而有意义的是必然的。与此同时下面这个问题不是也需要讨论吗，即对于作为人类的人类——它本身是**实践的**，它本身只有借助成功的实践才能生活——的此在，是否存在一种本质的必然性，即这种进行最后反思的器官要在哲学中进行耕耘，并且在这种情况下，借助这种唯一可能的哲学——当它可能生存的时候,当它在它的无限性的地平线中,而且是在无穷遭遇的地平线中,可能“内心感到幸福”的时候——进行认识吗?这本身不属于哲学科学的领域吗?

468 **附录 XX,附于§39[①]。**

自然的态度与悬搁。世界有效性的“实行”,在悬搁中禁止什么样的实行。

在自然态度中,我总是具有处于存在有效性之中的世界,我作为人存在于这个世界中,处于存在有效性之中的周围人的敞开的环境是与这个世界不可分的。我的活动-生活完全是指向这个世界中存在着的东西的活动-生活;我置身于其中的我的全部兴趣,都是对于这个世界中的事物的兴趣,它们通过指向这些事物的活动而变为现实,而这些事物是我借以计划相应东西的事物。

当我指向世界中的事物,即作为对于所有人而言的这样的事物时,情况并不是每一个事物对于某人,对于每一个人,都能够真正如它所是的那样完全地自身呈现出来;仿佛每一个人都为自己如它本身所是地拥有它或能够获得它,并且在这种情况下,进入到关联之中的人就会相信,每一个人都认识了它——如它所是地认识了它。相反,事物按照其存在意义从一开始就是按照下面的方式而是大家的事物,即它们只有在与表象者和认识者的关联中,才

① 本文取自手稿 KIII 6(第 96 - 99 页),写于 1936 年 6 月 20 日。胡塞尔注道:“满意”,“归入完成稿”。在这一束稿件(包括第 93 - 104 页)的封面上,胡塞尔注道:悬搁理论——本文对于改写已提供的有关第二阶段悬搁的表述非常重要。

获得它们的相对的认识意义，也许是它们的认识意义（它们借以相对地或绝对地存在，作为所有人的事物而存在的内容）。

因此即使我仅仅专心于一个事物，我通过经验对它统觉，越来越详尽地了解它、认识它，我至少也总是暗含地与作为共同进行表象的人，或更确切地说，共同进行认识的其他人发生关联。正如在关于一个事物的表象的本质中一样，在关于每一个事物的真正存在的理念中，都包含对于全体主观性的关联，或者说，主观-客观的相互关联并不是这样一种关联，即事物是自在自为地存在的，而且它对于人-主观是自在自为的存在者，而是存在着一种令人惊异的相互关联，按照这种关联，当任何一个人突然想到要问，主观如何表象事物，以什么方式表象事物，相信事物以什么方式对于他们真正存在时，在这里就存在一种具有内在关联的本质东西，并且是这样一种本质东西，即在所有的人的全部表象方式之间和一个对象的全部表象方式之间，一定先验地存在一种协调。

这是一种肤浅的、错误的解释。事物性的存在就其本性而言，是来自与全部主观性存在的相互关联的，并且处于与全部主观性
的存在的相互关联之中的存在，而全部主观性则是直接或间接地 469
共同处于关联之中的人。作为在世界中的人的存在的主观存在，连同构成它的在世界之中的心灵存在、人格存在的全部人的规定，都属于同一的相互关联，不管这看上去有多么奇怪。

当我这样说，并且这样地拥有有效的世界时，我是基于下面的问题这样说的，即世界是作为什么被给予我的，特别是，当我与事物打交道时，我是以哪一种方式生活于被表象为事物的世界之中的？当我发现自己在世界中存在着时，这本身就是对世界解释的一个方面。世界被给予我的，如同它被给予所有人的一样。它是按照它的所是，并且按照它的表象方式而表现的，这就是说，它是按照它作为所有人的世界所是的东西表现的，作为这样的世界，它处于所有的人的表象方式的关联之中（这些表象方式从心理上属于世界本身），对于每一个人总是有效的，并且是能够认识的。存在论的世界形式就是所有人的世界的世界形式。如果每一个人用理论态度解释这个世界，将它解释为对每一个人都是相同的，每一个人就都能认识这个世界。

但是我可以使自己明白，这整个的世界的预先有效性——在其中我预先就是众人当中的人，众表象者当中的表象者，也许是对于理论世界进行认识的诸认识者中间的认识者，——以及在其中世界对所有人存在的这整个的存在论的世界形式，对于我来说，首先是我的存在有效性，始终是我的有效活动的有效作用。

主观-客观的相互关联在存在论上属于世界本身，但是这种相互关联的存在有效性，因此具体来说，这个世界的存在有效性，是在我的实行中的我的存在有效性，而我的自然的实行，即自然的态度，就在于，我在这种实行中，仅仅拥有世界中的现存的东西作主题，也许是拥有具有其存在论样式的宇宙作主题。在这里包含有，我经常拥有作为人的我，同时拥有在所有东西当中的其他的人，——当我在主题转换中能够指向它们时，当我能够指向在这里存在着的某种东西时，这种东西开始没有注意到，但在实行中确实存在，并作为直接存在的而起作用。但是当我实行悬搁的时候呢？这并不是放弃我在涉及事物时所具有的任何特殊信念，这并不是放弃“在这里”为我存在着的、在通常情况下使我感兴趣的某种东

西；但是放弃这些东西就是将我的活动转向现在拥有其时间并且占据我的时间（职业的主题范围），或者偶尔占据我的好奇心的另外的东西。这是放弃全部的世界有效性，连同包含于其中的一切有效性，经验的有效性，认识的有效性，放弃一切兴趣，放弃一切与世间东西有关的，和可能有关的，本身属于有效的世界的活动。在这个世界中，我现在“没有什么东西可寻求的”，在这个世界上没有任何作为人的理论的和实践的生活是尚未解决的，任何有关事实的认识——它作为存在于这个世界中的认识只能是以归纳的方式探究这些地平线的认识——，任何一般意义上可经验的和可思考的认识，甚至任何具有对世界的本质认识这种意义的存在论上的认识，按照其必然的形式，现在都是不可能的。

但是我将目光转向我，作为这个我，我确信作为世界上众人之 470
中的人的我，并且我想询问这个对世界的确信，这个我的存在与生活，在其中，并且在那种有效性的程度上，世界以及它的所有的内容，它的全部的存在论上的结构，变得对我有效。

我放弃我的在这个世界中的，在这个经常是感觉上的世界中的（通过受痛苦，通过做事）“生活”，放弃对事物感兴趣，放弃与事物打交道，借助事物计划某种东西，清醒地，活跃地，生活于这个世界中并总是完成新的活动，一再地计划新东西，重又拾起旧的计划，追寻人们已经具有的兴趣，引起新的兴趣，等等——在这个总是已经存在并有效的世界中。一切活动都是有效性，而作为总是对我们有效的世界的世界，对于处于有效活动的运动中的我来说，是现实的和沉积的活动（这种活动一直有效）的继续，作为这种有效性保持的继续，将有效性作为仍然有效的加以恢复，但也将它样式化，扬弃它，消除它。

我过着一种意向性的生活，而原初的意向性是现实地指向，获得，通过获得而拥有一种所有物。这种所有物作为指向目标的活动（我仍然继续处于，停留于指向目标的活动中）所获得的东西，是在指向目标的活动中，意愿的活动中，在另一种意志形态（但是同一种意志的另一种意志形态）中的所有物。我的全部意向，这种最初意义上的意向，在其运动中形成一种统一，而不是形成一种并列，它们全都是我的统一的“意志”的，我的统一的存在的辐射。我，这同一的我，在这种意志中，在诸个别意志指向的多样性中，是唯一的有意志的我。

当然，我，同一的我，有我所有的意志，我保留它或放弃它——我还是这种进行样式化的变化的和进行消除的变化的同一的我，但是这样地是同一的我，即我总是主动地意愿，而所有个别的主动的意愿都有其处于一致性中的统一性，在其中我总是同一的我，保持着的我，在我“实行”的，并在实行中保持的意志东西的多样性中保持着的我，——但是在这当中，这种实行并没有作为特殊体验的行动意义上的现实性。

这是第二种意义上的实行。意志，有意志，处于这种意志之中，这并不是瞬间的意志行为，每一个行为本身也已经是使用或重新恢复保持着的意志，即这个保持着的我的一个方面。一切有效性在最广泛的意义上，都是意志的诸种习惯，因此一切有效性（各式各样的行为，无论它们如何多种多样）都是意愿，一切有效性都处于运动之中，处于进行样式化的和进行消除的直接运动之中，它们只是以已消除的形式保持在运动之中，只要这个我此外以这种形式，以主动的有效性，“积极地”使它们活跃起来，并将它们保留在意志中。

当我说，“世界是我的普遍的有效性”时，这应该这样理解，即总是已经存在一个由全部有效性构成的，作为统一的有效性的普 471
遍领域，我主动地存在于这些有效性中，这个普遍领域是由已沉积的有效性，部分地是存在于现实过程当中的有效性，存在于进行新创造的过程中的有效性构成的。这种无所不包的有效性的综合，是在获取、习惯化，或过错等的运动中的诸种指向目标的意向构成的综合，因此我们有一种由诸种行动以及它们的沉积，连同它们的已沉积的获得物构成的运动，在这些获得物中，我们具有一些处于新的保存样式中的同一的行动。

当然，朴素的平淡生活是“建立在”普遍的，通过综合而继续有效的，现在仍然有效的东西的“基础之上的”这种主动性的继续，只要所涉及的是以前的意志指向性。这种有效性的整体，以及作为具有对未来的预示以及包含于该预示中的预先有效性的获得物的整体，总是已经具有一种存在论的形式——正是**这个世界**的存在论的形式。这是这样一个世界，即它是我的有效性，我现在生活于其中，我属于它，我作为这种有效性的朴素的“实行者”而属于它，并且当我在这种普遍的有意识性中存在，并且在继续进行中在存在论意义上保存这种有意识性，而继续这种有意识性时，我继续是这同一的我。

在悬搁中我禁止这种经常的普遍的“实行”，悬搁使我有可能对于我的“我在”进行普遍的“思考”，作为这整个的意志现在、过去、将来总是有的“我在”，只要它曾展示过它、改变过它，与此同时创造过全部获得物的这种式样。不是实行，不是进展的活动，不断意向的活动，不是不断地指向由从前的意向活动和实现活动而来的继续有效的存在者，不是继续编织到这个世界的存在之中，而是我以某种方式保持不动。我并不禁止这全部的兴趣，不禁止一切的“实行”，因为作为“清醒的”我，我经常是主动的；但是我使这整个的世界生活“失效”，——我进入到一种普遍的思考即自身思考的新型的活动之中，不是如我曾生活过的那样简单地继续生活，不是如我曾存在过的那样继续存在，不是在有效的，从早先就有效的世界基础上继续前进，不是对那个作为存在着而预先给予他的东西感兴趣，由此受到刺激，从已获得的东西向新的获取活动推移，提出新的目标，推动旧的目标，或改变旧的目标等等，所有这些并没有在基础的——普遍的世界基础的——经常的“我有”中，询问这种“有”，询问这种“我有”的“有”的方式：这很显然，我并没有意识到我自己，如同意识到普遍的有效性结构一样——不仅是它的在我的清醒的活动中，清醒的经验中非常有用的东西，而且是那种在沉积活动的形式中继续有效的活动的东西——，这种活动以其整体性，并且显然是一种流动的无限的整体性，形成作为“我”的我的存在，这个“我”总是具有世界，并且在世界中，作为人的“我”进行统觉，进行一种本身同时属于世界的世界生活，而这个世界是由我的活动以及我的存在的背景构成的，我的存在可能将它假定为有效性的获得物，因为我总是具有它，并且现在作为这个在我眼前的、如此这般向我显现的、被统觉的世界，而具有它。

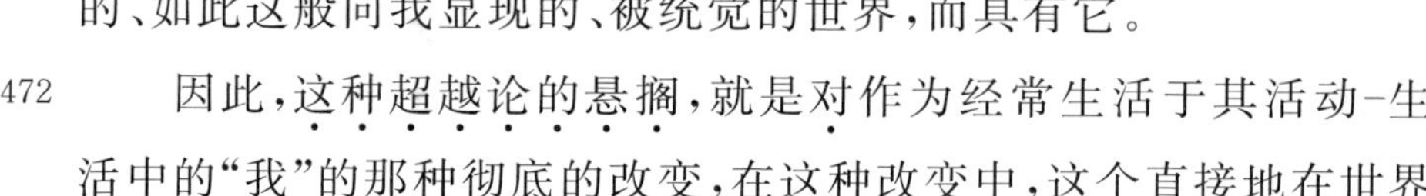

472 因此，这种超越论的悬搁，就是对作为经常生活于其活动-生活中的“我”的那种彻底的改变，在这种改变中，这个直接地在世界

基础上生活的“我”，产生一种新的生活意志，不是想根据那种它已经作为在它的所有物中的他的意志成分而得到的东西，因此不是想根据长期已获得的所有物，要求其他的所有物和新的所有物，想要其他的活动，想要创造和处理新的所有物的意志，相反地，是按照它的迄今为止的全部存在以及从现在出发作为未来被预先规定的存在（它的迄今的意识与所有物的整个方式）认识自己本身的意志：与要认识作为人的人格的“我”的通常意义上的我（这个我具有作为因存在而有效的世界的世界这种地平线为基础）相反，存在着超越论上的对我，这个最后的并且是真正具体的自我（ego）的认识。人的认识，本身是世界的事件——按照它的存在，按照这种作为人的活动的存在，是一种非常遥远的有效性的结果，一种对世界中的所有物的分有，它的创造性的有效性系统能够揭示超越论的任务。同样也是对自然的主题的存在方式的一切阐明的基础的基本主题，是作为在其显然是无限错综复杂的意志之中存在的这个自我，错综复杂是由于直接或间接的意愿的无限性，以及由于这些意愿的变化的无限运动总是创造新的有效性，但有一天也将放弃有效性等等的活动的无限运动，连续的和分立的沉积作用的变化的无限运动，意愿和活动在联结与融合等等的标题下所经受的变化的无限运动。

这是作为无限任务的实在的、真正的、最后的、绝对的自身认识；由于它的纯粹内在的解释，自身认识很快就导致在作为自我中暗含着的他者的超越论的他者，与作为不同于他者，但同时又与他者相联系的我的我之区分；由此自身认识很快就导致对绝对的我们的认识，导致对于绝对的全体主体性的认识，通过它的具体化，

世界被构成为众人的世界，一般的获得物。

473 附录 XXI，附于 § 46[①]。

芬克为“无意识”问题所加的附言

在意向性的或更确切地说意向关联（例如对回忆的分析要关联到以前对知觉的分析）的本质中包含的规整原则，又划分出一个完整的“清醒”的总体领域，作为对主观性开始进行分析说明中不可避免的领域。在“无意识”这个名称下所显示的问题，只有根据以前对“意识”的分析，才能就其真正的问题性质加以把握，并得到有步骤的充分的说明。因为这里首先涉及的就是，将总是被忽略的普遍主观的世界给予性的基本本质当作主题，缓和我们朴素的-自然的生活世界的态度的僵硬的基本立场（直接面向事物生活），将处于主观相对性的变化中的事物与世界本身作为主观综合的统一构成物来把握，——简短说来，因为这里所涉及的是意向分析的初步知识，所以在这里甚至不可能按其基本特征来描述从意向的基本分析到关于“无意识”的*意向的*理论之逐步进行的漫长道路。

人们会立即反驳说，将“无意识”问题说成是意向性的问题，这从一开始已经就是可疑的方法上的偏见，它仿佛是这样一种企图，即借助理解意识的方法手段解释“无-意识”。这样一来，人们岂不是预先就确定，无意识是被以某种方式掩盖了的意识，是可以唤

① 这个附录是 E. 芬克于 1936 年为《危机》而写的，经他的允许发表于此。

醒的意识，是意识的预备阶段或余像，因此最后能归溯到意识吗？这样一来，人们岂不是关于主观性的生活预先就有了一种看法吗，即认为生活与意识是同一的？但是，难道这不是在"深层心理学"、现代生物学等等（以及当代的实在论的和非理性主义的哲学）中变得越来越强烈的一种倾向吗，即将意识理解为具体的人的一个层面，并将它与其他不能归结为意识的生活方面对立起来？难道下面这种观点不是一切"观念论"的典型的偏见吗，即认为"精神"、474
"心灵"、"意识"构成人的全部存在；而我们通过由其治疗学上的成功而证明了的"深层心理学"，通过现代生物学等的成果，却逐步地越来越前进到这样一种认识，即意识的领域、观念论哲学的领域，归根到底是"生活"的一种派生的方面。

这种以各式各样变化方式提出来反对所谓"现象学的意识观念论"的反对意见，是基于哲学上的根本的幼稚。这里不是批判建立于模糊的经验基础之上的关于（在无意识现象中显示出来的）生命的真正本质的"神话式"理论的地方，不论它是关于"性欲"的自然主义机械论，还是关于冲动与本能的"动力学"。我们所说的幼稚，就在于在构造一切有关无意识的理论之前的一种疏忽。人们总是以为已经知道，什么是"有意识"，什么是意识，并且取消了这样一项任务，即首先将一切有关无意识的科学都总是必须与之相对照而限定自己的主题的概念，即正是意识的概念，当成先行的主题。但是因为人们不知道什么是意识，所以他们根本就没有找到关于"无意识"的科学的出发点。当然，当我们清醒的时候，我们总是知道并且了解，人们通常用"意识"指什么。从某种意义上说，它是我们最切近的东西：我们看到一些东西，我们想到某些事情，我

们渴望一件事情,判断一件事情等等。正是意识在作为活动、行为、体验等等的粗略的(对于日常生活足够充分的)分节中的这种独特的熟悉性与预先给予性,——正是这种熟悉性,引起了一种假象,仿佛意识是某种直接给予的东西。但是,现象学的意向性分析打破了关于“意识的直接给予性”这种假象,并且将我们引入一种新型的,要用很大力气才能坚持到底的科学,在这种科学中,人们才逐渐地学会看出并把握住什么是意识。当人们在意向分析的漫长道路上终于达到对“意识”的理解时,人们可能就绝不再想按照幼稚的观点来说明“无意识”问题了,幼稚的观点就如同对待日常熟悉的事物一样对待意识与无意识。对于“无意识”也如同对于意识一样,存在着日常给予的直接性的假象:我们大家毕竟都熟悉诸如睡眠、昏厥、受模糊的冲动力量控制、充满创造激情等类似状态的现象。关于“无意识”的流行理论的幼稚之处就在于,它埋头于这些令人感兴趣的日常预先给予的现象之中,从事归纳经验的研究,拟定推定性的“说明”,而在这样做时,总是已经默默地受一种暗含的关于意识的幼稚的、独断的理论指导了,总是利用了这种理
475 论,尽管它将“无意识”现象与意识现象划分开了,而这些意识现象同样也是按照其日常熟悉形式取来的。

只要对于无意识问题的说明是由这种暗含的关于意识的理论规定的,这种说明从根本上说,在哲学上就是幼稚的。只有在对意识进行**明确的分析以后**,无意识的问题一般才能提出来。但是只有通过在研究中对这个问题的掌握,才能表明,这种无意识是否能够借助意向分析的有步骤的方法来解释。

附录 XXII，附于 § 62[①]。 476

心理物理关联的情况怎样呢？这是两个实在东西之间的关系吗？假定，实在性概念和实在东西的存在方式，以及根据它们的可经验的表现的诸可能性，借助于能够通过经验的不断完善而实行的对普遍的和纯粹的自然之科学上的自然认识，已经获得了。因此关于动物，我们说并且预先就知道，除开它们的心理存在，它们是被包含在普遍自然科学的题目之中的自然的实在的东西。我们一般预先就知道，世界，在空间时间中存在着的东西之领域，至少在下面这点上已经是实在东西的领域，即每一个空间时间上的存在者，尽管并不总是单纯的物体，但必然有一个物体。因此世界一般是在空间时间的定位系统中，在某个地方、某个时间存在着的具有唯一性的现存东西，这种现存东西有其具体的规定内容，而这种内容，由于这种位置，仿佛注定是唯一的，并且只能以同一东西的形式在空间时间中重复出现。当我们抽象地将世界归结为自然时，我们就已经有了这种某个地方和某个时候的（在各自场所的）存在，并因此有了全部的位置系统。即空间和时间（或更确切地合在一起说，空间时间性）这些词所表示的位置系统，并且在这种情况下就很明显，对于每一个世界上现存的东西（在某个地方和某个时间现实存在着的东西）来说，方位（在同时性与相继性双重意义上的）都是一种规定，这种规定是仅仅通过作为在物理自然的物体领域中的物体的特定的物体确定的，并且在科学上如同在现存事

① 本文取自手稿 KIII 2（第 31－34 页），写于 1935 年 10 月。

物的日常经验中一样，是通过一种纯粹遵循自然的方法确定的。对于我们来说，今天，在我们受教育的方式中，以及我们使用科学仪器——由科学提供的，备有正确使用说明的各种形式的仪表、温度计、测量仪——的方式中，各种位置规定和时间规定（尽管对于实践的人来说，大多是被掩盖了的）也是借助自然科学方法的规定，——至少是一种按照意义保持在纯粹自然中的规定。

实在东西以及它们的空间时间方位的情况如何呢？实在东西
477 不仅是物体，而且譬如说是人、动物、人和动物的群体，另外还有——尽管具有显然不同的方式——文化构成物，书籍，仪器，工具，各种语言的词和句子。就所有那些超出物质东西而在性质上属于它们的东西而言，它们的实在性如何呢？它们的空间时间方位如何呢？它们的存在意义——按照这种存在意义，它此时此地应该具有这种性质——如何呢？

如果我们首先看看人与动物（而这是有充分理由的），那么一个动物的心理物理的统一，比方说，两种实在的结合的统一，就是一种令人惊奇的结合，如果在物体性的变化方式中（这指的是统一的自然的有机体的死亡），一起结合着的精神的实在，比方说，空间时间世界的精神的实在，消失的话；下面的情况看上去同样也是不寻常的、令人费解的，即将这些变化的形式统一起来的物体是这样形成的，好像它们形成一种“活的有机体”，本身带有精神的实在性。这是一种什么样的世界法则，即活的自然的有机体不能是在精神意义上无生命的，不能没有“精神方面”而存在？然而在经验世界中，有物体（它们是纯粹的物体）就足够了。

究竟这是一种什么样的“整体的东西”，在其中，单独被考察的一部分，实际上是自然领域中的实在的东西，并且单独地在普遍的科学中，在作为整体的科学中——在它的主题中绝不能保留精神的东西——能被无穷尽地讨论，并且将来也被这样讨论？另外一“部分”，即心灵，人的和动物的主观，而在人那里通常被称作本身当作“我”来谈论的人格，是不是连同所有现在处于相反的抽象之下，即在抽去物体的实在性的抽象之下构成它自身存在的东西一起而被给予的？因此具体来说就是，就它那个方面来说作为实在东西被给予的？因此在这种情况下，也连同作为现存东西的形式，作为“个体化的”形式（在这种形式中，直观的和易变的内容，通过因果性的规整一下子就变成一种总是能同一地规定的，正好是实在的对象）的特有的同时的和连续的时间性，一起被给予吗？在这种情况下，我-主观的统一，作为物体的统一的对应物，就会在诸我-主观构成的领域中具有实存，而诸我-主观以抽象的纯粹性被想象为一种特有的世界，具有作为共时性的形式的精神的空间，精神的时间，以及精神的主观间的因果性。在这种情况下，我们实际上就会有物体和心灵的平行，而问题就会是，这二者是如何结合的，因此两个世界是如何结合为一个世界，一个空间时间的世界的——在其中一个人的空间定位，以及他与其他人，与动物，与事物的同时性，总是借助物体性本身被规定的，而物体性只是它所是
的东西，处于具有唯一的空间，唯一的连续的时间的周围自然的一 478
切现实的和可能的物体的统一之中。如果诸主观有自己的空间时间性，那么它们一定与自然的空间时间性相一致；但是诸主观在其纯粹的主观性中却没有广延性，它们没有形态，它们彼此没有间隔，没有作为相对位置变动等等的运动，所有这些显然都是本质

的。那么我们如何理解精神的实在性，以及它在世界中的存在，这种实在性显然是分散在实在的自然之中的东西，它分有一个在完全独立意义上的“实在”存在着的领域，并且分有一种与此不可分的意义上的自然因果性，并且通过充作身体的自然的物体，而间接地定位？

它们存在于物体存在的地方，而且是存在于自然的空间时间之中，它们当身体是“活的”身体时存在，并且与“活的”身体一样长久地存在，但是它们看上去并没有自己的单独的同时性，也没有自己的时间性——没有自己的场所和时间的位置系统。

但是，每一个主观本身，按照自身的存在借以显示出来的经验，不是有时间性吗？心灵内在固有的，在心灵的经验中明显地显示的时间性，的确是一切将心灵当作主题，但是作为物体的组成部分来理解的，以及将动物理解为由心灵和身体组成的具体实在的统一的心理学，在一切心理物理的心理学中，在一切自然的心理学中，唯一想到的时间性。但是这种时间，这种特殊的心灵上的相继与共存的顺序，如何能与自然的实在的时间结合呢？它如何能被看作人在世界中借以实存的时间的片断呢？在这当中已经包含下面的情况，这种内时间的事件，生成，变化，如其他的事件一样，如物体中的事件，因此如物体的变与不变，以及物体的变与不变的实在部分一样，是时间上的事件，在这种变与不变中，物体以及它的部分物体，具有时间的持续着的存在，时间的实在因果性的存在。但是如果我们看看当事变和事件发生时在心灵中发生的情况，那就会明白，人们放弃了变化的概念的全部意义，即正如这个概念在自然中作为因果事件被运用的那种意义。实在的变化是保持着的

东西的变化，在保持着的东西的意义中不可分割地包含着具有因果性样式的，处于正是具有这种意义的在空间时间形式中的共-实在东西之中的保持作用。

在心灵当中能够区别的东西，在心灵的经验给予性中作为其心灵生活本身而显示的东西，以及甚至超出现实流动的生活（在“流动”这个词所表示的时间性中）作为心灵本身的同一人格的“剩余的”并且是“暂时”剩余的性质而显示的东西，排除最初是从物体的实在性获得其意义的任何实在性的理解，就是说，排除与空间时 479
间的存在，以及与空间时间的实在性和因果性真正类似的东西；空间时间的存在与其因果性和实在性东西的理念化，表明就是数学化。这种理解上的区分，或这种向心灵的个别“材料”的转移，而且是向“体验”之“流”的个别“材料”的转移，只有借助以下做法才有可能，即人们实行心灵借以如其自身那样显示其自身的经验，但不是真正地按照充分自身显示的，自身证明的经验的统一而实行。在自然方面，人们本来就没有认真地、周密地思考过自然科学的意义，以及在这里由实在东西的固有本质所要求的对未被认识的因果东西进行追寻所获得的成就的意义，因此，好像每一种自然实在东西预先只具有在空间时间的实在东西领域中的存在物的意义一样——这些实在东西只是作为被因果性地引起的东西直接地存在，和在进展中的诸间接东西中存在。

为人的精神上的特征要求一种心理物理的“因果性说明”作为必需的东西，并且是科学上唯一必需的东西，以便提供在物理领域中自然的说明所提供的东西，这是没有意义的。这就会意味着，想要按照进入到物体的存在之中的经验的方法认识人，并且想要按照生理学方法，而且一般地按照生理物理学（最广义的）的方法从科学上认识人。当然我们只能以下面这样的方式，通过我们也称作人的知觉的直接的经验，而具有作为与自己相对的人格的人，即我们看见他的身体，一般而言，通过在他的知觉领域中的感官上的显现方式而具有他的身体，就像具有这个领域中的任何一个其他的物体一样。

这里是作为物体的理解。但是在这当中，还不包括下面的情况，即通过经验而能认识人格的我，必须将作为经验的对物体的理解，将进行经验的认识，现实化，就是说，必须将作为物体之原初自身给予和自身表现的知觉发动起来。如果我要经验到他作为人格所是的东西，那我就恰恰绝不可这样做。经验是自我的过程（行为），借助这个过程，我将我借助对象的意义已经意识到的东西，活化为如其所是地原初自身显示的东西；对象变成主题，变成认识的主题，它应该以在眼前浮现东西的主观方式，以也许已经被意指东西的主观方式，被改变为它的具有其原初表现的全部存在方式的存在的主观方式。

如果我着手研究物体的身体，甚至进入到它的存在的相对性预先就包含的无限性之中，那么我就绝不能得到别的，而只能得到物体的规定，得到对其他物体的关系，得到物体的因果性。

在知觉领域中显现的物体，作为“表现”而对我有用；它本身是作为表现的系统而被给予我的。物体不是知觉领域中未被注意
480 到的背景物体，而是作为表现被清楚地注意到的，这种方式不许可以随同作为主题的物体经验一起被改变。在自然界中，不存在表情的变化，不存在指向周围事物的目光，不存在面红耳赤，甚至不

存在“受惊吓而跳起来”等等的情况。人的相貌和观相术与作为有关物体的科学的不可逾越地自成一体的自然科学是毫不相干的①。

在对表现的理解中，我体验到作为人格的人，并且在人格之中，就存在有一种特殊的经验主题，一种不是自然的经验，而是精神的经验的主题。我可以在其特有的存在中认识它，我可以认识一般的人格，对此我必然根本没有自然的认识，并且在科学认识的情况下，根本没有自然科学。在下面的情况中，人们最容易看到这一点，即我们在前科学的有关人格的经验中获得的认识，不管它怎样不充分，怎样不完善，仍然通过对于人格的纯粹主题经验的指向，导致对于人格的认识，这种认识允许我们重新认出同一个个别的人格，不管我们在什么时候，在哪里遇到他。在这里没有任何关于是否我们将同一的人格看作就是它本身的担心。它们并没有先验地具有任何同一的个体性，而是先验地具有一种可直接经验的个体性。但是物理的物体只有在其空间时间的环境中才是个体地确定的；客观的个体的规定，使整个自然科学、物理学，付出许多努力。人格虽然有——但只是由于它的身体性——只是由于只有通过其特性才能阐明的非固有的定位，才具有的在空间时间性中的位置，但是人格并不是实际上真正地存在于空间时间性中，并没有由于空间时间性的位置系统而成为其中一次性的东西。它在作为

① 这种理解将知觉作为奠基的基础，此在的物体被把握，此在的有效性是现实的，但并不是在下面这种意向中是现实的，即，使在连续地系统地进行的知觉中被知觉的东西现实化，并对它进行认识，——知觉并不真的是“经验”这个词所指的东西，即直到对完整的事物本身的认识和认识的愿望。

人格的自己本身中具有其唯一性，而这种唯一性是与它的身体的唯一性结合在一起的。将它如它所是的那样作为处于其“人格世界”之中并具有其世界生活方式的人格当成主题，并且一般地当成科学的主题，这并不是询问自然的因果性，而只是询问在精神中作为精神而发生的东西，以及询问建立起动机之统一的诸种动机。将动机看作一种因果性，并且要设想，这种自然的因果性延伸到心灵之中，并且肯定存在着人们能够据以在心灵中构造自身尚未被给予的东西的，或尚未被认识的东西的诸种自然法则，所有这些按照自然科学的思想方式理解的东西，都是荒谬的。还应该注意一
481 点，即通过报道而获得的对诸人格的间接认识，以及诸人格通过语言和一般表达的整体的联系，绝不包含下面这种要求，即以自然科学的方式进入到在这里一定发生的物质的自然过程中。

但问题仍然是，心理物理学真正提供什么——如何能在其主观的关联中，考察全部实在东西，经验中的客观东西，因此如何能独立地研究(作为某种恰好是相关联地属于一切实在东西的东西)有所成就的精神性。

482 **附录 XXIII，附于 § 65[1]。**

生物学在人那里本质上是由人的真正原始可经验的人的本质指导的，因为生命一般只是原始地并且以生物学东西本身自身理解的本来方式而被给予的。这是对于整个生物学，另外也是对于移情作用的全部变化形式的指导，只是由于这种移情作用，动物才

① 本文取自手稿 KIII 18(第 20 - 30 页)，写于 1936 年 6 月。

能具有感受力。但这种主观的东西也是对于在这个世界上被称作有机生命的东西的指导，然而它实际上仍没有作为来自类似地明白易懂的"anima"(生命)的，因此是处于一种仍明白易懂的自我性之中的"生命"。那些最终引回到作为原型的我，我本身，这个在这里进行研究的人的变化形式是些什么样的变化形式呢？只有从这里出发，有机体概念一般才能有其最终的意义，有机体由局部有机体的构成也才能有其最终的意义，但这诸部分有机体并不是自由地独立地单独地起作用；相反，恰好是作为单纯的必然的构成要素起作用的①。

生物学以其合乎技术法则地朴素地使用的方法，反映处于对个体发生和种系发生的生物学研究以及对个别的动物的纲和动物的种的生物学研究的彼此外在性背后的意向的相互交融。本质的法则在它们的大量的普遍东西中显露出来，这些本质法则在自身中包含一种存在论，这种存在论不能简单而明确地观察到直观上给予的东西，并且它根本不是自然存在论的类似物，那种类似物就

609

① 我们当然预先就有来自人的生物学上的先验的东西，在这里我们有身体本能，原始冲动的先验东西，它们的实行(饮食、男女等等)归根到底是这种先验东西随身带有的。当然我们认为动物也有先验的东西，只要动物性真的能通过移情作用被经验到。与此同时，我们有生殖的先验性。另外，我们有动物周围世界的结构，即每一个动物都有它的种的"社会的"地平线——在犬的世界中，这种地平线是在可能的犬的联系之中的无限多的犬。这种先验性作为这种假设之中的假设，即"其他动物"，被预先推定。在那里"其他动物"作为动物不能被直接经验，在植物那里就更不能直接经验了。当然我们在动物那里有动物的共世界的结构(不仅是种的结构，而且是对其他动物以及它们的种-社会的理解)，而且还有非动物世界的、物的等等相反的结构。我们已经有了一些来自外部和内部的真正的，并不十分贫乏的动物存在论的开端，——但是我们所有的东西，处于被预先规定为无限的、未被认识的存在论的无限的地平线中。——参阅目的论。

是自然的数学的类似物:作为一种预先自身完成了的,并且可以进入到认识的这种完成状态的存在论的类似物。

483 而且生物学还是——如同所有的实证科学一样——朴素的科学和“艺术品”,这个词被理解为手艺的较高的类似物。所谓较高就在于,它本身包含一种隐蔽的意义,即它以为能够按照技术规则作为知识而获得的,而按照它的方法却绝不能达到的东西之真正的和固有的存在意义。但是生物学尤其从来没有能作为具体的生活世界的理论,作为描述的科学,这样地变成单纯的艺术品,如同数学一样,成为完全无根的,完全与朴素的自明性,与直观的来源分离的,在这方面,它的值得钦佩的建筑物并不是像数学的建筑物那样的令人眩晕地——具有许多阶梯和许多楼层地——高耸入云的建筑物,虽然这个科学的整体确实是科学成就的巨大的存在。

它的向自明性根源的接近,在这个方面向它提供这样一种向事物本身的深处的接近,以致对于它来说,通向超越论哲学的道路,因此通向真正先验性——具有巨大的、稳定的,然而并不是不假考虑地被理解为先验的(理解为绝对普遍的和必然的)普遍东西的生物界所指向的真正的先验性——的道路,一定是最容易的,它通过其对于来自外部的显而易见的和以合适的方法结合起来的一般东西的普遍的和系统的阐明所发现的东西,总表明是超越论的问题。因此在我看来情况似乎会是,看上去落后于数学和物理学,并且长期被物理学主义几乎是以同情的态度看作未来物理学“说明”的不完善的,单纯描述的预备阶段的生物学,可能从一开始就更接近于哲学和真正的认识,因为它从来没有受到它的真理的和理论的“逻辑的”构造的奇妙技巧(人工制品)的危害,这种构造实

际上将数学和物理学变成一种事实成就上的奇迹，而且也如同奇迹一样——不可理解。物理学的先入之见只能在下面这样一种程度上对它造成干扰，即在有限的范围内属于它的一些物理学的问题和研究，被作了过高的评价，而描述的东西——对于它是本质的东西——对于许多生物学家来说却未曾起到引导作用。

事实上对它来说，它本质固有的、唯一的、具有纯粹客观性的工作形式，是描述，这种描述本身，具有由存在论上的，但是未被阐明的普遍东西而来的朴素的成就。因此除去由对生活世界的以及它的结构的超越论的，或如果我们愿意说的话，超越论的-心理学的考察方式提供的任务之外，它没有任何超出描述的其他的说明任务。由此，它立即就达到在由最后的自明性源泉而来的理解的意义上的说明阶段，而物理学家的“说明”，则以一种被从一切真正的认识完全分割开的不可理解性认识它从世界中“认出”的东西。

从笛卡儿以来数百年，数学以惊人的成就使人眼花缭乱。在这里 484
需要一条还原到理解的源泉的真正道路。摆脱符号的-技术的方法学的合乎技术规则的东西，以及它的实验技术（它在实践上将直观与记号表示法结合起来），以及认识回溯到超越论的意义赋予的必要性，在这里要困难得多，无法比拟地困难，这种情况是由于数学和物理学的本性。

生物学是具体的和真正的心理-物理学。它到处都有而且是必然地有普遍的任务；只不过看上去它在这里与物理学相比处境不利，物理学伸展到天文学上的无限的东西，并达到了法则，这些法则（尽管具有假设的特点）都会充实无条件的普遍东西的意义。生物学只不过看上去局限于我们的小小的无足轻重的地球，并且作为人类学局限于地球上的这种微不足道的生物，即人。通过回溯到最后的自明性源泉——由于这种源泉，世界一般按照意义和存在，对我们意味着它所意味的东西——，并且在一切想象到的由此产生的本质必然的东西上显示出，生物学并不是如同德国的动物学，巴登州植物世界的植物学那样的有关这个无足轻重的地球的偶然的学科，而是一般生物学，如同物理学一样，具有世界普遍性。它将全部的意义，即我们作为可能性而可以谈论的金星的生物学可能具有的全部意义，归之于我们的生活世界的原初的意义构成，以及由此出发通过我们的生物学对这种意义构成所进行的理论上的继续构成。当然，由于其普遍的任务，生物学具有一种无限的地平线，而这个地平线（本身又被划分为诸地平线）并不将一种按照自己的意义由这里而全面扩展和延伸到一切无限东西的法则认识作为可设想的目的奉献给生物学。但是在这方面，它不像数学甚至物理学那样，是单纯形式的，是仅仅与抽象的世界结构有关的。相反，作为真正普遍的生物学，它包括整个具体的世界，在这种情况下，也暗含地包括物理学，并且在相关关系的考察中，它变成十分一般的哲学。

485 **附录 XXIV，附于 § 73**[①]**。**

自我对自己本身提出的对自身进行思考的问题，乃是自我在作为追求的活动之整体的这种完整的生活中，和在积极实现的个别活动中，目的何在的问题。达到这种思考的可能性，或更确切地

① 本文取自手稿 KIII 4(第 44－47 页)，写于 1934 年 9 月。

说，能力，属于人的根本本质，——人这个词，如同它经常在积极的生活中被理解的那样理解：就是称自己本身为我的人格。这种对自身思考的结果，乃是有关一般未来实际生活的最后一致的实行样式之先行的表象的统一，这种表象作为可能性，作为能力，不同于其他的经常的可能性，而其他的可能性就在于，贯穿到一切追求当中，贯穿到一切单纯的行为当中，而指向目标的统一的内心要求，在这些行为中没有获得任何实行，没有任何无关的目的——如同在自然的感性的生活中的情形一样——，或者导致单个的、现实的实行（在较高的价值的实行中），但是处于与较低的感性的价值的混杂中。自我在较低的和较高的价值生活的斗争当中，肯定总是能够一再地以更深刻的不满意识到，它追求最终对它不利的东西，追求一种它在斗争中随身带有的（用带有感情的话说，使它陷入到厄运之中的）生活的和追求的方式。

613

对于作为实现其“生活意义”，完成其“真正意图”的此在之可能式样的预期，结果必然是这种预期变为一种相应的普遍的意志，作为在本来的生活中，在关于作为证实或抹去过去的个别意愿和个别行为的过去的生活方面，起支配作用意志：作为从最终的人格根据出发的意志批判。最初以对自身支配的形式引起个人存在方式的意志，变成了习惯的，——而且每一种不能直接地，不能立即地以计划的生动的自明性变为现实的意志，都以本能的特殊形式经受变化，而这种本能，在有利的情况下，当“它的时机”到来时，会以引起发生的方式起作用。在这里，由于缺少计划的明确性，偷换，错觉，因此误入歧途都是可能的。每一种计划，尤其是意向上包含多种多样的中介的计划，需要反复思考，需要作为使原初性重 486

新活跃起来的反复，需要原初性的真正意义的自明性。这非常适合于意志，被指向此在之整体之中的最后意义的意志；具有作为自我的存在的纯粹同一性样式的此在之普遍计划，——这个自我充实此在的普遍的，在普遍性之中是同一的意义，它一贯地想要，并且积极地实现它在计划当中借助自己的努力和工作而谋求的这个东西，而在其中，它本身作为它的同一的意义的自我在目的论上一贯地忠实地保持不变的东西，——这种计划必须通过沉思反复地被阐明为使反省重新活跃起来，将概观重新活跃起来，将自我批判重新活跃起来，将对流动的变化之整个状况进行的批判的检查重新活跃起来，它将注意中心放到作为实践上能直接达到的周围世界的当时切近的情况。

614

因此对于这种人格的此在来说，我们有两种人的层次，即这样一种人的层次，它还不是完全意义上的人格，只要它还没有实行最后的对自身的思考，并且在自身中还没有完成这种对自身的支配的原初创立；以及这样一种人的层次，它已经完成了这些东西。对自身的思考仍然是生成完满的人，并实现完满的人类的持久的功能。

我们看到，对自身的思考并不是对于作为空间时间的事物世界中实在事物的人，对于作为在普遍的自然中的自然对象的人进行的可经验的概观，和以判断进行的解释。这样的思考和理解的成就，是心理物理学家、自然科学的动物学家和生物学家的思考和成就。这样的理论态度，并不像广泛流行的生物学主义所认为的，是唯一科学上可能的态度，或者甚至只就本身而言就是第一的，并且本身可单独实行的态度。

相反，它们经常具有人格态度的可能性，这种态度是对自身的思考的基础，我作为自我实行的对自身的思考，并且只有在这种对自身的思考中，我才能最后地意识到，作为可能性的我的最后的意义——意识到我的目的论的固有本质。自然的对自身的体验——作为对于我的心理物理的存在，其中包括对于作为我的“赋有生命”的身体的我的存在的对自身的体验——必须与自我反思明确地区别开，在自我反思中，我将我作为我的感受、我的追求、我的意志和行为的自我来把握和思考，——最后在目的论的批判中，向我的目的论的本质，我的生活的意义推进。对于作为我的自我的自身思考，乃是对这个我，作为赋予物体的身体以生命的我，作为由此而被归于普遍的空间时间的自然的我，作为属于物体的身体的东西，连同在该物体所在之处在此存在的东西的我，等等，进行统觉的前提条件。只有这样，这个自我，这种被定位的自我，被自然化了的自我，才能进入到整个自然的归纳的关联之中，并且变成可以按照归纳的规则询问的，这种规则超出物理-自然法则的东西，而规整心理-物理的整体，并且在其中规整心灵事物的出现与消失[①]。

自我的纯粹的对自身的思考——我作为自我所完成的对自身 487
的思考——通向作为诸人格之中的人格的我，通向我的周围世界中的作为“我”的我（这个周围世界作为在我的意识中被认识到的，对我显现的，对我有效的周围世界，而属于我），并通过移情作用通

① 对自身的实存的思考，一种更高程度上的批判的活动，在这种活动中，我的自我的每一种活动和获得物都批判地揭示出它的较低的或较高的，它的恰当的和不恰当的意义。事实认识的和被强调的事实本身的理论态度的目的，对于我就变得清楚了。

向诸人格同伴，作为这样的同伴，他们将自己意识为我，他们能够思考，将周围世界经验为他们的世界，并且我通过移情作用意识到它们是这同一个周围世界中的诸我-主观，正如他们本身在移情作用的关联中共同地并与我一起经验到他们的周围世界是同一的，对于所有的人只是以不同的显现方式呈现的世界，以及作为在其中每一个我-主观都通过身体在“那里”存在的周围世界，每一个我-主观在这个作为自然的周围世界中在心理-物理方面有其位置一样。

通过对我的反思，我发现了作为我的生活的，首先是我的世界意识和世界生活的主观的我；在其中，我有为我存在着的东西的、我已经作为有效性的获得物而获得的东西的以及尚需获得的东西的全体；在其中，作为这样的普遍的获得物，我有为我存在的世界，在世界中自然地存在着的别的主观，同时有对于我作为这个世界的别的主观而存在的东西——我的生成的自我-环境，诸人格构成的环境，这些人格确实作为包围着我的诸人格而在**我的**意识中发挥作用，它们处于我的自我的包围中，而且作为别的主观被包围着，作为包围着我以及所有为它们共在的东西的诸自我-主观而起作用等等。

人，作为心理物理的实在东西，不仅具有作为在事实世界中的事实的存在，而且还具有其他的存在，具有作为在人格整体中的诸人格的存在，作为这样的存在，并不是外在地被拴到某物上的，而是被结合到某物上的。我们已经将人的此在的常态的较高的形式当作前提，即作为在具有通常的诸国家的联系的民族之中的此在，处于具有依循于统治与服务关系的意志秩序的国家秩序中的此

在。在这种常态中，每一个成年人都有其职能，每一个成年人都有其任务，并且在通过行动执行任务中生活：所有的任务，以及任务的执行，都有其综合的统一，这种统一在每一个人那里本身作为意识的地平线而成为当前的，尽管并没有被明确地意识到，并没有作为整体而成为主题。相反是这种经常的地平线赋予每一个特殊的主题，每一个特殊的目的，以这样一种意义，即成为这个主题地平线中的主题，成为对任务整体中的局部任务（这个局部任务是与之有关的各个人格的责任）的执行。因此在这当中，我们还发现**作为任务**，作为个人的职业的**哲学**。但是在这里我们注意到**这种职业所特有的东西**，这种特有的东西肯定不是对处于通常的国家-民族的整体（社会整体）当中的所有职业都同样适合的。手工业者，以 488
及在工业企业中被结合成集体的职业工作中的部门领导人和工人，国家公务中的公务员，当他偶然想到他的职业实存的"意义"时，他为此并不需要历史的思考。然而哲学家却需要这样做。**他的作为哲学家的此在，在一种不同于每一种职业**，甚至是全部的职业——这些职业通常都属于民族的和国家的此在结构——**的意义上，在一种十分特殊的意义上，是历史的**。

每一个人作为个人处于他的世代的关联中，这种关联，从个人的精神的方面理解，处于历史性的统一之中；这不仅是由过去事实东西而来的结果，而且作为隐蔽的精神的遗产，作为过去，包含在每一个现在之中，包含在现在的现实性之中，过去培养了现在的个人，并且作为对个人的培养被作为意图包含在个人之中。每一个人关于他的存在，以及他的世代性的模糊的一般的知识，都与此有关；但是一般来说，这对于他们并不是作为由现在的和早已死去的

个人构成的链条,这些死去的个人,尽管死去了,现在仍然(由于它们的通过深入理解仍能再次产生,能随意时常重复的思想与著作)还是现实地存在着,总是重新丰富,推动,也许甚至阻碍现代的思想,至少是通过其职业上的此在,触动它们。

另一方面,这在历史的哲学家方面是非常明显的。哲学的过去对于今天的哲学家是现实地起促动作用的。哲学家的地平线的特有的样式——就是诸世代的人以及他们的著作,他们的思想。每一个哲学家都有他的包括所有哲学家的历史的地平线,这些哲学家在哲学的共存中形成他们的思想,并对新的哲学家,作为新加入到这种共存中的哲学家,产生影响。这种影响不会彻底消失,只要这种过去的人的影响(也如同还活着的人的影响一样)能够通过重复而重新开始,能够通过新的推动而获得新东西,能够通过各种各样的改造和再改造而起作用。活着的与死去了的东西处于一种绝不能最后中断的共存中——哲学思想上的共存中;它能暂时地中断,特殊的哲学上的世代性会暂时地失去生气勃勃的繁殖力。但是用文献记载的,以这种形式沉积的思想,能够(在这方面不论将什么情况考虑为可能的)再次复活,因此再次复活哲学上的人格,不是作为具体的人,而是作为其概念、其理论、其体系的思想结构的主观,就这样开始了一种新的精神的、哲学的世代性,同时非
489 哲学的时间的空隙也得以克服。哲学家,生活于现代人的世界中的,生活于他的民族的现代,并与他的民族一起生活于现代的欧洲的哲学家,在这个现代有其影响的现实性——直接地对这个现代产生影响的现实性。

但是作为哲学家,作为思想家,对于他来说,哲学的现在是哲

学上的共存在的完整整体，是整个的哲学的历史，即恰当地理解为作为哲学的哲学的历史和哲学家的历史，在历史上作为哲学家而受到促动的人的历史。哲学家（作为哲学家，他在他的生活的使命中是主动的，由他的使命，并且受到他的周围世界的刺激，并相应地受到促动）首先并且至少是由他的哲学上起作用的由直到遥远过去的哲学家们以及他们的思想构成的周围世界促动的。这个向后延伸到哲学的以及哲学的世代的原始建立的周围世界，乃是他的生动的现在。在这个周围中，他有他的合作者，他的伙伴，他与亚里士多德，与柏拉图，与笛卡儿，与康德等人打交道。只不过，这些已死去的人，在其哲学的实存方面不能再被后代人改造，正如后代人不能被已死去的人改造一样。未来的发展，是活着的人的事情，他们的深造，就是创造未来。但是未来是通过一种经常的活动——这种活动具有重新赋予已死去的人的精神以生气的性质——，通过根据这些著作的原初意义，即根据过去的思想家们的意义构成而对于著作的深入理解，而生成的；这些思想家作为人是过去了的，但不是作为现今起作用的人，并且总是在哲学上重新起作用的人过去了。

那么哪一种形式的历史的思考对于现代的哲学家——这些哲学家虽然仍以职业的确信，即确信自己能胜任自己的任务，而生活于周围世界的现代之中，但是哲学却从现代中看出了威胁——是必需的呢？这种思考显然应该具有彻底辨明的性格，而且是作为发生在其人格中的彻底辨明的性格，而这种彻底辨明又具有现今整个哲学共同体的共同辨明的性格。

在作为来自哲学上的世代性的此在的哲学家-此在的意识中，

包含一种对于此在本身的历史的追问，即追问这样一种固有的传统，这种传统从一些召唤延伸到另一些召唤，并且是以这样的方式延伸的，即召唤引起召唤，正如一堆尚未燃烧的活火能够燃烧一样。能够造成威胁的怀疑论在历史的概观中获得其根据，它认为，能够指出经常失灵的事实，指出由于失灵而缺少效果。它相信，哲学可以依据目的意识的虚构得出结论。

仍生活于召唤之中的哲学家的彻底的沉思将一定适合于下面
490 的情况，即通过他追寻诸重要的本质的意义构成的方法，从召唤的历史性辩护他的召唤的意义之正当性；通过本质的意义构成，哲学由其最初的模糊的原初建立，逐渐变为越来越细微的任务系统，这些任务系统呈现为原初的模糊的意义之明白的阐明，并且在系统中设法获得充实的形态。

620 491 **附录 XXV，附于 § 73[①]。**

哲学勾画了预先给定的，历史上预先给定的世界的逻各斯，即勾画了作为生活的周围世界的前科学的神话的世界，这个世界在神话的人类（具体地说，**这个**神话的人类）的这种历史状况中，在自身表现中，有其神话的现实性。

在前科学的时代中，人遵从他的民族和民族的公共见解，与此相似，一个时代的一代科学家遵从这个时代的科学（在这一代人中的公共的见解，——即普遍承认的，借助被承认的方法、根据获得的真理）。这种普遍有效性散布开来，并且在某种程度上，已在这

① 本文取自手稿KIII 4（第59-67页），写作日期不确定，可能是写于1934年秋。

个时代的有教养的人群中散布开了。但是在一代科学家向另一代科学家的进展中，我们并没有这种普遍观点的历史上持续转变的类似物。因为这种哲学的世代，科学的世代，生活于与以前的诸世代的哲学的-历史的关联中，在这里就是说，生活于清楚地意识到的与以前的诸世代的关联中，同时进行有文献根据的批评，揭示那些包含有进行纠正、揭露片面性、进行展示的，但此前未被注意到的问题的地平线，——尽管有不确定的东西，不清楚的东西，多义的东西（绝不仅单纯是语言上多义的东西）——，并相应地拟定新的、更准确的概念，新的工作问题。

在明确的、科学上可辨明的历史的回溯考察中，对于他来说，过去科学的事实性（当时普遍有效的理论、问题、方法的事实性，如它们当时有效的那样）就和科学的进步，或更确切地说，和合法的科学性的阶段，分离了；在这种情况下，历史就提供对越来越完善的真理加以阐明的目的论。后来的东西并不因为它正好在现在，在它的现在，是普遍有效的，而是以前的东西的尺度；相反，后来的自明性，作为由对以前的自明性等等的批判中产生的自明性，也暗含地包含以前的自明性，还原到以前的自明性的相对的正当性，同时还原到那种后来作为错误“合乎逻辑地”可以理解地生成的东西。

每一个现在所拥有的科学都宣称是**合乎逻辑**的，宣称将预先给定的这个现代的世界，连同诸种预先给定的“科学上的”有效性——沉淀为在思想内容方面挖空了的，尽管能重又恢复到原初 492
状态的有效性（只要它是这样的东西）的有效性——引到更高的认识，宣称是改进了的、充实了的科学，每一个现代所拥有的科学都

充实了一些概念和问题,虽然是通过对于流传下来的概念和问题等等的批判地精确化而充实的。但是特殊科学的任务,是哲学任务的部分,是抽象的世界领域,被一种特殊的兴趣偏爱的领域,普遍的领域——世界,整个预先给定的世界,连同所有它的直观东西,它的意见,还有它的科学,它的可以在逻辑上理解的覆盖物都属于它——的部分,可以根据预先给定的东西,其中包括沉淀下来的逻各斯,从逻辑上理解。

当科学的历史也一起出现时,事情就变得复杂了,因为将真实的过去、真实的哲学作为有效性揭示出来的这种科学,在真实性的真理方面,同样又应该有其逻各斯。此外这种科学在历史的时间中,应该有通过历史学家的批判的应用而构成的,一直到那种在他的现代都有效的科学真理的真理诸阶段的历史的历史学。

现在让我们思考一下下面的问题:我,这个就每一种科学和哲学思考所有这些东西的我,我,这个对在意识上包含着每一种科学的历史性和形成历史性的明确的和科学的历史之动机进行阐明的我,是作为参与到这些东西之中的科学家和哲学家说话的。由此我使自己明白,我作为我有我一天的任务,有我必须为其解决而工作的问题;也许我还有被理解为对科学整体之中的无限局部领域进行研究的,作为生活任务的无限的题材范围,我就被局限于这个题材范围中。但是由此我就会摆脱对于整体的责任了吗?任何一个部分,都是其存在是独立的,是其所是的,不涉及超出它之外的意义关联和存在关联的独立事物吗?被特殊的专家们所从事的专门科学本身,不是有关世界的全面的科学的,在原初形成的任务之意义上的哲学的单纯部分吗?如果我考虑到这一点,那么我就必

须为我以及每一个科学家和哲学家，作出以下的区别：

1）在下面这种意义上，我是我的时代，我的现代的哲学家，即我在作为科学上共同的意见的这个时代——我通过教育，通过教导而熟悉这个时代——的普遍有效的科学的基础上，在这个科学上的时代状况的促动下，毫无疑问地为每一个同样受过教育的人，为处于关联之中的我们大家，讲授并在其中工作。这种"毫无疑问"涉及方法，涉及本身被看作完全正确地奠立的真理的东西，并因此涉及这种奠立本身；它涉及被看作科学上的问题的东西，被看 493
作最近构想出的，或以前构想出而现在已经解决了的问题的东西，尽管这种方法上的论证按照其结果，可能具有一种盖然性的性格，——但是一种在我们的时代状况中可以令人信服地理解的盖然性的性格。这对在这个时代被看作困难，被看作未澄清的问题，被看作难以理解的等等的东西，也是适合的。这是时代的财产，这对于时代来说，是存在着的工作领域，首先是对于时代而言已经完成的东西，达到了系统结合的东西（借助依据"根据"而进行论证的方法就已经达到的东西）的领域。很显然，这对于每一个现代都表明是整个工作的主要特征，科学家共同体的工作的主要特征；正如富人通常都将其迄今所获得的（可能是通过努力获得的和从先人那里获得的）全部的财富作为他以后借以繁荣的资金一样，知识的富有者首先具有他作为科学家借以在以后继续发展的已完成的获得物。这种已完成的获得物，就是当下的"时代"或"现代"的科学的公共见解。每一个人在这个范围中，在他的位置上，在他的局部问题上，并且是在这个局部问题的局部领域中进行工作。在这个范围中，所及之处，当然有一种每一个人都必须考虑到的内在的意

义关联进行支配，以致在不同的任务上和不同的领域中工作的人们，也不许可忽视推动整个领域中的这个领域的东西。

但是所有这些，甚至作为公共见解的有时间性的科学的全部领域，仅仅是世界本身的有限的片段，世界本身不仅是在这个现代，而且贯穿于诸现代的连续，贯穿于诸时代，都是并且始终是科学的——在最高层次上是哲学的——无限的主题。每一个科学家都知道这一点，尽管他并没有明确地想到这一点，并且由于生活在这个时代会暂时忘记了这一点。这种暂时已完成了的科学，其中包括了与它有关的确定的意向，确定的任务（只要未着手从事它的人们承认它们是需要，承认它们对于每一个处于该时代的研究者起促动作用，它们就是普遍有效的），——我是说，这种暂时完成了的科学，在它的时代以及每一个时代中，有一种未被询问的至少是不成熟的问题的敞开的不确定的地平线，在这些不能把握的问题之模糊的不成熟性中，以及与这种不成熟性相关联，有一种科学未来发展的地平线，科学通过它的实际的工作和已完成的真理，将创造出一种动机，即明确地提出问题，并借此创造由现在仍然完全是空洞的预期的诸真理构成的新领域的动机。

2）成熟的科学不仅有与无穷尽地敞开的，并且最终被无限地思考的由研究者的诸世代构成的连续自然地相关联的这种无限的未来的地平线，而且还有一个并非无限的作为历史性的地平线的过去的地平线，这个地平线处于具有现在工作的连续性的一切东西背后。

494 这种现在的有限性还在于，它从一开始，在它的问题、方法、成果方面，就处于无限的地平线中，这些地平线虽然在诸时代的整体中，或更确切地说，在诸时代的科学成果中(在上面所提到的公共见解的意义上)可能具有并包含进步的路线，并因此可能具有带有任务此外还带有成果的空的地平线，但是正如我们以上详细说明的，由于对它们起推动作用的动机变得软弱无力，它们也已经不再理睬被引起的问题了。

看来这里的情况好像是这样的。首先，科学作为无限的任务，在一种特殊的意义上是普遍的科学，即哲学的局部任务。这种普遍的科学，为自己提出认识宇宙、认识世界的任务。世界总是现在的世界。现在的世界，作为连续地现在的世界，作为连续的现在连续地变为过去的世界，和包含着将来的现在的世界。但是流动的现在是它的普遍流动的世界的过去和世界的将来的现在。世界的存在是时间样式的存在。

现在要思考：作为指向这个作为主题的世界的哲学的任务，具有什么样的意义？在这里世界经常是作为我们生活于其中——已经为我们存在——的世界，在我们提出哲学的任务，普遍的科学的任务之前，更确切地说，在我们作为实践的、以任何方式感兴趣的主体，毫无疑问地具有世界，并且正如实践按照存在的表现而要求的那样具有世界之前，给予我们大家和作为从事哲学研究的人的我们的。

其次：对特殊的科学表明是有意义的任务的那种意义限制是如何可能的？这些特殊的任务如何与时间样式的地平线关联？在这里每一个特殊的东西，当内在于世界之中时，显然在这特殊东西中具有它的时间样式，并且通过时间样式而有无限性的东西，这种无限性的东西超出每一种工作在其中进行的有限性。

哲学作为处于科学家社会中的哲学家的实践，是这些人的一种特殊的实践，或更确切地说，是一种特殊的无限的财富获得物和由作为被确切地说明动机的问题的确定的问题构成的获得物，——哲学的实践和所有其他的实践一样，与在实践上努力的人和人-社会一起，存在于这个世界中；作为充满世界的流动的时间样式的分支存在于世界中。但是哲学的实践在本身中有一种特殊的历史的时间性，并且构成所谓的逻各斯的独特的世界，这个逻各斯的世界同样也与哲学的实践以它的方式再次归属于其中的世界相关联。

这种情况也以一种特殊的需要阐明的方式适合于诸专门科学。现在在这里在现代的世界中，我们有哲学家、科学家，而这种哲学家和科学家，过着他现在的生活，具有世界意识，关于这种世界意识，他有作为主题的生活，有使这种科学任务运转起来并继续
495 进行的生活，——作为处于为他的意识的世界生产逻各斯之中的生活，他赋予这个世界以逻辑意义，并将这种意义嵌入到这个世界之中。但是同时，这种其本身以极好的方式统一的生活，与其他哲学家的生活一起被公共化，以致在意识方面经常对它敞开的哲学家团体，过着一种以极好的方式在社会上统一起来的科学上的共同的活动的生活，并且将科学这种共同的任务，以及科学这种公共的意见原初地归属于哲学家团体。

这种历史的有时间性的生活，具有作为共同意识的历史时间性的意识，显然，这种意识同时又是每一个个别的哲学家那里的个人的意识；由于研究者伙伴的较远的地平线，具有其社会的有效性的现今的科学生活和科学存在，从科学家工作的场所，从他研究的问题,从他的特殊的获得物,在所有这些东西上单独地作为核心而呈现出来。这种生活,社会地和个别地,与哲学这种目的意识相适应,部分地是现实的现在的工作,部分地以次要的方式在现在之中起促动作用,并且变成现实的,回转到科学史的过去,回转到过去的哲学,及其承担者——,借助这样一个问题:以前什么东西对他们有效,他们想要什么,什么东西促动他们,什么对于他们是公共的见解和继续的工作、新的获得物,什么东西对他们特别有效;当为了将来的利益,即为了现在,而运用可运用的批评时,因为它会有将来,现在就是进行获取的、进展中的、正在充实知识的将来。

因此在这里必须回答下面的问题:

哲学家为什么需要哲学史?

在这里,人们会对于最先进的科学,用一种强有力的"有充分根据的"公共见解加以反驳:在这些"严格的"科学中,现代的科学力量的全部获得物,被从所有方面系统地周密研究,被在教科书中叙述,被每一个人在运用中,以及被每一个进行叙述的人在每一次运用于讲授时彻底从逻辑上检验——**这是在现在发生的事情,并不必再次复活科学的历史**,不必对于科学的历史,对于过去的著作和计划进行批判。

这在今天仍然是在严格科学中进行研究的人的流行的信念(有条理的公共见解)。不论在哪里陷入困难,即使是陷入根本的困难,他们作为今天的哲学家或今天的科学家都确信,无需追溯历史的东西,通过"合乎逻辑的"思考,就能克服一切困难。但是对此还应该说一些十分重要的东西,而这里需要一些更深刻的认识。

首先:对于现代科学的每一次清点,作为现代科学的自我批 496

判，都没有什么可满意的，因此，在传统上常常提出一些现在未论证的，以及在论证中未认识到的有效性的要求。这种要求指向早先论证的成就，但这种论证的成就现在仍然有效，而且像在科学上那样有效，如果这种论证，不论是以前的，还是新实行的，现在能够完成，而且是以这样的方式完成的，即现在的每一个进行重复活动的人也能认出它。这到处都导致有效性的诸前提，导致普遍的有效构造，最终导致最初的科学上的有效性——逻辑上最初的陈述，这些陈述来自毫无疑问的不言而喻之物。

但是在这里应该考虑到，在这种“毫无疑问的不言而喻之物”当中存在有缺陷。应该考虑到，严格的科学在科学家世代的进程中变成了一种按一定方法在职业上学到和从事的实践，并且作为这样的东西有其在成功与失败方面的实践上的自明性。

但是理论方法的自明性，正如它在按技术方式生成的科学中发挥其论证作用一样，在自己的背后有另一种自明性，而对这种自明性的询问则完全超出了专门科学的科学家视界之外。

但是这适合于历史的回顾和历史的批判吗？在现代的科学中，我们通过运用陈述句的直接的自明性的地位，或换句话说，通过运用在被经验的“事物本身”(这些“事物本身”只是对于“经验”中预先给予的东西的“表达”，相当于“经验”中预先给予的东西，而不是间接推论出的)中直接地有其根据的句子，发现了作为有效性规则的，作为原因与结果体系的学说体系。

在有关单个实在东西的句子方面，它是知觉、记忆，在普遍的“公理”方面，它是存在论上的自明性，作为可能经验的世界的世界之普遍结构的，形式的自明性。但是关于这个世界的对象的自明性,与关于这个世界本身的自明性,并不是什么简单的东西。对事物的经验乃是原来的存在确信,是在事物本身处存在的,把握事物本身的,进行经验的我的确信。

但是这就意味着:把握事物的一个方面,并且确信,通过自身把握,能够从一个方面到一个方面地继续前进。这是(这本身又应该普遍地看作是必然的)一种真正的自身给予的确信的,和对自身给予和自身被给予进行归纳的确信的统一,并且是能够一再地以这种方式,以这种风格经验的确信的统一。在理论态度中进行阐明的经验,是**进行阐明的陈述**的必然基础,是陈述的自明性的必然基础,陈述的自明性是最初的自明性。此外关于这种经验我 497
必然有内在的和外在的地平线,因此,事物本身的存在是某种绝非独立的东西,此外是某种绝非必然能样式化的东西。在完整的存在着的向预定理念(这种理念是在样式化的诸可能性当中被假定的)进展过程中的向具体化的进展,是必然的。世界是由所有个别的东西和群体构成的总体的理念。这些复数的范畴(个别东西,众多,总体)乃是基质形态的范畴,因此是说明与述谓的经常性前提,就是说发生于述谓之前,然后又跟随于它之后,只要每一个述谓本身又使基质形态成为可能,正如它被当作成就的状态时,随同可说明的存在的片段一起毕竟已经有一种统一性的意义一样。因此前述谓的总体也变成了世界,作为正是由存在者,因此由范畴上较高的阶段构成的总体这种范畴的形式的统一,它的较低的阶段,已经是范畴上的,就是说,是统一的东西和众多的东西,也许甚至是相对的总体。一切存在者构成的绝对的、无条件的总体,作为一切基质的基质(具有它们的不同的、彼此相关的形式),作

为宇宙，有其成为理念的方式，始终只是“片面地”呈现的方式，始终只是随同可能的自身呈现的经验的地平线一起，在个别的实在东西、群体等等中被给予的方式，在这里，每一种方式，都包含相互关联的理念性，包含正是内在存在东西的理念性。世界存在的样式化存在于一切在这里内存在的东西以及一切与此内存在东西相关联的个别陈述的样式化之中。对世界的存在确信必须坚持到底，对这种确信的说明作为必需的说明，涉及它的世界存在论的结构。

所有这些一定是哲学的主题，并且按照它的成果同样也属于每一种有关世界的特殊科学的主题。哲学应该是有关世界的普遍的科学，在双重意义上是普遍的——关于世界的共相的科学和关于世界中的一切东西的科学——，只要那东西具有正当的意义。正是这种正当的意义，必须通过规定为一切科学认识的预先给定
630 的东西，规定为科学上真实存在的真正意义和科学的述谓的语句的真正意义，而突出强调出来。

在这里显然包含有下面的意思，即在述谓的工作成果的有效性的系统学之前，因此在科学的学说内容的逻辑体系的有效性系统学之前，而且是在对一切述谓真理（真理的有效性）就其诸述谓结论的关联进行确定最终有效的系统秩序的检验之前，**还有另外一种东西**。或者说：在由直接的“不言而喻的东西”引出结论，构想出越来越新的间接真理（这些间接真理以一切样式出现）的科学方法之前，存在这样一种方法，即就其不言而喻性询问进入到一切理论工作之中并能不断地加入到它们之中的**最初的诸前提**（或无限
498 的前提领域）的产生，询问它们，在什么意义上它们是真正必真地

不言而喻的，我们依据它们能够必真地表达什么样的述谓体系，作为关于应该突出强调的推论理论的体系的，或迄今在历史的发展中已建立的推论理论的体系的可能的最初的前提等的方法。

因此我们必须回溯到经常作为世界在具体生活中呈现的，并且如其所是地存在的东西，另外如逻辑的理论，有关世界本身的科学的学说由之发源的东西，就是说，经常能够作为在逻各斯之前和在逻各斯之中存在的世界，作为前理论的世界被看到的东西，因此我们的确不需要进入到历史的回顾之中。但是，即使我们回溯到历史中，直到科学最早的开端，我们也只不过能通过消解我们实践上具有的理论上的确信，而批判地获得当然是作为从传统而获得的前理论的周围世界。

现在，这种历史的回顾由于以下情况可能是有教益的，即我们认识到，从深入研究直观的前理论的周围世界出发，与直观世界不同层面相对应，能够选定各种不同的说明方向，因此就产生出理论上不同的询问方向。

但是即使我们没有开始着手并实际研究这整个的普遍的问题，即前理论的生活，低于理论的生活，以及在这种生活中的直观世界（这是我们的生活在其中发生的世界，它具有在日常的行为与活动中作为实在东西，作为任何时候都能证明的实在东西而发挥其作用的事物）是什么，我们也能朴素地，没有这整个的，在它那个方面就是科学上普遍的困难地，在诸个别的询问中，以及诸个别的询问方向中，注意到这个被忘却了但仍未被消除的世界；但是在这种情况下，以下的步骤就确实会是一个更好的更重要的步骤，即将直观世界这种意义，即作为具体的、暂时是前理论地把握的生活的世界这种意义所呈现的困难性质突出出来，然后不仅观察这个世界如何被片面地逻辑化，而且首先观察，它本身作为逻辑化的方向，因此作为对这个存在着的世界进行科学研究的方向，包含着那些普遍的询问方向。

在这里，在对生活与生活的周围世界（生活对于我们大家总是具有这样一种意义：是我们大家共同的生活，以及是我们大家共同的世界，我们当中的每一个人，按照自己的部分，在自己的片段中，都有关于它的经验，并且依据他自己的生活具有关于此种情况的确信，等等）的思考中，很快就会显露出：这个世界是只不过像地平线那样被给予的世界，它作为多种多样的主观的观点，意见（关于这些观点与意见，每一个人都借助移情作用而间接地具有时而确定的，时而完全不确定的知识）中的同一的东西，只能作为无限的理念而具有认识的意义，就是说，显露出，世界只是在无限的地平线中的存在者，而这种地平线只有通过与认识被包含在地平线中的东西（这些东西正是可归纳的东西，以及可用归纳方法证明的东西）的系统结构的方法学相结合的具有归纳的预期的确实性的独特的方法学，才能成为认识的主题——即**作为存在论**。

499 换一种说法：处于其人的普遍联系之中的人们的生活世界，总是具有有限性，这种有限性具有处于情况的确实性之中的事物与世界，并在情况的真理之中得到实践上充分的证明。这种有限性就在于，它具有经验的能力和行为的能力的模糊的可能性的未开发的地平线，并且只允许以这种方式让理论兴趣进入到下面这种目的中，即认识处于包括一切实际状况的普遍的状况之中的可认识的东西的总体。这就产生诸种“描述的”科学，但这是处于与这

种总体状况的相对性之中的诸“描述的”科学，即这样一种相对性，只当考虑到一切可以想象到的可能性全体的认识世界的任务被提出，——这一切可能性的全体被包含于地平线中，或更确切地说，地平线作为对自己的说明能溶解于这一切可能性的全体中——这种相对性才能消除。

由此第一次产生了一种作为对世界的认识的绝对地认识世界的任务，它包摄一切相对的东西，考虑到了一切，不受任何东西的限制。这就是将生活的世界理念化的问题。因为这个绝对的世界，这个非相对地存在的世界，无非就是无限的理念，它在生活世界的类似地平线的东西中有其意义的来源，正如另一方面，有限的实在东西（它的相对的宇宙是生活的周围世界）无限化为诸理念，这些理念在自在存在之物的名称下，在个别的实在东西的名称下，构成非相对的世界本身，以一种自在存在的无限性（一种现实的或至少是可能的自在存在的无限性）的形式构成，这种无限性代替了构成周围世界的有限总体的实在事物的有限的数量，这种有限的数量尽管不知道，但仍是众多的和可变动的。

关于作为无限理念的世界的科学是否可能、如何可能，这本身变成了问题。很显然，在哲学的历史中，而且在哲学的早期阶段一开始，理论的人类可以说就投入到“客观的”世界认识这个主题之中了，至少是通过不断地接近，追求能够理性地认识的，对于每一个人都绝对有效的真理，并且作为不言而喻地必然的东西，和在科学上无限的共同工作中能够解决的东西而追求。这个问题的可能性，这个问题的实际可行性，以一种无限的认识实践的形式，以一种必然的，使这种可行性变成自明的方法——像一种没有留下任

何其他问题的不言而喻的东西那样被探讨。但是这种不言而喻的东西是这种可能性的最大问题之一，并且这个问题本身的合法的、合理的意义就在这里。正是没有提出可能性的问题就投入到这种不言而喻的东西中，形成了历史哲学的朴素性。一旦它作为这样
500 的东西被认识，哲学就获得——不是通过在历史上所称的“认识论”，而是通过一种有关在人类（它作为共同体的人类在周围世界中生活）中的人的进行认识的生活之意义结构的科学，以及有关导致无限化的，并且赋予多种多样与此相关的认识活动以意义和权利的诸种动机的科学——一种作为一切有关“自在”世界的科学的必然基础的新面貌。这并不是以个别化的方式涉及这些科学中的个别的科学，而是一起涉及它们全体；这也适合于按照其作为理念的存在能够揭示的世界的结构，以及诸可能领域的能够揭示的总体上相互规定的意义方向，因此也适合于个别科学的问题提法（科学分类的真正问题）。

有关科学的、有关哲学的这种就其意义所进行的有目的的追问，将我们引向生活的周围世界以及对属于这个周围世界的东西的解释。这个世界是我们的公共生活的世界，我们在我们的有关处于普遍联系的形式之中的他人的共在的意识中，此外在对具有这种普遍联系的生活的公共化的意识中，知道我们与这个世界有关；但是以这样的方式有关，即它在我们的经常的确信中对于我们是唯一的，并且是同一的世界，作为这样的世界，我们本身连同我们的生活的全部脉动，都处于它之中。

对于作为世界生活的这种生活的样式的系统阐明，以及对于作为生活于其中的人的我们自身的系统阐明，也自然地导致它的

历史性的样式，实际上的现在，是过去的现在，并在自己的前方有将来，因此在事实上的现在的自由变化中的每一个可以想到的现在，以及在可能性的（这些可能性能够超出事实的已经认识到的东西，在可能的经验等等中，变成我们认识的东西）每一种变化中的现在，都是过去的现在，并在前方有将来。

在进一步思考时，我们在这里就陷入了**悖论**。我们连同它的过去一起解释当下作为现在而有效的世界的样式。因此按照其历史性预先规定它，并且从它出发预先规定历史的将来。我们通过按照各个可以想到的方面探究地平线，达到了关于后继情况的系统学，并达到了作为处于具体的无限的历史性之中的世界的可能世界之先验的本质形式。一切可能的世界都是对我们有效的世界的变体，有的是这样的变体，它与我们的事实的世界共同具有处于实在的经验中的以及被我们一致地经验的东西中的核心，并且只有借助构造诸种直观上的可能性（它们更详尽地规定我们的未知的敞开性的地平线）才能区分开；有的是这样一些可能世界，通过我们重新构造我们的实际的经验有效性的核心和一般存在有效性的核心，它们成为我们能想得到的；但总是这样地重新构造，即关心被构想出的诸可能性的一致性，关心共同的可能性。不论我们具有什么和通过自由变换可能获得什么，不论是有限的世界（即具有不确定的敞开的地平线的世界，对于这些地平线我们既不在现实的实践的周围环境中进行研究，也不在连续的无限的普遍性中，因此是无穷地进行研究），还是我们在经常变动的有限东西的进程 501
中作为无限遥远的极而想到的作为理念的无限的世界——无论如何，我，这个进行构想的人，存在着，此外我的我们也一起存在着，

尽管它以想象上变换的形式改变着。从处于无限东西之中的理念的观点看，每一个有限的周围世界都是有限化，并且作为这样的东西带有不确定性，这种不确定性是由于一种类似地平线的东西，但也是由于下面的情况，即它是对我和我们（尽管在关于被认为的个别东西方面处于偶尔有争论的诸有效性的样式中）有效的世界，并且作为这样的东西，将可能的有怀疑的东西和可能的是假象的东西搁置起来。在这种意义上，世界是一种不停地流动的有效东西，它在我们的意识生活中具有内容与意义并且获得一致和不一致，它为一切以个别方式存在的东西，建立起由我们而来的具有内存在意义的东西，建立起共存在的有效性的现实性。我们自己的存在，对于我而言的我的存在，对于每一个人而言的他的存在，而且还有我们大家的存在，以及对于我而言的他人的存在，以及他的自在的存在和与我一起的存在——还有如同所有世间东西那样的存在，也都是在其有效性的内容方面流动地构成的东西。

世界的历史——作为总是具有其过去与将来的流动的现在东西，它的有时间样式的具体的存在——可以被理解为对我们（就我来说）有效的世界的历史，处于主观时间性中的我们的世界表象的历史，我们的世界表象按照内容和对我们的有效性是在主观的时间性中发生的。世界本身的历史，就本身而言，这是在无限理念意义上的世界历史；仿佛是投射在无限的东西中的，被认为通过修正而在事实上有效的诸世界表象的无限性中继续着的世界的理念。因此，这当中包含无限的历史的过去的理念，这种过去，从被规定为全体的现在而按全部逝去了的现在被修正。那么处于无限之中的将来究竟是什么意思呢？我们真正地遇到这样一个问题，——

如此被假定的世界本身是否可能具有意义，可能具有什么样的意义。

在这种情况下，下面的情况是佯谬的，即我们作为在这个世界中生活的人，作为实在的东西属于它这个作为总是对我有效并且在证明中有效的世界本身，不论我们怎样构想这个世界，不论我们在内容的改变和修正过程中将它向无限东西引至多么远，情况都是如此。如果我们按照纯粹意识的心理学完全专心研究这种心理生活（并且纯粹专心研究这种心理生活），那么在这当中有关他人，有关存在着的世间东西的全部表象和有效性表现就显露出来了，心理存在的领域同样包含着世界的表象，以及它的无穷的修正，也包含世界本身这个理念，即普遍的理念，以及关于每一个个别的可能的世界的个别的理念。因此，纯粹的心理学（作为有关心灵的纯粹的存在论），尽管它应该是实在世界的单纯片段，却包含着世界的存在论，正如在另一方面，世界的存在论在自身中包含着心灵的存在论一样。

附录 XXVI，附于 § 73[①]。 502

历史性的诸阶段。
最初的历史性。

1）原初的世代的历史性，即作为人类个人世代连结的普遍联

① 本文取自手稿 KIII 9（第 56－59 页），写于 1934 年深秋。在封面上注明：1934 年秋和 1935 年初；去维也纳之前的预备性思考，满意。

系之精神生活的精神生活之统一，这些人类个人在他们的各自的共同体化了的活动（所有个别的个人都参与到这些活动中）中，继续构成作为文化的周围世界的统一的周围世界（这个世界是他们的世界），一个由他们的活动而生成并继续生成的世界；这是在双重意义上进行的。文化-事物-周围世界，是流传下来的成果的世界，是以前的活动的获得物，作为实际文化事件的有意义的行动的流传下来的形式。但是相关联地，诸个人以及对于每一个人而言完整的个人的全部地平线，都属于周围世界，并且与个人的精神东西一起处于周围世界之中，精神东西是在行为中形成的，并且由行为而形成的（在行为中本质上规定为精神的全部遗产），并且在当时的现在的行为中继续形成着。

这使得人的此在，以及相关联地人的周围世界，作为事物的周围世界以及个人的周围世界，变成了历史的东西、较低级的东西、较原始未开化的东西，或者具有贫乏的精神形态和不管多么丰富的精神形态的较高级的东西的历史的东西——它们的财富是基于继续有效的，但是已沉淀的并且经常变化的传统——，总是在这种最广泛的意义上是历史的，正如人类即使是生活于低级阶段的目的与劳动形式中、行为形式中的原始民族，或生活于丰富的，分化了的高级阶段的目的与劳动形式、行为形式——在其中汇入低级的有目的的东西的多种多样阶段——中的原始民族都是传统的一样。

在这种最一般意义上的历史性，总是已经在进行中了，并且现在仍在进行中，属于人类的此在的正是一种一般的东西。正是在个人那里的，在个人身上的统一的生成，以及作为周围世界在周围世界的形态的多样性上的统一的生成，可以被作为“有机体”的统一来观察。

这个整体是有意义的东西的统一，处于意义赋予和本身作为形态的意义之中，这种形态并不是作为人们的目的意识被预先构想出来的，人们并不是那些曾想要成为并且实现了这种完全的人 503
类，或更确切地说，这个周围世界的目的理念承担者。当然如果人的此在恰好本来就不是每一个个别人的每一种目的和每一种人们的联合的每一种目的已经在其中历史地生成了的历史的生活，那么这就根本没有意义。

2)但是另一方面：如果历史的生活总是已经存在的，下面的情况就很可能是不可思议的，即在个人那里，并且由个人那里，产生一种新式的有目的的生活，这种生活不仅适应于历史的整体，并且相关联地，在那里，这种新式的目的构成物被置入已经典型地起作用的目的构成物的多样性之中，一种新的线条被织入到文化的壁毯之中，或一种新的图形被织入到文化图形的多样性之中——；更确切地说，这种新的目的和获得物将它的某种存在意义传给所有已经存在的目的和获得物，并且相关联地，在有机的历史性的进程中，从对新的目的意义有创造性的个别的个人那里，产生一种对整个人类，对于世代的整个联系(历史的统一性)的改造，逐步地创造一种具有新式文化的相关物的新的人类，这种新的文化不仅是有机的，而且从创造性的活动获得对于个人而言的一种新的完全的意义。

哲学与欧洲文化的形成。第一阶段的哲学，认识世界，认识人；这是历史性的第二阶段，以及人类的第二阶段。

第三阶段是哲学向现象学转变，这种转变具有对于处于其历史性与功能之中的人类的科学意识，即将人类变成一种有意识地受作为现象学的哲学引导的人类。

504 **附录 XXVII，附于 § 73**[①]**。**

每一种文化构成物都有其历史性，有其已生成东西的性格，以及它与未来的关联，而且是在与它的历史地进行生活的，进行生产的，并进行应用的人类的关联之中具有这些东西的。每一种文化构成物都有其目的意义，并因此有其要寄予的进行应用的人们的地址，另一方面，有其被生产的东西在这种应用中对于这种应用并非主题的意义。有的文化对于现今而言是文化财富，它是寄予今天的人的群体以及它们今天的目的生活的，因此，它是从今天出发而向未来之中生活的，但是正是按照这种目的，按照人的现在具有的，在其中人成为现在的人的兴趣，而这样做的[②]。有的文化财富是回溯到过去的人及其目的，文化的目的意义不是现在的目的意义，而是过去的人的目的意义，如曾被拥有而现在不再拥有——除非是被没有一起进行目的样式转变的不正常的现代人拥有——的过时的东西。

① 本文取自手稿 KIII 9(第 40－42 页)，写于 1935 年夏。

② 这以更确切的分析和概念规定为前提。文化财富是一种普遍的需要，是对许多人，对有关全体中的任何一个人而言的“财富”——这是以可能的可利用性为前提的，这种可利用性不受其他东西干扰，不受约定或传统上的顺乎自然的东西，传统的当为等等，交换，买卖，以及社会道德准则，有意义地提出的和“普遍有效的”公理的干扰。

但是在特定历史的文化中①我们有从事职业的人，而文化的形成物有其已知的东西，即它的意义的一个方面，只要这个方面涉及的是按职业进行生产的人，这种意义就不是应用的意义。广阔的现在拥有按职业进行生产的人以及作为从现在起属于现在的周围环境的目的物的它的产品，这种目的物的“为-这些人们的-‘此在’”，具有对于所有那些人们能借此而做成的东西的，人们能借此在新的产品上计划的东西的随时可用的存在的意义，具有对于那些为了他们的职业以及职业活动而能够再次应用这种东西本身的，以及以通常的方式应用作为工具等等的这类产品的，或者甚至在职业的生活以外根据偶然的需要应用它们的人的随时可用的存在意义。

每一种职业都有它的归属于普遍历史性的历史性，正如处于世代的链条以及外界对世代的外部影响的链条中的个别人的生活 505 641
以及他们的计划一样。但是人以及它的本质生活于流动的现在，并生活于具有过去和将来这种时间样式的时间中，这种时间由于随同流动的现在本身一起流动而是变动的地平线，并且按照现在的诸动机，是被唤起的过去和被唤起的预期，也许是对于未来东西进行的预先示例说明的洞察。

如果一个人计划某件事情，那么他就通过实现各式各样的活动而加以实施，这些活动具有相对地成功的形式或失败的形式，然后是纠正失败的活动的形式。最终在这里是完成了的工作，正如

① “特定历史的文化”：按照目的意义和成就关联的特定历史的文化，这些意义和关联赋予一切成就以在作为诸共同的现在之连续性的历史的时间中的地位。

它应该存在的那样，处于其全部特殊形式中，这些特殊的形式在全部的目的形态中有其规定，有其特殊目的，没有它们，这个整体就不能真正有用。这些纠正很快就被忘记了（“人们抛弃了它们”），事物现在在这里是可以现成地使用的，它对于现在的人们是现成的目的物，现成的财富，这些人处于他们的现在的目的中，对于那些利用它并能够与它打交道的人，同时从构造而知道全部特殊形态，这些形态如果不损害其可应用性，就不可能被改变。

在文化财富的历史发展中，这种手段也以另一种方式被继续“改善”，这种意图本身在更适合于目的这种意义上变化了，目的本身分化了，变得精细了，满足的手段合适了，取得了根据目的改变了的形态，每一个现在都有传达给它的现成的形态，——目的的变化和手段的变化的历史被忘记了，不考虑最普遍的东西，即人们为了目的将它产生出来，也许是在目的的修正中将它们创造出来。

在这里发生了在并非单纯继续改变的意义上，而是在民族的统一-综合的有目的的生活的范围内继续修正的意义上的历史发展，这种有目的的生活在合目的性方面继续得到提高，因此它是一种上升的发展，而且是作为越来越丰富的目的生活的上升发展。此外是涉及到目的与手段领域的人的本质的扩展。

这种历史性，只要它在作为生产的和应用的生活的职业生活中起一种特殊的作用，它就会在特殊的职业文化中起一种特殊的作用。

在科学家职业圈子中的科学——在艺术家职业圈子中的艺术——同样地，手艺，如在裁缝的职业圈子中的裁缝业。一件工艺品就是目的本身。它虽然受到同时生活的艺术家的批判，但是这

些艺术家并不是同事，他们的批评并没有像伴随着创作者的劳动
而进行的自我批评功能那样的有效功能，仿佛所有的艺术家都共
同参与到每一个艺术家的任务中，所有的艺术家都共同对它负责，
如果在它上面发现有需要改进之处，所有的人都有理由，甚至有能
力，对它做相应的修改。艺术家的职业圈子绝不是通过艺术工作
共同体化了的团体，以至于每一个由个人私人生产的作品，按照它 506
本身的存在意义尚不是最终完成了的生产品，而是与艺术家的整
个的全体主观性，与作为对完成了的东西的存在与非存在，或更确
切地说，对将它的真正存在最先展示出来的共同工作和修正共同
负责的全体主观性，相关联的。

诸科学定理由个别的科学家提出并作为科学的真理加以论证，——但是，只要其他的科学家能提出相反的论据，而这些相反的论据又不能被驳倒，存在与存在的证明就只是一些主张。这就是说，个别科学家认识意愿的满足，只当他考虑到作为现实的和可能的共同工作者的同时代的科学家的普遍的地平线，才是真正科学上的满足。因为这种普遍的地平线是一种敞开的无限性，所以它只能意味着，这个当下进行工作的科学家，生动地具有一个由其他可能的共同工作的科学家构成的理念的总体的地平线，意味着他同时先验地想到，至少是在他的方法中考虑到，其他理论主体的理念上的诸可能性，以及理念上的可能的立场，与这些个人和立场相关联的可能的真理与证明。他为自己理智地获得的有效性，必须是对每一种理论观点的普遍的有效性，并且是与同一的认识主题有关联的东西，它不应当是站到某种立场上的真理，不应当是处于并非对每一个可以想到的科学上的其他人都存在的境况的前提

下的境况的真理。每一个人和每一个团体都生活于各自特殊的境况中，并且对于每一个人和每一个团体都存在境况的真理和境况的错误——前科学的日常琐事的境况真理和境况错误。科学的认识通观一切境况，并想适用于一切境况。它有这样一种目的，即认识贯穿于一切可能境况的相对性之中的、可由每一个人在其境况中构成的客观真理，同时科学认识应该是允许实践上充分地推导出对一切可能的境况都有效的相对真理，并且赋予客观真理以对一切实践都具有的重要性的认识。

与此相反：艺术品按照其范畴是就其本身而言完成了的东西。它不是材料，不应该成为制造新艺术品的材料。每一件艺术品都是单独地开始，并单独地结束。艺术品并不是由艺术品制成的。每一种范畴的以及一切范畴的多种多样的艺术品，对于其现代的民族可能“意味着”许多东西，并很可能在其中表现出一种“民族精神”的统一，——但是按照其固有的存在意义，它们是，并且始终总是个别的构成物，它们不构成意义和目的的整体，——这种整体仿佛是某种如同更高层次上的艺术品的东西，按照意义奠基于作为局部东西的个别东西中。

适合于艺术品的东西，当然就适合于“手艺”。

艺术品有其作为共同财富的主观间共同的此在，在理解艺术
507 和欣赏艺术的人民当中有其用处，而不是以特殊的原初的方式在
人民的艺术家中有其用处。想要成为艺术家的艺术的艺术，是一
种反常的艺术，——此外对艺术的本来的应用，是通过对艺术品的
深入理解受到鼓舞，获得“艺术享受”的体验，以及借此作为人而被
提高，——不是借此做成某种东西，更谈不上由此创造新的艺术

品了。

科学的情况则不同。每一个科学命题都是一种结束，一种已获得的东西，但是每一个命题同时又是每一个科学家都能共同胜任的以后科学工作的材料。一个时代的全部科学命题具有固有本质的意义关联，并因此构成作为意义统一的生动地生成着的科学的统一的材料。很显然，这种统一的相关物就是科学家的相关物。他们是否认识自己本身，在多么大程度上认识，倘使他们认识自己，他们只能将自己当作尚共同此在的（甚至作为可能设想的）科学家同伴的敞开的无限性的组成部分来认识，这些科学家同伴在民族的完整的整体中（以及在人类的完整的整体中，只要人类参与到科学中）构成一种通过科学——作为已生成的理论，并作为超越已生成理论的未来理论的计划——连接起来的特殊的人类。他的职业生活在理论中，在已生成的和正在生成的学说体系中，有一种特殊的周围世界，一种特殊的工作领域或获得物领域；正如诸种精神活动被分配到诸个别的科学的个人身上一样，同样，在这些个人身上也存在着共同体验的、共同思想的、计划的、归纳的、演绎推论的、相互彼此吸收的、相互纠正的等等的交叉的意向活动。这种精神上的关联，不仅将当代的科学家结合到一种精神上的特殊的人类上，而且这种结合贯穿到科学家世代的连续之中，在这当中，世代这个概念在这里是一种特殊的和转义的概念。这种对于现在与任何时候的关联，在这里绝不是某些揭示历史的历史学家的能从外部发现的事实，而是每个科学家本身都必然意识到自己是在一个由科学家同伴构成的敞开的共同体中进行研究和吸收，这个共同体处于他自己的行为与活动的地平线中，它同样地属于他的成

就从中产生出来的有意义的东西，正如科学家共同体的地平线，作为构成物的统一的有意义的东西的相关物，属于这些成就本身一样。

另外，人的生活是必然的，并且作为具有特殊思想内涵的文化生活，是历史的。但是科学的生活，作为处于科学家同伴构成的地平线之中的科学家的生活，表明一种新式的历史性。

508 **附录 XXVIII，附于 § 73[①]。**

对科学的哲学之否定——反思的必要性——反思必须是历史的——历史是怎样被需要的？

作为科学的哲学，作为真正的、严格的，甚至是无可置疑地严格的科学的哲学——**这个愿望实现不了了**。的确，那种曾享受过哲学成果，了解哲学诸体系，于是必然称赞哲学是文化的最高财富的人，不可能再将哲学和哲学研究弃置不顾。有些人把哲学看成伟大的艺术英才的艺术品，并且由哲学“本身”构成艺术的统一。另一些人以另外一种方式将哲学与科学对立起来，按照这种看法，哲学与我们在历史上所熟悉的宗教处于同一层次上。使这种宗教信仰（只要它还是有生命力的信仰）作为上帝和被神圣地启示的真理而成为确定无疑的东西的，是一种形而上学的超越的东西；这种超越的东西超出作为科学认识的题材的世界，作为世界存在的最后根据，并且作为最后根据包含一种绝对的规范，我们就是按照

① 写于 1935 年夏。

这种规范安置我们人类的在世界中的存在。哲学过去以为自己是有关存在者全体的科学。因此即使它本身在作为有限存在者的世界，和作为统一有限事物之无限性的原则的上帝（并且在这种情况下作为无限的超个体人格性）之间进行了划分，它也以为能够科学地认识形而上学原则并能根据这种原则认识世界。不管它以后怎样以超越的东西，形而上学的东西代替这个世界，不管它怎样看待这种绝对东西的统一，它总是以为科学的道路能够通向超越的东西、绝对的东西、形而上学的东西。据此，科学与宗教的结合也是可能的，如同在中世纪哲学中那样。中世纪哲学曾主张，宗教信仰与科学理性能够达到完全和谐。但是这个时代已经过去了，——这是现在普遍流行的信念。一种强大的不断增长的放弃科学性的哲学潮流，如同无宗教信仰的潮流一样，正在淹没欧洲人。

下面这种信念确实占了上风，即哲学是为其实存而斗争的人
的使命，而且是这样的人的使命，他在欧洲文化的发展中将自己提 509
高到自律，并且知道自己由于科学而处于无限性的地平线中，以及这种地平线所包含的命运的地平线中。自律的人对世界的沉思必然导致超越的东西，后者是不可认识的东西，并且是实践上不可把握的东西。人所能做到的只是：从他所处的位置出发，从他的认识地平线和感觉地平线出发，得到某种预期，并借此为自己形成某些信仰的道路，这些道路作为他的世界观，提供给他一种关于被预期、被信仰的绝对东西指导下的预期和行为规范的个人的自明性。这种态度为具有相似探源态度的人群也提供某种共同理解和相互促进的东西。

因此世界观本质上是一种个人的成就，是一种个人的宗教信仰；但是由于以下情况，它与传统信仰，与天启教的信仰相区别，即它并没有主张自己是无条件的、对所有人都有约束力的、能够传授给所有人的真理——正如关于绝对的科学真理是不可能的一样，也不可能证明对所有人普遍有效的世界观的真理；任何这样的主张都会意味着，借助理性的因此是科学的根据，有关绝对及其与人的关系的认识是可能的。

哲学处于危险之中，就是说，哲学的未来受到威胁；难道这还不赋予有关哲学的现代使命的问题，作为在这个时代提出的问题，一种特殊的意义吗？

对哲学的可能性的相信，有时是对哲学成功实现——以体系及其“学派”的形式——的相信，在几千年中，或更确切地说，在有生命力的一再复活的哲学之反复更新的诸时代中，都保持着，毕竟哲学的实存就在于此。但是在各种体系交替，各个学派不可能通过将各种信念统一起来的办法联合起来的地方，是什么东西支持这种相信呢？在这里确实有一种无法再隐瞒的失败。是什么东西支持那种以个人的-实存的方式被接受的必然使命——因为这种使命必须被接受——的意识呢？这种意识同时被理解为一种由于承担将这种使命作为个人的必然性来实现，而完成一种超个人的必然性的，一种意向地包含在自己本身的生活使命当中的人类的使命的意识。

什么东西能将我们拴在我们的目标之上呢？也许只有一种追求虽然美好却只是隐约可能的目标，追求虽不肯定不可能但终究是幻想的目标——这个目标在有了数千年的经验之后，终于开始具有了一种关于它不可能达到的非常大的归纳的盖然性——的冒险精神？或者在这里有一种关于实际可能性与必然性的自明性？这种自明性是那种从外表看是失败，而且从整体上看实际上也是失败的东西，作为不完善的片面的局部的成功的，而且是在这种失 510
败当中的成功的自明性所具有的。

然而如果说这样的自明性曾经是逼真生动的，那么在我们的时代它至少是变弱了，变得不生动了。确实，如果哲学具有统一的意义和按照这种意义是合法的必然的使命，那么这种自明性就一定会作为对一种尽管不完善但却清晰的计划的自明意识而存在，这个计划在所有伟大体系的尝试中都处于路途之中，至少就个别方面来说是这样，然而在另外一些方面，批评也有其正当性。只有通过专心致志于重新恢复了生命力的传统体系的内容，我们才能感受到这种自明性；通过对这些内容的探讨与询问，哲学使命的意义就会清楚了。

因此毫无疑问，如果我们要理解作为哲学家的我们自己，理解哲学通过我们将会成为什么，我们就必须专心致志于历史的考察。可以说在朴素的生活与活动的压力当中（尽管是从个人的实存的深层出发）去把握我们在我们的朴素的生成当中所遇到的工作问题，和我们的同事（这些同事在生动的传统的相同运动当中遇到了相同的问题）讨论这些问题，已经不够了。在今天的哲学知道自己所处的危急境况中，这已经不够了，——哲学的未来受到“时代精神”强大影响的威胁，为了确保自己的未来，哲学必须了解自己，必须承认自己。

对于在人类的和文化的范围中负责地活动的哲学家和哲学家

世代来说，从这个范围也产生一些责任和相应的行动。在这里的情形与危急时代的人的情形完全一样。为了使所接受的生活使命成为可能，在危急的时代人们必须暂时将这些使命搁置起来，而去做那种将来能再次使正常生活成为可能的事情。一般来说，效果会是这样，即总的生活境况发生了变化，与此相关联，原初的生活使命也发生了变化，尽管最后它并没有成为完全多余的。因此为了找到头绪，**在任何意义上都需要思考**。

我们在这里必须想到的历史的思考，涉及作为哲学家的我们的实存，并且相关联地涉及哲学的实存，而哲学的实存则是来自我们的哲学的实存[①]。

511 情况是复杂的。每一个哲学家都从以往哲学家的“**历史中吸取某些东西**”，从以前的哲学著作中“吸取某些东西”——正如他从当前的哲学环境中利用被归于这个环境的最新流行的著作，引证新近出版的著作，并且在这里唯一可能的就是，或多或少利用与尚在世的哲学家同行进行个人思想交流的可能性。

哲学家“从历史中吸取某些东西”——然而历史并不像装有收集来的货物的仓库那样存在于那里，关于这些货物的存在每一个人都可能相信不是想象出来的，不是虚幻的，而是实际上可能触摸到的，并且在其存在和如此存在方面是确定无疑的。甚至文献本

① 在这方面我们也能更简要地，同时暂且概括地说：这里谈到的思考是那种对自身的思考的特殊情况，在那种对自身的思考中，人作为个人，试图对他的此在的最后意义进行思考。必须区分对自身的思考的宽窄两种概念：纯粹的对自身的思考和对作为我的我之整个生活进行反思，以及在追溯我的意义，我的目的论本质这种确切意义上的思考。

身，作为文字事实的哲学家的著作，或有关这些著作的报告，就已经不是像眼前的随时可以感觉到的事物那样简单地自身存在于那里了。或者还可以说：这里在它们上面作为事物存在的，恰好不是特定的读者理解为哲学著作或报告的文献，因为对于读者来说，像事物那样存在着的东西，乃是意义的承担者。对于他来说，情况就是这样，但是情况立即就变成可疑的：这里所涉及的是否真的是文字上流传下来的东西，或者这是虚假的东西，或者是包含有历史真实性核心的诗歌式的变形等等呢？这位读者，这位在哲学上进行独立思考的人，并没有被对科学的历史性的关心所促动（在所有的时代这种关心都完全被排除了）；他将那些作为流传下来的事实呈现给他的东西不加批判地接受下来，并且使自己受他在理论上强加的理解，受柏拉图式的、亚里士多德式的等等的哲学“本身”的推动。有的人抓住他那个时代的或者他个人能够得到的文字资料的这一部分，有的人抓住另一部分，即使他譬如说甚至从柏拉图那里受到决定性的推动，以致后来人们把他看作柏拉图主义者，然而由于他毕生哲学事业的繁忙，他也许从来没有时间、可能性和兴趣去研究柏拉图的全部著作或被认为是柏拉图的著作，更不要说研究其他思想家的间接地与柏拉图哲学有关的，阐明柏拉图哲学的报告或批评了。

他作为一个已经受过他那个时代的哲学教育的人，一个本人已经成了哲学家并且也许已经有著作出版的人而阅读着；——他当然是从他的思想立足点出发进行阅读和理解读过的东西的；他按自己的方式，以对已经形成的自己的概念、方法、信念的“感知”为基础来统觉柏拉图。通过这种统觉他获得了新东西，他作为哲

512 学家进一步发展自己，并且还按照类似的方式解释和吸收其他哲学家的著作，这样他就变成了一个不同的哲学家。如果过一段时间他又阅读柏拉图的著作，柏拉图就会对他呈现出一副新的面目，这个新的柏拉图就如同他新近理解的其他作者一样重新推动他，如此等等。

现在在我们的时代，每一个人在其周围世界中，在一般可支配东西的实践领域中，就已经有一种科学的历史学，特别是有一种科学的哲学史。或者宁可说，对过去历史的文字的和其他的资料所做的科学的初步解释与批判，作为预备阶段，属于一般的历史学本身和每一种特殊的历史学，——这个过去是我们的过去，也是属于我们的“我们”之中的历史学家的过去。再问一遍，**这对于在哲学上进行独立思考的人有什么意义**，肯定有什么意义呢？他在对科学的历史研究漠不关心的情况下，在他的“不符合历史的”，不真实的柏拉图等的指导下，并利用这样的柏拉图等所进行的工作，是徒劳的吗？

这里所涉及的是什么样的“虚构”，什么样的历史的解释？哪一种是适当的，在多么大程度上对我们有帮助？为了澄清我们对我们的目的的模糊不清的意识，我们为什么必须甚至超出哲学研究的生活而继续进行这种工作呢？

弄清我们的这种澄清意识的工作，从来没有像在我们时代这样有这么大的紧迫性；哲学在几千年的时间里能够通过朴素地构造理论而前进，能够借助朴素地形成的概念提出朴素的问题，借助朴素的方法论完善、限定和探究这些问题。朴素的但本身是模糊的目标的确定性，虽然从一开始就受到怀疑论式的怀疑，但是不管怀疑论怎样介入到哲学过程中并起促动作用，哲学的目的意识仍然继续保持其有效性，已经取得的理论上的收获始终具有真正的经受住检验的成就的力量，尽管后来它们可能受到后继者的批评。

让我们说得更明确些。我当然知道，我在哲学这个名称下作为我的工作的目标和领域所努力追求的是什么。然而我却不知道，有哪一个独立思考的哲学家曾经满足于他的这种“知识”呢？有哪一个独立思考的哲学家在其哲学研究的生涯中“哲学”曾经不再是一种谜呢？就是说，每一个人都有关于将自己的一生奉献给其实现的哲学这种目的意识，每一个人都有某些由定义表达的公式；但是只有二流的思想家（他们实际上不能称作哲学家）才满足于自己的定义，才会用语词-概念扼杀哲学研究的这种不确定的目的。历史的东西就存在于那种含糊不清的“知识”之中和公式的语词-概念之中，按照其固有的意义，它对于从事哲学研究的人来

说就是精神遗产，当然从事哲学研究的人同样也理解他通过交往，通过友好的和敌对的批评与其一起研究哲学的其他人。在进行哲 513
学研究时，他也像以前理解哲学和进行哲学研究时那样与自己相关联；他并且知道，在这过程中，总是有如同他理解和运用的那样的历史的传统作为精神的沉淀物进入他心中并促动他。他的历史图像（有的是他自己构成的，有的是接受下来的），他“对哲学史的虚构”，过去不是，现在也不是固定不变的，——这他是知道的；然而每一种“虚构”都帮助他并且能够帮助他理解自己以及他的目的，并且在与其他人的目的之关联中理解他自己的目的，理解他人的“虚构”，他人的目的，最后是理解普遍的东西，这种普遍的东西构成作为统一**目的**的哲学“本身”，构成我们所有人实现这个目的

的系统尝试，而我们又是同时处于与过去的哲学家（正如我们曾能够在多种意义上虚构他们一样）的关联之中。

514 **附录 XXIX**[①]**。**

芬克为《危机》继续部分写的提纲。

1. 心理学的悬搁之真正的普遍性：

对普遍性的误解已经阐明。因此，现在，在心理学过渡到超越论哲学之前，必须特别提到心理学的真正的普遍的悬搁。这种悬搁不外就是将世界的有效性悬搁起来。因此，这就是再一次分析有关世界的意识，及其将作为主题的个人意识包括在内的方式。但是，心理学家不能随意就他在心理学上感兴趣的个人的世界意识地平线的有效性普遍加括号；相反，这里有一种存在于对世界进行悬搁的连贯性当中的秩序。他只能从自身开始，从他的意识生活开始（在他将世界的有效性悬搁起来的情况下）；只有从自身出发，他才能有处于真正心理学态度中的其他人。因此，一种达到了对使心理学成为可能的心理学的态度（真正意义上的普遍的悬搁）之自身理解的心理学，绝不能以别的方式开始，而只能首先作为心理学家的心理学而开始。人们可以随意由任何一个人开始的这样一种假象消失了。心理学的真正普遍的悬搁摧毁了诸心灵彼此分离的假象：由心理学家那里延伸出来的相互内在性决定心理学主

① 这个附录包括芬克于1936年复活节前(?)向胡塞尔提出的建议。对第四部分和第五部分，芬克注道：第四部分和第五部分的思路，是我在复活节之后提出的。

题设定的过程。

2. **心理学的悖论**：

作为对世界意识悬搁的真正普遍悬搁是所寻求的心理学“抽象”(作为自然抽象的补充)被澄清的最终形态。但是，这仍然是一种“抽象”吗？心灵是具体人的补充的(尽管是独立的)要素吗？这种由真正普遍的悬搁揭示出来的“心灵”具有什么存在意义呢？心理学是作为与建立在**预先给定的世界基础之上**的其他科学并列的专门科学而开始的。但是，通过阐明它所固有的方法，即通过明确实行真正普遍的悬搁，它取消了在它理解自己的**开端**时**所设定的世界基础这个前提**；它放弃了它立足于其上的基础，它凭借自身而成为无前提的。但是这种“无前提性”乃是心理学的悖论。意 515
指世界的生命的“内在性”**是**一种什么样的内在性呢？它究竟属于什么？当心理学家工作时，他没有世界基础；而当他**反思**时，他就重又陷入**开始探讨时的状态**：心理学被他看成是有关存在者确定领域的科学。“困难”就在于心理学家的工作境况和他从他的“开端”的理解的地平线出发所重新进行的自身解释之间的对立，在于立足于世界的基础之上而又摆脱世界基础的心理学的自相矛盾。

3. **悖论的消解**：

当心理学不仅通过真正的普遍的悬搁将它开始时本身具有的对世界的意识放到括号里，而且特意将它变成一种分析的主题，而且是以这样的方式，即它将所有有意指的生活的预先给定的“粗略的”分节，即行为的意向性以及能够很容易指出的地平线的意向性，全都归溯到深层的进行构成的功能上时，它也就处于对有关世界的意识的基本功能的分析当中。换句话说，它不仅对有关世界的意识实行悬搁，而且它通过这种悬搁的行为探究有关世界的意识的**根本的起源**。在这种情况下，有关世界的意识就绝不会再变成“难以捉摸的基础”；心理学在其意义赋予的起源当中看出了它自己“在世界基础上”的最初开端。由此它扬弃了它自身：它进入了**超越论的现象学**。

4. **心理学与现象学之间关系的特征说明**（两种“态度”的相互关联）：

归根到底并不存在一种能够始终是心理学的心理学。一旦揭示**意向性**的方法被发现，由于“事物本身的连贯性”，分析的进程就被从预先给定的诸单元向意向生活的真正的-进行构成的深层继续推进，因此进入到超越论的层次。**心理学必然会通向超越论的哲学**。

尽管如此，在心理学与现象学之间总是存在着区别，即使在经历了从心理学到超越论哲学的路程之后。心理学并不是现象学的“单纯预备阶段”，即仅限于对它的开端进行反思的阶段；它作为通向现象学**路程上的阶段**曾经是这样的。但是即使它经历了这段路程，即使它“进入”到现象学，二者之间仍有区别。

516 **两种态度之间的相互影响**：

这个问题范围由**自身统觉**的问题标志出来。整个超越论的“自身”-构成，就是将进行构成的生活置入被构成的构成物的主题的关联之中。即使在超越论的还原之后，主观性也并不停止将自己作为人在周围的人和物当中客观化，只不过这种继续进行着的自身构成现在是一种被超越论地阐明的过程。

被构成的“自身客观化”的地平线(尽管是超越论地“透明的”),规定在自身消融到现象学中之后的心理学的正当的问题范围:心理学现在变成了题材上被限定的现象学的问题领域,但它是所有东西却又都“归属于”其中的这样一种领域(“流入”问题)。与心理学(在还原以后)的被限定于自身客观化范围的狭窄地平线相反,超越论哲学具有真正的绝对的地平线。

本书的第四部分:

将全部科学都收回到超越论哲学的统一之中的思想。

1. 作为被合理限定的世间问题和现象学之间的关系的例证的心理学和心理物理学或生物学。

2. 描述的自然科学(作为“生活世界的存在论”的它们的先验性)和理念化作用的现象学。

3. 作为普遍相互关联体系之统一的科学的“统一”。

形而上学的现象学概念。

本书的第五部分:

哲学的永恒任务:人类的自身辩明。

校勘附录

519 关于本书的构成

面前的这一卷分成两个部分。第一部分是正文:《欧洲科学的危机和超越论的现象学》,第二部分是增补的部分。从§1到§27的正文,是根据胡塞尔发表于《哲学》杂志(贝尔格莱德,1936年)的文章。这篇文章以之为基础的原稿,被胡塞尔当作草稿纸用了,有一部分被在KIII组手稿中重新找到。与§28至§71相对应的文稿,以打字稿的形式存放于胡塞尔档案馆(卢汶)(目录号:MIII 5III 1和2)。这是一个速记稿的副本,是由E.芬克复制的。该速记稿原本在档案馆中没有找到。也许是胡塞尔在有了副本之后将它销毁了,赠送给别人了,或是当作草稿纸用了。胡塞尔曾仔细通读过这个打字稿,并且插入了许多解释,加了许多旁注和附注。如同在以前版本中的情形一样,这些亲笔增补的东西在校勘附录中总是被标明出来。打字稿中还有一些芬克加的评注,在附录中也总是被标明出来。

§72的本文来自手稿KIII 6(第230-236页)。对于这一部分胡塞尔明确写道:“最后未打字的部分”(即《危机》一书的最后未打字的部分）。第§73 的本文是由编者加到《危机》的结尾处的，原书稿在§71，或更确切地说，在§72 处中断了。这段文字取自手稿 KIII 6（第 150－156 页）。编者不仅从这段文字的概述的性质找到了作这种补充的理由（在这段文字中，再一次清楚显示出胡塞尔的根本意图），而且还在由芬克根据他与胡塞尔的多年合作而拟定的“《危机》继续部分的写作提纲”（参看附录 XXIX）中找到了这种补充的理由。按照这个计划，在这一著作现有三章之后，还应该有两章。第四章的题目应该是：“将全部科学都收回到超越论哲学的统一之中的思想”，第五章的题目应该是：“哲学的永恒任务：人类的自身辩明”。与第五章的问题提法相对应的恰好是由 KIII 6（第 150－156 页）取来的这段文字。

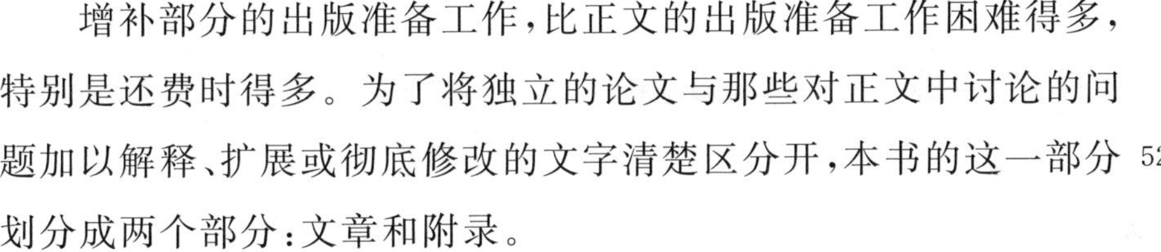

增补部分的出版准备工作，比正文的出版准备工作困难得多，特别是还费时得多。为了将独立的论文与那些对正文中讨论的问题加以解释、扩展或彻底修改的文字清楚区分开，本书的这一部分 520
划分成两个部分：文章和附录。

为了同时提供对于问题之产生的了解，选了三篇文章。第一篇文章形成于 1926－1928 年时期，它存放于胡塞尔档案馆（卢汶），目录号是 MIII 3 XII（是兰德格雷贝的打字稿副本，有胡塞尔的速记旁注），标题是：“关于实在的科学与理念化。对自然的数学化”。第二篇文章写于 1928－1930 年时期，是存放于手稿KIII 2组中第 74－85 页的速记稿的标有希腊字母 Λ 的各页。第三篇文章是 1935 年春的维也纳演讲稿。打字稿存放于胡塞尔档案馆 MIII 5II a 目录中，速记原稿存放于 KIII 1（第 1－25 页）目录中。打字稿与原稿相比，有某些扩展。

为了能够选出最重要的附录，必须对来自KIII组的32份手稿中的大部分速记稿加以改写。正如已经提到过的，这一组稿件包括胡塞尔1934－1937年的手稿，这后一批手稿尽管在这个序列中，但从1935年起的部分未曾被采用过，因为胡塞尔仍还在对这些稿件进行加工，因为有一部分只是在后来才形成的。在校勘附录中，在每一篇附录的开头都说明，它是出自哪个时期，它是从哪份手稿中采用的。KIII组的全部手稿的发表，由于以下原因是不可能的，即因为它所涉及的是研究手稿，有许多重复，交叉，偶尔还重复采用正文部分，这些东西由于太多，几乎使人们看不清原来的思想进程。

对于校勘注释，我还必须指出，它是从正文的第三部分开始的，因为正文的第一部分和第二部分是原封未动地从《哲学》杂志上采用的（改正了一些印刷错误）。

人名索引 558

* 此页码系德文原版页码,此中文版中用边码标出。——译者注

关于原稿页码的说明 559

左边一栏是本书的页码，右边一栏是本书所依据的原稿的页码。如果涉及到的是速记的原稿，如在大多数附录中那样，则手稿页的正面页用 a 标出，反面页用 b 标出。

第 1－104 页*	《哲学》杂志第 1 卷第 77－176 页
第 105－193 页	MIII 5III 1，第 3a－122 页
第 194－260 页	MIII 5III 2，第 123－176 页
第 261－269 页	KIII 6，第 230－236 页
第 269－276 页	KIII 6，第 150－156 页
第 279－293 页	MIII 3XII，第 1－30 页
第 294－313 页	KIII 2，第 75－86 页
第 314－348 页	MIII 5II a，第 1－34 页
第 349－356 页	KIII 13，第 5－9 页
第 357－364 页	KIII 22，第 5－13 页，第 16－19 页
第 365－386 页	KIII 23，第 1－33 页
第 387－391 页	KIII 2，第 4b－7 页
第 392－401 页	KIII 26，第 10－13 页
第 402－411 页	KIII 26，第 10－16 页
第 412－414 页	KIII 26，第 4a－b 页

* 见 558 页译者注。

第 415 - 417 页	KIII 28,第 66 - 68 页
第 418 - 419 页	KIII 21,第 6a - b 页
第 420 - 431 页	KIII 19,第 1 - 19 页
第 432 - 433 页	KIII 26,第 22 页
第 434 页	KIII 28,第 7 页
第 435 - 445 页	KIII 16,第 51 - 65 页
第 446 - 450 页	KIII 26,第 2 - 3 页
第 451 - 455 页	KIII 1,第 202 - 209 页
第 456 - 458 页	KIII 21,第 18b - 20a 页
第 459 - 462 页	KIII 1,第 174 - 177 页
第 463 - 465 页	散页
第 466 - 467 页	KIII 1,第 178 页
第 468 - 472 页	KIII 6,第 96 - 99 页
第 473 - 475 页	芬克的附言
第 476 - 479 页	KIII 2,第 31 - 34 页
第 480 - 484 页	KIII 18,第 20 - 21 页
第 485 - 490 页	KIII 4,第 44 - 47 页
第 491 - 501 页	KIII 4,第 59 - 67 页
第 502 - 503 页	KIII 9,第 56 - 59 页
第 504 - 507 页	KIII 9,第 40 - 42 页
第 508 - 513 页	KIII 9,第 90 - 95 页
第 514 - 516 页	芬克为《危机》继续部分写的提纲(MIII 5 III 2 的附录)

译　后　记

《欧洲科学的危机与超越论的现象学》的这个中译本，译自《胡塞尔全集》德文版第六卷。该书1954年出版，1976年重印，内容没有任何改变。这个中译本是《全集》第六卷的全译本，唯一省略的是编者为正文第三部分和增补部分所加的“校勘附注”，但保留了“附注”中关于所增补文章和附录的写作年代和写作情况的说明，附于有关文章和附录的首页脚注中。

这部著作是胡塞尔晚年（1934年直至1937年夏季重病时）集中精力从事写作的最后一部著作，是他最后一次系统阐明超越论现象学并赋予它以最后形态的尝试，因此确实可以看成是他集大成之作，按照A.舒茨的说法，是他“毕生研究的总结性最高成就”。从《芬克为〈危机〉继续部分写的提纲》（附录XXIX）可以看出，本书包括五大部分，这里发表的第三部分并未写完，尚有若干补充，以下还有第四、五两个部分。胡塞尔把这部著作比作一部宏大的音乐作品，其中的前两部分（第1－104页）* 只被他看成是“序曲”，接下来的部分才是“主要部分”，“歌剧本身”。由此可见，如果这部著作得以完成，将是一部巨著。

* 这里提到的页码是德文版页码，中文版用边码标出，下同。

刊于卷首的《编者导言》对著者的思路和本书的结构作了很好的说明。在这篇后记中，译者只想做一点解题的工作，就胡塞尔在本书标题中提到的“超越论的现象学”、“欧洲科学的危机”，以及他在为本书写的序言（附录 XIII）中谈到的他通向超越论的现象学的“目的论的-历史的道路”，做一点简略的介绍，以便于初次接触这部著作的读者比较容易把握它的思想内容。

首先谈谈胡塞尔的“超越论的现象学”，即“现象学的超越论的哲学”。

根据胡塞尔的说法，在他的现象学的超越论哲学之前，近代哲学史中已经产生了超越论哲学。这种哲学的产生是基于这样一种认识，即自我，以及我的思维生活，乃是一切可能的思维成就的、一切有关客观性的意义和正当性的询问的原始基础。因此必须进行一种纯粹指向主观的研究，以便弄清楚，知性的成就是如何以纯粹内在性完成的，为什么它们具有客观的有效性。胡塞尔说，超越论哲学是一种“哥白尼式的转向”，它从原则上排斥朴素的客观的科学奠立的方式，试图以纯粹主观的方式将科学奠立起来，将“自然的生活态度”转变为“非自然的生活态度”。超越论的哲学是作为自然主义的客观主义哲学，即唯物论哲学的对立面而产生的，并试图克服这种客观主义哲学。

胡塞尔认为，超越论哲学最初以萌芽形态出现在笛卡儿的《沉思录》中。笛卡儿试图从必真的（直接自明的）自我出发，以绝对观念论的方式论证哲学。贝克莱和休谟复活了笛卡儿的根本问题，并将它彻底化。康德哲学与前科学的和科学的客观主义相反，将存在着的世界理解为意义和有效性的构成物，回溯到构成一切客

观意义的进行认识的主观性，其精神也符合于超越论哲学的一般意义。但是所有这些哲学家都没有达到“哥白尼式转向”的真正意义，没有按照严格科学的精神将哲学建立起来。他们没有深入研究构造一切存在物的绝对主观性，也没有深入研究把握这种主观性的方法。尽管如此，他们还是为胡塞尔的最彻底的超越论哲学——现象学的超越论哲学——作了准备。胡塞尔说，他的现象学，是直接地从笛卡儿，从英国经验主义，特别是从休谟批判地规定的。他的“超越论的东西”这个最一般的概念，是通过探讨整个近代哲学的统一的历史性得到的。这个概念实际上指明了近代哲学的任务和动力。近代称作知性和理性的问题，在更确切的意义上称作理性批判的问题，实际上就是超越论的问题。因此胡塞尔认为，整个近代哲学发展的方向，是指向超越论哲学的最后形式现象学的超越论哲学的。他的现象学的超越论哲学，是唯一能从最终认识根源上论证的超越论哲学，并因此是唯一可能的超越论哲学。

那么应该怎样理解胡塞尔的现象学的超越论哲学呢？胡塞尔说，他本人是在最宽泛的意义上使用“超越论的”一词的，用它来指认识者反思自身及其认识生活，将一切认识活动追溯到其最后源泉，即“我自己”的一种动机。他的超越论的现象学创立了一种新的科学，它所涉及的是一种新的、唯有它才独有的经验领域，即超越论的主观性领域。这种超越论的主观性并不是思辨构造的产物，它由于自身的超越论的体验、能力、成就，而是直接经验的绝对独立的领域。在此以前，没有一种哲学真正发现这个主观性的领域，并将这个领域当成研究的主题，即使康德哲学也没有做到，尽

管它确实想追溯客观上可经验和可认识的世界之可能性的主观条件。

胡塞尔说,他的超越论的现象学是按照"真正科学的"方法建立起来的。它是以回溯到最后根据,并从最后根据出发,自下而上地建立起来的,它在每一个步骤上都是自明的,因此它是建立在最终洞察之上的哲学,在其中没有任何未被询问的问题,没有任何未被理解的不言而喻的东西。

胡塞尔所谓的最后根据,就是主观性。在超越论的现象学中,理论的兴趣仅仅指向主观的东西,这里不存在任何客观的东西。超越论哲学按照精神的意向性把握精神的根本性质,并由此出发建立一种前后一贯的精神分析方法。在这种考察中,研究者从纯粹作为其全部有效性的执行者的自我,变成它的纯粹理论上的旁观者。由此而建立起一种始终一贯地自身一致,并与作为精神成就的世界一致的绝对独立的精神科学。主观东西被证明是一个能够从理论上首尾一贯地进行研究的自身封闭的领域。人,意向地内在地连接着的人共同体,以及他们在其中生活的世界,都作为意向对象包含在这个领域中。正是在这个领域中,世界,科学的世界和日常直观的世界,被认识,并获得存在的有效性。因此超越论哲学是一种对于世界的精神考察。

与所有建立在世界基础之上的客观科学相反,超越论的现象学是关于世界的预先给予性之普遍给予方式的科学,因此是关于使这种普遍给予方式成为每一种客观性之基础的科学。在这里成为主题的,是显现的过程本身,是显现方式的变化,而不是在其中所显现的东西。以其在生活本身中给予方式的特殊性而当下在这

里存在的有效的东西，变成了“纯粹主观的显现”，对于“存在者本身而言”，它被称作“现象”。而“存在者本身”，则是通过当目光指向这种“显现”的变化时所进行的校正抽取出来的。这种主观显现方式的变化不断地进行，不断地通过综合而结合到意识的流动之中，由此而产生出关于“直接的”存在这种统一的意识。这种研究意味着创立一门有关最后根据的科学，一切客观的奠立，都从这些最后根据吸取其真正力量。在这种对于主观的“显现”或“现象”的研究中，超越论现象学所关心的，并不是单纯事实的经验，它将这种事实的经验仅仅看成是完全可以改变的纯粹可能性。它以直观本质的方式指向原初直观的一般东西，它所要探求的，是超越论的主观性经过所有的自由改变仍保持不变的本质结构，并将这种本质结构作为超越论的主观性的“先验的东西”突出出来。因此，超越论的现象学并不是关于事实的科学，而是一种本质科学、一种“先验的”科学。

超越论的现象学通过对进行哲学思考的自我进行最深刻的最普遍的自身理解，发现绝对的主观间共同性，发现绝对的超越论的主观性在不断进行“世界构成”的超越论生活中必然的具体的存在方式，发现“存在着的世界”。世界是在意识的主观性中被认识的。在这里，自在的第一性的东西是主观性。正是主观性预先给定这个世界，然后将它合理化，将它客观化。世界的存在意义是主观的构成物。由于超越论的主观，作为客观的“显现”的科学上真的世界，才得以构成。因此，超越论的现象学是彻底主观的哲学。它不同于客观科学的本质特征就是，它没有预先准备好的不言而喻的东西作基础，而是从原则上排除类似意义上的基础。它暂时是从

毫无基础的地方开始。但是它随即获得了凭本身力量为自己创造基础的可能性;它是通过在独创性的自身反思中把握住已变成现象的整个领域的朴素世界的方法,为自己创造基础的。因此,胡塞尔说,没有任何一个以前的哲学可以想到的有意义的问题,没有任何一个可以想到的一般存在问题,是超越论的现象学在其前进道路上不能解决的。

胡塞尔提出了两条通向现象学的超越论哲学的道路。一条是从生活世界回溯到现象学的超越论哲学的道路,另一条是从心理学出发进入现象学的超越论哲学的道路。这个论述被胡塞尔看作是他这部著作的主要部分,占去本书大部分篇幅。我们下面作一点介绍。

胡塞尔说,数学的自然科学作为成就是人类精神的胜利,但就其方法和理论的合理性而言,则完全是相对的。自然科学将生活世界当作是“不言而喻的”前提,从中引出结论,构想出越来越新的间接真理,却从来不问,它在什么意义上是“不言而喻的”。因此客观科学就其合理性而言,变成了不可理解的。我们必须从它的自身运行中脱离出来,在它之上占有一个位置。这个位置一方面可以通观自然科学的理论与结果,另一方面可以通观科学家们的活动-生活,他们设定的目标,目标的达成和所达到的自明性。生活世界这个主题就是服务于客观科学的完满论证的。

生活世界对于在其中生活的人具有恒常的存在意义,它是思想劳动的永恒基础,是始终准备好的不言而喻的源泉,实践的人们和科学都可以毫无困难地利用它。生活世界的普遍性包含着科学上真的世界。科学的自然和精神的世界是生活世界的这个和那个方面。生活世界的存在有效性是科学思想的以及最高层次上的哲学思想的持久前提。有关生活世界的科学,是一种普遍的科学,它包括对于一切存在和真理都有意义的问题,包括一切可能的认识问题,不仅包括生活中的认识问题,而且包括一切科学的问题,因此包括一切理性问题。

胡塞尔将生活世界规定为主观现象的领域。它是传统上被非常轻蔑地看待的意见(δόξα)的世界。不过在科学生活以外它并没有受到这样的贬低。因为它标志一个由充分的表现构成的领域。这些表现赋予处于其任何目的中的人(也包括处于“客观的”科学理论目的中的人)的全部兴趣活动以可能性和意义。生活世界与“客观的”世界,“真正的”世界对比所显示的差别在于,“客观的”、“真正的”世界,是理论的-逻辑的构成物,就其固有的自身存在而言,是原则上不能知觉、不能经验的;而生活世界中主观的东西,整个说来,正是以其可被现实地经验为特征。因此生活世界是可直观东西的领域,是原初自明的领域。客观的理论借以奠立的客观的-逻辑的自明性,在生活世界中有其源泉。一切可以想到的证明,都回溯到生活世界的自明性,一切思想构成物,只有回溯到这种自明性才具有真正的真理。生活世界作为最终奠立一切客观证明和理论上-逻辑上的存在有效性的东西,是作为自明性的源泉,证明的源泉起作用的。

使生活世界成为主题有两种根本不同的方式。第一种方式,是朴素的自然的态度,是直接地指向当时给定的对象,因此是进入到世界的地平线中的生活方式。第二种方式是超越论的态度。这种态度首先要求对客观的科学进行悬搁,排除一切客观的-科学

的意见和认识，包括我们作为客观的科学家，或哪怕是作为渴求知识的人，所具有的全部客观的理论兴趣的目的和活动，将科学的世界还原为前科学地对我们有效的世界。它将注意力集中于对生活世界和生活世界中的对象在主观上给予的方式进行反思。但是这里所说的对象，并不是指对象本身，而是指在给予方式的“如何”之中的对象。在这里感兴趣的是，世界是如何在诸相对有效性，诸主观显现，诸意见变化中，为我们而成立的，我们有关现实地存在的对象之普遍存在的地平线这种恒常的意识，是如何形成的。

为了能将生活世界的预告给予性变成研究的主题，还需要对自然态度进行彻底改变，对自然态度进行超越论的悬搁。这种悬搁要求对自然存在着的预先给定的世界的存在有效性，对世界中事物的现实性，采取克制态度，不允许我们去接触任何自然的世界生活和它的世间兴趣。悬搁提供我们一种超出于它们之上的立场。

当我们就显现方式的“如何”来考察事物时，每一个真正原初作为知觉的事物体验到的东西，就变成了客观存在着的东西的单纯“现象”、“显现”。所谓“这个”事物本身，实际上是这样一种东西，即没有一个人能像真实看到的那样占有它，因为确切地说，它总是在运动中，总是并且对每一个人都是自己的和他人的经验和被经验到的东西的敞开的无限的多样性在意识上的统一。一切存在着的东西，不论具有什么意义，不论属于什么范围，都是主观的相互关联的系统的标志。我们体验到的世界，都是处于不停地运动之中的世界，即在自己的意识生活中和与人类同伴的交往中预先给予的世界。

生活世界具有空间时间性，具有存在的有效性和普遍的开放的地平线，它处于有效性的经常的运动之中。但是不管生活世界怎样改变，都遵循它的本质上合法则的类型学。因此生活世界也能有由自明性而来的存在论。生活世界尽管有其全部的相对性，仍有其普遍的结构和本质形式。这种普遍的结构和本质形式并不是相对的，我们可以从其普遍性方面注意到它，可以以每一个人都能理解的方式将它确定下来，这就是生活世界中先验的东西。生活世界的先验性，是一切科学的先验性，包括数学的先验性，得以产生的前提和基础。囿于传统客观主义的人，完全不能理解生活世界的先验性，甚至毫无顾忌地用客观的-逻辑的先验性取代它。因此首先必须将它从客观的-逻辑的先验性划分开，将生活世界的先验性按照其特征和多样性变成科学研究的主题。然后研究客观的-逻辑的先验性如何在生活世界的先验性的基础上，以及以什么新的意义构成方式，作为一种间接的理论成就产生出来。在对生活世界的研究中，目光仅仅指向生活世界的先验的本质形式，指向给予方式的多样性的，以及它们的相互关联的本质形式，指向功能的主观和主观的共同体的以及它们的自我的本质形式。生活世界的最形式的最一般的结构，一方面是事物与世界，另一方面是对事物与世界的意识。胡塞尔说，当他 1898 年写作《逻辑研究》过程中第一次想到经验对象与给予方式的普遍关联的先验性时，他被深深地震动了，从那以后他毕生的事业都受到系统阐明这种相互关联的先验性的支配。他认为，将人的主观性包括到这种相互关联的问题中，一定会引起这整个问题的意义的根本改变，并最终导致向绝对的超越论的主观性的现象学还原。

在由悬搁所达到的集中注意于相互关联的这种纯粹态度中，世界，客观的东西本身，变成了主观的东西，变成了“超越论的现象”。这种主观的东西，包括自我极和诸自我极的总体，以及显现的多样性，或对象极和诸对象极的总体。世界变成了主观性的“极的系统”。为了向作为一切构成的最终起作用的中心的绝对自我还原，需要对最初实行的悬搁进行有意识的改变，需要第二次实行悬搁。这就是自我从它的具体的世界现象出发，系统地进行回溯，与此同时，在其具体性中，在其诸基本层次中，诸极其复杂的奠立有效性的活动的系统中，认识自己本身，认识这个超越论的自我-主观。这个自我-主观，在悬搁开始时，就确定无疑地存在了，但却是作为“沉默的”具体物被给予的。必须从世界-现象出发，通过系统回溯的意向分析，将它揭示出来，表达出来。这里揭示出的超越论的主观并不是人。人也由于悬搁变成了现象。在悬搁中，每一个自我纯粹只是作为它的活动、习惯和能力的自我极，作为指向世界的自我极来考察的。每一个自我，都是具有其全部成就和成就获得物的自我，其中包括被看作存在着和如此这般存在着的世界。自我具有绝对的唯一性，并处于一切构成的中心地位。在这种系统的现象学操作中，人们才第一次获得世界与在人类中客观化了的超越论的主观性之间的相互关联。由此世界存在这种“不言而喻性”也就得到了理解。现象学将这种世界存在的“不言而喻性”看作一切谜之中最大的谜，并且把解开这个谜看作是自己的唯一主题。

一旦达到了自我，人们就处于自明性领域，要向它背后追问便是毫无意义的。一切自然的自明性，一切客观科学的自明性（形式逻辑和数学的自明性也不例外)，都属于“不言而喻的东西”的领域，这些不言而喻的东西，实际上都有其不可理解的背景。每一种自明性都是一个问题的题目，只有现象学的自明性不是。因为它通过反思澄清了自身，并证明自身是最后的自明性。

另一条通向现象学超越论哲学的道路，是从心理学出发到纯粹的心理学。胡塞尔说，纯粹心理学就其本身来说，是超越论的心理学。它与作为关于超越论的主观性的科学的超越论哲学是同一的。

为了扫清通向纯粹心理学的道路，胡塞尔对近代心理学中的自然主义或说物理学主义进行了严厉批判。胡塞尔将近代心理学的产生追溯到笛卡儿的实体二元论，认为随着笛卡儿宣布自然与精神的分离，近代心理学就作为一种迫切的需要出现了。但是心理学从一开始就受到物理学的自然观和自然科学的方法的消极影响。心灵被赋予一种与自然相似的存在方式，它是与物理的自然相同意义上的实在东西，是物体-身体的实在附属物。在洛克的感觉论中，心灵能力，心理素质，甚至变成了物理力的类似物。因此心灵应在与物体相同意义上按照“因果法则”，借助与物理学相同的理论进行研究。心理学变成有关心理-物理事实的科学，变成有关存在者的科学。由于它的客观主义，心理学完全没有达到心灵固有的本质，完全没有按其固有本质将心灵变成研究的主题，因此也没有真正踏上心理学的土地。胡塞尔批评道，作为物理学类似物的心理学，是一种荒谬的东西，有关心灵的科学根本不可能在方法上求助于自然科学。

对心理学这种任务提法的怀疑，引起了对心理学进行改造，正

确规定心理学固有任务与方法的哲学动机。而首尾一贯地实行这项任务，就自然而必然地导致现象学的超越论哲学。

胡塞尔说，心灵固有的本质，并不是已经存在于那里只不过我们并未注意到的东西，或是某种只要我们去看就能毫不费力地得到的东西。为了达到心灵固有的本质，人们必须首先克服将意识看成实在物体的附属物的朴素观点，必须如其直接呈现在眼前那样对待意识生活，从现实地自身给予的直观自明性中认识它。胡塞尔说，我真正作为心灵本身体验到的，只是我的对于我的身体进行支配的“我存在”，每一个其他人也只体验到他自己的进行支配的“我存在”；只是从我自己的本原地体验到的支配——作为对于活的身体的唯一本原的体验——出发，我才能够将他人的身体理解为在其中有另一个“我”被具体化并进行支配的活的身体。自我-主观是非本然地内在于身体这种形式之中的；它本身，因此心灵一般，纯粹就其固有本质来考察，完全没有这种形式。我借助物体身体在空间的位置能够与每一个其他人相区别；但是作为本身存在的东西，我在自身中事先已具有自己的唯一性，对于我来说，空间与时间并不是个体化的原则。从纯粹固有本质来看，心灵东西并没有任何自然的东西。作为心灵生活而显示的东西，排除最初是从物体的实在性获得其意义的任何实在性的理解。

为了达到心灵固有本质，心理学家必须实行一系列的悬搁与还原，克制自己不参与到共同的有效性之中，通过悬搁将人主题化，将心灵——这心灵就是我，行动着的我——变成研究的主题。这种悬搁最初的进攻点，就是自然态度中突现出来的实在的意向性，即人的所作所为当中的行为方式。但是仅有这一步，心理学还

不能成为真正的“描述的心理学”，尚未达到“纯粹心灵”独立的自身封闭的领域。为达到“纯粹的心灵”，必须实行一种普遍的悬搁。心理学家必须“一下子”完全停止实行对作为主题的个人（所有的个人）的或明或暗实行的有效性的任何参与。这种悬搁涉及到所有心灵东西，因此也涉及到心理学家自己的心灵东西，这包括他作为心理学家克制自己不同时参与他自己以自然的日常的方式实行的针对客观世界实在东西的那种有效性。心理学家在他自身之中设立一个对他自身以及其他人的“冷漠的旁观者”，并且是就他从事心理学研究的全部“职业时间”而这样设立的。对于这个“冷漠的旁观者”来说，所有的东西都失去了有效性，这些有效性本身，连同一切有效行为，以及有效行为者本身，都变成了现象，整个世界都变成了现象。现在留下来的只是一种唯一的心灵关联，全部心灵内在地统一的总体关联。只有按照这种态度，心理学家才能有本质上统一的绝对自身封闭的主观的“内在的”世界，才能有意向生活的整体作为他的工作的地平线。

通过悬搁所展现出来的心理学的唯一的研究对象，就是自我-主观，以及在这种自我-主观本身中所经验到的内在固有的本质东西、意向性、意向活动和意向对象。自我-主观的生命就是意向性。在自然的生活中，主观被经验为自己处于对世间的实在对象的意向的实在的关联中，经过悬搁，它变成了特殊意义上的“现象”，按照它固有本质的纯粹性被主题化。自我的生活按其固有本质，是意向的生活，是在意向生活的意向中，受这种意向生活中显现的有效的意向对象刺激，意向生活以各种不同方式指向意向对象，与它打交道。所有这样地与之打交道的对象本身，都属于

纯粹的内在性。

属于心灵本质的还有移情作用,即对他人的知觉,关于他人也拥有世界,并且拥有同一个世界的经验的意识,并且是以自己的统觉统觉着同一个世界的其他人的经验的意识。这是一种与他人的相互关联、相互理解,以及以此为基础的与他人的交往,与他人一起进入到共同体中,并且通常也知道与他人处于这种关系中的意识。由移情作用产生的普遍联系是一种本质的结构。每一个自我-主观都有它的移情作用的地平线,它的别的主观的地平线。这种地平线能够通过与一连串他者直接和间接的交往而开拓,从而形成一个主观上被定向的世界。每一个主观都以移情作用而意向地包含着每一个他我。对于处于其固有本质之中的诸心灵来说,绝不存在彼此外在性这样的分离。在自然态度中彼此外在的东西,在悬搁中变成了纯粹的意向性的彼此内在的东西,与此同时,世界就变成了大家共有的现象的“世界”,作为现实的和可能的主观的“世界”。

在描述心理学(它想要表达心灵固有本质的东西)的理念的纯粹展开中,必然会实现现象学-心理学的悬搁与还原向超越论的悬搁与还原的转变。

胡塞尔说,超越论的彻底的完全的还原,导致这位将自己变得完全孤独的心理学家的绝对唯一的自我。他作为绝对唯一的自我,不再是作为人的自身有效性,并且不再被看作在世界中的实在存在者;相反,他是他通过彻底还原得到的具有其全部意向关联的普遍而纯粹的意向性的纯粹主观。这个绝对唯一的自我,是必真的自我,它存在于它的诸意向性之中,而这些意向性必真地包含于自我本身之中，并能够展现出来。纯粹心理学的主要任务之一，就是通过对世界有效性的不断还原的方法，阐明主观的纯粹功能。在转变为超越论态度以后，心理学作为超越论的纯粹研究，所涉及的是诸主观以及它们的超越论生活的相互融合与渗透。这必然是以围绕我而定向的形态进行的。我获得了原初生活的本质结构，获得了每一个他我的本质结构，于是就会出现由移情作用产生的普遍关联，即超越论的主观共同体的本质结构问题。这种主观共同体在本身中具有作为意向上有效的相关物的世界，并且在文化世界中以越来越新的形式，并且在越来越新的阶段上，不断地创造这种相关物的世界。

心理学由于实行这种涉及一切有关世界的意识的悬搁而失去了客观世界的基础，因此，纯粹心理学就其本质来说与作为超越论主观性的科学的超越论哲学是同一的。纯粹心理学不是也不可能是别的东西，而只能是以前按照哲学目的作为绝对被奠立的哲学所寻求的，并且只有作为现象学的超越论哲学才能实现的东西。事实上，心理学家不得不下决心发展一种纯粹心理学，与自然科学要求发展一种纯粹数学的情形是很相似的。超越论哲学对于心理学，如同数学对于自然科学一样，也起着一种先验科学的作用。心理学在其全部的心理学认识中，都必须求助于这种先验科学的先验结构。纯粹心理学作为真正纯粹的对自身的认识，其中也包括作为对于人们的自我或心灵的真正存在与生活的认识的对于人的认识，同时还包括对于世界的认识，对于世界的真正存在的认识。这是一切实证科学原则上绝不能达到的。如果我们按照纯粹意识的心理学纯粹地专心研究这种心理生活，在这当中有关他人，有关

存在着的世间东西的全部表象和有效性表现，就显露出来了。心理存在领域同样包含着世界的表象及其无穷的变样，也包含着世界本身这个普遍的理念，以及每一个别的可能的世界的个别的理念。因此纯粹心理学作为有关心灵的纯粹存在论，尽管它是实在世界的单纯片断，却包含着世界的存在论，正如另一方面，世界的存在论在自身中包含着心灵的存在论一样。

胡塞尔说，一切实证科学都将世界当作持久的前提，一切实证东西的假说，都是建立在世界这个"假说"之上的。但是世界是什么，却是一个问题。只有从超越论的心理学或超越论的哲学出发才能理解这个"假说"是什么。只当人们通过全面彻底的超越论悬搁掌握了主观领域的整体——人，意向地-内在地连接着的人的共同体，以及他们在其中生活的世界，所有这些东西作为意向对象都包含于这个整体中——，人们才有可能观察和系统研究主观的构成功能和世界的给予方式，由此才能发现，每一个世间的给予，都是在地平线中的给予，在地平线中包含着更广阔的地平线，最后，每一个世间给予的东西，本身都带有世界的地平线，而且只是因此才被意识为世界的，才形成人们的世界意识。

按照胡塞尔的说法，人们一旦从现象学上获得对于意识的对象性和意识关联的理解，就实现了对超越论东西的突破。当人们达到了超越论的整体的主观性领域而再返回到自然的态度时（这时就不再是朴素的态度了），就会发现一切世间的东西都有其超越论领域的相关者，关于这后者的每一个新发现，都是对于世界中的人的新规定。在描述的或现象学的心理学与纯粹的或超越论的心理学之间有一种普遍的平行关系，一方面的每一种本质学的以及

经验的断定，必然有对立一方的相似的断定与之对应。因而同一理论内容，如果在自然态度中被当成心理学的内容，当成实证的，与预先给定的世界有关的科学的内容，那么在超越论的态度中，就变成哲学的内容。

胡塞尔超越论的现象学的彻底的观念论，不仅遭到现象学派外部哲学家的批评，甚至也遭到现象学派内部一些哲学家的批评。面对这些批评，胡塞尔明确表示，他在超越论现象学的观念论方面绝不后退。他试图以区分超越论现象学的观念论和“心理学的观念论”的方法摆脱这种批评。按照他的说法，人们对他的“误解”，是由于混淆了心理学的主观性和超越论的主观性。心理学观念论只知道心理学的主观性，将世界说成是心理学主观性的相关项，因此是荒谬的。超越论的观念论并不否认世界的现实存在，它唯一的任务和成就，是阐明借以将其看成现实存在的世界的意义。他认为实在论和心理学的观念论都是荒谬的，它们之间的斗争，是在自然基础之上的斗争，因此是毫无结果的非哲学的斗争。他的哲学既反对任何形式的实在论，也反对实在论与之对立并加以驳斥的那种观念论。胡塞尔的这种辩护并不能令人信服。当然，对于胡塞尔这样的自觉坚持彻底观念论的哲学家，简单指责他的哲学是观念论，是建立在主观性之上的，并不能驳倒他。因为他认为这正是他的哲学的“科学性”的根据所在。要真正驳倒他的哲学，还需要费一番深入研究的功夫。

以上是对于胡塞尔的“现象学的超越论哲学”的简略说明。现在让我们转向另一个问题，即本书标题中提到的“欧洲科学的危机”的问题。胡塞尔在《哲学》杂志上开始发表本书第一、二部分

时，曾在“序言”中写到，他的这部著作是试图通过对科学和哲学的危机状况的根源进行目的论的-历史的考察，论证哲学向超越论现象学转向的不可避免的必然性。以下我们将分别就“危机”问题和“目的论的-历史的考察”的问题作一些介绍。

首先我们来谈谈胡塞尔说的“科学危机”的问题。大家知道，本世纪初，特别是二三十年代，“危机”、“政治危机”、“经济危机”、“精神危机”，其中也包括“科学危机”、“哲学危机”等等，是欧洲人广泛谈论的话题。胡塞尔说的“科学危机”实际上是一个很广泛的题目，不仅包括自然科学、哲学，甚至包括到人的精神的整个领域，正是因此他才谈到“精神文明的普遍毁灭”、“欧洲人性的危机”，甚至谈到“欧洲人的危机”、“欧洲的危机”（胡塞尔补充说，当他谈到“欧洲”时，他是指“精神的欧洲”）。因此这里讲的“科学的危机”，实际上涉及到整个精神领域，胡塞尔称它是“欧洲人根本生活危机的表现”。

那么这种危机有哪些表现呢？胡塞尔说，欧洲的近代在长达数百年之久的时间里，曾以其理论的和实践的成就而十分自豪，但在19世纪末却最终陷入日益增长的不满之中，其处境必须被看作是困境，而且所有的科学都处于这种困境之中。科学从其起源和从未放弃过的意图来看，是要通过阐明最后的意义源泉获得有关现实地被理解的，并且是在其最终意义上被理解的知识。但是现在科学的真正的科学性，即它们为自己提出任务以及为实现这些任务而制定方法论的整个方式，都成为不可靠的了。与所有一般科学一样，自然科学是精神的成就，即共同工作的自然科学家的成就。作为这样的东西，它们与所有精神事件一样，应该以精神科学

的方式加以说明。然而精神科学由于受自然主义的蒙蔽，甚至完全没有提出普遍的纯粹的精神科学的问题，完全没有询问纯粹精神的本质理论，然而只有这样的理论，才能从原理上和法则上探究精神领域绝对普遍的东西，并由此出发获得绝对最终意义上的对科学的说明。科学发生了本质变化，使科学的理念受到实证主义的限制，科学丧失了对于生活的意义，避开了对真正人性具有决定意义的问题。科学对于从文艺复兴以来新形成的欧洲人失去了指导作用。这种情况也适合于哲学。哲学面临被怀疑论、非理性主义、神秘主义压倒的危险。随同希腊哲学的产生而向欧洲人显示的，在近代创立之初一再高举的目标，即成为由哲学造就的人，并且只想成为这样的人的目标，丧失了，因而哲学作为人类生而固有的普遍理性显露的历史运动的意义，也丧失了。新的人类未能坚持下去，正是由于失去了对普遍哲学理想的和新方法的有效性的信赖。哲学本身成了问题，首先是以形而上学的可能性的形式成了问题，这涉及到全部理性问题的潜在意义与可能性。关于形而上学的可能性问题，当然也包括事实科学的可能性问题。因为事实科学正是在与哲学的不可分割的统一中才有其相关的意义，即关于作为纯粹存在者领域的真理的意义。

胡塞尔在探究欧洲“危机”状况的起源时，对希腊哲学和数学，对起源于伽利略的近代科学，以及从笛卡儿到康德对它们的解释，进行了讨论。他认为，欧洲的世界，是从理性的理念中，即从哲学的精神中，产生出来的。在欧洲的精神形态中，有一种内在固有的哲学理念，或内在固有的目的论。这种目的论，从普遍的人类本身的观点出发，将自身标明为一种新的人类时代的出现和发展的开

端。这种新的人类,只想生活于并且只能生活于从理性的理念出发,从无限的任务出发,自由构造自己的存在,自由构造自己的历史的生活与活动之中。这种精神上的目标是一种无限的理念,它支配着欧洲的整个精神生活,并将人类的实践引向更高更新的发展阶段。

但是作为永恒之极而被觉察到的理想,绝不是清晰而确定的,它是按照多义的一般性而被预先推定的。因此在这里面临着陷入片面性和过早满足的危险,而这又引起以后的矛盾。此外这里还有将一般目的特殊化的必然性,然而也是特殊化的危险。

胡塞尔说,启蒙运动以来整个近代哲学所特有的朴素性,就是一种片面性。这种朴素性的最一般的称谓,叫做客观主义,它采取了自然主义,即将精神自然化的各种形态。这种朴素的客观主义一直支配着近代哲学,尽管从休谟和康德开始,人们一直在努力克服这种客观主义。胡塞尔说,欧洲危机的最深刻的根源,就是误入歧途的理性主义。合理性本来能够以一种成熟的方式指导人们的发展,然而作为启蒙时期的理性主义的合理性的发展,它是一种误入歧途,尽管这种误入歧途毕竟是可以理解的。但是,胡塞尔说,危机只是理性主义表面上的失败,这种表面上的失败并不是由于理性主义的本质本身,而仅仅是由于将它肤浅化,由于它陷入"自然主义"和"客观主义"。

胡塞尔相信,欧洲精神文明的普遍毁灭,将促使人们去创立现实的真正的精神,并促使人们去理解个人的存在、个人的活动、个人的成就,以及个人的共同体,并由此出发明智地重新塑造一种新的人类。欧洲最终将通过克服自然主义的理性主义而从哲学精神中再生，而唯一能克服自然主义的理性主义的哲学，正是胡塞尔的现象学的超越论哲学。

从唯物史观来看，胡塞尔从精神危机说明社会危机，并认为自己的超越论现象学能够克服这种危机，是一种根本的本末倒置。

胡塞尔谈到他这部著作的研究方法时说他采用的是“目的论的-历史的”道路。他是通过这条道路通向超越论现象学的理念和方法的，他是从欧洲历史的目的论的背景上阐明“欧洲生存的危机”的。胡塞尔的这种“历史的-目的论的”道路，实际上包含着他的独特的历史哲学，包含着他对于历史、哲学史和哲学的一些独特的观点，对于理解胡塞尔的哲学具有重要意义，因此我们也应该作一点介绍。

胡塞尔将历史说成是原初的意义形成和意义沉淀的共存与交织的生动运动。整个历史都贯穿着目的论的理性，每一种文化构成物都有其历史的目的意义。历史本身具有由任务的统一性而来的精神的统一性。后辈人的计划和工作中，有前辈人的计划和工作延续着，后辈人的思想意图和精神构成物，按照其意义和继续有效性，是来自最早的祖先的意图和原初的精神构成物。人的有目的的生活是一种在合目的性方面越来越丰富的、不断提高的上升发展过程。

这种历史的目的论也贯穿于哲学史中。哲学史有一种统一的目的论的结构。“哲学”这种意向，虽然是历史上个别哲学家的意向，但同时又是贯穿于各个时代的唯一的意向。不同的哲学家都具有这同一的意向，他们只是通过重新采纳而重复这同一的意向。曾有其开端的一般哲学，在所有历史变化中，仍是哲学。最初的计划乃是一种试图以各种不同的可能找到的形态充实自己的意向。因此在哲学史中显示出一种区分：作为特定时代的历史事实的哲学，和作为理念，作为无限任务的理念的哲学。暂时的哲学指向处于无限东西之中的并且实际上是不可能达到的极，指向一种不能达到但仍必须作为前提的真理。因此可以将哲学的历史应用于揭示哲学，揭示"哲学本身"；可以将哲学史看成一种从历史学习哲学的超时间的运动。但是历史上哲学家所追求的东西，他们意向深处隐蔽的统一性，只是在最终的建成中才能显露出来。只是在最终的建成中，才能展示出一切哲学和所有哲学家的统一方向。从最终的建成中，可以获得一种我们能借以理解过去的思想家的照明之光，而他们自己从来没有这样理解过自己。这种批判的总体审视，使我们可以在诸哲学的表面上的对立与并存背后，指出一种有意义的最终的和谐。

胡塞尔认为，哲学的历史本身就属于哲学家的周围世界。哲学家的周围世界是由向后一直延伸到哲学的原始建立的世代哲学家及其思想构成的。哲学家的地平线所特有的样式，就是诸世代哲学家，他们的著作，他们的思想。每一个哲学家都有他的包括所有哲学家的历史的地平线。哲学家在哲学的共存中形成他的思想，并对新的哲学家产生影响。活着的与死去的东西，处于一种绝不能中断的共存中——哲学思想的共存中。

胡塞尔说，我们作为哲学家，按照"哲学"这个词所指明的目标，按照概念、问题和方法，是过去的继承人。为了达到对自身的理解，为了理解哲学通过我们会成为什么，必须进行深入的历史的和批判的反思，返回去追问过去总是作为哲学被寻求的东西，理解哲学历史发展的目的论，同时使我们明确意识到，我们自己是这种目的论的承担者，我们通过我们个人的意图，参与实现这种目的论。

胡塞尔将欧洲人的目的论的开端，它的精神的诞生，上溯到古希腊。在古希腊国家中，产生了人们对周围世界的新态度，产生一种完全新式的精神构成物，一种系统而完整的文化形态，希腊人称它为“哲学”。按照原初的意义正确翻译，它所指的是一种普遍的学问，关于宇宙的学问，关于由一切存在着的东西构成的无所不包的统一体的学问。因此哲学是作为宇宙学开始的。这种对于无所不包的大全的兴趣，很快就开始按照存在的一般形式和领域特殊化了。因此哲学，这个唯一的学问，也就分支为许多特殊的科学了。胡塞尔说，在这种意义上的哲学——因此其中包括所有的科学——的产生中，存在着欧洲精神的“原现象”。在随后的哲学发展中，希腊哲学在主观的注视方向上，将与此相关联的对于早已熟悉的人发现，称作世界的主观，作为这样的主观，通过自己的理性，与存在着的宇宙，并与自己本身发生关联。

希腊哲学所抱的目的，是通过普遍的科学理性，按照各种形式的真正的规范，提高人类，将人类转变成全新的人类，能够依据绝对理性的洞察而绝对对自身负责的人类。因此哲学不是别的，是理性主义，是彻头彻尾的理性主义。哲学的历史如果从内部来看，就是世代哲学家为“觉醒”的理性达到自身的理解而进行的斗争。哲学是理性的实现，它总是处于通向更高的合理性的过程中，而真正的完全的合理性，乃是处于无限理性之中的理念。哲学和科学，是揭示人类本身与生俱来的普遍理性的历史运动。因此哲学具有

伦理功能，即赋予人以人性，赋予人类以人性的功能。胡塞尔说，普遍的哲学是起功能作用的头脑，真正健康的欧洲精神生活依赖于这个头脑正常发挥功能，具有更高人性或理性的人类，需要一种真正的哲学。真正的哲学为自己的真正意义，并以此为真正的人性而斗争。因此，在哲学家个人的内在使命中，同时就包含有对人类真正存在的责任，而人类的真正存在，只能是作为指向终极目的的存在而存在，而且如果它确实能实现，也只有通过哲学，通过真正的哲学家，才能实现。因此，胡塞尔说，哲学家是人类的公仆。

从历史的统一的目的论出发，胡塞尔认为，哲学本身的建设，必须从方法的建设开始，这种方法不是重又导致其他诸种哲学中的"一种"哲学，而是导致唯一的哲学。

胡塞尔的目的论的-历史的哲学考察，正是基于他上述的基本的历史观、哲学史观和哲学观。他的历史考察是要理解哲学，特别是近代哲学的历史发展的目的论，要弄清近代哲学的起源，弄清数学和自然科学的起源，它们的原初意义赋予的开端，并揭示以后时代对原初意义的改变和掩盖。譬如他认为，精密自然科学，由于其全部的意义改变和错误的自身理解，对于近代实证科学，同样也对于近代哲学，甚至对于近代欧洲人的一般精神的生成与存在，都具有决定性的影响。在对伽利略、笛卡儿、休谟和康德的考察中，他指出，整个近代哲学，按照作为普遍的最终奠立的科学这种原初的意义，至少从休谟和康德以来，是两种哲学理念之间的斗争，即建立在预先给定的世界之上的客观主义哲学理念，和建立在绝对超越论的主观性之上的哲学理念之间的斗争。胡塞尔认为，通观整个哲学史，必须对一切时代的哲学提出指责的最终的理由就是，

它们没有能够克服自然主义的客观主义。这种客观主义从一开始就是一种十分自然的引诱。只有各种形式的观念论试图将主观性作为主观性来把握,并试图恰当评价下面这个事实,即世界从来只是作为具有其特殊经验内容的主观相对有效的世界而呈现给主观和主观共同体的。但是观念论在完成其理论方面总是过分匆忙,没有能够摆脱隐蔽的客观主义前提;或者它们作为思辨的观念论忽略了以分析的态度具体询问使现实的现象世界有效的主观性的任务。胡塞尔说,按照正确理解,这项任务不外就是实行现象学还原和实行超越论的现象学。胡塞尔要向人们指明,按照全部哲学史的统一的目的论结构,哲学任务提法的最初的自然的朴素的形态,最终一定会被一种"哥白尼式的转向"的彻底精神所超越,会经受一种必然的意义改变。在这过程中,这种彻底精神表明是对原初朴素性的克服;但这种朴素性绝不因此是错误的,在这里宁可说旧的任务被提高到普遍性的阶段。正是在这种意义上,胡塞尔将自己的现象学的超越论哲学看成是哲学史的合目的发展的必然归结,所有过去的哲学,都是内在地指向这种新哲学的意义的。正是在他的现象学的超越论哲学中,恢复了笛卡儿提出的作为哲学根本问题的必真性要求,实现了对进行哲学思考的自我(作为应该达到自己本身的绝对理性的承担者)的最深刻最普遍的自身理解,发现了在人类整体中客观化了的主观间共同体,发现了绝对的主观性——超越论的主观性,将哲学从认识的自明性根源上奠立起来。正是在这种哲学中,人才最终将自己理解为对他固有的人的存在负责的人,将自己理解为有责任过一种必真生活的,根据理性生活和斗争的存在。正是在这种哲学中,不仅克服了自然主义的客观

主义，而且克服了以往观念论中隐蔽的客观主义。因此胡塞尔可以将自己的哲学看成是唯一科学的哲学，它不再是诸种哲学中的“一种”哲学，而是“唯一的哲学”，是哲学理念的真正实现。这就是胡塞尔的“目的论的-历史的”考察所要得出的结论。

对于胡塞尔的这种历史目的论，有各种各样不同的意见。有的哲学家指出它明显受到黑格尔哲学的影响，因为黑格尔也将自己的哲学看成是克服了历史上哲学的抽象性与片面性而达到精神的绝对顶峰的哲学。有的哲学家指出，胡塞尔的这种历史目的论与他早期的“本质哲学”不相容，还有的哲学家指出，它与“我思”哲学，与“无先入之见”的要求，与“对哲学进行悬搁”的要求，也是不相容的。有的哲学家甚至对他的历史目的论究竟是不是现象学提出了疑问。这些批评意见是很值得重视的。

* * *

最后，在本书的翻译中，有几个胡塞尔的用语与常见译法不同，需要做些说明。

apriorisch 一词，中文通常有“先验的”和“先天的”两种译法，在译为“先天的”时，并没有生物学或遗传学上“与生俱来的”这种意思，胡塞尔用这个词所指的乃是本质领域中绝对普遍的和必然的东西。考虑到在中文中“先天的”这种译法可能被误解为生物学或遗传学上的“先天的”，本书中不采用这种译法，而译为“先验的”。相应地，Apriori 译为“先验性”，不译为“先天性”。

transzendental 一词，常见的中文译法有“先验的”、“超验的”两种。本人以前也曾采用过这样的译法，并没有感到有什么不妥。

但是当在本书中遇到 transzendental 与 Erfahrung 组成的词组 transzendentale Erfahrung 而将它译为“先验的经验”或“超验的经验”时，就感到有些不知所云，好像是遇到了像“圆的方”、“木的铁”这样的矛盾概念。Erfahrung 这个词译为“经验”是没有问题的，问题是 transzendental 究竟是什么意思。同是来源于动词 transzendieren（超越）的词，Transzendenz 通常译为“超越”或“超越性”，transzendent 译为“超越的”，为什么 transzendental 就要译为“先验的”或“超验的”呢？这个词的译法必须从理解胡塞尔哲学思想来考虑。从我们前边对胡塞尔思想的介绍就可以看出，胡塞尔用这个词是要指一种超出自然的存在的、超出自然的世界的、超出生活和科学的自然的实证性的研究态度，因此我们将它译为“超越论的”。按照胡塞尔的说法，这种研究态度并没有超出经验，而是一种“新式的经验方式”，是进入一种“新的，唯有它才独有的经验领域”。“超越论的”态度，并不是与“经验的”态度进行对比，而是与“朴素的”、“日常的”、“自然的”、“世间的”态度进行对比。这是两个不同的领域。在两个领域中都存在“先验的”与“经验的”之间的划分。正是因此，胡塞尔才能在“超越论的领域”中谈到 transzendentale Erfahrung（超越论的经验），transzendentale Apriori（超越论的先验性），谈到 transzendentalphilosophie（超越论哲学）是 apriorische Wissenschaft（先验的科学），谈到 die apriorischen Besinnungen des transzendentalen Ich（对超越论的自我的先验思考）等等。而在“自然的”、“世间的”态度中，才能谈到 objektive Apriori（客观的先验性），objektive-apriorische Wissenschaft（客观的先验的科学），biologische Apriori（生物学的先验性），Apriori

der Geschichite（历史的先验性）等等。我们可以看到，将 transzendental 译为“先验的”或“超验的”，不仅不能确切表达这个词的意思，而且还会使“超越论的”领域与“自然的”、“世间的”领域的划分变得模糊不清，混淆“超越论的”态度与“自然的”态度，从而不能正确理解胡塞尔哲学的超越论现象学的真正意义。在胡塞尔的这一著作的日译本中，transzendental 一词也译为“超越论的”。日译本译者就此注道：“这个词今天即使就康德哲学而言，译为‘先验的’也会产生疑义。在现象学文献中，特别是在胡塞尔的场合，‘超越论的’这种译法，几乎已成定译”（日译本第 425 页）。

Idee 这个词，在本书中译为“理念”，而没有采用通常的译法：“观念”，主要是为了突出强调胡塞尔这个概念的柏拉图哲学来源。胡塞尔说：“柏拉图的理念论通过对于‘理念’与‘接近’的完全是有意识的发现，开辟了逻辑推理、逻辑科学、合理科学的道路。理念被理解为原型，一切个别东西，都或多或少分享它，与它接近，或多或少完满实现它。属于理念的纯粹理念真理，被看作一切经验真理的标准”（291）。胡塞尔将自己的理念看成是一切可以想象到的变化中不变的内容，是可以以绝对的同一性加以规定的必真的一般内容，是人类各个时代都可以理解的，因此是可以传承的，并可以以同一的主观间共同的意义重新产生出来的精神构成物，是处于无限之中的规范形态。他将由理念对象构成的无限的总体，看成是对每一个人都可以从方法上一义规定的真正意义上的“客观世界”。胡塞尔的这个概念，显然与柏拉图的概念有继承关系。当然，柏拉图的 Idee 也有人译成“观念”。但是考虑到这种译法容易被误解为日常生活中的“看法”、“思想”、“思维结果”等等，故本书

采用了“理念”这一译法。

Subjekt 这个词在本书中除少数情况译成“主体”外，一般译为“主观”。这是考虑到在胡塞尔的现象学中所讲的 Subjekt，是纯粹意识，是通过彻底还原得到的具有其全部意向关联的普遍的和纯粹的意向性，是指向世界的“自我极”。它排除任何从物体实在性获得其意义的实在性理解，排除任何实体性理解。正是为了避免实体性理解，将它译成“主观”，而不译成“主体”。与这个词相关联的 subjektiv，Subjektivität 相应地译为“主观的”、“主观性”。

intersubjektiv 一词通常译为“主体间的”，在翻译过程中有时觉得这种译法不能充分表达这个词本来的意思。这个词本来的意思是“若干人的意识共有的”（dem Bewusstsein mehrerer Personen gemeinsam）。这里讲的是人的“意识”，而不是“人”本身，故将 subjektiv 译为“主体的”不如译为“主观的”确切。其次，在德文中，inter-这个构词成分，在复合词中不仅表示“在……之间”、“在……中间”，而且表示“……间共同的”，如 interalliiert，既可译为“盟国间的”，也可译为“盟国间共同的”；interfraktionell，既可译为“各党派间的”，也可译为“各党派间共同的”。考虑到以上情况，在本书中，intersubjektiv 这个词，凡是“主观间的”这种译法能保持上下文完整理解的，仍保留此译法，凡不能保持上下文完整理解的，则视情况译为“主观间共同的”，或“主观间共有的”。与这个词相对应的名词 Intersubjektivität 则译为“主观间共同性”。

Pcychologismus 这个词一般译为“心理主义”。除非将“心理”理解为“心理学”，否则这种译法是不确切的。从构词法看，这个词是由 Pcycholog＋ismus 构成的，因此应译为“心理学主义”。

这个词本来的意思是：将心理学夸大为一切科学学科的基础（überwerten der Pcychologie als Grundlage aller wissenschaftlichen Disziplinen）。胡塞尔说，Pcychologismus 想要以心理学方式建立有关真理本身的规范，试图将心理学运用于超越论的目的。这里所说的都是作为一门科学的“心理学”，而不是“心理”。上海译文出版社出版的《德汉词典》对这个词的解释是“心理学至上论”，也符合这个意思。

同样在本书中 Physikalismus 也不采用通常的译法，“物理主义”，而译为“物理学主义”。胡塞尔说，Physikalismus 是由于对物理学的真正意义的误解而产生的物理学在哲学上的误用，它将心理东西自然化，认为一切自然科学归根到底都是物理学，生物学以及一切具体的自然科学，随着研究的进步，越来越融化为物理学，进一步发展了的物理学，最终能使所有具体的存在都得到物理学的合理说明。可见 Physikalismus 是一种将“物理学”（而不是“物理”）夸大为一切科学的基础的观点，因此译为“物理学主义”。

Ontologie 一词中文一般译为“本体论”，近年来也有译为“存在论”的。本书中取“存在论”的译法。因为它的意思是“关于存在，关于存在者的学说”（Lehre vom Sein und Seienden）。

以上对胡塞尔的哲学思想的一些粗浅说明，和对译名的一些不成熟看法，是个人在翻译本书过程中的一点体会，难免有不妥之处，望读者不吝赐教。

译　者

1996 年 10 月于北京

图书在版编目(CIP)数据

欧洲科学的危机与超越论的现象学/(德)胡塞尔著;王炳文译.—北京:商务印书馆,2017
(汉译世界学术名著丛书:120年纪念版:珍藏本)
ISBN 978-7-100-14640-1

Ⅰ.①欧… Ⅱ.①胡… ②王… Ⅲ.①现象学—研究 Ⅳ.①B089

中国版本图书馆CIP数据核字(2017)第152216号

汉译世界学术名著丛书
(120年纪念版·珍藏本)
欧洲科学的危机与超越论的现象学
〔德〕胡塞尔 著
王炳文 译

商务印书馆出版
(北京王府井大街36号 邮政编码100710)
商务印书馆发行
北京冠中印刷厂印刷
ISBN 978-7-100-14640-1

2017年12月第1版 开本710×1000 1/16
2017年12月北京第1次印刷 印张44¼
定价:222.00元